L'Union européenne

puissance, territoires et sociétés

Les auteurs

Laurent Coudrier est agrégé de géographie et enseignant en CPGE littéraire et économique et commerciale générale au lycée Gambetta-Carnot (Arras). Il enseigne également, en master professionnel, le patrimoine naturel et, en licence, la géopolitique contemporaine à l'université d'Artois. Il participe à la préparation aux concours de l'agrégation à l'Université de Lille. Il a codirigé le présent ouvrage avec Erwan Le Goff, rédigé le chapitre "Construire l'Union européenne: un projet politique inventant une union singulière", et les zooms sur la gouvernance de l'UE, sur l'Eurométropole Lille/Courtrai/Tournai, sur le campus de Belval, sur Natura 2000 et enfin sur le tripoint frontalier.

Erwan Le Goff est agrégé et docteur en géographie, enseignant en CPGE littéraire au lycée Ernest Renan (Saint-Brieuc). Il a codirigé le présent ouvrage avec Laurent Coudrier et rédigé "L'UE, une construction aux implications territoriales fortes" et les zooms sur Charleroi et l'espace.

Erwan Le Goff et Laurent Coudrier remercient Éloïse Libourel pour son aide précieuse.

La collection *Clefs concours Géographie* est dirigée par **Raymond Woessner**.

Direction scientifique des *Clefs concours*: **Philippe Lemarchand**.

Édition: Marie-Pierre Frondziak.

Mise en page: Dorian Truffert.

ISBN : 978-2-35030-940-8

CLEFS CONCOURS GÉOGRAPHIE

Laurent Coudrier et Erwan Le Goff (dirs.)
Préface de Jacques Lévy

L'Union européenne
puissance, territoires et sociétés

Atlande

Pierre Ageron est agrégé et docteur en géographie, enseignant en CPGE littéraire au lycée Fustel de Coulanges (Strasbourg) et intervenant à l'École Nationale de l'Aviation Civile. Ses recherches portent principalement sur la géographie des réseaux de transports et les évolutions des mobilités à toutes les échelles, notamment dans des contextes métropolitains. Il a rédigé les chapitres "Transports et mobilités" et "Un système productif communautaire", ainsi que les zooms sur la gare centrale de Berlin, le port de Hambourg, la FTN Volkswagen, le rôle du charbon en Silésie polonaise, la stratégie estonienne de la high-tech et le tourisme à Prague.

Raphaël Babinet est agrégé de géographie et enseignant en CPGE littéraire et économique et commerciale au lycée Gambetta-Carnot (Arras). Il a rédigé les chapitres "L'Union européenne: des potentialités indiscutables et pourtant une puissance problématique?" et "Au-delà des potentialités, la puissance de l'Union européenne en acte et en question, entre *hard* et *soft power*", ainsi que les zooms sur Airbus et la cybersécurité.

Jérôme Chauvineau-Jost est professeur d'histoire-géographie au collège Jacqueline de Romilly à Magny-Le-Hongre (Seine-et-Marne). Il s'intéresse en particulier aux questions d'environnement et de développement durable. Il a rédigé les chapitres "La dorsale européenne: centre névralgique de l'Union européenne" et "Les régions méditerranéennes de l'UE", ainsi que le zoom sur les Samis.

Élise Dallier est agrégée de géographie et agrégée d'histoire. Elle enseigne en CPGE littéraire au lycée militaire de Saint-Cyr-l'École et participe à la préparation à l'agrégation à Science Po Paris. Elle a rédigé les chapitres "Les inégalités dans l'Union européenne: territoires, sociétés et limites de la puissance?" et "Les migrations en Union européenne", ainsi que les zooms sur Francfort et Lampedusa.

Jean-Baptiste Feller, ancien élève de l'ENS (Paris), a travaillé une douzaine d'années comme expert économique et financier dans des institutions publiques françaises et européennes. Il enseigne dans le master géopolitique de l'Université Paris 1 et de l'ENS. Il a rédigé les zooms sur la zone euro, la crise de la zone euro, l'Union économique et monétaire et l'Eurosystème.

Marie-Françoise Fleury est maître de conférences en géographie à l'UFR Sciences Humaines et Sociales, site de Metz, université de Lorraine. Elle est co-responsable du Master MEEF et chercheuse au LOTERR (EA 7304). Elle mène des recherches portant principalement sur le Brésil, et plus particulièrement sur l'Amazonie brésilienne et les fronts pionniers. Elle a corédigé avec Claire Weishar les chapitres “L’Union européenne à la lumière de ses drapeaux” et “L’Union européenne au crible de la démographie”.

Jonathan Gaquère est agrégé et docteur en géographie. Il enseigne en CPGE littéraire au lycée Henri Martin (Saint-Quentin). Spécialiste de Berlin et de l’Allemagne, il a rédigé les chapitres “Les limites de la puissance européenne” et “Une puissance, des puissances ?”, ainsi que les zooms sur la puissance allemande et le poids de l’histoire, Berlin et la puissance allemande, les différences régionales en Espagne, le *soft power* espagnol, la dépendance de l’UE en matières premières critiques, des dirigeants français et européens au service des puissances étrangères, la France, puissance économique mondiale fragilisée, les relations entre l’UE et la Turquie, les relations entre l’UE et l’Ukraine, le multilatéralisme.

Benjamin Laplante est agrégé de géographie et enseignant en CPGE littéraire au lycée Édouard Herriot et en CPGE technologique au lycée La Martinière Duchère à Lyon. Docteur en géographie-aménagement, ses recherches ont porté sur les valeurs spatiales engagées dans les discours des habitants. Il a rédigé le chapitre “Les défis d’une Europe en proie aux changements globaux”.

Jacques Lévy est membre du rhizome de recherche Chôros, qu’il a cofondé en 2017. Ses centres d’intérêt principaux sont la théorie de l’espace des sociétés, notamment au travers de la géographie du politique, des villes et de l’urbanité, de l’espace public et de l’urbanisme, de l’Europe et de la mondialisation. Il s’intéresse à l’épistémologie et aux méthodes des sciences sociales, avec une attention particulière pour la cartographie et la modélisation. Il travaille à l’introduction des langages non verbaux, notamment audiovisuels, à tous les niveaux de la recherche. Il a publié plus de huit cents livres et articles et une dizaine de films scientifiques. Il a reçu en 2018 le prix international Vautrin-Lud, considéré comme le prix Nobel de géographie. Il a rédigé le chapitre “L’État de la société européenne”.

Éloïse Libourel est agrégée et docteur en géographie, enseignante en CPGE littéraire au lycée Marcelin Berthelot à Saint-Maur-des-Fossés. Elle est chercheuse associée au Laboratoire Ville Mobilité Transport (UMR-T 9403), où elle mène des recherches portant principalement sur les politiques de transport en Europe, sur l’aménagement des territoires et sur les stratégies d’acteurs. Elle a rédigé les zooms sur les institutions européennes, le Groenland et le RTE-T.

Alexandra Monot est agrégée et docteure en géographie, enseignante à l'université de Strasbourg. Ses recherches portent principalement sur la géographie économique, sur les environnements forestiers, ruraux et périurbains, ainsi que sur les espaces ultramarins français. Elle a rédigé les chapitres "Des territoires ruraux et agricoles communautaires" et "les Outre-mers européens", ainsi que le zoom sur Madère.

Benoit Montabone est agrégé de géographie et maître de conférences en géographie à l'université Rennes 2. Il est spécialiste de l'Europe, de la Turquie et des processus d'européanisation des territoires. Plus largement, il développe des travaux sur le développement local, sur les modèles de développement, sur le tourisme et les transitions touristiques. Il a rédigé le chapitre "La territorialité communautaire" et le zoom sur les capitales européennes de la culture.

Pascal Orcier, ancien élève de l'ENS de Lyon, est professeur agrégé et docteur en géographie. Il enseigne en CPGE littéraire et commerciale au lycée Dumont d'Urville (Toulon) et en classes européennes au lycée Beaussier (La Seyne-sur-Mer). Cartographe, il contribue à de nombreuses revues, rapports, atlas, manuels et publications diverses. Ses recherches portent sur la région balte et plus généralement la géopolitique de l'Europe. Il a rédigé les chapitres "Europe nordico-baltique" et "Europe médiane et balkanique", ainsi que les zooms sur les Carpates et la Lettonie.

Audrey Tissut, ancienne élève de l'ENS Fontenay-St-Cloud, agrégée de géographie et docteur en géographie, enseigne en CPGE littéraire au lycée Blaise Pascal (Clermont-Ferrand). Elle a rédigé les chapitres "Identité/identités de l'Union européenne" et "L'Union européenne : urbanisée, métropolisée, mégalopolisée", ainsi que les zooms sur Erasmus et la métropolisation à Prague.

Claire Weishar est professeure d'histoire-géographie au lycée François Arago de Villeneuve-St-Georges. Elle a corédigé avec Marie-Françoise Fleury les chapitres "L'Union européenne à la lumière de ses drapeaux" et "L'Union européenne au crible de la démographie".

SOMMAIRE

TERRITOIRES

Les inégalités dans l'Union européenne : territoires, sociétés et limites de la puissance ?

PORTRAITS RÉGIONAUX

La dorsale européenne : centre névralgique de l'Union européenne

Les régions méditerranéennes de l'Union européenne

OUTILS

Zooms

Cartes

Figures

PRÉFACE : L'ÉTAT DE LA SOCIÉTÉ EUROPÉENNE

Pendant longtemps, et encore aujourd'hui, une bonne partie de la littérature journalistique et même scientifique a pris pour postulat que l'Union européenne (UE) était un objet inclassable. Est-ce vraiment le cas ?

Jusqu'au traité de Maastricht (1992), il s'est pour l'essentiel agi d'un groupe d'États qui s'entendaient pour faire converger, parfois mutualiser, certaines politiques publiques. On était bien en présence d'une confédération, c'est-à-dire d'un agrégat multinational, mais non supranational. Or depuis le déclin du Saint Empire romain germanique, le principe confédéral est devenu étrange pour nombre de juristes qui ne conçoivent pas que le niveau scalaire le plus large d'un agrégat territorial ne soit pas le gestionnaire exclusif des relations avec les autres agrégats. La tentation était grande de lire le système européen *par en dessous*, à travers le prisme plus familier des coopérations interétatiques ou des alliances militaires.

UNE "FÉDÉRATION D'ÉTATS-NATIONS"?

D'autant que le "spectre" du fédéralisme a, autant que celui du communisme, longtemps hanté l'Europe, et la connotation fantastique de la métaphore convient d'autant mieux que ceux qui l'évoquent, en particulier quand ils sont français ou britanniques, ne semblent pas avoir une vision précise de ce dont ils parlent. Ainsi, lorsque Jacques Delors propose, à partir de 1994, le vocable de "fédération d'États-nations" comme horizon final de la construction européenne, il souhaite assumer la part d'oxymore que contient d'après lui le double souci d'une "Europe unie" et des "lieux d'enracinement" que constituent "nos nations" (une citation de 1989, voir RICARD-NIHOUL, 2012). Mais où est donc l'oxymore? Le fédéralisme suppose au contraire une cohabitation réussie entre plusieurs niveaux étatiques faiblement hiérarchisés entre eux et aux compétences souveraines partagées. En outre, dans les pays comme l'Allemagne, l'Autriche, la Belgique ou la Suisse, la protection des "lieux d'enracinement" que constituent les entités les plus petites, communes ou régions, est même fondateur du projet fédéral. C'est aussi le cas, entre autres, des États-Unis, du Canada, du Mexique, du Brésil, de l'Argentine, de l'Afrique du Sud, du Nigeria, de l'Inde, du Pakistan, de la Malaisie et de l'Australie. Les entités fédérées portent des noms divers (État, pays [*Land*], province, canton...) et n'ont le plus souvent que peu de compétence en matière de relations internationales, mais ce sont bien toujours des *États*. L'Europe a été, très tôt, le terrain d'expérience de cette invention remarquable, déjà théorisée par Gottfried Wilhelm Leibniz [ROBINET, 1994; LÉVY, 2011] quand il distingue la "majesté" – qu'on appellerait aujourd'hui composante géopolitique de l'État – de la "souveraineté*", portant, elle, sur l'organisation interne des pouvoirs, le politique, donc.

L'étonnant malentendu sur lequel repose la formule de Delors, souvent reprise ensuite, provient sans doute de la substance de ce qu'il nommait les "nations". Au-delà des imaginaires mythologiques les faisant remonter fictivement à la nuit des temps, les nations européennes sont des constructions relativement récentes, du moins dans leur mise en place opérationnelle. Il s'agit d'un principe d'allégeance communautaire, qui sert de ressource à un État en tant qu'organisation géopolitique. On peut dater de la séquence 1792-1870, de la première levée en masse en France à la naissance du *Sozialstaat* bismarckien, la mise en œuvre du modèle d'adossement de l'État à une communauté prête à "donner son sang" pour des projets guerriers. Ce qui émerge à l'issue du XIXe siècle et plus encore au XXe, c'est que le sacrifice massif des citoyens, qui constitue la ressource nationale du point de vue de l'État va se révéler avoir un prix. En échange de leur engagement automatique sacrificiel, il faudra donner aux sujets de l'État la démocratie et la sécurité sociale.

LES APORIES DE L'ÉTAT-PROVIDENCE NATIONAL

Ce que voulait donc probablement dire Delors, c'est que la construction européenne se déploie en fort contraste avec un système préexistant, avec, dans les premières décennies suivant le traité de Rome, une situation paradoxale : d'un côté, la guerre a fortement reculé, voire disparu, dans les pratiques et les imaginaires politiques des sociétés européennes ; de l'autre, la demande de "compensation" n'a jamais été aussi forte et aussi efficace. Au cours du siècle précédent, la démocratie s'est installée sur toute l'Europe, du local au continental. Ce n'est donc plus un privilège de l'État national. Quant à la dépense publique, elle a connu une envolée spectaculaire, passant, sur le territoire* de l'actuelle UE, de moins de 10 % du PIB au début du XXe siècle à près de 50 % en 2022. Pendant toute cette période, les machines institutionnelles, éducatives et médiatiques ont pesé de tout leur poids pour créer des limites entre les *nous* et les *eux* qui coïncident avec les frontières nationales. En fin de période, cela semblait si bien établi que beaucoup étaient persuadés que ce système existait depuis toujours.

Pourtant, ce qu'ont compris les citoyens européens dès la discussion sur le traité de Maastricht, c'est que le contrat social existant dans leur pays allait être rediscuté sur de nouvelles bases et qu'il était tout à fait envisageable que cette mise en mouvement crée des "gagnants" et des "perdants". C'est en tout cas sur la base de ces discours que la coalition hétéroclite des "natio-dépendants", des *accros* à l'échelle unique de l'État national, s'est mise en marche.

Face à un passé qui se défend avec acharnement contre tout changement, qu'a à proposer l'Europe ? Le bon sens d'un État distribué multiscalaire construit à l'image des sociétés qu'il représente ? Des valeurs démocratiquement définies ? Un projet de société spécifique ? Cette fabrique européenne du politique a longtemps pâti d'une certaine abstraction tandis que, de son côté, la machine redistributive jouait un temps son rôle de désexclusion des mondes paysan et ouvrier. Elle s'est cependant grippée, devenant une mécanique difficile à contrôler tout en fournissant des résultats toujours plus insatisfaisants. D'abord, parce qu'elle a embarqué dans sa croissance des disparités de traitement de plus en plus visibles (clientélismes, corporatismes, rentes, niches...) qui finissent par peser lourd et créent un sentiment d'injustice. Ensuite, parce que le principe de rachat des inégalités* initiales par la distribution publique de biens privés, qui peut être efficace dans une logique de stock, lorsque les paramètres principaux sont stables, s'enraye lorsqu'il s'agit de flux et que le développement porte sur des enjeux tels que l'éducation, la santé, la culture, l'urbanité* ou la nature.

Les enjeux du choix politique s'éclaircissent et ouvrent sur un choix de société majeur. Ils finissent par cliver la scène publique à toutes les échelles. Les cartes électorales montrent une distribution très claire, en fonction des gradients d'urbanité, de l'opposition entre ces deux conceptions de l'avenir souhaitable, et ce clivage donne une large place au rapport à l'Europe comme d'ailleurs au Monde : dans les lieux à forte urbanité, on vote massivement pour la coproduction de biens publics et pour une Europe renforcée et ouverte tandis que, ailleurs, ce sont les mouvements favorables à une redistribution publique de biens privés toujours plus massive. Ils sont à la fois étatistes et "souverainistes", c'est-à-dire attachés à un échelon unique, national, de référence politique et géopolitique [Lévy, 2022]. Être pro ou antieuropéen aujourd'hui, c'est donc prendre position pour un modèle de développement fondé sur davantage de *société* et davantage d'*individu* (dans l'esprit des travaux de Norbert Elias, 1991) ou pour un modèle de conservation dans lequel les anciennes communautés devenues corporations campent solidement au sein de l'État.

UN GOUVERNEMENT QUI GOUVERNE

Face à des États nationaux empâtés et fragilisés, alourdis par leur bureaucratie, réticents à la réforme, minés par des inégalités* pesantes que cachent de moins en moins les logomachies égalitaires et traînant derrière eux les casseroles de passés coloniaux qui ne passent pas, l'État européen, mince et agile, tout entier tourné vers des actions vigoureuses et inventives, montre progressivement son efficacité.

Depuis les réponses à la crise financière de 2008, le gouvernement de l'UE se manifeste par des décisions franches, aux effets souvent spectaculaires. Après avoir douté de la capacité de l'Europe à faire face, les Européens ont dans leur grande majorité approuvé les mesures innovantes prises par les organes de pouvoir de l'UE. On a d'abord vu le lancement du *quantitative easing*, une action monétaire inédite menée par la Banque centrale européenne (BCE) depuis 2015. Puis, pour éviter de laisser à chaque État le fardeau du contrôle des flux migratoires, ce fut la création puis les renforcements successifs du corps des gardes-frontières et de l'agence Frontex*. La pandémie de 2020-2022 a donné l'occasion, par la mutualisation de l'achat de vaccins et la mise en place progressive d'un calendrier commun de gestion de la crise sanitaire, de créer un véritable ministère de la santé européen. L'agression russe du 24 février 2022 a été un nouveau déclencheur, permettant à la Commission de développer une politique militaire puissamment financée, une étrangeté apparente pour un État qui ne dispose pas d'une armée propre. En fait, par son action multidimensionnelle, l'UE se révèle très présente dans le soutien à l'Ukraine, avec des contributions de dizaines de milliards d'euros.

En matière d'écologie, sur laquelle un large consensus en faveur d'une action rapide et déterminée se fait jour, le pacte vert pour l'Europe (*Green Deal*), lancé en 2020, fait de l'échelon européen un moteur puissant pour la biodiversité, la décarbonation et l'autonomie énergétique. La lutte contre l'empreinte carbone importée grâce à une taxe aux frontières aura l'avantage de protéger l'industrie européenne contre des concurrents extérieurs qui resteraient gros émetteurs de gaz à effet de serre. Un point essentiel est que l'Europe donne le ton sur les calendriers tant à l'intérieur qu'à l'extérieur du continent. Cela confirme le fait que la *soft law*, consistant à édicter des normes, plus ou moins contraignantes, et qui a longtemps été l'un des leviers principaux de l'UE, débouche en fin de compte sur des décisions fermes que personne ne peut enfreindre. Et s'il y a lieu, comme elle l'a montré dans le domaine du numérique, la Commission sévit directement, sans passer par la justice.

UN ÉTAT PROTO-FÉDÉRAL

Il reste incontestablement une part de confédéralisme dans la gouvernance* de l'UE. Le fait que le Conseil ne se soit pas transformé en sénat, mais continue à additionner les points de vue des exécutifs nationaux pèse. De même en est-il du maintien de l'unanimité pour les sujets les plus lourds comme le budget, la justice, la politique étrangère ou la fiscalité. Tout cela ralentit, freine, entrave, parfois bloque. La difficulté à obtenir une unanimité pour établir un nouveau traité... qui supprimerait l'unanimité semble créer un problème sans solution.

En fait, tel n'est pas tout à fait le cas. Depuis 2015, en constatant que la liberté d'agir que s'était octroyée la Banque centrale européenne pour lutter contre la crise financière avait été validée avec enthousiasme par le peuple européen acclamant son *Super Mario* [Draghi], les acteurs des diverses institutions de l'UE ont compris qu'ils ne vivaient pas en circuit fermé et que la conquête d'une légitimité européenne directe était possible, parfois contre les gouvernements. Sur l'État de droit, l'écologie ou la guerre en Ukraine, la Commission alliée au Parlement a su bousculer les réticences en n'hésitant pas à menacer les récalcitrants de contre-mesures portant sur d'autres sujets, notamment financiers.

Portée par la société européenne, la Commission, de plus soutenue par le Parlement et par la majorité des gouvernements des États membres, tend à avancer un peu plus vite que ce qu'autoriserait la seule prise en compte du "parallélogramme des forces" instituées. Depuis sa nomination en 2019, depuis le début de son mandat, Ursula Von der Leyen tend à agir comme un chef de gouvernement classique, s'écartant des pratiques habituelles des présidents de la Commission, y compris lorsque ceux-ci proposaient des inflexions fortes dans la gouvernance et la politique de l'Union. Leurs interlocuteurs restaient alors uniquement les États, ce qui n'est plus seulement le cas aujourd'hui, et les dirigeants européens ont compris, après les déboires constitutionnels de 2005, ce qu'il en coûtait de décider dans leur coin, en ignorant l'intérêt que portaient les Européens aux enjeux européens.

Lorsqu'il n'était question que de mutualiser des politiques publiques dans un cadre confédéral, la scène européenne apparaissait dépolitisée, seulement peuplée des "technocrates de Bruxelles". Le pilotage d'un État proto-fédéral invite au contraire à "faire de la politique". Il ne s'agit pas seulement de trancher sur des dispositions pratiques pour distribuer de l'argent aux États, comme la politique agricole commune en aura été la caricature. En effet, le lien entre cette répartition et les enjeux de société ouvre sur une *conditionnalité* nouvelle : si vous ne respectez pas les valeurs européennes, vous n'aurez pas d'argent. Il ne s'agit plus tant de différends entre États que de dissensus politiques transversaux qu'auront à trancher les citoyens européens.

LES EUROPÉENS VEULENT UN ÉTAT EUROPÉEN

Comme cela se produit depuis le début, la construction européenne fabrique le cadre de son action par l'action. Les traités ne sont pas formellement transgressés, mais tout le reste devient mobile. La différence, c'est que, désormais, cette dynamique se fait sous le regard sourcilleux et exigeant des citoyens européens, dont le Parlement européen est le porte-voix fidèle. En son sein, les coups de barre, souvent populistes*, des vies politiques nationales se trouvent amortis. Cette posture légèrement distanciée l'incite à s'orienter vers la solution des problèmes plutôt que vers la montée aux extrêmes. En tout cas, avec ses spécificités, en Europe, c'est, comme ailleurs, ce qui se passe hors des institutions qui fait bouger les institutions.

Et, les sondages le disent (voir les 99 vagues de *l'Eurobaromètre standard* réalisées depuis 1973, qui facilitent les comparaisons) : la majorité des Européens veulent que l'UE agisse davantage dans le domaine de la monnaie, de l'économie, de l'énergie, de l'environnement naturel et de l'éducation, des relations internationales, des migrations, de la protection des frontières, de la défense, bref qu'elle dispose d'un État de plein exercice. Par petites touches ou à grands coups de pinceau, ils sont en train de l'obtenir. Ces sondages montrent aussi que, dans l'ensemble, les Européens font davantage confiance au gouvernement de l'Europe qu'à leur gouvernement national.

"Les Européens", pas tous, bien sûr. Les adversaires de la construction européenne tapissent l'extrême droite et l'extrême gauche des bancs du Parlement, y compris des représentants de partis arrivés au pouvoir sur la base d'un discours hostile à l'UE. L'histoire de l'UE passe aussi par le Brexit, un événement qui montre à la fois l'absence d'irréversibilité dans les "cliquets" européens, la force des idées dans la fabrique de l'histoire et le caractère profondément démocratique et pacifique de la vie politique européenne.

Cet événement a plutôt contribué à souder les citoyens de l'UE et les partis antieuropéens, issus de l'extrême droite et de l'extrême gauche, tentent de gérer au mieux la contradiction entre "manger la soupe" et "cracher dans la soupe" [Kahn, Lévy, 2019]. Cette contradiction est béante en Hongrie et en Pologne, qui reçoivent beaucoup d'argent de Bruxelles, mais aussi, et de plus en plus, à l'Ouest, car refuser un pouvoir européen transnational, c'est inévitablement refuser aussi la protection par l'euro, les politiques de la BCE favorables à la dynamique économique, le plan de relance post-covid, l'engagement sans faille vers le développement durable et les politiques continentales de sécurité. Cela fait beaucoup, et les positions de ce bloc disparate, fondées sur l'idée que les intérêts des nations ne peuvent que diverger, rendent un projet européen "souverainiste" improbable.

À contrecœur, elles ont dû évoluer. Elles consistent désormais à proposer un confédéralisme proche de ce qui existait jusqu'aux années 1980 au sein de la Communauté européenne. Ce n'est pas un projet très enthousiasmant pour les électorats hostiles à la construction européenne, mais leurs leaders cherchent à les habituer à prétendre plutôt "changer l'Europe" que de détruire l'Union européenne.

UNE APPROCHE CONTEMPORAINE DE LA JUSTICE SPATIALE

La gestion par l'UE de son territoire est originale en Europe. Elle est en phase avec une modernité qui rompt avec la tradition des États nationaux. La notion de "cohésion" peut légitimement faire penser à un terme cryptique d'une novlangue technocratique. Les multiples acronymes (successivement ou simultanément: FEOGA*-Orientation, FEADER*, FSE*, CTE*, FEDER*, FC*, FEAMP*, FTJ*, ReactEU...) n'aident pas à y voir clair. Pourtant, l'idée de projet y joue un rôle essentiel et cela s'inscrit en rupture avec les mécanismes habituels dans les États européens de subventions centralisées descendantes et même avec la "logique de guichet" typique du corporatisme spatial à la française. Les projets soutenus par les Fonds de la cohésion impliquent des porteurs individuels, collectifs ou institutionnels, souvent des partenariats. Il s'agit en outre toujours de cofinancements, l'UE n'abondant pas plus que la moitié des fonds nécessaires.

La mise en œuvre de ce modèle a bien fonctionné dans les "pays de la cohésion", qui connaissent un effet de rattrapage significatif mesurable par tous les indicateurs de développement. Les périphéries occidentales (Irlande, Portugal, Espagne, Grèce) en ont clairement tiré avantage, au point, pour certaines de leurs régions, de perdre leur caractère périphérique, et c'est désormais au tour des périphéries orientales (Europe du Nord-est et Balkans) d'en profiter pleinement. Ces dispositifs ont activé et habilité des acteurs nouveaux à des échelles infranationales, et cela a pu se faire d'autant plus aisément que les nouveaux pays membres étaient en pleine refondation institutionnelle. On ne peut pas en dire autant des périphéries françaises ou italiennes qui peinent à acquérir cette culture du projet.

Le succès de cette méthode montre que la "politique de cohésion*" est en fait une démarche de justice spatiale [LÉVY, FAUCHILLE, PÓVOAS, 2018] adaptée aux sociétés contemporaines: la solidarité de la société européenne ne se déverse pas comme l'eau d'un robinet sur un sol passif. Ce sont les multiples acteurs de tous niveaux qui doivent absolument jouer leur rôle pour que les choses bougent. Le résultat attendu n'est pas une compensation à un déficit de richesse, mais la stimulation et l'accélération d'un développement endogène pour lequel la mobilisation des capacités préexistantes des sociétés locales ou régionales est décisive. Les biens publics ainsi produits sont le résultat conjoint d'un service public européen et de l'engagement des futurs bénéficiaires de ces biens. Cette "cohésion" est donc bien cohérente avec le projet global de l'Union d'une dynamique commune produite par les Européens.

UN PATRIOTISME CONSTITUTIONNEL

L'Union européenne présente aussi une originalité territoriale qui lui a souvent été consignée comme un signe de faiblesse : le caractère évolutif de ses frontières. Contrairement aux États construits dans le cadre de la géopolitique classique, le territoire de l'Union ne change pas au gré des rapports de force, il est le résultat de choix des sociétés qui décident de s'y joindre, grâce à l'indétermination de l'article 237 du traité de Rome de 1957, qui stipule que "tout État européen peut demander" son adhésion. L'idée est reprise dans l'article 49 du traité de Lisbonne (2012) avec une précision :

> "Tout État européen qui respecte les valeurs visées à l'article 2 et s'engage à les promouvoir peut demander à devenir membre de l'Union."

L'article 2 indique que ce sont les valeurs de :

> "[...] respect de la dignité humaine, de liberté, de démocratie, d'égalité, de l'État de droit, ainsi que de respect des droits de l'homme, y compris des droits des personnes appartenant à des minorités* [...] dans une société caractérisée par le pluralisme, la non-discrimination, la tolérance, la justice, la solidarité et l'égalité entre les femmes et les hommes."

On se trouve clairement dans un contexte de conditionnalité par les valeurs. Désormais, on se situe clairement dans un "patriotisme constitutionnel", appliqué par Jürgen Habermas à l'Allemagne, en opposition aux approches ethniques ou territoriales, mais qui convient encore mieux à l'échelon continental.

Depuis le lancement du plan de relance NextGenerationEU (2021-2027), une jurisprudence considère d'ailleurs que cette conditionnalité, on l'a vu, persiste après l'adhésion. La Commission a ainsi menacé la Hongrie et la Pologne de bloquer les subventions dans le cas où des mesures contraires à l'article 2 seraient prises par les gouvernements concernés. En tout cas, le couple art. 49/art. 2 donne un nouveau sens à la logique de l'élargissement: la notion indéterminée d'"État européen" se voit précisée par des éléments substantiels, non géographiques. Cela permet, par exemple, qu'on puisse discuter de l'adhésion de la Géorgie à l'UE sans que cela porte à controverse sur la localisation de ce pays, alors que, l'on s'en souvient, à propos de la Turquie dans les années 2000, des hommes politiques, notamment français, s'étaient lancés dans des débats... byzantins en mobilisant des topologies et des toponymies fantaisistes. Cependant, même si la fermeté éthique de l'UE marque une évolution en comparaison d'un style habituel plus enclin au compromis, on peut considérer que ce genre de pratique montre aussi les limites de l'intégration. Elle évoque encore parfois davantage des relations entre États, UE comprise – avec ici la spécificité d'une situation d'emboîtement des récalcitrants dans l'entité qui conteste leur action – que la diversité régionale d'un pays uni par un pacte constitutionnel.

Par ailleurs, on voit se profiler des limites qu'on pourrait nommer objectives aux élargissements futurs. Si parmi les candidats déclarés, il paraît logique que les "Balkans occidentaux" (l'Albanie et ce qui reste de l'ancienne Yougoslavie en dehors de l'Union) qui forment une sorte d'enclave extérieure entre la Croatie et la Grèce rejoignent un jour l'Union, l'expérience contradictoire que les Européens gardent de l'élargissement massif de 2004 conduit à être plus ferme sur les prérequis en matière de développement juridique, politique et économique. C'est encore plus vrai pour les anciens morceaux de l'Union soviétique (Moldavie, Ukraine, Biélorussie, Géorgie) intéressés par une adhésion. Dans les deux cas, la difficulté de la Bulgarie, de la Roumanie et de la Grèce à briser les cercles vicieux du mal développement qui combinent la corruption, la fraude fiscale et une certaine "souplesse" vis-à-vis de la loi ont pu contribuer à limiter les velléités d'élargissement au vu des difficultés d'application des critères de Copenhague* après l'adhésion. Ce serait encore plus vrai pour la Turquie, où l'ensemble de l'article 2 est défié en permanence par le pouvoir depuis le virage nationaliste, réactionnaire et autoritaire de Recep Tayyip Erdoğan.

Plus fondamentalement, c'est l'européanité qui rencontre ses limites. Les républiques démocratiques d'Amérique, et d'Asie, d'Océanie ou d'Afrique déjà existantes ou qui émergeront un jour auront connu un parcours trop différent de celui des sociétés européennes pour se retrouver dans un projet et des institutions autres que planétaires avec les Européens. Nous voyons se dessiner une nouvelle carte du Monde où se maintiennent ou se créent des ensembles d'échelle continentale comme autant de régions du pays-Monde, même si elles partagent des valeurs communes. Le territoire* de l'Europe se stabilise, mais sa raison d'être ne repose pas sur des prétendus "droits historiques" ou sur une géographie physique fantasmée, mais, de manière assumée, sur les convergences et les différenciations que les temporalités et les spatialités de l'humanité fabriquent.

L'EUROPE DANS UNE MONDIALITÉ DE PLUS EN PLUS POLITIQUE

Enfin, la relation de l'Europe au Monde est devenue récemment un axe majeur de la construction européenne qui, cette fois, se trouve totalement en phase avec une identité européenne en mouvement.

Depuis 1945, et plus encore depuis 1989, le développement de toute espèce d'échanges dans le cadre d'une société civile mondiale en formation aboutit à l'émergence de plus en plus explicite du politique à l'échelle du Monde, car les activités mondialisées créent inévitablement des problèmes et des enjeux mondiaux systémiques qui ne peuvent être traités qu'à l'échelle mondiale. La conscience écologique a fortement contribué à nous projeter, *nolens volens*, dans la septième séquence, politique, de la mondialisation *(pour rappel : 1. La création d'un écoumène planétaire par Homo sapiens [-100 000 à 1000] ; 2. La constitution d'un espace d'échange mondial non impérial [-10 000 à 1450] ; 3. Le partage du monde par les empires [1450-1975] ; 4. Le développement d'un actif commerce international [1870-1914] ; 5. La contre-mondialisation des États et son paroxysme totalitaire [1914-1989] ;*

6. *La construction d'un espace mondial des échanges et d'une société civile mondiale [1945-]*. Lévy, 2021)

Il n'était pas absurde d'imaginer que ce processus puisse se produire graduellement et déboucher en douceur sur une convergence politique mondiale. C'est ce qu'on a pu penser en observant la Russie des années 1990 ou la Chine des années 2000, tandis que l'Amérique latine se débarrassait de la plupart de ses dictateurs et que des pays asiatiques aussi divers que la Corée du Sud, Taïwan, Singapour, la Malaisie ou l'Indonésie ouvraient des chemins prometteurs. Les dirigeants chinois et russes ont fait le choix inverse, sans doute dicté par la perception qu'ils se faisaient de leur propre équation de pouvoir. Ils ont décidé de jouer le nationalisme et la tyrannie contre toute dynamique de progrès auto-organisée, et ce, au risque de miner l'ouverture de leurs échanges au monde extérieur, qui faisait pourtant partie intégrante de leur programme.

Dans l'ensemble, il y a bien un rapport entre l'organisation des sociétés et leurs choix de politique internationale. Ce n'est pas par le hasard de la constitution des blocs géopolitiques que des systèmes totalitaires comme ceux de la Corée du Nord ou de l'Iran se trouvent en opposition avec les républiques démocratiques. Ce n'est pas non plus un hasard si, dans les formations sociales hypercommunautaires à faible *sociétalité*, celles qui ne disposent pas de la capacité de prendre appui sur leur diversité sociale pour faire société, comme la Syrie, l'Irak, l'Afghanistan ou les pays du Sahel, les partisans de la société des individus peinent à se faire entendre. Ce n'est enfin pas un hasard si les orientations internationales chaotiques de l'Inde ou du Pakistan ne sont pas seulement le fait de tel gouvernement ou de telle malédiction historique : elles traduisent le refus d'une bonne partie des acteurs de ces sociétés de penser autrement qu'en termes, souvent complotistes, d'un choc intercommunautaire sans fin. Il y a des degrés et des nuances, il y a aussi des cohérences.

Dans ce contexte, il faut s'attendre à ce que le principe de conditionnalité politique du libre-échange* fasse son chemin. Janet Yellen (2022), la secrétaire américaine au Trésor, a lancé l'idée d'un "*friend-shoring*" ("délocalisation entre amis"), autrement dit d'une chaîne de valeurs mondialisée, mais se situant à l'intérieur d'un espace défini par des valeurs éthico-politiques communes. Il est significatif que la ministre ait, dans le même discours, placé ce projet dans une liste qui en comprend cinq autres : la taxation minimale universelle des entreprises (décidée par 136 États le 8 octobre 2021), la réactivité accrue du FMI face aux crises à venir, une implication beaucoup plus massive des banques dans l'aide au développement, un engagement fort pour la décarbonation de l'économie mondiale et une intégration planétaire de la lutte contre les pandémies, autant de domaines relevant de politiques publiques mondiales.

Par ailleurs, comme la guerre en Ukraine le montre et l'amplifie, l'intégration du volet militaire des politiques étrangères des républiques démocratiques s'accélère. Dans ce qu'on appelle désormais l'*Indo-Pacifique*, l'OTAN et ses alliés créent une configuration de plus en plus compacte, et le pôle européen y joue désormais sa partie. Une efficacité optimale de cette constellation supposerait une contribution comparable de ses différentes composantes et une correspondance approximative entre lieux de la menace et lieux de la réponse à cette menace. Cela implique un pilier militaire européen de défense consistant et solide. Les Danois l'ont dit par leur vote du 1er juin 2022, qui leur fait renoncer à leur “option de retrait” en matière de sécurité et de défense, les Suédois et les Finlandais par leur adhésion à l'OTAN en 2023 : la sécurité des Européens passe par une doctrine militaire qui ne se limite pas au bénéfice d'un “bouclier” externe et surplombant.

Quand les enjeux semblent valider une jungle économique, une brutalité étatique et un affrontement interétatique sans scrupule, les citoyens européens se lamentent, mais ils hésitent, car leur vieille géopolitique continentale leur rappelle, non sans raison, de forts mauvais souvenirs. L'UE, qui ne peut, par sa construction, définir de politique extérieure que pacifique et fondée sur des principes à vocation universelle, ne dispose pas dans son répertoire d'attitudes de la morgue des anciens ou nouveaux despotes, d'anciens ou nouveaux empires. C'est logique puisque, contrairement à certains de ses États membres, l'UE n'a jamais été ni un empire ni un État despotique. Face aux dirigeants de la Chine, de l'Iran, de la Russie, de la Turquie, du Venezuela ou de l'Arabie saoudite, elle présente une ligne éthico-politique cohérente et elle est alors, comme ses citoyens, à son affaire.

UN ÉTAT PORTANT VERS LE MONDE LES VALEURS DE SA SOCIÉTÉ

À cet égard, la situation n'a jamais été aussi favorable, car le ciment qui réunit l'ensemble des républiques démocratiques, tel qu'il se manifeste par exemple dans le "*format Ramstein*", constitué, depuis le 26 avril 2022, de la cinquantaine de pays qui soutiennent activement l'Ukraine, se trouve dans l'ensemble assaini des dilemmes moraux qui avaient accompagné la Guerre froide et dont certains avaient persisté ensuite.

Le moment contemporain peut être caractérisé par une *guerre civile mondiale à basse intensité* (GCW^{-1}; cf. LÉVY, 2021) dans laquelle, quelles que soient les lignes de clivage, l'UE est toujours du même côté d'une barricade, parfois violente, définie par un affrontement dissymétrique entre des valeurs (éthiques) et des commandements (moraux). En face, Xi, Poutine, Khamenei, Kim et Orban ne sont certes pas interchangeables, mais, face à eux, il y a bien une ligne de front, légèrement ondoyante et non exempte de "zones grises", mais fondamentale.

Pour ceux à qui l'idée d'une politique étrangère européenne consistante fait peur, soit parce qu'ils conservent un imaginaire où leur propre État-nation resterait une "grande puissance*" pouvant agir seule, soit que, se situant à l'inverse dans la tradition de la neutralité internationale, ils craignent toute position saillante de l'Europe dans le monde, quelque chose est en train de bouger. Cela s'explique sans doute par la clarification des enjeux, qui permettent d'identifier sans guère de doute les deux joueurs majeurs de la partie en cours : les États-Unis et la Chine, qui ont récemment montré, chacun à sa façon, ce qui risque de se passer si on les laisse faire sans contrepoids. Il devient dès lors difficile de ne pas souhaiter, même si c'est pour certains à contrecœur, que l'acteur européen manifeste une masse et une puissance comparables.

Si, en effet, les leaders de l'UE disent que la Chine représente un danger global pour l'Europe, ce n'est pas seulement parce qu'elle est menaçante dans trois domaines essentiels : le respect des règles commerciales, les droits de l'homme et le droit international, c'est surtout parce que ces trois éléments font système. Ce n'est pas l'efficacité économique du système productif chinois qui pose un problème : souvenons-nous du

Japon des années 1970-1990 ou de la Corée du Sud des années 1990-2010, dont la productivité remarquable dans certains domaines avait pourtant pu être métabolisée de manière acceptable par ses concurrents, notamment européens. Avec la Chine, on se trouve face à un lien peu contestable entre l'assimilation forcée des Ouïgours et l'exploitation de leur travail ou, quels que soient les discours officiels sur le "marché", à la soumission *in fine* des chefs d'entreprise à la direction du parti, ou aux tentatives de plus en plus visibles, en Afrique ou en Asie du Sud et du Sud-Est, de transformer l'aide économique en pouvoir géopolitique brutal. Et, bien sûr, à la menace directe sur l'existence de sociétés voisines qui ont le tort de vouloir rester ou devenir des républiques démocratiques, comme Taïwan et Hong Kong. À moins d'un changement de régime pour le moment improbable en Chine, l'UE se trouve conduite à présenter elle aussi une cohérence qui inclut les relations commerciales, le combat politique, mais aussi la composante militaire.

Pour relever ces défis, il faut une composante étatique qui se fonde sur les valeurs universalisables que sa propre société lui demande de faire prospérer et, s'il le faut, des moyens appropriés pour les défendre. Or c'est en Europe que cette combinaison d'"idéalisme" et de "puissance" est la plus à même d'opérer. L'autre pôle qui va dans ce sens est constitué par les États-Unis, dont on voit cependant la fragilité en matière d'orientation extérieure, comme avec le dérapage, lourd de conséquences, de l'invasion de l'Irak de 2003 et avec les dangereuses embardées du mandat de Donald Trump (2016-2020). La société états-unienne garde des traces profondes de son passé colonial et impérial et est plus que jamais affectée par des mouvements opposés très marqués qui brouillent ses messages. La force de l'Europe, c'est de n'avoir jamais violé ses propres valeurs, ce qui lui permet de les affirmer, modestement, mais sans faillir.

UN ÉTAT DE L'UNION, UN ÉTAT DE L'UNION

Le titre de ce texte peut aussi se lire en enlevant la majuscule au mot "état". La dynamique institutionnelle d'échelle continentale opère aussi comme un thermomètre de la société européenne, *un état de l'Union*. D'abord de son acceptation par les Européens. La tentation d'en faire le bouc émissaire des frustrations conjoncturelles ou des difficultés des nations s'est retrouvée à plusieurs reprises, comme dans le référendum français de 2005 ou dans la campagne du Brexit en 2016.

Dans l'ensemble, cependant, on observe un déplacement de l'image de l'UE : de politique publique, saillante et substituable, elle devient un environnement politique au sein duquel diverses orientations sont possibles, au gré des choix électoraux des citoyens, mais sans que se joue à tout instant l'existence même de l'Union. Il était courant que, même au sein des partis censés être "pro-européens", l'enjeu porte sur la construction européenne elle-même : on voulait bien la soutenir à condition que ses décisions aillent dans le sens souhaité, sinon... Ce fut encore le cas dans la France de 1994 quand Michel Rocard, qui menait la liste socialiste, avait choisi pour slogan : "L'Europe oui, mais solidaire". Dans le contexte du référendum de septembre 1992 sur le traité de Maastricht, ce "mais" pouvait logiquement être compris comme une conditionnalité du soutien à la construction européenne au choix d'une politique publique plutôt que d'un autre : si par malheur les électeurs se prononçaient pour des listes qui ne prônaient pas cette Europe "solidaire" (c'est-à-dire, dans le programme du PS français de l'époque, plus redistributrice tout en restant confédérale), c'est le projet européen dans son ensemble qui se trouverait contesté.

Les choses ont changé depuis. D'un côté, les partisans de la sortie ou de la contestation directe de l'existence même de l'UE ont donné de la voix et ont remporté quelques succès, dont le départ du Royaume-Uni est le plus évident. De l'autre, les attentes vis-à-vis d'un véritable État européen qui s'occupe de monnaie, de défense, de frontières, d'immigration, de compétitivité, d'environnement, d'énergie, de santé, de formation et d'emploi, se sont affirmées. L'Union européenne est bien l'État d'une union des Européens. Sa dynamique nous informe sur le niveau de cristallisation politique d'une société d'échelle européenne, incluant aussi des pays comme la Norvège ou la Suisse, les pays balkaniques, les pays directement menacés par la Russie, et même le Royaume-Uni, qui ne sont pas formellement membres de l'UE, mais comptent avec elle et sur elle sur des sujets essentiels.

Le temps est donc sans doute venu de rompre avec la rhétorique, quelque peu paresseuse, de l'“objet inclassable”. En même temps que la politique mondiale, l'Union européenne se simplifie: elle est déjà, et chaque jour un peu plus, l'État de la société européenne.

Jacques Lévy

INTRODUCTION GÉNÉRALE

En 1997, dans son ouvrage *L'Europe, une géographie*, Jacques Lévy notait que "l'Europe n'est pas une évidence". Il rappelait alors la difficulté de délimiter l'Europe, d'identifier la frange continentale qui a migré progressivement vers l'ouest. **Dans sa délimitation géographique, l'Union européenne est davantage "une évidence" que l'Europe**. En 2023, les 27 États qui la composent s'étendent sur 4,2 millions de km² et regroupent 448 millions d'habitants. Si sa délimitation n'est pas figée, il est aisé de la délimiter sur une carte de l'Europe et d'en identifier l'ensemble des acteurs étatiques. Il est même possible d'en calculer la potentielle puissance de son économie, les 27 PIB nominaux cumulés représentant 15 810 milliards d'euros en 2022. Cela en fait la troisième puissance économique mondiale derrière les États-Unis et la Chine.

Pourtant, Jacques Lévy ajoutait dans son ouvrage: "au sein du continent [...] se trouve une réalité légèrement décalée, un objet géographique non identifié, l'Union européenne." **L'Union européenne n'est effectivement pas complètement une "évidence" politique, économique et sociale. Politiquement**, l'un des artisans de la construction européenne, Jacques Delors, avait qualifié en 1985 l'organisation régionale d'OPNI pour "objet politique non identifié". Équilibre précaire entre volontés supranationales et intergouvernementales, elle est fondée sur une logique de décisions consistant à produire du consensus, tout en réduisant progressivement les divergences entre les États membres. Sa singularité politique réside dans la très grande intensité des réunions entre les dirigeants politiques nationaux (des chefs d'État aux fonctionnaires, en passant par les diplomates), dans la mécanique subtile des institutions, des votes et dans le ballet des discussions entre les acteurs qui accompagnent les négociations. L'Union politique prend la forme d'une multiplication d'institutions et de politiques communes qui modifient en profondeur les territoires et le quotidien des sociétés européennes. L'Union européenne n'est pas une organisation régionale comme les autres : elle est "en voie de devenir, plus complexe et moins disciplinée" [MAGNETTE, 2009], et elle est surtout la plus approfondie des organisations économiques régionales selon la typologie de Bela Balassa [BALASSA, 1961]. **Économiquement**, son moteur essentiel a longtemps été le marché commun, devenu unique (également appelé "marché intérieur"), et qui continue de se développer. L'UE est aussi renforcée par les politiques économiques et financières communes qui se fixent comme objectif de coordonner les politiques économiques des États membres sur le marché unique. Si les États membres sont engagés autour de la définition d'objectifs communs, des crispations et dissensions apparaissent régulièrement, par exemple autour de la réduction des déficits publics, du protectionnisme communautaire face à la pression des marchés, ou encore de l'harmonisation menée au niveau du processus législatif. **Socialement**, les populations européennes forment une mosaïque de diversités et sont marquées par des inégalités économiques et sociales. Si elles jouissent des mêmes droits politiques en tant que citoyens européens, les populations européennes restent ancrées par des cultures bien délimitées et marquées par des disparités socio-économiques fortes. Entre le Luxembourg et la Bulgarie cinq fois moins riche, les problématiques ne sont pas tout à fait les mêmes. L'UE cherche ainsi à limiter les inégalités territoriales et sociales et à construire une "union-européanité" avec plus ou moins de réussite, entre enthousiasme des europhiles et rejet des europhobes*. Paradoxalement, si elle ne séduit pas complètement à l'intérieur, l'Union européenne est souvent présentée comme une réussite à l'extérieur : "peut-être vous faut-il quelqu'un d'extérieur, quelqu'un qui n'est pas européen, pour vous rappeler la grandeur de ce que vous avez accompli [...]. Une Europe unie – ce qui n'était que le rêve de quelques-uns – reste l'espoir de beaucoup et une nécessité pour tous", rappelait alors le président Barack Obama en 2016 à Hanovre. Pour beaucoup d'observateurs, l'UE apparaît comme une forme d'intégration régionale archétypale, une sorte de modèle à suivre dans sa dynamique d'approfondissement et d'élargissement, dans sa recherche d'un équilibre entre les dynamiques d'unité et de diversité.

C'est dans ce contexte complexe et évolutif que s'inscrit le choix de la question au programme de l'ENS Lyon: **"l'Union européenne: puissance, territoires et sociétés"**. Posé ainsi, l'enjeu est pluriel autour de l'étude d'un "espace construit politiquement en privilégiant l'approche institutionnelle et leurs problématiques spatiales".

La première entrée analytique porte sur la **puissance** de la confédération européenne, entre échec et renoncement du *hard power*, et nouvelles formes du *soft power* européen. La puissance européenne reste paradoxale: si les dernières crises et difficultés rencontrées (covid-19, guerre en Ukraine…) ont abouti à des changements stratégiques et ont renforcé la résilience de l'UE, celle-ci semble encore manquer d'un "stabilisateur hégémonique" [MONGRENIER, 2019] et d'une volonté forte pour unifier et mettre en mouvement les forces européennes. Par les politiques à forte portée géographique menées et par les fonds et institutions développés, il n'empêche que l'UE met en exergue de réelles forces et potentialités. Toutefois, les fragilités, difficultés et dépendances à d'autres puissances et au reste du monde perdurent.

La deuxième entrée privilégiée est celle des **territoires**. La territorialité communautaire est effectivement complexe du fait même du principe de la confédération: "l'UE est davantage que la somme des pays qui la composent". Celui-ci suppose l'articulation de plusieurs échelles de réflexion et d'action territoriale: le niveau européen où la Commission dispose de compétences exclusives; le niveau étatique qui conserve certaines compétences, mais en partage d'autres avec le niveau européen; le niveau régional et local où est mené de manière privilégiée l'ensemble des politiques. À cela, il faut ajouter l'évolution de la territorialité communautaire, entre élargissements successifs, envies actuelles d'y entrer, et sortie autour du Brexit. La gouvernance, la géopolitique, l'aménagement des territoires s'en trouvent fortement complexifiés, d'autant que les territoires européens sont extrêmement variés dans leurs tailles, leurs statuts, leurs fonctionnements et leurs héritages avec lesquels il faut composer.

Enfin, la dernière entrée est celle des **sociétés**, "unies dans la diversité". Comme évoqué précédemment, les sociétés européennes sont plurielles et diverses. Elles sont le reflet, à la fois de multiples héritages historiques, culturels et linguistiques, mais aussi des échanges culturels et migrations qui ont jalonné son histoire. Pour autant, les Européens font société, ou plutôt "l'Europe est une société" [Lévy et Kahn, 2019] : si chaque nation européenne forme une société à part entière, l'appartenance à l'Union aboutit à la construction d'une identité européenne autour d'une culture et de valeurs partagées. Cependant, cette société reste fragile du fait des inégalités persistantes, de la montée des nationalismes et de l'euroscepticisme.

Le présent ouvrage a choisi de s'articuler autour de six parties, en laissant une place centrale aux trois entrées privilégiées ci-dessus:

- Les "**Repères**" proposent des chapitres posant les bases de l'analyse régionale afin de comprendre en quoi l'Union européenne est un projet politique inventant une union singulière et une territorialité complexe. Si l'approche institutionnelle est privilégiée dans cette partie, l'enjeu est de poser la recomposition des territoires à plusieurs échelles du fait même du principe confédéral.
- La partie "**Puissance, puissances**" regroupe des chapitres permettant de jauger des potentialités initiales géopolitiques et géoéconomiques de l'UE, du pouvoir par la contrainte et par l'influence effectivement développée, mais aussi des limites de la puissance européenne. Elle se termine par une réflexion sur la puissance effective de certains États européens forts ou en devenir.
- La partie "**Territoires**" revient sur les recompositions territoriales actuelles de l'Union européenne autour des processus d'urbanisation, de métropolisation*, de mondialisation, d'intégration par les mobilités et les transports. Elle pose aussi des défis à relever: face aux changements globaux qui s'accélèrent, à une métropolisation encore incomplète et originale, au nouveau développement des espaces ruraux et agricoles, ou encore face aux intérêts divergents qui cherchent à défendre les systèmes productifs nationaux.
- La partie "**Sociétés**" pose quelques jalons d'analyse afin de mieux comprendre les dynamiques démographiques et sociales des sociétés qui composent l'UE. Seront notamment au cœur des réflexions les enjeux de la dépopulation, des migrations, des inégalités sociales et de la construction d'une union-européanité.

- Les “**Portraits régionaux**” s’attachent à l’étude de l’Union européenne à travers de grandes régions fonctionnelles. La dorsale européenne, les régions méditerranéennes, l’Europe médiano-balkanique, nordico-baltique et les Outre-mers font ainsi l’objet d’une attention particulière.
- Enfin, la partie “**Outils**” comprend une série de zooms qui constituent des études de cas ou des approfondissements permettant d’apporter des éclairages complémentaires, notamment à d’autres échelles d’analyse. La partie comporte aussi un ensemble de cartes, figures et photographies venant appuyer les réflexions menées. Enfin, une bibliographie, une table des sigles utilisés et un glossaire viennent compléter l’ouvrage.

REPÈRES

CONSTRUIRE L'UNION EUROPÉENNE, UN PROJET POLITIQUE INVENTANT UNE UNION SINGULIÈRE

Si l'expression "Union européenne" (UE) est directement associée au traité de Maastricht en 1992, cette **union politico-économique** s'est développée progressivement à partir des années 1950. Réponse aux conflits, à la montée des nationalismes et à l'émiettement du continent en de multiples États de taille variée, l'unité s'est effectuée autour de la volonté de se construire ensemble au sein d'une organisation régionale originale. Les États qui la composent ont ainsi décidé de déléguer ou de transmettre par traité une partie de leurs compétences à des organes communautaires en vue de défendre des valeurs, des objectifs, des intérêts qui dépassent celui des États. Donnant lieu régulièrement à des crises et à des tensions, ces coopérations n'ont cependant cessé de s'approfondir et de s'élargir à de nouveaux pays, faisant de l'UE un cas unique au monde d'organisation régionale.

Pour montrer l'exception que constitue l'UE dans le monde, il est pertinent de revenir sur la typologie proposée par l'économiste hongrois

Bela Balassa, dans *The Theory of Economic Integration* (1961). Afin de distinguer les formes de régionalisation dans le monde, ce dernier privilégie pour critère essentiel le degré d'intégration régionale (v. Outils, Figures-Régionalisation UE). Il distingue ainsi plusieurs formes de coopération, de la plus basique à la plus approfondie. D'abord, la coopération peut passer par des **accords de libre-échange** qui prévoient un abaissement des tarifs douaniers, tout en permettant à chaque État signataire de rester maître de sa politique commerciale : cette zone de libre-échange (ZLE) commence en Europe en 1957 avec le traité de Rome, mais il existe de multiples accords bilatéraux, multilatéraux (GATT) ou zonaux (accords États-Unis/Canada/Mexique, ou ASEAN*...). Puis, les États peuvent choisir d'approfondir leurs coopérations en formant une **union douanière*** : ils y ajoutent alors au moins une politique commune, un tarif extérieur commun. Cette union douanière se forme en Europe en 1968, mais il en existe bien d'autres dans le monde (union douanière économique de l'Afrique centrale, union douanière d'Afrique australe, etc.). Cela signifie un début d'intégration et un abandon partiel d'un attribut de souveraineté*. Ensuite, les États peuvent poursuivre l'intégration régionale par un **marché commun**, en décidant d'une libre circulation des capitaux et des personnes, en plus des biens et services inclus dans l'union douanière précédente : c'est le cas en Europe autour du marché unique européen depuis 1986. Les marchés communs constitués dans le monde sont rares : c'est la tentative du Marché commun du Sud (abrégé MERCOSUR) depuis 1991. Dans la typologie de Bela Balassa, les États peuvent encore approfondir leur intégration régionale : ils deviennent une **union économique** y ajoutant des politiques communes, comme une politique monétaire ou économique générale. C'est ce qui rend exceptionnelle l'UE depuis le traité de Maastricht de 1992, et encore plus depuis l'union économique et monétaire, avec la mise en place d'une monnaie unique en 1999. Enfin, stade ultime de la régionalisation*, les États peuvent choisir l'**union politique :** ils y ajoutent une intégration politique autour d'institutions communes souveraines, ce qui aboutit à une fédération. C'est ce vers quoi pourrait s'acheminer l'Union européenne à terme. Les traités de Rome, mais également la CECA, par les institutions créées, introduisent de fait une dimension politique à la construction européenne.

Ainsi, appréhender l'Union européenne nécessite d'en **comprendre le processus de construction politique et institutionnel**. Si les césures chronologiques choisies dans ce chapitre restent arbitraires, elles permettent néanmoins de poser un ensemble de continuités et de ruptures, de montrer que l'UE est une organisation politique en constante évolution [MAGNETTE, 2009]. Elle demeure un équilibre précaire entre volontés supranationales et intergouvernementales, et qui est fondé sur une logique de décision consistant à produire du consensus, tout en réduisant progressivement les divergences entre les États membres.

"Un jour viendra où, vous tous, nations du continent, sans perdre vos qualités distinctes et vos glorieuses individualités, vous vous fondrez étroitement dans une unité européenne, et vous constituerez la fraternité européenne", s'exclamait Victor Hugo lors du discours d'ouverture au Congrès international de la paix à Paris en 1849. **Si l'unité européenne n'est pas totale à l'échelle du continent, comment et jusqu'où s'est construite cette intégration unique au monde ?**

EUROPE, UNION EUROPÉENNE : DES LIENS INITIAUX À ÉCLAIRER...

L'Union européenne n'est pas l'Europe

Si cela peut paraître une évidence initiale, rappelons d'abord que l'Union européenne ne doit pas être confondue avec l'Europe. Ce dernier terme désigne le plus petit et le plus morcelé de tous les continents : 10 millions de km^2 (en incluant la Russie d'Europe) pour 46 États et un peuplement de 730 millions d'habitants. L'invention du nom fait débat. Certains estiment qu'il viendrait d'un mythe fondateur, celui du poète grec Hésiode. Europe est au départ une jeune princesse phénicienne séduite et enlevée par Zeus, déguisé sous les traits d'un taureau. Zeus aurait emmené Europe sur l'île de Crète, qui serait alors la plus vieille civilisation européenne. Sous l'action des Grecs et des Assyriens, ce terme a commencé à être utilisé dès l'Antiquité pour nommer tout l'espace au nord-ouest de la Méditerranée. D'autres estiment que le terme Europe viendrait du mot sémitique "ereb" qui signifie "coucher de soleil" (d'où "occident").

Au-delà de l'origine du terme, le continent est issu d'une **construction historique marquée par plusieurs périodes d'unification** : les cinq siècles de l'Empire romain, l'Empire carolingien, le Saint Empire romain germanique sous Charles Quint et, plus brièvement, l'Empire napoléonien. Mais pendant seize siècles, l'histoire de l'Europe est d'abord celle d'une succession de guerres, entrecoupées de brèves périodes de paix qui n'étaient souvent que des trêves entre souverains désireux d'élargir toujours plus leurs royaumes. Ce continent a vu apparaître progressivement une civilisation européenne faite de multiples apports : grecs, romains, judéo-chrétiens, celtiques, germaniques, slaves, etc. Ainsi, l'Europe n'est pas qu'un continent (voire ne l'est même pas au sens strict) : c'est une construction intellectuelle et politique qui repose sur de multiples héritages, dont les limites territoriales donnent lieu à de multiples débats.

À l'origine des projets d'unification : la vision d'une Europe pacifiée

L'Union européenne renvoie plus précisément à une construction institutionnelle, mais qui a des liens initiaux forts avec la construction de l'Europe. C'est la **vision d'une Europe pacifiée et unifiée** qui est à l'origine des projets d'intégration européenne. De multiples projets et essais apparaissent dès le XVIIIe-XIXe siècle. On peut d'abord citer Kant dans son ouvrage *Vers la paix perpétuelle* (1795). Alors que les conflits se renforcent en Europe et que les frontières sont bafouées, Kant formule un certain nombre de principes juridiques (et non moraux) nécessaires pour instaurer une "alliance de la paix" européenne sans avoir à recourir à la violence. Il croit fermement qu'un peuple éclairé et puissant, se constituant en république, peut former le cœur d'une union fédérative d'États. On peut aussi citer Victor Hugo à l'origine de l'un des textes les plus marquants de l'histoire de l'idée européenne. Lors du discours d'ouverture au Congrès international de la paix à Paris en 1849, il appelle de ses vœux la constitution des "États-Unis d'Europe" : ""un jour viendra où il n'y aura plus d'autres champs de bataille que les marchés s'ouvrant au commerce et les esprits s'ouvrant aux idées." Pacifiste convaincu, il voit dans le réveil des nations la promesse d'une unification européenne. Si le "Printemps des peuples" est réprimé partout par les forces contre-révolutionnaires, il continue de défendre l'idée-force que l'organisation politique de l'Europe engendrera l'unification, et donc inévitablement la paix. Notons qu'à l'époque, les observateurs, journalistes et caricaturistes sont loin de tous partager cette confiance en une construction européenne, la qualifiant d'utopie, de chimère, d'illusion, voire de folie et d'extravagance.

Le projet de rapprocher des nations antagonistes au sein d'une Europe fragmentée ne disparaît pas pour autant. Après la Première Guerre mondiale, l'idée ressurgit autour de l'Autrichien Richard Coudenhove-Kalergi : il propose une union paneuropéenne autour de l'exploitation commune du charbon et des minerais de fer, l'idée étant d'aboutir à terme à une confédération avec des institutions, une monnaie et une armée communes. Par la suite, le français Aristide Briand et le chancelier allemand Gustav Stresemann tentent un rapprochement franco-allemand autour du traité de Locarno en 1925. Cet "esprit de Locarno" de paix et de solidarité aboutit même à ce que Briand propose, en 1929 à la SDN, le premier projet officiel d'Union européenne. La crise des années 1930, la montée des nationalismes et la Seconde Guerre mondiale effacent ces esquisses, même si l'idée d'unification est reprise par certains courants de la Résistance, et est même évoquée en 1942 par Winston Churchill qui propose un mémorandum sur les "États-Unis d'Europe" afin de mettre un terme définitivement aux guerres intestines européennes.

1945-73 : DES "COMMUNAUTÉS" ET DES POLITIQUES QUI PRODUISENT DES SOLIDARITÉS DE FAIT

Après 1945 : vers une "Europe américaine" ?

L'année 1945 est une rupture : c'est le passage de "la grande alliance à la grande méfiance" (W. Churchill), aboutissant à la bipolarisation du monde. Pour les États-Unis, l'Europe devient alors un enjeu géopolitique fondamental : alors que l'Europe de l'Est est peu à peu satellisée et soviétisée par l'URSS, les Américains craignent une contagion communiste en Europe occidentale. Cela explique la doctrine du "*containment*" officiellement annoncée par le président Truman en mars 1947. Initialement, c'est bien une "Europe américaine" qui se dessine.

D'abord, cinq pays européens (France, Belgique, Pays-Bas, Luxembourg et Royaume-Uni) signent un traité d'assistance mutuelle en cas d'agression soviétique en mars 1948 : le traité de Bruxelles. C'est ce traité qui sera élargi et donnera naissance à l'OTAN (Organisation du traité de l'Atlantique Nord) en avril 1949. Par la suite, en avril 1948 est créée une organisation en charge de l'administration de l'aide Marshall : l'**OECE** (Organisation européenne de coopération économique), qui allait devenir l'OCDE (Organisation de coopération et de développement économique), qui favorise là encore une coopération intergouvernementale et un rapprochement entre les États de l'ouest européen. À partir du 7 au 10 mai, le Congrès de La Haye cherche à convaincre l'opinion de l'intérêt d'une construction européenne. Y est décidée la création d'une entité juridique qui doit défendre les droits de l'homme et les valeurs européennes : le **Conseil de l'Europe**. Si ce dernier joue un rôle mineur dans l'unité européenne, il est à l'origine de la Convention européenne des droits de l'homme et de la Cour européenne des droits de l'homme. Dès le départ, les visions s'opposent entre les partisans d'une Europe fédérale et les partisans d'une Europe intergouvernementale. L'Europe qui s'esquisse alors est celle de la coopération interétatique.

1950-1957 : l'Europe supranationale des "communautés", ou les premiers jalons de la coopération interétatique

Le 9 mai 1950, la première volonté de coopération, réussie, est d'abord économique autour de la CECA (Communauté européenne du charbon et de l'acier). Par sa déclaration du Salon de l'horloge au Quai d'Orsay, le ministre français des Affaires étrangères, Robert Schuman, propose de concrétiser l'idée de Coudenhove-Kalergi d'unifier les productions européennes de charbon et d'acier (nécessaires à toute industrie d'armement) et de les placer sous la direction d'une haute autorité supranationale. De cette déclaration découle le traité de la CECA ou de Paris signé en avril 1951 par six pays (France, RFA, Belgique, Luxembourg, Pays-Bas, Italie). L'originalité de cette communauté réside dans son fonctionnement sous une autorité supranationale et non intergouvernementale : la Haute autorité de la CECA et le Conseil des ministres prennent les décisions, tandis que l'Assemblée parlementaire ne joue qu'un rôle consultatif. Une sorte de prototype d'organisation fédérale est ainsi posé, ce qui renforce l'opposition de tous les partis opposés à toute perte de souveraineté (dont les gaullistes en France). La CECA est créée pour une durée limitée de 50 ans, et a donc expiré le 23 juillet 2002.

En 1954, la deuxième volonté de coopération, ratée, est plus politique autour de la CED (Communauté européenne de défense). Les partisans de l'intégration européenne proposent la constitution d'une organisation militaire européenne. Souhaitée par les États-Unis qui mobilisent alors des troupes en vue de la guerre de Corée, la CED doit notamment renforcer l'OTAN en y incorporant une RFA armée. Finalement rejetée, la CED va aiguiller l'intégration européenne vers ce qui semble mieux fonctionner : la construction économique. Dès la conférence de Messine en 1956, le Belge Paul-Henri Spaak est missionné pour réfléchir à la construction d'un marché commun européen. Méthodologiquement, il faut retenir que c'est la "**stratégie des petits pas**", ou **méthode fonctionnaliste***, qui est retenue : "l'Europe ne se fera pas d'un coup, dans une construction d'ensemble : elle se fera par des réalisations concrètes créant d'abord des solidarités de fait" (R. Schuman). Cette approche pragmatique cherche à créer une solidarité de fait entre les États membres.

Le 25 mars 1957, l'unification territoriale européenne se renforce avec les traités de Rome, sorte de réponses à deux problèmes qui secouent les Européens. Du côté français, la crise de Suez en 1956 a aiguisé les craintes pour l'approvisionnement énergétique et certains, comme Jean Monnet, avancent l'idée d'une organisation dédiée à la production d'électricité d'origine nucléaire : le premier traité porte ainsi sur la **Communauté européenne de l'énergie atomique** : l'Euratom*. Sa finalité est de contribuer, au sein de tous les États membres, au développement des industries nucléaires européennes, de garantir un niveau de sécurité nucléaire élevé, et surtout d'assurer la sécurité d'approvisionnement. Du côté des cinq autres pays, avec la reprise économique, ils sont surtout intéressés par la création d'un marché commun autour de "l'Europe des Six" : le second traité institue la **Communauté économique européenne** (CEE). En réalité, au sens de l'économiste Bela Balassa, il s'agit davantage d'une zone de libre-échange (où les barrières douanières sont supprimées) que d'un véritable marché commun qui inclurait la libre circulation des facteurs de production (travailleurs et capitaux). Ces traités illustrent de nouveau un compromis, notamment entre la position française favorable à l'élaboration de politiques communes, et la position allemande elle-même tiraillée entre le courant fédéraliste et le courant ordo-libéral qui envisage une intégration fonctionnelle plus approfondie des marchés (c'est-à-dire la libre circulation des biens, services et capitaux). Ainsi, en 1957, trois Communautés distinctes se superposent et posent les bases d'une coopération interétatique. En termes de gouvernance*, le traité de Bruxelles de 1965 finit par fusionner les exécutifs des trois Communautés en une seule "Commission des Communautés européennes".

1957-73 : une fabrique de l'intégration entre crises et avancées

Mais la fabrique de l'intégration européenne ne se fait pas sans résistance et sans crise. La résistance des souverainetés perdure, voire se renforce. L'exemple de la France le montre. Dès 1958, le retour au pouvoir du général de Gaulle, hostile à la supranationalité, fait craindre que les traités ne soient pas ratifiés. Rapidement, ce dernier impose dans le cadre de la CEE une politique agricole commune (PAC) très favorable à la France (dotée de la première agriculture européenne).

Mise en œuvre dès 1962, la PAC doit permettre la modernisation rapide de l'agriculture européenne et l'autosuffisance alimentaire. Mais dès le milieu des années 1960, elle fait face à de multiples critiques : à l'extérieur, les États-Unis remettent vivement en cause ce protectionnisme ; à l'intérieur, certains dénoncent l'explosion des coûts de cette PAC et veulent une réforme afin de privilégier des unités de production plus grandes et plus efficaces. Mais le général de Gaulle refuse tout changement. En décembre 1965, ce dernier est à l'origine d'une autre crise, souvent qualifiée de "**crise de la chaise vide**" : il refuse l'extension du rôle du Fonds européen* d'orientation et de garantie agricole (FEOGA), chargé de la mise en œuvre de la PAC ; surtout, il dénonce la modification du vote à l'unanimité dans la prise de décision au profit du vote à la majorité (notamment pour le financement de la PAC). Ainsi, il suspend la participation de la France aux réunions du Conseil des ministres de la CEE, et bloque *de facto* toute décision. Après sept mois de blocage, le compromis de Luxembourg réaffirme la nécessité d'une prise de décision à l'unanimité : un État membre peut s'opposer à un vote majoritaire s'il estime que ses intérêts vitaux (notion floue) sont menacés. Cette pratique du "droit de veto" éloigne alors toute perspective de construction politique supranationale de l'Europe. Territorialement, l'Europe s'apparente toujours alors à une "confédération" (J. Lévy) : une association d'États qui délèguent certaines de leurs compétences autour de "communautés" et de "politiques communes", mais des États qui conservent leur souveraineté.

Pour autant, plusieurs politiques successives vont montrer l'intérêt économique de cette confédération. En 1968, **un tarif extérieur commun (TEC)** est instauré entre les premiers membres de la Communauté économique européenne, à savoir la France, la RFA, le Benelux et l'Italie. Une union douanière* se forme alors, ce qui signifie la disparition des frontières économiques et l'adoption de droits de douane communs à leurs frontières. Pour autant, ce TEC fait l'objet de vifs débats : d'un côté, la RFA, avec son économie très industrielle et extravertie, est favorable à un TEC très faible ; de l'autre, la France, avec son économie moins industrielle et plus agricole, souhaite un TEC plus élevé. Le TEC est aussi contesté dès le départ par le Royaume-Uni et les États-Unis, mais le GATT tranche en donnant raison aux six pays à condition qu'ils baissent le tarif extérieur commun initialement choisi. Au début des années 1970, le contexte particulièrement difficile de fin du système de Bretton Woods va là encore montrer l'intérêt économique d'une confédération. Alors que les échanges intra-européens sont perturbés par les fluctuations monétaires, le Français Raymond Barre et le Luxembourgeois Pierre Werner présentent dès 1970 un plan pour limiter les fluctuations et recréer les conditions de la confiance. Cela donne naissance au mécanisme du **serpent monétaire européen**: les membres de la CEE décident de contenir les fluctuations de leurs monnaies dans une marge de plus ou moins 1,125 % pour atténuer les risques de change. Précurseur des politiques monétaires communes qui suivront, la nouvelle dévaluation du dollar en février 1973 et le premier choc pétrolier aggravent les difficultés, entraînant davantage des réflexes nationaux que des réactions européennes. Il n'empêche: ces politiques communes resserrent les liens et approfondissent la confédération européenne.

1973-1991 : APPROFONDISSEMENTS ET ÉLARGISSEMENTS POUR CONSTRUIRE UN AGRÉGAT MULTINATIONAL

Les premiers élargissements de la confédération…

Cette "confédération économique" donne des envies et aboutit au 1er élargissement, en 1973, avec l'entrée de la Grande-Bretagne, du Danemark et de l'Irlande. Dans les années 1950, la Grande-Bretagne s'était tenue à l'écart de la construction européenne et privilégiait ses liens avec son empire et avec les États-Unis. En 1960, elle est même à l'initiative d'une organisation intergouvernementale concurrente à la CEE: l'AELE* (Association européenne de libre-échange), qui regroupe initialement Grande-Bretagne, Danemark, Norvège, Suisse, Portugal, Autriche et Suède. Rapidement, la Grande-Bretagne se rend compte que ses échanges sont plus intenses avec la CEE qu'avec ses partenaires de l'AELE, et se résigne à entrer dans la CEE. Mais par deux fois, le président de Gaulle met son veto à cette adhésion, évoquant le "cheval de Troie" des États-Unis. Il faut attendre la démission de de Gaulle en 1969 et son successeur G. Pompidou pour passer à "l'Europe des neuf".

En 1980, c'est la Grèce qui fait son entrée. Si un accord d'association avec la CEE existait depuis 1962, c'est la chute de la dictature des colonels en 1974 qui a permis de reprendre le processus d'intégration. Réservée sur la candidature, la Commission propose une phase de préadhésion afin de limiter les retards économiques et agricoles de la Grèce par rapport à l'Europe des neuf. **En 1986, c'est le Portugal et l'Espagne qui rejoignent l'UE : "l'Europe des Douze"**. Un peu comme en Grèce, la chute des régimes dictatoriaux de Franco en Espagne et de Salazar au Portugal permet l'adhésion de ces deux pays. Ce nouvel élargissement fait cependant apparaître des craintes économiques et sociales. D'abord, ces pays sont marqués par des retards agricoles et une sous-industrialisation: cela signifie que la convergence risque de coûter cher et de prendre du temps. De plus, des oppositions des pêcheurs et paysans méridionaux en France apparaissent, car leur intégration risque de déstabiliser les filières de certaines productions méditerranéennes (fruits et légumes, huile d'olive, vin...) et de faire chuter les exportations agricoles venant d'Afrique du Nord. On retrouve ici la critique du "détournement de trafic" adressée aux unions économiques régionales par Jacob Viner dès 1959, dans *The Customs Union Issue*.

Le 9 novembre 1989, la chute inattendue du mur de Berlin bouleverse la donne géopolitique en Europe. **L'Allemagne réunifiée intègre alors la CEE le 3 octobre 1990**, avec à sa tête Helmut Kohl, fervent partisan de l'Europe unifiée. Berlin est consacré "capitale de l'Allemagne", et la date du 3 octobre devient alors le moment de la fête nationale: le "jour de l'unité allemande".

Les résultats de ces élargissements sont positifs en termes de croissance, de développement et de réduction des écarts de niveau de vie: l'Irlande est, par exemple, surnommée le "tigre celtique" dans un rapport de la banque Morgan Stanley en 1994 (par analogie à l'expression "tigres asiatiques"). Dès leurs entrées, les pays intégrés bénéficient des prix agricoles garantis (PAC) et de nombreux fonds structurels communautaires (notamment le FEDER) qui accompagnent les transformations économiques et l'aménagement des infrastructures de transport et de communication.

… et une construction communautaire qui s'approfondit

Les crises mondiales du dollar et du pétrole au cours des années 1970 ont imposé à la Communauté une réflexion sur son avenir. Plusieurs rapports relancent alors la dynamique communautaire tout au long de la période et préparent déjà l'Acte unique de 1986 : les rapports Davignon (1970), Tindemans (1975), du comité des "trois sages" (1978) ou encore le rapport Spirelli (1984). Surtout, des développements concrets renforcent le principe et le fonctionnement de la confédération.

Politiquement, le premier approfondissement des institutions européennes a lieu en 1974. Au Sommet de Paris, le président français Valéry Giscard d'Estaing, récemment élu, est à l'origine de deux décisions fortes : la constitution d'un Conseil européen des chefs d'État et de gouvernement, qui se réunira désormais trois fois par an pour prendre les décisions stratégiques de la Communauté ; l'élection au suffrage universel direct du Parlement européen, l'idée étant de donner plus de poids et de légitimité à ce dernier, et surtout de lutter contre l'image bureaucratique et lointaine de la CEE. Si les premières élections européennes ont lieu en 1979, elles sont marquées par une faible participation (40 %) et les enjeux de la campagne restent centrés sur des thématiques plus nationales qu'européennes. La présidence de ce nouveau parlement revient alors à Simone Veil. **Économiquement**, la mise en place en 1978 du **système monétaire européen** (SME) essaie de résoudre le problème de l'instabilité monétaire en créant une unité de compte commune : l'ECU ! Le SME reconstruit ainsi un "serpent monétaire" plus robuste, le premier ne tenant plus face aux multiples attaques spéculatives. À nouveau, c'est la priorité d'une "Europe des marchés" qui l'emporte. **Cela n'empêche pas certaines crises internes de perdurer**. En 1979, l'arrêt "Cassis de Dijon" est représentatif des oppositions autour des barrières non tarifaires : alors que la RFA interdit l'importation de la liqueur de cassis de Dijon en raison d'une teneur en alcool inférieure au titre prévu par le droit allemand (35°), un exportateur français saisit la Cour de Justice qui tranche en sa faveur. En 1984, une autre crise montre la difficulté qu'ont les États à se mettre d'accord sur le budget européen : la Première ministre britannique Margaret Thatcher réclame une ristourne, et refuse de donner plus que ce que ne reçoit la Grande-Bretagne (le fameux "*I want my money back*").

Un compromis aboutit alors au fameux “chèque britannique” : la Grande-Bretagne disposera jusqu’à son départ de l’UE d’un rabais sur la somme qu’elle devait théoriquement payer.

Pour autant, dans un contexte de montée des idées monétaristes, les années 1980 sont celles du renforcement de l’intégration territoriale par effacement des frontières internes. Signés en 1985, les **accords de Schengen*** constituent une première étape de ce qu’on appelle aujourd’hui “l’espace Schengen”. Si les marchandises peuvent circuler librement dans la CEE depuis l’Union douanière* de 1968, ce n’est pas le cas des personnes, sauf entre les pays du Benelux où les contrôles aux frontières n’existent plus. Ces derniers proposent à la France et à la RFA de les abolir également : l’accord est signé à Schengen au Luxembourg, et sera progressivement étendu aux autres pays européens (le “groupe de Schengen”). Cela aboutit à la suppression graduelle des contrôles aux frontières internes, mais renforce la surveillance des frontières externes. Une nouvelle territorialité européenne se dessine alors autour de cette “Europe de la libre circulation”, où la mobilité interne des individus, des biens et des capitaux est facilitée. Si les frontières-coupures laissent place aux frontières-coutures, de nombreux obstacles administratifs, réglementaires et sanitaires freinent encore les échanges. Il apparaît alors difficile d’achever la réalisation du marché intérieur sur la base des traités existants et des dispositions institutionnelles qui s’y appliquent. L’harmonisation des législations est, par exemple, freinée par la nécessité de trouver l’unanimité au sein du Conseil européen. En 1986, **l’Acte unique européen** est un événement : pour la première fois depuis les traités de Rome de 1957, les textes fondamentaux qui régissent la CEE sont modifiés pour rendre plus efficace et démocratique son fonctionnement. Un certain nombre de réformes ont donc lieu afin de faciliter l’harmonisation entre territoires. À opposer à “commune”, “unique” signifie uniformiser les règles à tous, ce qui va au-delà de la simple adoption de règles communes. Côté frontière, le marché unique est renforcé autour des quatre libertés de circulation pour les biens, services, personnes et capitaux. Côté solidarité, la cohésion économique et sociale devient une compétence relevant de la Communauté européenne : l’Acte unique donne ainsi à la politique régionale une plus grande envergure et développe son caractère redistributif. Côté puissance, ce dernier consacre la pratique de la coopération en matière de politique étrangère : l'enjeu est désormais de parler d'une seule voix en Europe. En 1987, le programme de mobilité **Erasmus** est lancé. Mais dans un contexte d'effondrement du communisme en Europe à la fin des années 1980 et au début des années 1990, des questions majeures perdurent : faut-il achever le processus d'intégration régionale pour atteindre une structure fédérale ? Faut-il élargir l'Europe "de l'Atlantique à l'Oural" ?

1992-2007 : RÉFORMER L'UE POUR RÉPONDRE À DE NOUVEAUX DÉFIS

Le dépassement de l'objectif économique

Signé le 7 février 1992 et entrant en vigueur le 1er novembre 1993, **le traité de Maastricht** finalise l'Acte unique et **est l'acte fondateur de l'Union européenne** entre les douze États membres de la Communauté. L'objectif **économique** de la CEE, autour de la constitution d'un marché unique, se poursuit : le lancement de l'Union économique et monétaire (v. Zoom, L'UEM et la convergence des économies) sous l'égide de la BCE en vue d'instaurer une monnaie unique (v. Zoom, Zone euro), et la libéralisation de l'économie européenne se poursuit (ouverture des marchés financiers à la concurrence, libéralisation de certains services publics comme les télécommunications ou le rail). Mais cet objectif économique est désormais dépassé par une **vocation politique**. À travers ses trois champs d'action (la fameuse "structure en pilier"), l'Union européenne se situe entre fédération et confédération : d'un côté, la Communauté européenne (qui remplace la CEE, et qui s'ajoute à la CECA et à l'Euratom) dispose de compétences supranationales étendues ; de l'autre, la PESC (Politique étrangère et de sécurité commune) et la JAI (Justice et Affaires intérieures, pour une coopération policière et pénale) renforcent la coopération intergouvernementale, tout en utilisant des institutions communes comme la consultation du Parlement européen. Cet entre-deux fait dire à Jacques Delors que l'UE est une "fédération d'États-nations" à partir de 1994. Enfin ; mais surtout, le traité reconnaît la **citoyenneté** européenne à toute personne ayant la nationalité d'un État membre de l'Union (v. Chapitre

Identité/identités de l'Union européenne). Cette citoyenneté ouvre de nouveaux droits: droit de circuler et de résider librement au sein des États membres, droit de voter et d'être élu dans l'État où l'on réside, droit de pétition et de dépôt de plainte, protection à l'étranger de la part de n'importe quels consulats et ambassades d'un État membre. L'Europe fait donc de plus en plus "société" (J. Lévy), en fabriquant un espace de liberté, en explicitant et en renforçant l'appartenance de chacun à l'Union européenne. Renforçant la PESC, le **sommet franco-britannique** donne une impulsion décisive à l'Europe de la défense en 1993, en vue de renforcer la puissance européenne: l'UE "doit avoir une capacité autonome d'action, appuyée sur des forces militaires crédibles." Ainsi, ce sommet aboutit à la mise en place de structures militaires permanentes, clarifie les relations avec l'OTAN, et définit des missions où l'UE peut intervenir (rétablissement de la paix, gestion de crises, action humanitaire).

En 1997, le **traité d'Amsterdam** prolonge celui de Maastricht, en permettant l'accroissement des compétences de l'Union. Ainsi, la méthode communautaire supranationale s'applique désormais à des domaines qui relevaient de la coopération intergouvernementale: la gestion des frontières externes, l'immigration, l'asile, la coopération douanière ou encore la lutte contre la fraude. Il prévoit aussi des dispositions pour renforcer la coopération intergouvernementale, tout en renforçant les pouvoirs de décision et de contrôle du Parlement. Enfin, il prévoit l'ouverture de négociations dans la perspective d'un élargissement aux PECO: une Europe à plus de vingt membres nécessite de repenser les institutions afin d'en conserver l'efficacité et le caractère démocratique. 1999 marque **l'arrivée de l'euro** comme monnaie de compte, puis comme monnaie pour les transactions quotidiennes à partir de 2002. Si trois États refusent la monnaie unique (Royaume-Uni, Danemark et Suède), celle-ci renforce l'idée de construire une communauté forte et contribue à renforcer le sentiment d'appartenance européen. En 2001, le **traité de Nice** répond aux problèmes institutionnels liés à l'élargissement qui n'ont pas été réglés en 1997: pondération des voix au Conseil européen, composition de la Commission, élargissement du vote à la majorité qualifiée... La succession des traités montre bien que l'architecture de l'Union est désormais définie de manière globale et pour garder une cohérence au fil des élargissements.

Le traité de Nice étant considéré comme insuffisant pour encadrer une Europe à vingt-cinq ou plus, une nouvelle réforme institutionnelle semble nécessaire. En 2004, le **traité établissant une constitution pour l'Europe (TECE, aussi appelé traité constitutionnel européen)** doit consolider et simplifier 50 ans de traités européens, tout en apportant un certain nombre de nouveautés: par exemple, l'incorporation de la Charte des droits fondamentaux du citoyen européen, la création d'un ministre des Affaires étrangères européen, ou encore la simplification des instruments d'action. Alors qu'il doit être ratifié par tous les États membres pour entrer en vigueur, les citoyens français et néerlandais se prononcent par référendum contre ce texte au printemps 2005. Il faut attendre la signature du **traité de Lisbonne** en 2007 (et son entrée en vigueur en 2009) pour que l'UE sorte de cette crise institutionnelle majeure. Ce traité ne transfère aucune nouvelle compétence à l'UE, mais modifie la gouvernance de cette dernière en s'inspirant du projet de Constitution de 2004 (tout en allant moins loin). Il répond à la question "qui fait quoi", en clarifiant le partage des pouvoirs entre UE et États membres autour de trois catégories de compétences: des compétences exclusives de l'UE qui lui permettent de légiférer seule; des compétences partagées entre UE et États membres (mais les États exercent ces compétences tant que l'UE n'exerce pas la sienne); des compétences qui relèvent des États membres, mais où l'UE peut mener des actions d'appui ou de coordination. Pour éviter une nouvelle crise comme en 2005, tous les gouvernements choisissent de ratifier le traité par la voie parlementaire, à l'exception de l'Irlande dont la constitution oblige à passer par la voie référendaire. Or en 2008, le référendum irlandais rejette le traité... Pour éviter une nouvelle crise institutionnelle, les États poursuivent la ratification, et l'Irlande approuve le traité par un second référendum en 2009. C'est le dernier traité qui régit le fonctionnement de l'Union européenne.

Le défi des élargissements

Deux éléments de contexte au moins incitent aux élargissements (v. Chapitre La territorialité communautaire): la mise en œuvre d'un marché commun et la fin du rideau de fer. Le vieux rêve de rassembler toute la "famille européenne", défendu par les pères fondateurs de l'Europe, est devenu possible. L'UE fait donc le choix de l'ouverture et de l'aide à la transition vers l'économie de marché* et à la démocratisation pour les pays d'Europe centrale et orientale. Par exemple, le programme PHARE (Pologne-Hongrie-Aide à la reconstruction économique) lancé en 1989 est l'un des instruments de préadhésion financés par la CEE puis l'UE pour aider à la future intégration.

Au 1er janvier 1995, l'UE s'élargit à quinze, avec l'Autriche, la Finlande et la Suède. Si ces trois pays sont longtemps restés dans l'AELE tant qu'a duré la guerre froide, ils ont dès la fin des années 1980 développé des relations fortes avec les pays de la CEE. Ce sont notamment la mise en place du marché commun et les travaux sur une monnaie commune qui modifient la donne et incitent les États à l'adhésion, de peur de se retrouver à l'écart du commerce intra-européen.

Au 1er mai 2004, un cinquième élargissement aboutit à "l'Europe des 25": c'est l'entrée de Malte, de Chypre, des trois ex-républiques baltes soviétiques Estonie-Lettonie-Lituanie, de la Hongrie, de la Pologne, de la République tchèque, de la Slovaquie et de la Slovénie. Ces États ont dû se conformer à "l'acquis de l'Union européenne" ("acquis communautaire" jusqu'en 2009): un corpus qui cumule les droits et obligations juridiques qui lient les États membres. Cela représente tout de même la transposition dans le droit national de 3000 directives* et 100000 pages du Journal officiel de l'Union européenne. À cela s'ajoutent les critères de Copenhague* que les pays candidats doivent s'engager à respecter à partir de 1993 afin de prétendre à l'intégration européenne. Cela n'empêche pas un **sixième élargissement à vingt-sept le 1er janvier 2007 avec l'entrée de la Roumanie et de la Bulgarie**. Ces deux derniers ont cependant dû retarder leur entrée, car ils ne répondaient pas aux critères minimaux d'adhésion: côté Roumanie, c'est la situation économique et le sort des minorités* roms qui a notamment empêché l'adhésion en 2004; côté Bulgarie, l'UE a demandé la fermeture des réacteurs de la centrale nucléaire de Kozlodouy suite à plusieurs accidents, et une réduction drastique de la corruption. Ces derniers élargissements mettent en exergue deux urgences: celle d'un traité modifiant la gouvernance* et les prises de décision (le traité de Lisbonne en 2007), et celle de la convergence économique pour limiter les retards de développement (les fonds structurels européens).

DEPUIS 2010 : UNE EUROPE QUI "SE FAIT DANS LES CRISES"

De la crise des *subprimes* à la crise des dettes souveraines

Dès 2009-2010, l'Europe est touchée de plein fouet par la crise des *subprimes* (v. Zoom, La crise de la zone euro en 2008), qui devient par contagion une crise bancaire et financière systémique mondiale. Cela aboutit à des interventions massives de la BCE et des États de l'Union pour empêcher l'effondrement des systèmes bancaires et financiers. Toutefois, un certain nombre d'États européens surendettés sont à la peine. En février 2010, la possibilité d'un défaut de paiement de la dette de l'un d'entre eux, la Grèce, déclenche une réaction en chaîne sur tous les pays en difficulté : Irlande, Portugal, Italie, Chypre. La crise immobilière et bancaire américaine, devenue crise financière et économique, devient en Europe une crise des dettes souveraines qui menace directement la survie de la zone euro. L'UE décide alors d'aides substantielles via de nouveaux instruments, en contrepartie de réformes et d'un assainissement des dépenses publiques : plan d'aide initial à la Grèce, puis création d'un Fonds européen* de stabilité financière (FESF), ou encore multiples accords pour effacer les créances pourries et douteuses. C'est alors le temps des "pactes" : Pacte pour l'Euro en mars 2011, Pacte budgétaire européen en janvier 2013 (appelé "Traité pour la stabilité, la coordination et la gouvernance de l'Union économique et monétaire" ou TSCG) qui définit les "règles d'or" à suivre par les États de la zone euro (pas plus de 0,5 % de PIB en déficit structurel ni plus de 3 % de PIB en déficit total). La même année, **la Croatie devient le vingt-huitième État de l'UE avec son sixième élargissement**. Ainsi, l'UE a réussi à traverser sa plus grave crise et conserver même un certain pouvoir d'attraction sur son environnement proche. Cette crise et les élargissements permanents soumettent ses institutions à de vraies épreuves d'efficacité et de démocratie. Si l'économie européenne repart peu à peu en 2015, la crise est rapidement perçue comme plus profonde : Michel Aglietta, dans son ouvrage *Zone euro : éclatement ou fédération* (2013), y voit une crise de gouvernance, avec des institutions qui ne sont pas de taille à affronter les difficultés qui ont surgi ; Jürgen Habermas, dans *La constitution de l'Europe* (2012), y voit aussi une crise de légitimation politique et de représentation citoyenne. Pour lui, le rejet de l'Europe, perçu comme bureaucratique et technicienne, comme purement économique et non sociale, nécessite d'imaginer une nouvelle représentation parlementaire européenne dotée de réels pouvoirs de contrôle politique afin de réduire les inégalités au sein de l'espace européen.

Des difficultés… jusqu'à la remise en cause de l'Europe à vingt-huit

Dans le même temps, **les difficultés s'accumulent**: chômage et dette publique préoccupants, montée du terrorisme djihadiste depuis la constitution de Daesh en 2006, tensions avec la Russie depuis 2013 et la crise ukrainienne, crise migratoire à partir de 2015, progression des populismes et nationalismes eurosceptiques*, conflits avec les gouvernements Orban en Hongrie et Kaczynski avec la Pologne sur l'État de droit (liberté de la presse, séparation des pouvoirs, droits LGBT…), tensions avec les États-Unis sous le mandat de Donald Trump, ou encore la sortie du Royaume-Uni de l'UE.

Surnommé "**Brexit**" (pour "British Exit"), la sortie du Royaume-Uni de l'UE est décidée par les Britanniques, le 23 juin 2016, par référendum: 51,9 % des Britanniques votent pour la sortie. Il faut cependant plusieurs années de négociations pour que ce divorce soit finalisé. Il faut ainsi attendre le 31 décembre 2020 pour que le Royaume-Uni se détache concrètement de l'UE, avec la sortie de l'union douanière, du marché unique ou encore du programme Erasmus+. Géographiquement, cela signifie le retour des frontières et la fin de la libre circulation: le droit au séjour, au travail et aux études est rendu plus difficile avec de nouvelles formalités à accomplir. Se pose enfin le problème du retour d'une frontière physique entre l'Irlande du Nord et la République d'Irlande, toutes deux sur la même île. Si le Royaume-Uni et l'UE se sont engagés à ce que rien ne change pour la circulation des individus, les contrôles douaniers qui concernent les marchandises donnent lieu à des tensions. Adopté le 24 mars 2023, le "cadre de Windsor" met d'accord les deux acteurs autour d'un allègement des contrôles douaniers sur les produits en provenance de Grande-Bretagne et uniquement à destination de l'Irlande du Nord. Le Brexit constitue une véritable rupture et a des implications économiques, politiques et juridiques lourdes pour le Royaume-Uni. Il met aussi en exergue la progression de l'euroscepticisme en Europe.

Des mesures de solidarité à la faveur de la crise du covid-19 : nouvelle impulsion ?

Autre crise, la pandémie du covid-19 frappe l'Europe de plein fouet, mais est aussi le moment d'une mesure de solidarité exceptionnelle qui va renforcer l'Union européenne. Face à la crise sanitaire et économique, les États membres décident dès avril 2020 d'une mesure de solidarité budgétaire exceptionnelle autour d'un Fonds européen commun *Next Generation EU :* un plan de relance inédit de 750 milliards d'euros sur la base d'un endettement commun. Parallèlement, les dirigeants de l'UE s'entendent sur un budget pour la période 2021-2027 de 1074 milliards d'euros afin d'améliorer la résilience européenne aux crises, notamment par des investissements dans les transitions numérique et écologique. En intégrant toutes les mesures de soutien aux travailleurs, aux entreprises et aux États membres, le plan de relance global de l'UE s'élève à 2364,3 milliards d'euros.

Si l'adage "l'union fait la force" s'exprime par cette mesure budgétaire exceptionnelle, la solidarité entre pays européens s'est aussi exprimée par des mécanismes de coordination, de partage d'informations, de gestion de crise. Elle a enfin pris des formes concrètes par l'accueil de patients pour soulager les pays les plus touchés, par des dons de masques et de matériels médicaux, ou encore par des programmes de recherche communs.

La solidarité européenne face au covid-19 est devenue internationale avec l'initiative "Équipe Europe" : afin de garantir une réaction coordonnée et globale face à la pandémie dans le monde, elle réunit UE, les États membres (et leurs agences), la Banque européenne d'investissement (BEI*) et la Banque européenne pour la reconstruction et le développement (BERD). Renforçant le *soft power** européen, 168 initiatives dans 42 pays ont été menées en septembre 2023.

La guerre en Ukraine, ciment d'une UE perçue comme "protectrice"?

Dans la nuit du 21 au 22 février 2022, des troupes russes pénètrent dans l'est de l'Ukraine sous couvert de maintien de la paix (v. Zoom, Les relations entre l'UE et l'Ukraine). Cette offensive signe le retour fracassant de la guerre sur le continent européen. Face à Moscou, les vingt-sept États de l'UE affichent un front uni et se mettent d'accord sur des mesures inédites à l'échelle de l'UE. Rapidement sont décidées des mesures de rétorsion: gel des avoirs de Vladimir Poutine, interdiction d'exportations touchant le pétrole, sanctions financières lourdes réduisant l'accès aux marchés européens ou encore fermeture de l'espace aérien à l'aviation russe. Par la suite, l'UE approuve le financement d'envoi d'armes en Ukraine, à travers la "Facilité européenne pour la paix": un fonds créé en mars 2021 pour financer des actions opérationnelles dans la cadre de la politique étrangère et de sécurité commune (PESC). Ainsi, pour la première fois, les États se mettent d'accord pour mener une politique militaire puissamment financée, alors qu'ils ne disposent pas d'une armée commune. Ils n'hésitent pas à renforcer à plusieurs reprises les sanctions contre Moscou: le 23 juin 2023 est signé le onzième train de sanctions contre la Russie.

La guerre est aussi révélatrice de l'attractivité européenne. Alors que l'objectif d'une intégration à l'UE est inscrit dans la constitution ukrainienne depuis février 2019, le président Zelensky fait la demande officielle d'une intégration "sans délai" le 28 février 2022. La veille la présidente de la Commission, Ursula von der Leyen, s'était prononcée en faveur de cette intégration: "ils sont des nôtres et nous les voulons parmi nous". Si les vingt-sept se mettent d'accord pour resserrer les liens avec l'Ukraine, ils excluent une adhésion rapide, mais accordent le statut de candidat à l'UE dès le 23 juin 2022. Les États européens doivent aussi accueillir près de 3,5 millions d'exilés qui ont traversé les frontières ukrainiennes, notamment vers la Pologne.

Se sentant elle aussi menacée, la Moldavie demande également à adhérer à l'UE le 3 mars 2022. Dès juin, le Conseil européen lui accorde le statut de pays candidat à l'adhésion, et réaffirme en mars 2023 son soutien à la Moldavie afin de "renforcer la résilience, la sécurité, la stabilité, l'économie et l'approvisionnement énergétique du pays" et de “l’aider dans son parcours d’adhésion à l’UE” (conclusions du Conseil européen).

En définitive, Jean Monnet écrivait, dans ses *Mémoires*, en 1976 : “J’ai toujours pensé que l’Europe se ferait dans les crises, et qu’elle serait la somme des solutions qu’on apporterait à ces crises.” La confrontation à de nombreuses crises tout au long de son Histoire, et notamment pendant la dernière décennie, a abouti à des changements stratégiques et institutionnels profonds. La crise de la covid-19 et la guerre en Ukraine ont permis de resserrer les rangs dans l’Europe des vingt-sept et semblent avoir renforcé la résilience de l’UE face aux défis futurs.

LA TERRITORIALITÉ COMMUNAUTAIRE : DÉLIMITATION, GESTIONS ET PERCEPTIONS

La devise de l'UE, "Unie dans la diversité", s'applique parfaitement à la dimension territoriale du projet européen – elle pourrait alors être détournée en "Unis dans la diversité". Les territoires européens peuvent en effet se comprendre soit comme un tout unifié par des politiques communes, c'est-à-dire comme des territoires de gestion sur lesquels s'appliquent des politiques communes, soit comme une mosaïque de territoires aux mailles très diverses, ayant chacun des trajectoires socio-historiques singulières, mais réunies par des enjeux communs. Dans les deux cas, la question du sens du projet européen revient à se demander si l'Union européenne a réussi à produire un territoire unifié, ou si elle se contente d'organiser le voisinage et la cohabitation entre les territoires qui la composent.

La réponse à cette question n'est évidemment pas simple, et elle est surtout subordonnée à l'interprétation politique donnée au projet européen. Dans une optique souverainiste, il ne peut exister de territoire proprement européen, car seul est légitime et souverain le territoire national ; l'UE ne serait alors qu'un ensemble d'États-nations réunis par des traits culturels communs, mais sans visée unificatrice [KAHN, 2014]. Dans une optique fédéraliste, l'UE se dote d'un agenda pour dépasser les territoires nationaux et construire une unité au-delà des souverainetés nationales, sans les effacer. Depuis la création de l'UE, la construction d'une territorialité européenne oscille entre ces deux pôles, incarnés politiquement par le Conseil européen d'un côté et par la Commission européenne de l'autre, incarnés aussi par des pays réputés moteurs de l'intégration d'un côté (France, Belgique, Suède) et des pays réticents de l'autre (Hongrie, Pays-Bas, mais aussi Royaume-Uni lors de son appartenance à l'UE). Dans ces conditions, comment caractériser la territorialité européenne, et surtout à quelle échelle la penser ?

DÉLIMITER L'UNION EUROPÉENNE ET SES CONFINS

Élargir l'UE : jusqu'où ?

La difficile question des limites de l'UE ne semble pas se poser au moment du lancement de la construction européenne. La déclaration Schuman du 9 mai 1950, concentrée sur les relations entre la France et l'Allemagne, ne mentionne pas de limite spatiale au projet politique ni ne donne de définition claire de ce que l'Europe recouvre. Elle cite explicitement la coopération nécessaire entre la France et l'Allemagne pour "construire l'Europe", et ajoute à ce couple moteur "les pays qui y adhéreront". **Il n'y a donc pas d'adéquation entre le continent européen, l'Europe diverse dont les contours sont bien difficiles à déterminer sur ses marges orientales, et le projet politique européen, la construction européenne et la volonté de construire un territoire commun.** Bien que revêtant le même nom, l'espace-support Europe et l'espace-projet Europe ont des délimitations différentes. Cette distinction fondamentale est à l'origine de nombreuses confusions à propos de l'objet Europe.

En reprenant les spatialités des sept élargissements successifs, on peut établir **trois grandes logiques dans la construction de l'espace-projet européen**, qui ne suivent pas toujours l'ordre chronologique. On constate tout d'abord un approfondissement du noyau central européen, par un effet de contiguïté territoriale et de proximité politique et culturelle : on peut citer dans cette catégorie le Danemark (1973), l'Espagne (1986) l'Autriche (1995), la République tchèque et dans une certaine mesure la Pologne (2004). La deuxième logique est celle de l'intégration des périphéries, pensées comme indispensables au bon fonctionnement du noyau central et répondant à une logique historique de rassemblement des nations européennes: citons l'Irlande (1973), la Grèce (1981), le Portugal (1986), la Suède (1995), Malte et Chypre (2004). Enfin, la troisième logique est celle de la marche vers l'est, plus liée à une démarche d'extension territoriale et de positionnement géopolitique qu'à un processus de renforcement du noyau européen. Il s'agit essentiellement des pays du grand élargissement de 2004, de la Roumanie et de la Bulgarie (2007), mais aussi avant eux de la Finlande (1995), par sa position frontalière hautement stratégique avec la Russie.

Les deux premières logiques étant peu ou prou finalisées, hormis quelques exceptions volontaires, la question des futures extensions de l'UE se pose essentiellement à l'est du continent et en Méditerranée, pour des raisons avant tout géopolitiques. Même si l'ouverture aux pays du sud de la Méditerranée semble peu probable, notamment depuis le refus catégorique opposé au Maroc en 1987, la question pourrait se poser pour Israël, dont la position au Proche-Orient fait exception. Mais la situation politique interne et géopolitique externe la rend pour l'instant difficilement concevable. Il existe plusieurs scénarios, allant du repli sur le noyau dur à une visée maximaliste, et une palette de possibilités entre les deux [Orcier, 2023]. Dans l'hypothèse du repli sur le noyau dur, la déconnexion entre l'espace-support et l'espace-projet serait assumée ; dans l'hypothèse maximaliste, les deux espaces auraient pour objectif de se superposer et de ne faire plus qu'un. Mais dans tous les cas, les demandes d'adhésion à l'UE se font sur une base nationale et les raisons pour le faire peuvent être diverses, certaines dictées par la géopolitique, d'autres par les agendas politiques internes.

L'envie d'y entrer

Parmi les pays candidats, la **Turquie** est celle qui a engagé son processus d'adhésion depuis le plus longtemps (v. Zoom, La Turquie et l'UE). Contrairement à une idée répandue, le processus est toujours officiellement en cours, bien que gelé dans les faits depuis une dizaine d'années. Les relations entre l'UE et la Turquie semblent faites d'incompréhensions réciproques, souvent instrumentalisées par les dirigeants de chaque pays pour flatter leur opinion publique. Si la Turquie a été utilisée comme un repoussoir par de nombreuses personnalités politiques européennes, en premier lieu en France, le président turc Erdogan joue aussi habilement du sentiment anti-Occident dans son pays. Le processus d'adhésion a été poussé assez loin, avec l'ouverture d'une quinzaine de chapitres et la création d'une forme de politique régionale [Montabone, 2013], mais le raidissement autoritaire du régime turc et la guerre en Syrie ont mis un coup d'arrêt aux espoirs d'adhésion pour au moins une décennie. Bien qu'a priori réglée par l'ouverture des négociations, la question de l'appartenance de la Turquie à l'ensemble culturel européen reste vive, dans un pays très inégalitaire. Si les standards de vie et le tissu économique des régions de l'ouest du pays répondent aux standards de l'Europe méditerranéenne (métropoles* d'Istanbul et Izmir, côte égéenne), les régions de l'est et du sud-est (zones rurales et/ou frontalières avec l'Iran et la Syrie) en sont encore très éloignées.

Les **six pays des Balkans occidentaux** (Serbie, Bosnie-Herzégovine, Kosovo, Macédoine du Nord, Albanie, Monténégro) sont candidats depuis moins longtemps, mais semblent mieux positionnés pour intégrer l'UE. Cela permettrait en quelque sorte de remplir les blancs de la carte, d'assurer une cohérence territoriale à l'UE et d'inclure définitivement l'Europe balkanique dans le projet européen. Les situations sont cependant contrastées, car si certains pays ont réussi à construire un État de droit reconnu et une économie stabilisée (Serbie, Bosnie-Herzégovine), d'autres en sont encore loin (Macédoine du Nord, Albanie). Surtout, ces États comportent encore des différends frontaliers entre eux, non réglés depuis la fin des guerres de l'ex-Yougoslavie. De plus, le Kosovo n'est toujours pas reconnu officiellement comme un État indépendant et souverain par de nombreux pays européens, et son indépendance n'est pas acceptée par la Serbie.

Enfin, **l'Ukraine** et **la Moldavie** constituent un cas différent (v. Zoom, Les relations entre l'UE et l'Ukraine). L'agression puis la guerre contre l'Ukraine de la part de la Russie ont réveillé la géopolitique orientale de l'UE. Très clairement, la délivrance du statut de pays candidat à l'Ukraine et à la Moldavie en juin 2022 est un tournant dans la conception même du processus d'adhésion. Il venait jusque-là sanctionner un long cheminement d'acculturation aux valeurs et aux normes communautaires ; il est désormais utilisé comme un outil géostratégique de premier plan dans un conflit armé ouvert et loin d'être réglé. Certes, la défense européenne reste surtout le fait de l'OTAN, mais cette candidature en un délai record et l'acceptation par tous les États membres des nombreux manquements aux critères politiques européens, pourtant présentés jusque-là comme un prérequis indispensable, montrent que l'instrument juridique peut rapidement devenir un outil politique puissant. Cependant, le tropisme européen de l'Ukraine ne date pas de l'invasion russe de 2022. La géopolitique de la jeune nation ukrainienne est une tension entre le "retour vers l'Europe" d'un côté [Gouyon, 2005] et l'ancrage russe de l'autre. En 2013, le puissant mouvement populaire baptisé "*Euromaïdan*" a réussi à démettre le président Ianoukovytch qui avait refusé de signer l'accord d'association entre son pays et l'UE, avant de déclencher la guerre du Donbass et la première invasion russe. Il reste néanmoins que pour pouvoir adhérer pleinement à l'UE, l'Ukraine et la Moldavie vont devoir ouvrir et surtout refermer avec succès les négociations sur les 35 chapitres d'adhésion, ce qui sera très long.

Refuser l'UE

Cependant, la marche en avant vers l'élargissement n'est pas toujours un long fleuve tranquille. **Certains pays refusent l'adhésion, parfois en dernier recours par référendum**, ce qui contredit le discours officiel souvent unilatéral de la marche en avant de la construction européenne et du bien-fondé des élargissements. Plusieurs cas de figure se présentent.

Certains pays ne se sont jamais posé la question, de par leur positionnement géopolitique complexe ou par leur histoire singulière. C'est le cas de la **Biélorussie**, qui pourrait être vue comme la dernière étape de la marche vers l'est avant d'arriver à la Russie, mais la faiblesse politique de l'État biélorusse et sa dépendance totale vis-à-vis de son voisin russe rendent cette hypothèse très aléatoire. Notons cependant que lors des manifestations prodémocratie de 2020, certaines voix se sont élevées dans le pays pour demander un rapprochement avec l'UE, mais globalement le mouvement n'était pas un mouvement pro-européen ni anti-russe. Il visait surtout à demander plus de démocratie et de libertés au sein d'un pays souverain, sans remettre en cause les liens privilégiés avec la Russie voisine. Sans aucune similitude, le cas du **Vatican** est lui aussi intéressant. Aucun pays européen ne nie son identité européenne, mais son statut spécifique et son fonctionnement politique font qu'il ne respecte pas les critères de Copenhague sur la démocratie. De toute évidence, la vocation universelle de la papauté dans la religion catholique serait en contradiction avec une adhésion à une intégration régionale strictement européenne.

À l'inverse, d'autres pays ont retiré leurs demandes d'adhésion alors qu'elles étaient en bonne voie, voire très bonne voie ! C'est le cas de l'**Islande**, qui a retiré sa candidature en 2015, après deux années durant lesquelles les négociations d'adhésion étaient gelées. Candidate depuis 2009, l'Islande avait bien avancé dans les négociations et son adhésion semblait inéluctable, mais un renversement de gouvernement en a décidé autrement. La question européenne a été au cœur du débat politique et cette décision de retrait est bien le résultat d'un vote démocratique non pas contre l'Europe ou l'idée européenne, mais contre l'UE et son mode de fonctionnement jugé contraire aux intérêts du pays, notamment dans le cas de la politique commune de la pêche. L'Islande rejoint ainsi la **Suisse**, qui a refusé d'entrer dans l'EEE par référendum en 1992, et la **Norvège** deux ans plus tard. Dans ces deux cas, le différentiel de développement faisait que l'intégration et l'application des politiques communautaires se seraient faites au détriment des pays candidats. Surtout, l'un comme l'autre bénéficie de rentes économiques (pétrolière pour la Norvège, financière pour la Suisse) rendant peu utile, voire contradictoire, une adhésion à l'UE. Dans les deux cas, le débat et le vote sur l'appartenance à l'UE ont été des moments de fortes polarisations, à la fois sociales et géographiques, au sein de chaque État.

Sortir de l'UE

Le **Brexit** constitue jusqu'à aujourd'hui **le seul exemple de rétraction de la territorialité communautaire**. Le temps qu'il a pris et l'instabilité politique qu'il a engendrée au Royaume-Uni démontrent que le processus n'avait pas été anticipé ni même envisagé sérieusement. L'issue du processus montre cependant que les institutions européennes ont su y faire face de manière stable et sereine, tandis que les institutions nationales britanniques ont été bien plus déstabilisées que prévu. Pourtant, le Brexit n'est pas une surprise dans le jeu politique européen. Dès son adhésion, le Royaume-Uni a joué un jeu trouble avec la CEE puis l'UE, en cherchant ses avantages sans vouloir en assumer ses contraintes. Les controverses politiques avec Margaret Thatcher sur la contribution britannique au budget européen sont connues (le fameux "*I want my money back*"), mais il faut également souligner la clause d'exemption au traité de Maastricht (le non moins fameux "*opt-out*") lui permettant de ne pas rejoindre la monnaie unique, et de manière générale les positions systématiquement opposées à toute avancée d'une Europe fédérale à chaque sommet européen.

Le vote sur le Brexit est l'héritier de ce positionnement toujours très réticent vis-à-vis de l'intégration communautaire. Il comporte certes des fondements nationaux et, comme tout référendum, il est **révélateur d'inégalités territoriales et d'oppositions culturelles profondes au sein du pays**. La géographie du vote fait en effet émerger un fossé entre les régions métropolisées sous l'influence de la capitale et bien intégrées à l'UE et à la mondialisation d'un côté, et les régions rurales et/ou désindustrialisées du nord de l'Angleterre, d'autre part [Bailoni, 2017]. La partition du pays en termes de classes sociales est aussi prédominante dans l'analyse des résultats du scrutin. Mais il ne faudrait pas pour autant minimiser le message renvoyé sur l'UE et à l'UE : la victoire du "*Leave*" est un vote raisonné et éclairé de la nation britannique vis-à-vis de l'Europe. Les interprétations différentes (vote par défaut, vote sanction, vote manipulé par les médias, etc.), faites par le Labour Party notamment, ont conduit à de graves erreurs lors des négociations sur le Brexit et ont lourdement été sanctionnées dans les urnes. Le Brexit n'est donc pas un accident, mais l'expression de la volonté d'une Europe moins présente.

Les conséquences du Brexit ne sont pas négligeables, tant sur le plan économique pour le Royaume-Uni, **que sur le plan politique** pour l'ensemble de l'UE. Il montre tout d'abord que l'intégration européenne est réversible, et que les traités peuvent être dénoncés par les États signataires. Le chantage au retrait dans les discussions communautaires n'est plus une menace en l'air. Il montre ensuite que mener de front élargissement et approfondissement peut s'avérer difficile, voire contre-productif. Le Brexit n'est pas une demande d'arrêter l'expansion territoriale de l'UE, mais bien une demande pour freiner l'intégration européenne des politiques nationales. Il montre peut-être la fin du régime d'unicité des politiques européennes. Enfin, le Brexit révèle aussi la fragilité de certaines nations européennes. Si le Royaume-Uni a voté "*Leave*", c'est au prix de lourdes fractures entre Angleterre, Pays de Galles, Écosse et Irlande du Nord. L'Écosse a voté "*Remain*" à plus de 60 %, et le débat sur un processus d'indépendance de l'Écosse est relancé.

L'UE ENTRE COHÉRENCE ET COHÉSION TERRITORIALES

Quelles territorialités européennes ?

Dans ce contexte de tension entre élargissement et approfondissement, **comment faire émerger une culture commune** européenne, **et surtout un sentiment d'appartenance à une unité territoriale d'échelle continentale ?** La **création de la citoyenneté européenne** par le traité de Maastricht en 1992 entraîne de fait une unité de droit des citoyens de chaque pays membre : liberté de circuler et de séjourner dans les autres pays membres, reconnaissance consulaire, droit de vote aux élections européennes et aux élections locales. Mais l'exercice privilégié de cette citoyenneté par certains ne doit pas masquer les difficultés à faire vivre l'idée même de citoyenneté supranationale, y compris dans son expression politique : les élections au Parlement européen se font toujours sur la base de circonscriptions nationales et non sur des listes européennes !

Si le sentiment européen semblait aller de soi dans les premières décennies de la construction européenne, l'UE s'est depuis **dotée d'instruments de construction d'une identité partagée** (v. Chapitre Identité/identités de l'Union européenne), fondée non pas sur la sanctuarisation de traits culturels communs, mais sur l'acceptation des diversités régionales, et sur la valorisation matérielle et symbolique des projets cofinancés par les politiques européennes (v. Zoom, Les capitales européennes de la culture). Ainsi, si le sentiment antieuropéen semble être un trait partagé par l'ensemble des peuples européens, la reconnaissance de l'apport de l'UE dans le développement local ou l'appui aux initiatives locales est forte, y compris dans les régions les plus périphériques. La pose du panneau représentant le drapeau européen lors de la livraison d'un projet reste un moment important dans la vie sociale de nombreuses communes à travers toute l'Europe.

Mais au-delà de la dimension symbolique, **un certain nombre de politiques européennes ont des effets territoriaux directs ou indirects**, et contribuent à façonner une géographie européenne, ou tout du moins à influencer les grandes tendances territoriales du continent v. Chapitre Construire l'Union européenne). La première pierre du projet européen, la CECA, reposait bien sur le partage d'une production commune essentielle pour dépasser les rivalités nationales par l'intégration économique ! La politique agricole commune est ainsi un vecteur d'unité territoriale importante: en finançant directement l'agriculture européenne sous ses différentes formes, elle assure un des piliers de la puissance communautaire et fournit une grande partie de la politique européenne "utile", visible directement dans les territoires et dans les paysages (v. Chapitre Des territoires ruraux et agricoles communautaires, Figures-Les réformes de la PAC). Le système n'est pas parfait, et les négociations à chaque round budgétaire sont ardues entre les différentes positions nationales, et au sein de chaque pays entre les différentes conceptions de l'agriculture et les différents modes de calcul possibles, mais la PAC continue à cimenter par le bas le projet européen.

Dans un autre registre, **les investissements massifs dans les infrastructures de transport transnationales ont été pensés pour favoriser cette intégration territoriale**, en fournissant les supports indispensables aux mobilités et aux territorialités communautaires (v. Chapitre Transports et mobilités dans l'UE). Cependant, celles-ci suscitent une vague de contestations locales qui s'opposent à cette conception développementaliste du projet communautaire et remettent en cause l'utilité des grands projets. Ce n'est pas tant l'échelle européenne qui est visée dans ces cas, mais plus la conception du développement qu'elle met en avant. C'est le cas par exemple des grandes traversées alpines, pensées pour forger des liens entre les métropoles européennes, mais qui sont contestées par l'émergence de sentiments transnationaux d'appartenance aux vallées qui les parcourent [Sutton, 2010].

Autre avancée du traité de Maastricht, la **mise en place d'une monnaie commune est un tournant majeur dans la construction d'une territorialité communautaire** (création de la zone euro en 1999, circulation monétaire en 2002). Même si le périmètre de l'euro ne recoupe pas le périmètre de l'UE (v. Zoom, La zone euro), il lie aujourd'hui les destins économiques et financiers des vingt pays membres ou candidats qui l'ont adopté, ainsi que l'ensemble des pays membres du Pacte budgétaire européen et les pays dont les monnaies sont liées à l'euro par taux fixes (Franc CFA, Escudo cap-verdien, etc.). La zone euro et sa politique monétaire ont été mises à rude épreuve en 2008, lors de la crise de la dette (d'abord grecque, puis irlandaise, portugaise et espagnole). Nées de la crise économique de 2008, ces crises sont d'abord des crises des systèmes bancaires privés, mais deviennent rapidement des crises des dettes publiques du fait de l'intervention des États pour sauver les systèmes bancaires. Dans le cas grec, cette crise monétaire entraîne une crise économique, sociale et politique totale, qui voit l'émergence d'un gouvernement de gauche radicale autour du parti Syrisa qui tente un bras de fer avec les institutions européennes. Il se heurte à l'intransigeance de l'orthodoxie budgétaire, incarnée avant tout par l'Allemagne, et finalement finit par signer les mémorandums de retour à l'équilibre contre lesquels il avait été élu. Cette crise grecque aura montré d'un côté la solidité de la zone euro, prête à sacrifier les politiques sociales d'un de ses membres pour assurer la stabilité de sa monnaie, mais aura également soulevé des questions de fond autour de la gouvernance monétaire communautaire, du rôle de la BCE vis-à-vis de chaque État membre, et relancé la question du fédéralisme monétaire. Si l'exclusion de la Grèce de la zone euro n'a finalement pas été privilégiée, la question a été abordée et abondamment discutée, montrant par là qu'elle est possible.

Les territoires européens à la recherche de leur cohérence

Malgré ces tentatives plus ou moins abouties de construction d'une territorialité communautaire, les territoires européens restent **extrêmement divers dans leurs tailles, leurs statuts, leurs fonctionnements et leurs compétences**. Force est de constater qu'il n'existe pas de modèle territorial européen, et que les institutions locales ou nationales conservent une grande autonomie, voire une indépendance de fonctionnement et de décision. Les **mailles territoriales** sont en effet très diverses : les échelons de base sont de tailles très variables d'un pays à un autre. En France, les moyennes nationales sont de 14,9 km^2 et de 1800 habitants pour une commune. La Suède, elle, ne compte que 290 communes pour tout son territoire, avec des moyennes de 33 000 habitants et de 1551 km^2. La plus grande commune de France, en superficie, est Arles avec 758 km^2. En Suède, il s'agit de Kiruna, avec 19 446 km^2. Il faut dire que la France, avec ses 35 000 communes après les dernières vagues de fusion, est un cas à part en Europe : elle compte à elle seule 40 % des communes de l'UE !

L'unité territoriale européenne existe cependant, mais elle a été pensée *a posteriori* dans un but avant tout statistique. L'agence Eurostat a en effet besoin de mailles territoriales à peu près identiques pour pouvoir établir des statistiques spatialisées fiables et pertinentes. Elle a donc mis en place le système hiérarchique des NUTS – Nomenclature des unités territoriales statistiques – qui répertorie 92 régions au niveau NUTS 1, 242 au niveau NUTS 2 et 1166 au niveau NUTS 3. Les NUTS 1 sont les grandes régions socio-économiques (en France, les nouvelles régions issues des fusions de 2016), les NUTS 2 sont les régions de base pour l'application de la politique régionale (en France, les régions de l'ancien découpage), et les NUTS 3 les petites unités pour des diagnostics statistiques particuliers (en France, les départements).

Sur le plan du découpage territorial, l'UE doit donc composer avec la diversité des héritages nationaux. **Mais sur le plan de la gouvernance* territoriale dite multiniveaux, cette diversité est tout aussi vive**, tant les compétences des collectivités territoriales sont diverses [Marcou, 2012]. Aussi, **le principe de base de la gouvernance européenne est celui de la subsidiarité***, qui repose sur deux axes fondamentaux : celui de la décentralisation des pouvoirs d'une part, pour permettre une meilleure prise en compte des particularités locales et, d'autre part, celui de la proximité, qui stipule que les décisions doivent être prises au plus près des citoyens concernés (v. Zoom, La gouvernance de l'UE). Le principe de subsidiarité territoriale a également pour objectif de promouvoir la démocratie participative et d'encourager une gouvernance plus responsable et transparente. Si ce principe de subsidiarité peut être séduisant pour certains acteurs politiques, il reste particulièrement flou et difficile à mettre en œuvre de manière cohérente.

Pensé pour fluidifier la prise de décision, il ne résout pas les problèmes de chevauchement de compétence ni d'éloignement des prises de décision, réels ou perçus, de l'aménagement européen [Santamaria, Elissalde, 2015]. Pour beaucoup d'acteurs de l'aménagement local, **l'échelle européenne est avant tout un guichet, qui reste difficile à mobiliser**, notamment du fait de l'obligation de cofinancement de tout projet européen. De plus, entre les principes de "bonne gouvernance", d'"appel à projets", de "*continuous reporting*" (suivi des projets et rapports en continu auprès des financeurs), le mode de fonctionnement des projets européens est fortement empreint d'une idéologie de l'action publique territoriale néolibérale, par ailleurs critiquée [Pinson, 2020].

L'européanisation* territoriale reste toutefois une question débattue au sein de la communauté académique. Comme l'UE n'a pas de compétence en matière d'aménagement du territoire, vocable qui recoupe des champs et des pratiques très différents d'un pays à un autre, l'européanisation **ne se fait pas par les normes**, mais **par la circulation des idées** et **par la diffusion des bonnes pratiques** dans les milieux professionnels et auprès des élus locaux. Il est souvent avancé que les politiques européennes renforcent l'échelle régionale, et que l'européanisation des territoires européens serait avant tout une régionalisation* de l'Europe. Cela vient essentiellement du fait que la politique européenne de cohésion se met en œuvre à l'échelle NUTS 2, pensé comme un échelon intermédiaire entre le local et l'État central.

Mais les règles européennes laissent la liberté à chaque État membre d'organiser cette échelle régionale comme ils l'entendent. De grandes différences existent donc entre des pays décentralisés de longue date ou des pays fédéraux, où les régions comme entités politiques autonomes gèrent elles-mêmes les fonds européens* (l'Allemagne des Länder en est le meilleur exemple), et les pays à la tradition centralisatrice, où les régions d'application de la politique régionale ne sont que des circonscriptions de gestion des fonds (la Bulgarie et la Roumanie en sont des exemples flagrants). En France, le transfert politique de la gestion des fonds européens, depuis l'État via les services des préfectures de région vers les conseils régionaux, présenté comme un acte essentiel de décentralisation, date seulement de 2014.

De la cohésion à la compétitivité territoriale

Pour répondre aux **défis posés par ses inégalités territoriales**, l'UE a mis en place une politique spécifique, appelée "**politique régionale**" jusqu'en 2006, et devenue depuis la "**politique de cohésion"**. Le souci du rattrapage des régions en retard de développement a été exprimé dès le traité de Rome. Mais la politique est lente à émerger, car la perspective néo-classique était dominante : on pensait que la croissance suffirait à réduire les écarts régionaux. La création d'une Direction générale arrive tardivement dans les institutions européennes. La DG Regio ouvre seulement en 1967, et la première période de programmation financière de la politique régionale s'établit entre 1988 et 1993.

L'idée de définir des programmes pluriannuels de développement, au bénéfice de territoires déterminés à l'avance en fonction de critères d'inégalité territoriale, est due à Jacques Delors quand il était président de la Commission européenne. Il considérait que la création d'un grand marché devait s'accompagner d'une solidarité accrue entre Européens, d'où la création de l'Acte unique européen (entré en vigueur en 1987) qui prévoyait le grand marché pour 1993, mais aussi une politique de renforcement de la cohésion économique et sociale. C'est à lui que l'on doit cette formule pour définir les priorités des politiques européennes : "la compétition qui stimule, la coopération qui renforce et la solidarité qui unit."

Cette politique est organisée autour du **concept de cohésion territoriale***. Issu d'un compromis entre la vision continentale de l'aménagement du territoire (vision plutôt dirigiste défendue par la France ou les Pays-Bas) et la vision anglo-saxonne de l'aménagement stratégique (vision libérale défendue par le Royaume-Uni), ce concept devient officiel dans le traité de Lisbonne en 2009, qui mentionne "l'objectif de cohésion économique, sociale et territoriale". Il est **financé par les fonds dits structurels** (FEDER*, FSE*, Fonds de cohésion*), car ils agissent sur les structures de l'économie et ne visent pas à intervenir de manière conjoncturelle sur les crises, qui reste l'apanage des États. Ces fonds sont l'expression et l'outil de la solidarité des États et des régions les plus riches envers les États et les régions les plus pauvres. Cependant**, l'objectif visé est d'abord la convergence**, c'est-à-dire le rapprochement des niveaux de développement des régions, et non l'égalité des niveaux de développement. L'UE cherche à assurer à ses citoyens l'égalité d'accès aux ressources comme la formation, l'emploi ou les nouvelles technologies.

À chaque nouvelle négociation budgétaire, la politique de cohésion* donne lieu à un affrontement entre ses partisans et ses détracteurs. Les tenants d'une UE libérale critiquent la médiocre efficacité des fonds structurels, prenant appui sur la persistance des profondes inégalités régionales au sein de l'UE. La politique régionale a failli disparaître à plusieurs reprises. Les négociations sont très dures entre la Commission européenne et les États contributeurs nets (Allemagne, Autriche, Pays-Bas, Suède et France), qui en définitive donnent plus au budget de l'UE qu'ils n'en reçoivent via ses différentes actions. La politique de cohésion a été plusieurs fois sauvée grâce au lobbying du Comité des régions et des régions périphériques qui ont fait valoir qu'elle visait non pas l'assistance aux régions pauvres, mais à fournir à tous les moyens de devenir compétitifs en mettant en valeur leur propre potentiel et éviter ainsi la dépendance. Surtout, le principe de cohésion territoriale* a laissé peu à peu le champ à celui de compétitivité territoriale, aujourd'hui central pour promouvoir la compétitivité des territoires et l'innovation*, nouveau maître-mot des politiques européennes. Le glissement des fonds européens de l'est vers le sud de l'Europe de la politique de cohésion 2021-2027 concrétise ce passage "de la cohésion à la compétition" [Bourdin, 2020].

Fruit d'un compromis permanent, pilier historique de la construction d'une vision commune du territoire européen, la politique de cohésion se retrouve aujourd'hui reléguée au second rang devant les urgences auxquelles a été confrontée l'UE.

L'UE : UNE CONSTRUCTION AUX IMPLICATIONS TERRITORIALES FORTES

Les politiques de compétitivité territoriale et de cohésion ont contribué à recomposer les territoires européens depuis plus de soixante ans (v. Chapitre La territorialité communautaire). La PAC* a ainsi contribué à la modernisation de l'ensemble des campagnes européennes et à un rattrapage économique des pays européens les moins avancés (v. Chapitre Des territoires ruraux et agricoles communautaires'). En articulation avec les chapitres cités, il s'agit de voir ici en quoi les territorialités politiques de l'UE sont recomposées par la construction politique de l'UE.

En géographie, la coopération territoriale est analysée sous l'angle des nouveaux découpages territoriaux créés par celle-ci et des acteurs qui les animent. Les frontières de ces territoires de la coopération sont, à toutes les échelles, plus "floues", plus souples, que les frontières des États-nations [BOULINEAU, 2017]. Ce flou est inhérent au processus de construction de l'UE : comme le souligne Jacques Lévy (v. 'Préface), "les traités ne sont pas formellement transgressés, mais tout le reste devient mobile". Nous retiendrons ici trois types de territoires issus d'une coopération territoriale, afin de mesurer en quoi cette coopération les a recomposés : les frontières de l'UE (l'UE comprise comme une coopération entre États), les espaces transfrontaliers (coopération entre acteurs infranationaux) et les "capitales européennes" (lieux de pouvoir issus de la création de l'UE). Dans l'Union européenne et ailleurs dans le monde, ce flou territorial relève généralement d'une approche libérale, "[permettant] de rompre avec les entraves des modèles de travail existants qui pourraient être tenus pour lents, bureaucratiques ou ne reflétant pas les géographies réelles des problèmes et des opportunités [...] afin d'aménager pour maximiser la compétitivité" [ALLMEDNINGER et HAUGHTON, 2009, cité par BOULINEAU, 2017]. **Dans quelle mesure l'intégration européenne rend-elle les territoires européens plus "flous", moins rigides qu'une organisation territoriale traditionnelle fondée sur une hiérarchie administrative nationale forte ?**

En tant qu'espace régional intégré, l'UE a transformé le rôle des frontières dans un continent qui a connu de nombreux bouleversements frontaliers au cours de son histoire : les **lignes** qui organisent l'UE (frontières, limites) sont plus souples, plus "floues" (v. Zoom, Tripoint des trois frontières). Par son fonctionnement, l'UE a conduit les acteurs territoriaux, à des échelles plus fines, à réorganiser leurs territoires, en particulier dans les territoires (trans)frontaliers. Par la coopération transfrontalière, forme particulière d'interterritorialité*, l'UE fait ainsi émerger de nouvelles **surfaces** dont la frontière est la clé de voûte. Enfin, le flou de la localisation des lieux d'exercice du pouvoir politique de l'UE a fait émerger des "capitales" européennes (**points**) dont la centralité est plus floue que celle des capitales des États. Malgré ce flou, ces "capitales" transforment également les territoires européens, à l'échelle européenne comme à l'échelle locale.

LES LIGNES DE L'UE ET DANS L'UE : DES FRONTIÈRES ET DES LIMITES À GÉOMÉTRIE VARIABLE

Le renforcement de l'intégration régionale à l'échelle de l'UE se traduit à la fois par une ouverture interne et par une fermeture aux limites de l'UE, bouleversant l'organisation des territoires, y compris leurs paysages. Nous renvoyons aux chapitres ultérieurs pour des points plus précis sur les effets spatiaux de l'intégration régionale dans les États (v. Chapitres Un système productif communautaire, Transports et mobilités dans l'UE, Des territoires ruraux et agricoles communautaires...). Nous insisterons ici sur la dialectique ouverture/fermeture des frontières terrestres et des limites maritimes de l'UE, une contradiction qui n'est qu'apparente puisqu'elle répond à la fois à des besoins d'accès à des ressources plus étendues et à un besoin de protection du territoire. Cette dynamique de *bordering/debordering/rebordering* (que l'on pourrait traduire sous forme de néologismes : frontiérisation/défrontiérisation/refrontiérisation) n'est pas spécifique à l'UE, et est observable sur toutes les frontières du monde [AMILHAT-SZARY, 2015]. Alors que l'intégration européenne a tendance à réduire les effets frontières dans l'UE (tant sur terre qu'en mer), les frontières terrestres et les limites maritimes de l'UE sont consolidées et font toujours l'objet d'enjeux importants.

Effacement relatif des frontières terrestres, création de limites supranationales internes à l'UE

Les politiques successives de la CEE et de l'UE ont globalement diminué les effets des frontières intracommunautaires. L'union douanière fut l'un des premiers objectifs de la CEE en 1958 (Marché commun). Celle-ci n'est effective que 10 ans plus tard (v. Zoom, L'UEM et la convergence économique). L'adhésion à la CEE, puis à l'UE, est synonyme d'intégration dans l'union douanière européenne : les droits et restrictions de douane n'existent pas entre les États membres et un tarif douanier commun remplace les droits de douane nationaux. L'objectif est de favoriser les échanges commerciaux entre les États membres (libre-échange) tout en les protégeant des importations extra-européennes (protectionnisme). Le commerce des biens entre États de l'UE est aujourd'hui supérieur au commerce extra-UE pour vingt-quatre des vingt-sept pays de l'UE (Malte, l'Irlande et Chypre étant les trois autres États), voire très majoritaire (80 % au Luxembourg, 79 % en République tchèque et en Slovaquie). Les échanges de biens entre les États membres représentaient en 2020 plus de 2800 milliards d'euros (en exportation), contre 1900 milliards pour les exportations en dehors de l'UE. Un code des douanes communautaire est adopté en 1992 et la libre circulation des marchandises est assurée en 1993 (suppression des formalités douanières aux frontières internes de l'UE), transformant certains paysages aux frontières (v. Outils, Photographies-Place Jacques Delors - Menin) : c'est la fin des postes de douane physiques et des files de camions sur les autoroutes aux frontières internes de l'UE, à l'exception des frontières terrestres entre la Bulgarie, la Roumanie et les autres membres de l'UE en raison de leur non-appartenance à l'espace Schengen. L'EuroAirport binational Mulhouse/Bâle est une autre illustration d'une forme d'effacement des frontières étatiques [WOESSNER, 2023].

On assiste en revanche à un épaississement des frontières extérieures de l'UE, mais aussi à leur "pixellisation". Le tarif douanier extérieur est un outil essentiel du protectionnisme européen en permettant de faire varier la porosité de la frontière extérieure de l'UE. Par exemple, face au dumping* chinois sur l'acier en 2017, l'UE avait pris des mesures antidumping sur certains produits afin de protéger les industries européennes (v. Chapitre Un système productif communautaire). Cette dialectique ouverture/fermeture est également à l'œuvre pour la circulation des personnes (v. Chapitre Transports et mobilités dans l'UE) : alors qu'il est aisé de circuler à l'intérieur de l'UE (espace Schengen), les contrôles aux frontières de celui-ci sont de plus en plus durs. La création de l'agence des garde-frontières et garde-côtes (Frontex) en 2004 et les différents accords de voisinage (par exemple, le "Pacte migratoire UE-Turquie" signé en 2016) s'inscrivent dans cette logique de renforcement de la frontière extérieure de l'UE (v. Chapitre Les migrations en Union européenne). En 2023, 13 % des frontières externes de l'UE sont clôturées (*borderisation**), soit plus de 2000 km de barrières, de murs ou de clôtures. Les trois barrières les plus longues sont situées entre la Lituanie et la Biélorussie (502 km), entre la Bulgarie et la Turquie (235 km) et entre la Pologne et la Biélorussie (186 km, mur achevé en 2022). En avril 2023, les eurodéputés ont voté un amendement favorable au financement de barrières aux frontières de l'UE, alors que la Commission s'y opposait. Toutefois, celle-ci accepte le financement d'équipements mobiles et de moyens de surveillance aux frontières... L'augmentation des contrôles en amont de la frontière (prédédouanement des marchandises dans les ports ou aéroports de départ, contrôle des migrants dans le pays de départ en cas d'accord entre cet État et l'UE) ou en aval (contrôle d'identité bien au-delà des frontières westphaliennes, par exemple dans les aéroports) modifie la localisation de l'effet frontière. La frontière extérieure de l'UE se "pixellise" et ne se limite pas à une ligne qui séparerait les membres de l'UE des États non-membres [AMILHAT-SZARY, 2015].

Enfin, l'intégration européenne peut induire de nouvelles limites territoriales à l'intérieur de l'UE [Orcier, 2023], limites dont les Européens peuvent faire concrètement l'expérience : ces limites doivent être aussi envisagées selon une approche sociale et culturelle. Une des limites les plus visibles au quotidien par les Européens est celle de la zone euro (vingt États), mise en œuvre le 1er janvier 2002. La monnaie commune, au-delà de l'instrument financier, permet également de faire émerger une identité européenne. La zone euro est une Union économique et monétaire que les États membres peuvent intégrer s'ils sont éligibles aux "critères de convergence*", ou "critères de Maastricht", en référence au traité de 1992 dans lequel la création d'une monnaie commune est officialisée : déficit des administrations publiques inférieur à 3 % du PIB, dette publique inférieure à 60 % du PIB, inflation et taux d'intérêt à long terme modérés, appartenance au système monétaire européen (SME) depuis au moins deux ans.

L'autre grande limite largement expérimentée par les Européens et par les non-Européens présents sur le territoire est celle de l'espace Schengen, qui comprend vingt-sept États (v. Chapitre Les migrations en Union européenne). Quatre États de l'UE n'en font pas partie, induisant des contrôles aux frontières entre ces États et les autres membres de l'UE. L'Irlande a négocié une clause de non-participation à l'espace Schengen. Chypre devrait bientôt intégrer l'espace Schengen, au vu des actions mises en œuvre pour correspondre aux critères (capacités à échanger des informations, capacités à contrôler les frontières...). La Bulgarie et la Roumanie remplissent tous les critères institutionnels depuis 2011 pour intégrer Schengen. La Commission et le Parlement y sont favorables, mais le Conseil "Justice et affaire intérieure", composé des ministres de la Justice et de l'Intérieur de tous les États membres a reporté une nouvelle fois leur adhésion, insistant sur la faiblesse du contrôle des frontières extérieures des deux États et sur la corruption encore présente dans ces deux États (veto de l'Autriche en décembre 2022). Cela risque néanmoins d'alimenter l'euroscepticisme en Bulgarie et en Roumanie, tant l'attente est forte. Quatre États non-membres de l'UE font quant à eux partie de l'espace Schengen : la Norvège et l'Islande depuis 1999, la Suisse depuis 2004, le Liechtenstein depuis 2009. Les Suisses sont toujours favorables au maintien dans l'espace Schengen : ils ont voté oui à 71,5 % l'élargissement des compétences de Frontex* en mai 2022, lors d'une votation.

Cette dissociation entre les différents périmètres de l'UE (v. Outils, Cartes, Une UE à géométrie variable) et les limites de l'UE laisse ainsi entrevoir l'idée d'une **"Europe à la carte brouillant les frontières"** [ORCIER, 2023]. L'Union douanière ne se superpose pas parfaitement à celles de l'UE ni à celles de la zone euro : Ceuta et Melilla, l'archipel d'Heligoland (Allemagne), deux enclaves italiennes (Livigno et Camione d'Italia) et une allemande (Büsingen am Hochrhein) en Suisse ne font pas partie de l'Union douanière. Le ciel unique européen et l'Union énergétique dépassent quant à elles largement les limites de l'UE, en intégrant les États des Balkans ou des États plus à l'est (l'Ukraine est membre de l'Union énergétique).

Les territoires maritimes de l'UE : limites du territoire de l'UE, limites de la puissance

Les limites de l'UE ne sont pas seulement terrestres, elles sont aussi maritimes. Vingt-deux des vingt-sept pays de l'UE ont un accès à la mer : seuls le Luxembourg, l'Autriche, la Hongrie, la République tchèque, la Slovaquie sont enclavés. L'ensemble de leurs zones économiques exclusives (ZEE*) couvre une superficie d'environ 25 millions de km², soit environ six fois la superficie terrestre de l'UE, en grande partie grâce aux Outre-mers (v. Chapitre Les Outre-mers européens). Bien que la ZEE européenne soit la première ZEE mondiale (ZEE des États-Unis : 11 millions de km²), **l'Union européenne n'a pas de réelle stratégie maritime, excepté dans certains domaines précis, alors que les espaces maritimes ont un rôle essentiel pour elle :** l'UE-28 (avant Brexit) comptait ainsi plus de 1200 ports de commerce, plus de 8100 navires battant le pavillon d'un État membre, 90 % du commerce extérieur de l'UE empruntant la mer et 40 % de son commerce intérieur [GIULIANI, 2016]. Les plus grandes compagnies de porte-conteneurs sont européennes (v. Outils, Figures-Le transport aérien et maritime).

En mer, l'intégration européenne est la plus avancée dans les domaines de la pêche et de la protection de l'environnement (v. Chapitre Les défis d'une Europe en proie aux changements globaux). La gestion des ressources halieutiques européennes est du ressort de l'Union et non des États. La politique commune de la pêche (PCP) est développée à partir de 1970, jouant un rôle favorable dans l'adhésion du Royaume-Uni, de l'Irlande et du Danemark en 1972. Les pêcheurs d'un État de l'UE peuvent pêcher dans les ZEE de l'ensemble des États de l'UE: la PCP permet ainsi un partage des ressources halieutiques entre pêcheurs de l'UE. Lors des négociations du Brexit, la pêche a ainsi été un point de tension important entre le Royaume-Uni et l'UE, puisque la ZEE britannique n'aurait plus été accessible aux autres pêcheurs européens. Des accords entre le Royaume-Uni et l'UE ont permis de résoudre les difficultés (délivrance de licences de pêche aux pêcheurs qui pêchaient dans les eaux britanniques avant le Brexit, notamment). La PCP gère également la ressource halieutique des ZEE européennes: quotas de pêche, gestion de la flotte de bateaux (subventions pour détruire des bateaux), types de pêches autorisées (interdiction de la pêche électrique, maintien de la pêche au chalut).

La politique environnementale est le deuxième domaine où l'intégration européenne est la plus avancée dans les espaces maritimes. Les directives* Habitats* (1992) et Oiseaux* (2009) permettent de protéger de nombreux espaces littoraux européens, via le réseau de sites protégés Natura 2000* (v. Zoom, Natura 2000). L'UE est ambitieuse: en 2021, elle se fixe comme objectif de protéger d'ici 2030 30 % des 5 millions de km^2 de mers et d'océans qui bordent l'UE continentale (hors Outre-mers). En 2021, seuls 12 % des eaux européennes étaient situées dans une aire marine protégée (6 % en 2012), principalement de petites aires à proximité des côtes. Les disparités entre États sont grandes: alors que l'Allemagne, la Belgique et la France ont déjà dépassé le seuil des 30 % (45 % pour l'Allemagne, 36 % pour la France et la Belgique), la plupart des États de l'UE ont protégé moins de 20 % de leurs mers et océans, voire moins de 5 % (Malte, Slovénie, Portugal et Irlande). Ainsi, sur le plan environnemental, l'intégration européenne est relativement avancée sur le papier grâce à des règles communes, mais en réalité très disparate, car la mise en œuvre de ces règles dépend des États (v. Chapitre Les défis d'une Europe en proie aux changements globaux).

Les limites maritimes des États, et par extension celles de l'UE, peuvent évoluer et faire l'objet d'enjeux territoriaux. Les États peuvent demander une extension de la ZEE jusqu'à 350 milles nautiques des côtes si le plateau continental se poursuit au-delà des 200 milles nautiques. Plusieurs États de l'UE revendiquent une extension de leur ZEE auprès de la Commission des limites du plateau continental.

La France a obtenu 150 000 km² de ZEE supplémentaires en 2021 (58 000 km² au large de la Réunion et 92 000 km² au large des Îles Saint-Paul et Nouvelle-Amsterdam) et en demande encore 500 000 km², dans l'océan pacifique (au large de Wallis-et-Futuna, de la Polynésie française et du Vanuatu) et dans l'océan Atlantique, au large de Saint-Pierre-et-Miquelon (v. Chapitre Les Outre-mers européens). L'Espagne souhaite étendre sa ZEE au large des Canaries, revendiquant une superficie de 296 500 km² supplémentaires. Certains espaces maritimes européens font également l'objet de contestations. Entre États de l'UE, le cas des îles Selvagens oppose l'Espagne et le Portugal [AUFFRET, 2022]. La première estime que le calcul de la ligne de base pour la ZEE portugaise ne peut pas être effectué à partir de cette île, car elle en conteste la souveraineté et qu'elle est inhabitée. Aux limites de l'UE, il existe également des tensions au sujet de l'appropriation des mers et des océans : Grèce/Turquie, Chypre/Turquie, Espagne/Maroc... En 2021, la Turquie a procédé à huit forages illégaux dans la ZEE chypriote, qu'elle revendique. L'Union européenne n'a pas de rôle dans les demandes d'extension des ZEE et n'a qu'un rôle très limité dans les résolutions des conflits liés à l'appropriation des espaces maritimes.

En 2014, l'Union européenne a adopté une "Stratégie de sûreté maritime" afin d'avoir une approche sécuritaire plus intégrée : protection des intérêts de l'UE, protection des ressources naturelles, défense du droit international (et de la convention de Montego Bay en particulier). Toutefois, les actions de l'UE restent encore limitées, comme le concédait Josep Borrell, haut représentant de l'UE pour les affaires étrangères le 10 mars 2023 : "Dans un contexte de tensions géopolitiques croissantes, l'UE doit apprendre à parler le langage du pouvoir, également en mer." En réalité, à l'image de l'avancement de l'Europe de la défense (v. Chapitre Au-delà des potentialités, la puissance de l'Union européenne en acte et en question, entre *hard* et *soft power*), la protection militaire des mers et des océans par l'UE n'est encore que très relative. Elle repose aujourd'hui en grande partie sur l'OTAN : depuis le conflit entre la Russie et l'Ukraine en 2022, plusieurs exercices maritimes militaires ont eu lieu en mer Baltique et en Méditerranée orientale, organisés sous l'égide de l'OTAN et non de l'UE. L'absence de pavillon européen ou de réglementation commune entre les différents pavillons européens montre également les limites de la puissance maritime de l'UE.

LES ESPACES TRANSFRONTALIERS : UNE INTERTERRITORIALITÉ* ENCOURAGÉE PAR L'UE

La construction politique de l'Union européenne est à l'origine de nouvelles formes d'organisations politiques entre territoires, voire de nouveaux territoires politiques. En cela, la construction politique de l'UE entre États se double d'une construction politique territorialisée des espaces frontaliers, directement et indirectement encouragée par l'UE, qui passe par de nouvelles formes de coopération entre territoires (ou interterritorialité*).

La coopération transfrontalière : accompagner les acteurs locaux pour dépasser la contrainte de la frontière

La CEE finance depuis 1990 la coopération transfrontalière via le programme Interreg* pour répondre aux objectifs de la politique de cohésion. Selon les textes de l'UE, la coopération transfrontalière de l'UE "soutient la coopération entre les régions de l'Union de niveau NUTS3 issue d'au moins deux États membres différents et située aux frontières ou adjacentes à ces dernières. Elle vise à relever les défis communs recensés conjointement dans les régions frontalières et à exploiter le potentiel inexploité de ces zones, tout en renforçant le processus de coopération aux fins d'un développement harmonieux de l'ensemble de l'Union". La coopération transfrontalière (volet A d'Interreg) est l'une des échelles de la coopération territoriale européenne, partie intégrante du FEDER* (le FEDER étant un volet de la "politique de cohésion"). La coopération territoriale européenne est également composée de la coopération transnationale (volet B), de la coopération interrégionale (volet C) et de la coopération dans les RUP* (volet D), mais la majorité du budget est concentrée sur le volet A (72 % du budget, soit 5,8 milliards d'euros pour la période 2021-2027). Comme pour les autres fonds européens*, la plupart des acteurs sont éligibles aux financements de la coopération transfrontalière : collectivités territoriales, mais également acteurs de la société civile (associations, ONG...), entreprises, universités... Les financements sont attribués si les projets proposés par les acteurs répondent à l'un (ou plusieurs) des cinq objectifs suivants, communs à l'ensemble des programmes de la politique de cohésion : compétitivité et numérique, climat et environnement, mobilité et connectivité, droits sociaux et inclusivités, proximité avec les citoyens et développement territorial. **La coopération transfrontalière combine donc à la fois des politiques de compétitivité territoriale, qui renvoient à la puissance de l'UE, et des politiques plus sociales et environnementales, dans un souci de cohérence territoriale à l'échelle régionale et continentale.** L'accent est porté sur le deuxième objectif (climat et environnement) : au moins 60 % des fonds Interreg des volets A, B et D doivent être consacrés à ce domaine. Le financement des projets n'est jamais porté en intégralité par l'UE : il s'agit systématiquement de cofinancements avec d'autres acteurs publics. Ainsi, la coopération transfrontalière est pensée à la fois à l'échelle du territoire de projet, dans les limites des territoires proches d'une frontière, et à l'échelle de l'UE.

Soixante-treize programmes de coopération transfrontalière ont été acceptés pour la période 2021-2027 (Interreg VI). L'exemple du programme "Grande Région" montre en quoi des acteurs territoriaux voisins de plusieurs États membres se rassemblent pour mettre en œuvre des objectifs communs sous l'impulsion de l'UE (donc en respectant les objectifs fixés par celle-ci). Le programme "Grande Région" est composé de la région Grand Est, du Luxembourg, des Länder allemands de la Rhénanie-Palatinat et de la Sarre, de la Wallonie et de la communauté germanophone de Belgique. La nécessité de l'adaptation au changement climatique et les problématiques liées à l'emploi font partie des objectifs du projet commun porté auprès de l'UE. Situées dans les bassins versants de la Haute-Meuse, de la Haute-Moselle et de la Sarre, ces régions ont connu ces dernières années des périodes de forte sécheresse, mais aussi des inondations catastrophiques. Les financements de l'UE seront utilisés pour soutenir localement trois catégories de projets : projets dans les domaines de la gestion de l'eau, de l'agriculture et de la sylviculture, dans le contexte du développement urbain et du développement de l'habitat rural, dans les domaines de l'innovation, de l'éducation et de la prévention. La "Grande Région" étant le plus grand marché du travail transfrontalier d'Europe, l'emploi est l'une des grandes priorités de cette coopération transfrontalière. Or la population active des foyers émetteurs de travailleurs transfrontaliers est progressivement en train de diminuer pour des raisons démographiques, conduisant à un risque de pénurie de main-d'œuvre et de travailleurs qualifiés, en particulier dans les bassins d'emploi en tension. Afin d'anticiper ces difficultés, les acteurs territoriaux ont inclus cette problématique dans leur projet de coopération transfrontalière. Ainsi, les projets locaux visant à mieux adapter l'offre de travail aux besoins du marché transfrontalier et les mesures transfrontalières de promotion de l'emploi seront soutenus dans le cadre du programme transfrontalier 2021-2027. Plus largement, dans de nombreuses régions transfrontalières, les projets transfrontaliers d'amélioration de l'accès aux soins sont courants, à l'image de l'hôpital transfrontalier de Cerdagne inauguré en 2014 en Espagne, à quelques mètres de la frontière [Séchet, Keerle, 2010].

Approfondir la coopération transfrontalière : la création de nouveaux territoires interfrontaliers de l'action publique

La convention-cadre européenne sur la coopération transfrontalière des collectivités ou autorités territoriales (dite Convention de Madrid), signée en 1980, est à l'origine de la coopération territoriale européenne, en formalisant des expériences de coopération déjà existantes depuis les années 1970, en particulier entre l'Allemagne et les États limitrophes. Rappelons ici que les associations régionales au sein de l'Europe peuvent être largement antérieures à l'UE [Orcier, 2023] : "zone commune de voyage" fondée en 1923, entre les îles britanniques et anglo-normandes, Benelux (union douanière entre la Belgique, les Pays-Bas et le Luxembourg, fondée en 1947), Conseil nordique* (1952, Suède, Danemark, Finlande, Norvège, Islande), assemblée balte (1990, Estonie, Lettonie, Lituanie), etc. En 1995, un protocole additionnel à la Convention-cadre de 1980 autorise les organismes de coopération transfrontalière à être dotés d'une personnalité juridique. Ainsi, **la coopération transfrontalière permet aux collectivités ou autorités territoriales des États membres de créer des organismes de coopération transfrontalière**, qui ont des compétences sur le territoire des collectivités ou autorités territoriales qui le composent. Ainsi, pour dissocier l'approche transfrontalière (v. paragraphe précédent) de l'interterritorialité* appliquée aux espaces frontaliers, ces territoires pourraient être qualifiés d'*interfrontaliers*. Contrairement aux territoires de projet, ces territoires n'ont théoriquement pas vocation à disparaître au terme d'un projet délimité dans le temps par l'UE. Ces organismes plus pérennes n'ont toutefois pas le droit de prendre des décisions de portée générale et doivent être limités aux domaines relevant de la coopération transfrontalière: ils ne se substituent pas aux collectivités territoriales existantes. Ils n'ont également pas la capacité de prélever des taxes et dépendent donc de fonds publics pour fonctionner: fonds des collectivités, fonds des États et bien sûr les fonds européens.

En 2006, afin de développer la coopération territoriale grâce à de meilleurs instruments juridiques, les groupements européens de coopération territoriale (GECT) sont créés. Composés de représentants d'États, de collectivités, d'organismes publics, ils ont pour objectif de réduire, voire d'éliminer les obstacles juridiques et administratifs qui peuvent compliquer la coopération transfrontalière à une échelle locale, illustrant la puissance normative de l'UE (v. Chapitre Au-delà des potentialités, la puissance de l'Union européenne en acte et en question, entre *hard* et *soft power*), car ils participent à une forte institutionnalisation de la coopération transfrontalière. Ils formalisent des coopérations transfrontalières préexistantes, en les intégrant dans le cadre de l'UE. L'Eurométropole Lille-Kortrijk-Tournai, le premier GECT créé dans l'UE, s'inscrit dans cette logique territoriale (v. Zoom, Un exemple de coopération transfrontalière: l'Eurométropole Lille-Kortrijk-Tournai). L'hôpital transfrontalier de Cerdagne est également géré par un GECT.

Le cas de la Collectivité européenne d'Alsace CEA) est unique en France. Créée en 2021, elle regroupe les compétences des départements du Bas-Rhin et du Haut-Rhin, mais bénéficie aussi de compétences spécifiquement liées à l'UE: elle est chef de file en matière de coopération transfrontalière et gère les actions relevant du FSE*, par délégation de l'État. Parmi les justifications des élus locaux alsaciens auprès de l'État pour la création d'une telle collectivité, la création de la région Grand Est, en 2016, avait rendu le maillage territorial français encore plus illisible auprès des partenaires des États limitrophes, habitués à coopérer avec l'ancienne région Alsace, territorialement et culturellement bien identifiables (v. Chapitre La territorialité communautaire). Cela risquait de freiner la coopération transfrontalière déjà ancienne. Toutefois, les raisons de la création de cette collectivité européenne sont davantage liées à l'inquiétude d'une perte relative de l'identité alsacienne, potentiellement noyée dans une région Grand Est quasiment deux fois plus étendue que la Belgique, qu'à un intérêt avancé pour l'intégration européenne, alors même que Strasbourg est l'une des "capitales" de l'Union européenne…

LES LIEUX DU POUVOIR, POINTS CENTRAUX DE L'UE : QUELLES IMPLICATIONS TERRITORIALES ?

Par métonymie, l'Union européenne est souvent réduite à Bruxelles. Pourtant, les lieux du pouvoir de l'Union européenne ne se limitent pas à la capitale belge. Contrairement à un État-nation ou à d'autres organisations régionales, les lieux de pouvoir de l'UE ne sont pas concentrés dans un espace limité. **Les institutions principales et, plus largement, les lieux de commandement de l'UE sont caractérisés par un polycentrisme original, résultat de décisions successives dont il serait risqué de trouver une cohérence globale *a posteriori*.**

La localisation des institutions et de l'administration de l'UE : du provisoire qui dure !

Dès la création de la CECA en 1951, la question du siège des institutions (Haute autorité et Assemblée de la CECA) est sujette à débats entre États. Loin du souhait de Jean Monnet d'avoir un district européen (sur le modèle de Washington DC) et un siège unique, **les rivalités et les influences des États s'expriment dans le choix du siège des institutions européennes.** La Haute autorité est ainsi installée à Luxembourg, en partie par défaut, comme le rappelle Jean Monnet dans ses *Mémoires* [Monnet, 1976] :

> […] En juillet 1952, chacun avait sa ville candidate. La France plaidait pour Strasbourg appuyée par l'Italie, la Belgique pour Liège, les Pays-Bas pour La Haye. Pourquoi, au dernier moment, Schuman lança-t-il l'idée de Sarrebruck, je peux m'imaginer qu'il crut tenir à la fois la solution de plusieurs difficultés. Il ne fit qu'en ajouter une nouvelle, car Adenauer fut surpris par cette tentative de régler le problème de la Sarre en l'"européanisant" et il en

manifesta de l'humeur. [...] La course à la capitale reprit, pour ne s'arrêter qu'au bénéfice de la lassitude. À trois heures du matin, nous étions à Turin et à Strasbourg à la fois. [...] On avait suggéré Bruxelles, [Van Zeeland] s'y opposa : pour des raisons électorales, son mandat se limitait à Liège. Paris ou ses environs, qui tentaient certains, furent écartés par Schuman : Pflimlin, maire de Strasbourg, eût fait un malheur. Alors, on entendit la voix de Bechui qui semblait jusque-là somnoler : "Je propose que le travail commence aussitôt à Luxembourg, cela nous donnera le temps de réfléchir à la suite". Tout le monde fut soulagé, et c'est ainsi que le siège de la CECA eut son siège "précaire" dans une petite ville qui est devenue un carrefour de l'Europe. [...]

Faute de place à Luxembourg, l'Assemblée de la CECA est par ailleurs située à Strasbourg, dans les locaux du Conseil de l'Europe : à nouveau, il s'agit d'une localisation par défaut... L'article 216 du traité instituant la CEE en 1957 stipule que "le siège des institutions de la Communauté est fixé du commun accord des gouvernements des États membres", sans autre précision géographique. Ainsi, à la création de la CEE, aucune ville n'est officiellement désignée pour accueillir les institutions européennes. L'Assemblée parlementaire européenne (préfiguratrice du Parlement européen actuel) s'était exprimée en 1958 sur la question du siège des institutions européennes, dans la lignée de Jean Monnet, souhaitant la création d'un "district européen" où seraient regroupées toutes les institutions européennes, sans succès.

La localisation des sièges des institutions dans plusieurs villes est le fruit de négociations de plusieurs années entre les États membres. Les décisions provisoires ont finalement été définitivement validées après de nombreuses années. Le 8 avril 1965 (traité de fusion des exécutifs de la CEE, de la CECA et d'Euratom), la "Décision des représentants des gouvernements des États membres sur l'installation provisoire des institutions" réaffirme l'installation des institutions de la CEE dans les villes où celles-ci sont déjà installées, sans toutefois lui donner de caractère définitif... L'article premier du texte indique que "Luxembourg, Bruxelles et Strasbourg demeurent les lieux de travail provisoires des institutions des Communautés". La Cour de Justice, le secrétariat général de l'Assemblée (devenue le Parlement européen), la Banque européenne d'investissement, certains services de la

Commission restent installés à Luxembourg. Les organismes communautaires relatifs aux domaines financiers et juridiques, d'après cette décision, seront concentrés à Luxembourg, spécialisant ainsi Luxembourg. Bruxelles est quant à elle choisie comme siège principal de la Commission des Communautés, au détriment de Paris, pour des raisons politiques internes à la France : Pierre Pflimlin, ministre des Finances et maire de Strasbourg, redoutait un départ de l'Assemblée de Strasbourg à Paris et avait donc encouragé la candidature bruxelloise...

Entre décentralisation croissante et recherche d'une rationalisation géographique de l'administration de l'UE...

Il faut attendre le Conseil européen d'Édimbourg en décembre 1992 pour obtenir un accord définitif sur la localisation des sièges du Parlement européen, du Conseil, de la Commission, de la Cour de Justice, du Comité économique et social, de la Cour des comptes et de la Banque européenne d'investissement, soit 35 ans après la signature des traités de Rome, entérinant la situation existante. Cette décision est confirmée par le traité d'Amsterdam du 2 octobre 1997. Il faut également attendre l'inauguration du bâtiment Louise-Weiss, à Strasbourg en 1999, pour que les eurodéputés disposent enfin de leur propre bâtiment et qu'ils ne dépendent plus des bâtiments du Conseil de l'Europe. Toutefois, selon la décision de ce conseil européen d'Édimbourg, "le siège d'autres organismes et services créés ou à créer sera décidé d'un commun accord par les représentants des gouvernements des États membres [...] en donnant une priorité appropriée aux États membres qui, à l'heure actuelle, n'abritent pas le siège d'une institution des Communautés" (Partie A, annexe 6, article 2). La centralisation des institutions européennes n'est donc pas l'objectif : au contraire, **l'organisation de plus en plus polycentrique de l'administration de l'UE est en soi une politique d'aménagement du territoire européen**.

En 1993, plusieurs agences* sont ainsi créées dans d'autres villes européennes : Banque centrale européenne à Francfort (v. Zoom, Francfort et la BCE), Agence européenne de l'environnement à Copenhague, Fondation européenne pour la formation à Turin,

Observatoire européen des drogues à Lisbonne, Europol à La Haye. Dans cette même décision, certaines localisations sont laissées à l'appréciation des États : Office d'inspection vétérinaire et phytosanitaire en Irlande, Agence pour la santé et la sécurité au travail et Office de l'harmonisation dans le marché intérieur en Espagne. **Le développement des agences "décentralisées" à partir des années 1990 élargit la territorialisation des institutions de l'UE** (v. Outils, Carte de l'administration de l'UE). La trentaine d'agences de régulation sont distinctes des institutions européennes : elles sont contrôlées par celles-ci via leurs conseils d'administration et non sous leur contrôle direct. Elles participent à la mise en œuvre des politiques de l'UE, en assurant l'articulation entre l'UE et les États en "mettant en commun des compétences et connaissances techniques et spécialisées des institutions nationales et européennes", d'après le site Internet de l'UE. Le siège de l'agence européenne de garde-frontières et de garde-côtes (Frontex), créée en 2004, est par exemple situé à Varsovie. Plusieurs agences de l'UE sont situées sur le territoire français : Office communautaire des variétés végétales (Angers, création en 1995), Agence de l'UE pour les chemins de fer (Valenciennes, 2004), Autorité européenne des marchés et des services financiers (Paris, 2011), Autorité bancaire européenne (La Défense, 2019, déplacement depuis Londres suite au Brexit). La dernière agence décentralisée a été créée en 2022 à La Valette (Agence de l'UE pour l'asile), permettant d'élargir les prérogatives de l'ancien Bureau européen d'appui en matière d'asile créé en 2011 et dispersé entre Chypre, la Grèce, l'Italie, Malte et l'Espagne. La localisation de l'agence à proximité d'une porte d'entrée migratoire majeure de l'UE n'est évidemment pas un hasard.

Cette répartition des sièges des institutions fait régulièrement l'objet de débats en leur sein, en particulier pour le Parlement européen, qui cristallise le plus les discussions. L'Assemblée de la CECA, constituée de 78 membres désignés par les Parlements des États membres de la CECA et préfiguratrice du Parlement européen, se réunissait dans l'hémicycle du Conseil de l'Europe à Strasbourg. Le secrétariat général de l'Assemblée de la CECA restait quant à lui à Luxembourg, près du siège de la Haute autorité. La localisation actuelle du secrétariat général du Parlement européen à Luxembourg est l'héritage de cette situation initiale. Le Parlement européen est donc situé à la fois à Luxembourg, Bruxelles et Strasbourg. Afin d'être proche des autres institutions européennes de Bruxelles (notamment depuis que le Parlement a le rôle de colégislateur), le Parlement européen y dispose d'un ensemble de cinq bâtiments construits entre 1989 et 2004 (Espace Léopold). Le bâtiment Spaak, surnommé "Caprice des Dieux" par les Belges en raison de sa forme et son coût, abrite d'ailleurs un hémicycle similaire à celui de Strasbourg et permet la tenue de séances plénières. Les trois quarts des activités du Parlement ont ainsi lieu à Bruxelles. Le traité d'Édimbourg de 1992 oblige toutefois la tenue de douze sessions plénières par an à Strasbourg. Ainsi, les eurodéputés et une partie des personnels du Parlement se déplacent à Strasbourg environ quatre jours par mois. Les difficultés de transport et d'organisation entre les trois sites font régulièrement ressurgir le débat sur l'organisation spatiale du Parlement. Pendant le covid-19, les séances strasbourgeoises ont été suspendues afin de limiter les déplacements sans que cela ne perturbe réellement le fonctionnement de l'institution, relançant le débat sur le maintien du Parlement à Strasbourg. En 2022, l'État fédéral belge a lancé le plan "Quartier européen 2030" afin de consolider la présence des institutions européennes à Bruxelles, alors que la Commission souhaite réduire de 50 % son patrimoine immobilier et de 25 % la surface totale utilisée à Bruxelles.

Les "quartiers européens", des euro-enclaves urbaines ?

À l'échelle locale, les institutions de l'UE sont à l'origine de "quartiers européens". Excentré dans un secteur résidentiel, le quartier européen de Strasbourg a des impacts limités sur l'organisation spatiale de la ville (v. Outils, Cartes-Plan du quartier européen de Strasbourg) ; les douze sessions plénières annuelles accélèrent ponctuellement le rythme de la ville, marquée par deux temporalités contrastées. En revanche, **les institutions de l'UE pèsent davantage sur l'organisation urbaine bruxelloise** (v. Outils, Cartes-Plan du quartier européen de Bruxelles). Les institutions européennes sont regroupées à Bruxelles dans un même quartier, sans planification initiale à cause de l'incertitude du caractère définitif de la localisation des institutions européennes évoquée plus haut. Les institutions ont été progressivement installées dans une zone résidentielle aisée en périphérie orientale de la ville, située entre le centre-ville et le parc du Cinquantenaire. Dans les années 1960, le désintérêt de la population aisée bruxelloise pour ce quartier urbain au profit de la périphérie (suivant le modèle classique de la périurbanisation*) a facilité la transformation de ce quartier résidentiel en un quartier d'affaires. Les institutions ont été progressivement installées le long de la rue de la Loi, sans réel souci de cohérence urbaine : Commission (bâtiments Berlaymont et Charlemagne, construits en 1967), Conseil européen et Conseil de l'UE (le bâtiment Europa, inauguré en 2016, remplace le Juste Lipse), Comité économique et social et Comité des régions (installés dans l'Ensemble Delors), etc. (v. Outils, Photographies des bâtiments des institutions européennes). Les bâtiments de l'UE représentent au total près de la moitié de la surface en bureaux de Bruxelles.

20 000 des 60 000 fonctionnaires européens travaillent à Bruxelles, ainsi que 50 000 lobbyistes, des centaines de salariés d'ONG, de journalistes, etc., générant des retombées économiques importantes pour la ville (immobilier, tourisme d'affaires, commerces...) : un quart du chiffre d'affaires de la région bruxelloise serait lié aux institutions européennes et internationales, ainsi qu'aux lobbies qui en dépendent, selon une étude de chercheurs de la Vrije Universiteit Brussel, en 2021. Cela représente environ 5 milliards d'euros par an et génère 120 000 emplois dans la Région de Bruxelles-Capitale. Toutefois, **cette "bulle européenne" fonctionne en partie en vase clos, renforçant les disparités sociospatiales de l'agglomération* bruxelloise**. Les populations aux revenus les plus élevés sont situées dans le quartier européen et ses environs (sud-est de l'agglomération) et directement liées aux institutions européennes. De même, les institutions expliquent la surreprésentation des immigrés d'origine européenne (dont de nombreux expats) et l'essor des "appart'hôtels" dans cette partie de la ville, au détriment des habitants permanents, contrastant avec le centre de Bruxelles, socialement plus mixte, et avec un ouest paupérisé où les populations immigrées issues d'Afrique subsaharienne sont surreprésentées (Molenbeek, par exemple).

Toutefois, depuis les années 2000, l'aménagement urbain du quartier européen bruxellois fait l'objet d'une meilleure concertation entre la Région de Bruxelles-Capitale et la Commission européenne, faisant (enfin) de la Commission un acteur local de l'aménagement urbain. En 2008, un premier Schéma directeur du quartier européen (SDQE) est créé et intégré dans un plan d'aménagement plus vaste à l'échelle de la ville, le Plan de développement international (PDI) [LAURENS *et al.*, 2012]. Le SDQE a pour objectif d'améliorer la mixité fonctionnelle du quartier, en y développant les fonctions résidentielles, culturelles et récréatives. Les préoccupations environnementales sont également intégrées, principalement dans les transports, afin de faire du quartier européen un écoquartier. Le projet urbain Loi, coordonné par l'architecte Christian de Portzamparc, est focalisé sur l'axe majeur du quartier, la rue de la Loi.

Les conditions drastiques de sécurité, renforcées ponctuellement lors de sommets européens et accentuées sur le long terme depuis l'attentat dans la station de métro Maelbeek en 2016 (rue de la Loi), mais également la configuration des bâtiments des institutions qui privilégient une circulation piétonne interne entre bâtiments via des souterrains et des passerelles plutôt qu'une circulation à l'extérieur, limitent toutefois les possibilités d'émergence d'une vie de quartier: esplanade ("mail") devant le Parlement fermée la nuit, rues régulièrement bouclées...

Des hauts lieux de l'UE éphémères

L'analyse des "capitales européennes" ne serait pas complète sans évoquer les "capitales" plus éphémères. Depuis 1985, le Conseil de l'Union européenne attribue le titre de capitale européenne de la culture (v. Zoom, Les capitales européennes de la culture) à deux villes de deux États, un "ancien" État de l'UE et un "nouveau", afin de promouvoir la culture, à la fois par une programmation d'événements pendant l'année et par des investissements pérennes (construction de musées, etc.), subventionnés en partie par des fonds européens. En 2024, Tarfu (Estonie), Salzkammergut (Autriche) et Bodo (Norvège) seront les capitales européennes de la culture (la pandémie a décalé plusieurs manifestations, les années 2022 à 2024 comportent exceptionnellement trois villes). Généralement, ce titre est attribué à des villes en cours de renouvellement urbain afin de soutenir leurs mutations. Parmi les soixante et une villes désignées par l'UE depuis 1985, quatre villes françaises ont obtenu ce titre: Paris en 1989, Avignon en 2000, Lille en 2004 et Marseille–Aix-en-Provence en 2013. Pour ces deux dernières, le titre a été un accélérateur des transformations urbaines, au-delà de la dizaine de millions de visiteurs venus dans chaque ville (par exemple, ouverture du Musée des civilisations de l'Europe et de la Méditerranée [MUCEM] sur le front de mer à Marseille en 2013).

Enfin, certaines villes où se réunit le Conseil européen marquent de leur nom la construction de l'Union européenne sans que cela n'ait d'impacts sur leur territoire. Si le traité de Maastricht (Pays-Bas, 1992) a durablement transformé la construction européenne, il ne reste que peu de traces de cette signature, excepté une stèle mémorielle devant le bâtiment où le traité a été signé...

Finalement, la compréhension et l'appropriation de ces territoires "flous" par les citoyens européens renvoient à la question de l'identité européenne (v. Chapitre Identité/identités de l'Union européenne). Au fur et à mesure que certains territoires deviennent moins "flous", ils sont de fait mieux intégrés dans cette identité. L'espace Schengen et la zone euro, dont les limites coïncident de plus en plus avec celles de l'UE, sont de plus en plus lisibles pour les Européens et ne font quasiment plus l'objet de contestations, y compris parmi les souverainistes (cf. évolution de la position sur l'euro du FN/RN en France). D'autres flous territoriaux participent à l'inverse à l'incomplétude de l'identité européenne: flou des limites extérieures de l'UE (débat régulier sur la coïncidence ou non des limites de l'UE et de l'Europe), flou sur les lieux centraux du pouvoir de l'UE. Toutefois, ce flou est aussi une opportunité pour les acteurs de créer de nouveaux territoires, plus souples que les territoires administratifs existants dans leurs limites et dans leur fonctionnement. La construction de l'UE offre ainsi une perspective originale à ses habitants: être citoyens d'un territoire en transformation constante, mais toujours avec une part d'incertitude...

L'UNION EUROPÉENNE À LA LUMIÈRE DE SES DRAPEAUX

Les drapeaux flottent dans nos paysages quotidiens et bercent nos imaginaires collectifs, si bien qu'ils nous semblent unanimement connus, mais que savons-nous véritablement d'eux ? Finalement peu de choses, et pour cause : **le drapeau est un objet peu étudié pour lui-même**. S'il n'est pas rare de le voir évoqué dans des réflexions aux contours anthropologiques et sociologiques, ou dans des travaux dédiés aux politiques symboliques contemporaines, il reste peu investi par les historiens et les géographes. En effet, longtemps abandonnée aux amateurs de *militaria*, la vexillologie (l'étude des drapeaux) n'est pas (encore) une science et se trouve confrontée à de nombreux obstacles, parmi lesquels une "peur" du drapeau, alimentée par une omniprésence contemporaine limitant le recul historique nécessaire pour étudier un objet qui n'est pas dépassionné.

Pourtant, Michel Pastoureau, éminent médiéviste spécialiste de la symbolique occidentale, rappelle que "tout emblème d'État est un discours sur l'État [et] qu'il nous fait connaître non seulement la nature et l'identité, mais aussi l'histoire, les vicissitudes, les ambitions, les justifications du ou des pouvoirs que cet État représente." [PASTOUREAU, 1993] Pour ces raisons, **les États se sont progressivement dotés d'un large répertoire emblématique**, finement exploité pour légitimer leur pouvoir, assurer leur continuité et démontrer l'étendue de leur puissance. Les drapeaux participent alors à la construction territoriale étatique et permettent la mise en évidence des rivalités de pouvoirs, comme élément inhérent aux territoires. Plus encore, ils peuvent se révéler comme une composante essentielle dans l'édification de la conscience qu'une société prend d'elle-même, et devenir de véritables étendards de la liberté. À la fois image emblématique et objet symbolique, le drapeau apparaît alors comme le **principal élément du registre sémiotique** des États, des Nations, puis, plus tard, de l'Union européenne. En effet, sa puissance évocatrice et sa charge émotionnelle parviennent à susciter une forme d'attachement à un ensemble de signes connus, condition nécessaire à l'éveil du sentiment d'appartenance ainsi qu'à sa pérennité.

Ainsi, mariage heureux de couleurs et de symboles graphiques ou concrets, le drapeau possède une **fonction plurielle et complexe, englobant un symbolisme référentiel, exhortatif et interprétatif très large**, qui repose aussi sur des représentations construites *a posteriori* ; cet ensemble constitue alors un riche matériau ainsi qu'une première approche de l'histoire, de la géographie et de la culture des États. Pour ces multiples raisons, il nous a semblé pertinent de considérer l'Union européenne à la lumière des drapeaux nationaux de ses membres, soulevant alors la question de leur choix, de leurs relations et de leur portée.

UNE APPROCHE TERRITORIALE DES DRAPEAUX

À l'origine, le *drapel* du XIIe siècle renvoyait à un banal morceau de chiffon, tandis que le *drappello* italien lui a prêté un sens militaire, qu'il faut comprendre au sens de la bannière médiévale. En effet, après l'An Mil, les signes d'identification se multiplient et se diffusent, à la fois dans l'espace social (du haut en bas de l'échelle sociale), dans l'espace géographique (à la fin du XIIIe siècle, l'ensemble de la chrétienté en use), et dans l'espace matériel (sur les biens meubles) comme un marqueur de propriété.

Se forme alors un véritable répertoire sémiologique qui influence directement les signes vexillaires qui ont donné naissance à nos drapeaux modernes ; le mot “drapeau” apparaît, lui, au cours des XVIe-XVIIe siècles.

Le drapeau danois, illustration du drapeau comme moyen d'exercice de la territorialité des États

D'abord marqueur de propriété, le drapeau devient progressivement un puissant marqueur territorial dont s'emparent les acteurs étatiques. Au cœur des enjeux de pouvoir, il se révèle comme un redoutable levier d'appropriation du territoire et participe à sa mise en récit, si bien qu'il nous permet de traduire les rapports complexes de domination territoriale inter- et intraétatiques et nous renseigne sur la "territorialisation" des États.

Rappelons qu'en géographie, la notion éminemment polysémique de "territoire" dépasse la seule réalité de l'espace physique ou de l'espace borné et contrôlé, et englobe les différentes dimensions de l'espace approprié, qu'elles soient politiques, culturelles ou sociales. Ainsi, le territoire n'est pas un espace figé, mais un processus politique en perpétuelle construction, les géographes évoquent alors la notion de "territorialité". Le drapeau national apparaît donc comme un moyen efficace d'exercice de cette territorialité, en témoigne celui du Danemark, qui a influencé le contenu vexillaire de toute une aire géographique.

Le *Dannebrog*, ou "tissu danois", semble constituer le plus vieux drapeau national au monde. Son origine remonterait aux croisades du XIIIe siècle, mais il n'est attesté par l'iconographie qu'au XIVe siècle, représenté dans l'armorial de Gelre, conservé actuellement à la Bibliothèque royale de Belgique, à Bruxelles. Selon la légende, le drapeau à croix d'argent sur champ de gueules serait apparu dans le ciel lors de la bataille de Lyndanisse (actuelle Tallinn), où les Danois du roi Valdemar II auraient terrassé les tribus estoniennes ; mais il est plus probable que le drapeau ait été l'héritier d'armoiries de la Hanse datant du Moyen Âge. La croix scandinave s'inspire de la croix chrétienne, historiquement appréhendée comme le symbole suprême de l'attachement aux valeurs du christianisme, et le Danemark est le premier pays à l'avoir fait glisser du centre vers la hampe à la fin du XIVe siècle, suivi par la **Suède**, la **Finlande** ou l'**Estonie** (plus dans sa version actuelle), pour ne considérer que les États membres de l'Union européenne.

Concernant les couleurs danoises, il est fréquent de retrouver la lecture du rouge comme symbole du sang versé pour le pays ; elle constitue un éclairage intéressant en tant que représentation élaborée *a posteriori*, mais ne semble guère posséder une quelconque épaisseur historique. En revanche, les travaux de M. Pastoureau sur la symbolique des couleurs démontrent que le couple blanc-rouge est le plus fréquent dans l'héraldique médiévale – dont sont très largement tirés la plupart de nos drapeaux – et qu'il faut attendre l'imprimerie pour le voir supplanté par le couple blanc-noir. À notre grande surprise, le contraire médiéval du blanc n'est pas le noir, mais bien le rouge ! Autant d'arguments qui expliquent les couleurs d'un drapeau danois qui va étendre son influence...

La **Suède** s'est inspirée du modèle du *Dannebrog* et des armoiries royales suédoises pour son drapeau à la croix d'or sur champ d'azur ; couleurs attestées depuis le XIIIe siècle, auxquelles a été ajoutée (temporairement) la croix au XIVe siècle. Il faut alors attendre la séparation de la Suède et de la Norvège pour que le drapeau national actuel soit officiellement adopté, un an plus tard, en 1905.

Aussi, la **Finlande** a été au cœur d'une lutte d'influence historique entre ses deux voisins, la Suède et la Russie, et devient même une partie de la Suède, du XIIe siècle jusqu'à 1809, date à laquelle elle est cédée à la Russie. Bien plus tard, la révolution russe de 1917 permet à la Finlande d'accéder à l'indépendance. Cela a nécessairement exercé une influence sur le drapeau national, qui prend pour modèle celui de la Suède (et du Danemark, donc). Par ailleurs, il semblerait que ce drapeau à la croix d'azur sur champ d'argent soit le premier à proposer l'association du bleu et du blanc comme couleurs nationales ; l'idée serait venue du poète finlandais Zacharias Topelius (1818-1898) et aurait été reprise en 1863 par le journal *Helsingfors Dagblad*, qui y ajouta la croix bleue que nous connaissons. Avec les quelque 188 000 lacs qui ponctuent le paysage finlandais, il n'est pas rare de lire que ce bleu leur est attribué ; le blanc, quant à lui, renverrait au sol recouvert de neige et aux blanches nuits de l'été, liées aux hautes latitudes boréales.

Les drapeaux trichromes au cœur du jeu d'influences territoriales européen

Les drapeaux nationaux peuvent aussi traduire des rapports de domination et expliquer le jeu des influences territoriales, à l'instar des drapeaux trichromes européens. Parmi eux se distinguent les drapeaux panslaves, une famille vexillaire qui tire ses racines du drapeau hollandais, le *Prinsenvlag* (ou drapeau du prince) orange, blanc et bleu ;

il fait référence aux couleurs héraldiques du prince Guillaume Ier d'Orange-Nassau, meneur d'une révolte contre la domination espagnole entre 1566 et 1568. Sept des Dix-Sept Provinces des Pays-Bas espagnols se soulèvent alors, puis le conflit s'enlise dans une guerre de 80 ans (1568-1648) au cours de laquelle, elles proclament leur indépendance et deviennent la république des Sept Provinces-Unies des Pays-Bas, généralement appelée "Provinces-Unies". Nous ignorons comment l'orange a laissé place au rouge pour aboutir au drapeau tricolore que nous connaissons, lequel nous fait immédiatement penser au drapeau du Luxembourg qui résulterait, au moins en partie, de ses liens historiques avec les Pays-Bas, puisque le pays a fait partie du Royaume-Uni des Pays-Bas dès le congrès de Vienne de 1815.

Par la suite, le modèle hollandais inspire le tsar Pierre le Grand (1672-1725), qui voyage à bord de la Compagnie néerlandaise des Indes orientales (1602-1799) et rapporte l'idée qui aboutira au drapeau national russe; celui-là même détermine les drapeaux des différents **États slaves**, qui adoptent sensiblement les mêmes couleurs, à l'instar de la Slovaquie, de la Slovénie et de la Croatie. Ces couleurs panslaves résultent d'un attachement particulier aux racines, à l'histoire et à la culture slave. Dans ce même groupe, nous pouvons citer les drapeaux de la **Bulgarie**, où le bleu est remplacé par le vert, celui de la **République tchèque** qui prend une forme différente, et ceux **d'autres pays qui ont appartenu à l'Empire russe** jusqu'à obtenir leur indépendance, comme la Lituanie ou l'Estonie (v. Chapitre L'Europe nordico-baltique).

Enfin, il est intéressant de **regrouper les drapeaux tricolores qui descendent – parfois de façon éloignée – de l'ancêtre de l'Union Flag du Royaume-Uni**, produit de la fusion des bannières d'Écosse et d'Angleterre lorsque le roi d'Écosse Jacques VI Stuart devient roi des deux couronnes en 1603. D'abord, appliquons-nous à examiner celui de la France, qui possède des origines plus brumeuses qu'il n'y paraît. Sans pouvoir suivre ici toute sa chronologie, revenons à ce moment charnière de juillet 1789 qui voit germer une cocarde tricolore ; celle-là même qui donnera naissance au drapeau tricolore, d'abord sur mer puis sur terre. Le récit national connaît différentes versions, qui racontent qu'elle aurait été le fruit de l'imagination de Bailly, alors maire de Paris, ou de La Fayette, comme il l'écrit lui-même dans ses *Mémoires*. Elle viendrait de l'association du blanc, couleur du roi, avec le rouge et le bleu de la ville de Paris, et aurait été imposée au roi au lendemain de la Révolution française. Cela est sujet à controverse, car, historiquement, si le blanc est bien la couleur royale, le bleu et le rouge ne sont plus guère, à ce moment, celles de la ville de Paris. Convoquons alors aimablement M. Pastoureau, qui nous invite à regarder, d'une part, les "habitudes chromatiques" de la dynastie des Bourbons, qui porte épisodiquement une livrée tricolore, d'autre part, les couleurs bleu, blanc et rouge de la révolution américaine, alors issues du drapeau britannique. Ces couleurs traversent ensuite l'Atlantique et essaiment jusqu'en France, gagnant les vêtements ou les emblèmes des partisans des idées révolutionnaires, à la veille de la Révolution. Ainsi le modèle américain a influencé les pratiques emblématiques qui ont conduit au drapeau tricolore de la France.

À son tour, l'histoire de France a influencé de nouveaux mouvements révolutionnaires, et son drapeau tricolore a été une source d'inspiration, à la fois par ses couleurs et sa structure, pour toute une série de pays qui sont pourvus de drapeaux avec un arrangement vertical des couleurs : au XIXe siècle d'abord, avec les drapeaux de la Belgique (adopté officiellement en 1831), de l'Irlande (1848), de l'Italie (1848) ou du royaume de Roumanie (1867) ; puis au XXe siècle avec les drapeaux tricolores verticaux de certains pays d'Afrique nouvellement indépendants, sur lesquels nous ne nous attardons pas.

L'emblématique familiale, embase symbolique de la constitution territoriale des États

Finalement, il convient de souligner la récurrence avec laquelle la constitution territoriale des États européens repose sur le socle historique de l'emblématique familiale. En effet, nombreux sont les **drapeaux nationaux issus d'emblèmes familiaux, voire dynastiques**, composés de deux ou trois couleurs, alors arrangées en bandes horizontales. Ainsi, celui de la **République autrichienne** reprend la bannière héraldique rouge et blanche de l'ancien archiduché d'Autriche dès 1919. Après la période d'annexion au Troisième Reich (1938-1945), le drapeau retrouve l'apparence bichrome que nous lui connaissons. Notons alors que le drapeau soulève la question des rapports, souvent ambigus, entre État et Nation et qu'un changement de régime ou d'idéologie n'implique pas nécessairement la révision du drapeau, objet coulé dans le marbre d'une sacralité souvent intemporelle.

De la même manière, le drapeau de la **Hongrie** tire ses couleurs des armoiries historiques, l'association du rouge, du blanc et du vert remontant aux XVI-XVIIe siècles. En outre, cette pratique s'observe sur le **drapeau polonais**, dérivé des armoiries de Pologne et de Lituanie ; le blanc et le rouge sont les couleurs nationales depuis 1831, mais elles attendront 1919 pour être adoptées officiellement sur le drapeau national.

Enfin, l'**Espagne** place fièrement les armoiries nationales sur la bande jaune de son drapeau. Le blason espagnol est ainsi découpé en six parties, représentant les royaumes historiques (Castille, León, Navarre, Grenade), ainsi que la Couronne d'Aragon et la maison de Bourbon-Anjou. L'écu est ensuite surmonté de la couronne royale, et flanqué de deux colonnes coiffées chacune d'une couronne, royale (à gauche) et impériale (à droite) ; celles-ci sont parfois appréhendées comme deux colonnes d'Hercule chargées de représenter le détroit de Gibraltar, à la fois trait d'union entre mer Méditerranée et océan Atlantique et infime séparation entre continent européen et africain, mais aussi passage stratégique au cœur des enjeux contemporains.

DES ÉTENDARDS DE LA PUISSANCE ET DE LA LIBERTÉ

Allégories personnifiées des États ou des Nations qui s'en emparent, les drapeaux peuvent être de véritables étendards de puissance, de liberté ou d'unité.

Le drapeau, symbole de liberté et d'unité

Envisageons d'abord les drapeaux comme des symboles de liberté ou d'unité qui permettent d'illustrer la dimension idéologique des territoires et de démêler l'enchevêtrement d'autorités (politique, confessionnelle, socio-économique, etc.) qui se réclament légitimes à contrôler un espace.

Ainsi, le **drapeau de l'Irlande** renvoie au passé mouvementé d'un pays tiraillé par de graves conflits religieux. En effet, au XVIe siècle, l'Angleterre protestante conquiert l'Irlande catholique et s'approprie les terres ; en conséquence, les Irlandais sont déchus de leurs droits civiques et religieux. Ainsi, le vert du drapeau rappellerait le "mouvement catholique de libération nationale" et l'orange commémorerait pour les protestants la victoire déterminante du roi d'Angleterre Guillaume III (issu de la Maison d'Orange-Nassau) sur les partisans catholiques de Jacques II, lors de la bataille de la Boyne le 30 juillet 1690. Le blanc au milieu constituerait le trait d'union entre les deux religions. Plus tard, il aurait été un étendard pour le mouvement nationaliste irlandais, notamment lors de l'insurrection de Pâques en 1916, lourdement réprimée par les Britanniques. Même si elle fut un échec sur le plan militaire et politique, elle symbolise l'opposition des protestants aux discriminations engendrées par le système colonial et marque les mémoires. Cependant, il faut attendre la scission de l'île par le traité anglo-irlandais de 1921, qui donne naissance à l'État libre d'Irlande (l'Irlande du Nord protestante restant au sein du Royaume-Uni), puis la guerre civile qui mène à l'indépendance de l'Irlande du Sud en 1937 afin qu'il devienne officiellement le drapeau national.

Le **drapeau hongrois**, lui, semble avoir fait son apparition lors des mouvements révolutionnaires de 1848. Il se placerait alors en opposition avec la monarchie et les Habsbourg-Lorraine, et aurait été interdit par l'empereur d'Autriche dans le contexte de répression de la révolution. Ainsi, la forme que nous lui connaissons, inspirée par le drapeau français, ne sera adoptée qu'en 1957 ; les couleurs rouge, blanc, et vert provenant des armoiries historiques de la Hongrie. D'autres lectures, plus proches du folklore, se disputent une tout autre symbolique chromatique : le rouge représenterait la force, ou le sang versé pour la patrie, le blanc la foi ou la liberté, et le vert l'espérance ou la campagne hongroise.

Terminons avec le **drapeau de la Roumanie**, qui trouverait ses racines dans le mouvement de renaissance culturelle roumaine qui se développe au XVIIIe siècle et dans la révolution de 1821 contre l'influence ottomane, en Moldavie et en Valachie. Utilisé à nouveau lors de la révolution de 1848, il symboliserait la volonté d'union des roumanophones dispersés entre Valachie, Moldavie, Autriche-Hongrie, Empire ottoman et Empire russe. Le bleu représenterait la liberté, le jaune (ou l'or plutôt) la prospérité, l'égalité et la justice tandis que le rouge ferait écho à la fraternité. D'abord horizontal lors de l'Union des territoires roumains de 1859, il trouve sa forme verticale en 1867. Puis, des armoiries s'y ajoutent, royales, dans le contexte de la "Grande Roumanie" (1918-1947), puis communistes (à partir de 1948). La révolution roumaine de 1989 les découpe ensuite vigoureusement et le drapeau actuel, bleu, jaune, rouge, est adopté officiellement par le gouvernement en 1994.

Le drapeau, symbole de puissance et d'ouverture sur le monde

S'il peut être un étendard de la liberté, le drapeau constitue un incontestable symbole de puissance et d'ouverture sur le monde. "Aller plus loin que l'horizon", telle était la devise du célèbre navigateur portugais, Vasco de Gama, qui découvre la route des Indes par le biais du cap de Bonne Espérance, en 1498. Cette détermination, mêlée aux ambitions coloniales, est commune aux différents rois du **Portugal**, notamment Henri le Navigateur (1394-1460), qui se succèdent pendant la période des "grandes découvertes" des XVe-XVIe siècles. Ils financent alors de grandes expéditions pour repousser les limites du monde connu et trouver de nouvelles ressources. À cette fin, ils établissent des comptoirs commerciaux, lancent la traite négrière européenne et ouvrent la voie à un fructueux commerce des épices (poivre, clous de girofle, noix de muscade, cannelle, etc.). Leur expansion est une illustration dorée de leur puissance, qu'ils décident de symboliser sur leur drapeau. En effet, l'un des éléments représentatifs de l'emblématique royale, puis nationale, du Portugal est une sphère armillaire, cet instrument utilisé par l'astronomie pour modéliser la sphère céleste. Le roi Manuel Ier (1469-1521) l'utilise à la fin de son règne pour représenter non seulement les découvertes portugaises, mais aussi son empire colonial. Ainsi, une sphère armillaire jaune, portant le blason historique, trône sur le drapeau vert et rouge du Portugal.

Suivant la même logique, le drapeau des **Pays-Bas** peut faire écho à la puissance des Provinces-Unies, particulièrement prospères au XVIe siècle, notamment grâce au commerce du textile. Grâce à leurs redoutables compagnies de commerce (la Compagnie néerlandaise des Indes orientales et la Compagnie néerlandaise des Indes occidentales), elles se constituent un empire colonial en Asie et en Amérique qui ne manque pas d'impressionner ses rivaux, Espagnols ou Portugais. Plus encore, elles se dotent d'une marine de guerre capable de les inquiéter d'un bout à l'autre de la planète; celle-ci arbore fièrement le *Prinsenvlag*, abordé plus avant, comme un symbole de l'impérialisme néerlandais.

Enfin, cet emploi du drapeau comme instrument de domination peut se retrouver aujourd'hui, en considérant que l'Union européenne dispose de frontières terrestres et maritimes hors d'Europe à travers ses **régions ultrapériphériques** (RUP) (v. Chapitre Les Outre-mers européens). Celles-ci sont reconnues pour la première fois dans le traité de Maastricht de 1992 puis définies ensuite par le traité sur le fonctionnement de l'Union européenne de 2009. Elles appartiennent à l'Union européenne et sont parfaitement intégrées à la zone euro, au marché commun ou au territoire douanier européen, à l'inverse des pays et territoires d'outre-mer (PTOM), qui dépendent de pays membres de l'Union européenne. Le drapeau espagnol continue alors de flotter dans les îles Canaries, à travers la communauté autonome des Canaries, qui fait partie des dix-sept communautés autonomes d'Espagne depuis le 16 août 1982. En outre, le drapeau portugais chamarre toujours le ciel des Açores et de Madère, et celui de la France le paysage des cinq départements et régions d'outre-mer (DROM) (Guyane, Martinique, Guadeloupe, Mayotte, La Réunion) et la collectivité d'outre-mer (COM) de Saint-Martin. Ainsi, les drapeaux européens président le ciel d'autres continents que celui du Premier monde et dominent d'autres océans que l'Atlantique qui le borde.

Le drapeau fait-il Nation?

M. Pastoureau avance sagement l'hypothèse d'une Europe qui aurait généralement suivi, entre les XIIe et XIXe siècles, le processus initié par la transformation d'un emblème individuel en emblème dynastique, passant ensuite du dynastique au monarchique, du monarchique au gouvernemental et du gouvernemental à l'étatique. L'État précède ainsi la Nation (en France, par exemple). Mais il est intéressant d'étudier le schéma inverse: lorsqu'un mouvement politique ou social s'empare de figures ou couleurs héraldiques liées à une dynastie pour en faire un symbole fédérateur qui trouve rapidement une portée nationale. La Nation précède alors l'État.

Envisageons le cas de l'**Allemagne** et de son histoire, et souvenons-nous d'abord du couple noir et or présent sur la bannière de l'empereur du Saint Empire romain germanique. Remontons ensuite au XIXe siècle pour retrouver l'association du noir, du rouge et de l'or sur les uniformes des *Freikorps*, une unité de militaires volontaires de l'armée prussienne lors de la campagne d'Allemagne de 1803. Après la guerre en 1815, ses vétérans fondent l'*Urburschenschaft*, une société qui croit en l'idée d'une nation allemande unie, et adoptent un drapeau constitué de trois bandes horizontales alternant rouge, noire et rouge ainsi qu'une branche de chêne dorée sur la bande noire. Très vite, le mouvement prend de l'ampleur et ces couleurs deviennent un symbole de liberté et d'unité, repris ensuite par les révolutionnaires de 1848. Parfois remplacé par le drapeau noir, blanc, rouge de la Confédération ou du Troisième Reich (avant le drapeau nazi, qui sert de véhicule à l'idéologie totalitaire), il est finalement choisi par la République fédérale d'Allemagne en 1949.

Plus encore qu'en Allemagne, l'aspiration nationalitaire et la revendication révolutionnaire ont imprégné l'histoire politique **italienne**. En effet, lorsque la péninsule* passe sous l'hégémonie française entre 1796 et 1815, le sentiment national se renforce, porté par les classes les plus éclairées, qui adhèrent successivement au régime républicain puis napoléonien, tirant parti des libertés fondamentales issues de la Révolution. Ainsi, le drapeau italien serait inspiré du drapeau tricolore français dans sa forme et issu des campagnes napoléoniennes. Progressivement, il devient un symbole de liberté pour le peuple italien (*il popolo*) qui revendique toujours plus de prendre lui-même en main son destin. Plus tard, dans le contexte de restauration des monarchies traditionnelles des États italiens en 1815, toute une communauté commence à revendiquer des liens, à la fois culturels et historiques, et s'organise progressivement en un mouvement qu'ils qualifient de *Risorgimento* (de *risorgere*, "ressusciter") dès la fin des années 1840. Tout un ensemble de valeurs nationales et universelles s'enracine ainsi au début du siècle, puis les événements prennent une tournure politique, militaire et diplomatique à travers les guerres d'indépendance de 1859 et 1866. S'impose alors un État fort, le Piémont, qui devient le dépositaire des aspirations de tous les partisans de l'indépendance nationale italienne. Les États italiens sont unis, mais très vite, malgré une véritable politique culturelle, la monarchie piémontaise ne fait plus guère l'unanimité et entraîne la radicalisation du mouvement nationaliste, déçu par l'inachèvement de la construction nationale. Finalement, ce n'est qu'en 1948 que le drapeau vert-blanc-rouge que nous connaissons devient officiel.

Pouvons-nous aller jusqu'à soutenir qu'il arrive que le drapeau "fasse" la Nation? L'important n'est pas tant de l'affirmer, mais d'apprécier le **cas letton** comme le *stimulus* initial d'une réflexion (v. Zoom, Lettonie). Territoire historiquement mêlé à celui de l'Estonie voisine, il devient vite le théâtre d'affrontements entre la Russie, la Pologne-Lituanie et la Suède, bien décidées à se l'approprier, et tombe finalement dans l'escarcelle impériale russe en 1710, dans le contexte de la Grande Guerre du Nord (1700-1721). Par la suite, la Lettonie a dû conquérir sa liberté et proclamer son indépendance par deux fois. Si le drapeau letton grenat-blanc-grenat était déjà adopté en 1918, il est intéressant de relever qu'il est brandi vigoureusement par une foule qui chante l'hymne national en 1988, lors de la cristallisation du mouvement de contestation en une "révolution chantante". Au cours de cette série d'événements contestataires (1988-1991), il unira concrètement quelque 2 millions d'Estoniens, de Lituaniens et de Lettons appliqués à former une interminable chaîne humaine en faveur de l'indépendance. Le drapeau redevient officiellement celui de la nation en 1990, avant la dissolution officielle de l'URSS en 1991. Ainsi, la construction nationale lettonne est faite d'une série de ruptures profondes, à la fois d'ordre politique, économique, social, idéologique et identitaire ; et son drapeau a été un élément important, mais pas constitutif de sa "natio-genèse", limitée aujourd'hui encore par sa difficulté à inclure la minorité russophone dans le projet d'État-nation, comme l'explique le travail d'André Filler, spécialiste de l'espace postsoviétique [FILLER, 2017].

DES DRAPEAUX, À LA FOIS IMAGES EMBLÉMATIQUES ET OBJETS SYMBOLIQUES, AU CŒUR DE LA LITURGIE DES ÉTATS, DES NATIONS... ET DE L'UNION EUROPÉENNE

Condensé d'histoire politique, culturelle et sociale, les drapeaux ont peu à peu imprégné la liturgie étatique, nationale et européenne de leur puissance symbolique.

Un jeu vexillaire entre associations, oppositions et représentations

Les drapeaux entretiennent de véritables conversations: ils se répondent, se prolongent ou s'opposent, à la fois dans l'espace et dans le temps pour répondre aux enjeux de la construction sociale des territoires étatiques. Ainsi, l'exercice de la territorialité implique nécessairement un souci de différenciation, comme nous le montre l'exemple de la République du Portugal, issue de la révolution du XXe siècle, qui s'est empressée de déchoir les couleurs royales de son drapeau, et d'écarter radicalement la couleur jaune, associée à son puissant rival espagnol, au profit d'une association rouge-vert qui enfreint, au passage, les règles de l'héraldique.

Tournons-nous ensuite vers le **drapeau grec**, qui apparaît lors des soulèvements nationalistes anti-ottomans (1821-1823) et qui sillonne la période révolutionnaire pour être officiellement adopté en 1833, après avoir obtenu l'indépendance. La croix blanche sur fond bleu évolue ensuite jusqu'à la composition actuelle: une croix et quatre fasces (lignes parallèles) blanches sur un champ bleu; couleurs qui feraient écho à celles de la maison de Bavière, dont descend le premier roi de la Grèce moderne, Othon Ier. Cependant, les insurgés grecs précèdent le jeune prince de Bavière; alors sans doute faut-il voir dans le choix des couleurs emblématiques une subtile stratégie d'opposition au drapeau ottoman: le bleu dressé face au rouge, la croix chrétienne face au croissant musulman, la minorité opprimée face à l'oppresseur, selon l'hypothèse avancée par M. Pastoureau.

Ainsi, les drapeaux peuvent être **chargés d'une symbolique dynamique et relever de choix historiques ou culturels**. Pourtant, ils offrent souvent un panaché d'interprétations naïves et élastiques, formées *a posteriori*. En effet, certains drapeaux semblent recouverts d'un voile légendaire et peuvent laisser perplexe, à l'instar de celui de **Lettonie.** Le grenat serait une réminiscence d'un lointain passé guerrier, les Lettons versant alors du jus de mûres sur leurs uniformes pour se donner du courage et symboliser leur attachement national. Gardons-nous de moquer ou d'ignorer ces représentations qui constituent, en dépit des apparences, un matériau manifeste à ne pas négliger ; elles fournissent, par exemple, de sérieux indices sur le chapelet de valeurs qui gravite dans l'imaginaire collectif d'un pays.

Un inventaire varié d'éléments géographiques

La fonction symbolique des drapeaux peut nous apporter des **renseignements sur la géographie des territoires** en représentant directement des **éléments caractéristiques de sa topographie, de son hydrologie ou de son climat**. En effet, il n'est pas rare de trouver que le bleu d'un drapeau se rapporte à la mer, comme sur les lignes bleues stylisées sur le drapeau de la Slovénie, pays bordé au sud-ouest par l'Adriatique, ou sur une bande du drapeau de l'Estonie, ouverte sur la Baltique. Le bleu peut aussi représenter des lacs, comme sur le drapeau de la Suède, un pays ponctué par une myriade de lacs, dont certains, à l'instar du *Vänern* et de *Vättern*, sont parmi les plus grands d'Europe.

Par ailleurs, certains drapeaux résument la topographie de leurs États, comme la bande noire du drapeau estonien symboliserait les terres marécageuses du pays. Il est plus fréquent cependant de trouver des représentations stylisées de sommets montagneux, à l'instar du drapeau de la Slovénie, qui présente en blanc les trois sommets d'une montagne ; sans doute s'agit-il du mont Triglav ("trois têtes"), point culminant des Alpes juliennes et plus haut sommet du pays, avec 2864 mètres d'altitude. Toutefois, si elle n'est pas représentée directement, la montagne peut être symbolisée par le blanc, comme sur le drapeau de la Bulgarie, divisée en bandes de plaines et de montagnes ; trois d'entre elles, le Grand Balkan, le Rila et les Rhodopes atteignent environ 2000 m.

Enfin, les drapeaux peuvent donner de précieux indices sur la présence de ressources dans un pays, à l'instar de la Bulgarie, qui aurait représenté par sa bande verte la part importante de l'agriculture dans l'économie nationale. En effet, il s'agit d'un territoire d'élevage (chèvres, volailles), mais aussi d'un producteur de blé, de maïs et de roses, dont l'huile est utilisée en parfumerie. L'exemple le plus éloquent est sans doute le drapeau de Chypre, adopté en 1960. Notons qu'avec le Kosovo, ce sont les seuls pays à avoir représenté leur territoire sur leur drapeau. D'un fond blanc se détache une forme stylisée de son île cuivrée, référence au minerai présent en abondance, sous laquelle se trouvent deux rameaux d'olivier, symbole de paix entre les Grecs et les Turcs. Nous retrouvons ainsi les éléments d'une histoire multimillénaire, celle de la trilogie méditerranéenne, mise en évidence par l'historien Fernand Braudel [BRAUDEL, 1949]. Elle repose sur trois cultures ancestrales, le blé, la vigne et l'olivier, parfait résumé de l'identité culturelle méditerranéenne.

Lumière sur le drapeau de l'Union européenne

En interaction avec tous ces drapeaux nationaux, terminons avec celui aux douze étoiles comme **objectivation du projet européen**. De la même façon qu'un État, l'Union européenne s'est dotée d'un drapeau, d'un hymne* (l'*Ode à la joie*) et d'une devise ("Unie dans la diversité"). Dès 1950, Paul Lévy, premier directeur de l'information et de la presse du Conseil de l'Europe, déclare : "Si demain l'Europe s'unit enfin, il faudra que son symbole visible rallie les partisans de son unité, matérialise sous une forme palpable leurs aspirations [...]". En effet, aucun dirigeant de l'époque n'ignore qu'un drapeau est un gage d'unité et de pérennité, en plus d'être un instrument efficace de légitimation ; il doit transcender les différences, unir les citoyens autour de valeurs communes et se sacraliser pour faire consensus. Autant de raisons qui ont motivé la lente gestation du drapeau européen et la prudence du Conseil de l'Europe.

Plusieurs propositions sont tour à tour rejetées : d'abord celles présentant des emblèmes déjà existants, comme le "E" vert sur fond bleu du Mouvement européen international ; puis celle d'un drapeau à fond bleu portant un cercle de quinze étoiles d'or. Finalement, un drapeau bleu aux douze étoiles d'or est adopté le 25 octobre 1955.

Le choix vexillaire et sa charge symbolique revêtent une importance particulière, voire décisive, pour une organisation aux aspirations pacifistes aussi élevées que fragiles, dans le contexte de désillusion d'après-guerre et de résurgence des nationalismes. De surcroît, comme le rappelle le politologue F. Foret: "le drapeau se révèle un symbole particulièrement précieux pour saturer un univers identitaire. Aisé et peu coûteux à dupliquer à l'infini, il permet de marquer l'espace aux couleurs de la collectivité [...]". Ainsi, son apparence chromatique puise dans l'étroite palette de l'héraldique médiévale. Le bleu d'abord, qui symbolise volontiers la paix, la concorde, le rêve d'infini, et l'or de la lumière, de la prospérité et du pouvoir. Enchérissons en dévoilant que le bleu peut être considéré comme la couleur emblématique de l'Europe ; les enquêtes d'opinion abondent en ce sens depuis leur existence au XIXe siècle, mais elle n'a pas toujours fait l'unanimité. En effet, son histoire traduit une complète inversion de valeurs. Si le bleu était plutôt ignoré pendant l'Antiquité, il prend du galon au XIe siècle en teintant le manteau de la Vierge dans l'iconographie. Progressivement, il gagne le terrain chromatique religieux, puis politique, entame une véritable révolution aux XIIe et XIIIe siècles, et triomphe à partir du XVIIIe siècle. Aujourd'hui, les compétitions sportives sont autant de célébrations des drapeaux, si bien que le drapeau européen ne manquera pas de rayonner dans le ciel des Jeux olympiques de Paris 2024, prolongé efficacement par l'anneau bleu olympique.

Entrer dans le salon européen par la porte des drapeaux constitue une clef de lecture originale pour comprendre comment les politiques symboliques parviennent à crocheter le verrou de l'individualité au profit du collectif. Pourtant, le drapeau est peu étudié en tant qu'objet historique, alors il est malaisé d'en suivre la trace. Ce n'est pas le fil qui nous conduit, mais le tissu ; il nous entraîne sur les champs de bataille, les lices de tournois et sur les mers, flottant tantôt au bout d'une hampe, tantôt au sommet d'un mât. Il nous invite ainsi à parcourir le Moyen Âge et ses armoiries pour prendre progressivement la forme des drapeaux modernes. Ce modèle européen se diffuse à tout l'Occident et s'impose finalement au monde entier comme le mode d'emblématisation privilégié. L'un des éléments d'explication se trouve dans l'évolution de la matérialité du drapeau: sans trahir son héritage héraldique, il est aujourd'hui visible et unique, maniable et simple à déchiffrer, mais aussi commode à produire et déclinable à l'infini. Particulièrement plastique, le drapeau peut constituer à la fois un redoutable instrument de domination en mer et sur terre, une arme d'affirmation de la puissance territoriale des États et un étendard de la liberté (v. Chapitre Au-delà des potentialités, la puissance de l'Union européenne en acte et en question, entre *hard* et *soft power*).

Considérons aussi que l'objet est devenu concept et qu'il a progressivement atteint une abstraction sacrée. À la fois objet symbolique et image emblématique, le drapeau devient un élément essentiel du système symbolique des sociétés politiques modernes jusqu'à entrer au cœur de la liturgie des États, des nations et, plus tard, de l'Union européenne. En effet, ses fonctions sont nombreuses : il permet notamment d'assurer la continuité ou de légitimer le pouvoir, de fédérer, ou encore de cristalliser la conscience nationale autour de valeurs communes. Le drapeau fait alors **l'objet de multiples appropriations et réappropriations qui servent à tisser le récit national et à cimenter l'imaginaire collectif**, exceptionnel puits d'informations sur l'histoire, la géographie et la culture des États.

Il nous permet de comprendre la mise en concurrence complexe des autorités inter- et intraétatiques, la lutte pour le contrôle territorial, ainsi que les rapports étroits entre l'État et la Nation, et d'interroger l'intégration et l'attachement des citoyens à une communauté et une identité européennes.

PUISSANCE, PUISSANCES

L'UNION EUROPÉENNE : DES POTENTIALITÉS INDISCUTABLES ET POURTANT UNE PUISSANCE PROBLÉMATIQUE ?

L'EUROPE DE L'UNION, UNE PUISSANCE PROBLÉMATIQUE

“J'appelle puissance sur la scène internationale, la capacité d'une unité politique d'imposer sa volonté aux autres unités.” [ARON, 1984] Cette définition bien connue de Raymond Aron peut nous servir de point de départ pour partir à la recherche de la puissance de l'Union européenne. Qui se lance dans cette quête rencontre une première difficulté. La puissance nécessite en effet une unité d'action, une unité de volonté. Or cette unité toujours en construction est loin d'aller de soi pour l'Union européenne. Le mystère s'épaissit pour qui va plus avant dans l'étude de la notion de puissance. La distinction est souvent opérée entre la puissance comme capacité et la puissance comme actualité. Cette distinction est soulignée là encore par Raymond Aron qui distingue forces et puissance, à la suite d'autres auteurs. Les forces représentent pour Aron les moyens dont dispose une unité politique. La puissance est la mise en œuvre de ces forces selon des arrangements qui peuvent varier. Envisager la puissance à l'échelle de l'Union, c'est alors faire le constat de forces indiscutables, qui tiennent, nous y reviendrons, à un marché intérieur considérable, à des systèmes productifs efficaces, à des forces militaires conséquentes et à une influence évidente. **Mais au-delà de ces forces, y a-t-il une puissance européenne, autrement dit une volonté unique de combiner ces forces dans le cadre d'une stratégie unifiée ?**

La réponse penche vers la négative. Comme l'indique Jean Sylvestre Mongrenier dans de nombreuses contributions [MONGRENIER, 2019], l'Union européenne (UE) ne dispose pas du "stabilisateur hégémonique" qui permettrait, à l'image du rôle joué par les États-Unis pour l'OTAN, de garantir l'équilibre et de mettre en mouvement par une unité d'action le potentiel des forces européennes. Ainsi, la puissance de l'Union apparaît bien comme paradoxale, comme une potentialité sans volonté, et les auteurs qui se penchent sur la question redoublent d'inventivité pour qualifier ce paradoxe. Zaki Laïdi évoque l'énigme de la puissance européenne [LAÏDI, 2005], tandis que Bastien Nivet analyse l'Europe puissance comme un "mythe politique" [NIVET, 2019]. Que la puissance européenne reste énigmatique, pour reprendre les termes de Zaki Laïdi, tient tout à la fois au lien difficilement dissociable entre puissance et État, à l'histoire d'une Europe champ de bataille qui a fait le choix de renoncer à la puissance et, enfin, sans doute à la diversité de l'Europe.

PEUT-IL Y AVOIR PUISSANCE SANS ÉTAT ?

Tout d'abord, **la puissance est associée à l'État**. Or non seulement l'Union européenne, que Jacques Delors aimait qualifier d'"objet politique non identifié" ne forme pas un État, mais elle s'est construite sur l'idée de dépasser les États-nations. L'Europe a été le berceau de la création des États modernes, entités politiques dotées d'enveloppes frontalières bornées et clairement délimitées. Le processus de construction européenne s'est pourtant développé comme une manière de contourner le pouvoir des États.

C'est le sens de la thèse fonctionnaliste* imaginée dans les années 1950 par David Mitrany [BUHLER, 2019]. Il s'agissait pour ses promoteurs de créer des coopérations techniques et économiques en dehors des périmètres étatiques régaliens afin de construire, comme le dit Robert Schuman dans sa célèbre déclaration, des "solidarités de fait". Ces solidarités techniques devaient permettre de neutraliser le pouvoir des États, de dépasser leurs antagonismes. La réalisation fondatrice de l'Union européenne, la Communauté économique du charbon et de l'acier (CECA), procède largement de ce projet de contournement des États.

L'Union européenne ou le renoncement d'États portant les cicatrices de la puissance

L'Union s'est aussi construite comme un **renoncement à la puissance et à une *realpolitik** responsable de siècles d'affrontements** marqués par deux conflits mondiaux. La cartographie des champs de bataille européens proposée par Michel Foucher est à ce titre particulièrement démonstrative [FOUCHER, 1998]. Il y présente et y recense près de 160 guerres et 600 terrains d'affrontement, responsables de plus de 80 millions de victimes sur le sol européen. Qu'est-ce donc que l'Europe, si ce n'est un champ de bataille ? Or si "faire l'Europe, c'est faire la paix", selon le mot de Jean Monnet, cela suppose de renoncer à la puissance. Bastien Nivet va jusqu'à évoquer la "diabolisation" de la puissance chez certains européistes*. Les abandons de souveraineté sur lesquels se fonde l'Union, en particulier du point de vue commercial et monétaire témoignent en effet d'abandons de puissance. Il est significatif à cet égard que la Grande-Bretagne, bien qu'ayant rejoint la Communauté économique européenne (CEE) en 1973, n'ait jamais renoncé à la livre sterling, la monnaie mondiale du XIXe siècle, dans laquelle s'incarne le souvenir de la puissance passée d'un empire sur lequel le soleil ne se couchait jamais. On peut souligner en outre que cette forme de renoncement est contemporaine d'un affaiblissement des nations européennes. Nombreux sont les auteurs qui soulignent, par exemple, la proximité chronologique entre le désastre de Suez en 1956, symbole de l'affaiblissement de la France et de la Grande-Bretagne, et la signature des traités de Rome en 1957 [FOUCHER, 2022].

Enfin, *a contrario*, la **défiance que suscite aujourd'hui l'UE dans certains États** est associée à une recherche contemporaine de souveraineté et de puissance. Le cas du Brexit l'illustre bien, par la proximité des slogans dont usèrent ses promoteurs et qui restent toujours en vogue aujourd'hui. Au premier rang d'entre eux, le "*taking back control*" témoigne de la volonté de retrouver une souveraineté corsetée, selon les Brexiters, par plus de 40 ans d'appartenance à l'UE, en particulier en matière de contrôle des frontières et d'immigration. La promotion d'une "*global Britain*", elle, a pris place au lendemain du référendum de 2016. S'il s'agissait pour les conservateurs britanniques de rassurer sur le fait que le Brexit ne signifierait pas l'isolement de la Grande-Bretagne sur la scène internationale, comment ne pas y voir la référence à un empire disparu, mais toujours très présent dans la culture et l'identité britannique ?

"*In varietate concordia*"... *sed non potentia* ?

L'Union européenne est par ailleurs marquée par la diversité (v. Chapitre Identité/identités de l'Union européenne), érigée en devise depuis l'an 2000 : "*in varietate concordia*" ("unie dans la diversité"). Puisque les symboles comptent, il n'est pas inutile de rappeler que le jury qui sélectionna cette proposition parmi d'autres fut réuni au mémorial de Caen, haut lieu de mémoire d'un conflit mondial sur le sol européen, mais aussi rappel de l'intervention américaine sur le vieux continent. Diversité, donc, donnée essentielle, intégrée dans le processus de construction européenne lui-même, et sans cesse augmentée par la dynamique d'élargissement. La diversité a conduit à infléchir la trajectoire de la construction européenne et les possibilités d'approfondissement. Comme le rappelle Jacques Delors dans ses *Mémoires* [Delors, 2004], le moyen de combiner approfondissement et élargissement était la **différenciation** : accepter que les États membres ne soient pas tous également investis dans le processus d'union. C'est ce qui a permis à l'union monétaire de s'opérer sans que tous les États y adhèrent en 1999, par exemple. C'est ce qui permet de comprendre que l'espace Schengen ne se superpose pas à l'Union (v. Chapitre L'UE : une construction aux implications territoriales fortes).

Mais cette diversité et cette complexité institutionnelle contribuent également à affaiblir l'Union, "entité politique en édification permanente", selon Michel Foucher. La création, en 2009, du poste de haut représentant de l'Union pour les affaires étrangères et la politique de sécurité a marqué un progrès dans l'incarnation des institutions, mais il n'est pas sûr qu'il suffise à assurer l'unité de la parole de l'Union. En somme, la diversité qui constitue l'identité même de l'Europe apparaît comme un frein à la puissance.

La puissance européenne, un champ politique plus que scientifique

Finalement, appliquer la notion de puissance à l'Union est surtout un **choix politique ou programmatique**. C'est la position ainsi défendue par Emmanuel Macron en décembre 2021, à la veille de la présidence française de l'Union: "nous devons passer d'une Europe de coopération à l'intérieur de nos frontières à une Europe puissante dans le monde." C'est aussi le cas des intentions affichées par Ursula Van der Leyen en 2019, lors de la présentation de la commission qu'elle dirige depuis. Il s'agissait pour elle de construire une Europe "plus forte sur la scène internationale", grâce à une commission qu'elle qualifiait de "géopolitique".

Ainsi, **appliquer à l'Union la notion de puissance ne va pas de soi**. Pour autant, les capacités des États membres, qui relèvent surtout de la géoéconomie*, sont bien réelles. Il nous faut en prendre la mesure avant d'aborder dans un chapitre ultérieur le volet coercitif des capacités européennes, ainsi que son *soft power**.

LE COMMERCE : LE CŒUR DES CAPACITÉS DE L'UNION EUROPÉENNE

Compte tenu de l'exposé précédent sur la notion de puissance, nous préférerons ici user du terme de **capacité**, bien que l'information disponible fasse largement usage du vocable de puissance économique pour caractériser l'Union. Le portail "Toute l'Europe" présente ainsi l'Union comme la deuxième puissance économique mondiale. Il est vrai que cette publication est issue d'un groupement d'intérêt économique dans lequel figure le secrétariat général des affaires européennes, placé sous l'autorité directe du Premier ministre français. Encore une fois, **la puissance de l'Union apparaît comme un projet politique**. Qu'on la nomme puissance ou potentialité, la géoéconomie constitue le principal atout de l'Union européenne, qui se distingue par un très vaste marché vecteur de puissance, de capacités productives et par une monnaie mondiale.

Depuis 1995, l'UE est **membre de l'Organisation mondiale du commerce** (OMC), tout comme les États qui la composent. La politique commerciale est une compétence exclusive de l'Union, qui négocie à ce titre pour les vingt-sept au sein de l'OMC. L'UE représente aujourd'hui environ **15 % du volume global des échanges**. Elle est le second exportateur mondial derrière la Chine et occupe également le second rang des importations, derrière les États-Unis, ce qui en fait la première puissance commerciale mondiale. Cinquante États ont pour premier partenaire commercial l'Union européenne. Sans surprise, ses trois principaux partenaires commerciaux sont la Chine, les États-Unis et le Royaume-Uni post-Brexit. En 2023, la zone euro accuse un déficit commercial de l'ordre de 30 milliards qui s'explique largement par le renchérissement de l'énergie importée. On doit noter cependant que plus de 60 % du commerce de l'Union est réalisé entre pays membres.

L'Union ou le premier marché au monde ?

Le 31 janvier 2023, le marché unique européen a fêté ses trente ans. Né à l'application du traité de Maastricht, il est pourtant issu d'une longue gestation. Évoquée dès les traités de Rome en 1957, sa mise en place en a été relancée en 1986 par l'Acte unique européen, le "traité favori" de Jacques Delors [DELORS, 2004]. Aujourd'hui donc, les Européens de l'Union vivent dans un vaste espace défini par quatre libertés : libre circulation des biens, des personnes, des services et des capitaux. On adjoint même souvent une cinquième liberté au marché unique depuis 2015, celle de la circulation des données non personnelles. Puisque rien n'est jamais tout à fait simple en matière d'institutions européennes, ce marché unique intègre aussi trois États non-membres de l'Union, mais intégrés à l'Espace économique européen (EEE*) : la Norvège, l'Islande et le Liechtenstein. Bien qu'il soit trentenaire, le marché unique est en voie d'approfondissement permanente : il reste des marges d'harmonisation des normes, et l'Union doit veiller à la bonne application des textes qui le régissent dans chacun des États.

Ce vaste marché intérieur est bien un réservoir de puissance. Chaque entreprise de l'Union ou de l'EEE accède aujourd'hui à plus de 500 millions de consommateurs. C'est près de 150 millions d'individus de plus qu'aux États-Unis, et plus de deux fois la population du Brésil. Seuls les marchés intérieurs chinois et indien devancent de loin le marché unique, avec chacun plus de 1,4 milliard d'habitants, au pouvoir d'achat cependant bien moindre que celui des Européens de l'Union. Selon la théorie économique orthodoxe dominante, l'unification du marché s'accompagne en outre de bénéfices pour les consommateurs européens : baisse des prix et diversification de l'offre commerciale.

Un marché unique porteur de prospérité pour les Européens ?

L'achèvement du marché unique est associé à la puissance commerciale de l'Union et à l'accroissement du volume des échanges commerciaux entre ses membres. Selon le Centre d'études prospectives et d'informations internationales (CEPII), dans une étude de 2018, le marché unique est associé à une **multiplication par deux des échanges de biens intraeuropéens** (davantage même, car le chiffre exact révèle une augmentation de 109 %). Pour les échanges **de services**, le chiffre se monte à plus de 58 % (v. Outils, Figures-Effet de l'intégration européenne sur le commerce). L'évolution de long terme envisagée révèle en outre que les dates clés de l'établissement de ce marché ont correspondu à des inflexions importantes dans la croissance des échanges européens : on le voit particulièrement en 1968 avec la mise en place de l'Union douanière*, et en 1993 avec l'achèvement du marché unique post-Maastricht. Selon le CEPII, ces bénéfices dépassent largement ceux d'un accord commercial classique.

On l'explique par le fait que le marché unique relève d'un "régionalisme profond", allant bien au-delà de simples suppressions tarifaires. On peut citer, par exemple, le principe de reconnaissance mutuelle, selon lequel un produit autorisé à la commercialisation dans un État membre est de fait autorisé à la commercialisation sur l'ensemble du marché. Les coûts de transaction liés à la vérification de la compatibilité des normes nationales et à leur respect sont ainsi supprimés, et les échanges s'en trouvent d'autant facilités. Un autre facteur d'explication tient au fait que les quatre libertés sont complémentaires : la libre circulation de la main-d'œuvre complète, par exemple, la liberté de circulation des services, en permettant à une firme de fournir à la fois le service et les ressources humaines portant la compétence associée. Au-delà de l'accroissement du volume des échanges, le marché unique a aussi permis une augmentation globale de près de 4,5 % du PIB réel. Cette augmentation est différenciée selon les États membres. Les plus grands bénéficiaires en sont les ex-démocraties populaires entrées dans l'Union au début des années 2000. De fait, que l'on observe les échanges ou le PIB, on peut lire les effets du marché unique selon une logique de gradient Est/Ouest, ou selon une logique chronologique. Il semble que les gains les plus forts soient le plus à l'est et pour les pays les plus récemment entrés dans l'Union. L'efficacité du marché unique est par ailleurs grandement renforcée par l'adoption d'une monnaie unique depuis 1999.

L'euro, une monnaie mondiale de second rang

Depuis 1999, l'euro est **la monnaie de 350 millions de citoyens de l'Union européenne**, contribuant à en faire **l'accord commercial régional* (ACR) le plus avancé au monde**. La monnaie unique a non seulement constitué un puissant facteur d'intégration des économies des pays membres, mais aussi un champ d'expérimentation et de pratique pour la construction européenne (v. Zoom, La zone euro). La coopération monétaire a débuté dès 1951 dans l'Union européenne des paiements ; puis dans les décennies 1970, 1980, 1990, le chantier de la monnaie unique a servi de nouvel objectif et a relancé le projet de l'intégration, donnant du crédit aux mots de Jacques Rueff : "l'Europe se fera par la monnaie ou ne se fera pas". Aujourd'hui, l'euro est la monnaie en usage dans vingt des vingt-sept États membres. Si le Danemark bénéficie d'une option de retrait, tous les autres États membres de l'UE non encore intégrés à la zone euro se sont engagés à adopter la monnaie unique quand ils rempliront les conditions nécessaires pour le faire. Des États non-membres ont aussi fait le choix de l'euro : micro-États (Andorre, le Vatican, San Marin, Monaco) ou nouveaux venus sur la carte politique de l'Europe : Monténégro (candidat à l'entrée) et Kosovo. Instrument des transactions, **l'euro est aussi un révélateur des forces et des faiblesses de l'UE**, à l'échelle européenne et mondiale. L'euro est-il un vecteur de puissance pour l'Union ?

Pour examiner l'état du système monétaire international (SMI) et des rapports entre les monnaies, on dispose du rapport triennal établi par la Banque des règlements internationaux (BRI), la "banque centrale des banques centrales", en 2022 (v. Zoom, L'UEM et la convergence économique). On s'appuie en outre sur le rapport annuel concernant le rôle international de l'euro établi par la Banque centrale européenne (BCE) en juin 2023. Comment qualifier alors le **rôle international de l'euro** ? Face à la polycrise qui frappe l'Union, entre retour de la guerre sur le continent, tensions sur l'approvisionnement énergétique et inflation, l'euro a fait preuve de résilience (v. Zoom, La crise de la zone euro). La monnaie européenne reste la deuxième monnaie la plus employée dans le système monétaire international. Près d'un tiers des transactions mondiales s'opèrent en euro, et 20 % des réserves de change sont libellées dans la monnaie pilotée par la Banque centrale européenne. La guerre en Ukraine et l'attitude de la Russie se détournant du dollar et de l'euro pour se tourner vers des réserves métalliques comme l'or ou vers la monnaie chinoise, le renminbi, n'ont pas altéré la position de l'euro dans le SMI. La monnaie européenne est bien installée sur la deuxième marche du podium des monnaies mondiales. Cela **révèle la puissance commerciale** de l'Union, puisque la plupart du commerce extérieur des États membres se réalise entre pays membres du marché unique. C'est aussi un **gage de stabilité** adressé à tous les investisseurs internationaux qui se projettent sur le territoire de l'Union. Très durement frappé par la crise de la dette grecque puis par la crise des dettes souveraines, l'euro a tenu bon dans les années 2010, et résiste aujourd'hui au retour de la guerre sur le vieux continent. Qui plus est, la monnaie unique nécessite toujours davantage d'intégration et alimente le processus de construction européenne. L'harmonisation des politiques économiques qu'elle nécessite ne fait certes pas l'unanimité au sein des opinions publiques, car elle va dans le sens de la réduction des dettes publiques et du périmètre d'États-providence pourtant au cœur du modèle européen. *A contrario* cependant, l'agenda libéral des politiques économiques prônées par la Commission et la BCE est le vecteur d'une intégration efficace dans une mondialisation économique qui vit aujourd'hui au rythme du capitalisme actionnarial.

Entretenir la puissance d'un géant du commerce mondial par des politiques ciblées et le filtrage des investissements étrangers

La position de l'Union dans le commerce mondial est le **résultat de politiques commerciales** qui sont au cœur des dispositifs européens. On a déjà évoqué la construction du marché unique et l'harmonisation des normes. Mais vers le lointain, au-delà des frontières de l'Europe, l'Union œuvre pour la **signature d'accords de libre-échange***. L'Union est partie prenante de nombreux accords multilatéraux de libre-échange ou de négociations commerciales en cours. Au-delà de la suppression des barrières tarifaires internes, la négociation de ces accords est la pierre angulaire de la politique commerciale de l'Union. Selon la Commission européenne, l'Union était impliquée en 2020 dans quarante-sept accords de libre-échange préférentiels. On lit aussi, dans la multiplication de ces accords préférentiels, la crise de l'OMC en tant qu'institution garante du multilatéralisme* commercial mondial. Parmi les derniers accords conclus, on peut mentionner l'accord de libre-échange Union européenne-Vietnam, entré en vigueur en 2020, et le JEFTA (Japan EU Free Trade Agreement), en vigueur depuis 2019. Ce dernier accord constitue une zone de libre-échange de plus de 600 millions d'habitants représentant près du tiers du PIB mondial. Les perspectives de suppression des tarifs douaniers à l'entrée sur le marché japonais sont favorables aux entreprises européennes, dont les productions sont en accord avec le haut pouvoir d'achat et l'appétence technologique des consommateurs japonais. Par exemple, près de 8000 entreprises françaises, majoritairement des PME, exportent ainsi vers le Japon.

La puissance économique et commerciale de l'Union se lit aussi dans les flux d'investissements directs internationaux (IDE*). L'Union européenne est le premier investisseur au monde et la seconde destination d'IDE. Le lien entre IDE et puissance a récemment été mis en lumière par l'instauration en 2020 d'un **mécanisme de filtrage des investissements étrangers**, largement suscité par la multiplication des IDE chinois. On a vu en effet récemment de nombreuses entreprises publiques chinoises faire l'acquisition d'infrastructures ou de véritables outils européens. L'exemple le plus étudié est celui du port athénien du Pirée. La crise de la dette publique a conduit l'État grec à vendre le port du Pirée. C'est la COSCO shipping corporation, entreprise d'État, qui a racheté la concession de ce port, en 2016. Ce rachat, qui vient s'ajouter à de nombreuses prises de participation dans des ports européens, est partie prenante de l'opération des nouvelles routes de la soie. Au-delà des questions de souveraineté que pose le contrôle d'infrastructures européennes par une dictature commercialement agressive défendant la vision d'un monde post-occidental, le fait que les entreprises chinoises, qui réalisent ces investissements, soient très largement subventionnées par l'État contrevient aux règles de concurrence qui sont le fondement de l'intégration européenne. Ce sont les raisons d'être du mécanisme de filtrage des investissements, qui vient bien tard pour certains observateurs, mais qui s'applique aujourd'hui.

La puissance commerciale au service du rayonnement des valeurs européennes et arme de sanction massive ?

Enfin, on se doit de mentionner que la puissance commerciale de l'Union européenne est **indissociable des normes et valeurs qu'elle souhaite défendre**, autrement dit du caractère “normatif” de la puissance européenne étudié par Zaki Laïdi (v. Chapitre Au-delà des potentialités, la puissance de l'Union européenne en acte et en question, entre *hard* et *soft power*). Soulignons dès à présent qu'en 2022, la Commission européenne a réaffirmé son attachement à des accords permettant d'atteindre les objectifs de l'Union en matière environnementale. Les accords commerciaux passés par l'Union comprennent ainsi des chapitres commerce et développement durable.

La puissance géoéconomique et commerciale de l'Union européenne se lit aussi dans l'arme des sanctions. Les sanctions internationales constituent une manière d'agir dans les relations internationales reconnues par l'ONU, qui distingue quinze régimes de sanctions relevant de l'article 41 de la charte des Nations Unies : “le Conseil de sécurité peut décider quelles mesures n'impliquant pas l'emploi de la force armée doivent être prises pour donner effet à ses décisions, et peut inviter les Membres des Nations Unies à appliquer ces mesures.” On lit une affinité particulière entre l'arme des sanctions et le projet de l'Union européenne. Comme l'indique l'article 41, elles permettent en effet de **concilier coercition et refus de la force armée :** coercition que l'Union cherche à mettre en avant pour être un acteur qui compte sur la scène internationale, refus de la force armée, car la valeur cardinale de l'Union est la paix.

Le site de la Commission européenne permet ainsi de consulter la liste des personnes, États ou entités ciblés par les mesures restrictives prises par l'Union. Les 996 pages du rapport concerné nous apprennent, par exemple, que Naser Maleki, dirigeant du SHIG, le Shahid Hemat Industrial Group, groupe iranien spécialisé dans les missiles balistiques, est l'objet de sanctions. Tout comme la firme d'État biélorusse *Belneftekhim* dans le domaine des hydrocarbures. La Corée du Nord y figure comme un des États les plus ciblés par les mesures restrictives en raison de ses programmes militaires. Depuis 1989 et la répression des manifestations étudiantes de la place Tiananmen, la Chine est aussi visée. Mais l'actualité géopolitique met surtout en lumière les sanctions imposées à la Russie depuis 2014 et l'occupation de la Crimée, et plus encore depuis le 24 février 2022 et l'invasion de l'Ukraine. Les sanctions peuvent prendre différentes formes : embargo sur certains produits, les armes notamment, interdiction de toute relation commerciale, interdiction d'accès à certaines infrastructures européennes, etc. Peut-on mesurer les **effets de ces mesures restrictives**, de cette coercition sans la force ? Bastien Nivet en livre une analyse [Nivet, 2019]. Il relève tout d'abord la montée en puissance des sanctions depuis les années 1990, qui témoignent d'une volonté de l'Union de se saisir d'enjeux de plus en plus nombreux et de peser sur la scène internationale. Quant à leurs effets, ils sont nuancés. Les sanctions peuvent entraîner des réactions qui soudent une communauté nationale autour de son gouvernement. Elles peuvent aussi s'avérer contre-productives, aggravant les contextes économiques et sociaux d'États, et donc la situation des sociétés civiles alors même qu'elles sont prononcées en raison de violation des droits de l'homme, et donc au nom de la protection de ces mêmes populations. Elles peuvent encore se révéler inefficaces, et inaptes à transformer les comportements des États ciblés. Par exemple, les mesures appliquées à la Chine depuis 1989 n'ont obtenu aucune inflexion dans la politique d'un État qui bafoue ouvertement les droits de minorités, comme au Xinjiang ouïghour. De même pour les sanctions imposées au régime de Bachar El Assad. Le cas des nouveaux paquets de sanctions imposées à la Russie depuis 2022 éclaire la complexité de leurs effets. Le PIB russe est en contraction, amorcée en 2022 et se poursuivant en 2023. Selon le FMI, les exportations russes ont chuté de 15 % entre 2018 et 2022. Pourtant, les sanctions ont aussi révélé l'interdépendance entre Européens de l'Union et Russes, les premiers supportant une inflation jamais vue depuis les années 1980, en grande partie due à la dépendance de l'Union envers le gaz russe.

LES SYSTÈMES PRODUCTIFS DE L'UE : POTENTIALITÉS ET FAIBLESSES

Le deuxième PIB du monde

En 2022, le produit intérieur brut (PIB*) de l'Union européenne s'élève à **plus de 16 000 milliards de dollars,** selon la Banque mondiale. Cela la place au troisième rang de la hiérarchie mondiale, loin derrière les États-Unis, qui ont un PIB supérieur de plus de 50 % à celui de l'Union, tandis que la différence avec le PIB chinois, qui occupe le second rang, est beaucoup plus modeste. L'Union européenne devance très largement le Japon, près de quatre fois inférieur à celui de l'UE.

Ces quelques chiffres permettent de prendre la mesure de la puissance productive de l'Union européenne. On trouvera une analyse plus détaillée des systèmes productifs agricoles et industriels dans des chapitres ultérieurs (v. Chapitres Des territoires ruraux et agricoles communautaires, Un système productif communautaire intégré… et bousculé dans la mondialisation). On peut envisager cependant quelques aspects de la puissance européenne, visibles au travers de ces systèmes productifs.

Des systèmes productifs résilients face au choc de la pandémie de covid-19

Le montant du PIB de l'UE est tout d'abord un **indicateur de la résilience de l'Union européenne** après la crise du covid-19. Frappée par la récession en 2020 avec une contraction de l'ordre de 6 % du PIB, l'UE a retrouvé le chemin de la croissance en 2021. Cette résilience trouve son origine dans la capacité des États de l'UE à venir en aide aux opérateurs économiques par des dispositifs exceptionnels, à l'image du "quoi qu'il en coûte français". Un plan de relance d'un montant de plus de 800 milliards d'euros, baptisé *NextgenerationEU*, a été adopté en 2021. Ce montant est à mettre en regard du colossal plan de relance mis en place par Joe Biden, d'un montant deux fois supérieur. Il n'en reste pas moins exceptionnel.

La capacité de réaction de l'Union à la crise s'est révélée **bien plus grande face au covid que dans les années 2010 au temps de la crise de l'euro et de la dette publique européenne**. Ce fait questionne la solidarité au sein de l'Union. La crise de la dette publique grecque a joué le rôle d'un choc asymétrique frappant les économies les plus fragiles de l'Europe du Sud, choc auquel la réponse a été longue à venir et douloureuse pour les États ayant bénéficié de l'aide de l'Union. Cette aide était en effet conditionnée à des mesures drastiques de réduction des dépenses publiques. Face à un choc qui frappait toute l'Union et le monde dans son ensemble, la réponse a été bien plus rapide.

Le covid comme révélateur des potentialités productives de l'Union, mais aussi de ses faiblesses

En juin 2020, la Commission européenne a présenté la **stratégie européenne pour l'accélération de la mise au point et de la production de vaccins.** Cette stratégie a abouti à l'autorisation et la mise sur le marché européen de huit vaccins anti-covid. Parmi ces huit vaccins, cinq sont produits par des firmes issues de l'UE, seules ou en association avec des firmes américaines. Le plan de vaccination européen a permis de réduire les délais de mise au point, de production et d'autorisation de mise sur le marché. Michel Foucher [FOUCHER, 2022] souligne que l'Union européenne joue un rôle moteur dans la production de vaccins, qui s'effectue sur le sol de l'UE, au Royaume-Uni et en Suisse pour tous les vaccins commercialisés au sein de l'Union.

Si la pandémie de covid a montré la capacité de l'Union à se mobiliser efficacement pour mettre un panel de vaccins à la disposition des citoyens des pays membres, mais aussi d'autres États, elle a aussi **mis en lumière certaines carences contemporaines**. Berceau de l'industrialisation dès les années 1750, l'Europe et les pays membres se sont trouvés démunis, incapables de produire des masques et des respirateurs en nombre suffisant. Un coup de projecteur était ainsi porté sur une **forme de désindustrialisation de l'espace européen**, ou plutôt de reconfiguration des chaînes de valeur à l'échelle mondiale. Depuis, les pays membres semblent avoir mesuré l'importance du maintien de capacités productives, afin de limiter la dépendance. Il s'agit bien, encore une fois, de rechercher ou de retrouver une forme d'autonomie stratégique, autrement dit de puissance.

AU-DELÀ DES POTENTIALITÉS, LA PUISSANCE DE L'UNION EUROPÉENNE EN ACTE ET EN QUESTION, ENTRE *HARD* ET *SOFT POWER*

Nombreuses sont les manières d'envisager la puissance. Pour envisager la puissance de l'UE en acte, nous nous laisserons guider ici par la typologie établie puis développée par Joseph Nye, universitaire américain, depuis 1990. L'apport de Joseph Nye réside dans la mise en évidence d'une forme de puissance alternative à la coercition, qu'il a nommée soft power*. [Nye, 1990, 2004] Le soft power a fait florès depuis 1990 pour s'imposer comme une catégorie d'analyse incontournable dans la manière d'envisager les rapports entre États. Par effet miroir, le soft power a aussi permis à Joseph Nye de préciser les modalités de la puissance traditionnelle : le hard power*. La différence entre hard et soft power ne réside pas seulement dans les ressources mobilisées, qu'elles soient militaires, économiques, ou culturelles, mais dans les modalités de leur mise en œuvre. Le hard power, c'est la coercition, le soft power, c'est la séduction. Dans son approche de la puissance de l'Union européenne, Zaki Laïdi résume les conceptions de Joseph Nye dans le tableau suivant [LAÏDI, 2005].

Modalités de la puissance selon Joseph Nye

	Hard power	*Soft power*
Conduites	Commandement, coercition	Incitations, attraction, cooptation
Ressources mobilisées	Recours à la force, sanctions	Institutions, valeurs, culture politique

Source : Joseph NYE 2004, Zaki LAÏDI 2005.

On se doit de garder à l'esprit que *hard* et *soft power* ne peuvent être complètement indépendants. Comme le souligne Zaki Laïdi, en prenant l'exemple du cinéma, la force d'attraction emprunte aussi au pouvoir économique. Autrement dit, si les films américains dominent le monde, ce n'est pas seulement parce que les héros américains font rêver, mais aussi parce que les majors d'Hollywood ont un pouvoir de marché considérable.

Si nous montrerons dans le chapitre suivant qu'appliquer à l'Union européenne la notion de puissance ne va pas de soi, nous nous proposons d'envisager ici l'actualité (au sens de réalité) de la puissance de l'Union via la typologie de Joseph Nye, et d'examiner tout d'abord les composantes du *hard power* européen.

LES AMBIGUÏTÉS DU *HARD POWER* EUROPÉEN

L'UE et la puissance coercitive : entre échecs et renoncement, y a-t-il une place pour un *hard power* de l'Union ?

Paradoxalement, l'acte fondateur du *hard power* de l'Union européenne est un renoncement. Il s'agit de l'épisode de la Communauté européenne de défense (CED), rejetée par la France en 1954. Rappelons le contexte : alors que la bipolarisation du monde est installée, et que des troupes nord-coréennes entrent en Corée du Sud, les États-Unis réagissent, ce qui marque le début de la guerre de Corée (1950-1953). Craignant une attaque de l'URSS sur la partie de l'Allemagne qu'ils continuent d'occuper avec la France et le Royaume-Uni, les États-Unis considèrent qu'il est nécessaire de remilitariser l'Allemagne. Selon la même approche fonctionnaliste* qui avait prévalu à la création de la CECA [Buhler, 2019], la France, soucieuse de ne pas voir se reconstituer la puissance allemande, propose alors la création d'une "armée européenne" sous la forme de bataillons nationaux placés sous un commandement européen. Il s'agissait encore une fois de circonvenir la puissance des États par la création d'une entité fonctionnelle : la CED. Accepté par ses partenaires européens, le projet de CED est rejeté par l'Assemblée nationale française le 30 août 1954. Ce rejet marque l'échec originel de la construction d'une Europe de la défense. Comme le note Pierre Buhler, il est aussi lourd de conséquences : désormais, c'est dans le cadre de l'Organisation du traité de l'Atlantique Nord (OTAN) que s'envisagera la sécurité de l'Europe.

Marqués par cet échec fondateur et en majorité atlantistes, c'est-à-dire consentant à se placer ensemble sous le parapluie protecteur américain, les Européens ont depuis lors des difficultés à penser et mettre en œuvre une Europe de la défense. Les volontés d'autonomisation vis-à-vis des États-Unis ne prendront pas une forme proprement européenne, mais plutôt celle d'une trajectoire nationale, celle de la France du Général de Gaulle pour qui préserver l'autonomie stratégique signifiait à la fois garder ses distances vis-à-vis de l'OTAN, en se retirant du commandement intégré en 1966, mais aussi défendre les capacités nationales de la France, en la dotant de l'arme nucléaire dès 1960. Près de trente ans plus tard, les faiblesses de l'Union européenne comme agent capable d'organiser les relations internationales sont apparues en particulier à Dayton, en 1995, sur une base américaine de l'État de l'Ohio. C'est en effet là qu'après les échecs de l'Union, l'OTAN négocia les modalités de la fin de la guerre en ex-Yougoslavie. La prépondérance américaine en matière de sécurité européenne était démontrée. Qu'en est-il aujourd'hui ?

Malgré les réalisations de l'Union sur la question de la politique extérieure...

Bien que l'Union européenne ait en partie renoncé aux modalités traditionnelles de la puissance, **les questions de défense et de sécurité ne sont pas pour autant complètement absentes du cadre institutionnel européen**. La force d'attraction de l'Union, manifestée dès l'effondrement de l'empire soviétique, ne se dément pas et tient aussi à la sécurité que l'UE peut apporter à ses membres.

Comme le souligne Michel Foucher [FOUCHER, 2022], **le processus de construction européenne ne cesse d'évoluer au gré des reconfigurations du système des relations internationales**. L'effondrement du bloc soviétique, puis la disparition de l'URSS en 1991 ont de fait entraîné une inflexion dans la définition du projet européen, apparue dans le traité de Maastricht. Si l'on en retient le plus souvent le volet concernant l'Union économique et monétaire (v. Zoom, L'UEM et la convergence économique), il contient aussi des avancées en termes d'union politique : création d'une citoyenneté européenne, légitimation de l'Union comme acteur des relations internationales [ELISSALDE, 2022]. Surtout, c'est au traité de Maastricht que sont définis les objectifs de la politique étrangère et de sécurité commune (PESC)*.

La PESC est une politique commune et non une politique unique. Cette nuance permet de mettre en évidence la difficulté à laquelle se trouve confronté le processus de construction européenne en matière d'abandon de souveraineté. Les États ayant renoncé à la souveraineté monétaire depuis la mise en place de l'UEM et de la monnaie unique, ils sont d'autant plus réticents à de nouvelles concessions, en particulier dans des domaines qui touchent aux périmètres régaliens des États (v. Zooms-L'UEM et la convergence économique, La zone euro). C'est la raison pour laquelle la PESC n'entrave en rien la souveraineté des États en matière de politique étrangère. Politique commune, elle réaffirme que l'action extérieure de l'UE doit être menée au nom de la défense de la paix et des valeurs de l'UE, au premier rang desquelles le respect des droits humains et de la démocratie. Puisqu'elle touche à un domaine de compétence des États membres, toute action au nom de la PESC nécessite l'unanimité entre les vingt-sept membres de l'Union. On comprend que cela limite d'autant la possibilité de définir des positions fermes.

En 2003, le Conseil européen de Bruxelles a vu une avancée avec la **mise en place de la politique européenne de sécurité et de défense* (PESD)**. C'est en 2007 finalement que le traité de Lisbonne a reformulé la PESC, en lui donnant les contours que nous connaissons encore aujourd'hui, sous le nom de politique de sécurité et de défense commune* (PSDC). Jean-Sylvestre Mongrenier indique que la PESD fut longue à se mettre en place (10 ans après Maastricht) en raison notamment de divergences franco-britanniques [Mongrenier, 2023] : les Français poursuivaient, dans une lignée gaullienne, l'idée de construire une défense véritablement européenne, tandis que les Britanniques cherchaient simplement à créer un "pilier européen" de l'OTAN, dans la lignée de la "*special relationship*" qu'ils entretiennent avec les États-Unis. À l'issue d'un sommet franco-britannique tenu à Saint-Malo en 1998 entre Tony Blair et Jacques Chirac, la voie fut ouverte à la mise en place d'une défense proprement européenne, dotée de moyens militaires autonomes. On lit en effet dans la déclaration finale : "l'Union doit avoir une capacité autonome d'action, appuyée sur des forces militaires crédibles, avec les moyens de les utiliser et en étant prête à le faire afin de répondre aux crises internationales." Par la suite, aux sommets d'Helsinki (1999) et de Nice (2000), les États membres ont créé des institutions politico-militaires européennes, aujourd'hui opérationnelles : le comité politique et de sécurité, l'état-major européen, et le comité militaire de l'UE. Comme l'écrit Bastien Nivet, les Européens ont alors "commencé à répondre à la dimension capacitaire de leur complexe d'autonomie" [Nivet, 2019]. Le renforcement de la politique de défense s'est en outre traduit par la création du poste de haut représentant de l'Union pour la politique étrangère, et la politique de sécurité fut enfin créée en 2009. Il est occupé aujourd'hui par Josep Borrell. Parallèlement, l'UE a poursuivi sa quête de légitimation dans le champ des relations internationales. Ainsi, depuis 2011, l'Union est-elle reconnue comme observateur de l'Assemblée générale des Nations unies [ELISSALDE, 2022].

Aujourd'hui, la PSDC permet à l'UE de mener des opérations extérieures en usant de moyens militaires, au nom de trois objectifs : le maintien de la paix, la prévention des conflits ou simplement la consolidation de la sécurité internationale. Elle prévoit aussi que les États membres se doivent assistance mutuelle en cas de besoin. En mars 2022, dix-huit opérations étaient en cours au nom de la PSDC : sept opérations militaires et onze opérations civiles. Parmi les opérations militaires, on peut citer l'exemple de l'EU NAVFOR Atalanta (Atalante en français) qui, depuis 2008, permet à l'UE de lutter contre la piraterie dans le golfe d'Aden et dans l'océan Indien. L'opération Atalante assure notamment la protection des navires du Programme alimentaire mondial et le respect de l'embargo sur les armes imposé à la Somalie. Au plus fort de l'engagement, la mission a mis en œuvre une quinzaine de navires militaires. Elle mobilise des forces issues de vingt-quatre pays de l'UE. Parmi les opérations civiles, on peut citer l'EUBAM (European Union Border Assistance Mission) in Libya qui consiste à apporter une assistance à l'État libyen dans la gestion de ses frontières. Il s'agit essentiellement d'une mission de formation et de conseil ainsi que de veille sur la situation frontalière de l'État.

La variété apparente des opérations menées au titre de la PSDC ne doit cependant pas faire oublier la **modestie des moyens mis en œuvre**. Au total, ils représentent environ 5000 personnes [ELISSALDE, 2022], des civils pour l'essentiel. L'état-major européen, par exemple, est limité à 200 agents. N'oublions pas non plus que ces contingents sont mis à disposition par les États membres de l'UE. S'il existe une force de réaction européenne, elle est alimentée par les contingents nationaux, et il n'existe pas à ce jour d'armée européenne. L'Eurocorps, dont le siège est à Strasbourg, est peut-être ce qui s'en rapprocherait le plus. Projet porté par Helmut Kohl et François Mitterrand, il s'agit d'un corps militaire franco-allemand, qui a vu le jour en 1993. Au couple franco-allemand se sont progressivement agrégées des forces aujourd'hui issues de différents pays de l'Union européenne, mais aussi de pays associés.

Encore est-il important de noter que l'Eurocorps n'a été créé ni par ni pour l'Union européenne, et qu'avant d'être mis à disposition de l'UE, il a d'abord entretenu des relations fortes avec l'OTAN. En bref, **même s'il existe un état-major européen, l'armée européenne n'existe pas, et se résume encore aujourd'hui à l'addition des armées nationales des pays membres**. Cela ne crée pas d'unité de commandement, donc pas de puissance. Et, pour sa défense, l'Union compte encore largement sur l'OTAN.

Défense et sécurité européenne reposent encore largement sur l'OTAN

Créée en 1949 aux débuts de la guerre froide, l'OTAN fut le bras armé de la politique de *containment* mise en place par les États-Unis pour contrer les avancées communistes en Europe de l'Ouest. Aujourd'hui, plus de 30 ans après la chute de l'URSS, l'organisation reste la pierre angulaire de la sécurité européenne. À la fin de la guerre froide, en 1989, puis 1991, la question s'est en effet posée aux Européens : le danger communiste écarté, l'OTAN avait-elle encore une raison d'être ? Ne fallait-il pas passer le relais et organiser, pour un monde nouveau en gestation, une nouvelle défense européenne ? Face à cette alternative, les États européens déjà membres et les ex-démocraties populaires ont fait le choix de perpétuer l'alliance atlantique, quitte à accompagner sa transformation. Ainsi, la République tchèque, la Hongrie et la Pologne rejoignent l'organisation dès 1999, suivies en 2004 par huit États de l'ex-bloc communiste. Aujourd'hui, vingt-deux des vingt-sept États membres de l'Union sont membres de l'OTAN (v. Outils, Cartes-Élargissements de l'OTAN). Font exception la Suède, l'Autriche, l'Irlande, Malte et Chypre. La Suède est à l'entrée dans l'organisation (en juillet 2023, la levée du veto de la Turquie a retiré le dernier obstacle à son adhésion), tandis que dans le contexte de la guerre en Ukraine la Finlande l'a rejointe en avril 2023. On ne peut donc nier la dépendance de l'Union européenne vis-à-vis des États-Unis et de l'OTAN. Elle fut particulièrement visible en 2003 lors de l'intervention militaire en Irak, où s'affichèrent les divisions au sein de l'Union : sept États membres, dont la France, s'opposèrent à cette nouvelle guerre au Moyen-Orient, tandis que huit membres la soutinrent activement. En 2003 comme auparavant, il n'y avait pas de défense européenne.

Nul n'a d'ailleurs mieux formulé la dépendance vis-à-vis des États-Unis que le président polonais Aleksander Kwaśniewski, déclarant au sujet de la situation en Irak en 2003 : "si c'est la vision du président Bush, alors c'est la mienne" [BUHLER, 2019]. Cette forme de dépendance vis-à-vis des États-Unis et de l'OTAN a pu inquiéter à juste titre les Européens, notamment sous la présidence de Donald Trump, tenant d'un nouvel isolationnisme américain et agitant la menace d'un désengagement de l'oncle Sam. La présidence Biden marque le retour à une relation plus classique avec l'Europe, et la pleine implication des États-Unis dans l'OTAN. Finalement, comme l'écrit Jean-Sylvestre Mongrenier : "La question de la défense de l'Europe illustre le fait que l'Union européenne ne se constitue pas en acteur géostratégique global." [MONGRENIER, 2023] La guerre en Ukraine change-t-elle la donne ?

La guerre en Ukraine, "*game changer*" du *hard power* européen ?

La guerre en Ukraine joue-t-elle le rôle d'un agent transformateur du hard power européen ? Il serait exagéré de l'affirmer (v. Zoom, Les relations entre l'UE et l'Ukraine). Tout d'abord, le temps de l'Union et de sa transformation institutionnelle est un temps long, qui s'oppose au temps court d'une guerre débutée le 24 février 2022. En toute logique, la guerre a tout d'abord conduit l'UE à faire usage de la dimension la plus évidente de son *hard power*, la géoéconomie*. L'arme des sanctions ou "mesures restrictives" dans le vocabulaire de l'Union a déjà été évoquée au chapitre précédent. On peut simplement mentionner que depuis le 24 février 2022, onze trains de sanctions ont été pris contre la Russie, le dernier en juin 2023. Au-delà de ces sanctions, l'UE a soutenu financièrement l'Ukraine de manière massive, débloquant près de 77 milliards d'euros (source : Conseil européen), dont plus de 20 milliards sont consacrés à une aide militaire. Le fait nouveau est incontestablement la décision prise en mars 2023 par les vingt-sept de livrer des armes, et pas seulement des euros à l'Ukraine. L'avenir dira s'il s'agit véritablement du début d'une nouvelle ère pour la défense européenne.

PUISSANCE CIVILE, PUISSANCE NORMATIVE : AVEU DE FAIBLESSE OU MANIÈRE DE REFORMULER LA PUISSANCE ?

Nous venons de le voir, le prisme du *hard power* ne permet pas de ranger l'Union européenne dans les puissances traditionnelles. Saisir l'originalité de la puissance européenne nécessite alors de formuler de nouvelles modalités de la puissance, qui seraient le propre de l'Union. On peut le voir comme une réussite : l'UE serait-elle une institution à même de transformer la puissance ? Mais c'est aussi un aveu de faiblesse, une manière de faire le constat, une nouvelle fois, que l'Europe puissance n'est qu'un mythe politique, pour reprendre l'expression de Bastien Nivet. Dans cette optique, nous examinerons deux manières de caractériser l'originalité de la puissance de l'Union : la "puissance normative" et la "puissance civile".

La puissance civile, ou les spécificités de l'Europe dans l'âge nucléaire

L'expression "puissance civile" fut introduite dans les années 1970 par François Duchêne, journaliste, analyste politique et professeur à l'université de Sussex, qui fut aussi secrétaire, puis biographe de Jean Monnet. La puissance civile se déploie selon lui dans un contexte particulier, celui de l'équilibre des forces nucléaires, qui invaliderait de fait les voies traditionnelles de la puissance et conduirait l'Europe à inventer de nouvelles modalités de relation entre les États, non plus fondées sur la recherche de la domination militaire. Il écrit ainsi : "L'Europe serait le premier espace majeur de l'Ancien Monde où les processus perpétuels de guerre et de violences indirects seraient transformés en quelque chose de plus en phase avec la notion citoyenne de politique civilisée." [cité dans Nivet, 2019, p. 33]. La puissance civile, pour François Duchêne, était autant un constat qu'un projet : constat que la construction européenne se faisait alors essentiellement dans le domaine économique, et projet, car il adhérait à la visée principale de l'Europe selon les pères fondateurs, au premier rang desquels Jean Monnet : la paix. La puissance civile a pu ainsi servir à décrire l'originalité de l'Union sur la scène internationale : une association d'États rejetant la guerre et se construisant essentiellement par des formes de coopération économique. La parenté avec les thèses fonctionnalistes est à relever. La guerre en ex-Yougoslavie a été le déclencheur, à la fin des années 1990, d'une forme timide de "militarisation" de l'UE, avec la création des instances militaires déjà mentionnées. Les résultats en étant limités, on pourrait dire que l'Union reste aujourd'hui une "puissance civile". Pour certains, c'est la marque de sa faiblesse. Pour d'autres, c'est son apport aux relations internationales.

Quand l'obsession européenne de la règle devient vectrice de puissance : la puissance par la norme

La notion de puissance normative est plus récente et davantage étudiée par la littérature scientifique. Introduite par Ian Manners, professeur de sciences politiques à l'université de Lund, elle est l'objet d'un essai de Zaki Laïdi, largement diffusé [Laïdi, 2005]. On peut d'ailleurs lui emprunter cette définition : "une puissance normative est une puissance dont l'identité et la stratégie reposent sur une préférence pour la généralisation de règles comportementales applicables – largement, mais non essentiellement – aux États et présentant trois caractéristiques essentielles : d'être négociées – et non imposées ; d'être également légitimées par des instances internationales représentatives ; enfin d'être opposables à tous les acteurs du système international indépendamment de leur position hiérarchique au sein de celui-ci." Il poursuit : "la puissance normative recherche ainsi la construction d'un ordre mondial fondé sur la légitimité de règles, la prévisibilité des comportements et surtout l'opposabilité des principes acceptés." En quoi l'Union européenne peut-elle être alors considérée comme une puissance normative ?

L'UE s'est d'abord construite comme un grand marché, achevé en 1993 au traité de Maastricht (v. Zoom, L'UEM et la convergence économique). Construire ce marché a fait de l'Union une institution prescriptive de normes très nombreuses en toutes matières. Derrière la dimension très technique de ces normes se lit aussi une capacité d'organiser le monde, puisqu'elles s'appliquent à un très vaste marché, et que l'Union a pour projet de les diffuser à l'échelle mondiale. Ces normes participent, par exemple, de la protection des consommateurs. Toutefois, l'établissement de ces normes est également influencé par les lobbies, dont le poids dans le cheminement réglementaire des décisions prises par l'UE peut être important. Au nom du principe de précaution, les Européens interdisent, par exemple, depuis 1989 l'importation de viande issue de bovins ayant reçu des traitements hormonaux. C'est l'origine d'un long différend commercial de l'Union avec le Canada et les États-Unis, qui autorisent cette pratique. Les normes touchent tous les domaines. Par exemple, depuis 2018, un règlement général sur la protection des données (RGPD*) protège les citoyens européens sur l'usage et la manière dont leurs données sont conservées. Par le biais du RGPD, l'Union européenne est ainsi entrée dans la vie de tous ses citoyens dotés d'un smartphone. Ce règlement prévoit des sanctions pour les firmes qui ne le respectent pas. Il est une bonne illustration de la puissance normative selon Michel Foucher, car il a influencé le California Consumer Privacy Act qui réglemente depuis 2018 l'usage des données des citoyens californiens [FOUCHER, 2022]. Pour l'application du RGPD, l'UE est dotée d'un Comité européen à la protection des données (CEPD) qui siège à Bruxelles et se réunit une fois par mois. C'est au nom du RGPD que Meta, maison mère de Facebook, s'est vu infliger l'amende record de plus de 1,2 milliard d'euros par le régulateur irlandais, pour avoir transféré des données de citoyens irlandais vers les États-Unis en violation du RGPD. Concernant cette amende et le RGPD, on a pu lire dans la presse une très claire définition de la puissance normative du militant et activiste autrichien Max Schrems : “Le RGPD a une influence parce qu'il est et continuera d'être le standard mondial.” (*Le Monde*, 25 mai 2023) Cependant, la puissance normative européenne se lit aussi dans des ambitions à vocation plus universelle comme la défense des droits de l'homme et de l'environnement.

L'Europe des droits humains, premier champ de la puissance normative

Au premier rang des normes et valeurs que l'Union européenne défend se trouve en effet la question des droits humains. Berceau des Lumières et de la Révolution française qui déclara la première que les hommes “naissent et demeurent libres et égaux en droits”, construite sur des ruines après le désastre et les crimes contre l'humanité dont furent responsables les régimes totalitaires, l'Union entend défendre la démocratie et les droits de l'homme (v. Chapitre Identité/identités de l'Union européenne). On en trouve l'illustration dans la rédaction, en 1993, des critères de Copenhague*, qui édictent les conditions à respecter pour tout État souhaitant rejoindre l'Union. Bien que l'Europe instituée soit bien plus économique que politique, le premier de ces critères est ainsi exprimé : "la mise en place d'institutions stables garantissant l'état de droit, la démocratie, les droits de l'homme, le respect des minorités et leur protection.". La position européenne sur la peine de mort est significative du respect de ce premier critère : l'interdiction de la peine capitale est un acquis européen. Aucun pays membre ne l'applique, et aucun pays ne peut rejoindre l'Union sans l'abolir, conformément à la Convention européenne des droits de l'homme. Le 7e congrès mondial contre la peine de mort s'est ainsi tenu à Bruxelles et son inauguration a eu lieu au Parlement européen (notons qu'il n'est cependant pas organisé par l'UE, mais par une ONG française : Ensemble contre la peine de mort). Cette position de l'UE sur la peine de mort appelle deux remarques. Tout d'abord, la comparaison de l'Europe et des deux plus grandes puissances mondiales est frappante : aux États-Unis comme en Chine, la peine capitale est appliquée. L'ONG Amnesty International indique dans son rapport 2022 que onze exécutions ont eu lieu aux États-Unis en 2021, tandis que pour la Chine ce chiffre reste inconnu, mais se monterait à plusieurs milliers. Ensuite, la question éclaire les difficultés que traverse l'Europe. Certes, la peine de mort est abolie, mais au sein des opinions publiques européennes cette abolition fait de moins en moins consensus, tandis que des dirigeants européens la remettent parfois ouvertement en cause : Victor Orban déclarait ainsi, en guise de provocation, en 2015 que "la question de la peine de mort doit être remise à l'ordre du jour en Hongrie."

La lutte contre le changement climatique : l'apport de la puissance normative européenne au monde entier ?

Enfin, l'environnement apparaît comme un domaine privilégié de la puissance normative européenne (v. Chapitre Les défis d'une Europe en proie aux changements globaux). L'Union est dotée de programmes de protection de l'environnement, comme le réseau Natura 2000, et elle s'est fixé aussi des objectifs ambitieux en matière de lutte contre le changement climatique. Elle vise ainsi la neutralité carbone pour l'année 2050. Romano Prodi, ex-président italien de la Commission européenne formulait ainsi cet aspect de la puissance dans un discours devant le parlement de Strasbourg en 2000: "l'Europe doit se vouloir puissance globale au service du développement soutenable dans le monde." [cité dans LAÏDI, 2005] Zaki Laïdi signale cependant le risque de tomber dans le travers de l'idéalisation d'une puissance qui n'œuvrerait que pour le bien public mondial. Œuvrer par la norme n'a pas supprimé les rivalités de pouvoir, et à chaque renouvellement de l'exécutif européen, on assiste à une lutte pour les postes clés. On peut néanmoins relever certains exemples de cet aspect de la puissance de l'Union. Michel Foucher signale ainsi que la moitié des Conférences des parties (COP) de l'Accord des Nations unies sur le changement climatique se sont tenues dans l'Union européenne. La conférence de Paris en 2015 reste comme celle qui a apporté le plus d'avancées en obtenant des engagements des États présents sur des objectifs de réduction des émissions de GES et sur le scénario d'un réchauffement compris entre 1,5 et 2 °C, conformes aux recommandations des experts du Groupe d'experts intergouvernemental sur l'évolution du climat (GIEC). De même, le paquet de mesures "*Fit for 55*", adopté en 2021, fait référence à l'objectif de réduire les émissions de GES de l'UE d'au moins 55 % à l'horizon 2030. C'est un paquet de douze propositions législatives parmi lesquelles on trouve des normes accélérant la décarbonation des économies et des sociétés européennes. Ainsi, l'UE prévoit l'interdiction de la vente de véhicules thermiques neufs dès 2035. Cette politique joue aussi sur le mix énergétique et trouve des conséquences à toutes les échelles. Sur les côtes danoises, par exemple, est né le plus grand parc éolien au monde, celui de Horns Rev, à 15 km environ au large des côtes danoises.

Au terme de cette exploration de la puissance traditionnelle de l'Europe, on peut retenir que le renoncement originel à la puissance a été pour les États de l'Union l'occasion de construire une puissance "pas comme les autres". Qu'on la nomme puissance civile, puissance normative ou encore "puissance tranquille" comme le philosophe Tzvetan Todorov, elle poursuit jusqu'à ce jour son but premier: que les Européens cessent de se faire la guerre. Mais si l'Europe ne dispose finalement pas d'un grand pouvoir de coercition, qu'en est-il de son pouvoir de séduction ?

ENTRE DÉMOCRATIE ET FOOTBALL, QUELS VISAGES DU *SOFT POWER* EUROPÉEN ?

“Si c’était à refaire, je commencerais par la culture”. Peu importe finalement que Jean Monnet n’ait sans doute jamais prononcé ces mots et que la citation soit apocryphe. Couramment reprise, elle nous permet de réfléchir aux aspects du *hard power* européen. Considérer un *soft power* proprement européen et le distinguer de celui des États membres relève d’un défi difficile à relever. Il existe des programmes européens de mise en valeur des cultures européennes, comme celui des capitales européennes de la culture depuis 1983 (v. Zoom, Les capitales européennes de la culture), mais on signale souvent que les bénéfices de ce genre de programme ne dépassent que très rarement l’échelle urbaine : ils profitent généralement aux métropoles* qui les mettent en œuvre, et l’offre culturelle qu’elles proposent à cette occasion n’est pas spécialement “européenne”. En outre, le *soft power* est souvent le résultat d’acteurs non étatiques. Comme l’a souligné Joseph Nye au sujet des États-Unis, “une bonne partie du *soft power* américain a été produite par Hollywood, Harvard, Microsoft et Michael Jordan.” [NYE, 2004] Il pointait ici le fait qu’il est difficile pour un État d’avoir le contrôle sur la multiplicité des agents qui produisent le *soft power*. Ainsi, comment saisir un *soft power* proprement européen s’il relève des apports culturels de l’Europe au monde, qui vont de la pizza à l’opéra, en passant par les Jeux olympiques ? L’approche ne peut être exhaustive. On procédera ici par l’exemple.

L’Union européenne : un ou vingt-sept *soft powers ?*

Dans un entretien accordé à la revue *Le grand continent*, à la question: “pensez-vous qu’une entité sans fort sentiment d’attachement puisse bénéficier de son propre *soft power* ?”, Joseph Nye répondait par l’affirmative. Cependant, l’entretien ne donne que très peu de pistes sur ce *soft power* spécifiquement européen. L’information disponible insiste davantage sur la force des *soft powers* nationaux du continent européen, pris dans leur individualité (v. Zoom, *Soft power* espagnol). Ainsi du rapport Soft power 30, produit par le cabinet Portland, qui établit une hiérarchie des trente premiers *soft powers*.

L'Union européenne est très bien représentée dans l'édition 2019 puisque les États-Unis n'y figurent qu'en cinquième position derrière la France, le Royaume-Uni, l'Allemagne et la Suède, dans cet ordre. Cette hiérarchie peut surprendre et pourrait même conduire le lecteur à invalider les contenus de ce classement, tant le *soft power* américain est étendu. En effet, en consultant le rapport de l'observatoire européen de l'audiovisuel, on relève que l'UE à vingt-sept a produit 1627 longs métrages en 2021, ce qui la place au deuxième rang mondial derrière l'Inde et loin devant les États-Unis qui n'ont produit "que" 943 films. France, Italie et Espagne figurent parmi les dix premiers producteurs. En revanche, aucun film issu de l'Union européenne ne figure parmi les vingt premiers succès du box-office mondial cette année-là: quatorze sont américains, cinq chinois et un américano-canadien. Ces quelques chiffres montrent qu'au-delà de la capacité de production, l'Europe est largement devancée par l'usine à rêves hollywoodienne en termes de canaux de diffusion.

Se penchant sur la question de l'existence d'un *soft power* proprement européen, Pierre Buhler le trouve surtout dans les normes que l'Union européenne est capable d'imposer en matière de commerce notamment de biens culturels, et dans sa capacité à faire reconnaître une "exception" pour le commerce de ces biens. Il écrit ainsi "l'échelon européen s'est révélé être le niveau pertinent de l'affirmation d'une souveraineté européenne face à de puissants intérêts économiques extra-européens." [BUHLER, 2020] Cela vaut aussi pour les relations intraeuropéennes. Par exemple, la directive "télévision sans frontière" autorise le maintien de quotas de diffusion sur les canaux de télévision européens, permettant le maintien d'une forme de diversité culturelle européenne, qui est la marque de son identité dans le monde.

Enfin, qu'elle soit le fait des États ou de l'Union, on ne peut nier que la force d'attraction de l'Union reste suffisamment forte pour que des milliers de migrants, au péril de leur vie, tentent l'aventure d'une vie meilleure à l'intérieur de l'Union. Ce point fera l'objet d'un autre chapitre de cet ouvrage (v. Chapitre Les migrations en Union européenne).

La démocratie et le football : deux aspects du pouvoir de la règle européenne ?

On comprendra comme une pirouette le titre précédent. En effet, l'Europe a donné au monde la démocratie et le football, un jeu ainsi défini par l'attaquant vedette britannique Gary Lineker "le football est un jeu assez simple : 22 gars courent après un ballon pendant 90 minutes, et à la fin, c'est l'Allemagne qui gagne." Sur la question démocratique, le lecteur pourra se reporter à l'Atlas de l'Europe de Frank Tétart et Pierre Alexandre Mounier [Boissière, Tétard, Mounier, 2021].

Quel *soft power* footballistique pour 'Union ? L'actualité de ce sport né en Grande-Bretagne, et dont les premières règles y furent écrites en 1863, permet de l'envisager. L'attractivité contemporaine des clubs européens est inégalée. Ainsi, si Lionel Messi est argentin, il a accompli l'essentiel de sa carrière en Europe. Et c'est uniquement sur le déclin que le septuple ballon d'or a pris le chemin des États-Unis. Les millions d'euros mis en jeu par l'Arabie saoudite sur le marché international des transferts ne lui permettent pas encore de recruter des talents au sommet de leur carrière et les trophées les plus prestigieux, au premier rang desquels la ligue des champions, sont européens (v. Zoom, Football UE).

Gary Lineker, à qui nous avons emprunté sa définition du football, nous fournira finalement les mots de conclusion de ce parcours au travers de la puissance européenne : attaquant vedette, il a mené une carrière internationale pendant plus de 15 ans sans jamais recevoir ni carton jaune ni car on rouge : n'est-il pas ainsi une figure européenne de la puissance par la règle, s'imposant par la "puissance tranquille" plutôt que par l'agressivité de son jeu ? Enfin, suspendu puis finalement réintégré par la BBC dans ses fonctions de commentateur pour avoir dénoncé en ces termes la politique migratoire de son gouvernement : "une politique cruelle à destination des plus vulnérables, dans un langage qui n'est pas sans rappeler celui qui a été utilisé par l'Allemagne dans les années 1930", ne nous rappelle-t-elle pas aux valeurs de l'Europe et au respect des droits humains ?

LES LIMITES DE LA PUISSANCE EUROPÉENNE

"L'Europe, quel numéro de téléphone ?"
Henry Kissinger, secrétaire d'État américain, 1970.

En 1970, Henry Kissinger résuma, en une formule restée célèbre, les limites de la puissance de la CEE, qui sont liées à des causes extérieures, mais aussi intérieures. Premier marché mondial représentant 15 % du PIB mondial, l'UE est une puissance économique et politique confrontée à des limites qui sont déterminées par des pôles de puissance extra-européens qui peuvent être des alliés, des concurrents ou des rivaux. Les limites de la puissance européenne sont également liées à des problèmes de stratégie et de gouvernance dans ses échanges économiques mondialisés. Elles sont enfin liées à des tensions géopolitiques externes ou internes.

Dans ces trois domaines, la question de la représentation de l'UE a des implications positives ou négatives sur sa capacité d'influence.

DES PÔLES DE PUISSANCES ALLIÉS, CONCURRENTS ET/OU RIVAUX

Premier pôle de richesse dans le monde, l'UE a de **nombreux accords commerciaux**. Initialement favorable au multilatéralisme*, elle a négocié de nouveaux accords avec de nombreux États (v. Zoom, Le multilatéralisme). Ses relations avec les trois principaux pôles de puissance (États-Unis, Russie et Chine) sont celles qui limitent le plus sa puissance.

L'UE : alliée, vassale ou concurrente des États-Unis ?

Dans le cadre de **l'Alliance militaire atlantique (OTAN)**, de nombreux États de l'UE (vingt et un sur vingt-sept) sont alliés aux États-Unis (v. Outils, Cartes-Élargissements de l'OTAN). Cette alliance militaire est cependant déséquilibrée puisque, selon l'OTAN, les États-Unis réalisent à eux seuls plus de 70 % des dépenses militaires de l'Alliance. En 2020, ils ont dépensé 1875 euros par habitant en moyenne, soit 3,7 % de leur PIB, les Européens 430 euros [FOUCHER, 2022], d'où la demande, fréquemment répétée par les États-Unis, d'un budget militaire d'au moins 2 % du PIB. Principale puissance militaire de l'UE, la France avait en 1966 quitté le commandement intégré de l'OTAN, tout en restant membre de l'Alliance. Par cette décision, Charles de Gaulle souhaitait montrer que la France demeurait un allié des États-Unis, mais souhaitait conserver son entière souveraineté (départ des soldats américains du territoire français, souveraineté sur l'espace aérien). La question de la nature du partenariat avec les États-Unis se pose donc depuis plus d'un demi-siècle : allié, aligné ou vassal ?

Avec la fin de la menace soviétique (1991), l'Alliance atlantique changea d'objectifs. Au grand dam de la Russie, elle intégra d'anciens États communistes et même d'anciennes républiques soviétiques comme les pays baltes. Utilisée pour les interventions militaires au Kosovo (1999) et en Afghanistan (2001), l'OTAN semblait avoir perdu sa raison d'être avant l'invasion russe de l'Ukraine (24 février 2022). E. Macron avait d'ailleurs déclaré en novembre 2019 qu'elle était en état de "mort cérébrale". Il est vrai que les Européens ont douté, sous Donald

Trump, de la fiabilité du soutien américain. L'agression russe en Ukraine a rendu toute son importance à cette alliance et semble avoir porté un terme au projet français d'“autonomie stratégique”, visant à mettre en place une défense européenne indépendante des États-Unis. Signe de la menace russe, de l'attractivité de l'OTAN et de l'importance de la protection américaine, la Finlande, bientôt rejointe par la Suède, est devenue membre de l'Alliance atlantique en avril 2023.

Au-delà de l'alliance militaire, les États-Unis (USA) et l'Union européenne (UE) sont dans le domaine économique des partenaires et des concurrents (v. Chapitre L'Union européenne : des potentialités indiscutables et pourtant une puissance problématique ?). Les liens économiques sont forts entre ces deux pôles de la Triade, même si le commerce transpacifique USA-Asie est devenu plus important que le commerce transatlantique USA-UE. En 2016, le projet de traité de libre-échange transatlantique, qui prévoyait de créer une vaste zone de libre-échange entre l'UE et les États-Unis a été abandonné suite aux oppositions croissantes de dirigeants européens et à l'élection de D. Trump, hostile au projet. Si D. Trump craignait une accentuation de l'excédent commercial de l'UE avec les États-Unis (48 milliards de dollars en 2019, avant le covid), les dirigeants européens se méfiaient de la dérégulation économique. En outre, le **principe d'extraterritorialité** du droit américain permettant l'application du droit américain en dehors des frontières américaines suscite une forte opposition en Europe. Pour des motifs aussi variés que la lutte contre la corruption, la lutte contre le terrorisme ou le droit de la concurrence, les États-Unis peuvent engager des poursuites contre des personnes ou des entreprises. Ainsi, la BNP a été condamnée en 2014 à payer 9 milliards de dollars pour utilisation du dollar dans des transactions vers des pays sous-embargos (Soudan, Iran et Cuba). P. Kron, PDG d'Alstom, soupçonné de corruption par les États-Unis et menacé d'emprisonnement, a accepté de vendre en 2014 la branche Énergie d'Alstom à la société américaine General Electric. Quelques années plus tard, cette société américaine annonçait le licenciement de 1000 salariés sur le site de Belfort. Par ce principe d'extraterritorialité, les États-Unis démontrent toute leur puissance et exercent une forte pression sur les entreprises européennes et, indirectement, sur les territoires européens, alors même que l'Union européenne a jusqu'à présent peu utilisé ce dispositif juridique.

Les débats actuels ne portent plus autour du projet de libre-échange, mais se concentrent autour de la **réponse européenne à apporter à l'IRA** (*Inflation Reduction Act*) américain prévoyant de consacrer 370 milliards de dollars au développement de l'industrie verte sur le territoire américain. L'UE n'a pas souhaité porter l'affaire devant l'OMC pour concurrence déloyale, car dans le cadre de la guerre en Ukraine, il a été jugé préférable de maintenir de bonnes relations avec les États-Unis. Des aides aux entreprises européennes sont possibles, mais la question est de savoir si ces aides passent par la Commission européenne et touchent indistinctement tous les pays de l'UE ou si ces aides sont octroyées par les États, auquel cas les États les plus riches pourront davantage développer l'industrie verte que les États européens les plus pauvres. En juillet 2023, sur la base juridique des lignes directrices CEEAG*, la Commission européenne a autorisé l'Allemagne et la France à subventionner la modernisation industrielle des entreprises sidérurgiques Thyssen Krupp et Arcelor Mittal à hauteur, respectivement, de 2 et de 0,8 milliard d'euros.

Du commerce à la guerre, comment concevoir les relations avec la Russie ?

Avant l'annexion, en 2014, par la Russie de la région ukrainienne de Crimée (v. Zoom, Les relations entre l'UE et l'Ukraine), **l'UE était le principal partenaire commercial de la Russie**. L'UE représentait 75 % des IDE vers la Russie et 53 % de ses exportations tandis que la Russie approvisionnait l'UE en gaz à hauteur de 55 %. L'interdépendance économique semblait donc forte et réciproque. Cette intensité des échanges avant le conflit ukrainien ne doit cependant pas laisser penser que les relations UE-Russie étaient cordiales. Les assassinats de journalistes opposantes (A. Politkovskaïa en 2006 et N. Estemirova en 2009), les cyberattaques (visant le gouvernement estonien en 2007) et les déstabilisations politiques (lors de l'élection présidentielle française en 2017) ont amené les observateurs à utiliser la notion de **"guerre hybride"***, pour désigner la combinaison d'instruments de puissance conventionnels et non conventionnels (v. Zoom, Cybersécurité). Mais **l'annexion de la Crimée en 2014 a modifié les relations entre l'UE et la Russie**. Suite à cette invasion, l'UE a pris des sanctions économiques visant les industries d'armement et d'énergie en Russie. En réaction à ces sanctions, la Russie a décrété un embargo alimentaire visant les pays de l'UE, les États-Unis, la Norvège, le Canada et l'Australie. Mais les IDE et les échanges énergétiques s'étaient maintenus. Depuis février 2022, ce n'est plus l'intensité de la relation, mais sa nature qui a changé. Si les États de l'UE ne sont pas en guerre contre la Russie, cette dernière est néanmoins désormais considérée comme une puissance ennemie.

Les contacts entre l'UE et la Russie sont directs en Finlande et au niveau de l'enclave russe de Kaliningrad, située entre la Pologne, la Lituanie et la mer Baltique. Depuis l'intégration des États baltes à l'UE en 2004, cette enclave russe a été militarisée (missiles Kinjal d'une portée de 2400 km) et nucléarisée. En juillet 2022, la Lituanie a décidé d'appliquer les sanctions européennes aux marchandises transitant sur son territoire entre Kaliningrad et le territoire russe. Moscou protesta vigoureusement, mais Josep Borell, le chef de la diplomatie européenne en tant que Haut représentant de l'Union pour les affaires étrangères et la politique de sécurité, soutint la Lituanie.

Les relations diplomatiques sont donc au plus bas entre la Russie et l'Union européenne. Les relations entre l'UE et la Chine sont, elles aussi, étroitement liées à l'évolution de la guerre en Ukraine et à l'attitude que Pékin aura vis-à-vis de Moscou et de Kiev.

Avec la Chine, l'UE peut-elle réellement concilier "partenariat, concurrence stratégique et rivalité systémique" ?

Dans la rivalité sino-américaine croissante, les Européens tentent de trouver une position d'équilibre : aucun alignement, ni sur Washington ni sur Pékin, mais pas non plus d'équidistance. Plus proche des États-Unis que de la Chine, la relation transatlantique est en effet cruciale, notamment sur le plan militaire. La Chine est, quant à elle, la puissance avec laquelle les Européens sont les plus hésitants. Les **liens économiques** se sont intensifiés depuis l'entrée de la Chine dans l'OMC, en 2001. Elle est dorénavant devenue la première partenaire commerciale de l'UE. Mais cette relation asymétrique est en défaveur de l'UE qui a un excédent commercial avec le reste du monde, avec les États-Unis, avec le Royaume-Uni, mais un déficit commercial croissant avec la Chine (180 milliards d'euros en 2020), puisque l'UE en importe deux fois plus (380 milliards d'euros) qu'elle n'y exporte (200 milliards d'euros). En juin 2019, le document officiel de stratégie chinoise de l'UE prend acte de **l'affirmation de la puissance chinoise** et indique que "l'équilibre entre défis et opportunités liés à la Chine a changé". Alors que le marché européen lui est largement ouvert, la Chine restreint son marché intérieur pour permettre le développement de fleurons industriels capables de rivaliser avec les entreprises européennes ou américaines (Huawei). Si la Chine était auparavant avant tout perçue comme une opportunité commerciale, elle est dorénavant perçue comme une puissance défiant la souveraineté européenne.

Néanmoins, les dirigeants européens ne souhaitent pas s'aligner sur l'option d'une confrontation dure avec la Chine, souhaitée par les États-Unis. Ces derniers ont notamment constitué deux alliances pour contenir la puissance chinoise, en mer de Chine et ailleurs: le QUAD* et AUKUS*. Les efforts français ont permis de convaincre, en avril 2021, les États européens du bien-fondé d'une approche géopolitique de la zone indopacifique au sein de laquelle la France est directement impliquée à travers ses possessions dans les océans Indien et Pacifique. Deuxième ZEE dans le monde, la France entend en effet rester une puissance maritime, mais cette ambition a un coût élevé. La stratégie de l'UE pour l'Indopacifique permet à la France de ne pas rester isolée après la crise des sous-marins australiens. Le gouvernement australien avait annulé sa commande de sous-marins français auprès de l'entreprise française Naval Group au profit d'une commande américaine, préfigurant ainsi la stratégie occidentale tripartite AUKUS à laquelle la France n'a pas été associée. En 2019, la Commission européenne a donc décidé de modifier son approche initiale trop conciliante avec la Chine tout en ouvrant la porte à la coopération, d'où le triptyque suivant: **"partenaire, concurrent stratégique et rival systémique"**. Le partenariat renvoie aux liens commerciaux, mais aussi aux relations diplomatiques nécessaires sur les plans sanitaires (covid) et environnementaux (la Chine est le premier émetteur de gaz à effets de serre). La concurrence concerne la compétition technologique et économique, notamment l'approvisionnement en ressources. Enfin, la rivalité systémique témoigne de la coexistence de deux modèles de gouvernance opposés, démocratie libérale occidentale et communisme capitaliste chinois. **Ce triptyque est aussi un compromis entre Européens**, car, vis-à-vis de la Chine, de profondes divisions existent au sein de l'UE. Le Conseil européen, représentant les intérêts des États, souhaite une approche non conflictuelle avec la Chine afin de préserver les liens économiques. La Commission européenne défend une approche plus souverainiste, tandis que les chefs d'État ont des positions variées. Lors de son déplacement en Chine en avril 2023, Emmanuel Macron avait invité Ursula Von der Leyen à l'accompagner, ce que le chancelier allemand Olaf Scholz n'avait pas fait auparavant. L'enjeu est de taille. Qui représente les Européens en Chine ? Le chancelier allemand, le président français, le chef du gouvernement espagnol Pedro Sanchez assurant la présidence tournante, Charles Michel en tant que président du Conseil européen, Josep Borell, le chef de la diplomatie européenne ou U. Von der Leyen en tant que présidente de la Commission ? Cette liste de potentiels représentants rappelle fortement la boutade d'Henry Kissinger (v. début de ce chapitre).

L'actualité ukrainienne a poussé nombre de dirigeants européens à revoir leur position vis-à-vis de la Chine. Cette dernière intensifie ses relations économiques avec la Russie, si bien que l'approche moins conciliante de la Commission semble s'être imposée au printemps 2023. En proposant de "dérisquer" la relation avec la Chine, U. Von der Leyen introduit une stratégie géopolitique à une relation économique jusqu'alors teintée de naïveté. La Commission devra néanmoins convaincre le chancelier allemand Olaf Scholz, car c'est Angela Merkel, qui avait précipité la signature de l'"Accord global sur les investissements" (AGI), le 30 décembre 2020. L'Allemagne exerçait alors la présidence tournante de l'UE jusqu'au 1er janvier 2021 et Angela Merkel pouvait donc prétendre représenter l'UE. La question de la représentation de l'UE est donc particulièrement importante vis-à-vis de la Chine, tant les différences de vision entre Européens sont grandes. L'AGI fut d'ailleurs suspendu en mai 2021 en raison de la répression des Ouïghours. Le dialogue est donc au point mort entre Européens et Chinois. Or suite à la guerre en Ukraine, les importations allemandes depuis la Chine ont augmenté de 33 %, en raison notamment de la hausse des importations de l'industrie chimique dopées de 150 % afin de pallier les anciennes importations russes. La dépendance vis-à-vis de la Chine s'accroît donc fortement pour les industriels allemands.

La puissance européenne est donc limitée par des pôles de puissance extérieurs qui ont des stratégies d'influence plus agressives et dont les intentions à long terme sont peu lisibles. Cela se combine à des problèmes de stratégies et de gouvernance de l'UE vis-à-vis de ses approvisionnements stratégiques.

DES PROBLÈMES DE STRATÉGIE ET DE GOUVERNANCE DANS DES ÉCHANGES ÉCONOMIQUES MONDIALISÉS

L'Union européenne face à sa dépendance énergétique et minière

La guerre en Ukraine a révélé la faiblesse stratégique des États de l'UE dans leur approvisionnement énergétique, vis-à-vis du gaz russe notamment. Cette dépendance existe aussi au niveau de l'approvisionnement en "matières premières critiques" (cf. Zoom, La dépendance de l'UE en matériaux stratégiques). Selon Eurostat, la **dépendance énergétique** (essentiellement gaz, pétrole et charbon) de l'UE est passée de 44 % en 1990 à 55 % en 2020. Cette dépendance énergétique croissante est d'autant plus problématique que l'approvisionnement est peu diversifié. La diversification de l'approvisionnement en pétrole est plus forte que celle de l'approvisionnement en gaz.

Cette dépendance européenne varie fortement en fonction des stratégies énergétiques nationales et des héritages historiques. En 2020, les anciennes républiques soviétiques et les anciens pays communistes sont les plus dépendants du gaz russe puisque la Lituanie, la République tchèque et la Lettonie s'approvisionnaient à 100 % avec du gaz russe, l'Estonie à 96 % et la Hongrie à 95 %. Ce taux de dépendance passait à 66 % pour l'Allemagne et à 16 % pour la France, mais c'est bien l'Allemagne qui importait quantitativement le plus de gaz russe (50 milliards de m^3, soit un tiers des importations européennes). Une telle dépendance de l'UE et une telle diversité entre États européens peuvent étonner. Ceci ne peut se comprendre sans analyser la **gouvernance européenne**. L'article 194 du TFUE* stipule que l'énergie est une responsabilité partagée entre l'UE et ses États membres (v. Outils, Figures-Article 194 du TFUE). Ces derniers sont libres de déterminer les conditions d'exploitation de leurs ressources énergétiques, de choisir entre les différentes sources d'énergie et de décider de leur approvisionnement énergétique. De son côté, la Commission européenne est chargée, toujours selon cet article 194, de veiller au bon fonctionnement du marché intérieur, en favorisant l'interconnexion des réseaux et en exigeant la séparation entre les entreprises de transport d'énergie qui ont le monopole des réseaux (ERDF en France pour l'électricité, GRDF pour le gaz) et les entreprises de distribution d'énergie qui les commercialisent. En revanche, l'article 194 n'évoque ni la diversification des approvisionnements énergétiques ni la souveraineté ou l'indépendance énergétique de l'UE. La guerre en Ukraine met donc en lumière **l'absence de stratégie géopolitique mondiale** dans la gouvernance de l'UE. La "sécurité de l'approvisionnement énergétique de l'UE", évoquée dans l'article 194, était assurée par la Russie. L'UE avait du gaz, mais du gaz russe. Les tensions géopolitiques n'avaient pas été prises en compte dans l'élaboration de la politique énergétique européenne.

En déclarant le 8 mars 2022 vouloir **assurer "l'indépendance" de l'UE vis-à-vis du pétrole, du charbon et du gaz russes**, Ursula Von der Leyen a utilisé un vocabulaire nouveau, révélant l'adaptation de l'exécutif européen au nouveau contexte géopolitique. Le **plan *REPowerEU***, présenté en mai 2022 par la Commission, donne trois priorités : diversifier l'approvisionnement en gaz, réduire la consommation des énergies fossiles et développer les énergies renouvelables. Au niveau de l'approvisionnement en gaz, ce plan prévoyait à court terme des achats communs de gaz naturel liquéfié (GNL), une politique européenne de stockage et, à long terme, des investissements massifs dans la production de biométhane. Le plan *REPowerEU* ne peut toutefois pas être imposé aux États membres. Après s'être déclaré favorable à des achats groupés de gaz au niveau européen, demandés notamment par les petits États de l'UE, le chancelier allemand O. Scholz a refusé les achats communs et a préféré négocier directement avec les États fournisseurs (Norvège, États-Unis, pays du Golfe). Les États européens se sont donc retrouvés en concurrence pour l'achat de gaz. L'Allemagne, plus riche que ses voisins européens, a ainsi pu se passer de l'intermédiaire de l'UE pour sécuriser son approvisionnement. Toutefois, elle a fait grimper les prix du gaz, ce qui a impacté les autres États européens, plus petits et/ou moins riches. **La gouvernance énergétique européenne a donc accentué le problème de la dépendance au gaz russe**.

La décision du chancelier allemand est conforme aux textes européens, mais, en situation de crise, l'Allemagne a décidé de faire cavalier seul, non seulement en refusant les achats groupés, mais aussi en proposant un bouclier tarifaire de 200 milliards d'euros sur les prix du gaz et de l'électricité. Cette mesure a entraîné de grandes inégalités entre les industriels européens. Comme de nombreuses industries européennes, Slovalco, producteur slovaque d'aluminium, a ainsi dû interrompre sa production en raison de la hausse du prix de l'électricité et du refus de l'État slovaque, moins riche que l'État allemand, de compenser cette hausse tarifaire.

La **faiblesse stratégique européenne en matière d'énergie** s'explique donc à la fois par la domination de la logique de marché intérieur dans les prérogatives de la Commission, par l'absence de prise en compte des tensions géopolitiques, mais aussi par le déséquilibre entre des États puissants et des États plus pauvres et moins peuplés.

L'Union européenne et sa souveraineté industrielle

La pandémie de covid-19 a mis en lumière, en 2020, la vulnérabilité industrielle de l'Union européenne. Cette vulnérabilité peut s'observer dans la capacité d'innovation de l'UE, mais aussi dans l'approvisionnement en composants stratégiques et dans le contrôle des entreprises et des technologies innovantes.

La **crise dans l'approvisionnement en semi-conducteurs et en puces électroniques** a touché, en 2020-2021, les industries automobile et électronique (PC, smartphones), puisque ces composants sont essentiellement produits en Asie par TSMC (Taïwan) et Samsung (Corée du Sud), qui contrôlent respectivement 60 % et 20 % du marché mondial (v. Chapitre Un système productif communautaire intégré... et bousculé dans la mondialisation). Après l'adoption, en septembre 2022, du plan “Chips for America” par les États-Unis (50 milliards de dollars), la Commission, les États européens et le Parlement ont validé en avril 2023 le “EU Chips Act ” (43 milliards d'euros). L'objectif est de porter la part de l'UE dans la production mondiale de puces électroniques de 10 % en 2022 à 20 % à l'horizon 2030. Alors que la Commission européenne ne souhaitait financer que les usines de fabrication, les gouvernements européens et les députés ont souhaité élargir la mesure à l'ensemble de la chaîne de valeur, y compris les installations de recherche et de conception. Cette politique industrielle a donc été co-construite par ces trois acteurs et élargie à l'innovation industrielle.

Outre l'approvisionnement en composants industriels stratégiques, la souveraineté industrielle de l'UE passe par le **contrôle des entreprises industrielles innovantes**. Selon l'OCDE, l'UE est la zone économique la plus ouverte aux investissements directs à l'étranger (IDE). Ces IDE représentent, selon l'UE, près de 30 millions d'emplois. Certains investissements peuvent cependant nuire à la puissance européenne en permettant la prise de contrôle d'entreprises et/ou de technologies innovantes et stratégiques par des investisseurs étrangers. L'exemple des investissements stratégiques chinois a occupé en 2016 les devants de la scène médiatique. Le pionnier allemand de la robotique Kuka fut acheté par le Chinois Meda et le port grec du Pirée, devenu l'un des premiers ports méditerranéens pour le trafic de conteneurs, fut acquis par l'opérateur chinois Cisco. Mais la Chine n'est que le quatrième investisseur étranger dans l'UE, avec 2,5 % des IDE. C'est d'ailleurs l'achat par les fonds d'investissement américains du leader mondial des sous-marins conventionnels HDW qui poussa l'Allemagne à se doter d'un mécanisme de contrôle des IDE. La vente d'Alstom Énergies à l'américain General Electric incita la France, en 2014, à durcir sa législation en la matière. En effet, le contrôle des IDE vers l'UE n'est pas du ressort de l'UE, mais des États membres. Cela dit, la Commission a mis en place un "mécanisme d'alerte" en 2020, permettant aux États européens d'échanger des informations pour mieux évaluer l'aspect stratégique des investissements. Ce "mécanisme d'alerte" est une aide à la prise de décision, mais ne contraint pas les États membres à agir. À titre d'exemple, si le "mécanisme d'alerte" avait existé en 2016, il aurait montré une hausse brutale des investissements chinois sur les infrastructures de transport puisqu'entre 2016 et 2017, la part des IDE chinois dans ce domaine est passée dans l'UE de 20 à 50 %.

À travers l'action de la Commission, la gouvernance européenne s'adapte donc à un contexte international plus agressif, et **la souveraineté européenne tend à devenir un nouveau paradigme dans le fonctionnement de l'UE**. La politique environnementale s'inscrit aussi dans cette quête de souveraineté tout en incarnant le multilatéralisme de l'UE.

L'Union européenne et la gouvernance environnementale

Grands défenseurs du multilatéralisme*, partisans d'une mondialisation plus inclusive, les États européens (Allemagne, France, Pays-Bas, États scandinaves) et l'Union européenne ont subi la marginalisation récente de l'OMC, mais ils ont été **en première ligne de la gouvernance climatique mondiale** (v. Chapitre Les défis d'une Europe en proie aux changements globaux). Premier bailleur de fonds dans la lutte contre le changement climatique, l'UE et ses États membres sont aussi la zone économique de la Triade la plus ambitieuse dans la réduction des GES*. Depuis la conférence de Stockholm en 1972, la moitié des Conférences des Parties (COP) ont eu lieu en Europe. L'UE, et avant elle la CEE ont choisi d'ancrer leur action dans le cadre du multilatéralisme et de la CCNUCC*.

Déjà en 1985, la **Convention de Vienne sur la protection de la couche d'ozone** avait rassemblé vingt-huit États, dont onze États de l'actuelle UE. Reprise par le protocole de Montréal (1987), cette convention est devenue en 2009 le premier texte international universellement accepté (accepté par tous les États du monde). Toujours au niveau climatique, entre la signature du protocole de Kyoto en 1997 et sa ratification en 2005, l'action de l'UE fut décisive. Pour être appliqué, le protocole devait être ratifié par cinquante-cinq États représentant au moins 55 % des émissions de GES*. En 2004, après le retrait des États-Unis, cent vingt-cinq États avaient ratifié le texte, mais ils ne représentaient que 45 % des émissions de GES. L'UE, en proposant de soutenir la Russie pour son entrée à l'OMC et en proposant la vente de permis d'émission entre États, est parvenue à convaincre la Russie de Vladimir Poutine (17 % des GES en 2004) et ainsi permettre l'entrée en vigueur d'un accord destiné à diminuer de 5 % les GES entre leur niveau de 1990 et 2012. Pour la Russie, qui avait vu ses émissions diminuer de 30 % en raison de son effondrement industriel, la vente de permis d'émission représentait un apport financier. La COP-21 déboucha en 2015 sur l'accord de Paris qui est le premier accord climatique juridiquement contraignant, dont l'objectif est de limiter la hausse de la température à 2 °C depuis l'époque préindustrielle. Lors de la COP 27 en 2022, la création d'un fonds pour compenser les pertes et dommages dus au changement climatique, au sein des pays en développement, a été soutenue par l'UE, qui a convaincu les États-Unis, mais qui souhaite encore convaincre la Chine et les États du Golfe, grands pollueurs, de contribuer à ce fonds.

Ces engagements environnementaux de l'UE au niveau mondial donnent lieu à des rapports de force entre acteurs et États européens (v. Outils, Figures-La libéralisation de l'Europe verte). Dans le cadre du pacte vert pour l'Europe (2019), la Commission a proposé, en 2021, le paquet "*Fit for 55*" destiné à réduire les émissions de GES de 55 % d'ici à 2030 par rapport au niveau de 1990, charge ensuite au Conseil européen et au Parlement d'adopter ces mesures. Cet objectif est plus ambitieux que les engagements européens pris lors de l'accord de Paris de 2015 (baisse de 40 % en 2030). Étaient proposées des mesures telles que la taxe carbone aux frontières de l'UE ou la fin de la vente de nouvelles voitures thermiques à partir de 2035. Cette dernière proposition a suscité une opposition de l'Allemagne en raison de la pression des industriels allemands. Pour pouvoir appliquer cette mesure, la Commission a donc accepté la vente de voitures thermiques utilisant des combustibles neutres sur le plan climatique, à savoir des carburants de synthèse en cours de développement. Quant à la proposition de neutralité carbone à l'horizon 2050, elle suscite l'opposition de la République tchèque, de la Hongrie, de l'Estonie et de la Pologne.

Si le leadership environnemental de l'UE est un marqueur de la stratégie de puissance multilatérale de l'UE, des divergences subsistent entre les États européens quant aux mesures à adopter. Ces différences d'interprétation se retrouvent dans la réponse aux tensions géopolitiques externes et internes.

DES TENSIONS GÉOPOLITIQUES EXTERNES ET INTERNES

À l'est de l'UE, un partenariat oriental se heurtant à l'influence russe

Au sud (avec le partenariat Euromed, créé en 1995) et à l'est (avec le partenariat oriental*, créé en 2009), l'UE a mis en place la **politique européenne de voisinage, visant à favoriser la stabilité et le développement économique de pays proches, mais non concernés par les procédures d'adhésion** (cf. Outils, Cartes-Un modèle géopolitique européen ?). Cette politique de voisinage a été renforcée puisque l'instrument européen de voisinage (IEV) fut doté de 15,4 milliards d'euros entre 2014 et 2020 alors que le nouvel instrument de voisinage, de coopération au développement et de coopération internationale (IVCDCI) est doté pour la période 2021-2027 de 79,5 milliards d'euros, soit un quadruplement du budget. Conditionnés à des engagements géopolitiques (respect du droit international), politiques (respect des principes démocratiques) et économiques et environnementaux (mise en place d'une économie de marché* dans le cadre du développement durable), ces financements s'inscrivent à la fois dans la recherche d'une stabilité politique régionale et dans la poursuite de l'engagement climatique mondial de l'UE. À l'est de l'UE, se situent deux groupes d'États, tous moins riches que les États de l'UE : les États issus de l'ancienne URSS pour lesquels l'Union européenne a mis en place le partenariat oriental (Biélorussie, Ukraine, Moldavie, Géorgie, Arménie et Azerbaïdjan) et les États des Balkans* (Serbie, Kosovo, Monténégro, Macédoine du Nord, Albanie et Bosnie-Herzégovine) qui sont tous de potentiels candidats à l'adhésion et qui ne sont donc pas concernés par ce partenariat.

Le partenariat oriental vise à améliorer la stabilité des États voisins de l'UE à travers un soutien financier, même si celui-ci demeure limité en comparaison de la politique régionale de l'UE (v. Chapitre L'Europe médiane et balkanique). En 2014, l'Ukraine avait, par exemple, reçu 300 millions d'euros d'aide grâce au partenariat oriental alors que la Pologne en avait reçu 12 milliards dans le cadre de la PAC* et de la politique de cohésion*. L'influence de l'UE, qui se heurte à l'influence russe, est variable au sein de ces États (v. Zoom, Les relations entre l'UE et l'Ukraine). La Biélorussie, alliée de Moscou, a été exclue du partenariat oriental, et ses relations avec l'UE furent marquées en 2021 par deux grandes crises diplomatiques. Un avion de la compagnie Ryanair fut détourné pour arrêter des opposants politiques biélorusses et l'État biélorusse a instrumentalisé des migrants moyen-orientaux au niveau de la frontière polonaise pour déstabiliser l'UE et la Pologne. La Moldavie fait l'objet d'un conflit gelé avec les séparatistes prorusses de Transnistrie. La Géorgie souhaita intégrer l'UE et surtout l'OTAN, ce qui déplut à Moscou et fut à l'origine de la guerre de Géorgie en 2008. Depuis 2008, la Russie occupe deux régions géorgiennes : l'Abkhazie et l'Ossétie du Sud. L'accord d'association avec l'Arménie fut, quant à lui, suspendu en 2013 après l'intégration de cette dernière, aux côtés de la Russie, au sein de l'Union économique eurasiatique, mais l'Arménie a intégré la Communauté politique européenne*. Seule la Biélorussie ne fait pas partie de cette dernière.

Au sud, une politique de voisinage en recomposition

Le **partenariat euro-méditerranéen** fut lancé en 1995 lors de la conférence de Barcelone, au cours de laquelle les États de l'UE et les douze pays tiers méditerranéens se sont engagés à accentuer leur coopération pour favoriser un espace de paix, de stabilité et de prospérité (v. Chapitre Les régions méditerranéennes de l'Union européenne). Trois dimensions ont été mises en avant : la dimension géopolitique (assurer un espace commun de paix et de stabilité), la dimension économique (promouvoir une zone de prospérité partagée et mettre en place une zone de libre-échange à l'horizon 2010) et la dimension culturelle (favoriser la compréhension entre les cultures et les échanges entre les sociétés civiles). Ce partenariat combinait deux échelles de coopération : des accords bilatéraux entre l'UE et chaque État tiers méditerranéen et des accords régionaux.

Les résultats ne furent pas à la hauteur des ambitions affichées. Les accords régionaux ne virent pas le jour en raison de fortes rivalités entre États maghrébins (Maroc et Algérie) et États proche-orientaux (conflit israélo-palestinien et conflit syrien). Les moyens alloués au "processus de Barcelone" furent également nettement en deçà des moyens octroyés aux pays est-européens. Entre 1995 et 2004, les pays méditerranéens ont reçu 18 euros par habitant contre 270 pour les pays d'Europe centrale ayant prévu d'intégrer l'UE en 2004, soit 15 fois moins.

Le partenariat euro-méditerranéen fut relancé en 2008 par la création de l'Union pour la Méditerranée (UPM), à l'initiative du président français Nicolas Sarkozy. La France, aux côtés de l'Espagne et de l'Italie, fait en effet partie des pays de l'UE ayant le plus soutenu le développement d'une politique euro-méditerranéenne ambitieuse. Mais le passé colonial de la France, avec l'Algérie notamment, est parfois un frein à l'établissement de relations plus étroites. Le printemps arabe (2010-2011) et les difficultés politiques ayant suivi (guerre civile libyenne et intervention militaire franco-britannique) ont eu raison de ce rapprochement. Plus récemment, l'UE a fait évoluer sa stratégie en renonçant, en raison des tensions entre ces pays, aux accords régionaux avec le Maghreb ou le Proche-Orient, et s'est recentrée sur des accords bilatéraux (accords de libre-échange complet et approfondi) avec chacun de ces États.

Au-delà de l'Afrique du Nord, la stratégie de l'UE vis-à-vis du continent africain a récemment évolué. Depuis les années 1960, les États européens et l'UE (anciennement CEE) soutiennent les États africains dans le cadre de l'aide publique au développement (APD*), qui représente 65 milliards d'euros en 2021. Mais le faible intérêt porté par nombre d'États européens, y compris l'Allemagne, n'avait pas permis de dégager une stratégie européenne cohérente. En 2017, l'adoption par le gouvernement allemand d'A. Merkel d'un "plan Marshall pour l'Afrique", dans le cadre de l'initiative multilatérale du G20 "*Compact for Africa*", a marqué un tournant majeur dans la stratégie allemande, ce qui fit évoluer aussi l'engagement de la Commission européenne. Dans le cadre de la communication "Vers une stratégie globale avec l'Afrique" (2020), Ursula Von der Leyen annonça le lancement du *Global Gateway** (300 milliards d'euros sur la période 2021-2027), une stratégie de connectivité du monde à l'UE, qui permet de financer des projets d'infrastructures en Afrique (150 milliards d'euros soit 50 % du montant global). Le souci de mieux représenter l'UE, pour gagner en lisibilité et en efficacité, a par ailleurs mené à la constitution de la "Team Europe", réunissant la Commission européenne, la BEI*, la BERD* et les vingt-sept États membres.

En Afrique, **l'influence européenne se trouve concurrencée par la puissance chinoise**. En 2013, la Chine est devenue le premier partenaire commercial de l'Afrique, et ses investissements dans les infrastructures (port de Tanger au Maroc) ont accru son influence. Moins connus, l'implantation de soixante-deux instituts Confucius (pour apprendre le chinois) et l'accueil de 60000 étudiants africains dans les universités chinoises ont été appréciés par des élites africaines soucieuses de sortir du face-à-face avec les anciennes puissances coloniales. En outre, les investissements chinois ne sont soumis à aucune conditionnalité, contrairement à l'UE qui soumet ses aides à des critères politiques. La Chine est donc un partenaire moins contraignant pour certains chefs d'État africains. L'ouverture d'une base militaire à Djibouti en 2017, au sein de la sphère d'influence française, est venue compléter la stratégie chinoise. La "Chinafrique", à savoir l'influence croissante et multidimensionnelle (politique, économique, culturelle) de la Chine au sein des États africains, vient donc concurrencer les États européens, au premier rang desquelles figure la France.

La Russie concurrence elle aussi l'influence européenne – mais surtout française – au Sahel, où les mercenaires russes du groupe Wagner ont évincé l'armée française qui luttait au sein de la MINUSMA* contre la déstabilisation au Mali. En juillet 2023, un coup d'État au Niger est venu déstabiliser un État jouant un rôle clé dans la stratégie française tant en matière de lutte contre le terrorisme au Sahel que dans son approvisionnement en uranium. Au sein de son ancien "pré carré" ouest-africain, la France est donc concurrencée économiquement par la Chine et politiquement par la Russie.

Si les tensions géopolitiques externes à l'Europe ont des implications sur la puissance de l'UE et de certains États européens, cette dernière est également limitée par des tensions géopolitiques internes.

La montée des nationalismes et des régionalismes

Le Brexit a affaibli commercialement l'UE et le Royaume-Uni. Les flux commerciaux entre l'UE et le Royaume-Uni ont reculé de 15 % depuis le Brexit et le coût du Brexit est évalué à 4 % du PIB britannique. Les flux migratoires, en provenance notamment des pays de l'est de l'Union européenne, ont également diminué, conformément aux promesses des partisans du Brexit. Cependant, cela a occasionné des pénuries de travailleurs (notamment dans la restauration, les services de santé et l'industrie). **Paradoxalement, le Brexit a plutôt freiné les velléités de sortie de l'UE**. Marine Le Pen et le parti nationaliste* du Rassemblement national ne proposent plus la sortie de l'UE. G. Meloni (parti nationaliste *Fratelli d'Italia*) en Italie, le parti *Vox* en Espagne, ou plus récemment le parti AfD en Allemagne, ont intégré l'appartenance à l'UE dans leur stratégie électorale et politique. Ces partis nationalistes trouvent dans la Hongrie de Viktor Orban un soutien politique important. Le chef du gouvernement hongrois s'oppose aux flux d'immigration, défend les valeurs chrétiennes de l'Europe et promeut le concept d'illibéralisme en concentrant les pouvoirs. En décembre 2022, l'UE a bloqué 12 milliards de subventions européennes à destination de la Hongrie, accusée de restreindre la liberté de la presse, de ne pas respecter la séparation des pouvoirs et les droits LGBTQ+.

Ces nationalismes ont des implications sur le développement de mouvements régionalistes (v. Chapitre Identités/identité de l'Union européenne). Après avoir refusé l'indépendance en 2014 à 55 %, les Écossais reprochent au Royaume-Uni le Brexit, contre lequel ils se sont prononcés en 2016 à 62 %. Un second référendum pourrait donc être organisé. Le Brexit pourrait également amener une indépendance de l'Irlande du Nord et/ou une fusion des deux Irlande, après que l'accord de sortie de l'UE a acté la création de la frontière externe de l'UE en mer d'Irlande, séparant ainsi l'Irlande du Nord du reste du Royaume-Uni. Si les élections législatives espagnoles de juillet 2023 ont montré un recul des indépendantistes catalans, les revendications régionales restent fortes en Espagne (cf. Zoom, Différences régionales en Espagne).

"Puissance normative" (Zaki Laïdi), l'UE voit sa capacité d'influence limitée par la crise du multilatéralisme et par les stratégies concurrentes des États-Unis et de la Chine, et par la politique d'expansion russe. Mais les limites de la puissance de l'UE renvoient autant à des problèmes de gouvernance interne qu'à des différences dans la manière dont les sociétés et les États européens abordent le projet européen.

UNE PUISSANCE, DES PUISSANCES

"À travers la construction européenne, la France vise la réincarnation, l'Allemagne la rédemption.". Cette phrase de Brezinski, extraite de son ouvrage *Le grand échiquier*, illustre la diversité des conceptions nationales de la construction européenne ainsi que la variété des héritages historiques et des stratégies, tantôt concordantes, tantôt discordantes des États européens. L'Union européenne n'est en effet pas perçue de la même manière à Berlin, Paris, Madrid ou Varsovie. Dès lors, **la puissance de l'Union européenne ne saurait correspondre à la somme des puissances étatiques qui la composent**.

Allemagne et France représentent à cet égard les deux principales puissances européennes et la comparaison de leurs stratégies éclaire les dynamiques géopolitiques européennes. Au-delà de ce que les Français appellent le "couple franco-allemand", mais qui n'est en Allemagne qu'un "partenariat franco-allemand", il est de coutume de distinguer, aux côtés de l'Espagne, des États méditerranéens (Portugal, Italie, Grèce) soucieux de développer une solidarité financière et économique en Europe permettant de pallier leurs difficultés internes, tandis que les États dits "frugaux" tels les Pays-Bas ou les pays scandinaves tentent d'affirmer leur supériorité économique par des aides publiques nationales et une solidarité européenne limitée. À ces deux premières catégories, il convient d'ajouter celle des pays anciennement dominés par l'Union soviétique, au premier rang desquelles figure la Pologne, qui sont moins riches que les pays ouest-européens mais destinataires de subventions européennes, qui sont davantage des pays d'émigration que des pays d'immigration, et qui, dans le cadre d'un voisinage russe jugé menaçant, poussent pour des relations plus étroites avec les États-Unis.

“L’ALLEMAGNE, UNE PUISSANCE MALGRÉ ELLE” ?

“J’ai moins peur de la puissance allemande que je ne commence à craindre son inaction. Vous êtes devenue la nation indispensable de l’Europe.” Ces phrases de Radek Sikorki, ministre polonais des Affaires étrangères, prononcées le 28 novembre 2011 devant le Bundestag, témoignent à la fois du poids central de l’Allemagne, devenue depuis l’unification allemande en 1990 la principale économie européenne, mais également de ses difficultés à transformer ce poids en puissance. Elles font écho au concept de “puissance malgré elle”, formalisé en 1988, pour l’ancienne Allemagne de l’Ouest, par le politologue allemand Christian Hacke (“*Weltmacht wider Willen*” en allemand). Dès lors, on peut se demander si l’Allemagne, dorénavant unifiée, souveraine, forte d’une solide industrie et d’un excédent commercial important, demeure “une puissance malgré elle”.

Les fondements de la puissance allemande

L’Allemagne est la première économie européenne, dynamisée par l’euro et par l’élargissement de l’UE vers l’est. L’économie allemande représente un PIB de 3800 milliards de dollars en 2022, soit un peu plus de 24 % du PIB de l’UE (15 800 milliards) pour 18,5 % de la population de l’UE (83 sur 447 millions d’habitants). Avec, selon Eurostat, un PIB moyen par habitant de 41 100 euros par an et par habitant (SPA) en 2023, le niveau de vie de la population allemande est largement au-dessus de la moyenne européenne (35 200 euros SPA) et de celle de la zone euro (36 800 euros SPA), sauf dans les nouveaux Länder qui appartenaient à la RDA communiste où il n’est que de 75 % de la moyenne nationale. Berlin est d’ailleurs une capitale pauvre dans un pays riche (cf. Zoom, Berlin et la puissance allemande). Après des difficultés économiques dans les années 1990, en raison de l’adaptation de l’économie est-allemande à la libéralisation et à la mondialisation, le gouvernement allemand a entrepris dans les années 2000 une politique de compétitivité-prix visant à baisser le coût de production. En accordant de la flexibilité aux entreprises, en baissant les impôts sur les sociétés, en favorisant la baisse des allocations chômage et la retraite à 67 ans, le gouvernement de Gerhard Schröder (1998-2005) puis celui d’Angela

Merkel (2005-2021) a mené une politique dite d'austérité. Ces réformes internes ont eu lieu en même temps que la création de la zone euro (1999) et l'élargissement de l'Union européenne vers l'est (2004). Or ces deux événements ont profité à l'économie allemande. Avant la création de l'euro, certains États (France et Italie notamment) avaient recours à des dévaluations pour protéger leur marché intérieur avec une monnaie faible. La monnaie unique les a privés de cette possibilité et a donc facilité les exportations allemandes vers les voisins européens. En outre, l'élargissement vers l'est de l'Union européenne a recentré l'Allemagne au sein des flux commerciaux européens. Lors de la crise de la zone euro (2007-2010), la chancelière Angela Merkel a conditionné l'aide financière allemande à des mesures d'austérité prises au sein des pays bénéficiant de cette aide. Le poids économique de l'Allemagne s'est donc à cette occasion transformé en puissance politique. De nombreuses voix (l'OIT*, l'investisseur George Soros, ou encore les socialistes grecs, espagnols et français) ont critiqué la politique économique allemande, car elle entraînait une faible consommation et une concurrence interne en Europe tournée vers les bas salaires. De vives protestations antiallemandes ont vu le jour et les portraits de Mme Merkel, représentée sous les traits d'Adolf Hitler, se sont multipliés en Grèce, pays le plus touché par la crise financière (v. Zoom, Puissance allemande et poids de l'histoire).

Les succès de l'industrie allemande expliquent en grande partie les bonnes performances économiques de l'Allemagne. L'industrie y représente 22 % de la valeur ajoutée brute (VAB) en 2019, contre 15 % en moyenne au niveau européen. Quatre secteurs tirent la croissance économique allemande et les exportations : l'industrie automobile, l'industrie mécanique, l'industrie électrique et l'industrie chimique. Ciblant des clientèles aisées, les FTN* de l'automobile (Volkswagen [et ses marques Volkswagen, Audi, Seat, Skoda et Porsche, v. Zoom, Volkswagen et Outils, Figures-Volkswagen en Allemagne], Mercedes-Benz, BMW) sont très puissantes et génèrent de nombreux emplois (un tiers des 2,6 millions d'emplois directs de l'industrie automobile dans l'UE). Les FTN de l'électronique (Siemens) et de la chimie (BASF, Bayer) sont mondialement connues et viennent compléter l'image d'une Allemagne exportant l'excellence technologique.

L'Allemagne est aussi une puissance commerciale. L'industrie puissante génère de solides excédents commerciaux. L'Allemagne est ainsi en 2022, avec 1600 milliards de dollars, le troisième exportateur mondial après la Chine (3400 milliards) et les États-Unis (1700 milliards). L'Allemagne exporte trois fois plus que la France (585 milliards) et presque autant à elle seule que les États-Unis. À l'échelle mondiale, l'Allemagne a fait du commerce l'axe dominant de sa stratégie de puissance selon le paradigme "*Frieden durch Handel*" ("la paix à travers le commerce"). Cette idée selon laquelle l'interdépendance économique garantit la paix en dit moins sur la capacité d'influence réelle de l'Allemagne, largement battue en brèche par l'agression russe en Ukraine, que sur le primat accordé à la seule dimension économique de la puissance. La stratégie de puissance allemande fondée sur le commerce et l'excellence industrielle semble devoir être revue de fond en comble après l'invasion russe de l'Ukraine et la neutralité bienveillante de la Chine à son égard. Les dirigeants allemands se trouvent donc confrontés aux limites de leurs stratégies de puissance.

Les limites de la puissance allemande

L'une des limites à relever est sa forte dépendance énergétique. Suite à l'accident de Fukushima (2011), Angela Merkel avait décidé de renoncer à l'énergie nucléaire en fermant huit centrales et en prévoyant d'en fermer à nouveau neuf jusqu'en 2022. Les énergies renouvelables et le gaz russe devaient compenser cette sortie du nucléaire. Le gazoduc Nord Stream 1 entrait en service en 2012 tandis que Nord Stream 2 était en projet. Après une interruption des travaux en 2019-2020, suite à l'opposition et aux sanctions américaines, ce gazoduc Nord Stream fut achevé en septembre 2021, soit six mois avant la guerre en Ukraine. Dépendant de la Russie pour plus de la moitié de ses importations de gaz en 2021, l'État allemand a donc lié son approvisionnement énergétique à la coopération avec la Russie. L'ex-chancelier Gerhard Schröder fut le principal acteur politique allemand de ce projet. Nommé président du conseil d'administration de la société gazière russe Gazprom, président du consortium de Nord Stream 2, "directeur indépendant" chez Rosneft de 2017 à 2022, copieusement rémunéré pour ses activités, il a créé le scandale en 2022 en demeurant proche de Vladimir Poutine et en refusant de condamner l'agression russe. Son parcours montre comment les actions d'anciens dirigeants européens [FAYOL, 2020] vont parfois à l'encontre des intérêts des États qu'ils ont dirigés (cf. Zoom, Des dirigeants français et européens au service des puissances étrangères). Cette dépendance explique l'opposition du chancelier Olaf Scholz (mais également d'autres États comme l'Autriche) à ce que l'Union européenne boycotte les achats de gaz russe qui ont représenté, en 2022, 21 milliards d'euros, un montant sensiblement équivalent à l'aide financière apportée à l'Ukraine. Cet exemple montre clairement comment la politique énergétique allemande entrave la capacité d'influence de l'Union européenne.

La faible natalité allemande constitue un autre facteur limitant la puissance allemande. Mais, contrairement à l'approvisionnement énergétique, cette faiblesse semble davantage liée à la société allemande qu'à la politique gouvernementale. L'Allemagne de l'Ouest fut en effet le premier pays au monde à voir son indice de fécondité passer sous le seuil des 2,1 enfants par femme, seuil souvent considéré comme nécessaire pour assurer le renouvellement naturel des générations (v. Chapitre L'Union européenne au crible de la démographie). Si le gouvernement ouest-allemand avait souhaité, par l'absence de politique nataliste, se démarquer des régimes nazi ou communiste (ex-RDA), les représentations de la société allemande ont également joué un rôle important. L'expression "*Rabenmutter*" très utilisée en Allemagne (littéralement "mère-corbeau" et signifiant mère indigne) témoigne de la vision péjorative d'une mère associant maternité et carrière professionnelle. Outre ces deux facteurs spécifiques à l'Allemagne, le taux de natalité baisse en raison de facteurs classiques liés à la transition démographique* (développement généralisé de la contraception, augmentation de l'âge moyen, allongement de la durée des études, hausse du coût de l'éducation et du coût de la vie). Néanmoins, l'office officiel des statistiques Destatis a relevé une légère hausse de l'indice de fécondité. Alors que ce dernier avait atteint son plus bas taux historique à 1,25 en 1995 (0,84 dans les nouveaux Länder d'Allemagne de l'est), il s'établit à 1,58 en 2021 (1,54 dans les nouveaux Länder). Un léger rebond est donc observable, en partie lié à un changement de politique familiale. En 2007, un nouveau congé parental fut instauré, accompagné d'un investissement conséquent dans les crèches. Ce changement de politique fut mené par le gouvernement Merkel et par la ministre fédérale de la Famille, Ursula Von der Leyen, l'actuelle présidente de la Commission européenne. Malgré cette hausse, limitée et récente, de l'indice de fécondité, l'Allemagne est exposée, à long terme, à un problème de financement de son système de retraite et, à court terme, à un manque de main-d'œuvre qualifiée et non qualifiée. Nombreux sont en effet les ingénieurs partant actuellement en retraite et pour lesquels les entreprises allemandes peinent à trouver des remplaçants, ce qui affecte négativement la croissance économique allemande. **L'Allemagne est donc devenue un pays d'immigration** (v. Chapitre Les migrations en Union européenne). C'était déjà le cas de l'ancienne Allemagne de l'Ouest, ouverte aux flux d'immigration en provenance de la Turquie, de l'ex-Yougoslavie et du Proche-Orient, mais ce phénomène migratoire est plus récent pour les Länder est-allemands, si bien que la société allemande semble à cet égard encore très marquée par la division de la guerre froide. En effet, les scores de l'AFD, le principal parti s'opposant aux migrations, sont particulièrement élevés dans l'ancienne RDA communiste. **La politique d'accueil de l'Allemagne fut notamment visible lors de la crise syrienne** puisque l'Allemagne accueillit près d'un million de réfugiés syriens, ce qui permit une affirmation du leadership allemand dans la résolution de la crise migratoire. Mais l'Allemagne accueille aussi de nombreux ressortissants des pays de l'Union européenne, notamment des pays sud-européens (Grèce, Croatie, Italie, Espagne et Portugal), moins riches que les pays nord-européens. Cette immigration intra-européenne, jugée plus facilement assimilable par les milieux patronaux et par l'opinion publique allemande, fut même privilégiée à l'immigration moyen-orientale ou africaine. Certains dirigeants européens, dont Alexis Tsipras, Premier ministre grec, ont d'ailleurs suggéré que l'Allemagne avait un intérêt à voir, après la crise financière de 2008, les pays du sud de l'Europe s'appauvrir. Il est vrai que de nombreux jeunes Européens quittèrent leur pays, en grande difficulté économique, pour trouver un emploi en Allemagne.

L'Allemagne entre puissance militaire et "diplomatie du chéquier"

Dorénavant nation souveraine, elle était encore, jusqu'au 3 octobre 1990, date de la signature de l'unification allemande, un État occupé par les quatre puissances d'occupation: les États-Unis, le Royaume-Uni, la France et l'URSS. Réarmée en 1954 dans le cadre de la guerre froide, la République fédérale d'Allemagne n'est pas la puissance militaire que son économie et son industrie de défense lui permettraient d'être. Au lendemain de l'invasion russe en Ukraine, les dirigeants allemands ont reconnu l'impréparation de leur armée à un éventuel conflit. Faisant partie des principaux exportateurs d'armes au monde, l'Allemagne dispose toutefois de groupes industriels spécialisés dans l'industrie d'armement (Rheinmetall, ThyssenKrupp). Mais le poids de l'histoire rend la société réticente à l'emploi de la force armée (v. Zoom, Puissance allemande et poids de l'histoire).

La "**diplomatie du chéquier**", qui consiste à ne pas intervenir militairement tout en soutenant ses alliés par une participation financière, n'est plus compatible avec le statut de première puissance économique européenne. Les interventions en Somalie (1993), au Rwanda et dans les Balkans (Bosnie-Herzégovine en 1992 et en 1995) amenèrent le gouvernement allemand et la démocratie allemande à faire évoluer le cadre politique de la *Bundeswehr*. Mais comment concevoir que la démocratie allemande qui repose sur le principe de "Plus jamais Auschwitz" puisse se contenter d'envoyer un effectif de trente militaires pour empêcher le génocide rwandais dans le cadre de l'UNAMIR (United Nations Assistance Mission for Rwanda) ?

Depuis l'unification allemande, ses **partenaires de l'OTAN lui demandent des efforts plus importants**. En 2014, à la demande des États-Unis, les pays de l'OTAN se sont fixé le seuil de 2 % du PIB consacré à l'armement, ce qui est loin du niveau actuel en Allemagne (1,24 % en 2018). Les nouvelles dépenses annoncées en mars 2023 par le ministre allemand de la Défense, Boris Pistorius, (10 milliards supplémentaires par an) porteront cet effort à 1,56 %, loin des engagements pris. Le gouvernement allemand, même après le déclenchement de la guerre en Ukraine, peine à endosser les habits de la puissance militaire. Par ailleurs, en réponse à l'invasion de l'Ukraine par la Russie, l'Allemagne a mis en place l'initiative dite du bouclier aérien européen (ESSI) en 2022, qui vise à renforcer les capacités de défense aérienne de l'Europe par l'achat de systèmes d'armes déjà existants. Cette initiative montre la concurrence entre les États allemand et français sur ce terrain. Les solutions proposées dans le cadre de l'ESSI sont l'acquisition pour la courte portée de systèmes de défense allemands (IRIS-T), pour la moyenne portée de systèmes américains (Patriot PAC-3), et pour la longue portée de systèmes israéliens (Arrow 3). Dix-sept pays ont jusqu'à présent rejoint cette initiative, mais la France et l'Italie misent sur le développement d'un autre système de défense (le système Mamba).

LA FRANCE : UNE PUISSANCE POLITIQUE ET MILITAIRE MONDIALE DANS UNE SITUATION DE SOLITUDE STRATÉGIQUE

Principale puissance politique et militaire de l'Union européenne, la France se trouve paradoxalement de plus en plus dans une position de “solitude stratégique” [Duclos, 2021].

La première puissance politique, militaire et diplomatique de l'Union européenne

Seul pays de l'Union européenne à faire partie, depuis le Brexit, des membres permanents du Conseil de sécurité de l'ONU, la France dispose du droit de veto et entend être, à l'échelle mondiale, une **puissance d'équilibre**. Ce rôle au sein de l'ONU est justifié et se justifie par des capacités militaires supérieures aux autres États européens (arme atomique, porte-avions, sous-marins nucléaires), par l'existence d'une industrie de défense autonome. Cependant, ces capacités militaires sont nettement inférieures aux autres puissances militaires mondiales (États-Unis et Chine). La dissuasion nucléaire est le fondement de la stratégie de défense nationale et la France est le seul pays européen avec le Royaume-Uni à être dotée de l'arme nucléaire.

Dotée d'un puissant réseau de 163 ambassades, la France dispose d'une **diplomatie puissante** au troisième rang mondial derrière les États-Unis (168) et la Chine (164), mais devant le Royaume Uni (148) et l'Allemagne (145). L'organisation internationale de la Francophonie, qui regroupe quatre-vingt-huit États, témoigne du rayonnement culturel de la France, hérité de la période coloniale, mais cet héritage culturel ne correspond pas forcément à un levier d'influence comme en témoigne l'actuel recul d'influence de la France en Afrique occidentale (Mali, Niger) et centrale (Tchad, République centrafricaine). Le legs colonial est en effet utilisé par la propagande russe et par la milice Wagner pour délégitimer la présence française.

Une solitude stratégique en Europe ?

Paradoxalement, la puissance politique et militaire de la France l'isole en Europe. Michel Duclos évoque à cet égard "la **solitude stratégique**" d'un État souhaitant demeurer une "puissance d'équilibre" dans le monde, mais qui, économiquement, ne peut plus assumer seule ce rôle [DUCLOS, 2021]. Pour disposer d'une autonomie en matière d'industrie militaire, il est nécessaire d'amortir les investissements technologiques en produisant et en commercialisant de nombreux appareils. Mais la France peine à vendre ses avions Rafale à ses voisins européens qui ont préféré acheter des F-16 ou des F-35 américains, si bien que les présidents français se sont évertués à trouver d'autres acquéreurs (Qatar, Inde, Émirats arabes unis, Égypte). Seules la Grèce et la Croatie en ont acheté (v. Zoom, La France, une puissance économique mondiale fragilisée).

Mathieu Calame évoque quant à lui un autre facteur historique expliquant cette solitude stratégique [CALAME, 2019]. Selon lui, les dirigeants politiques et économiques français vivent dans la nostalgie de l'ancienne puissance française des XVIIIe et XIXe siècles. Or au XVIIIe siècle, la France était un géant démographique comptant 22 millions d'habitants, soit autant que la Russie et trois fois plus que le Royaume-Uni. Un Européen sur quatre était français. Dès lors, ce poids démographique était un puissant levier pour une politique de puissance au niveau politique et militaire, que ce soit en France avec les guerres de Louis XIV et de Napoléon ou dans le monde à l'époque coloniale à partir de la conquête de l'Algérie, en 1830. Cette singularité démographique était plutôt exceptionnelle. Il n'y aurait donc pas eu de déclin démographique et économique français, mais plutôt un rattrapage européen à l'époque industrielle, et enfin un rattrapage mondial au cours du second vingtième siècle.

La France entre initiatives stratégiques et réflexes souverainistes

Les chefs d'États français se voient souvent reprocher un décalage entre une ambition affichée d'intégration européenne et des actes teintés de souverainisme, c'est-à-dire marqués par la volonté de garder le contrôle sur certains éléments de puissance. La création de la Communauté européenne de défense (CED) avait été abandonnée en 1954, suite au refus du Parlement français. Entre 1965 et 1969, le président de Gaulle pratiqua la politique de la chaise vide pour s'opposer au fonctionnement supranational de la CEE, et ainsi garder le contrôle du financement de la PAC (politique agricole commune) mise en œuvre à la demande de la France. Plus récemment, en 2005, la France a rejeté par referendum le traité constitutionnel européen.

Dans leur volonté d'approfondir l'intégration européenne, les dirigeants français insistent auprès de l'Allemagne sur les aspects économiques (mécanisme européen de stabilité en 2012, mutualisation des achats de vaccins en 2021, Fonds de souveraineté européen actuellement en cours de négociation), mais ne donnent pas suite aux propositions allemandes sur les aspects politiques. Joschka Fischer, alors ministre des Affaires étrangères, avait proposé en 2000 un saut fédéral… que le gouvernement français a préféré ignorer. En 2018, Olaf Scholz, alors vice-chancelier et ministre des Finances, proposait une avancée politique vers une Europe plus forte : il suggéra à la France de faire de son siège permanent au Conseil de sécurité des Nations Unies un siège européen. C'était une manière de répondre à l'agacement du président français, impatient d'approfondir la construction européenne… sur le plan économique…

Plus récemment, les prises de position du président E. Macron sur la guerre en Ukraine ont déconcerté les alliés et partenaires de la France (v. Zoom, Les relations entre l'UE et l'Ukraine). En déclarant, en juin

2022, qu'il ne fallait pas "humilier la Russie", le président Macron a étonné et même choqué nombre de dirigeants européens, en Europe de l'Est et en Ukraine, notamment. Ses tentatives de dialogue avec Vladimir Poutine ont été infructueuses et ont donné l'image d'une Europe à plusieurs vitesses, les dirigeants est-européens dénonçant depuis plusieurs années déjà les illusions des dirigeants allemands et français au sujet de la Russie. Le revirement français, un an plus tard, fut tout aussi mal compris. Alors que la France s'opposait, comme les États-Unis et l'Allemagne, à une entrée de l'Ukraine dans l'OTAN, le président Macron se rallia lors du discours de Bratislava, le 1er juin 2023, au souhait des États d'Europe de l'Est (Pologne, États baltes) de voir l'Ukraine intégrer l'OTAN au plus tôt. Ce revirement irrita les gouvernements allemand et américain et suscita de la méfiance en Europe de l'Est. Enfin, alors que l'État français appelle de ses vœux l'Europe de la Défense depuis des décennies, la France ne figure qu'au 29e rang du classement réalisé par l'Institut Kiel au sujet du soutien à l'Ukraine. Selon le dernier rapport du 6 juillet 2023, la France a consacré 0,05 % de son PIB à l'aide à l'Ukraine, loin derrière l'Estonie (1,26 %), la Lettonie (1,1 %) ou la Pologne (0,68 %).

L'ESPAGNE, UNE ENTRÉE TARDIVE DANS LA CEE AYANT PERMIS UN RATTRAPAGE ÉCONOMIQUE ET DÉMOCRATIQUE

Un développement économique tardif permis par l'intégration européenne

L'Espagne a rejoint la CEE en 1986, à l'issue de la transition démocratique espagnole qui suivit la mort du dictateur Franco (1975). Faiblement industrialisée, l'Espagne tirait alors la majorité des devises étrangères du tourisme. L'entrée dans la CEE permit à l'Espagne de moderniser ses structures économiques, de développer son industrie et ses services et donna accès au marché agricole européen. Le PIB par habitant est passé, entre 1982 et 1992, de 4500 à 14500 dollars. Grâce à la politique régionale de l'UE, devenue la politique de cohésion, l'Espagne a pu moderniser ses infrastructures autoroutières et attirer les

IDE* européens. En 2004, avant l'entrée des pays ex-communistes dans l'UE et avant la crise économique de 2008, les Espagnols étaient, selon l'eurobaromètre, l'un des pays où les habitants jugeaient le plus favorablement l'action de l'UE (71 %). L'Espagne est donc l'un des États ayant le plus profité de la construction européenne pour son développement économique, mais l'entrée des pays ex-communistes dans l'UE, en 2004 a diminué l'ampleur des aides européennes dirigées vers l'Espagne. La crise de l'euro, le manque de solidarité entre États membres au niveau économique et migratoire ont nuancé ce constat, si bien qu'en 2020, selon l'eurobaromètre, seuls 40 % des Espagnols avaient une image positive de l'action de l'UE.

Il est vrai également que cette intégration au marché européen s'est accompagnée de fortes pertes d'emplois dans la sidérurgie et les industries traditionnelles, si bien que le taux de chômage est toujours resté élevé (19 % en 1993, 12,9 % en 2023), largement au-delà de la moyenne communautaire (6,1 % dans l'UE à vingt-sept) en 2023. Ce taux de chômage élevé touche particulièrement les jeunes de moins de 25 ans (29,8 % en Espagne, 14,5 % dans l'UE à vingt-sept) expliquant ainsi l'indice de fécondité le plus faible d'Europe en 2021 (1,19 enfant par femme). Selon Eurostat, un écart persiste entre le niveau moyen de richesse en Espagne (30 000 euros par habitant et par an) et celui dans l'Union européenne (35 200 euros par habitant et par an). Néanmoins, pays d'émigration en 1986, l'Espagne est devenue un pays d'immigration accueillant à la fois des migrants cherchant de meilleures conditions de vie et de travail (Maroc, Amérique latine, Roumanie, Bulgarie) et des migrants européens en retraite (Royaume-Uni, Allemagne).

Si le rattrapage espagnol est partiel au niveau économique, l'Espagne est devenue au niveau politique un fer-de-lance des valeurs européennes. Réputée conservatrice, en raison notamment d'une pratique catholique forte, la société espagnole a connu des avances politiques fortes avec la reconnaissance du mariage homosexuel en Espagne, dès 2005, et l'adoption, en 2004, d'une loi contre les violences de genre touchant les femmes. Cette dernière est d'ailleurs considérée comme une référence en Europe puisque les féminicides y ont baissé de 24 % depuis 2004.

Une puissance européenne secondaire, mais incontournable

En raison de son héritage colonial et d'une fréquentation touristique, l'Espagne dispose d'un *soft power* mondialement reconnu (v. Zoom, Le *soft power* espagnol), mais ses fragilités économiques limitent sa puissance.

Restée en marge de la Révolution industrielle au XIXe et au début du XXe siècle, l'Espagne a connu une industrialisation tardive, accélérée par son intégration au marché européen. L'Espagne est, par exemple, devenue le deuxième pays pour la production d'automobiles, en raison de son appartenance au marché commun et d'une main-d'œuvre moins chère que dans les autres pays européens. Le secteur aéronautique s'est également développé lors de la dernière décennie (+82 % du chiffre d'affaires entre 2011 et 2020), autour d'Airbus notamment depuis l'intégration du constructeur espagnol CASA en 2000. L'industrie espagnole a donc fortement bénéficié de l'intégration européenne.

La situation économique et financière demeure néanmoins fragile (v. Zoom, L'Espagne dans l'UE, une nation fragilisée par les indépendantismes). Au-delà du taux de chômage déjà évoqué, la dette publique (113 % du PIB en 2022) restreint les possibilités d'investissement. Dans l'Union européenne, seuls le Portugal (114 %), l'Italie (144 %) et la Grèce (171 %) sont plus endettés. Les pays sud-méditerranéens se distinguent donc clairement par l'importance de leur endettement et par leur volonté de voir l'Union européenne lever des emprunts communs, ce qui leur permettrait d'emprunter à des taux d'intérêt moins élevés. En effet, les investisseurs prêtent plus facilement aux États du nord de l'Europe, plus riches et moins endettés, et demandent donc des taux d'intérêt moins élevés en retour. Sur les marchés financiers, les économies sud-européennes se financent à des taux plus élevés. Ces différences expliquent des négociations politiques difficiles entre les États sud-européens, souvent rejoints par la France en situation intermédiaire, et les États dits frugaux (Pays-Bas, Finlande, Suède, Danemark, Autriche et Allemagne), moins enclins à accepter les emprunts européens.

LA POLOGNE : UNE PUISSANCE MILITAIRE EN DEVENIR, MAIS ÉLOIGNÉE D'UNE EUROPE-PUISSANCE

Récemment intégrée à l'Union européenne (2004), la Pologne voit son influence augmenter depuis l'invasion russe de l'Ukraine (février 2022). En première ligne dans le soutien militaire à Kiev, la Pologne est en passe de devenir une grande puissance militaire en termes d'armement. Les orientations nationalistes et illibérales de son gouvernement restreignent toutefois son influence politique au sein de l'Union européenne.

Une puissance militaire en devenir

Les récentes annonces du gouvernement polonais en feraient, si elles se confirment, la première puissance militaire terrestre en termes d'armement et d'effectifs. De fait, Varsovie a commandé, en juillet 2022, 980 chars de combat, 672 canons automoteurs et 48 avions de chasse auprès d'entreprises sud-coréennes, et cela, après avoir commandé, au printemps 2022, 250 chars Abrams aux États-Unis et 32 avions F-35, en 2020. En prévoyant des recrutements massifs faisant passer les effectifs de l'armée polonaise de 115 000 à 300 000 soldats, la Pologne devancerait la France (200 000 soldats, 215 chars de combat).

Certes, la construction d'une puissance militaire demande du temps, des compétences et de l'expérience. Mais la Pologne est devenue en 2023 le relais de la puissance militaire des États-Unis en Europe, symbolisée par les deux séjours de Joe Biden à Varsovie (v. Chapitre Au-delà des potentialités, la puissance de l'Union européenne en acte et en question, entre *hard* et *soft power*). Alors que la France était placée en première ligne dans le projet d'une Europe de la défense, ce sont les pays d'Europe de l'Est qui réalisent les efforts les plus importants. En valeur absolue, l'aide française représentait, en janvier 2023, 1,4 milliard d'euros contre 3 milliards d'euros pour la Pologne. Au-delà des capacités militaires matérielles, la puissance se mesure aussi et surtout en termes d'influence. Jugées trop conciliantes envers Moscou, l'Allemagne et la France semblent en retrait dans le soutien européen à l'Ukraine.

Un isolement politique au sein de l'UE

Si la Pologne est influente sur le plan militaire et au sein de l'OTAN, son influence politique au sein de l'UE est à l'inverse extrêmement faible, non seulement en raison d'atteintes aux valeurs européennes et à la démocratie, mais aussi en raison de ses réticences vis-à-vis de la politique migratoire et environnementale européenne. En juin 2023, la Commission européenne a en effet ouvert une procédure d'infraction à l'encontre de la Pologne pour violation du droit de l'UE. Les restrictions d'accès à l'IVG et l'attitude hostile face aux personnes LGBTQIA+ renforcent l'isolement politique de la Pologne. Par ailleurs, la Pologne a refusé, tout comme la Hongrie, de valider le pacte d'asile et d'immigration proposé par les autres États européens. La Pologne figure donc à cet égard, aux côtés du dirigeant hongrois Orban prorusse...

Enfin, très dépendante du charbon, Varsovie s'est toujours opposée aux engagements européens sur le climat. En juin 2023, la ministre polonaise du Climat et de l'Environnement, Anna Moskwa, a annoncé une action en justice contre le règlement sur la fin de la vente des voitures thermiques neuves en Europe d'ici 2035.

En tant qu'"organisation d'une coexistence pacifiée entre des nations européennes volontaires" (M. Foucher), l'UE est un projet géopolitique mené par des États qui ont des héritages historiques différents et parfois des intérêts opposés. Les mobilités intra-européennes croissantes et la lente émergence d'une opinion publique européenne dessinent une autre Europe, celle des Européens et non plus de leurs États. De décennie en décennie, l'Europe voit émerger, conjointement à l'UE – construction politique interétatique –, une construction sociétale: "le pays des Européens" (Jacques Lévy, v. Préface L'État de la société européenne). De la rapidité d'émergence de cette société européenne dépend en partie la réponse à la question de la puissance de l'UE.

TERRITOIRES

L'UNION EUROPÉENNE : URBANISÉE, MÉTROPOLISÉE, MÉGALOPOLISÉE

Que l'UE soit urbaine, métropolisée et dotée d'une des principales mégalopoles* du système Monde semble relever d'évidences géographiques, qui méritent néanmoins d'être interrogées.

L'UE EST-ELLE URBAINE ?

Analyser la ville dans les vingt-sept États de l'Union européenne nécessite le recours à des indicateurs internationaux dépassant la diversité des seuils démographiques selon les pays (200 habitants au Danemark, mais 2000 en France). Les services statistiques de l'Union (Eurostat) comme ceux de l'ONU ou de la Banque mondiale s'accordent sur plusieurs critères d'urbanisation: 5000 habitants agglomérés et une densité d'au moins 300 hab./km^2, tandis qu'Eurostat aborde le fait urbain dans le cadre des ZUF (zones urbaines fonctionnelles) délimitées par les mobilités pendulaires correspondant à des “zones de navettage” du résidentiel périurbain* aux emplois concentrés dans l'agglomération*.

L'inégale urbanisation des sociétés et des territoires de l'Union européenne

Ainsi, ces données internationales, en mesurant un **taux d'urbanisation* moyen pour l'UE post-Brexit de 75 %** en 2022, légitiment l'interrogation, *a priori* provocatrice, sur l'identité urbaine de l'Union.

Tout d'abord, ce taux est **en deçà des 82 % des pays de l'OCDE** et des taux les plus élevés de la planète. Des États de l'UE sont en dessous de la moyenne mondiale à 57 % : Slovaquie (54 %), Slovénie (56 %) ; même l'Italie et l'Allemagne avec respectivement 72 % et 78 %, malgré leur riche passé urbain sont en deçà de sociétés d'Amérique (83 % pour les États-Unis, 88 % au Brésil) ou d'Asie (Japon : 92 %) ; seuls les petits territoires comme Malte ou le Luxembourg dépassent les 90 %.

Il est donc **délicat d'évoquer une Union européenne uniformément urbanisée**. La principale différenciation divise l'espace communautaire entre l'ouest et l'est. Les taux d'urbanisation les plus bas d'États orientaux correspondent à des situations de transition urbaine* encore inachevée quand l'exode rural renvoie à un passé lointain pour des pays occidentaux. L'union-européanisation des pays de l'Est accélère toutefois les transitions urbaines. L'espace de libres circulations se marque par des délocalisations industrielles de l'ouest vers l'est y renforçant la polarisation des villes, tandis que les migrations de main-d'œuvre achèvent des exodes ruraux. Ainsi, parmi les quelque 120 000 Slovaques travaillant dans les capitales des pays voisins – Vienne, Prague ou Varsovie–, beaucoup sont originaires des Carpates dont les villages, vidés de leur population, deviennent des localités "fantômes" (v. Zoom, Les Carpates). Inversement, l'ouverture de la grande usine Stellantis à Trnava, en 2006, transforme cette région au taux d'urbanisation encore bas : 47,5 % en 2013. De 2010 à 2013, la ville enregistre un accroissement démographique moyen supérieur à +2 %/an dû exclusivement à un solde migratoire élevé (+2,68 %).

Partout, la périurbanisation

La **question de l'urbanité* de l'UE** se pose également avec une urbanisation désormais organisée dans le cadre d'aires urbaines*. Les décalages sont ainsi importants selon qu'on mesure le taux d'urbanisation* dans les limites des agglomérations ou celles des aires urbaines, incluant donc les couronnes périurbaines. Un pays comme le Luxembourg passe alors d'un taux de 50 % à 92 %, et le Danemark de 53 % à 88 % (ONU). En France, l'approche du fait urbain par les aires urbaines, nommées "aires d'attraction" en 2020 par l'INSEE souligne que nulle ville, des plus petites jusqu'à Paris, n'échappe à ce phénomène. Plus de 90 % des habitants résident dans une des 699 aires urbaines françaises (DROM inclus) ; ils ne sont que 51 % à vivre en agglomération (23 % dans les villes-centres) et 43 % dans un espace périurbain*. C'est dire, depuis les années 1970, l'engouement des ménages pour ce cadre résidentiel associé aux mobilités pendulaires quotidiennes vers les pôles d'emplois et de services que constituent les agglomérations. Les taux d'urbanisation grossis par le phénomène de périurbanisation*, s'ils sont révélateurs de l'urbanisation des sociétés, masquent en revanche la réalité de cadres de vie autant ruraux qu'urbains.

La géographie urbaine de l'UE est **marquée par l'étalement (péri)urbain**, quels que soient les États, les contextes géographiques, les tailles de villes. L'Italie, renommée pour l'ancienneté de ses noyaux urbains est terre de la *città diffusa* ("la ville diffuse"). La dispersion du bâti résidentiel comme de petites unités industrielles est la marque des paysages lombards et de Vénétie. Même au cœur de la dorsale européenne (v. Chapitre La dorsale européenne : centre névralgique de l'Union européenne), l'urbanisation lâche de type périurbaine devient la règle. En 2021, l'agglomération de Stuttgart comporte 630 000 personnes, contre 1,9 million vivant dans la "zone de navettage", selon la terminologie des services statistiques européens pour désigner le périurbain (Eurostat).

La généralisation de la périurbanisation* dans l'UE invite à la **prudence face aux clichés opposant une UE méditerranéenne de l'étalement urbain à une Europe du Nord de l'urbanisme dense**. Stockholm se distingue comme métropole durable pour ses politiques urbaines de densification et de mixité fonctionnelle (écoquartiers d'Hammarby et du Port maritime royal), à condition de ne considérer que la ville centre et ses 975 000 habitants en 2020. Or la capitale suédoise polarise une vaste aire urbaine* d'une vingtaine de communes, selon les études, de 1,7 à 2,4 millions d'habitants, tendant à se confondre spatialement avec le comté de Stockholm. Dans ce dernier, les mobilités pendulaires s'observent jusqu'à plus de 60 km de l'agglomération et le bâti s'est diffusé de façon archipélagique dans un espace majoritairement occupé par les forêts* et l'eau (respectivement 46 % et 22 % des sols du comté). Deux faits révèlent l'importance de la périurbanisation. L'instauration d'un péage urbain sur les circulations automobiles dans la ville centre, en 2007, réduit rapidement les émissions de gaz à effet de serre de la municipalité de Stockholm de 5,4 kg/habitant en 2000 à 2,3 kg/habitant en 2017. L'importance des déplacements automobiles imposés par l'étalement périurbain justifie le chantier d'une nouvelle rocade, le *Förbifart*, depuis 2021.

Périurbanisation et étalement urbain banalisent la géographie urbaine de l'UE et la recomposent. La ville y perd ses spécificités faites de concentrations spatiales, de densités, de mixités, d'altérités, de réduction des distances tant métriques que sociales. L'urbanité n'est plus nécessairement synonyme de citadinité* ; et de nouvelles fractures sociospatiales marquent les aires urbaines devenant des villes à trois vitesses [DONZELOT, 2009] entre ville-centre fréquemment embourgeoisée et banlieues comme espaces périurbains aux trajectoires variées, de la marginalisation à l'intégration. En effet, le mouvement social des gilets jaunes en France a mis en lumière ces nouvelles fractures, tant au niveau des aires urbaines, qu'entre communes périurbaines aux ménages inégalement résistants face aux coûts de la tyrannie des distances imposées par le choix résidentiel périurbain.

Importance des villes moyennes et du patrimoine urbain ancien

Toutefois, **le règne du périurbain ne signifie pas la mort de la ville**. L'importance des villes moyennes et l'épaisseur historique des villes font de l'UE un espace irréductiblement urbain de la planète. On estime que **plus de 60 % des habitants de l'Union vivent dans des villes petites ou moyennes**. En France (DROM inclus), 203 villes moyennes (aires urbaines de 20 000 à 200 000 habitants) structurent le territoire (CGET, 2014). Si les hiérarchies urbaines ont évolué (Autun n'a plus le rayonnement d'Augustodunum de l'Empire romain), la quasi-totalité des villes existe dès les époques gallo-romaine et médiévale. En Autriche, l'armature urbaine est à la fois caractérisée par une nette primauté (Vienne est sept fois plus peuplée que Graz et son aire métropolitaine concentre près d'un quart de la population du pays) et par l'importance du semis des petites et moyennes villes favorisé par plusieurs facteurs : la fragmentation topographique d'un pays de montagnes, le passé industriel, les nouveaux pôles d'emplois dans une aire métropolitaine de plus en plus étendue et polycentrique. Sur les quarante-deux régions administratives urbaines que compte le pays en dehors de Vienne, seules quatre (Graz, Linz, Salzbourg et Innsbruck) ont plus de 100 000 habitants.

Bimillénaire ou séculaire, la ville européenne comporte quasi systématiquement un centre ancien remarquable. La liste est longue dans l'UE des centres historiques classés au patrimoine mondial de l'UNESCO, avec des cas emblématiques comme Prague (v. Zoom, Prague, destination touristique duale) puisque depuis 1992 deux secteurs sont classés : l'un de préservation de 11 km², l'autre une zone tampon de protection de 98 km², soit un total de 109 km² sur les 496 km² de l'aire urbaine*. De cette spécificité découle une autre singularité des villes de l'UE, celle de la **coïncidence entre centre ancien et centralité urbaine**. Même les plus grandes aires urbaines concentrent toujours, au moins en partie, les fonctions de commandement politique, économique, culturel dans leur centre ancien. Ainsi, en 2018, 25 % des 206 000 entreprises à Milan sont dans le centre ancien qui continue de polariser la croissance. De 2016 à 2018, la création d'entreprises y a crû de 4,5 % contre une moyenne de 3,5 % pour l'ensemble de l'aire métropolitaine. Les grandes villes de l'UE post-Brexit ont ceci de singulier que les processus de métropolisation*, d'insertion dans la mondialisation ne se traduisent pas par cette internationalisation ordinaire ou extraordinaire de villes hérissées de buildings aux lignes innovantes pour former une *skyline** au service du marketing de la ville. **Rares sont les *skylines* dans les métropoles de l'Union** ; une petite marque l'horizon de Rotterdam ou d'Anvers (v. Outils, Photographies de Rotterdam et d'Anvers) et quelques buildings ont surgi dans l'agglomération viennoise, le long du Danube, dans les décennies 1990 et 2000. Seul Paris dispose, avec La Défense, d'un CBD* à l'architecture verticale ; les buildings aux lignes originales à 6 km de la ville centre concentrent les représentations de FTN* (Total, Saint-Gobain…) et 3600 entreprises. Toutefois, La Défense complète, sans remettre en cause la prédominance des quartiers d'affaires concentrés dans les immeubles haussmanniens de la capitale, à l'exemple des sièges sociaux d'industries du luxe près des Champs-Élysées. Si la perspective urbanistique ménagée entre l'Arc de Triomphe et l'Arche de la Défense souligne la complémentarité entre ces centralités parisiennes, la *skyline* de la Défense n'a nullement remplacé la silhouette de la tour Eiffel ou même du Sacré-Cœur pour identifier Paris à l'international.

L'UE est donc urbaine, mais de façon propre, et les singularités de sa géographie urbaine font les spécificités de sa métropolisation : une ville mondiale* et beaucoup de métropoles* moyennes incomplètement mondialisées.

L'UE : TERRITOIRE DES MÉTROPOLES INCOMPLÈTES

Une ville mondiale et beaucoup de métropoles

Comme processus de concentrations plurielles, **la métropolisation est souvent d'abord abordée par ses effets démographiques**. Or, évaluées selon le poids démographique, les métropoles de l'UE disparaissent des planisphères (v. Outils, Figures-Population des grandes villes européennes). Ainsi la base e-*Geopolis*, permettant les comparaisons internationales, fait apparaître en 2010 une nouvelle hiérarchie qualifiée de "bouleversement" [MORICONI-EBRARD, CHATEL, 2013] par le déclassement des "grandes" villes européennes, et plus encore de l'UE-27 puisque seule Paris se hisse dans le Top 30 des villes les plus peuplées au… 28e rang. Avec une aire métropolitaine de 13,1 millions d'habitants en 2020 (INSEE), elle est la seule mégapole* (plus de 10 millions d'habitants) de l'espace communautaire. Même les villes de plus de 5 millions d'habitants y sont rares, se limitant à Berlin, Madrid et Barcelone (Eurostat, 2022).

L'absence de mégapole, à l'exception de Paris, ne signifie pas pour autant absence de métropoles. Au contraire, celles-ci semblent innombrables dès lors qu'on retient leur insertion dans la mondialisation par au moins un secteur d'activité et/ou la présence d'un acteur assurant cette internationalisation : siège social de Michelin à Clermont-Ferrand ou d'Airbus à Toulouse. La puissance métropolitaine de beaucoup de villes s'affirme ainsi dans le tourisme mondial (Athènes, Lisbonne, Venise, Barcelone, Prague, Nice...), ou la planète financière (Francfort, Dublin), comme capitale de la gouvernance du Monde (La Haye) ou encore pôle de la RDI (Recherche, développement et innovation) internationale : Grenoble, Brno, Malaga, Helsinki, Dublin... **Nombreuses sont donc les villes de l'UE qui participent par la puissance d'un système productif spécifique à l'archipel métropolitain mondial** quand des mégapoles africaines ou asiatiques peinent à s'y insérer. Ainsi, la "métropolisation" de Dublin est indéniable par l'accumulation de richesse en quelques années, et son aire métropolitaine (2 millions d'habitants) affiche le deuxième plus haut PIB/habitant des régions de l'UE, derrière le Luxembourg. La première spécificité de la métropolisation* dans l'UE est donc qu'elle concerne une grande diversité de villes sans se limiter aux plus grandes. Démographiquement, Rome conserve la primauté en Italie avec 4,3 millions d'habitants contre 3,2 pour Milan. En revanche, la métropolisation est plus tangible dans la capitale lombarde qui a la plus forte hausse de création d'entreprises (+3,5 % de 2016 à 2018) et poursuit son affirmation comme pôle mondial de la mode et du design.

Le rôle des acteurs et de leurs stratégies dans la métropolisation originale de l'Union européenne

La sélection entre villes que constitue la métropolisation* se fait donc dans l'UE sur bien d'autres critères que la seule polarisation démographique ; cette sélection est réalisée par des acteurs à la fois intérieurs (élus, acteurs économiques endogènes) et surtout extérieurs (investisseurs privés internationaux, mais aussi financements et prêts européens). Ces investisseurs extérieurs font et parfois défont la géographie des métropoles dans l'UE. La métropolisation de Dublin ou le renforcement des acteurs de la finance internationale à Francfort et Amsterdam profitent du Brexit qui en fait des têtes de pont pour intégrer le marché communautaire. Les FTN américaines des TIC (Facebook, Google, X...) privilégient actuellement pour leurs sièges européens, leurs centres de cybersécurité, leurs sites de recherche et développement (R&D) des villes assurant aménités résidentielles et coût de la vie attractif. À ce titre, plusieurs villes méditerranéennes se métropolisent avec l'arrivée de ces acteurs mondiaux dans leurs parcs technopolitains

(v. Chapitre Les régions méditerranéennes de l'Union européenne). Barcelone (Facebook en 2018), mais aussi Malaga sur la Costa del Sol où Google et Citygroup viennent d'investir en sont des exemples. Les rentes de situation sur de grands axes ou carrefours au cœur de l'Europe sont également recherchées et expliquent par exemple la métropolisation de la capitale de Moravie du Sud : Brno. La création de technopôles sur fonds publics, dont européens (40 %) et investissements privés (60 %) y a favorisé l'émergence de FTN locales de l'informatique comme Avast (leader mondial de logiciel antiviral) ou la start-up de l'algorithme d'achat de billets d'avion kiwi.com – qui ont leur siège dans le récent centre d'affaires construit près de la gare centrale. Brno est ainsi une métropole non négligeable de l'UE et pour l'UE puisqu'elle contribue à sa puissance technologique dans le Monde.

La métropolisation* de l'UE a ceci de très original qu'elle en remet en cause les définitions classiques, car sa géographie ne se fait ni exclusivement au profit des très grandes villes ou des capitales des territoires ni au détriment des villes de niveau hiérarchique inférieur. Paris, ville mondiale*, ne crée pas un désert français du point de vue des métropoles. Les capitales métropolisées des territoires étatiques ou régionaux n'inhibent pas pour autant des processus de métropolisation souvent complémentaires dans des villes de taille inférieure plus ou moins proches. La métropole touristique et financière de Prague coexiste avec celle technopolitaine de Brno en République tchèque. Le pôle culturel et financier de Bilbao n'a pas étouffé le pôle scientifique de Saint-Sébastien et son parc technopolitain de Miramon. **Les stratégies de développement des élus urbains**, par exemple, en s'appuyant sur de nouveaux territoires politiques : eurorégions*, Eurométropoles (v. Zoom, Un exemple de coopération transfrontalière : l'Eurométropole Lille/Kortrijk/Tournai), mais aussi celles des investisseurs extérieurs, qu'ils soient publics (fonds européens*, prêts de la BEI) ou privés, sont déterminantes de la géographie des métropoles dans l'UE. Celles-ci sont nombreuses, variées, diffuses dans l'espace communautaire et surtout quasi systématiquement incomplètes. En effet, assez rares sont les métropoles dont le rayonnement mondial s'appuie sur plusieurs secteurs d'activité comme Bilbao, qui n'est pas seulement une métropole mondiale de la culture (v. Outils, Photographies-Bilbao Musée Guggenheim), mais s'affirme aussi comme un centre d'affaires international. Dublin cumule internationalisation financière, technologique et touristique.

Toutefois, **le degré de complétude dépend en réalité beaucoup des limites spatiales accordées aux métropoles**. Prise une à une, à l'exception de Paris, aucune métropole n'affiche de profil métropolitain complet à l'échelle planétaire. En revanche, la métropolisation observée dans le cadre de régions urbaines polycentriques comme la conurbation Rhin-Ruhr ou la Randstad fait apparaître des espaces métropolitains complets (v. Chapitre La dorsale européenne : centre névralgique de l'Union européenne). La Randstad, forte de 7 millions d'habitants sur 7000 km², est emblématique avec son organisation spatiale en cinq pôles distribués autour d'un cœur vert non urbanisé : Amsterdam (la finance), Rotterdam (le port mondial et la logistique), La Haye (la gouvernance de la justice mondiale), Utrecht (la R&D), Delft (le pôle universitaire et touristique).

Patrimonialisation et métropolisation : une relation fréquente, mais ambivalente

Pour variées qu'elles soient, **les métropoles* de l'UE partagent souvent des modalités de métropolisations* communes**. Le bâti historique constituant la spécificité des villes européennes, ce sont bien souvent les leviers patrimoniaux et culturels qui impulsent la métropolisation à la faveur d'opérations de requalification urbaine des centres anciens (piétonnisation et institutionnalisation du *street art* dans les quartiers historiques Bairro Alto et Baixa Chiado de Lisbonne) et des friches industrielles et logistiques péricentrales dans des agglomérations désindustrialisées (quartiers Testaccio, Ostience et Marconi à Rome). En 2008, Danuta Hübner, commissaire européenne à la politique régionale, inaugure à Lodz, en Pologne, les chantiers de requalification urbaine financés à hauteur d'un milliard d'euros par les fonds de cohésion. Dans la ville industrielle en souffrance, une ancienne usine textile a été transformée en complexe culturel et commercial d'envergure internationale, et un musée d'art moderne est créé afin de retrouver une attractivité pour les investisseurs et les touristes. Pour D. Hübner, "l'exemple de Lodz prouve qu'il est possible, en investissant judicieusement dans la culture, de réveiller le potentiel de développement de vieilles cités industrielles." Plus que Lodz, c'est surtout l'exemple de Bilbao qui est suivi par maintes villes de l'UE. En effet, la capitale basque est célèbre pour son musée Guggenheim inauguré en 1997, qui a rendu à la ville son attractivité et sa compétitivité internationale après les années 1980 de crise industrielle. Aujourd'hui, "l'effet Bilbao" est synonyme de développement territorial et de métropolisation par la culture et les (tentatives de) répliques sont nombreuses dans l'UE : Mucem et requalification du front de mer à Marseille, quartier Bo01 à Malmö, piétonnisation et mise en valeur touristique du centre napolitain, friches de l'industrie textile du quartier Alcantara de Lisbonne transformées en centre de création artistique (la LXFactory), entre autres exemples (v. Zoom, Charleroi, une *shrinking city* au cœur de la dorsale européenne).

Culture et patrimoine sont donc des vecteurs majeurs de métropolisation dans l'UE, mais aussi **ambivalents quant à leur efficience**. Les risques de muséification des villes sont réels, bridant alors le processus de métropolisation. L'attractivité se limite aux touristes internationaux, et les villes se vident de leur substance par Airbnbisation* de leur centre et report de la population locale dans les périphéries à l'immobilier encore accessible. Le risque est rarement négligé par les élus des villes européennes, même celles à la métropolisation gagnante. Ainsi, le centre historique immense et patrimonialisé de Prague est autant vecteur d'attractivité que de frein à la reconnaissance d'une métropole mondiale (v. Zoom, Métropolisation et industrialisation, l'exemple de Prague). Les projets de CBD* y sont soit différés, soit abandonnés sous la pression de l'UNESCO. Le grand projet, conçu en 2016 par l'architecte de renommée mondiale, starchitecte*, Zaha Hadid, d'un complexe de huit tours pour un nouveau centre d'affaires aux abords de la gare de Masaryk, n'est toujours pas sorti de terre. Ce retard illustre les logiques concurrentes entre métropolisation et patrimonialisation comme le soulignait la maire de la ville, Adriana Krnacova, en 2016 : "la capitale tchèque a besoin de ce type de projet urbanistique architectural pour ne pas se figer dans le rôle d'une simple ville-musée."

Les métropoles : des villes en chantier pour rester compétitives

Cet exemple rappelle enfin à quel point **le statut de métropole n'est jamais assuré et toujours à consolider, voire réinventer**. Dans un contexte de compétitivité internationale, il ne suffit pas de gagner un rang de métropole, mais de le conserver. La plupart des métropoles de l'UE sont des villes en chantier pour maintenir attractivité et compétitivité. Ainsi, Rotterdam s'est dotée d'un nouvel avant-port conteneurisé, Maasvlakte 2 (chantier de 2004 à 2013), qui imite son déclassement face à l'essor des ports chinois. En 2021, Rotterdam occupe encore le 10e rang mondial par les volumes qui y transitent quand Los Angeles a quitté le Top 10 des ports mondiaux. Le site *Smart Docklands*, lancé en 2018 pour renforcer la puissance financière de Dublin, accueille déjà 500 entreprises, 44000 employés, 26000 habitants, et le quartier est encore en extension. En 2017, un nouveau centre culturel réalisé par l'architecte Renzo Piano est créé à Athènes pour maintenir sa compétitivité au sein des métropoles touristiques. À Paris également, les investissements sont permanents pour maintenir la ville mondiale*, sa compétitivité et son accessibilité. Le plus grand incubateur de start-up, *Cargo*, dans le 19e arrondissement, a été inauguré en 2016 pour compléter une offre technopolitaine pourtant déjà importante et de renommée mondiale, constituée du plateau de Saclay et de pôles d'innovation* spécialisés : en recherche médicale à Villejuif-Évry, dans l'urbanisme à Marne-la-Vallée… Si l'accessibilité aéroportuaire de Paris ne se fait pas, comme à Pékin ou à Istanbul, par la construction d'un nouvel et gigantesque aéroport à distance, la répartition des flux entre divers sites – Roissy (flux mondiaux), Orly (flux européens), Le Bourget (1er aéroport d'affaires d'Europe), Beauvais (aéroport *low cost*), Vatry (aéroport de fret pour la métropole parisienne) – fait de Paris la première porte d'entrée internationale de l'espace communautaire (v. Outils, Figures-Le transport aérien et maritime dans l'UE). Un rôle aussi majeur qu'étonnant géographiquement puisque la capitale française n'est pas inscrite dans les délimitations classiques de la mégalopole ou dorsale européenne.

LA FORME D'UNE MÉGALOPOLE DANS L'UE-27

La dorsale européenne post-Brexit demeure une "ligne de force" dans l'UE

La dorsale européenne correspond, dans les manuels scolaires français, à une réalité géographique délimitée selon les travaux de Roger Brunet des années 1980 et ayant été médiatisée sous l'appellation "banane bleue" (v. Chapitre La dorsale européenne: centre névralgique de l'Union européenne). Ces délimitations n'incluent pas la ville mondiale* de Paris. La dorsale dans ses limites les plus étendues (donc non strictement communautaires), de l'Angleterre à la Lombardie, s'identifie néanmoins, même sans Paris, à une mégalopole, soit un espace étiré d'un millier de kilomètres de concentrations de populations, de villes, dont la plupart sont des métropoles mondialisées aux acteurs et aux activités en fortes interrelations. Cette réalité mégalopolitaine prend corps particulièrement dans les images satellites nocturnes de l'Europe. Sa délimitation y est aisée par l'ensemble quasiment continûment illuminé, à l'exception des secteurs alpins de haute montagne, que constituent les lumières des densités semi-urbaines, des conurbations de dimensions régionales (Randstad, Rhin-Ruhr, Rhin-Main, Lombardie) donnant à lire "une ligne de force" (R. Brunet) dans les espaces de l'UE. Chiffres et indicateurs soulignent cet axe de concentrations d'abord démographique et urbain, à l'exemple de la région urbaine Rhin-Main qui forme une conurbation étirée le long du Main, de Wiesbaden et Mayence, à l'ouest à Hanau et à l'est en passant par Francfort. Cette coalescence urbaine de 14000 km² concentre 5,5 millions d'habitants et une douzaine d'agglomérations y dépassent les 50000 habitants.

Replacée dans le cadre de l'UE, la mégalopole européenne est cependant tronquée et discontinue: tronquée puisqu'elle perd la ville globale londonienne, et discontinue politiquement sur le continent, la Suisse et donc la métropole de Zürich ne faisant pas partie de l'espace communautaire. Toutefois, la participation de la Suisse aux libres circulations de l'espace Schengen et de l'AELE limite les discontinuités économiques et relationnelles entre acteurs métropolitains au sein de la partie continentale de la dorsale. En revanche, l'amputation de Londres interroge la capacité de la dorsale européenne à maintenir sa place dans l'archipel mégalopolitain mondial, historiquement structuré par les trois mégalopoles de la Triade. Dans les nouvelles limites de l'UE-27 de 2020, la dorsale européenne perd, avec la City londonienne, une place financière essentielle de la mondialisation. Néanmoins, de la Randstad à Milan, de nombreux centres directionnels internationaux, de dimension planétaire ou européenne, y demeurent. Tout d'abord s'y localisent les **centres directionnels politiques** de la puissance qu'est l'UE : Bruxelles, Strasbourg, Luxembourg, Francfort (v. Zoom, Francfort et le siège de la BCE) et La Haye. Ensuite, les grandes villes qui la constituent s'insèrent toutes dans l'archipel métropolitain mondial* par les FTN qui y ont des sièges, par leurs places financières, leurs *hubs** (aéro)portuaires, leurs pôles d'excellence de l'innovation technologique ou de la création culturelle... Ainsi, à Rotterdam se concentrent les sièges pour l'Europe de nombreuses FTN, notamment impliquées dans les activités industrialo-portuaires de la ville et son arrière-pays productif : Dutch Shell, BP, Kuwait Oil, Total, mais aussi Azco pour l'industrie chimique ou encore Unilever pour l'agroalimentaire.

Observées à plus grande échelle spatiale dans les territoires étatiques de rattachement, **les portions de dorsale s'individualisent donc nettement comme des espaces de concentrations et de polarisation**. Ainsi, la région urbaine Rhin-Ruhr a une densité de 1580 habitants par km^2 (9 millions d'habitants sur 5700 km^2) contre une moyenne de 230 hab/km^2 pour l'Allemagne et 114 pour la moyenne communautaire en 2021. De 1950 à 2010, l'ensemble a gagné un million d'habitants (selon le site e-Geopolis), illustrant la force de polarisation de la dorsale. Cette croissance démographique se double d'une extension-réorganisation de son système urbain régional. En 1970, la conurbation Rhin-Ruhr n'est faite que des villes d'Essen, Hagen, Iserlohn et Velbert. En 2000, la continuité du bâti englobe toutes les agglomérations, en y associant Cologne, Düsseldorf et Bonn.

Les principales aires urbaines, *city regions de l'UE, se localisent donc dans la dorsale, mais les processus de métropolisation y dominent également**. Nombre d'indicateurs de croissance de la métropole milanaise inscrite dans la mégalopole l'emportent sur ceux de Rome. L'aire urbaine lombarde dégage un PIB de 185 milliards d'euros en 2017 contre seulement 127 pour la capitale italienne. Surtout, l'intégration de son économie aux échanges internationaux est remarquablement élevée avec un taux d'ouverture sur l'extérieur de 91 %, quand celui-ci n'est que de 27 % pour Rome [Delpirou, 2019]. Aussi, pour les acteurs économiques de niveau international, intégrer une métropole de la mégalopole est un tremplin pour mieux intégrer la mondialisation, comme l'illustre le choix de la FTN espagnole *Ferrovial*, en avril 2023, de délocaliser son siège social de Madrid à Amsterdam. Ce choix n'est pas seulement motivé par les perspectives de baisse d'impositions favorisée par la législation néerlandaise, mais est également une stratégie pour obtenir une cotation à la bourse de New York, en bénéficiant des liens étroits entre les deux places boursières.

Dorsale ou pentagone : deux modèles spatiaux pour la mégalopole européenne

Si les métropoles de la mégalopole ont un fort pouvoir de polarisation, le **vocabulaire de dorsale** choisi par Roger Brunet fait référence à la diffusion d'énergie tellurique des dorsales océaniques ; par métaphore, **la dorsale européenne peut être ainsi vue autant comme un axe polarisant qu'émetteur de dynamiques**, diffusant les croissances dans l'espace communautaire. En se renforçant et en s'étendant, la dorsale serait ainsi en perpétuelle dynamique spatiale remettant en cause sa forme de banane. En effet, d'autres délimitations existent. L'une d'elles est issue de l'étude du programme de recherche sur le développement du territoire européen – ORATE (Observatoire en réseau de l'aménagement du territoire européen) – commandée par l'UE en 2006. La délimitation de la mégalopole européenne y prend la forme d'un pentagone contenu entre les métropoles de Londres-Paris-Milan-Hambourg-Munich. Elle a ainsi le mérite d'inclure la ville globale de Paris dans la mégalopole, dont les rôles comme porte aéroportuaire internationale de l'UE ou encore de puissance diplomatique (157 ambassades à Paris), de métropole scientifique, notamment dans les domaines stratégiques de la défense, ou de l'atome sur le site du plateau de Saclay correspondent à la puissance territoriale qu'est une mégalopole. En 2006, l'étude ORATE propose donc une **délimitation moins linéaire et plus concentrique de la centralité Union européenne,** avec des cercles successifs de métropoles gravitant autour du pentagone et construisant leur internationalisation par les liens de leurs acteurs avec ceux du pentagone : d'abord Rome, Vienne, Bratislava, Prague, Berlin,

Copenhague, puis Madrid, Barcelone, Athènes, Dublin, Stockholm, Varsovie, Budapest. Cette lecture date déjà de presque vingt ans et les trajectoires métropolitaines multiples de l'UE la remodèlent au même titre que la "banane bleue". Néanmoins, par son organisation concentrique, l'étude ORATE souligne que la mégalopole de l'UE n'a l'exclusivité spatiale ni de toutes les métropoles ni de tous les processus de métropolisation.

Les forces de gravitation ne se réduisent pas à la concentration, au sein de la dorsale, des richesses, des fonctions supérieures, des acteurs mondiaux, des échanges. Tout d'abord, la construction de l'UE, ses élargissements et sa récente rétraction accélèrent les mutations spatiales de sa mégalopole. Les grands traités de l'Union ont été l'occasion de sortir du cadre des métropoles de la dorsale, désignant ainsi des "capitales" symboliques, de nouvelles centralités communautaires: Rome, Lisbonne. Les infrastructures financées par l'UE, notamment au titre du programme "Mécanisme d'Interconnexion en Europe 2014-2020", arriment à la dorsale des métropoles qui en étaient extérieures (v. Chapitre Transports et mobilités dans l'UE). Ainsi, en décembre 2022, un an après sa mise en service, la ligne rapide Paris-Lyon-Milan est un succès économique pour l'entreprise gestionnaire Trenitalia, et géographique puisque plus d'un million de billets ont été vendus et que les trains ont un taux de remplissage moyen quotidien de... 70 % !

IDE, Brexit et dynamiques spatiales de la mégalopole dans l'espace communautaire

Les IDE* des acteurs économiques de la dorsale contribuent également à remodeler l'espace mégalopolitain. Nombre de FTN de la dorsale ont créé de nouveaux sièges de représentation, des filiales dans les métropoles gagnantes de l'UE, contribuant, depuis le grand élargissement de 2004, à l'extension de l'archipel métropolitain de la mégalopole* sur l'ensemble de l'espace communautaire. Ces extensions digitées à partir de la dorsale donnent une forme de "pieuvre rouge" à la mégalopole [Baudelle, 2002]. Parmi ces récents "tentacules" correspondant à des réseaux linéaires de métropoles depuis le cœur de la dorsale historique, plusieurs se déploient t se renforcent vers l'est:

un axe Stuttgart-Munich-Vienne-Bratislava-Budapest-Bucarest, ou encore l'axe reliant la conurbation Rhin-Ruhr à Berlin-Poznan-Lodz et Varsovie, mais aussi Essen-Francfort-Prague-Brno-Vienne-Bratislava. Aujourd'hui, la hiérarchie et la division fonctionnelle entre métropoles de la dorsale du tertiaire supérieur et métropoles industrielles de l'est (automobile, métallurgie, textile) s'efface : d'une part, parce que les *city regions** allemandes conservent une base industrielle non négligeable, d'autre part, car les capitales est-européennes se métropolisent selon une tertiarisation accélérée par IDE des FTN issues de la dorsale dans les secteurs des finances, des services aux entreprises, des communications (v. Zoom, Métropolisation et industrialisation, l'exemple de Prague). C'est donc, désormais, parfois directement dans ces nouvelles centralités de l'UE, hors de la dorsale, que se réalisent les IDE de FTN américaines et asiatiques : capitaux chinois (FTN comme COSCO) prenant possession du port du Pirée à Athènes, ou encore la FTN américaine Red Hat, leader des logiciels à code source ouverte, inaugurant en 2015 un de ses plus grands centres de recherche et d'innovation (avec plus de 1000 employés) à Brno. Les classements élevés des capitales de l'est dans la production de richesses de l'UE sont la preuve de leur intégration aux processus de croissance propres à la mégalopole. En 2018, sur 281 régions de l'UE-28, les aires métropolitaines de Bucarest, Varsovie, Bratislava et Prague sont parmi les plus riches. Les PIB/habitant de Bucarest-Ilfov et de Varsovie sont supérieurs à la moyenne de l'UE-28, respectivement de 28 % et de 152 %. Quant aux revenus moyens par habitant de Prague et de Bratislava, ils se classent aux 7e et 8e rangs des 281 régions, volant la place dans le Top 10 à bien des métropoles de la dorsale.

La forme de la mégalopole Union européenne change donc plus vite que le cœur d'un mortel, et la nouvelle géographie politique de l'UE passée de vingt-huit à vingt-sept États membres y contribue beaucoup. Certes, les liens ne sont pas totalement rompus entre Londres et la partie continentale de la dorsale, notamment dans le domaine des flux financiers qui n'ont pas encore fait l'objet d'un accord précis de retrait, mais plutôt ralentis. Toutefois, selon le cabinet EY, la moitié des entreprises de la finance de la City envisagent de redéployer leurs activités dans les métropoles continentales ou à Dublin. Le Brexit renforce donc une réorientation de la partie septentrionale de la mégalopole européenne vers le nord-ouest (Dublin) et vers le nord-est, en incluant Hambourg (v. Zoom, Hambourg, port de la triple interface*), la métropole transfrontalière de l'Öresund (Copenhague-Malmö) jusqu'aux métropoles-technopoles* finlandaises : Helsinki et son *High Tech Capital* ainsi que le réseau urbain de R&D Technopolis, dispersé en plusieurs villes du pays. Le Grand Dublin, absent des tentacules de la "pieuvre rouge" fait une entrée remarquée pour la première fois, en 2022, dans le Top 20 du classement *Global City Power Index*. De 2019 à 2022, Dublin y a gagné treize places et l'intègre au 20e rang. Au nord-est de la dorsale, c'est Copenhague qui se distingue en passant du 20e rang en 2019 au 14e en 2022. En 2022, ni Dublin ni Copenhague ne détonnent dans la géographie des métropoles opulentes de la mégalopole. En 2019, selon le cabinet EY, Dublin est en tête des destinations cibles des FTN financières devant Amsterdam, Francfort et Paris.

Cette géographie dynamique de la mégalopole de l'UE n'est pas que la conséquence conjoncturelle du Brexit, mais aussi le résultat plus structurel de l'affirmation des modèles d'organisation spatiale polycentriques, soutenus en particulier par l'UE depuis l'élaboration du SDEC (Schéma de développement de l'espace communautaire) en 1999. Celui-ci promeut comme modèle de développement urbain ce que les analyses spatiales mettent en lumière en Europe depuis les années 1990 et 2000 [Rozenblat, Cicille, 2003] : des systèmes de villes qui, à toutes les échelles d'observation, constituent des territoires complexes et compétitifs, car polycentriques, où les acteurs urbains sont interdépendants les uns des autres. Organisation spatiale réticulée, le polycentrisme explique ainsi les recompositions spatiales (extensions, rétractions) rapides aussi bien à petite échelle de la mégalopole que, à grande échelle, dans le cadre de nouvelles régions métropolitaines, dépassant les discontinuités anciennes ent e centralités concurrentes ou de part et d'autre de frontières, à l'image de la métropole transfrontalière de l'Öresund associant Copenhague et Malmö.

DES TERRITOIRES RURAUX ET AGRICOLES COMMUNAUTAIRES

L'Union européenne (UE) est constituée de 80 % d'espaces ruraux où vivent 27,5 % de la population communautaire (Eurostat, 2020). La diversité est le fait marquant de ces espaces qui portent **un des piliers de la puissance européenne** : l'agriculture et le secteur agroalimentaire.

Les espaces ruraux peuvent être définis à partir de quelques **critères, qui ne sont pas statistiques, les seuils étant variables d'un État à l'autre** : une occupation des sols marquée par un moindre peuplement (densité plus faible), par la présence d'un bâti qui peut être aggloméré (villages) ou dispersé (fermes isolées, hameaux, etc.), et par une part importante d'espaces végétaux naturels (forêts, surfaces en eau, zones humides, etc.) et agricoles (prairies, champs cultivés, friches) ; une activité agricole toujours marquante dans les paysages, bien plus que dans la société et l'économie ; des villages et petites villes qui concentrent les services à destination des espaces ruraux ; une société aux pratiques plus collectives et moins individualistes, à la sociologie diversifiée et comportant encore une part non négligeable d'agriculteurs. Ces espaces sont très divers, débutant dans les couronnes périurbaines des villes, comportant des espaces encore agricoles et productifs, et s'étendant jusqu'aux espaces périphériques, voire marginalisés (les campagnes dites profondes ou isolées).

Que reste-t-il de l'Europe rurale et agricole dans une Union européenne urbaine, métropolisée et tertiarisée ? Sur quels fondements repose la puissance agricole européenne et quelles mutations sont en cours dans les espaces ruraux européens ?

LA DIVERSITÉ DES TERRITOIRES RURAUX ET AGRICOLES EUROPÉENS

Une diversité de paysages ruraux liée à la variété de la géographie européenne

La péninsule* européenne est située **au carrefour de nombreuses influences climatiques qui conditionnent des milieux différents**. Quatre grands domaines climatiques peuvent être différenciés. Au nord, les hautes latitudes froides sont le domaine de la toundra à la végétation rase, servant à l'élevage semi-nomade de rennes mené par les Samis (v. Zoom, Les Samis), et des forêts boréales (taïga). Les landes atlantiques marquent la façade occidentale de la péninsule scandinave et de l'Irlande. Le domaine océanique tempéré compose une large partie occidentale du continent, du nord de l'Allemagne à la Galice. À l'est, on trouve un climat continental aux contrastes thermiques et pluviométriques plus marqués. Le sud est caractérisé par un climat méditerranéen qui couvre une grande partie des péninsules ibérique, italienne et balkanique. C'est le domaine du maquis, de la garrigue, du matorral et de la "trilogie méditerranéenne" (oliviers, vigne, blé).

La mosaïque des paysages ruraux est aussi liée à de grands types de reliefs présents au sein de l'UE. Les plaines en constituent 60 %, essentiellement le Bassin parisien, la plaine germano-polonaise et la plaine danubienne, où se développent les prairies et vastes forêts* de feuillus (forêt de Bialowieza en Pologne, de Tronçais en France). C'est le domaine de la grande agriculture moderne, intensive et fortement mécanisée. Les côtes de l'Europe sont découpées, surtout au sud où trois péninsules s'avancent dans la mer Méditerranée. Les massifs montagneux de haute altitude sont peu étendus : seul 1 % du territoire se trouve au-dessus de 2000 m. La part des espaces se situant en montagne est très inégale en fonction des États (77 % du territoire slovène contre 0 % au Danemark). Les Alpes constituent le massif le plus important, aux côtés des Pyrénées, des monts Cantabriques (Espagne), des Apennins (Italie), des Carpates (v. Zoom, Les Carpates), des Balkans, des Alpes dinariques et de la chaîne scandinave.

Ces différents domaines climatiques et reliefs ont favorisé des paysages ruraux et des agricultures spécifiques, l'agriculture demeurant une activité sous contraintes biophysiques.

Le poids de l'histoire et de l'Union européenne sur les espaces ruraux

L'Europe a connu **plusieurs révolutions agricoles récentes qui sont à l'origine d'un système agroalimentaire capitaliste et productiviste**.

La spécialisation agricole des terres apparaît aux Pays-Bas dès le XVIIe siècle. Les fortes densités de population de cette région et le manque de terres ont contraint les Provinces-Unies à conquérir de nouvelles terres sur la mer via les polders (terres gagnées sur des lagunes ou des marais maritimes par endiguement), qui sont alors à la pointe des techniques hydrauliques de drainage des terres agricoles, savoir-faire qui sera exporté dans d'autres pays d'Europe de l'Ouest. Les terres asséchées sont spécialisées dans la production laitière et l'horticulture, tandis qu'ailleurs se développent des cultures industrielles. Les rendements progressent rapidement, tandis que les productions sont vendues en quantité sur les marchés urbains. C'est le premier système européen d'agriculture capitaliste.

Après la Seconde Guerre mondiale, une nouvelle révolution agricole, qualifiée de "silencieuse" [Debatisse, 1963] a lieu en Europe de l'Ouest à partir de l'essor de l'utilisation des intrants*, de la mécanisation, de la motorisation, de l'irrigation et de la sélection des espèces animales et végétales les plus productives. C'est l'apparition du productivisme*. Des filières agro-industrielles se mettent alors en place au Benelux, en France ou en Allemagne, insérant l'agriculture dans un complexe industriel comprenant des industries mécaniques, chimiques ou de transformation des productions. Au même moment, la césure politique du continent par la guerre froide conduit à la collectivisation* des terres en Europe de l'Est, dans le cadre de l'économie soviétique. Suite à la chute de l'URSS en 1991, ces mêmes pays d'Europe centrale et orientale (PECO) connaissent une décollectivisation et leur entrée progressive dans l'économie de marché.

L'UE a joué un rôle majeur dans les évolutions agricoles et rurales du second XXe siècle, par le biais de la politique agricole commune (PAC) établie en 1962 (v. Chapitre La territorialité communautaire). Ses objectifs sont définis par l'article 39 du traité de Rome de 1957 : accroître la productivité en développant le progrès technique ; assurer un niveau de vie équitable à la population agricole ; stabiliser les marchés agricoles (et donc les prix) ; garantir la sécurité des approvisionnements et assurer des prix raisonnables aux consommateurs. À la conférence de Stresa (1958), trois principes fondateurs lui sont fixés : l'unicité du marché agricole de la CEE avec des prix communs et une libre circulation des biens ; la solidarité financière avec un budget commun (le FEOGA*) et la préférence communautaire par la protection aux frontières contre les fluctuations des prix mondiaux et par le soutien à l'exportation. Les succès sont majeurs : l'autosuffisance alimentaire est atteinte dès la fin des années 1960, la productivité a été multipliée par six entre 1950 et 1990, tout comme les rendements grâce à la technicité du productivisme et à l'intensification agricole. Néanmoins, pour faire face aux évolutions des marchés mondiaux, aux négociations internationales au sein du GATT puis de l'OMC, et pour gérer les effets négatifs de la PAC, cette dernière a été réformée à plusieurs reprises (v. Outils, Figures-Les réformes de la PAC).

Les effets de la PAC ont été forts sur les espaces ruraux. Entre 1950 et 1990, ceux de l'UE à quinze ont perdu 20 millions d'emplois agricoles, la part de la population active agricole passant globalement sous la barre des 5 % de la population active. Le recul a été encore plus marqué dans les pays méditerranéens qui étaient en retard (1960-1990 : en Italie la part de la population active agricole passe de 32 à 9 %, en Espagne de 42 à 11 %, au Portugal de 42 à 17 % et en Grèce de 54 à 25 %). Les disparités de revenus entre agriculteurs et entre régions agricoles se sont accrues. La spécialisation régionale de l'agriculture s'est imposée, reléguant la polyculture aux espaces ruraux périphériques et marginalisés. Par exemple, les élevages porcins hors-sol se sont concentrés en Bretagne (France), en Catalogne et Aragon (Espagne), en Italie du Nord, en Allemagne du Nord-Ouest et au Danemark.

Des différenciations démographiques remarquables

Le pic démographique des espaces ruraux de l'Union a été atteint entre 1850 et 1950. Depuis, l'érosion démographique liée à l'exode rural et à l'arrêt de la transition démographique* a conduit à ce que les populations rurales soient partout minoritaires, même si les écarts entre les pays de l'UE se révèlent importants. Ainsi, trois pays ont encore une population rurale importante : la Lituanie (44,9 %), la Slovénie (44,7 %) et la Slovaquie (43,9 %). À l'inverse, d'autres États portent une faible part de ruraux : Malte avec seulement 0,2 % de la population, les Pays-Bas (10,7 %) et la Belgique (15,3 %). Les pays qui s'approchent de la moyenne européenne sont l'Espagne (26 %) et la Finlande (29 %). Les espaces ruraux européens ont connu un renversement spatial au cours du XXe siècle, d'espaces de fortes densités à des espaces de faibles densités.

Il s'agit toutefois de **distinguer des campagnes marquées par la déprise* de celles marquées par un renouveau démographique**. Les premières, campagnes isolées et/ou en crise économique, ont des densités aujourd'hui souvent inférieures à 10 hab/km^2 (sud de l'Italie, centre de l'Espagne, plaines polonaises, Grèce centrale, Allemagne de l'Est, essentiel des territoires suédois et finlandais) où un cercle vicieux s'est enclenché concernant le recul de l'emploi avec la fermeture des services publics ou privés, le départ des jeunes et le vieillissement sur place des populations restantes ou parfois l'essor de "villages fantômes", suite à leur abandon et la ruine de l'habitat. Les secondes, campagnes périurbaines (à proximité de toutes les villes grandes et moyennes de l'UE) et touristiques (littoraux, arrière-pays, montagnes), connaissent une diffusion des comportements urbains (en termes alimentaires, vestimentaires, culturels, etc.) et une "renaissance rurale" (KAYSER, 1990) grâce à l'installation de néoruraux* à la recherche d'un cadre de vie plus agréable et d'un foncier plus accessible et plus grand. Ces néoruraux modifient alors la composition sociologique des espaces ruraux et les formes d'habitat rural par la diffusion des lotissements et la réhabilitation des maisons rurales anciennes, évolutions qui favorisent la gentrification* de ces espaces.

Ainsi, **la société paysanne européenne a fortement reculé** au profit d'une société plus diversifiée et essentiellement composée de classes moyennes (salariés, professions libérales, artisans, commerçants). Si, dans les espaces ruraux européens vivent 137 millions de personnes, seuls 9,2 millions travaillent dans l'agriculture (4,4 % de la population active de l'UE). Mais dans les campagnes isolées, les agriculteurs demeurent plus nombreux (plus de 30 % dans les espaces hyper ruraux français, selon le rapport du sénateur Bertrand de 2014), voire majoritaires (dans les campagnes méditerranéennes et orientales isolées). Enfin, il faut préciser que les espaces ruraux portent aussi une large part de populations pauvres. Selon l'Annuaire statistique régional d'Eurostat de 2019, un peu plus d'un quart (25,5 %) de la population rurale est exposée au risque de pauvreté ou d'exclusion sociale, part supérieure à celle des grandes villes (24,0 %) et des banlieues (22,1 %).

L'UNION EUROPÉENNE, UN GÉANT AGRICOLE MONDIAL

Une puissance agricole mondiale…

L'UE est la plus grande région mondiale agro-exportatrice, avec 571 milliards de dollars de produits alimentaires exportés en 2021, dont 140 milliards de produits agricoles et 431 milliards de produits issus de l'industrie agroalimentaire, plaçant six des États membres parmi les dix premiers exportateurs mondiaux de produits agricoles et agroalimentaires: les Pays-Bas (grâce au port de Rotterdam), l'Allemagne, la France, l'Espagne, l'Italie et la Belgique. Ce secteur est excédentaire, l'UE ayant importé 513 milliards de dollars de produits agricoles et alimentaires. Les échanges de l'UE en la matière représentent un tiers des flux mondiaux, mais les échanges intra-UE captent les deux tiers de ces flux.

Sept États membres représentent plus des trois quarts de la production agricole totale de l'UE: la France (18,2 %), l'Allemagne, l'Italie, l'Espagne, les Pays-Bas, la Pologne et la Roumanie. Ils sont souvent dans les cinq premiers rangs mondiaux de productions (FAO, 2021) : la France pour le vin (2e), le yaourt (3e), le raisin ou la betterave à sucre (4e), le blé, l'orge ou le lait de chèvre (5e) ; l'Allemagne pour le yaourt (1re), l'orge ou la betterave à sucre (3e), le lait de vache (5e) ; l'Italie pour le vin (1re), le raisin (2e), l'huile d'olive (3e), les abricots (5e) ; l'Espagne pour l'huile d'olive (1re), l'orge (2e), le raisin et le vin (3e) ; la Grèce pour l'huile d'olive (4e) ou le yaourt (5e). D'autres pays ont des productions qui se situent plutôt entre le sixième et le quinzième rang mondial (la Pologne pour le blé, l'orge, le lait de vache ou la betterave à sucre ; les Pays-Bas pour les pommes de terre le lait de vache ou la betterave à sucre ; la Roumanie pour le blé, le maïs, les cerises, le tournesol ou le vin ; etc.). Les pays nordiques (Suède, Finlande, Danemark), baltes et alpins semblent bien plus en retrait.

Ces agricultures européennes, comme celles de tous les pays industriels développés, ne sont plus qu'un maillon de chaînes agroalimentaires dans lesquelles elles sont intégrées, aux échelles nationale, communautaire et mondiale. À l'amont, les agricultures européennes sont consommatrices d'agroéquipements (tracteurs, irrigation) et d'agrofournitures (engrais, produits phytosanitaires), y compris de semences sélectionnées, fournies par des coopératives (Limagrain) ou des firmes transnationales (Monsanto). À l'aval, elles sont consommatrices de services multiples et de capitaux, et dépendantes de vastes systèmes de transport, de conditionnement, de stockage et de commercialisation. Les centrales d'achat des grands distributeurs (Carrefour, Intermarché, Auchan...) maîtrisent les marchés. Or la filière agroalimentaire représente 70 % de la valeur ajoutée agricole et les industries agroalimentaires (IAA) 14 % des emplois industriels européens, soit une des principales branches industrielles de l'UE. À nouveau, quelques pays concentrent l'essentiel de la production : France, Allemagne et Italie regroupent 40 % de la production des IAA, malgré la forte diffusion des firmes en Pologne, en Hongrie ou en Roumanie. La structure des IAA est duale : 1 % des entreprises captent 50 % des ventes et 40 % des emplois. Ce sont de puissantes coopératives (COOPERL pour le porc, Lactalis pour le lait), des firmes généralistes (Danone) ou spécialisées (Heineken, Südzucker), alors que la majorité relève de petites et moyennes entreprises.

Ainsi, la **création d'un marché agricole commun**, dans le cadre d'une politique agricole volontariste, et les élargissements successifs ont permis à l'UE de s'affirmer à partir des années 2000 et surtout 2010 comme un géant agricole qui connaît toutefois des difficultés.

...non exempte de difficultés

La course aux productions (quantités produites) d'abord, à la productivité (rapport entre la production et les facteurs nécessaires pour l'obtenir) ensuite, a abouti à des dérives multiples. L'agriculture productiviste aboutit à la multiplication des crises. Dès la fin des années 1970, les **difficultés d'ordre économique** apparaissent avec les excédents de production (lait, céréales, betterave à sucre, viande bovine, vin) qui coûtent très cher à la CEE puis à l'UE, du fait de l'application de la politique de soutien aux prix et de restitutions aux exportations. La PAC va capter 70 % du budget communautaire en 1983, imposant quotas de production puis gel des terres.

Les crises sont ensuite environnementales avec le recours massif à l'irrigation et à l'utilisation des engrais et produits phytosanitaires, voire aujourd'hui aux OGM (Espagne, Portugal, Slovaquie). Les sols, qui s'épuisent, sont acidifiés, salinisés, érodés et artificialisés, les eaux de surface et souterraines polluées (nitrates), la biodiversité en recul du fait de l'emploi de pesticides et d'insecticides (abeilles, insectes), du fait du recul des habitats naturels (mammifères, oiseaux) et du fait de la sélection des espèces végétales et animales.

Les crises sont aussi sanitaires, avec l'encéphalite spongiforme bovine ("vache folle"), la grippe aviaire ou les poulets aux hormones, crises jetant le doute chez les consommateurs et leur volonté de produits de meilleure qualité et traçabilité. Les exploitants les plus performants n'hésitent plus à agir comme les industriels, en délocalisant leurs productions : Britanniques, Belges et Néerlandais viennent s'installer en France pour profiter du prix du foncier et des conditions climatiques (exploitations florales dans les Landes). Français et Allemands achètent des terres à l'est (Roumanie et Bulgarie surtout) où les prix sont bas, la main-d'œuvre abondante et les normes sanitaires et environnementales bien moins appliquées.

Surtout, les **revenus des agriculteurs diminuent** suite à leur fort endettement pour répondre aux techniques productivistes et aux normes sanitaires toujours plus strictes. Aujourd'hui, les aides de l'UE comptent pour plus de 50 % dans les revenus des agriculteurs européens, mais sont insuffisantes pour pallier le mal-être paysan.

Des espaces agricoles différenciés

Il faut toutefois **nuancer ces difficultés en fonction des territoires et des secteurs agricoles. Certains milieux sont plus handicapants pour l'agriculture** et portent de faibles surfaces agricoles utiles (SAU), comme en Scandinavie (en Finlande les espaces ruraux portent 94 % du territoire national, mais que 7,5 % de SAU contre 68 % de forêts), en Méditerranée ou en montagne. Ces territoires ont connu une forte spécialisation productive : la première dans la sylviculture, la deuxième dans les productions végétales (fruits, vignes, oliveraies) et la troisième dans l'élevage extensif. Ces zones dites défavorisées sont soutenues par l'UE, via la directive de 1975 instaurant l'indemnité compensatoire de handicaps naturels (ICHN) aux agricultures des zones de montagnes ou défavorisées (en outre-mer) ou aux programmes intégrés méditerranéens (PIM) établis en 1986 (v. Chapitre Les Outre-mers européens). Mais faiblesse de la SAU ne signifie pas faible production. En effet, l'intensification a aussi pu toucher ces espaces *a priori* plus handicapés, comme c'est le cas avec les huertas* méditerranéennes. Les cultures sous serres ont fait de l'Andalousie la première région mondiale de production maraîchère sous cette mer de plastique.

Les structures agraires sont également différentes. En Méditerranée et dans les PECO, les structures sont duales entre agricultures modernisées et productives et la petite agriculture paysanne traditionnelle, voire archaïque, alors qu'en Europe occidentale dominent les grandes exploitations à forte technicité. Or la PAC soutient les grandes exploitations de plus de 75 ha qui reçoivent davantage d'aide, notamment via le premier pilier, ce qui favorise les régions rurales et agricoles les plus développées et renforce les déséquilibres territoriaux. La PAC a entraîné une croissance de la taille moyenne des exploitations, même si celle-ci n'est que de 16,5 ha dans l'UE. Les différences internes aux pays peuvent être importantes. En Allemagne, les Länder de l'est possèdent de vastes exploitations, 235 ha en moyenne, suite à l'héritage de la collectivisation* qui a donné naissance à de vastes coopératives ou entreprises d'État, alors que dans les Länder de l'ouest la taille moyenne des exploitations est d'à peine 46 ha. Malgré la PAC, de petites agricultures subsistent dans l'UE, mais de façon différenciée. Dans les PECO et dans les périphéries pauvres méditerranéennes, ainsi que dans les massifs montagneux, la petite agriculture est souvent subie du fait d'une faible modernisation et maintient les agriculteurs dans la pauvreté

(v. Outils, Cartes et figures relatives à l'agriculture). Ailleurs, la petite agriculture est plus souvent choisie comme modes de production alternatifs dans le cadre de l'agriculture biologique ou de la permaculture* aux revenus corrects, notamment quand les produits agricoles sont labellisés (vins, fromages, fruits, légumes, huiles, etc.).

Mais **la principale** distinction **oppose les agricultures d'Europe de l'Est à celles de l'Ouest** (v. Outils, Figures-La place de l'agriculture dans les États de l'UE en 2020). L'intégration des 10 PECO, entre 2004 et 2007, a engendré une augmentation de 50 % de la SAU de l'UE, et de 140 % de la population active agricole de l'UE. Ces pays sortaient à peine du système soviétique et du collectivisme. Leur modernisation agricole a été partielle et incomplète. Certes, entre 2003 et 2013 (période transitoire imposée par l'UE avant l'application de la PAC) ils ont perdu un quart de leurs exploitations et 30 % de leurs emplois agricoles (même 40 % en Roumanie ou en Pologne), mais ces pays représentent encore aujourd'hui 29 % de la SAU communautaire pour 56 % des exploitations et 51 % de la main-d'œuvre agricole de l'UE.

VERS UN NOUVEAU DÉVELOPPEMENT DES ESPACES RURAUX EUROPÉENS

Une multifonctionnalité croissante des espaces ruraux européens

L'agriculture ne permet plus aujourd'hui de définir seule les espaces ruraux, qui ont connu une diversification à la fois sociale et économique. La **diversification économique** relève d'abord de la pluriactivité des agriculteurs dans le commerce, les services ou le tourisme. En Italie, le développement de l'agritourisme dans les fermes biologiques a été important en Toscane et en Ombrie, en lien avec la valorisation des produits de terroirs (vins, huile d'olive).

La diversification des fonctions peut toutefois être **ancienne**. Les villages accueillent depuis longtemps commerçants et artisans qui y travaillent. Les industries rurales comme l'agroalimentaire, les mines, la métallurgie (pour la coutellerie, par exemple) ou la filière bois sont implantées également de longue date. Ces industries rurales ont parfois engendré des districts industriels avec par exemple, en France le Vimeu spécialisé dans la serrurerie et la robinetterie, la vallée de l'Arve dans le décolletage, le Choletais dans le textile, ou au Portugal avec le textile et l'automobile dans les campagnes de Porto et Lisbonne. La proximité géographique de petites et moyennes entreprises en synergie favorise des savoir-faire locaux via des économies d'agglomération et d'échelle dans la recherche et la formation. Depuis les années 1980, de nouvelles implantations industrielles sont en essor près des axes de transport comme les plates-formes logistiques ayant besoin de vastes zones foncières à prix réduit et qui répondent à de nouvelles logiques de localisation fondées avant tout sur l'accessibilité et non sur les ressources naturelles ou la main-d'œuvre.

Cependant, la principale source de création de richesse dans les espaces ruraux européens est liée aux **services à la personne** (économie présentielle*) et **aux activités de tourisme et de loisirs**. Ces dernières sont en essor depuis les années 1960 et 1970, sous la forme du tourisme vert (recherche de nature et d'authenticité), même si le tourisme rural est plus ancien, comme le thermalisme. Elles sont vectrices de croissance démographique et d'équipements (routes, accès à Internet, commerces, services publics, etc.). Mais elles se concentrent spatialement surtout sur les littoraux ruraux, les arrière-pays méditerranéens, de la mer du Nord et de la Baltique, ou dans les montagnes touristifiées (Alpes, Péloponnèse, Carpates, Pyrénées, Vosges, Forêt-Noire).

Un rôle environnemental de plus en plus affirmé dans le développement rural

Depuis les grandes réformes de la PAC de 1992 et de 2003, le développement rural et les questions environnementales ont pris le pas sur la seule utilisation fonctionnelle et agricole des espaces ruraux. En 1985, le *Livre vert* de la Commission européenne met en exergue des mesures en faveur de l'amélioration de l'environnement. La réforme des fonds socioculturels de 1989 va permettre l'application de ces mesures, grâce à la politique de cohésion économique et sociale envers les régions défavorisées, par le biais de trois fonds: le FEOGA* – Orientation qui finance le développement structurel des régions en retard de développement (régions dont le PIB est inférieur à 75 % de la moyenne communautaire), le FEDER* en faveur de la reconversion des régions en déclin industriel et le FSE pour lutter contre le chômage de longue durée et favoriser l'insertion professionnelle des jeunes et des exclus. En 1991, le lancement du programme LEADER*, puis LEADER+, vise à aider au développement et à la coopération dans les régions rurales. Ces politiques sont incluses en 1999 dans le deuxième pilier de la PAC.

La politique de développement rural de l'UE est ainsi récente et porte sur deux axes principaux : un **axe économique** (maintien des emplois ruraux, stabilisation des populations rurales, soutien aux activités artisanales ou touristiques) et un **axe environnemental** (promotion d'une agriculture durable, protection du patrimoine rural, qualité des eaux, protection des sols, des paysages et de la biodiversité). Depuis 2007, de nouveaux objectifs sont apparus comme l'amélioration de la compétitivité des secteurs agricoles et forestiers par l'innovation, de la qualité de vie en milieu rural et de la diversification des activités économiques. En 2022, le second pilier de la PAC a capté 25,5 % des aides, auxquelles il faut ajouter la politique régionale de l'UE.

En parallèle, la dégradation des milieux ruraux a conduit à la mise en place, par les États ou la communauté internationale (cas des paysages culturels classés au patrimoine mondial de l'UNESCO depuis 1992), d'**espaces naturels protégés** qui créent une fragmentation spatiale entre les espaces protégés et ceux exploités. Mais depuis les années 1990, la protection de la nature sert aussi d'outil de développement rural comme dans le cas des *Naturparke* établis en Allemagne de l'Est, notamment sur l'ancien rideau de fer pour favoriser le tourisme de mémoire. Enfin, il faut noter le verdissement du modèle productiviste dans les dernières réformes de la PAC, qui ont mis en place la conditionnalité des aides aux mesures agro-environnementales.

En définitive, les espaces ruraux et agricoles communautaires présentent un paradoxe majeur : l'Europe rurale n'est pas l'Europe la plus agricole. En effet, les espaces ruraux se concentrent dans les périphéries marginalisées économiquement, où les friches, la protection de l'environnement ou les activités récréatives et touristiques se développent (espaces scandinaves, méditerranéens, orientaux, ultramarins et montagneux), alors que les espaces agricoles se localisent majoritairement dans le cœur économique central de l'UE (axe rhénan, Pays-Bas, Flandre, plaine du Pô, Bassin parisien), là où les territoires sont plus densément peuplés et urbanisés.

UN SYSTÈME PRODUCTIF COMMUNAUTAIRE INTÉGRÉ… ET BOUSCULÉ DANS LA MONDIALISATION

L'électrification des mobilités rend les annonces des implantations de gigafactories de batteries électriques très suivies. En mai 2023, le choix de l'implantation à Dunkerque du groupe taïwanais ProLogium rappelle que la compétition est mondiale : 77 % des batteries pour voitures électriques viennent de Chine. À l'intérieur même de l'UE, l'Allemagne, l'Espagne, la Hongrie et la Suède (v. Outils, Figures-Carte des gigafactories de batteries dans l'UE) sont les gros producteurs grâce à quatre fabricants (dont trois Coréens) dans trois pays : LG Chem, en Pologne, suivi par Samsung SD et SK Innovations, tous deux en Hongrie et Envision AES, au Royaume-Uni. Depuis, le suédois Northvolt, créé en 2015, a commencé à produire, encore en petites quantités. La compétition est affaire de souveraineté*, garante de la puissance, et se déroule donc à toutes les échelles, mondiale contre la Chine et les États-Unis de l'IRA*, nationale entre les États de l'UE, et à l'échelle locale, même si en France le choix de la concentration dans le Nord–Pas-de-Calais semble acté (à Douvrin pour le Français Automotive Cells Company, Dunkerque pour le Taïwanais ProLogium et le Français Verkor, Douai pour le Japonais Envision AESC). Face à la menace sur les ressources et sur sa souveraineté, l'UE semble prête pour une politique industrielle commune concernant les investissements dans l'industrie de la transition énergétique. Pourtant, le 27 juin 2023, L. Di Meo, PDG de Renault, affirme que "l'Europe n'a pas de politique industrielle" et localise la production de toutes les voitures électriques de la marque Renault en France avec un objectif de 480000 voitures électriques d'ici à la fin 2025.

Dans quelle mesure les systèmes productifs, définis comme des associations d'acteurs (personnes physiques ou morales territorialisées), aboutissent-ils à la spécialisation productive des territoires en produisant une richesse inégalement répartie? Après les temps glorieux des programmes multinationaux (Airbus, Ariane [v. Zooms-Airbus et L'espace, territoire de la puissance de l'UE ?]), **les systèmes productifs sont-ils le terrain d'une forme de dé européanisation* des politiques communautaires, traduite par la réticence à transférer plus de pouvoirs à l'UE, menant à des politiques nationales qui divergent des normes et règlements européens [Piquet, 2021] ?**

PRODUIRE DANS LE CADRE D'UN MARCHÉ NATIONAL, EN FONCTION DE RÈGLES COMMUNAUTAIRES

La déclaration Schuman du 9 mai 1950 correspond encore à l'état d'esprit des politiques sectorielles européennes : "L'Europe ne se fera pas d'un coup ni dans une construction d'ensemble : elle se fera par des réalisations concrètes créant d'abord des solidarités de fait."

Parmi celles-ci, la **politique agricole commune**, réformée tous les sept ans (v. Outils, Figures-Les réformes de la PAC), est la plus emblématique. Mise en œuvre en 1962 pour atteindre l'autosuffisance alimentaire, elle est désormais le levier d'une politique exportatrice de moins en moins puissante [Charvet, 2023]. Le tournant de 1992 l'installe comme politique de développement rural et environnemental, grâce au deuxième pilier et à l'écoconditionnalité* (réservation des pâturages permanents, diversification des assolements). Mais l'inégale répartition des fonds et la réforme 2021-2027 font craindre une renationalisation des aides à la carte [Collectif, 2022]. Chaque État devait préparer, d'ici à la fin 2021, un plan stratégique détaillant son usage des fonds européens. L'application du pacte vert revient *in fine* aux États "avec potentiellement des agricultures différentes qui entrent en concurrence. La PAC est de moins en moins commune" (B. Biteau, eurodéputé, cité par GOLLA, 2023). La PAC mobilise au niveau européen près de 50 milliards d'euros par an, soit un tiers du budget européen et 0,36 % du PIB européen.

Alors que les mégafeux font rage en Espagne, France et Portugal en 2022, que les tempêtes ou les insectes xylophages menacent le renouvellement de ses forêts*, l'Union européenne ne dispose pas de **politique forestière commune**. Pourtant, elles couvrent 37,7 % de la superficie de l'Union, et les six États membres disposant des plus grandes surfaces boisées (la Suède, la Finlande, l'Espagne, la France, l'Allemagne et la Pologne) représentent les deux tiers des surfaces forestières de l'Union. Si la Finlande, la Suède et la Slovénie sont recouvertes à près de 60 % par les forêts, cette proportion atteint seulement 8,9 % aux Pays-Bas. Leur surface progresse : plus de 11 millions d'ha entre 1990 et 2010. Leur diversité climatique engendre une diversité de peuplement (forêts boréales, forêts alpines de conifères, etc.). Seuls 4 % des forêts n'ont pas été modifiées par l'homme, 8 % sont des plantations majoritairement détenues par des propriétaires privés à 60 %. Le principal usage de ces ressources est énergétique, avec 42 % des volumes, contre 24 % pour les scieries, 17 % pour l'industrie papetière et 12 % pour celle des panneaux. Environ la moitié de la consommation d'énergie renouvelable dans l'Union provient du bois. Multifonctionnelles, les forêts fournissent des produits "non ligneux", notamment des aliments, du liège, des résines et servent de support à certains services (chasse, tourisme). La sylviculture, y compris papeteries, représente environ 1 % du produit intérieur brut de l'Union, jusqu'à 5 % en Finlande, et emploie environ 2,6 millions de personnes. En 2021, la Commission a adopté une nouvelle stratégie de l'UE pour les forêts pour 2030, intégrée au pacte vert pour l'Europe, et s'appuie sur la stratégie de l'Union en faveur de la biodiversité à l'horizon 2030. La stratégie pour les forêts contribuera à la réalisation des objectifs de l'Union en matière de biodiversité, ainsi qu'à l'objectif de réduction des émissions de gaz à effet de serre d'au moins 55 % d'ici 2030 et de neutralité climatique d'ici 2050. Au cours de la période de programmation de la PAC 2014-2020, 8,2 milliards d'euros de dépenses publiques avaient été planifiés (27 %

pour le reboisement, 18 % pour l'amélioration de la résilience des forêts et 18 % pour la prévention des dommages). Les changements affectent, de façon différenciée géographiquement, la vitesse de croissance des forêts, la superficie des surfaces forestières et la diversité des espèces, mais aussi l'aire de répartition des agents biotiques (dont certains parasites), ou encore la fréquence et l'intensité des phénomènes météorologiques extrêmes. L'adaptation des forêts à ces évolutions et leur participation à la lutte contre celles-ci (grâce, par exemple, à la substitution d'énergies et de matériaux non renouvelables par du bois) représentent deux défis majeurs. 23 % des forêts européennes appartiennent au réseau Natura 2000* (v. Zoom, Natura 2000), et représentent 30 % des zones couvertes par le réseau. Les aires protégées doivent englober au moins 30 % de toutes les surfaces terrestres et maritimes de l'Union, dont 10 % "strictement" [NÈGRE, 2023].

Dans la gestion de l'écosystème marin, l'UE tente de trouver un équilibre entre exploitation et préservation de la ressource. La **politique commune de la pêche**, inscrite dans le traité de Rome, révisée en 2013, prévoit une gestion pluriannuelle fondée sur les écosystèmes, l'interdiction des rejets, mais aussi l'adaptation des capacités de leurs flottes de pêche au moyen de plans nationaux, afin qu'elles soient équilibrées par rapport à leurs possibilités de pêche. Les modalités de pêche dans les eaux internationales sont liées aux accords de partenariat dans le domaine de la pêche durable et à la participation de l'Union aux organisations régionales de gestion des pêches. La PCP renforce aussi l'aquaculture durable et le recueil de données, ainsi que le partage d'informations sur les stocks, les flottes et l'impact des activités de pêche. Alors que la production aquacole mondiale a été multipliée par quatre, entre 1990 et 2017, la production globale de l'aquaculture dans l'ensemble des États membres est longtemps restée stable, autour d'1,2 million de tonnes. Les aquaculteurs de l'Union ont principalement axé leur production sur quatre espèces: les moules (35 % du volume total), le saumon (15 %), la truite (14 %) et les huîtres (7 %). En 2017 l'Espagne (21 %), la France (15 %), le Royaume-Uni (14 %), l'Italie (14 %) et la Grèce (10 %) ont réalisé ensemble près de 74 % de la production aquacole totale. Le Brexit a bilatéralisé les accords sur l'autorisation de pêche dans les eaux territoriales du Royaume-Uni. La France a finalement obtenu 1054 licences de pêche du Royaume-Uni et des îles Anglo-Normandes, permettant aux titulaires de continuer à pêcher dans leurs eaux, comme avant le Brexit.

Ainsi, pris dans des compétitions internationales, l'UE recherche la signature d'accords internationaux de libre-échange qui bousculent les systèmes productifs, engageant au nom du Commissaire européen au Commerce l'ensemble des membres. Ces accords font apparaître certaines fragilités et contestations: les accords CETA avec le Canada, ou encore UE-MERCOSUR. Les procédures sont longues. Ainsi, le CETA s'est heurté d'abord au refus de la Wallonie, région fédérée de Belgique. Puis Chypre a voté contre la ratification du CETA, le 24 août 2020. Les points principaux de désaccords portent sur les exportations agricoles, notamment sur la faible reconnaissance des labels (42 AOC* françaises sur 561) ou encore sur **le règlement des différends**. En cas de désaccord avec la politique publique menée par un État, une multinationale peut porter plainte auprès d'un tribunal spécifique, indépendant des juridictions nationales.

En 2000, la stratégie de Lisbonne annonçait la volonté "de faire de l'UE l'économie de connaissance la plus compétitive et la plus dynamique du monde" en dix ans, remplacée par la stratégie "Europe 2020" en 2010. L'innovation et la compétitivité apparaissent comme maîtres-mots d'une Europe métropolisée. Doté d'un budget de 95 5 milliards d'euros, Horizon Europe est le principal programme de financement européen de la R&D* pour la période 2021-2027, centrée sur les défis du vieillissement, la décarbonation et les maladies émergentes. Comment se répartissent ses territoires spécifiques? Selon l'Organisation mondiale de la propriété intellectuelle, les dix principaux pôles collaboratifs du monde sont à l'origine de 33 % des conventions internationales. Seuls Francfort, Londres et Paris apparaissent en Europe parmi ceux-ci. Cette concentration contribue à magnifier les "villes d'exception" [HALBERT, 2010], renforçant la disjonction territoriale. Selon Eurostat, 53,2 % des dépenses internes de R&D se concentrent dans 18 des 199 régions européennes, soulignant la force des clusters*. Hors France, dont les données à cette échelle restent indisponibles, les deux régions avec les dépenses de R&D les plus importantes se situent en Allemagne: Stuttgart (16,5 milliards d'euros) et Haute-Bavière, polarisée par Munich (12,6 milliards d'euros). Mais l'intensité en R&D privée (relatif au PIB régional) révèle partiellement une autre géographie : Braunschweig (7,79 %), siège de Volkswagen Group (v. Zoom Volkswagen), le Brabant wallon (7,73 % en 2017), grâce à la pharmacie et Stuttgart (7,33 %), siège notamment de Bosch, Mercedes-Benz et Porsche. Quatre autres régions sont à plus de 5 % : Karlsruhe (5,33 %) Tübingen (5,20 %) en Allemagne, Styrie (5,15 %) en Autriche et Västsverige (5,10 %) en Suède. À l'autre bout du spectre, la Bulgarie ou la Roumanie avec moins de 0,5 % consacré à la R&D. 4,4 millions de personnes (ou 2,9 millions d'ETP) dans l'UE sont classées comme personnels de R&D (v. Outils, Cartes-Les emplois en R&D).

DES SYSTÈMES PRODUCTIFS INDUSTRIELS FORTS

La politique de développement régional 2021-2027 révèle la persistance de l'écart entre les anciens et les “nouveaux entrants” (v. Chapitre La territorialité communautaire). **La politique de rééquilibrage territorial** aurait pour effet d'augmenter le PIB de l'UE de 0,5 % en 2029 par rapport à une absence de politique dédiée, en créant notamment 1,3 million d'emplois supplémentaires d'ici 2027. Or les effets de levier sont estimés beaucoup plus importants à l'est qu'à l'ouest.

En effet, l'Union européenne est aujourd'hui la **troisième puissance industrielle du monde, derrière la Chine et les États-Unis** grâce à ses secteurs de l'automobile (Stellantis), des transports (Airbus [v. Zoom, Airbus], Alstom) de la défense (Dassault), de la chimie/pharmacie (Sanofi) et de l'agroalimentaire (Lactalis) en France, ou de l'automobile (v. Zoom Volkswagen) de la chimie (BASF, Bayer) et de la construction mécanique (Siemens) en Allemagne. L'Italie est quant à elle marquée par une prédominance du textile, de l'agroalimentaire et de l'automobile, tandis qu'en Pologne, l'extraction minière (v. Zoom, Reconversion industrielle et dynamique d'innovation : le cas de la Silésie minière), la sidérurgie et la chimie font partie des branches les plus importantes. Toutefois, le poids de l'industrie se réduit peu à peu, même dans un pays comme l'Allemagne où ce secteur demeure important. D'après la Banque mondiale, l'industrie est passée dans l'Union européenne de 25,5 % à 22,2 % du PIB européen, entre 2000 et 2020 (secteur de la construction inclus). Pour résumer le positionnement industriel de chacune des macro-régions de l'UE, "L'Union européenne (UE) reste globalement performante en matière industrielle si on en juge par les parts de marché, les brevets, les spécialisations. C'est la France qui a décroché notamment parce qu'elle n'a pas tiré les conséquences macroéconomiques de son passage à l'euro. L'Hexagone réussit moins bien que les pays de l'Europe du Sud dont la compétitivité-coût est meilleure que la sienne, moins bien que les pays d'Europe centrale et orientale (PECO) qui, forts de leurs atouts en capital humain et de leur proximité avec 'Allemagne, ont une stratégie de pays émergents. La France est également en retrait par rapport à l'Allemagne et aux pays nordiques qui, grâce à leurs efforts de recherche et développement (R&D) et de montée en gamme, ont amélioré leur compétitivité hors coût." [COHEN, 2022] Là encore, **les stratégies nationales semblent l'emporter sur une dynamique coordonnée de politique industrielle** : le refus de la fusion Siemens-Alstom par la Commission européenne en février 2019, au nom du risque d'abus de position dominante sur le marché intérieur, l'adhésion de l'Italie aux routes de la soie chinoises, les choix du Portugal et de la Grèce de céder des actifs critiques à la Chine (notamment ceux du port du Pirée) illustrent l'impossibilité européenne à se penser comme une puissance. La crise du covid et la guerre en Ukraine ont fait passer au premier plan l'enjeu de la "réduction des dépendances" (Thierry Breton, commissaire européen au marché intérieur). Les terres rares* et le lithium ne pouvant être exploités sur le sol européen, des stratégies de raffinage et de recyclage ont été imaginées. Des sites de production ont été identifiés et des transferts de production organisés au profit de pays européens dans le secteur des biotechs. Enfin, en matière de composants électroniques, le choix a été fait de doubler les capacités de production européennes et de nouer des partenariats avec les leaders mondiaux, l'Américain Intel et le Taïwanais TSMC. Sans politique fiscale et sans budget communs, les Européens auront toujours du mal à rivaliser. Même si les objectifs ont été fixés à l'échelle communautaire, le soutien public se fera au niveau national, avec le risque du saupoudrage et de captation de l'essentiel des aides par les pays les plus riches.

Malgré des reculs, le déploiement industriel marque le tissu productif des territoires à l'échelle locale. Les systèmes productifs locaux (SPL) fondent des territoires de proximité spécialisés en production. Concepts issus des districts industriels d'Alfred Marshall, ils induisent une territorialisation fondée sur la coopération actorielle et la spécialisation fonctionnelle. "La Troisième Italie" (Émilie-Romagne, Vénétie, Toscane) en est le prototype, mais de telles organisations existent, par exemple, dans le Choletais (cuir) ou dans le Småland suédois (industrie du verre présente depuis le XVIIIe siècle, ameublement avec, à Älmhult, le premier point de vente IKEA, aujourd'hui devenu le musée IKEA). La proximité sociale, cognitive et géographique, est envisagée comme la clé d'une agrégation de savoir-faire qui permet la territorialisation de la chaîne de valeur, sous réserve d'un soutien institutionnel [BELLANDI, CECCANTI SANTINI, 2023]. Sur les cent cinquante-six districts industriels italiens recensés par Istat, quarante-neuf traitent du cuir et textile, trente-huit dans l'industrie mécanique et vingt-quatre dans l'ameublement. L'articulation entre artisanat et industrie est particulièrement valorisée, notamment par l'industrie du luxe qui voit dans ces territoires spécifiques une main-d'œuvre très qualifiée. En octobre 2020, les fonds VAM Investments, Fondo Italiano d'Investimento et Italmobiliare ont donné naissance à Gruppo Florence (siégeant à Milan), le présentant comme "le premier pôle productif pour l'habillement de luxe en Italie", plate-forme intégrée formée de laboratoires qui représentent l'excellence de la fabrication dans les segments italiens de l'habillement, de la chaussure et de la maroquinerie, au service des plus grandes marques de luxe pour le développement et la production de collections de prêt-à-porter, de maroquinerie et chaussures au service du secteur mondial du luxe. L'aller-retour entre les échelles mondiales et locales est ici revendiqué, d'autant que selon le rapport *Global Powers of Luxury Goods*, publié par Deloitte, l'Italie reste leader du luxe mondial en termes de nombres d'entreprises (24/100) même si la France domine le classement des ventes mondiales avec 8,2 milliards de dollars, grâce aux FTN LVMH et Kering très implantées en Italie, au moyen des marques iconiques comme Bulgari (LVMH) ou Gucci (Kering).

LA MONTÉE EN PUISSANCE DES SERVICES ET LARGES MUTATIONS DES SYSTÈMES PRODUCTIFS

Les services apparaissent comme le reflet d'une UE métropolitaine (v. Chapitre L'Union européenne : urbanisée, métropolisée, mégalopolisée). Son intégration au sein de l'Archipel mégalopolitain mondial dépend d'ailleurs de ces services du quaternaire* que mesurent les travaux du GaWC [Derruder et Hennemann, 2014 ; exemple dans l'aéronautique toulousaine, Zuliani, 2016]. Services aux entreprises, conseil, audit, "data" sont autant de fonctions transversales qui permettent la profitabilité des entreprises, y compris industrielles. Celles-ci ont besoin d'individus formés. Le secteur de l'enseignement supérieur s'européanise rapidement, au rythme de sa privatisation. Au-delà des programmes historiques, financés par l'UE comme Erasmus (v. Zoom, Érasme, Erasmus, Erasmus+), les acteurs eux-mêmes se pensent comme paneuropéens. Les écoles créent des campus en réseau. L'ESCP a investi à Berlin, Londres, Madrid, Turin, Varsovie ou le réseau CIVICA, crée en 2019, réunit autour de Sciences Po Paris, Bocconi de Milan, Central Europe University de Vienne, l'Institut universitaire Européen de Florence, la Hertie School de Berlin, l'IE University de Ségovie, l'École nationale d'études politiques et administratives de Roumanie, la London School of Economics, la Stockholm School of Economics, la Warsaw school of Economics. Les services ont contribué pour 71,9 % de la valeur ajoutée totale de l'UE en 2022, comparée à 71 % en 2005. La surreprésentation des services transparaît au Luxembourg, Malte, Chypre, France, Pays-Bas, Grèce, Belgique, Portugal et Danemark (>75 %). Au contraire, la Hongrie, Lituanie, Bulgarie, Slovaquie, Slovénie, Pologne, République tchèque et Roumanie y produisent moins des 2/3 de leur valeur ajoutée, voire 55,4 % en Irlande. Eurostat propose un découpage des secteurs d'activité qui reflète le projet économique de l'UE, abolissant la tripartition de Clark. Les fonctions support interentreprises de "transports, hébergement, commerces et alimentation" sont distinguées de l'"information et communication", base de l'économie de la connaissance. Les activités financières et assurances sont distinctes de l'immobilier. Les personnels administratifs, techniques et scientifiques qui produisent une organisation et des connaissances sont différenciés du secteur d'"intérêt général/public" personnel d'administration, de défense de santé et d'éducation. Le secteur de l'art et la culture et du divertissement étant traité à part. Des spécialisations nationales apparaissent dans la division européenne du travail. La Lituanie et la Grèce, comme pays de transit des marchandises, sont particulièrement dépendantes de leur rôle d'espace relais support de flux (v. Chapitre Transports et mobilités), avec une part de la valeur ajoutée dans les transports de +10 points par rapport à la moyenne de l'UE. La Grèce, l'Italie, l'Espagne et la France sont dépendantes de leur secteur immobilier, reflet de leur attractivité touristique comme secteur d'investissement. Pays-Bas, Malte, Belgique et France se distinguent par la valeur ajoutée produite par les personnels scientifique et technique, reflet de leur fort investissement en R&D (au secteur bancaire pour Malte ?). La France, la Belgique et les Pays-Bas se distinguent par la valeur ajoutée des secteurs de "service public".

Particulièrement représentées au Luxembourg et à Chypre, les activités financières, reflet de la financiarisation de l'économie et des différentiels de régime fiscal, mettent au cœur du système les acteurs bancaires qui s'européanisent, soumis aux mêmes règles prudentielles (Bale IV) décidées par la Banque des règlements internationaux siégeant à Bâle, dont les membres sont des représentants des banques centrales. Le marché tend à se concentrer, au risque du syndrome du "*too big too fail*" qui augmente les risques d'une crise systémique. Cinq des six plus grandes banques européennes, en termes d'actifs au 31 décembre 2021, sont françaises. Si l'UE a établi une liste de seize États "non coopératifs" sur le plan fiscal, elle a toutefois refusé d'y inclure ses États à la fiscalité avantageuse, assimilables à des paradis fiscaux : Luxembourg, Irlande, Malte et Pays-Bas.

LES ESPACES TOURISTIQUES EUROPÉENS : UNE DES FORCES EUROPÉENNES GRÂCE AUX MOBILITÉS D'AGRÉMENT AUTOUR DES VILLES-MUSÉES, DES LITTORAUX ET DES MONTAGNES

La "récréation hors du lieu du quotidien consistant en un déplacement hors du domicile pour au moins une nuit" [KNAFOU et STOCK, 2013] marque les paysages et les activités des espaces de l'UE. Continent anciennement urbanisé, le **tourisme urbain** est celui qui différencie le plus cet espace dans le monde au risque de la surcharge. De hauts lieux s'imposent comme les capitales (Paris, Londres, Rome, Prague, v. Zoom, Prague, destination touristique duale), mais les espaces les plus fréquentés, rapportés à leur population, se situent davantage dans des **espaces littoraux ou de montagnes** (v. Outils, Cartes, Le tourisme en Europe). La généralisation de l'économie de plate-forme à travers la location d'appartements de courte durée induit une professionnalisation de la pratique au risque de la gentrification* [GRAVARI-BARBAS, 2023]. Au-delà du phénomène de métropolisation, ce sont les stations ou villes touristiques méditerranéennes et de l'est de l'UE qui connnaissent la plus grande pénétration, relative au nombre d'habitants du phénomène "Airbnb" [ADAMIAK, 2018].

Reconnaissable par sa coquille, le pèlerin se fait touriste, et inversement. Avec 440 000 marcheurs dotés de credenciales en 2022, les chemins européens de Saint-Jacques de Compostelle apparaissent comme un bien touristique en réseau. Dotées du label "itinéraire culturel européen" décerné par Conseil de l'Europe en 1987, l'organisation des Journées mondiales de la Jeunesse à Santiago, en 1989, lance véritablement la tendance touristique du lieu. 600 000 jeunes revitalisent le pèlerinage. Ses routes paneuropéennes depuis Gdansk, Bari, Cracovie, Budapest, Le Puy, Arles ou Vézelay en font une expérience de randonnée où le tourisme consiste en une accumulation de traces. Le lieu saint n'est plus objectif et le chemin devient l'objectif qui acquiert sacralité. Si 45 % des voyageurs/pèlerins/touristes sont espagnols, Italiens, Allemands, Français, Américains, Irlandais et Coréens font aussi partie des dix nationalités les plus représentées à Saint-Jacques, lieu final de la route. Néanmoins, le recensement des clichés sur Instagram montre que le cap Finisterre apparaît davantage comme le lieu central de cette expérience touristique au long cours que la cathédrale de Santiago elle-même [CHEVRIER, ALCANTARA, 2023]. En 2015, l'association des pèlerins de Saint-Jacques comptait 172 000 pèlerins sur le *Camino Francès,* via la Castille pour seulement 15 800 sur *el Camino de Norte* via la Cantabrie. La mise en tourisme se remarque par la professionnalisation des acteurs de la randonnée, comme l'agence "La Balaguere" à Arrens-Marsous, qui propose quarante-sept treks d'avril à octobre 2023, à destination ou sur la route de Saint-Jacques avec une segmentation du chemin, selon le temps disponible et le degré de difficulté souhaité. L'expérience du chemin fut, par exemple, popularisée par le récit de l'académicien J.C. Rufin dans son livre *Immortelle randonnée*, best-seller de l'année 2013.

Projet porté par sa réussite économique, l'UE voit dans ses systèmes productifs le moyen majeur de son affirmation dans la géopolitique mondiale (v. Chapitre Au-delà des potentialités, la puissance de l'Union européenne en acte et en question, entre *hard* et *soft power*). **Néanmoins, des intérêts nationaux divergents selon les héritages productifs et l'absence de cadre fiscal commun tendent à placer la politique industrielle davantage sur le plan des discours que des faits, au risque de voir se creuser les disparités.**

TRANSPORTS ET MOBILITÉS DANS L'UE : CONSTITUER UN ESPACE EUROPÉEN INTÉGRÉ

Le 25 mai 2023, la reprise d'ITA, compagnie aérienne qui a succédé à la compagnie nationale italienne Alitalia, par Lufthansa Group, lui-même composé des héritières des compagnies nationales allemande (Lufthansa), autrichienne (Austrian), belge (Brussels Airlines) et suisse (Swiss), montre la transnationalisation, voire le caractère paneuropéen affirmé des acteurs du secteur du transport. Présente depuis l'Acte Unique européen de 1986, validée par le traité de Maastricht, cette tendance à l'européanisation des enjeux de mobilité des personnes et des capitaux marque consubstantiellement le projet de l'Union européenne depuis 1992, qui suit dans ces matières les dynamiques nord-américaines [Zembri, 2007]. Deux questions se posent alors conséquemment : **quels sont les effets territoriaux de cette double dynamique de privatisation/intégration des acteurs européens de transports** et, **d'un point de vue d'aménagement du territoire, dans quelle mesure la gouvernance des mobilités et la constitution d'un réseau d'une infrastructure paneuropéenne contribuent-elles à l'européanisation des politiques de déplacements ?**

UNE INTÉGRATION NORMATIVE AU CŒUR DU PROJET DE L'UE

La mobilité, droit fondamental de l'acquis communautaire

Le cadre normatif de l'UE concernant les mobilités est marqué par un principe : la libre circulation des travailleurs de la CEE dès le traité de Rome de 1957 (Art.3 précisé à l'Art. 48 et 49). La concrétisation de cette politique réside dans la création de l'espace Schengen, entré en vigueur en 1995 pour sept pays. La dynamique de l'élargissement de l'espace Schengen constitue la preuve de la dynamique de fluidité promue par le libre-échange (v. Chapitre L'UE : une construction aux implications territoriales fortes). La crise migratoire de 2015, les attentats de Paris et Bruxelles puis la crise covid rendent l'espace Schengen moins ouvert (v. Chapitre L'UE : une construction aux implications territoriales fortes). À compter du 1er janvier 2023, l'espace Schengen compte vingt-sept membres, du fait de l'entrée de la Croatie. Outre vingt-trois États de l'UE sur vingt-sept, l'espace Schengen compte quatre États extracommunautaires (Suisse, Liechtenstein, Norvège et Islande). Quatre États de l'UE n'en font pas partie. **L'érection des murs aux frontières extérieures** de l'Espace Schengen (35 km de murs ont été construits entre la Bulgarie et la Turquie, 158 km entre la Hongrie et la Serbie, plus de 200 km à la frontière séparant la Lettonie de la Russie, 180 km entre Pologne et Biélorussie), mais surtout à l'intérieur de l'espace Schengen lui-même (dyade* Hongrie-Croatie ou Autriche-Slovénie) révèle la profonde crise des mobilités qui a pourtant fait la légitimité du projet de l'UE. **Ainsi peut être analysé le débat sur la restriction ou non des mobilités au nom du réchauffement climatique** : faut-il les restreindre par la loi ? Une coupure idéologique est-ouest au sein de l'UE apparaît nettement sur le sujet. Pour les États intégrés en 2004, la libre circulation, comme symbole de rupture avec le passé communiste, n'est pas négociable.

La politique de développement régional au nom de la cohésion

Dans la politique de cohésion 2021-2027, le grand principe "Une Europe plus connectée (grâce à des infrastructures de transports stratégiques et des réseaux numériques)" n'arrive qu'en 3e position derrière "I. Une Europe plus intelligente (par l'innovation, la numérisation, la transformation économique et le soutien aux petites et moyennes entreprises)" et "II. Une Europe plus verte et à faible émission de carbone (en mettant en œuvre l'accord de Paris et en investissant dans la transition énergétique, les sources d'énergie renouvelables et la lutte contre le changement climatique)" [BOURDIN, 2020]. Néanmoins, "**la politique des corridors***", présentés comme des axes multimodaux à grande capacité, permet de concrétiser une volonté d'intégration des marges, qui revendiquent leurs marginalités topographiques (distance physique) et topologiques (éloignement des réseaux) pour attirer les financements. Axe transverse, la ligne Cadix-Barcelone via Murcie, Alicante et Valence connaît ainsi d'importantes discontinuités. "Entre Murcie et Almeria, aucune ligne ferroviaire n'existe à l'heure actuelle, tandis qu'entre Tarragone et Vandellós, 40 km de voie unique subsistent malgré un très important trafic de voyageurs et de marchandises sur cet axe, créant une importante congestion et des allongements de temps de trajet." [LIBOUREL, 2019a] La logique radiale vers la capitale prime sur la logique interrégionale.

Une planification par les infrastructures RTE-T

Les **réseaux transeuropéens de transports** (RTE-T) [BEYER, 2020] procèdent d'une forme de puissance par la norme, une politique, avant tout discursive, de grands projets (v. Chapitre L'Union européenne : des potentialités indiscutables et pourtant une puissance problématique ? et Zoom, Les RTE-T). Les RTE-T visent à effacer le biais national du cadre de construction des infrastructures de transport. Ils veulent ainsi rendre visible la construction européenne à travers la facilité de circulation. **Les infrastructures prennent la valeur d'emblèmes de l'intégration**, notamment pour les plus spectaculaires comme le lien fixe sur l'Øresund entre le Danemark et la Suède méridionale ou le projet, toujours conflictuel, du Lyon-Turin [SUTTON, 2010]. Ce même type de projet peut être le ferment d'une identité nationale fondée sur l'articulation réseaux-territoires, comme en Suisse [SUTTON, 2019]. Les grands corridors* de transport européens assurent la possibilité d'un marché unifié et donnent finalement une échelle appropriée au projet territorial européen lui-même. En hiérarchisant l'espace, ils font voir d'abord la centralité de l'archipel métropolitain. Ainsi, même si ces corridors visent à arrimer les périphéries, ils renforcent d'abord la polarité des lieux centraux de la dorsale européenne. L'espace Strasbourg-Francfort apparaît particulièrement concerné par le réseau de "magistrales", planifié par la Commission en 2013. Les mégacorridors de l'Europe rhénane obéissent donc "à une double exigence : celui de la rentabilité économique [pour les opérateurs et gestionnaires de réseaux] et un moyen efficace de relier les réseaux entre eux [par le renforcement des nœuds]." [LIBOUREL, 2019b]

Des nœuds sont concernés par au moins trois corridors : Strasbourg-Mannheim, Bruxelles-Amsterdam, Bologne Ravenne, Vienne-Bratislava, Berlin, Budapest. Mais seuls les nœuds de Strasbourg-Mannheim et Vienne-Bratislava accueillent trois corridors majeurs (respectivement depuis Atlantique-Rhin-Alpes et Rhin-Danube ; sur les axes Adriatique-Baltique, Strasbourg-Danube-Hambourg-Le Pirée). Les **ports comme lieux finaux des corridors terrestres** sont particulièrement sollicités, en leur qualité d'interface* terre-mer (v. Zoom, Hambourg, port de la triple interface). Les dénominations rappellent également l'importance des façades maritimes dans leur entier "Adriatique", "Atlantique". En complément, les **fleuves transnationaux** comme objets géographiques communs sont convoqués (Rhin, Danube) dans une logique de bassin versant et d'organisation des hinterlands. Une ombre demeure : la concrétisation des financements. Les sommes mobilisées par le budget de l'UE restent secondaires (27 % pour la période 2007-2013) par rapport aux autres types de financement qui impliquent les États ou les collectivités locales de toutes échelles, principaux bailleurs de fonds. À l'échelle communautaire, la BEI (Banque européenne d'investissement), siégeant à Luxembourg, ou les budgets issus de la politique régionale européenne (FEDER) sont convoqués. Enfin, d'autres mécanismes financiers interviennent pour garantir les prêts consentis et attirer les investissements privés dans le cadre du programme *Connecting European Facility* du plan Juncker (2015-2020). Ainsi, la norme de la libre circulation, projetée par la planification, se trouve au service du flux qui doit combiner deux qualités, vitesse et fluidité.

DES NŒUDS, DES LIEUX CENTRAUX (PORTS, PÔLES D'ÉCHANGE, ESPACES TRANSFRONTALIERS) QUI MARQUENT UNE VOLONTÉ D'UNE MOBILITÉ SANS RUPTURES

Si, pour des raisons symboliques et politiques est affichée la volonté d'un maillage du territoire européen, c'est bien par les nœuds, envisagés comme lieux centraux des mobilités que se vivent au quotidien les mobilités continentales.

Aéroports et ports, lieux de transports en réseaux dans la mondialisation

• Géographie de la massification du transport aérien : la logique de déréglementation et l'apparition d'acteurs

Depuis l'acte unique de 1986, confirmé par le traité de Maastricht de 1992, le **transport aérien** est le mode qui a le plus puissamment contribué à la diversification des mobilités des individus. À la faveur de l'émergence d'acteurs au modèle économique visant à la réduction et la segmentation de tous les coûts d'exploitation, des compagnies *low cost* de taille continentale structurent désormais le ciel européen (v. Outils, Figures- Le transport aérien et maritime dans l'UE). Chacune est désormais libre de desservir n'importe quel aéroport de l'Union européenne en vertu d'un accord de "ciel ouvert" ("*Open Skies*"). Première compagnie européenne en termes de passagers (169 millions passagers entre mars 2022 et mars 2023 dans des avions remplis à 93 %), l'Irlandaise Ryanair a fondé son succès sur la standardisation de sa flotte d'appareils (565 Boeing 737 + 300 Boeing 737 Max en commande), le vol de point à point vers des aéroports secondaires, dont l'utilisation est moins coûteuse, les larges subventions des collectivités locales au nom du développement économique et de l'accessibilité et la monétisation de chaque service auxiliaire, ce qui lui permet de proposer des billets "secs" à coûts très réduits. La firme britannique Easyjet ou des filiales d'anciennes compagnies nationales comme Eurowings pour Lufthansa ou Transavia pour Air France ont adopté le même modèle. Un point de bascule symbolique a été franchi le 20 juin 2023 lorsque la compagnie *low cost* espagnole Volotea a annoncé desservir plus de lignes intérieures (61) en France que la compagnie historique Air France (58). D'abord basées sur la massification des flux autour des grands *hubs** (Roissy, Francfort, Amsterdam) avec la coordination entre gestionnaires d'aéroports et compagnies aériennes, les liaisons intra-européennes ont profité d'un maillage aéroportuaire dense (120 aéroports commerciaux en France, record d'Europe ; 39 en Italie, 50 en Espagne...) pour explorer d'autres liaisons. Les *hubs* restent pertinents pour les liaisons long-courriers, où les compagnies historiques conservent en grande partie leur domination. Néanmoins, selon Eurocontrol, en 2007, 90 % des vols réguliers partent de 250 aéroports en Europe. De ces 250 aéroports, 25 concentrent à eux seuls 43,8 % des vols : un nombre dérisoire, sachant que l'on compte au moins 1600 aéroports éparpillés à travers le continent (v. Outils, Figures- Le transport aérien et maritime dans l'UE). Deux des cinq principales plates-formes continentales ne sont pas dans l'UE, mais à ses bordures ouest (Londres Heathrow) et est (Istanbul), qui profitent davantage du dynamisme du Golfe et de l'Asie. Cette situation fait craindre de la part des représentants de la filière un contournement progressif des aéroports de l'UE si une taxation spécifique unilatérale y est appliquée.

- **Géographie de la privatisation des ports : une oligopolisation mondialisée**

Pour les échanges de marchandises, les **changements réglementaires d'accès aux ports renforcent les centralités existantes**. La **Northern Range et son annexe baltique** (v. Zoom, Hambourg, port de la triple interface) sont l'espace le plus fréquenté par les navires marchands en Europe. La croisière y est également présente, mais moins qu'en Méditerranée. Le conteneur demeure, depuis les années 1970, le vecteur privilégié de la maritimisation des échanges. Dans cette industrie, les principaux acteurs mondiaux restent européens. L'Italo-Suisse MSC, le Danois Maersk, et le Français CMA CGM se partagent le podium des entreprises ayant la plus forte capacité d'emport de conteneurs au monde. Cette croissance a entraîné la construction de méga-porte-conteneurs. Le plus grand à date de fin juin 2023 étant le *MSC* Irina de 24 346 EVP*, fabriqué par Jiangsu Yangzi Xinfu Shipbuilding Co à Taixing, en Chine.

Ainsi la fabrication échappe aux acteurs et territoires européens, les bateaux étant fabriqués en Asie, notamment par les *chaebols* Hyundai et Daewoo en Corée du Sud. Au premier semestre 2022, la baisse du trafic de conteneurs touche tous les ports européens, à l'exception de Hambourg et Barcelone. Le leader européen, Rotterdam, accuse en revanche un repli de 4,4 %, notamment lié à la perte du trafic de conteneurs à destination et en provenance de la Russie, mais aussi à la désorganisation actuelle des services maritimes. "Pour gagner du temps, les grands navires annulent désormais souvent des escales (-5,5 % d'escales à Rotterdam par rapport à l'année dernière), et chargent et déchargent davantage de conteneurs par escale (+6,1 %). Il en résulte des pics d'activité dans les terminaux [...]. En raison de cette évolution, les compagnies maritimes utilisent actuellement relativement plus souvent des petits ports d'escale pour le transbordement plutôt que des grands ports tels que Rotterdam", analyse l'autorité portuaire.

La **privatisation des ports** est devenue une réalité, notamment au Pirée depuis 2016, où la Chine, via l'entreprise d'État Cosco, rachetant l'autorité portuaire du Pirée, en a fait sa porte d'entrée européenne pour sa stratégie de "route de la soie" [Buigi, Kyramargiou, 2016]. Via Cosco et China Merchants Group (CMG), l'État chinois possède des intérêts dans seize terminaux situés dans treize ports européens, représentant en 2019, l'équivalent de la manutention de 11 millions d'EVP [Merk, 2020]. Outre Le Pirée, Rotterdam, Valencia, Zeebrugge, Thessalonique, Le Havre ou Marsaxlokk (Malte) sont concernés. De même, les armateurs de porte-conteneurs, disposant d'une trésorerie importante, investissent dans l'acquisition des terminaux portuaires hors UE, comme CMA CGM propriétaire du terminal Fenix Marine Services (FMS), troisième plus grand terminal des ports de Los Angeles, en novembre 2021. Dans le monde maritime et portuaire, l'UE apparaît de plus en plus comme une périphérie intégrée au détriment de centres que sont les lieux formant l'espace pacifique.

Pôles d'échanges intermodaux :
la dualité passagers/marchandises
au service de la fluidité et de l'extension des hinterlands

Se dessine une géographie des nœuds qui garantissent un transport des marchandises ou une mobilité des personnes avec la fluidité la plus forte possible. Il s'agit des **plates-formes logistiques intermodales** dédiées aux marchandises et des pôles d'échanges, à destination des passagers. Réaffirmée par une déclaration du Comité économique et social européen de novembre 2021 ("Le futur système de transport de l'UE doit exploiter le potentiel de l'intermodalité"), l'articulation des modes de transports est l'instrument de planification et d'organisation des mobilités qui doit permettre de gagner en efficacité, donc en productivité.

En tant que premier port européen et onzième mondial, **Rotterdam** apparaît comme un *gateway** particulièrement performant et en évolution. L'extension Maasvlaakte 2, inaugurée en 2013 sur un terre-plein de 2000 ha, a permis la construction de deux terminaux : APM Terminals, détenu par Maersk et Rotterdam World Gateway, détenu par DP World, filiale internationale du port de Dubaï. Par exemple, pour APM Terminal, une desserte par rail est assurée vers Eindhoven (sept fois par semaine), Venlo (six fois par semaine.), Heme (six fois par semaine), Duisbourg, premier port fluvial européen (six fois par semaine) Tilburg (sept fois par semaine), Bâle (deux fois par semaine) et Wölfurt (Autriche).

L'aéroport de Copenhague Kastrup, avec 22,1 millions de passagers en 2022, n'a pas retrouvé son trafic de 2019 de 30,3 millions de passagers. Néanmoins, il s'impose comme la porte d'entrée de la Scandinavie, grâce à son excellente connectivité ferroviaire (accès au centre-ville en train depuis Copenhague central en 13 minutes, toutes les dix minutes). Les destinations desservies couvrent équitablement Danemark et Suède, grâce au lien transnational du pont de l'Øresund, mis en service en juillet 2000. Elle en fait d'ailleurs un argument de marketing territorial dans la compétition intermétropolitaine avec Stockholm. Depuis 2011, cette desserte s'est améliorée. Avec cinq trains par jour vers Stockholm Central, CPH atteint le cœur de l'hinterland de Stockholm Arlanda. Hamburg et Berlin sont desservies par train de nuit. Vers Kalmar, dix trains par jour. Les trains vers Karlskrona et Göteborg sont cadencés, une fois par heure respectivement à 22 et à 42, de 7 h à 19 h pour la première ligne, de 5 h à 21 h pour la seconde.

AU SERVICE DE LA MÉTROPOLISATION, VOIE VERS LA COHÉSION OU LA COMPÉTITIVITÉ ?

À l'échelle urbaine, le poids de la métrique pédestre comme modèle d'urbanité

Si les politiques et incitations européennes concernent d'abord les liaisons interurbaines, les **mobilités intra-urbaines** sont également marquées par une forme d'européanisation des pratiques. Dans son *Dictionnaire de géographie et de l'espace des Sociétés*, Jacques Lévy fait de la métrique pédestre un pilier de son "modèle d'Amsterdam" [Lévy, 2013, p. 1056] qui fonde l'européanité des villes. Le tramway et le vélo en sont les deux incarnations modales. [Woessner, 2019] Les villes de l'Union européenne les adoptent par vague d'imitation et/ou par réinvestissement d'un héritage retrouvé selon des rythmes différenciés. En France, il ne restait plus que trois réseaux de **tramways** actifs en 1975 (Marseille, Saint-Étienne et Lille), mais vingt-six en 2014, soit une multiplication par huit. En Espagne, on est passé de 2 à 8 tramways en 2011 ! Seules l'Allemagne et l'Autriche en ont démantelé durant la période 1975-2011 [Emangard, 2012]. Les acteurs industriels de l'"écosystème tramway" sont nombreux et en concurrence. Un duopole Alstom (englobant Bombardier Transport depuis 2021) et Siemens Mobility domine le marché, contesté par d'autres industriels, notamment des PME spécialisées comme Lohr (à Duppigheim près de Strasbourg, ex-filiale du groupe allemand Lohr ou Stadler en Suisse). En Italie, AnsaldoBreda construit des tramways, tout comme Construcciones y Auxiliar de Ferrocarriles (CAF) en Espagne, Vossloh en Allemagne, Škoda en République tchèque et Solaris en Pologne [Woessner, 2019].

Le **vélo** en libre-service incarne une nouvelle approche Maas* de la mobilité urbaine. En France, depuis le réseau pionnier de Vélov' à Lyon 2005, soixante-dix-huit systèmes ont été mis en place à l'échelle de la commune ou de l'intercommunalité, de Paris à Domfront-en-Poiraie dans l'Orne, dotée de dix vélos sur une seule station. Cette innovation servicielle s'étend à toute l'Europe : quarante et un systèmes en Espagne, trente-quatre systèmes en Allemagne dans vingt-neuf villes (Berlin, Cologne, Francfort et Hambourg étant dotées de deux systèmes concurrents), dix systèmes en Italie, six en Grèce, mais seulement un aux

Pays-Bas, à Amsterdam. Ceci est sans doute dû au fait que la généralisation de la mobilité cyclable individuelle en ville a précédé dans ce pays la généralisation des systèmes de vélos en libre-service, à partir de 2003-2005.

Imaginaires et injonctions à la mobilité durable au nom de la financiarisation de la ville

Néanmoins, certains analystes pointent le **processus de responsabilisation du libre choix modal laissé à l'individu** [REIGNER, BRENAC, HERNANDEZ, 2013], qui cache une financiarisation accélérée de la ville et de ses mobilités. Pour avoir le choix modal, mieux vaut habiter en hyper-centre qu'en banlieue ou dans un espace périurbain. La production des espaces standardisés des écoquartiers, happés par le capitalisme immobilier produit un 'entre-soi' contemporain qui se construit souvent à partir du discours officiel de la mixité ou de la diversité." [TISSOT, 2014] Le "durable" est au service d'une montée en gamme de la production urbaine. Pour faire vivre concrètement la charte de Leipzig, en faveur de "villes vertes, justes et productives" (*sic*) signée en 2020, Urbact, un programme financé par la DG MOVE de la Commission européenne, "pour renforcer l'effectivité de la politique de cohésion en faveur de l'avenir des villes durables depuis 2002", met en avant la "réhumanisation des villes" à travers divers concepts sur les rythmes de mobilités urbaines : "la ville du quart d'heure", Carlos Moreno sur Paris ; la vision en "super-blocs" ou le modèle barcelonais, Adriadna Miquel ; la ville apaisée des 30 km/h, développé par Kristof de Mesmaeker, directeur de la mobilité à Bruxelles [TOSICS, 2023]. Ces idées participent tant d'un échange de bonnes pratiques que d'une **volonté de normalisation des pratiques urbaines de mobilités**. L'espace rhénan est emblématique de ces tensions entre durabilité sociale, économique et environnementale à travers des projets urbains ambitieux, mais standardisés de revitalisation urbaine des fronts d'eau fluviaux, à partir des friches portuaires [BEYER, 2017].

Enfin, **les villes européennes se mettent en scène par les mobilités**. Selon le principe "*The medium is the message*" de M. McLuhan, les véhicules ou les espaces publics sont l'occasion de valoriser les marques urbaines ou "*city branding*". Le logo est perçu comme un moyen performatif d'existence pour la métropole (v. Outils, Photographies-Only Lyon).

LES DÉFIS D'UNE EUROPE EN PROIE AUX CHANGEMENTS GLOBAUX

La production mondiale de GES* et l'artificialisation croissante des milieux participent à une série de mécanismes globaux de transformation des écosystèmes, une menace directe et indirecte sur la biodiversité, ainsi qu'une série de problématiques relatives à la pollution [Libourel, 2023].

Depuis les années 1950, l'UE s'est fondée sur le principe d'un espace de marché commun, aux règles de fonctionnement favorables aux échanges commerciaux et financiers, et privilégiés entre ses membres [Kahn, 2021]. C'est aussi une UE qui a activement participé à l'érection d'un système mondialisé et intégré de centres de décision et de finance à des espaces productifs éloignés distendant les réseaux logistiques [Carroué, 2019].

La rencontre de ces deux éléments de contexte centre ici le propos sur les **enjeux relatifs à la préservation des environnements naturels**, car l'accroissement des activités et des échanges à l'échelle terrestre remet directement en cause la manière dont les systèmes productifs industriels fonctionnent. De même, les **déplacements** ainsi que **l'artificialisation des sols** posent question, étant par exemple entendu que l'AEE (Agence européenne de l'environnement) évalue dans son dernier rapport que près de 80 % des écosystèmes naturels sont en "mauvais état". Plus classiquement, **la gestion, le recensement et l'évaluation des espaces pollués**, tout comme celui des espaces riches de la biodiversité sont de plus en plus associés à une politique globale de l'Union qui vise non plus seulement à protéger, mais aussi à restaurer les environnements naturels. Le développement de ces politiques s'articule étroitement avec les ambitions de l'Union en faveur du **climat**, dont le niveau a été relevé depuis 2021. Enfin, l'un des enjeux clés réside dans la question énergétique : produire autant sinon plus, mais consommer moins, tout en polluant moins.

Comment la prise en compte croissance du contexte centré sur les changements globaux (essentiellement environnementaux) contribue-t-elle à façonner des politiques communautaires actuelles ?

L'UE est confrontée à un tournant sur le plan de sa politique, face à la prise de conscience, rapide, mais brutale, des changements globaux : l'ambition d'une politique dotée d'une "architecture verte complète" (discours de la présidente de la Commission européenne, Ursula Van der Leyen, le 14 juillet 2021) relève d'un cheminement, mais aussi d'actions dont les questionnements géographiques apportent un éclairage spatial original, tant sous l'angle de l'environnement que de l'énergie.

AUX CHANGEMENTS GLOBAUX, DES RÉPONSES ENVIRONNEMENTALES GLOBALES

Les conditions d'émergence d'un pacte vert à partir de la lutte contre le réchauffement climatique

L'UE se dote actuellement d'une **législation ambitieuse sur le climat et la protection de l'environnement** : depuis 2021, l'ensemble des mesures adoptées à l'échelle communautaire visent à assurer une transition énergétique, mais aussi environnementale dans le but de respecter les engagements pris au niveau international.

Historiquement, les politiques environnementales de l'UE ont consisté à intégrer des secteurs clés dans le but de protéger (v. Zoom, Natura 2000), restaurer (directive-cadre sur l'eau), mais aussi prévenir les dégradations (principes de précaution et de pollueur-payeur). La décennie 2010 voit néanmoins émerger une préoccupation plus générale, où les enjeux environnementaux se traduisent à la fois par un questionnement renouvelé sur les espaces naturels, mais aussi sur la production et la protection vis-à-vis des polluants d'origine anthropique, et la prise en compte de l'ensemble des aspects liés à la consommation des énergies. Ainsi, au défi global des dégradations des écosystèmes terrestres et maritimes, on voit émerger l'ajout d'une dimension plus globale des politiques environnementales de l'UE.

La COP 21 a notamment édicté le principe de neutralité carbone que l'UE s'est fixé pour objectif d'atteindre pour 2050, et a notamment permis à l'UE de poser les bases d'une diplomatie européenne [PETIT, 2020]. Depuis 2021, les enjeux climatiques apparaissent pleinement intégrés au cœur de la construction des actions politiques de l'UE, avec un objectif de baisse de plus de 55 % d'émission des GES* en 2050, objectif qui correspond à la moyenne des pays de l'UE, et non à chaque pays. L'un des leviers clés de cet objectif est notamment la réforme des marchés carbone (v. Outils, Figures-La libéralisation de l'Europe verte), dont l'application ménageait jusqu'à aujourd'hui les activités industrielles très émettrices en GES (acier, ciment, transports routiers). La mesure a été adoptée par le Parlement européen en juin 2022 et sera applicable à partir de 2027 par paliers, tandis que les mesures d'interdiction des moteurs thermiques seront applicables à partir de 2035 (les transports sont responsables pour près de 25 % des GES de l'UE).

Outils de mise en œuvre des réformes environnementales

Depuis 2019, l'UE, à partir des propositions de la Commission européenne, a élaboré une **nouvelle stratégie d'avenir** permettant de mettre en œuvre l'engagement de réduction des émissions de GES à l'horizon 2030, nécessaire pour atteindre la neutralité carbone en 2050. Cette stratégie correspond au **"pacte vert" européen**, déployé dans une multitude de directions effectives, dont la question environnementale est le dénominateur commun: au total, la commission envisage depuis 2019 la mobilisation d'un budget d'environ 1000 milliards d'euros sur la période 2021-2027, coordonnés autour des efforts climatiques et environnementaux à réaliser (v. Outils, Figures-La libéralisation de l'Europe verte).

À sa seule charge, l'UE doit prendre sur ses budgets existants environ 50 % de cette enveloppe, entraînant le reste des financements par une participation des financements par les États de l'Union, le reste reposant sur des mécanismes financiers d'investissements : actions de la Banque européenne d'investissements, financement de la recherche et de l'innovation par valorisation de la réforme des quotas de GES réformés, et apport de garanties financières aux investissements pour les rendre plus attractifs.

Restaurer les écosystèmes et lutter contre les pollutions et l'artificialisation des espaces

Plus loin encore que la question de la stricte production des GES, la politique européenne vise à amorcer une **action phare en matière de restauration des écosystèmes** (v. Outils, Photographies-L'Europe s'engage). En particulier, l'**agriculture** est un secteur dans lequel les mesures de restauration des écosystèmes sont très attendues : développer les surfaces forestières (agroforesterie) sur environ 10 % des surfaces agricoles contribuerait pour une part importante à l'accroissement des capacités de stockage du carbone (puits de carbone), tout comme encourager les pratiques agricoles plus vertueuses permettrait de lutter contre l'érosion des sols et l'effondrement de la diversité observée depuis plusieurs décennies dans tous les territoires de l'UE (v. Chapitre Des territoires ruraux et agricoles communautaires).

Le **secteur de la construction**, mis à contribution à travers la fin annoncée des quotas gratuits d'émission de GES, se voit aussi mis sous pression à travers l'objectif plus général de limitation de l'artificialisation des sols. S'il ne s'agit pas d'un gel strict des constructions, en particulier via l'urbanisation, la mesure visée pour 2050 a pour but de préserver les ressources foncières, en particulier la terre agricole, mais aussi les espaces naturels autour des villes. Depuis 2006, la directive-cadre pour la protection des sols visait à lutter contre l'artificialisation des sols, mais est restée quasi lettre morte faute d'un consensus à propos du concept d'artificialisation. Ainsi, cet objectif de gel de l'artificialisation des sols constitue un chantier inédit à l'échelle du continent pour l'ensemble des États, des villes, mais aussi des ménages : envisager des formes urbaines qui ne suivent plus la logique contraire à tendance actuelle !

de l'étalement urbain, norme pendant plus d'un demi-siècle, mais favoriser la transformation des activités, des usages et la reconversion urbaine en favorisant l'augmentation de la densité des bâtis. En France, la mesure ZAN (Zéro Artificialisation Nette), applicable entre 2030 et 2050, fait figure de mesure législative inédite, puisqu'à ce jour aucun autre membre de l'UE ne l'a adoptée.

L'imbrication des droits européens et nationaux

Les pays de l'UE connaissent une diversité de situations et d'exposition à la dégradation des ressources et des composantes des milieux naturels, mais évoluent vers des **problématiques de plus en plus centrées sur les pollutions**. Par exemple, la **protection de la qualité des eaux** est une politique déjà ancienne et connue pour le territoire de l'UE [ELISSALDE, 2022]. La directive 2000 a permis de souligner l'importance de la lutte à l'échelle du territoire de l'UE pour la qualité des eaux, base d'un environnement sain pour la population : rétablissement de niveaux acceptables pour la pollution aux nitrates à un seuil inférieur à 50 mg/l, mais aussi de plus en plus rétablissement de la qualité des environnements des cours d'eau dans leur dimension environnementale, ainsi que des nappes d'eau souterraine. Ces enjeux sont de plus en plus intégrés à la construction des politiques nationales sectorielles sur l'eau, comme l'exemple de la France permet de l'illustrer [SPYRATOS, GARNIER, 2021].

Autre sujet, les enjeux relatifs aux émissions de polluants dans l'air, et plus généralement à la qualité de l'air sont un domaine dans lequel l'UE a établi un certain nombre de directives, d'abord non contraignantes, mais dont l'orientation vise de plus en plus à inciter fortement les États à respecter les préconisations : les premières directives remontent au début des années 2000, avec la directive relative à l'émission de métaux lourds dans l'atmosphère (nickel, cadmium, mais aussi arsenic), suivie par celle de 2008 relative à la mise à jour de la liste des polluants atmosphériques liés notamment aux transports routiers et au chauffage (SO2, NO2, NOx, PM10, PM2,5, etc.) qui avaient déjà été identifiés dans plusieurs directives des années 1990. Le mouvement vise à réduire ces émissions, avec le constat simple que si la quantité de polluants est globalement en baisse sur les dernières décennies, la qualité de l'air ne s'est pour autant pas vraiment améliorée, une partie de la faute incombant à la montée en puissance des émissions de particules fines dans l'atmosphère (PM10, PM2,5). Le nombre annuel de morts dues à la pollution atmosphérique, pour 2022, était estimé par exemple à plus de 230000 personnes. Tout comme pour la directive-cadre sur l'eau, ces mesures sont de plus en plus opposables aux différents États par la Commission européenne, qui en a ces dernières années renvoyé plusieurs devant la CJUE: ainsi en 2020 la France, puis en 2021 la Slovaquie, la Belgique, la République tchèque, et la Pologne pour le non-respect des orientations attendues en matière de lutte contre les polluants atmosphériques.

Une prise de conscience longue et controversée vers le concept d'environnement pollué

Plus généralement, les derniers rapports de l'Agence européenne de l'environnement soulignent combien les environnements sont à penser dans un sens plus large qu'un ensemble de composantes naturelles (écosystèmes) des territoires. Ainsi, l'évaluation de l'état de conservation des habitats et des milieux naturels est-elle présentée à travers les publications, que ce soit pour des environnements terrestres, aquatiques, marins, quand on sait le rôle de l'AEE* de plus en plus central dans l'élaboration des législations européennes. En outre, ce sont les enjeux concernant la biodiversité qui sont de plus en plus placés au centre des réflexions relatives à la maîtrise des pollutions: biodiversité animale, végétale, respect des habitats constituent le socle de la lutte contre les pollutions à l'échelle du territoire de l'UE.

L'exemple des PFAS (per- et polyfluoroalkylées, utilisés massivement dans l'industrie chimique pour leurs propriétés antiadhésives, imperméabilisantes et résistantes aux fortes chaleurs) est également éclairant pour saisir la transformation, d'ampleur, mais encore souvent jugée trop lente, de la prise en compte de la dégradation des environnements: ils correspondent à une pollution au long cours, massive et retrouvée dans l'ensemble des terres, eaux de surface et souterraines, mais aussi dans l'atmosphère de l'Union européenne. C'est à partir du début des années 2000 que les PFAS ont été identifiés comme substances dangereuses pour les organismes, du fait de leur toxicité ainsi que de leur présence dans l'environnement sur le long terme. En 2020, l'EFSA a notamment déclaré l'importance des PFAS en termes de dangerosité pour les humains lors de leur présence dans l'alimentation, et dans le même temps la Commission européenne a relayé cette information via la commande d'un rapport d'expertise et de premier inventaire de ces substances dans les environnements. Ainsi, loin de l'objectif premier de protection des milieux naturels et/ou sauvage , l'identification de la pollution persistante devient un objectif clé des enjeux environnementaux : l'Agence européenne de l'environnement recommande ainsi de dépasser le cadre traditionnel "pollueur-payeur" appliqué jusque-là pour s'orienter vers un objectif "zéro pollution", plus global.

Des controverses et des débats malgré des ambitions claires

L'émergence des politiques environnementales européennes relève pour autant de **négociations, dont ne sont pas exempts d'importants débats et rapports de force politiques**. En effet, ce sont des mesures prises à la fois dans le cadre de négociations entre États, mais aussi qui tiennent compte de différents **lobbyings** : ceux des associations citoyennes, qui militent en faveur d'une accélération des mesures environnementales, mais aussi à l'opposé ceux d'entreprises ou d'intérêts politiques visant à modérer le train d'avancement de mesures contraignantes.

Par exemple, en juin 2023, l'adoption de nouvelles mesures du Pacte européen pour le climat suscite des controverses importantes : le vote au parlement est mis en balance et en partie vidé de sa substance par le groupe politique du PPE. En particulier, les objectifs environnementaux liés à l'accroissement des pratiques d'agroforesterie sont visés. Les groupes industriels européens ne sont pas non plus étrangers à un intense lobbying en faveur de l'octroi de plus de marges de manœuvre face aux adaptations environnementales nécessaires : développer les carburants de synthèse et repousser la fin de la production des moteurs thermiques est ainsi remis en question au printemps 2023, alors que la mesure semblait acquise depuis plusieurs années. Par ailleurs, la Commission européenne a, la même année, accordé un assouplissement des règles de publication du bilan carbone devenu obligatoire à partir de 2024. Dans le domaine de la maîtrise de la qualité de l'air et de la préservation des environnements, les assouplissements et débats restent nombreux sur les territoires de l'UE : ainsi, au 10 juillet 2023, le ministère de la Transition écologique français a publié un état de la question relatif à la mise en œuvre des ZFE (zones à faible émission) dans les grandes agglomérations françaises. Cette publication fait écho aux nombreux débats se rapportant aux restrictions d'accès des véhicules les plus polluants dans ces zones, faisant état d'importantes injustices en matière d'accès aux espaces urbains par les populations périurbaines et rurales. L'application des mesures restrictives s'est donc assouplie avec davantage de place accordée à la concertation à l'échelle locale, dont la ville de Paris est le cas le plus emblématique, même si l'Union européenne souligne qu'en matière d'avancées environnementales, les collectivités locales ont été ces deux dernières décennies plutôt plus rapides à prendre des mesures volontaires que les États eux-mêmes. Ainsi, depuis 2007, la ville de Stockholm, comme d'autres métropoles européennes (Bergen dès 1986, Milan, Londres en 2003, Göteborg en 2013), a instauré la mise en œuvre d'un péage urbain afin de limiter l'accès des véhicules des navetteurs à son centre-ville (v. Chapitre Transports et mobilités dans l'UE). L'engagement local a ainsi permis d'améliorer sensiblement la qualité de l'air, en favorisant un report modal efficace des flux de navetteurs, tout en dégageant de nouvelles ressources pour la collectivité locale.

LES ÉNERGIES EN EUROPE : UN TEST POUR LA COHÉSION DE L'UNITÉ ET DE LA COHÉRENCE DE SES POLITIQUES

Les politiques environnementales sont également conditionnées à la problématique énergétique. Comme le souligne justement Jean-Marc Jancovici, toute croissance économique repose nécessairement sur des ressources, en particulier sur de l'énergie afin de décupler l'activité humaine.

L'UE est sur ce sujet confrontée à une série de problématiques qui révèlent à la fois les enjeux stratégiques de l'énergie au regard du climat, mais aussi de la question de la souveraineté, ainsi que les enjeux d'une réorganisation des territoires de l'Europe au regard de la production, de la localisation des énergies en même temps qu'ils questionnent les choix possibles de développement des énergies disponibles.

Sevrer les activités des énergies fossiles

La **problématique des énergies renouvelables** se produit à nouveau à travers le pacte vert, dont la concrétisation est le point actuel d'avancée de promotion des énergies renouvelables. Il s'agit en effet de pousser le niveau de production des énergies renouvelables décarbonées, en particulier pour la production électrique, qui devient centrale pour l'ensemble des secteurs économiques : si ces énergies pèsent encore pour 70 % dans l'ensemble du mix énergétique européen, la montée en puissance doit se faire dans les quelques décennies qui nous séparent de l'horizon de 2050. Les parcs éoliens on- et off-shore, la production d'énergie solaire, l'hydroélectricité apparaissent comme des piliers des énergies renouvelables, vertes, face à l'utilisation du charbon (en particulier en Pologne, encore dépendante à plus de 40 %) ou du pétrole en particulier dans le domaine des transports (premier secteur de consommation de pétrole de l'Union).

Les variations ainsi dressées soulignent à la fois le **fort contexte général de dépendance aux importations de l'Union** (à 60 % en moyenne), mais aussi le fait que ces énergies révèlent des niveaux de production de GES variables selon les États. Ainsi, à l'échelle du continent, l'empreinte carbone de la seule production électrique de chaque pays varie très sensiblement : si dans le groupe des pays scandinaves, seule la Suède dans l'Union parvient à une production électrique inférieure à 30 g équivalents CO2/kWh, la France est le seul pays de l'Union à atteindre un niveau inférieur à 80 g pour l'année 2022 grâce à sa production massive dans le secteur nucléaire (plus de 75 %), alors même que seule 25 % de la production totale est assurée par des énergies renouvelables. À l'opposé, la Pologne atteint des niveaux proches de 800 g équivalents CO_2/kWh avec un parc essentiellement alimenté par ses centrales à charbon (plus de 70 %).

Localiser les énergies renouvelables à venir

La promotion des énergies renouvelables pose la question de leur localisation : le Danemark est, par exemple, l'un des pays qui se sont le plus avancés dans la production d'énergie éolienne, en particulier off-shore, avec un parc d'éoliennes déployées depuis 1990 en mer du Nord, faisant du pays le 8e producteur d'électricité éolienne de l'UE, mais le 3e producteur d'électricité éolienne off-shore. Le pays est coiffé par l'Allemagne, qui produit à elle seule près de 30 % de l'électricité éolienne communautaire, tout comme l'énergie photovoltaïque, même si le potentiel solaire n'y est pas le plus important. Ainsi, si l'on pouvait penser que ce sont les avantages comparatifs des sites d'implantation qui dictent l'implantation des équipements (le vent en bord de mer, le soleil dans les zones les plus méridionales), ce sont aussi les fruits de stratégies d'investissements, ainsi que des questionnements de plus en plus sociétaux qui se font jour pour comprendre la problématique de la poursuite des équipements d'énergies renouvelables.

En effet, à l'horizon 2030, l'UE doit parvenir à un minimum de 42,5 % d'énergies renouvelables, mais la poursuite du déploiement de parcs électriques photovoltaïques ou éoliens s'oppose à des résistances de plus en plus consistantes : en Bretagne (ex. Saint-Brieuc, et plus largement en France, la construction de nouveaux parcs éoliens côtiers s'oppose à de nombreuses associations, d'élus, mais aussi de professionnels ou de riverains, pour en dénoncer les nuisances). Malgré ces oppositions fréquentes, les États de l'Union se sont engagés à accélérer le développement de ces champs éoliens dans le cadre d'une stratégie de développement promouvant à terme l'hydrogène “vert”.

Central, le nucléaire dérange

La **promotion de l'énergie nucléaire**, à faible émission de carbone, relève d'un véritable dilemme : pour la France, elle est la clé de la poursuite de la baisse des émissions de GES et de la poursuite de l'électrification des activités industrielles. Derrière elle, ce sont aussi, par exemple, la Suède, la Bulgarie et la Slovaquie qui ont adopté un choix de valorisation de l'atome dans leur stratégie de développement économique. Cependant, cette stratégie apparaît aussi comme le symbole d'une énergie porteuse de risques importants, pour les sociétés comme pour les environnements. Le principe de précaution encadre très étroitement les activités, et l'accident nucléaire de Fukushima en 2011 s'est révélé être le déclencheur d'une série de changements stratégiques dans la production d'électricité en Allemagne.

Par ailleurs, le nucléaire apparaît comme une **énergie propre, mais pas renouvelable**. Est-ce une énergie clé de la transition énergétique ? Si l'ONU maintient un discours centré sur les énergies renouvelables, l'AIEA ainsi que l'OCDE soulignent que l'énergie électronucléaire constitue près de 30 % de l'énergie bas carbone mondiale, et représente la principale énergie de ce type des pays de l'OCDE actuellement, la seconde dans le monde derrière l'hydroélectricité. Le lobbying industriel de la filière nucléaire, mais aussi des stratégies nationales de promotion de ce secteur par les pays qui en sont les tenants, à commencer par la France, pèsent sur les politiques environnementales, en particulier sur l'orientation du pacte vert de l'UE. Ainsi, au printemps 2023, est apparu le projet de directive soutenant la promotion de l'énergie nucléaire au titre de l'électricité bas-carbone, pouvant donc bénéficier des fonds financiers liés au pacte vert : les enjeux énergétiques sont donc au cœur des accords et négociations, le nucléaire assurant une part importante des objectifs à atteindre pour 2030 (42 % de production d'énergies renouvelables) en tant qu'énergie de transition.

L’hydrogène vert, clé d’une politique industrielle fondée sur les enjeux environnementaux

L’UE a par ailleurs encore massivement besoin d’énergie fossile pour assurer ses besoins économiques et domestiques, le contexte de dépendance fait rejouer la recherche en matière d’énergies renouvelables : depuis 2021, la Commission européenne fait de l’accélération de la recherche dans le déploiement d’équipements à même de produire massivement de l’hydrogène un objectif de premier plan (objectif de production de 6 GW prévus en 2024 pour l’UE, 40 GW en 2030). Ce sont des investissements de long terme qui nécessitent la mise au point de techniques d’électrolyse très coûteuse, et massive sur le plan des équipements. Plusieurs initiatives ont été encouragées depuis 2020.

Par exemple, en Suède, le **projet Hybrit**, né du sidérurgiste SSAB, de la compagnie minière LKAB et de l’electricien Vattenfall envisage depuis 2016 de contribuer à décarboner significativement l’économie du royaume en ciblant les efforts sur l’industrie de l’acier : pour ce seul secteur, le déploiement d’un hydrogène vert comme source principale d’énergie dans le procès de production permettrait de baisser dans un premier temps de 30 % les émissions de GES du secteur national, soit pour la Suède, environ 10 % de ses GES totaux, et de contribuer ainsi à la neutralité carbone visée par le pays pour 2045. On observe aussi un intérêt particulier dans le domaine de la chimie, au sujet de la production d’engrais. La production d’hydrogène vert par électrolyse est ainsi envisagée grâce au potentiel massif de production hydroélectrique du pays (près de 40 % de son électricité) et à la localisation de la grande mine de fer de Kiruna, dans l’extrême nord du pays (la Suède produit d’ailleurs plus de 90 % du minerai de fer européen grâce au gisement de Kiruna). Dans la ville de Gällivare, à proximité de Kiruna, a donc été implantée une centrale de stockage d’hydrogène destinée à alimenter les hauts-fourneaux locaux et à remplacer progressivement le charbon local. L’enjeu de taille, hormis la mise au point de la technologie adéquate pour l’industrie minière, est également sa rentabilité : l’acier issu d’hydrogène vert est actuellement 30 à 40 % plus cher qu’un acier classique.

Ainsi, **l’accompagnement des politiques énergétiques et environnementales de la part de l’Union est essentiel**, en réformant le marché des émissions carbone pour les industries, ainsi que les droits de douane afférents. À terme, l'hydrogène vert est pensé pour se déployer à l'échelle du territoire de l'UE sous la forme de corridors énergétiques, en réutilisant et adaptant partiellement les réseaux de gaz actuels, afin de former un nouveau réseau de distribution d'énergie.

L'énergie, secteur clé de la souveraineté européenne

Sous un angle plus stratégique, la problématique énergétique est **au cœur des préoccupations européennes**, et encore plus depuis le déclenchement de la guerre en Ukraine. Avant 2022, l'UE dépendait pour près de 42 % des importations de gaz naturel de la Russie (cette proportion restait variable selon les États : 20 % en France, mais 60 % en Allemagne et 80 % dans les pays baltes), alors qu'elle n'en importe plus en juillet 2023 qu'environ de 2 %. Cette baisse drastique se fait de manière contrainte par le contexte géopolitique et s'est concrétisée par le plan *RePowerEU*, visant à sortir l'UE de la dépendance des énergies fossiles russes à l'horizon 2027. Ainsi l'UE apparaît prise en tenaille, entre l'impératif de nouveaux partenariats stratégiques et la nécessité d'une diversification des approvisionnements.

L'enjeu intéressant, sur un plan géographique, est pluriel : d'une part, les énergies fossiles, gaz ou pétrole soulignent à la fois la dépendance de l'UE vis-à-vis de pays étrangers à la région, en particulier de la Russie dont le poids s'est accru fortement dans la décennie 2000 avec la mise en service des accords d'approvisionnement de la part de la société Gazprom [NIES, 2010]. Afin de redéployer le tarissement des flux de gaz imposés par la guerre, les réseaux de gazoducs de l'Union se sont donc redéployés : depuis le printemps 2022, la construction de plusieurs terminaux portuaires gaziers a été décidée en complément des quatre existants, mais aussi quatre projets en Allemagne, en Grèce ou en Sicile. De flux qui faisaient ainsi de la France une importatrice de gaz russe venant d'Europe orientale, la guerre en Ukraine a donc provoqué une inversion produisant des flux d'exportation vers l'Europe centrale. Le second aspect de cette question des énergies fossiles dans le cadre de l'invasion de l'Ukraine par la Russie est davantage de nature économique : la flambée des cours des énergies fossiles complique la donne. En effet, la concurrence pour l'appropriation des ressources sur le marché international, lié à la rivalité OPEP/États-Unis, mais aussi au retour possible de la Chine comme premier importateur d'énergies fossiles dans le monde, après les différentes vagues de crises liées au covid, crée d'importantes incertitudes.

Réforme du marché électrique, clé de réorganisation interne au gré des changements globaux

La crise énergétique en Union européenne s'est manifestée de manière aiguë à partir de l'automne 2021 (tensions d'approvisionnements sur fond de reprise économique post-covid), renforcée en 2022 avec la guerre en Ukraine (v. Chapitre Les limites de la puissance européenne). Cette crise se manifeste par une augmentation très forte des prix de l'électricité, mais aussi des autres énergies. D'un point de vue géographique, cette crise combine à la fois les questions stratégiques et de souveraineté liées à la production d'énergie, les problématiques environnementales et la question de l'aménagement des territoires liée à la solidarité de l'Union dans les décennies à venir.

Sur le plan stratégique, les enjeux relatifs au marché unique de l'électricité apparaissent comme une synthèse des questions de souveraineté et de solidarité dans l'Union. Depuis 2022, les différents territoires sont en effet soumis à une contrainte grandissante en matière d'approvisionnement d'énergies, en particulier fossiles (gaz, pétrole). La fourniture des énergies se redéploie ainsi depuis l'est, où les gazoducs, en particulier Nord Stream, 1 étaient l'une des clés d'importation du gaz russe aujourd'hui tari. Assurer la souveraineté de l'Union consiste ainsi à diversifier les sources d'approvisionnement énergétique (v. *supra*), tout en accompagnant la baisse de la dépendance vis-à-vis des énergies fossiles. Ainsi, le plan industriel intégré au pacte de vert de la commission du 1er février 2023 inclut-il logiquement des mesures visant à renforcer la production d'énergies vertes. D'une manière plus spécifique sur l'environnement, la production d'électricité souligne l'imbrication des questions de solidarités à l'échelle des territoires de l'UE. En effet, l'organisation du marché commun de l'électricité et la tarification qui y est appliquée sont officiellement en cours de réforme depuis le 14 mars dernier. Jusqu'en 2022, les règles de production et de tarification de l'électricité appuyaient la libéralisation du secteur, afin de renforcer la modération des prix pour les consommateurs. Les tarifs de l'électricité (tous modes de production confondus) sont en effet indexés sur ceux du prix de la dernière centrale activée à l'échelle de l'Union pour répondre à la demande du moment. Favorisant en premier les énergies à faible prix de revient (renouvelable éolien, hydraulique, solaire), la production nucléaire venant ensuite, ce ne sont qu'après que les centrales à charbon, ou à gaz sont mises en service. Ainsi, lors des pics de consommation importants, les prix de l'énergie varient au gré de l'utilisation des énergies fossiles, créant une envolée possible des prix en cas de hausse brutale du cours des prix de l'énergie gaz. Ce mécanisme a permis d'accompagner une modération des prix fixés dans la décennie 2000, bien que certains pays soient structurellement désavantagés par une indexation des prix de l'électricité sur les énergies fossiles : la France, dont 75 % de l'électricité est d'origine nucléaire, fait ainsi payer un prix plus élevé aux consommateurs ; les pays scandinaves ou l'Autriche sont eux aussi moins avantagés bien que disposant d'équipements importants en énergies renouvelables. Cependant, cela s'est avéré particulièrement piégeux à partir de 2021 : les prix de gros moyens de fourniture d'électricité étaient, par exemple, fixés à un montant moyen de 85 €/MWh pour 2022, tandis que pour 2023 ils ont atteint près de 1000 €/MWh, sur fond d'incertitude sur l'approvisionnement des pays de l'Union pour l'hiver. La solidarité européenne a donc ici pris une nouvelle dimension en mettant une pression importante sur la fourniture d'électricité : si les mécanismes de calcul des prix avaient été avant tout conçus pour assurer la fixation des prix dans un cadre apaisé et libéral, ils doivent aussi de plus en plus intégrer la protection des consommateurs, mais aussi la problématique de la souveraineté en matière de fourniture d'énergies.

Actuellement, les projets de réforme du marché tendent à placer l'environnement au cœur de la réponse à venir : c'est en effet par l'établissement d'une plus grande maîtrise de la consommation, en particulier en développant une plus grande sobriété énergétique, mais aussi en continuant à déployer massivement des énergies renouvelables, peu dépendantes de l'extérieur de l'Union, que le marché européen pourra retrouver les bases d'une plus grande stabilité.

SOCIÉTÉS

L'UNION EUROPÉENNE AU CRIBLE DE LA DÉMOGRAPHIE

"**Unie dans la diversité**", telle est la devise d'une Union européenne désormais confrontée à la rudesse d'un "hiver démographique" débuté à la fin des années 1970. Ce concept a été introduit par le démographe Gérard-François Dumont, notamment dans son ouvrage, *La population de l'Union européenne. Caractéristiques, prospective et enjeux géopolitiques*, publié en 2019. En effet, si ce phénomène touche l'ensemble de son territoire, il nécessiterait de la part du "Vieux continent" d'être nuancé par une approche comparative plus fine, afin qu'il puisse cerner davantage sa diversité, et échafauder une réponse collective au défi démographique.

Dans cette perspective, il est intéressant de convoquer les sciences humaines, et la démographie en particulier, car elles étudient en profondeur les dynamiques des populations (structure et mouvement), cherchent à en déterminer les facteurs, et analysent leurs conséquences. C'est pourquoi la démographie, qui germe aux XVIIᵉ-XVIIIᵉ siècles, fleurit généreusement dans la littérature scientifique contemporaine, et investit pleinement le champ de la planification politique des États et de l'Union.

Néanmoins, **s'il est indiscutable que les institutions politiques doivent s'en saisir pour comprendre les comportements démographiques européens et les anticiper, doivent-elles – et peuvent-elles seulement – infléchir l'avenir démographique de l'Europe ?**

Il apparaît nécessaire de prendre d'abord le pouls d'une population européenne vieillissante pour établir un double diagnostic, structurel et conjoncturel, qui nous permettra de croiser les enjeux démographiques et économiques afin d'interroger ensuite le devenir de la puissance européenne, nuancé enfin par un examen typologique plus fin de la santé démographique contrastée des vingt-sept États membres.

LE DÉCLIN DÉMOGRAPHIQUE EUROPÉEN, UNE APPROCHE PAR LES SOCIÉTÉS

Un demi-milliard d'habitants : si ce palier symbolique avait été franchi par l'Union européenne à l'horizon 2008, celle-ci a récemment subi deux crises, celle du Brexit et du covid-19, qui ont engendré un recul à quelque 447 millions d'habitants au 1er janvier 2022. Malgré un léger sursaut attendu jusqu'en 2026, l'Office statistique de l'Union européenne (Eurostat) projette ensuite un lent et inexorable déclin démographique.

Un solde naturel européen négatif

De manière générale, **les États membres de l'Union européenne ont achevé leur transition démographique***, un concept qui germe dans *La Révolution*, de l'économiste et démographe A. Landry, en 1934, et qui est ensuite développé par les chercheurs américains K. Davis et F. Notestein en 1945. En effet, ils se situent globalement dans une phase post-transitionnelle, qui correspond à cette quatrième phase caractérisée par la stabilisation du taux de natalité et du taux de mortalité à des niveaux bas, ce qui entraîne une croissance démographique lente et une population qui vieillit.

Cette évolution démographique concerne l'ensemble des pays, mais dans des proportions variables. Depuis 2012, le solde naturel de l'Union européenne est négatif (exceptant la période du covid-19) ; cela signifie que le nombre de décès est supérieur au nombre de naissances. Un premier élément d'explication se trouve dans la baisse du taux de natalité, qui atteint désormais le chiffre exceptionnellement bas de 9,1 ‰ en 2021 ; comparativement, ce dernier s'élevait à 10,4 ‰

en 2011. Mais il s'agit de nuancer cette tendance générale, car l'Irlande affiche un taux de natalité de 11,6 ‰, suivie de près par Chypre et par la Suède, respectivement à 11,3 et 11 ‰. En bas du classement figurent le Portugal (7,7 ‰), l'Espagne (7,1 ‰), et l'Italie (6,8 ‰), qui rencontrent d'ores et déjà d'âpres difficultés. En réponse à ce premier constat, observons les chiffres de l'INSEE, qui montrent que le nombre d'enfants par femme en âge de procréer se situe autour de 1,5 pour l'ensemble de l'Union européenne ; un chiffre qui ne suffit pas à assurer le renouvellement générationnel, car il faudrait qu'il dépasse le seuil des 2,1 pour que la génération puisse assurer son remplacement. La parenthèse bénie du *baby-boom* (de la Seconde Guerre mondiale au début des années 1970) est désormais bel et bien fermée, laissant désormais place à un engourdissement démographique européen. Ainsi, avec 1,24 enfant par femme, l'Italie se retrouve en bas du classement, tandis que la France le surplombe, avec 1,8 enfant par femme.

Ensuite, penchons-nous sur le taux de mortalité de l'Union européenne, qui avoisine 11,9 ‰ en 2021. D'emblée, notons que cette donnée a été influencée par les effets de la pandémie, qui ont provoqué une surmortalité conjoncturelle. Une fois encore, si nous décortiquons ce taux, nous remarquons de grandes disparités selon les pays. Ainsi, les chiffres sont particulièrement élevés pour les pays d'Europe centrale et occidentale (PECO), à l'instar de la Roumanie avec 17,5 ‰, quand le Luxembourg affiche un petit 7 ‰. Gardons-nous de nous en tenir à cette lecture conjoncturelle, puisqu'il existe en parallèle un lent phénomène structurel d'augmentation de la mortalité lié à un vieillissement de la population, augmentant alors nécessairement le risque de décès. Par conséquent, si nous couplons les données de la natalité avec celles de la mortalité, nous comprenons que nous nous trouvons bien face à un solde naturel négatif, et ce depuis plus de dix ans. De cette façon, seule une poignée de pays présente un solde positif sans recourir à l'arrivée de populations étrangères, comme la Suède, Chypre et Malte, alors que la majorité des autres pays abrite une population vieillissante et accuse un déficit démographique plus ou moins sévère.

Un renouvellement générationnel à la peine

La balance générationnelle apparaît comme un élément essentiel pour assurer la souveraineté de l'Union européenne, mais aussi pour équilibrer les différents territoires qui la composent. Cependant, les données démographiques plutôt ternes démontrent que l'Union européenne ne parvient plus guère à assurer le renouvellement générationnel, avec une natalité en baisse et une mortalité en hausse. En effet, une génération assure son remplacement si le nombre de filles de la génération des enfants est égal au nombre de femmes dans la génération précédente.

Pourtant, l'espérance de vie à la naissance au sein de l'Union européenne figure parmi les meilleures au monde, ce qui contraste fortement avec le bilan énoncé jusqu'alors. En effet, si nous excluons les années touchées par le covid-19, l'âge européen moyen se situe à 80,5 ans, hommes et femmes confondus, alors qu'il s'élève à 73 ans au sein de l'ASEAN* et à 79 ans pour l'ACEUM*. Précisons alors que, si le Canada affiche en moyenne 83 ans, les États-Unis n'atteignent plus que 80 ans, et le Mexique ferme la marche, avec 75 ans. Par ailleurs, les femmes vivent en moyenne plus longtemps que les hommes dans l'Union européenne ; une donnée qui se retrouve partout sur la planète, mais notons l'écart important, 83,2 ans pour les Européennes, contre 77,5 pour les Européens. Aussi, l'accroissement du nombre de centenaires constitue une autre donnée à considérer de plus en plus. En effet, en France, on dénombre trente fois plus de centenaires aujourd'hui qu'en 1970. En outre, sur les quelque 30000 centenaires français en 2023, seuls 4300 sont des hommes, ce qui représente à peine plus de 14,3 % d'entre eux. Une lecture plus fine montre ensuite qu'il existe un décalage étatique net entre les pays de l'ouest et de l'est ; d'un côté, l'Irlande ou l'Espagne affichent en moyenne 82,6 et 82,4 ans, de l'autre, la Roumanie et la Bulgarie peinent à atteindre 74,2 et 73,6 ans, un écart de plus de 8 ans. Cela s'explique par d'importantes disparités en termes de niveau de vie et d'équipements entre l'ouest libéral et l'est, longtemps confiné au joug communiste. De la même manière subsistent des écarts entre l'ancienne République fédérale allemande (RFA, à l'ouest) et la République démocratique allemande (RDA, à l'est).

Ainsi, l'allongement de la durée de vie participe au vieillissement toujours plus accru de la population européenne. Au premier janvier 2018, la part des plus de 65 ans représentait 19,7 % de la population de l'Union européenne, contre 16,2 % 15 ans plus tôt. Le constat est sans appel : l'Union vieillit, et le phénomène n'est pas près de s'essouffler, puisque les projections d'Eurostat annoncent 29,2 % en 2070. De son côté, la part des plus de 80 ans devrait être multipliée par deux et demi entre 2021 et 2100, passant de 6 à 14,6 %. Cela s'explique avec le vieillissement de la génération des *baby-boomers*, aujourd'hui âgée. Elle augmente la population en âge de prendre sa retraite, si bien que la notion de "*papy-boom*" est parfois évoquée aujourd'hui pour décrire la situation. En affinant la lecture à l'échelle des États, remarquons qu'en 2022, parmi les pays qui comptaient le plus de citoyens de plus de 65 ans, se trouvaient l'Italie (22,6 %), le Portugal (23,7 %) et la Finlande (23,1 %). À l'inverse, le Luxembourg affichait 14,8 %, l'Irlande 15 %, et Chypre 16,5 %.

Parallèlement, l'Union européenne est concernée par une baisse importante de la part des moins de 15 ans dans la population européenne. Si elle s'élevait à 15,8 % en 2010, elle ne constitue plus que 15,1 % aujourd'hui ; un déclin effectif depuis plusieurs décennies. Actuellement, ce sont les États les plus récents qui conservent la plus grande part de jeunes, au contraire des États les plus anciens, qui connaissent un affaiblissement de la natalité. Or les jeunes jouent un rôle essentiel dans la perpétuation de l'organisation européenne, comme manne démographique, mais aussi comme potentiel de rayonnement et de croissance économique. En effet, il existe un principe de réciprocité entre développement humain et croissance économique : miser sur la jeunesse, en mettant en œuvre des politiques favorisant leur santé et leur éducation à travers l'acquisition de compétences plurielles, aussi bien en formation continue et initiale qu'au niveau académique et professionnel, permet en retour d'obtenir une main-d'œuvre plus productive et résiliente, capable de doper la croissance économique européenne et de répondre, en partie, au défi démographique. Pourtant, leur nombre devrait continuer de diminuer et passer sous la barre préoccupante des 15 % en 2050. Les projections démographiques à long terme annoncent même 13,9 % à l'horizon 2100.

Des structures familiales en pleine mutation

L'hiver démographique semble encore long et aucun pays du vieux continent n'est épargné par le phénomène de dénatalité, qu'il convient alors d'éclairer à la lumière de la mutation des structures familiales, étroitement liée à l'évolution des comportements reproductifs.

Dans cette perspective, avançons d'abord sur le marché matrimonial. L'ensemble du territoire européen est concerné par un net recul des mariages. En effet, la moyenne s'élevait à 3,2 mariages pour 1000 habitants en 2020, une proportion particulièrement faible. Un phénomène qui s'inscrit dans un temps long, puisqu'entre 1964 et 2019, le nombre de mariages moyen est passé de 8 à 4,3 pour 1000 habitants. En revanche, le nombre de divorces est passé de 0,8 à 1,8 pour 1000 habitants entre les mêmes années. Mais nuançons à nouveau, car les écarts sont importants selon les pays. En Italie, par exemple, cette baisse est importante, avec 1,6 mariage pour 1000 habitants en moyenne en 2020, contre 3,1 en 2019. La même tendance est visible au Portugal (1,8 mariage en 2020 contre 3,2 en 2019) et en Espagne (1,9 mariage en 2020 contre 3,5 en 2019). Ce recul peut sembler impressionnant, mais qui s'explique, à court terme, par les perturbations liées au covid-19, et à plus long terme par la fin du modèle traditionnel de formation de la famille, dans lequel le mariage avait la place centrale alors qu'il dominait dans les pays d'Europe du Sud jusqu'au milieu des années 1990. Cela signifie que ces pays ont commencé plus tardivement leur seconde transition démographique (comportement démographique marqué par le maintien d'une fécondité basse et par une plus grande diversité du type d'unions et de familles). En revanche, certains pays conservent des taux de mariage élevés, comme la Hongrie (6,9 en 2020 contre 6,7 en 2019), la Lettonie (5,6 contre 6,7) et la Lituanie (5,5 contre 7). Une fois encore, cela peut trouver une explication à court terme, car les pays d'Europe de l'Est ont subi le revers sanitaire de façon plus tardive, décalant ainsi le phénomène de perturbations matrimoniales. De surcroît, ils ne se situent pas au même point dans la transition démographique. Dans le même temps, l'âge de la maternité est de plus en plus tardif. En 2020, les femmes avaient leur premier enfant en moyenne à 29,5 ans, contre 28,8 ans en 2013. Actuellement, c'est en Bulgarie (26,3 ans), en Roumanie (26,9 ans) et en Slovaquie (27,2 ans) que l'âge de la maternité est le plus bas. En revanche, il est le plus haut en Italie (31,3), suivie du Luxembourg et de l'Espagne (31,1, tous deux). Cela est en partie lié à l'allongement de la durée des études des femmes et à leur volonté de trouver une assise plus confortable, à la fois dans leur vie personnelle et professionnelle, avant de donner potentiellement naissance à un enfant.

De surcroît, ce double facteur de dénatalité est aggravé par la **faiblesse des politiques familiales européennes**. En effet, le travail du démographe Gérard-François Dumont révèle que ce sont les États qui consacrent le plus de moyens au développement d'une politique familiale qui bénéficie des plus forts taux de fécondité, et inversement [Dumont, 2019b]. Chaque pays possède donc sa propre politique familiale : certains refusent l'interventionnisme étatique comme les pays d'Europe centrale et orientale (PECO), historiquement fortement contrôlés par le pouvoir communiste, d'autres y sont plus habitués culturellement, comme dans les pays nordiques, mais aussi en Belgique, en Allemagne ou en France. En revanche, dans les pays méditerranéens comme l'Italie, le Portugal ou l'Espagne, elles sont plutôt remplacées par un principe de solidarité familiale. Toutefois, si elle permet de suppléer le rôle de l'État, elle ne parvient pas à le compenser. Enfin, si ces politiques se sont progressivement améliorées à l'échelle des États, avec la mise de prestations sociales, de politiques fiscales et la multiplication des structures dédiées à la petite enfance et à l'enfance, il n'existe pas réellement de politique familiale encadrée par l'Union européenne. En effet, les différents traités européens estiment qu'elle ne relève pas des compétences de l'organisation. Toutefois, comme l'indique G.-F. Dumont, elle aurait tout intérêt à organiser des échanges d'expériences entre États, mais aussi entre collectivités territoriales.

La baisse de la natalité s'explique aussi par l'évolution des mentalités et des modes de vie. D'abord, le nombre d'enfants désirés peut parfois être supérieur aux naissances finalement enregistrées. Par exemple, une étude réalisée par le groupe Kantar Public en 2020 montre que les Français désiraient en moyenne 2,39 enfants, alors que le nombre d'enfants par femme s'élève péniblement à 1,84. Notons tout de même que cette étude est une commande de l'Union Nationale des Associations Familiales (UNAF), qui représente un puissant groupe d'intérêt en France. Avec la fin du modèle traditionnel de la famille et l'évolution des structures familiales (plus grande proportion de célibataires, de familles recomposées, etc.), la maternité devient de plus en plus un choix et non plus une contrainte, notamment avec la généralisation des méthodes contraceptives et du droit de recourir librement à l'interruption volontaire de grossesse (IVG). Il est alors question d'une possible planification des naissances. Ainsi, les rapports qu'entretient le couple avec la fécondité ont profondément changé, jusqu'à évoquer une maîtrise possible de la procréation aujourd'hui. Il est alors fréquent de lire que les pays occidentaux connaissent une rationalisation des comportements féconds, qui nous explique les paramètres évoqués de recul de l'âge de la maternité, et de baisse consécutive du nombre de naissances. La place du projet familial n'est donc plus centrale pour les Européens, et le nombre de personnes qui déclarent ne pas vouloir d'enfant est, quant à lui, toujours plus important.

De plus, la difficile conciliation de la vie professionnelle et familiale contribue à retarder l'âge de la maternité. Le modèle de la femme au foyer est aujourd'hui largement supplanté par celui des femmes actives, qui revendiquent leur droit d'épouser une carrière professionnelle épanouissante et en adéquation avec leurs aspirations. Toutefois, le monde du travail fait encore peser de lourdes contraintes sur les femmes, qui connaissent des carrières plus hachées et un stress chronique, liées à toutes les stratégies organisationnelles qu'elles doivent mettre en place pour concilier vie familiale et professionnelle. Ainsi, six femmes européennes sur dix déclarent ressentir une grande difficulté liée au travail. Aujourd'hui, le développement du télétravail constitue un embryon de solution, mais il reste insuffisant au regard des inégalités professionnelles et de la croissance d'une demande sociale en faveur d'un meilleur équilibre entre le foyer et le travail. Ces raisons expliquent en partie la part toujours plus importante de femmes européennes qui font le choix de ne pas avoir d'enfant. Une démarche déclarée ouvertement par 3 % des femmes en France et 14 % en moyenne dans l'Union européenne ; un nombre en hausse, comme dans la plupart des pays développés à l'échelle planétaire, et qui contribue au phénomène de dénatalité. Il convient de lui ajouter l'augmentation du taux d'infécondité dans l'ensemble de l'Union européenne, qui peut être lié à des facteurs propres à la femme et/ou à l'homme, mais surtout au mode de vie et à l'environnement des individus. En effet, le tabagisme, la consommation excessive d'alcool, l'obésité et l'exposition aux polluants présents dans l'environnement accroissent le risque d'infécondité.

De façon plus large, cette évolution des mentalités se rapporte aussi à l'individualisation des sociétés contemporaines et à la volonté croissante d'autonomisation des individus, dans tous les domaines de leur vie. Si cette individualisation très forte peut se résumer à une culture du choix, il ne faut cependant pas la confondre avec l'individualisme, qui serait davantage une culture du "chacun pour soi". Aujourd'hui, les Européens veulent avoir le moins de contraintes possible dans leur capacité à agir, dans le temps et dans l'espace. Ils tiennent à avoir le contrôle de leur vie, réalisent des études plus longues, choisissent plus fréquemment leur emploi et hésitent de moins en moins à en changer. De la même façon, ils déménagent plus souvent et choisissent le moment où ils veulent construire une vie de famille ; une affirmation éclatante de l'autonomisation individuelle qui s'explique notamment par la sécularisation progressive de la société. Ainsi, la préoccupation du renouvellement générationnel s'essouffle, alors qu'elle était longtemps profondément ancrée dans les consciences individuelles – des femmes, en particulier –, et dans les normes sociales.

Un dernier point peut être soulevé avec le développement d'une société des loisirs, impulsé par les politiques étatiques. Cet avènement résulte de la diminution progressive du temps de travail, des progrès économiques, mais aussi de la sécularisation des sociétés et de l'allongement de l'espérance de vie. Ce phénomène s'inscrit par ailleurs dans l'évolution des modes de vie et le développement d'une société de consommation, toujours plus effrénée. Aujourd'hui, la vie de l'individu se segmente toujours autour du pilier familial et professionnel, mais la place dédiée aux loisirs devient de plus en plus importante. Elle est accompagnée par le développement de politiques des loisirs, qui encouragent les individus à partir en vacances, à voyager, à pratiquer des activités sportives ou culturelles et à se divertir pendant leur temps libre, en leur offrant une grande multiplicité de services. Ces politiques sont anciennes en Europe de l'Ouest ou dans les pays nordiques, et plus récentes et confuses dans les PECO. Enfin, si les loisirs n'avaient qu'une place secondaire pendant longtemps, les individus organisent désormais davantage leur journée et leur semaine en fonction d'eux. Il en découle un attachement toujours plus profond des individus à leur temps libre ; l'ensemble des actifs y accordent une importance accrue, et notamment les étudiants.

Ainsi, le constat d'un net affaissement démographique européen est incontestable, mais il se nuance à mesure que nous considérons la diversité des réalités démographiques, à l'échelle régionale et nationale.

LES ENJEUX DE LA DÉPOPULATION SUR LA PUISSANCE EUROPÉENNE

En 2015, le nombre de décès européens était, pour la première fois, supérieur à celui des naissances (5,2 millions contre 5,1) ; un solde naturel négatif qui plonge l'Union européenne dans une situation de dépopulation, et non de dépeuplement, puisque son déficit est compensé par un solde migratoire positif. Ainsi, ce marasme démographique contamine nécessairement la croissance économique et questionne le devenir de la puissance européenne sur la scène internationale.

L'économie européenne déstabilisée par la fragilisation des sociétés

La trajectoire démographique prise par l'Union européenne comporte bien des enjeux, à l'instar de la pénurie de main-d'œuvre, de la dépendance ou du blocage de l'épargne ; deux facteurs liés se trouvent à la source du phénomène, le faible taux de natalité et l'augmentation de l'espérance de vie. Cette dernière s'appréhende généralement comme la possibilité de vivre plus longtemps en bonne santé, mais elle peut être synonyme d'accroissement du risque de développer des pathologies liées à l'âge et entraîner des situations de dépendance qui peuvent fragiliser les équilibres familiaux, à court, moyen et long terme.

Par ailleurs, les conséquences négatives de l'évolution démographique déstabilisent l'économie et fragilisent la société dans son ensemble, à travers l'altération du système de santé et de protection sociale, et la remise en question des besoins liés au logement et aux infrastructures des régions européennes. Pourtant, la population active vieillissante est plus mobile que par le passé et génère des mobilités internes croissantes, au sein des États, mais aussi à travers l'Union européenne. Les citoyens européens ont le droit de s'installer dans un autre pays de l'Union pour y travailler sans avoir de permis de travail, grâce à la politique de libre circulation des travailleurs offerte par les accords de Schengen. Cependant, les États souffrent d'ores et déjà de cette situation démographique, comme le montre le cas de l'Allemagne :

avec une part des plus de 65 ans qui s'élève à plus de 22 % et une natalité en crise, elle rencontre des difficultés économiques qui tendent à s'accentuer, sauf si elle fait appel à des populations d'origine étrangère.

En outre, la déstabilisation économique s'explique par des raisons conjoncturelles liées à la mondialisation. Si l'Union européenne est plutôt stable d'un point de vue politique, elle souffre des répercussions des crises économiques, environnementales, énergétiques et sanitaires qui frappent le monde contemporain, mais aussi des conséquences de l'enlisement du conflit ukrainien. La zone euro n'échappe pas à la récession économique, comme le montrent les données d'Eurostat : le PIB du bloc des vingt pays utilisant la monnaie unique a reculé sur les deux premiers trimestres de 2023 ; une contraction de 0,1 % qui suit une baisse du même ordre entre octobre et décembre 2022. S'ils peuvent sembler insignifiants, ces replis placent tout de même la zone euro techniquement en situation de récession économique. Aussi, la croissance annoncée pour 2023, de l'ordre de 1,1 %, est jugée très optimiste. De même que la grande majorité de pays européens connaît une situation d'endettement important, dont certaines économies nationales souffrent parfois cruellement, comme en Belgique, en Espagne, en Italie, en France et au Portugal, mais aussi en Grèce, en Croatie, en Hongrie et en Slovaquie, pour ne citer qu'elles. À cette récession se conjugue un phénomène d'inflation important, légèrement contrecarré en 2023. En effet, le taux d'inflation annuel au sein de l'Union européenne s'élevait à 7,1 % en mai 2023, contre 8,8 % en 2022. Cela participe à la baisse des revenus des actifs et à la contraction du pouvoir d'achat des ménages.

Ainsi, ces perturbations économiques influencent négativement le taux de natalité européen, et réciproquement. Toutefois, cette baisse de la croissance n'a pas encore affecté le taux de chômage, puisqu'il n'a jamais été aussi bas ; dans la zone euro, il correspondait à 6,3 % de la population active en 2022.

Les conséquences du vieillissement de la population sur le marché du travail européen

Il est intéressant d'interroger les conséquences du vieillissement sur le marché du travail, qui n'ont pas la même portée selon les pays. Ces dernières entraînent d'abord une baisse du nombre d'actifs, car l'entrée des jeunes sur le marché du travail ne suffit plus à combler le départ des plus anciens. En effet, le nombre d'Européens en âge de travailler se contracte, il devrait passer de 265 millions, en 2022, à 258 millions à l'horizon 2030. De la même façon, la part des 15-64 ans représente aujourd'hui 64,1 % de la population, mais tend à diminuer, jusqu'à atteindre potentiellement 54,8 % en 2100. Notons aussi que ce sont les PECO qui sont les plus concernés par cette contraction. Entre 2008 et 2015, la population en âge de travailler a connu une baisse de 4,2 % en Pologne, de 8,8 % en Bulgarie, et même de 11,5 % en Roumanie. Débuté depuis une quinzaine d'années, ce phénomène s'étale une fois de plus sur un temps long et fragilise nécessairement les économies, qui tentent de le compenser par l'augmentation du taux d'activité.

Effectivement, la contraction de la population en âge de travailler est à mettre en lien avec la hausse du taux d'activité, qui a souvent pour conséquence une hausse du taux de chômage, à l'instar de la Roumanie, de la République tchèque ou de la Lituanie. À l'inverse, entre 2008 et 2015, l'Espagne ou la Grèce ont connu une hausse combinée de la population en âge de travailler et du taux d'activité. Cette augmentation du taux d'activité s'exprime à la fois par l'allongement de la scolarité et la progression de l'activité féminine, mais aussi par le report progressif de l'âge de la retraite. En moyenne, les Européens doivent travailler jusqu'à 65 ans, une donnée qui varie de 62 ans en Suède ou en France, à 67 ans en Allemagne ou en Italie. Toutefois, l'âge légal de départ en retraite peut différer selon le sexe du travailleur, comme c'est le cas d'un quart des pays de l'Union. Surtout, il convient de rappeler que l'âge légal est souvent dépassé, comme le montrent les données d'Eurostat de 2020, qui précisent que 5,1 millions de personnes âgées de plus de 65 ans avaient encore un emploi, un chiffre qui tend à augmenter au fil des ans. Ainsi, le levier du recul de l'âge de départ est très largement actionné par les États de l'Union, puisque vingt-trois pays ont d'ores et déjà décidé de son recul et/ou commencé à mettre en œuvre cette décision. Cependant, ces politiques s'envisagent pour compenser partiellement le vieillissement de la population à moyen terme, mais l'économie européenne est déjà confrontée à une pénurie de main-d'œuvre.

Cet épuisement de la main-d'œuvre concerne l'ensemble des pays de l'Union européenne, qui peine à trouver de jeunes travailleurs (qualifiés ou non), surtout dans certains secteurs qui traversent une crise du recrutement, à l'instar de celui de la construction, des soins de santé et des STIM (sciences, technologies, ingénierie et mathématiques), en particulier les TIC (technologies de l'information et de la communication). Un constat qui n'est pas ignoré par les institutions européennes, puisqu'un rapport annuel sur l'évolution de l'emploi et de la situation sociale en Europe (ESDE) est effectué. Celui de 2022 rapportait que ces pénuries de main-d'œuvre tendent à s'accentuer, aussi bien pour les professions hautement qualifiées que pour celles qui le sont peu. Face à cet enjeu, l'Union européenne envisage, selon ce même rapport, d'investir massivement dans l'éducation des adultes, dans la formation et dans le développement des compétences, surtout dans les secteurs déterminants de la transition écologique et numérique, à l'instar de l'électronique ou des énergies renouvelables. Aussi, elle s'est engagée, d'ici à 2030, à soutenir l'emploi des jeunes, à réduire les inégalités hommes-femmes en matière d'emploi et à améliorer les conditions de travail et de rémunération afin d'attirer et de retenir les travailleurs.

Mais, si l'Union européenne ambitionne de perdurer sur la scène économique et commerciale, elle va devoir s'atteler à compenser cette baisse d'actifs, en misant notamment sur une main-d'œuvre plus qualifiée, et en instaurant une véritable stratégie d'échanges, tournée davantage sur les flux intra-européens; réussite qui repose sur la capacité à intensifier la solidarité entre les États membres.

Les mutations du marché de l'emploi européen

Le marché de l'emploi endure d'ores et déjà les répercussions des changements démographiques et a largement entamé une série de mutations qu'il convient d'éclairer. L'Union européenne est concernée par la précarité de l'emploi. En effet, en 2020, 11,5 % des actifs avaient un emploi à durée limitée (contrats à durée déterminée [CDD], contrats aidés, missions d'intérim et contrats d'apprentissage). À une échelle plus fine, les pays baltes et ceux d'Europe de l'Est n'ont recours à ce type d'emploi que de façon sporadique, tandis qu'il est supérieur à la moyenne en France et en Espagne, par exemple. De surcroît, la part des personnes en temps partiel augmente. Au sein de l'Union européenne, elle est passée de 13 % en moyenne en 2010, à 17 % en 2020. Si elle est équivalente en France, elle est nettement supérieure dans les pays d'Europe du Nord (22 % en Suède, 23 % au Danemark), ou encore en Allemagne (22 %), en Belgique (24 %) et en Autriche (27 %), mais le record revient largement aux Pays-Bas, avec une part de plus de 50 %. Sa durée varie selon les pays (17,8 heures hebdomadaires au Portugal et 27 heures en Roumanie en moyenne en 2022), mais la moyenne européenne correspond à 21,8 heures par semaine. Cependant, si ce temps partiel est considéré comme subi par les travailleurs des pays qui sont les plus fragiles économiquement (Grèce, Chypre, Espagne, Portugal, par exemple), il n'est pas du tout vécu comme tel aux Pays-Bas et en Allemagne. Très ancré dans les pratiques sociales et culturelles, il est souvent utilisé par les femmes après l'entrée en crèche de leur premier enfant, ce qui explique, par exemple, le développement poussé de leur système de crèches, encouragé par l'État. Toutefois, malgré l'obligation légale de fournir une place en crèche à tous les enfants âgés de 1 à 3 ans en Allemagne, il manque en 2023 près de 378 000 places ; une situation de pénurie qui entraîne un vif mécontentement des familles. Une fois de plus, ce sont les femmes qui sont les plus concernées par ces emplois à temps partiel, avec un taux qui s'élève à 28 % en moyenne en 2020 dans l'Union européenne, contre 7,7 % pour les hommes. Ainsi, la précarisation du marché de l'emploi peut décourager les projets de maternité, et participe donc à la baisse de la natalité.

Par ailleurs, le marché du travail européen est concerné par les migrations et les mobilités intra-européennes. En effet, le travail de la sociologue Aurore Flipo montre que 7 millions d'Européens sont partis travailler dans un autre pays de l'Union entre 2004 et 2014. Notons que parmi eux, seuls 4 millions ont changé de résidence permanente, il est alors question non plus de migration, mais de mobilité intra-européenne. Ces migrations ne concernent finalement qu'une faible part de la population, puisqu'elles représentent environ 2 % des Européens, toutefois, cette proportion tend à augmenter. En effet, 4 % des Européens en âge de travailler résidaient dans un autre pays de l'Union en 2017, contre 2,5 % en 2007. Ces mobilités intra-européennes se sont accrues intensément au XXIe siècle, encouragées consécutivement par la Communauté économique du charbon et de l'acier dans le contexte de l'internationalisation du marché du travail, puis par l'espace Schengen dont le premier accord date de 1985 (v. Chapitre Les migrations en Union européenne). Toutefois, les migrations économiques, elles, se structurent davantage à partir des années 1980 et 1990. D'abord dans un axe sud-nord, avec des travailleurs espagnols, portugais ou italiens émigrant vers des pays plus industrialisés comme l'Allemagne, la France ou la Suède, puis dans un axe est-ouest, dans le contexte de l'élargissement européen intégrant les pays de l'ancien bloc soviétique, avec des flux de travailleurs majoritairement polonais et roumains (à 75 %) à destination de l'Allemagne surtout, mais aussi de l'Autriche. Depuis les années 2000, il faut ajouter l'augmentation des flux entre les pays de l'Est, mais aussi l'accroissement de la mobilité entre les pays fondateurs. Par ailleurs, si les migrants économiques ont longtemps été cantonnés à des emplois peu qualifiés (secteur du bâtiment, de l'agriculture, du service à la personne, etc.), ils sont de plus en plus qualifiés et urbains, mais aussi davantage temporaires, car ils concernent une part croissante d'étudiants en quête d'expérience, posant leur valise dans un pays communautaire pour quelques années. Ainsi, les profils d'émigration et d'immigration intra-européennes ne sont pas homogènes, et Schengen ne constitue pas l'unique réponse à l'emploi intra-européen, puisqu'existent aussi des accords bilatéraux de main-d'œuvre ou des politiques de détachements de travailleurs, mais ces mesures ne suffisent pas à combler le déficit européen.

C'est pourquoi nombreux sont les pays qui décident de se tourner vers l'extérieur, en recourant à des travailleurs étrangers. En effet, les réponses misant sur l'augmentation de l'inclusion des femmes et des travailleurs âgés sur le marché du travail, ou sur l'externalisation et l'automatisation, devraient être insuffisantes pour combler le nombre d'emplois vacants en constante augmentation (3 % en 2022), qui nécessite, selon nombre d'économistes, de puiser dans le réservoir migratoire, au-delà des frontières de l'Union. Ainsi, les entreprises européennes multiplient leurs facteurs d'attractivité, en proposant une meilleure rémunération, une meilleure couverture sociale, un allongement du congé parental ou davantage de flexibilité, avec la semaine de quatre jours travaillés et le recours croissant au télétravail. En effet, selon une étude menée en 2023 par le European Trade Union Institute, un laboratoire de recherche européenne, une entreprise européenne sur quatre a été contrainte de réduire sa production faute de main-d'œuvre. Certaines entreprises font même preuve d'innovation en offrant des "*Golden Hellos*", des bonus financiers d'entrée, voire de prérentrée, pour pallier le manque cruel des candidats dans le secteur des nouvelles technologies, à l'instar de l'Assurtech (startup du monde de l'assurance) allemande Familienversicherung.

De leur côté, les États européens sont dans l'obligation de répondre à cette pénurie par des politiques gouvernementales qui dépassent l'accompagnement des entreprises par des aides financières. Ainsi, des relations de coopération existent et sont facilitées par une proximité géographique et culturelle, afin de capter des travailleurs suisses, islandais, norvégiens, liechtensteinois et turcs. De surcroît, des accords ont été passés avec des pays d'Europe de l'Est (Ukraine) ou des Balkans (Serbie), mais aussi avec des pays du Maghreb (Algérie, Tunisie, Maroc), ou encore bien d'autres pays africains ou issus de l'aire caraïbe, afin de favoriser l'installation de populations qui permettront de gonfler la main-d'œuvre européenne déficitaire. Enfin, un vent de réforme du système d'immigration souffle sur les pays européens. Par exemple, le Portugal a opté pour l'allègement du système de visas pour ses anciennes colonies comme le Brésil, l'Angola ou le Mozambique ; l'Espagne a adopté une loi visant à faciliter l'embauche de travailleurs extra-européens ; la Slovénie a décidé d'accorder un nombre record de permis de travail.

En définitive, les mutations du marché de l'emploi européen déstabilisent l'économie d'une Union européenne en perte de vitesse sur la scène internationale, comme le montre le recul amorcé de son PIB (produit intérieur brut), indicateur par excellence de la puissance économique.

L'HÉTÉROGÉNÉITÉ DES DYNAMIQUES DÉMOGRAPHIQUES EUROPÉENNES, UNE APPROCHE PAR LE TERRITOIRE

L'Union européenne compte actuellement 447 millions d'habitants, et devrait atteindre 449 millions vers 2025 ; une hausse relative avant une lente diminution, qui la conduirait à 424 millions d'habitants en 2070. Depuis 2012, on compte plus de décès que de naissances. Ainsi, sans compensation migratoire, la population européenne aurait déjà reculé. Or si le réservoir démographique européen se vide, celui de la population mondiale (7,8 milliards d'individus en 2020) continue de se remplir. Ainsi, la place de l'Union européenne dans le jeu planétaire tend à s'amenuiser et ne devrait représenter plus que 3,7 % de l'humanité à l'horizon 2070. En parallèle, seulement neuf pays de l'Union européenne possèdent un solde naturel positif, ce qui signifie logiquement qu'il est négatif pour les dix-huit restants, que nous étudierons ci-après.

Les pays à la démographie en berne

Intéressons-nous d'abord à cette Europe du Sud, caractérisée historiquement par l'importance culturelle et sociale de la valeur familiale, et traditionnellement attachée au devoir de maternité (v. Chapitre Les régions méditerranéennes de l'Union européenne).

Aujourd'hui, la croissance démographique y est pourtant devenue inexistante, tandis que sa population vieillit. Cette natalité défaillante est compensée avec peine par le recours à l'immigration. En Italie, en Grèce, en Espagne et au Portugal, le constat est univoque : la part des jeunes régresse alors que celle des plus âgés augmente. La baisse de la fécondité s'est produite plus tardivement qu'ailleurs, mais le recul de la natalité a été plus fort et accéléré. En 30 ans, le taux de natalité a été divisé par deux, et la baisse de l'accroissement naturel a été deux fois plus rapide que dans le reste de l'Europe occidentale.

Et pour cause, les structures sociales de ces pays ont été confrontées à une succession de régimes autoritaires (Franco, Salazar, les colonels grecs, etc.), qui ont imposé aux populations un chapelet de valeurs rigides : la famille comme ciment de la société, le contrôle dogmatique avec l'exacerbation du culte chrétien, ou encore le contrôle des naissances avec l'interdiction de la pilule contraceptive, etc. Ainsi, la chute de ces régimes a entraîné celle de la fécondité, qui a vite basculé sous la moyenne européenne. En effet, dans les pays de l'Europe du Sud, l'âge des femmes à la naissance du premier enfant recule et la taille des foyers se réduit. Le cas le plus dramatique concerne l'Italie, qui combine un solde naturel négatif très faiblement compensé par un solde migratoire positif timide et une part élevée des plus de 65 ans (plus de 23,2 % de la population).

Si la situation à l'ouest est légèrement meilleure que dans le sud, elle tend, elle aussi, à se complexifier. Comme pour l'ensemble de l'Union européenne, l'évolution de la population se résume à un déclin de la part des jeunes, et une hausse de la part des plus de 65 ans. En effet, hormis le Luxembourg, la France ou l'Irlande, la majorité des pays d'Europe occidentale présente un équilibre démographique chancelant. Les Pays-Bas parviennent à se stabiliser tant bien que mal avec un solde naturel à 0 %, tandis que la Belgique, cahotée, affiche -1,1 %. Tous deux doivent donc leur croissance à l'apport migratoire.

De leur côté, les PECO connaissent des situations très différentes (v. Chapitre L'Europe médiane et balkanique). En effet, la Bulgarie présente un solde naturel négatif important (- 9,5 %), qu'elle ne parvient pas à compenser avec celui de la migration; une situation démographique critique qui se retrouve en Hongrie, en Roumanie et plus encore en Croatie. En revanche, la Lituanie et la République tchèque réussissent à inverser la tendance et affichent une croissance démographique positive, largement due aux flux migratoires, à nouveau. Par ailleurs, cet ensemble géographique se caractérise toujours par une espérance de vie bien plus faible que dans d'autres régions européennes, toutefois, celle-ci tend à s'améliorer. En outre, ces pays connaissent une augmentation très nette de la part des plus de 65 ans, ces dernières années. Les plus jeunes, eux, montrent une tendance à quitter leur pays depuis l'entrée des PECO dans l'Union. Encouragés par la libre circulation des travailleurs, ils poursuivent l'ambition de trouver ailleurs de meilleures opportunités professionnelles et salariales.

Les pays à la démographie à l'équilibre ou en hausse

Malgré cette tendance générale, certains pays parviennent à maintenir une forme de dynamisme démographique, puisqu'en 2022, la population augmentait pour dix-neuf pays de l'Union.

Un premier groupe de pays se distingue par un dynamisme relatif, caractérisé par un solde naturel négatif compensé par un solde migratoire positif, à l'instar de l'Allemagne. En effet, si les chiffres du pays annoncent un taux de croissance démographique positif, il doit son salut à l'immigration. Au cours des dix dernières années, l'Allemagne a enregistré en moyenne plus de 930000 décès par an, pour environ 752500 naissances. Or sa population est passée de 81 à 83 millions d'habitants entre 2010 et 2020 (Banque mondiale). L'État doit donc combler le solde naturel négatif avec un solde migratoire positif. De plus, l'Allemagne connaît aussi un vieillissement important de sa population. En effet, la part des plus de 65 ans s'élève à plus de 22 % de la population totale. Couplé au déclin de la part des jeunes, le pays se trouve notamment face à une pénurie de main-d'œuvre, qu'il comble, une fois de plus, par l'emploi de populations étrangères. Cependant, dans un avenir proche, ce solde migratoire ne parviendra plus à compenser le déficit de la natalité. Aux côtés de l'Allemagne, hormis certains PECO déjà évoqués, se trouvent l'Autriche (+5,2 ‰), le Portugal (+5,2 ‰) et l'Espagne (+0,7 ‰), et plus au nord, l'Estonie (+1,3 ‰) et la Finlande (+2,6 ‰).

Ensuite, une poignée de pays connaît encore des croissances démographiques louables, comme le Luxembourg (+16,7 ‰), l'Irlande (+10,7 ‰), Chypre (+9,7 ‰), Malte (+9,7 ‰), et la Suède (+7 ‰), même si elles tendent à diminuer. En effet, ces cinq États combinent soldes naturels et migratoires positifs. Sur la première marche du podium, l'Irlande, avec ses 5 millions d'habitants et son accroissement naturel de plus de 4,9 ‰ (le plus élevé de l'Union européenne). Il explique plus de la moitié de la forte croissance démographique du pays (+ 8,5 ‰). Ces chiffres peuvent trouver un premier élément d'explication avec la forte imprégnation religieuse de la société. Malgré tout, les données statistiques relèvent une tendance baissière. Parmi ces pays en bonne santé démographique, il est intéressant d'évoquer brièvement Malte, qui compte le plus petit nombre d'habitants de l'Union européenne, avec 521 000 habitants, ce qui représente 0,1 % des Européens. Pourtant, ce petit archipel de la Méditerranée présente un indice de fécondité parmi les plus élevés.

Enfin, attardons-nous sur le cas du Luxembourg, qui présente le dynamisme démographique le plus prégnant (+16,7 ‰), avec ses quelque 655 000 habitants en 2022. En effet, la population du Grand-duché présente à la fois un solde naturel positif (+ 3,4 ‰) et un solde migratoire particulièrement positif (13,2 ‰). Cette croissance démographique fait figure d'exception dans l'Union et s'explique par la caractérisation du Luxembourg comme une terre d'immigration. Alors que la population luxembourgeoise a augmenté d'environ 15 % depuis 1961, celle de nationalité étrangère a connu une croissance fulgurante d'environ 594 %, soit 40 fois plus vite. Ce phénomène s'explique par les mobilités liées au travail favorisées par Schengen et la présence d'institutions européennes dans la capitale. Ces populations étrangères s'installent alors principalement dans les grandes et moyennes villes du pays et à Luxembourg, lieux de concentration des principaux pôles d'emploi. Ainsi, en 2018, 48 % de la population possédait une nationalité étrangère. On dénombre quelque 170 nationalités dans le pays, parmi lesquelles la communauté portugaise est la plus fréquente, avec plus de 96 000 individus résidant majoritairement dans le nord-est du pays, suivie des communautés française (environ 45 000, dont la moitié vit dans la capitale) et italienne (environ 21 000, concentrés surtout au sud et au centre). À une échelle plus fine, la population est inégalement répartie sur le territoire, le sud étant beaucoup plus peuplé, car il est particulièrement urbanisé, tandis que le centre et le nord sont plus ruraux. Ainsi, le dynamisme démographique d'États peu denses pèse paradoxalement de façon importante dans la balance européenne.

Le cas de la France

En 2023, l'Hexagone a franchi la barre des 68 millions d'habitants, soit 0,3 % de plus qu'en 2022. Cela montre un relatif dynamisme, après un recul lié aux effets de la crise sanitaire. En effet, en 2022, la France atteignait un niveau historiquement bas en comptant 723 000 naissances, soit 19000 de moins qu'en 2021. En outre, son indice de fécondité était de 1,80 enfant par femme en 2022, contre

1,84 en 2021 ; un léger recul, mais il reste très supérieur à la moyenne européenne de 1,54. L'âge de la maternité s'élève à 31 ans en moyenne, et le nombre de femmes françaises fécondes est toujours en baisse, dans le contexte de vieillissement constaté de la population et d'incapacité à renouveler les générations. Malgré tout, la France confirme sa place de championne de la fécondité européenne.

Dans un deuxième temps, nous pouvons tout de même nuancer ce tableau optimiste d'une France féconde, en lui apposant les données relatives à la mortalité du pays. Les naissances enregistrées sont à conjuguer avec les 667000 décès en 2022 ; 5000 de plus qu'en 2021, et seulement 2000 de moins qu'en 2020. Un nombre de décès élevé, qui s'explique d'abord par le vieillissement de la population, mais aussi par les conséquences de la pandémie et de la recrudescence du phénomène caniculaire. Cependant, les Français vivent longtemps, les Françaises particulièrement, avec une espérance de vie à la naissance de 85,2 ans, contre 79,3 ans pour les Français ; des niveaux proches de ceux de 2021, mais toujours inférieurs aux années précédant la crise sanitaire. De son côté, la part des plus de 65 ans ne cesse d'augmenter, et constitue 20,5 % de la population aujourd'hui.

Dans un troisième temps, affinons encore notre lecture en nous attachant à distinguer les tendances démographiques entre la métropole et ses Départements et Régions d'Outre-Mer (DROM). D'une part, au regard des projections réalisées, la métropole devrait concerner 71 des 73 millions d'habitants annoncés à l'horizon 2040. À l'échelle régionale, la croissance devrait se retrouver surtout le long de la façade atlantique, dans les régions méridionales, et, plus au nord, en région Rhône-Alpes. À l'inverse, les régions du quart nord-est de la France devraient être plus atones. Ainsi, le principal moteur de la croissance démographique française ne serait plus le solde naturel, supplanté par les migrations régionales.

Une autre tendance se dessine dans les DROM, où la croissance démographique devrait être particulièrement forte à Mayotte et en Guyane, forte à la Réunion, et plus modérée en Martinique et en Guadeloupe (v. Chapitre Les Outre-mers européens). Aussi, les viviers de jeunes les plus importants se trouvent à Mayotte et en Guyane ; une croissance qui s'associe à une faible proportion des plus de 65 ans. En revanche, La Réunion affiche une croissance démographique forte, mais décèle déjà les premiers signes du vieillissement de sa population. Enfin, les Antilles sont d'ores et déjà dans une situation de vieillissement rapide de la population et d'augmentation de la part des plus de 65 ans, en plus d'être préoccupées par la fuite de ses jeunes.

Pendant que le monde poursuit sa marche sur le chemin de la croissance démographique, l'Union européenne s'enfonce dans l'hiver démographique. Le nombre d'Européens recule, déstabilisé par le départ de quelque 67 millions de Britanniques et la persistance d'une pandémie. Avec moins de 500 millions d'habitants aujourd'hui, l'organisation connaît désormais un accroissement naturel négatif, accompagné d'un nombre de décès supérieur à celui des naissances ; un phénomène accru par l'augmentation de l'espérance de vie à la naissance, qui entraîne *de facto* un vieillissement de la population. Ainsi, la part des plus de 65 ans croît, tout comme celle des plus de 80 ans, soulevant un enchevêtrement de problématiques, liées entre autres à l'emploi, à la dépendance et au logement. Dans le même temps, le taux de fécondité est nettement et durablement en dessous du seuil de remplacement des générations, même si des différences importantes se remarquent à l'échelle des États, qui mènent chacun leur propre politique familiale.

Par conséquent, le solde naturel européen est globalement négatif, et limité lorsqu'il est positif. L'Union européenne se situe donc à mi-chemin entre dépopulation et dépeuplement, "sauvée" temporairement par son solde migratoire positif. Se pose alors la question de son avenir et de sa place sur l'échiquier mondial. Si l'institution se refuse à intervenir au nom du principe de subsidiarité*, elle devrait tendre à s'appuyer sur sa diversité régionale afin d'ouvrir la porte à un "printemps démographique" européen.

LES MIGRATIONS EN UNION EUROPÉENNE

En 2017 était publiée une bande dessinée au titre marquant: La Fissure, par Guillermo April et Carlos Spottorno, reporter et photographe pour le journal espagnol, *El País*. Ces derniers ont enquêté sur les frontières de l'Europe et les migrations au moment de la crise migratoire de 2015, qui a vu plusieurs dizaines de milliers de migrants, dont beaucoup de Syriens, tenter de rentrer en Union européenne. La fissure est donc celle de l'Europe, sous plusieurs formes et sens: fissure entre elle et les pays voisins, fissure de la mer Méditerranée au sens de la frontière entre des "nords" et des "suds" économiques, fissure déjà avec la Russie, fissure politique et sociale sur le sort à réserver aux migrants et le sens de la frontière sans doute aussi.

Si l'entrée de migrants clandestins en Union européenne ne saurait résumer toute la problématique des **migrations**, elle en constitue un **point de crispation majeur** et un **questionnement géographique central**. Une migration est, pour la définir, un changement durable de domicile. Nous nous focaliserons ici sur les **migrations internationales** au sein de l'Union européenne (d'un État membre à un autre, depuis l'Union européenne vers un autre pays [émigration] ou vers celle-ci [immigration]). Le migrant ou la migrante désigne une "personne qui vit de façon temporaire ou permanente dans un pays dans lequel il n'est pas né", selon l'ONU. Toutes les formes de déplacement d'un espace à un autre pour y résider nous intéressent, quelle que soit la cause de la migration: économique, politique ou humanitaire (avec une demande d'asile à la clé), environnementale, d'agrément, etc. Dans certains cas, elle est choisie. Dans d'autres, elle est subie ou contrainte (exil). Parfois, elle est risquée. Tous les migrants et les migrantes peuvent être étudiés, que ce soient des travailleurs ou travailleuses, des étudiants ou étudiantes, des personnes retraitées, des familles, etc. Le trajet n'est pas toujours unique, d'un point à un autre, mais relève plutôt de la circulation migratoire. Certaines migrations engendrent de véritables périples plusieurs mois, voire années, au travers de l'Union européenne. D'autres sont très courtes et très maîtrisées. C'est cette disparité des migrations concernant l'espace européen, les territoires et les sociétés européennes que nous devons aborder.

Elles sont liées à la puissance de l'Union européenne, dans la mesure où celle-ci est un espace de prospérité attractif pour des migrants économiques, mais aussi un espace de haut niveau de formation qui peut être alors un foyer d'émigration. Les migrations sont aussi à **relier à l'organisation régionale de l'Europe de l'union et à la libre circulation des citoyens et citoyennes**, la disparition des frontières dans l'espace de Schengen – bien que celui-ci ne recoupe pas, on le sait, le découpage de l'Union européenne. Des migrations intra-européennes sont encouragées pour cimenter l'Union. D'autres font l'objet de contrôles, voire de rejet. Des **phénomènes de *pull and push* apparaissent** : le *pull* est ce qui attire les migrants, le *push* ce qui les contraint ou les incite au départ. Chaque étape de la migration peut être analysée. Chaque espace doit l'être aussi. Ainsi, l'étude des migrations nous pousse-t-elle à envisager l'Union européenne à plusieurs échelles, sous plusieurs points de vue, internes ou externes, à nous intéresser aux frontières, aux points d'entrée, aux territoires les plus convoités, aux routes migratoires, mais aussi aux espaces extra-européens d'où les migrants viennent et où ils sont pris en charge. Les politiques migratoires européennes peuvent avoir des conséquences sur les sociétés et les territoires au-delà de ses frontières.

Les moyens déployés par l'Union européenne pour contrôler et organiser les migrations internationales, depuis les pays membres, vers eux ou entre eux, constituent aussi un axe d'étude primordial. Il conduira à tenter de faire un point sur les débats et enjeux géopolitiques soulevés par ces questions. S'il y a des formes assez constantes de migration concernant l'Union européenne, tant pour l'émigration que l'immigration ou les flux internes, il existe aussi des **recompositions et des problématiques géopolitiques renouvelées à traiter.**

LES MIGRATIONS INTERNES ET L'ÉMIGRATION DES EUROPÉENS

Les logiques migratoires internes

La libre circulation est un des fondements du projet et du fonctionnement européens. Tout citoyen d'un pays membre peut circuler librement vers un autre pays membre, il a le droit d'y résider, d'y travailler, d'accéder à des droits sociaux et civiques. Le droit de libre circulation est même consacré par la Cour de Justice de l'Union européenne. Il engendre des mobilités courtes, mais aussi des migrations, donc longues par définition, voire définitives. Il contribue à créer un territoire européen, voire une société européenne. 3 % des Européens vivaient dans un autre État membre que celui de leur nationalité avant le Brexit (v. Outils, Figures-La population étrangère dans l'UE). Toutefois, il faut rappeler que seuls les titulaires d'une nationalité d'un des États membres peuvent circuler librement et que quelques limites ont été portées envers des citoyens européens. Ainsi, seuls les actifs jouissent d'une pleine liberté de circuler, les inactifs doivent donner des gages de revenus et de bonne couverture sociale pour aller résider dans un autre État membre. Une crainte d'abus de circulation, qui aurait pour but de venir disposer d'une meilleure protection sociale dans un autre pays que le sien, a fini par imposer ces règles. Les auteurs du réseau Migreurop (chercheurs et chercheuses, militants et militantes) interprètent alors ceci comme le passage du "droit" de circuler en Europe à l'idée que le "mérite" de la personne fonde ce droit.

En Allemagne, la deuxième nation représentée parmi les immigrés est la Pologne, tandis qu'en France la troisième est le Portugal. Ces deux informations correspondent à **deux grandes logiques récentes et successives de migration interne en Union européenne, celles-ci convergeant toujours vers les centres économiques attractifs**. D'abord, dans les années 1980 avec l'entrée de pays du sud du continent, on a vu des flux vers le nord s'effectuer. Puis, après l'élargissement de 2004 et l'entrée de huit pays d'Europe centrale et orientale, ce sont des flux d'est vers l'ouest que nous observons : de la Roumanie vers l'Espagne, par exemple (de nombreux travailleurs agricoles sont concernés), des pays baltes vers la Suède et la Finlande, de la Pologne vers l'Allemagne, par exemple. L'est a alors été un nouveau sud, réservoir de main-d'œuvre européen. Toutefois, parmi les États plus récemment intégrés, signalons que les Bulgares et les Roumains se sont longtemps vus imposer des mesures entravant leur circulation. En effet, si ces deux nations ont rejoint l'Union en 2007, ce n'est qu'en 2014 que leurs ressortissants ont eu les mêmes droits de libre circulation que les autres Européens. Une période transitoire aussi longue avait été imposée aux pays de l'est entrés en 2004. Pour la Croatie, elle n'a été que de deux ans. Les pays de l'Union européenne où l'on trouve le plus grand nombre de Roumains et Bulgares sont l'Allemagne, l'Italie puis l'Espagne. Cette dernière avait levé les freins à leur installation dès 2011 pour pallier le manque de travailleurs dans des secteurs en tension [MIGREUROP, 2022].

En 1996, une directive européenne a eu un rôle important en matière de migrations intérieures et prévaut toujours (avec des modifications de 2018) : il s'agit de la **directive sur les travailleurs détachés***. C'est un statut qui garantit au salarié un socle de droits minimums applicables au titre de la législation du pays dans lequel il est détaché. Le salaire et les conditions de travail du travailleur détaché* dépendent du pays d'accueil, mais les prestations sociales dépendent de son pays d'origine. Cela permet à des employeurs d'embaucher des travailleurs pour une prestation dans un pays, mais sans affilier ceux-ci à la sécurité sociale puisqu'ils restent dépendants de celle de leur pays d'origine. On estimait à 2,8 millions leur nombre en Europe 2017. Ce statut s'applique aussi à des pays hors UE. En France, ils étaient à 92 % des hommes et venaient à 78 % de l'UE, d'après le ministère du Travail, pour 2019.

Le Brexit a eu quelques conséquences sur les migrations internes. Tout d'abord, des ressortissants européens se sont trouvés dans la situation d'être des étrangers devant changer leurs documents d'identité et obtenir des visas. D'autre part, des ressortissants britanniques sont devenus des résidents d'un pays hors UE, comme par exemple des retraités de Dordogne (surnommée le "Dordogneshire"). Le Royaume-Uni avait accueilli beaucoup de Polonais et Polonaises venus travailler dans le pays après l'adhésion du pays à l'UE. Lors des débats sur le Brexit, cela a parfois été mis en avant, en stigmatisant les travailleurs détachés et une forme de dumping* social et de prétendue concurrence déloyale. Après le Brexit, il y a eu des cas de remigration de Polonais. Cela a aussi compliqué la résidence d'étudiants européens au Royaume-Uni.

Cette dernière remarque nous conduit à évoquer un type de migration particulier en Union européenne, ce sont celles qui sont **liées au programme Erasmus+**, à destination des étudiants et des étudiantes (v. Zoom, Érasme, Erasmus, Erasmus+). Il date de 1987, il concerne aujourd'hui trente-trois États. Il s'est accompagné d'une politique d'harmonisation des diplômes, avec les crédits ECTS et le parcours LMD (Licence-Master-Doctorat). Son budget total est estimé à 26,2 milliards d'euros et, depuis 1987, 12,5 millions de personnes en ont bénéficié. Cela représente donc 12,5 millions de migrations. La France était l'État membre qui envoyait le plus d'étudiants en programme Erasmus+ en 2019, devant l'Allemagne, l'Espagne et l'Italie. Ce sont ces mêmes pays qui en accueillent le plus.

L'émigration modérée des Européens

Le continent européen a été une **terre d'émigration durant l'époque moderne et surtout le début de l'époque contemporaine**. Puis **il est devenu, depuis la fin de Deuxième Guerre mondiale, un continent d'immigration.** Aujourd'hui, le nombre d'habitants de l'Union européenne s'établit à 446,8 millions (au 1er janvier 2022) et connaît une baisse sensible chaque année. Celle-ci n'est pas due à une émigration massive, mais plutôt au vieillissement de la population et au déficit de naissances. Le solde migratoire de l'Union européenne positif, c'est-à-dire qu'il y a plus d'arrivées que de départs, est donc fort utile pour empêcher un affaissement trop fort du nombre d'habitants, de travailleurs. Elle comptait 23,8 millions de citoyens non européens au 1er janvier 2022, soit un peu plus de 5 % de sa population. D'après la Commission européenne qui publie régulièrement un Atlas des migrations (en anglais), en 2020, il y a eu 3,269 millions d'arrivées et 2,170 millions de départs. Parmi les Européens émigrés, 51 % partent hors de l'UE, 49 % émigrent dans un pays de l'UE.

Il y a **peu d'émigration dans les pays de l'ouest et du nord** : 1,6 million en France en 2022, par exemple (un peu plus de 2 % de la population). Il existe des cas de diaspora pour des pays européens, comme pour les Portugais qui sont un peu plus de 10 millions au Portugal et plus de 80 millions dans le monde en comptant les descendants (en grand nombre au Brésil, aux États-Unis et en France).

On peut évoquer le cas de quelques flux migratoires de retraités européens hors de l'Europe, pour profiter d'un cadre de vie agréable et d'un coût de la vie plus modéré (qui sont des facteurs de type *pull* tandis que le climat froid et humide et le coût de la vie élevé couplés à des formes d'anxiété liée à la sécurité sont des facteurs de type *push*) : des Allemands vers la Turquie, des Français vers le Maghreb, par exemple.

Enfin, il y a environ 50 000 Européens qui migrent vers les États-Unis chaque année, mais cela ne représente que 5 % environ des migrants officiels accueillis. Ils sont environ 8000 et 20 % des migrants au Canada.

UN PÔLE MONDIALEMENT ATTRACTIF POUR L'IMMIGRATION

Les facteurs et les routes des immigrations vers l'Union européenne

L'Union européenne est un **pôle d'attraction pour de nombreuses migrations internationales extra-européennes**. Elle n'est bien entendu pas un État, mais sera considérée ici comme une entité territoriale, avec sa polarisation économique et ses politiques migratoires. Cette entité territoriale est riche, protectrice socialement, propose une libre circulation intérieure à ses citoyens, ce qui la rend attractive. Cependant, la part de la population née à l'étranger dans l'Union européenne est inférieure à celle de la plupart des pays à revenus élevés : au premier janvier 2021, selon la Commission européenne, 5,3 % de la population était ressortissante d'un pays tiers et 8,4 % était née dans un pays hors de l'UE. Une personne sera dite "immigrée" si elle est née d'une autre nationalité et hors du sol du pays où elle vit. Certaines d'entre ces personnes ont pu acquérir la nationalité du pays où elles résident, sinon on dira qu'elles sont "étrangères" ou ici "ressortissantes d'un pays tiers". Certains migrants sont des demandeurs d'asile et, s'ils l'ont obtenu, ils sont alors des "réfugiés". Certains migrants ont un document leur permettant de résider ou travailler dans un État de l'Union européenne, d'autres non, et peuvent être appelés migrants "clandestins" ou "illégaux". Il faut essayer de restituer cette diversité des situations et du vocabulaire lorsque l'on étudie les migrations, même si tous les cas statistiques ne peuvent pas être retenus.

Les pays où la part de la population née hors d'Europe est supérieure à la moyenne de l'UE sont la Suède, l'Estonie, la Lettonie, le Danemark, la France, le Luxembourg, l'Allemagne, l'Autriche, la Slovénie, l'Espagne, l'Italie, Malte et la Grèce. En Pologne, en Hongrie, en Slovaquie, en Roumanie, en Lituanie ou en Croatie, la part de la population née hors UE est inférieure à 1 %.

Les **migrants économiques** composent la majeure partie des cas. Des facteurs de type *push* jouent en poussant des populations à quitter une situation économique trop défavorable, non viable parfois. En plus, des facteurs propres à l'Union européenne entrent en ligne de compte, relevant de la logique de *pull*. En effet, beaucoup d'États membres connaissent de vraies pénuries de main-d'œuvre et ont recours à l'immigration. Ils en sont même parfois dépendants pour des secteurs en tension tels que le bâtiment, la restauration, le nettoyage, les travaux saisonniers agricoles, etc. [WIHTOL DE WENDEN, 2021] La baisse de la fécondité évoquée plus haut et le vieillissement de la population vont amplifier ces besoins. On trouve parmi les migrants économiques des travailleurs étrangers avec ou sans titre de séjour, mais aussi des personnes ayant acquis la nationalité d'un des États. On peut parfois y associer leur famille, venue rejoindre la première personne qui a migré, souvent un homme. Le motif du travail concerne 18 % des titres de séjour valides en Union européenne, le motif familial 36 %. Les immigrants représentent 4,7 % des travailleurs. Leur taux d'emploi est inférieur à celui des Européens, avec respectivement 59,1 % et 74 % de la population en âge de travailler. En revanche, les secteurs qui ont de forts besoins de main-d'œuvre non satisfaits voient une surreprésentation des immigrants : le secteur hébergement et restauration emploie 10,2 % des ressortissants de pays non-membres, mais ne représente que 3,2 % de l'emploi des citoyens de l'UE ; dans le secteur du travail domestique, c'est respectivement 6,7 % et 0,7 %. Au contraire, les secteurs où les immigrants sont sous-représentés sont l'administration publique, l'enseignement, la santé…

Les **réfugiés et demandeurs d'asile** forment une autre catégorie. L'Union européenne n'abrite qu'une faible part des réfugiés dans le monde, à savoir moins de 10 % d'entre eux. Ils représentent 0,6 % de la population totale de l'UE. Pour rappel, la Turquie est le pays qui en accueille le plus relativement à sa population. La majorité des réfugiés d'Asie et d'Afrique ne viennent pas en Europe, mais s'installent plutôt dans des pays voisins du leur. Les primo demandeurs d'asile en Europe viennent à 30 % d'Asie, 21 % d'Afrique, 20 % du Moyen-Orient, 14 % d'Europe et 14 % d'Amérique latine (origine inconnue du 1 % restant). En termes de nationalité, les plus nombreux sont les Syriens, suivis des Afghans, Vénézuéliens, Turcs, Colombiens, Pakistanais, Bangladeshis et Géorgiens. Les premières demandes sont effectuées en plus grand nombre en Allemagne, France et Espagne. Proportionnellement à sa population, c'est Chypre qui en reçoit le plus. 13 % des demandeurs d'asile en 2021 étaient des mineurs non accompagnés. Toutes les demandes ne sont pas satisfaites: en 2022, 966 000 demandes ont été déposées et 384 000 ont obtenu un asile en Europe (ils sont alors sous statut de réfugiés).

Les **migrants clandestins** attirent l'attention médiatique et il est possible de proposer une estimation de leur nombre. D'après Frontex*, les franchissements irréguliers des frontières de l'Union européenne sont estimés à 199 000 en 2021, dont plus de 112 000 par la voie maritime. Cette même année, 340 500 ressortissants de pays non-membres ont reçu l'ordre de quitter l'Union européenne. Ils venaient, par ordre décroissant en pourcentage, d'Algérie, d'Albanie, du Maroc, du Pakistan et de l'Ukraine.

En mai 2023, Eurostat estimait que plus de 4 millions d'Ukrainiens avaient été accueillis en Union européenne. Cela représente 9 % de la population européenne, mais ce sont 17 % de la population ukrainienne qui a fui – vers l'UE et vers d'autres pays. C'est donc considérable. Mais il faut préciser que c'est sous statut de protection temporaire et qu'il faudra voir l'évolution de leur situation. Des retours ont déjà eu lieu. C'est l'Allemagne et la Pologne qui en accueillent le plus, avec environ 1 million de personnes chacune, mais ce chiffre est décroissant en Pologne (plus de 1,3 million de personnes en août 2022 et 990 000 environ en mai 2023). En septembre 2002, l'Union européenne a par ailleurs suspendu l'accord facilitant la délivrance de visas pour les ressortissants russes.

Les espaces d'accueil et les espaces de transit

Les espaces de l'Union européenne présentent **des profils très variés au regard de l'immigration internationale**: la présence des immigrants en nombre et en pourcentage, les profils des immigrants, le fait qu'ils résident ou transitent dans l'espace concerné font beaucoup varier les choses.

On pourrait relever tout d'abord **les espaces nationaux des pays les plus riches et développés au sein de l'Union européenne et ceux qui ont – ce sont souvent les mêmes – un déficit de main-d'œuvre dans des secteurs-clés de leur économie**. Ils accueillent un grand nombre de résidents nés à l'étranger, mais pas toujours en pourcentage de leur population. Il s'agit de la France, de l'Allemagne, des pays du Benelux, de l'Espagne, de l'Italie, du Danemark et de l'Autriche. Quant à la Suède et plus encore la Finlande, elles ont une part d'étrangers dans leur population inférieure à la moyenne. La plupart des pays d'Europe centrale et orientale issus du bloc soviétique ont une part d'immigrés et étrangers faible dans leur population. Mais on a vu que la Pologne se trouvait dans une situation nouvelle avec l'accueil des Ukrainiens, ce qui s'explique bien sûr par sa longue frontière avec ce pays. La Grèce, Chypre et Malte ont des taux importants d'immigrants et un grand nombre de migrants clandestins. Le Portugal semble un peu à part avec une part assez faible d'immigrants, bien qu'il accueille des migrants extra-européens de ses anciennes colonies. Il reste un pays d'émigration, même si c'est moins fort qu'auparavant et peut accueillir quelques migrants d'Union européenne ou du Royaume-Uni, par exemple en Algarve.

Certains espaces de l'Union européenne sont des carrefours migratoires internationaux, comme la France, ce qui s'explique par sa géographie (frontières, circulation en Europe, depuis la Méditerranée et par les Alpes, vers le Royaume-Uni par la Manche) et par son histoire (colonisation, accueil de réfugiés). **Certains sont des pays de transit**, comme la Bulgarie ou la Hongrie, sur la route des Balkans. Ceux-ci sont concernés par des migrations venant de Grèce, de Turquie, pouvant passer également par la Serbie, non membre de l'UE. Ce statut de pays de transit en Union européenne est souvent associé aux craintes de délinquance et criminalité. Il a donc suscité, après 2015 surtout, un développement d'actions de surveillance, notamment de la frontière bulgare avec la Turquie.

Cela nous amène à parler des **espaces frontaliers de l'Union européenne** qui sont concernés au premier chef par des impacts territoriaux dus aux migrations internationales: les espaces frontaliers extérieurs de l'UE, qu'ils soient maritimes ou terrestres, qui se trouvent sur les routes migratoires principales. La Grèce et ses îles, Chypre, Malte, l'Italie et ses îles, l'Espagne et ses îles (y compris en Atlantique) se trouvent sur les routes migratoires les plus empruntées, tant par des migrants économiques que des demandeurs d'asile potentiels, depuis l'Afrique subsaharienne, l'Afrique du Nord, le Proche-Orient et l'Asie centrale. À une échelle plus fine, cela se traduit par des espaces emmurés, sous contrôle renforcé, qui connaissent des tensions politiques et sociales très fortes. C'est le cas de Lampedusa, par exemple (v. Zoom, Lampedusa). L'Union européenne a en effet érigé des murs pour bloquer les flux migratoires clandestins: on en trouve dans les deux enclaves espagnoles au Maroc, Ceuta et Melilla, entre la Grèce et la Turquie, entre la Bulgarie et la Turquie, entre la Hongrie et la Serbie, entre la Pologne et la Biélorussie, entre des pays membres comme entre l'Autriche et la Slovénie ou la Hongrie et la Croatie, en France à Calais, en Finlande, Lituanie et Lettonie sur la frontière avec la Russie. Selon un rapport du Parlement européen, l'UE comptait plus de 2000 kilomètres de murs frontaliers en 2022, contre 300 kilomètres en 2014. Cela fait ressembler l'Europe à une forteresse, ce que dénoncent des observateurs et des élus européens.

Enfin, nous pouvons nous intéresser aux **espaces extra-européens qui sont pourtant concernés par les migrations internationales à destination de l'Union européenne et/ou par la politique migratoire de cette dernière**. La volonté de contrôle des flux par les Européens les a conduits à passer un certain nombre d'accords avec des pays tiers aboutissant à organiser une **externalisation du contrôle de l'immigration irrégulière**. On a beaucoup parlé du cas de la Turquie, avec qui l'UE a passé un accord en 2016, qui prévoit des centres de détention de demandeurs d'asile en Turquie, des retours de migrants de la Grèce vers la Turquie en échange d'une aide financière des Européens. Il y a également des espaces extra-européens plus lointains qui sont concernés par les politiques migratoires européennes, en Afrique. C'est le cas au

Niger où se trouve un *hotspot* (point d'enregistrement des migrants), au Soudan et au Tchad avec qui les Européens ont conclu des accords pour contrôler les migrations. Les migrants peuvent venir de ces pays ou y circuler en direction de l'Europe, en passant majoritairement par la Libye. Ces derniers éléments ne sont pas sans soulever des critiques ou au minimum des interrogations politiques et géopolitiques.

LES ENJEUX GÉOPOLITIQUES DE L'ACCUEIL DES ÉTRANGERS

Accueillir des migrants : quels enjeux territoriaux en Union européenne ?

À partir de ce qu'il est convenu d'appeler une crise des migrants en 2015, la géopolitique complexe de l'Union européenne, face aux arrivées vues comme massives, s'est révélée politiquement et médiatiquement.

Le contrôle des frontières est un droit régalien. Toutefois, un certain nombre d'engagements des pays membres de l'Union européenne complexifie cette première approche. Tout d'abord, certains pays ont signé la convention de Schengen* en 1990, entrée en vigueur en 1995, qui établit une zone sans contrôle des frontières intérieures. Tous les membres de l'UE n'en sont pas signataires et tous les signataires ne sont pas membres de l'UE. Cela apporte un premier élément de complexité. Ensuite, comme on a déjà pu le dire, la libre circulation intérieure n'empêche pas des restrictions et surtout un contrôle extérieur qui s'est considérablement renforcé. Puis, les demandeurs d'asile ne sont pas à considérer, en droit, comme de simples migrants puisque l'examen de leur dossier et leur accueil dépendent de droits humains fondamentaux, protégés par des textes signés par les États membres de l'Union, principalement la Convention dite de Genève de 1951 que tous les pays européens, membres ou non, ont signée. C'est dans cet entrelacs d'espaces, de frontières et d'engagements que se trouve chaque État de l'Union européenne, avec, en plus, ses spécificités géopolitiques propres (v. Chapitre L'UE : une construction aux implications territoriales fortes). Ce qui domine, c'est une perception des migrants comme des clandestins, excluant souvent la possibilité *a priori* d'être en situation de demande d'asile. Les flux migratoires extra-européens, de même que certaines migrations intra-européennes, sont considérés comme des préoccupations, voire des menaces à l'équilibre du pays et des territoires. Si, de fait, des territoires de l'Union européenne sont en proie à des difficultés de gestion majeures, l'ensemble des espaces ne l'est pas. On perçoit malgré tout, de manière généralisée, une préoccupation des Européens autour des immigrants. Ainsi, en 2022, un sondage de l'Eurobaromètre révèle que 53 % des Européens considèrent que la question de l'immigration est très prioritaire, mais n'est pas la question la plus prioritaire (15 %) de leur gouvernement national. Un discours est resté comme une rupture dans le contexte de crainte sur la "crise" migratoire, c'est celui de la chancelière allemande Angela Merkel en août 2015, dans lequel elle a affirmé la capacité de son pays à accueillir un grand nombre de migrants, disant "*wir schaffen das*" ("nous allons y arriver"). Cependant, cet avis n'est pas partagé par tous les chefs d'État européens et toutes les forces politiques de son pays. En 2017, neuf États membres rétablissent le contrôle à leurs frontières nationales: Italie, Allemagne, République tchèque, Slovaquie, France, Belgique, Pologne, Malte.

S'il y a clairement eu une européanisation* des politiques migratoires et des débats autour de l'accueil des migrants, **le consensus n'est pas de mise entre les États membres**. Depuis quelques années, le règlement de Dublin et son application posent notamment question. Ce règlement repose sur plusieurs textes signés entre 1990 et 2014, il concerne les demandeurs d'asile et impose au migrant de déposer sa demande dans le pays où il arrive dans l'Union européenne. S'il est dans un autre pays ensuite, il sera renvoyé dans le premier pour que sa demande soit traitée. Il existe des dérogations* qui conduisent à faire traiter le dossier de demande d'asile dans le pays qui a joué "le rôle le plus important dans l'entrée du demandeur sur le territoire de l'UE". Mais le règlement de Dublin n'est pas bien perçu et les migrants craignent d'être renvoyés – "dublinés" – dans le pays où ils ont été enregistrés initialement (la Grèce, l'Italie) alors qu'ils souhaitent s'établir dans un autre. Les autorités européennes elles-mêmes en perçoivent les limites, car un petit nombre de pays concentre l'essentiel des demandes. Sa réforme est donc en question. En 2023, avant les élections de 2024, plusieurs acteurs politiques voudraient aboutir à la

cf cours

signature d'un paquet asile et migration, qui établirait de nouvelles règles de prise en charge des personnes qui sont aux frontières de l'UE sans remplir les conditions légales d'entrée ou s'apprêtant à demander l'asile. Les discussions sont engagées avec le Conseil.

Les refus d'accueil : un autre défi pour l'Union européenne

Des tensions géopolitiques en Europe autour des migrants demeurent depuis 2015. Par exemple, alors qu'un plan de relocalisation des migrants était proposé, la Pologne a évoqué dans un recours devant la Cour de Justice de l'UE sa crainte d'une remise en cause de "l'homogénéité ethnique" de son territoire (argument récusé). Le groupe de Visegrad*, dont elle fait partie avec la Hongrie, la République tchèque et la Slovaquie, a fait valoir une opposition à l'accueil de migrants. Cela révèle assez bien une **absence de multiculturalisme** dans ces pays d'Europe centrale, du moins dans des formes actuelles plus communes en Europe de l'Ouest, avec une crispation autour des questions religieuses, de l'intégration de populations musulmanes en particulier (v. Chapitre Identité/identités de l'Union européenne).

Le rejet des migrants s'est établi comme une ligne de force des discours populistes* et souverainistes dans de nombreux pays de l'Union européenne et **plusieurs formes d'opposition à l'accueil d'immigrants** se présentent, à toutes les échelles. En 2018, une sorte de milice des frontières constituée de militants d'extrême droite agissait dans les Alpes à la frontière franco-italienne et avait manifesté son opposition aux migrations principalement venues d'Afrique subsaharienne au col de l'Échelle. Elle y avait arboré notamment des drapeaux "Defend Europe". À quelques jours d'intervalle, des militants favorables à l'accueil des migrants se regroupaient en Italie et à la frontière pour s'opposer à cette action. Cela faisait des Alpes un territoire où se concentrait le conflit, où s'exprimaient les enjeux géopolitiques auxquels l'Europe et les Européens doivent faire face. Sur les côtes et en mer également, les questions se font pressantes depuis plusieurs années. La responsabilité morale et juridique de l'Union européenne avec l'agence Frontex*, mais aussi celle de chaque État – qui reste souverain et responsable dans ses eaux – est régulièrement au cœur de l'actualité, à chaque naufrage massif de migrants ou demande d'accostage d'un navire humanitaire. Selon l'ONU, entre 2014 et 2022, 25 000 personnes auraient perdu la vie en tentant de traverser la mer Méditerranée pour atteindre l'Europe. Enfin, régulièrement depuis une vingtaine d'années, des tentatives de passage groupé prenant d'assaut les barbelés de Ceuta et Melilla rappellent que l'Europe est devenue une forteresse, mais qu'elle fait toujours autant figure d'espace envié, à n'importe quel prix humain. La politique de fermeture ne parvient pas, ici comme ailleurs dans le monde, à stopper les mobilités.

IDENTITÉ/ IDENTITÉS DE L'UNION EUROPÉENNE

La géographie de l'identité et des identités de l'Union européenne est éminemment **paradoxale** : alors que l'UE associe un ensemble de pays aux patrimoines urbains, architecturaux, culturels, artistiques, intellectuels, paysagers parmi les plus variés de la planète et pouvant constituer des leviers puissants pour concrétiser une identité communautaire, celle-ci peine toujours à s'affirmer dans les représentations des populations. Elle est l'objet de **tensions récentes et contradictoires,** avec la montée des sentiments nationalistes et populistes au sein des vingt-sept États membres. Si les figures et les œuvres de Verdi, Debussy, Wagner, Sibellius, Smetana et Dvořák, sont des patrimoines connus et partagés par les Européens, elles demeurent tout autant associées à des identités régionales ou nationales (la nation italienne, le style français, la germanité, l'identité finlandaise, le sentiment d'appartenance aux cultures tchèque et de Bohème), tandis que leur reconnaissance s'étend à un espace européen continental, et même mondialisé, distinct du cadre territorial restreint de l'Union.

Réfléchir à l'identité de l'UE-27, en toute rigueur, c'est se demander s'il existe une identité propre à l'espace de l'Union distincte de celle de l'Europe, même si ces deux identités sont spatialement chevauchantes et fréquemment confondues – l'Union européenne étant souvent prise comme la partie pour le tout. Issue du latin "*idem*" signifiant "le même", l'identité désigne deux objets pensés comme identiques, similaires, faisant accord, voire communauté. L'identité n'est donc pas nécessairement une, ni synonyme d'unicité. Elle peut en revanche favoriser l'unité sans unicité ; au point qu'il est possible de concevoir une identité transcendant des identités. Ainsi définie, l'identité appliquée à l'Union européenne serait sentiment d'appartenance et reconnaissance d'une identité propre aux populations et aux espaces inscrits dans cet ensemble spatiopolitique précis, mais mouvant, sans pour autant que celle-ci soit incompatible ou efface l'identité européenne englobante, ni les identités infracommunautaires s'exprimant à grandes et moyennes échelles spatiales, du local au national en passant par les régions.

De quoi est faite l'identité de l'Union européenne et quelles géographies identitaires concurrentes ou chevauchantes se dessinent dans cet espace politique appartenant aux démocraties occidentales et fait d'États et de nations ?

L'EUROPÉANITÉ DE L'UE : UNE DIVERSITÉ CULTURELLE REMARQUABLE

La culture appréhendée à travers des facteurs comme la langue, la religion, mais aussi les patrimoines artistiques, philosophiques, architecturaux... est considérée comme un **marqueur identitaire majeur des sociétés et de leurs territoires**. Il est donc classique d'analyser la géographie de ces facteurs comme possibles vecteurs d'une identité de l'Union européenne.

Comme en Europe, une diversité de cultes et de langues dans l'Union européenne

Bien que plus limitée spatialement et démographiquement (447 millions d'habitants sur 4,5 millions de km^2) que le continent (745 millions d'habitants sur 10 millions de km^2), l'UE n'échappe pas à **l'irréductible diversité des cultures et des identités** qui font la singularité de ce petit "continent" dans le monde. Dans l'espace restreint de l'UE-27, toute la diversité culturelle européenne, notamment linguistique et religieuse, est représentée.

Même la **religion**, majoritairement chrétienne, n'a rien d'un ciment uniforme : dans quinze États, le catholicisme est prépondérant ; dans huit, il s'agit du protestantisme ; pour quatre, c'est l'orthodoxie. À plus grande échelle spatiale, la diversité du christianisme s'observe également. Ainsi, bien que 79 % des habitants de Croatie (56 500 km^2) soient catholiques, l'orthodoxie pratiquée par 3,5 % de la population principalement d'origine serbe constitue le culte majoritaire et identitaire par sa concentration spatiale dans les régions rurales frontalières avec la Serbie et la Bosnie-Herzégovine, à l'exemple des villages au pied des Alpes dinariques (Donji Lapac, Vrhovine, Udbina). Le christianisme est en outre loin de résumer tous les cultes. D'autres religions sont pratiquées : environ 6 millions de musulmans en France et 4 en Allemagne, et 450 000 juifs en France. Enfin, l'athéisme peut concerner la majorité relative des résidents, jusqu'à 40 % ou 37 % respectivement en France et en République tchèque contre seulement 1 % en Roumanie et 20 % en moyenne pour l'UE-28 en 2018 (source Eurostat 2018). La prépondérance de la religion chrétienne parmi les populations de l'UE (73 % des habitants de l'UE-28 en 2018), les héritages patrimoniaux, notamment architecturaux dans les espaces tant urbains que ruraux, font du christianisme un marqueur identitaire indéniable de l'Union, en particulier dans les pays où les liens entre l'État et le religieux sont forts, à l'exemple de la Grèce. L'article 17 du traité de Lisbonne reconnaît d'ailleurs à chaque État membre sa souveraineté pleine et entière dans la gestion de ses rapports avec les cultes. Toutefois, la *Charte des droits fondamentaux* (2000) et le préambule du *Traité de Lisbonne* (2007) stipulent que l'identité européenne est faite d'une pluralité de legs – "des héritages culturels, religieux et humanistes de l'Europe" – soutenant ainsi des identités cultuelles diverses et non figées dans ses territoires et ses populations.

C'est cependant la **diversité linguistique** qui est la plus tangible dans l'UE ; même la grande famille des langues indo-européennes ne donne pas d'unité aux peuples de l'Union. En effet, trois États (Hongrie, Estonie et Finlande) et près de 20 millions de citoyens ont une langue ouralienne, dite aussi finno-ougrienne comme langue principale. Mesurée à l'aune des critères classiques de la religion et de la langue, la culture de l'UE est bien fondamentalement diverse. Cette diversité culturelle participe bien à l'identité de l'Union dont la devise est *In varietate concordia* (en français, "Unie dans la diversité") et dont le fonctionnement institutionnel reconnaît toutes les langues officielles de ses vingt-sept États membres. Actuellement, vingt-quatre langues sont utilisées au Parlement européen et, selon Michel Foucher, ce n'est pas un hasard si le bâtiment évoque, par son architecture, la tour de Babel [FOUCHER, 2010].

En accord avec sa devise, l'Union européenne construit ainsi son identité selon une dialectique entre unité et diversité. Mais, l'interprétation géographique de la devise "Unie dans la diversité" est ambiguë. Deux modèles spatiaux peuvent y être associés.

L'Union européenne : une mosaïque de cultures...

La diversité culturelle peut être **juxtaposition de particularismes et d'identités locales, régionales ou nationales**. Il y aurait ici un style français, là un art germanique, ailleurs italien, mais aussi catalan, frison, same, etc. Selon cette conception, la peinture française, quelles que soient les époques, aurait ses représentants (Nicolas Poussin pour le classicisme, Antoine Watteau pour le style rococo, Manet et Monet pour l'impressionnisme au XIXe siècle...) et serait à distinguer des écoles italiennes, flamandes... Chaque territoire, chaque société aurait ainsi ses œuvres et ses grandes figures culturelles, certes connues des autres, mais ne fusionnant pas et consolidant une géographie d'identités infra-communautaires bien différenciées. Cette représentation spatiale inspire en partie les politiques communautaires qui font la promotion des identités culturelles régionales. L'Union européenne, via les fonds structurels, les financements FEDER-LEADER, ou encore les labellisations agroalimentaires (AOP), contribue à l'affirmation de patrimoines culturels territorialisés (v. Chapitre Des territoires ruraux et agricoles communautaires). Ainsi le succès touristique et agricole du Pays-Basque français a été largement subventionné par l'Union. Le programme LEADER (2021-2027) pour l'intercommunalité *Montagne basque* (136 000 €) finance des équipements à valeur identitaire comme la création de frontons de pelote dans les communes. Ces projets prolongent les financements européens des années 1990 et 2000 qui ont impulsé des dynamiques de développement territorial par la valorisation de la culture basque. Les fonds structurels (1994-1999) ont consacré plus de 41 millions d'euros d'aides à l'ouverture de gîtes ruraux, de balisage de randonnées, d'aménagement de points de commercialisation des produits régionaux. Le XXIe siècle se marque par la rénovation du Musée Basque de Bayonne tandis que toutes les AOC* locales se voient reconnues AOP* par l'Union européenne : AOP Ossau-Iraty (2003), piment d'Espelette (2008), vins Irouléguy (2013), porc basque Kintoa (2017). La conception de l'identité culturelle de et par l'Union comme faite de toute la diversité des cultures du local à l'Europe, a ainsi largement contribué au développement du Pays-Basque et explique en 2005, dans une France qui rejette par référendum la Constitution de l'UE (par 54,87 % des suffrages), la spécificité de nombreux villages de la montagne basque qui votent favorablement : village d'Aldudes (58,43 %), de Banca (50,54 %), de Saint-Étienne-de-Baïgorry (54,72 %).

...ou un espace de brassage culturel ?

Cependant, dans un continent aux mobilités millénaires – celles des marchands et des artisans, des artistes au service des princes, des moines – ayant tôt dressé un espace européen réticulé où les cités, les abbayes, les foyers artistiques et intellectuels sont reliés les uns aux autres et s'influencent mutuellement, **il ne paraît guère pertinent d'associer la diversité culturelle européenne à une mosaïque de cultures ancrées dans des territoires et des sociétés bien délimités**. L'européanité envisagée selon le modèle de nettes différenciations socio-spatiales correspondrait à une géographie moins de "l'unité dans la diversité" que des clivages, voire des stéréotypes indépassables et revendiqués actuellement par des partis populistes, mais peu conformes à l'identité culturelle européenne. **L'identité culturelle de l'Union est ainsi celle de son continent et de sa géohistoire** faite d'échanges, de confrontations entre populations et leurs activités sur un temps long, plurimillénaire, et selon des organisations spatiales dynamiques tantôt structurées par les échanges sur la Méditerranée, tantôt ouvertes sur l'Atlantique ou au contraire centrées sur les axes rhénan et/ou danubien. L'École de peinture de Fontainebleau à la Renaissance est autant italienne par les peintres qui y ont participé à la demande de François Ier que française, et de ce brassage naissent de nouveaux styles et ornements qui se diffusent en Europe. Ces échanges – des conflits aux métissages en passant par la diffusion d'idées, de cultes, de mouvements artistiques ou encore de pratiques sportives – créent des correspondances culturelles d'un bout à l'autre du continent. À la "saudade" portugaise répond la "litost" tchèque tandis que dans la capitale autrichienne est pratiqué l'art équestre ibérique sur des chevaux Lipizzan, race créée au haras de Lipica, désormais dans la région slovène de Sezana. Reconnue patrimoine culturel immatériel de l'humanité par l'UNESCO en 2015, L'École d'Équitation espagnole de Vienne est emblématique de la culture européenne dont le rayonnement mondial est issu de ces brassages à une échelle continentale.

Cette unité dans et surtout par la diversité fait l'européanité de l'Union européenne, mais ne lui confère pas une identité spécifique.

L'UNION-EUROPÉANITÉ : UNE IDENTITÉ CHOISIE ET CONSTRUITE PAR L'UE

L'Union européenne construit une identité culturelle propre à son espace communautaire

En tant que construction politique, l'UE mène des politiques culturelles qui tendent à créer une identité spécifique à l'espace et aux populations communautaires au sein du continent.

Depuis 1992, le traité de Maastricht transfère des compétences, et donc des financements dans le domaine culturel, des États membres à l'Union européenne (v. Zoom, Une gouvernance partagée et complexe organisée par le traité de Lisbonne). L'UE-27 fait ainsi de sa devise un principe actif, guidant ses politiques culturelles au sein de son espace propre. Elle œuvre à un espace culturel communautaire selon une acception à la fois supranationale, mais non continentale (car limitée aux vingt-sept États membres) et extracontinentale, en concordance avec la géographie des États membres dont certains possèdent des territoires ultramarins. Par exemple, dans les DROM antillais français, territoires ultramarins de l'UE (ou RUP* pour "régions ultrapériphériques", v. Chapitre Les Outre-mers européens), l'Union européenne finance, via les fonds FEDER et Interreg, des programmes de valorisation du patrimoine et de la culture caribéens. Or nombre d'événements culturels sont organisés non seulement en Martinique et en Guadeloupe, mais aussi en France métropolitaine, particulièrement en Région Île-de-France où la plupart des Antillais installés en métropole résident. On peut citer, pour la période 2019-2022, les créations artistiques dans le cadre du programme PACAM (Passeport Caraïbes – Amazonie) ayant reçu 1,3 million d'euros de l'Union pour l'organisation de spectacles dans les RUP et en Île-de-France. Cet exemple illustre la volonté de promouvoir une identité culturelle spécifique au cadre spatial de l'UE. De même, le Label du patrimoine européen est, malgré l'ambiguïté de l'adjectif, une distinction créée à l'initiative de la France et décernée depuis 2007 par l'UE, dans l'UE, et pour l'UE. Même s'il a pour objectif "d'aider les citoyens européens à mieux comprendre l'histoire de l'Europe", ce label est dédié à la (re)connaissance par les résidents des vingt-sept États membres "de la construction de l'Union".

Mobilités et libres circulations : vecteurs de sentiments d'appartenance à l'Union européenne

Cette approche supranationale communautaire, mais non continentale de l'identité de l'Union européenne est particulièrement poussée dans le domaine des formations supérieures, des mobilités étudiantes à travers les programmes Erasmus (v. Zoom, Érasme, Erasmus, Erasmus+, Outils, Cartes-Les mobilités Erasmus+ en 2021) qui, depuis 40 ans, sont perçus comme emblématiques de la construction d'une union-européanité au sein des jeunes générations.

Que ce soient les étudiants, les entreprises, les politiques, les citoyens, **des pratiques spatiales communes – potentielles ou vécues – développent un sentiment d'appartenance à l'UE**. Le Brexit, en refermant la frontière entre le Royaume-Uni et l'UE-27, rappelle ce facteur identitaire que constituent des systèmes d'échanges communs, des réseaux de circulation – matériels comme immatériels – des mobilités individuelles. C'est moins le "marché commun" des biens marchands que la construction d'un espace de circulation des individus qui favorise la perception par les citoyens de l'Union d'un territoire d'appartenance et, avec lui, d'une identité commune. D'ailleurs, en 2010, la réponse arrivant en tête avec 45 % des sondés de l'*Eurobaromètre Flash* sur le thème "Que représente l'Union européenne pour vous personnellement ?"

est “la liberté de voyager, d’étudier et de travailler partout dans l’UE” (enquête de l’*Eurobaromètre* 2010, réalisé à la demande de la Commission européenne dans trente et un pays), tandis que le dernier *Eurobaromètre Standard* (n° 99) du printemps 2023 indique que 83 % des citoyens de l’UE sont favorables et attachés à la liberté de circulation des personnes au sein de l’Union (v. Chapitre Les migrations en Union européenne).

Paix, démocratie et droits de l’homme : valeurs identitaires de l’Union européenne

Ce sentiment d’appartenir à la seule entité géographique et politique planétaire affirmant les libertés de circulation est certes fort, mais ne constitue pas pour autant la valeur fondamentale de l’union-européanité. L’horizon d’attente de la déclaration du 9 mai 1950 initiant la CECA est moins le marché commun du charbon et de l’acier que la paix. En effet, la première phrase du discours fondateur de la CECA prononcé par Robert Schuman – “La paix mondiale ne saurait être sauvegardée sans des efforts créateurs.” – souligne combien l’horizon d’attente est plus celui d’une communauté de valeurs pacifiques universelles qu’une simple association économique. Les critères d’adhésion d’un pays à l’UE ne sont pas strictement économiques et continentaux ; intégrer l’UE est un processus qui vaut reconnaissance d’un degré avancé de démocratisation d’un État et de sa société. L’élargissement de l’UE vers l’Est en 2004 est plus que l’extension d’un marché commun. C’est la diffusion de la démocratie et de l’État de droit de l’ouest du continent vers les pays d’Europe centrale et de l’Est marqués par plusieurs décennies de régimes non démocratiques.

Il est révélateur que les critères culturels identitaires classiques comme la langue ou la religion soient très peu cités par les citoyens de l’UE comme facteurs d’union-européanité. Selon l’*Eurobaromètre standard 99* (créé pour sonder l’opinion publique des populations de l’UE) du printemps 2023, seuls 4 % des sondés considèrent la religion comme le facteur identitaire de l’UE contre 37 % pour la démocratie, 33 % pour la paix et enfin 29 % pour les droits de l’homme (les trois réponses obtenant le plus de suffrages). Ce sont déjà ces trois valeurs qui sont citées en tête par les citoyens de l’UE lors de l'*Eurobaromètre* de 2009. Comme le souligne Renaud Soufflot de Marigny, c'est bien un "socle de [trois] valeurs communes" – la démocratie, la paix et les droits de l'homme – qui fondent l'identité de l'UE. L'identité spécifique de l'UE, distincte de celle de l'Europe, en imposant ces valeurs comme condition d'adhésion des États à l'UE est donc moins une identité faite de brassages culturels millénaires, ou de legs culturels échappant à toute tentative d'unité, qu'une identité choisie par ses États membres, et promue par les législations et les institutions de l'UE dans son espace propre. Cela rend compte de paradoxes apparents en termes de sentiments d'identité des populations ; ainsi les régions du nord de l'Italie – le Veneto ou même la région de Trieste, ville symbole de l'européanité par le brassage des populations et des cultures sur le temps long comme l'évoque l'ouvrage *Trieste, une identité de frontière*, que Claudio Magris lui consacre en 2008 – sont des terres d'élection de la Ligue du Nord réputée pour son euroscepticisme. En 2014, le Veneto se distingue par l'organisation d'un *Basta Eurotour* prônant la sortie de l'UE ! Européanité et union-européanité ne sont donc pas équivalentes et l'identité de l'UE n'est pas un héritage qui s'impose aux populations, mais un choix délibéré pour un projet politique de construction d'une communauté d'États européens associés par des valeurs essentielles de paix, de démocratie, de droits de l'homme.

L'Europe c'est la guerre, l'Union européenne c'est la paix

La constance avec laquelle les sondés des Eurobaromètres standard considèrent, depuis 40 ans, ces valeurs comme identitaires de l'Union au sein de l'Europe rappelle la **spécificité de l'UE comme entité politique et spatiale récente**, et **surtout "disruptive" géopolitiquement** dans un continent où les États, notamment les États-nations se sont construits par les confrontations, les rapports de force et les conflits. Les États européens ont pendant des siècles affirmé leur puissance en Europe et dans le monde par la guerre. L'Europe et ses multiples mailles politiques (nul continent n'est aussi fragmenté politiquement dans le monde avec une cinquantaine d'États pour à peine 10 millions de km^2) se sont essentiellement construites par la guerre. La diversité culturelle européenne est certes celle des brassages, des échanges artistiques et intellectuels, mais aussi des guerres, de la violence entre peuples et territoires : guerres d'expansion des territoires souverains, guerres de religion, guerres révolutionnaires, guerres de colonisation... Séculairement, les conflits et les guerres ont bien plus été l'identité de l'Europe que la paix. Si les citoyens de l'UE l'identifient à la paix, c'est que l'Union, en imposant la paix entre ses États, en soutenant la diversité culturelle selon la dimension planétaire de tous ses territoires – et non pas seulement dans le cadre continental européen – rompt avec des siècles de conception de la puissance par la guerre et d'affirmation d'une identité supérieure de l'homme blanc européen dans le monde. L'UE propose une nouvelle identité européenne fondée sur la paix, le droit (État de droit, droit international), les droits (de l'homme, des individus, des minorités...), c'est-à-dire "la préférence pour la norme" comme un "substitut à la force" [Laïdi, 2008].

L'UNION-EUROPÉANITÉ ET LA "FIGURE OBSÉDANTE DE L'ÉTAT-NATION"

Eurosymboles et visibilité de l'Union européenne sur la scène internationale

On prête à Henry Kissinger, alors secrétaire d'État américain, cette boutade en 1970: "l'Europe?: quel numéro de téléphone?" En 2010, 40 ans après ce trait d'esprit, l'UE, se dote d'un **service diplomatique propre**, le **SEAE** (Service européen pour l'action extérieure). Il donne à l'UE une plus grande visibilité sur la scène internationale à travers un **vaste réseau diplomatique** comptant, en 2023, plus de 140 délégations à travers le monde et des représentants ayant statut d'ambassadeurs au même titre que les diplomates des États. Le SEAE confère donc, sur la scène internationale, une identité à l'UE comparable à un État, venant compléter ses symboles: un drapeau (bannière bleue à douze étoiles, v. Chapitre L'UE à la lumière de ses drapeaux), un hymne* européen, l'*Ode à la joie* ou *Ode an die Freude*, depuis 1985, une date de fête communautaire (le 9 mai), et une monnaie, l'euro, pour vingt des vingt-sept pays membres.

L'UE n'est donc pas tout à fait cet OPNI (objet politique non identifié) dont parlait Jacques Delors. Elle est une association d'États souverains, dont beaucoup correspondent au modèle de l'État-nation faisant coïncider un territoire (délimité), une culture (d'un peuple) et une organisation politique (une souveraineté). La figure de l'État-nation, comme ensemble social, politique et territorial cohérent et doté d'une assez nette identité, est quasiment antinomique de l'objet politique qu'est l'UE. Celle-ci, avec ses délimitations en perpétuelles recompositions – entre expansions et récemment rétraction – et son multiculturalisme institutionnalisé, est très éloignée du modèle de l'État-nation.

Les **eurosymboles** comme les valeurs identitaires de l'UE demeurent un peu abstraits pour les populations. L'exemple du sport l'illustre : largement présent dans l'histoire, les cultures et les territoires européens, il demeure plus vecteur d'identité nationale que communautaire. Au mieux, les grandes compétitions dessinent une identité européenne continentale et non communautaire, car, si l'Europe a été le continent de diffusion, généralisation de quelques grands sports au succès désormais planétaire – le football se pratique ainsi selon les mêmes règles en Irlande, en Italie, en Suède ou encore en Hongrie… – l'UE ne possède pas d'équipe sportive. Ni le drapeau ni l'hymne de l'UE n'ont l'occasion de rayonner lors des compétitions sportives internationales. Qu'il n'existe que des championnats européens organisés à l'échelle continentale, et non union-européens, participe à la pérennité d'un plus fort sentiment d'attachement des citoyens à l'Europe plutôt qu'à l'UE comme le révèlent les Eurobaromètres standard. En 2023, si 66 % des sondés des vingt-sept États membres sont attachés à l'Europe, ils ne sont que 58 % à partager ce sentiment pour l'UE (en recul de 3 points par rapport à 2022).

États-nations vs identité union-européenne

Mais **de toutes les identités revendiquées par les individus, les identités étatiques, régionales et locales sont les plus fortes**. En 2023, 91 % des citoyens de l'UE sondés lors l'Eurobaromètre ont un sentiment d'appartenance à leur pays ; l'écart (de 33 points) est donc important avec le sentiment d'appartenance à l'UE. L'écart est encore plus grand dans les pays où l'euroscepticisme gagne les opinions publiques du fait, par exemple, de politiques communautaires d'austérité ou d'une solidarité éprouvée entre États membres face à des défis communs (accueil de réfugiés et de migrants). Il est ainsi révélateur que ce soit en Grèce et en Italie que le sentiment d'attachement à l'UE soit le plus bas en 2023 : respectivement 43 % et 55 % des sondés, alors que les identités nationales s'élèvent à 99 % et 93 %. La construction de l'UE ne met donc pas fin à "la figure obsédante de l'État-nation", selon la formule de Serge Sur. Le Brexit a révélé que non seulement l'union-européanité peut ne pas attirer, ni être désirée parmi les pays démocratiques européens (Norvège, Suisse), mais qu'elle peut également être rejetée. Ce rejet peut concerner au sein des États membres les eurosymboles, comme en témoignent les débats tendus à l'Assemblée nationale française sur l'obligation faite aux mairies de pavoisement des drapeaux tricolore et union-européen. Au terme du vote, 78 % des communes (celles de moins de 1500 habitants) en sont exemptées !

Enfin, **les États de l'UE peuvent remettre en cause les valeurs qui font l'identité de l'UE**. Les exemples polonais et hongrois l'illustrent ainsi que la relative impuissance de l'UE face à ces politiques étatiques souveraines. Il existe pourtant un arsenal juridique pour veiller aux valeurs de l'UE. Dès 1997, le traité d'Amsterdam impose aux États membres le respect des droits de l'homme et de l'État de droit ; un État membre qui violerait ces principes se verrait appliquer une procédure de suspension de ses droits (article 7). Le 5 juin 2023, après avoir été saisie par la Commission européenne au sujet des réformes judiciaires polonaises, la CJUE (Cour de justice de l'Union européenne) les a jugées contraires à l'état de droit et à la séparation des pouvoirs. En rendant leur verdict : "La valeur de l'État de droit relève de l'identité même de l'Union [et les États de l'Union] ne peuvent pas s'en affranchir en se fondant sur des dispositions ou une jurisprudence internes", les juges ont rappelé les fondements de l'identité de l'UE. Pour l'heure, le gouvernement du parti de Droit et Justice (PiS) semble mépriser les sanctions communautaires. Il faut dire que la Pologne ne ressent pas encore la coupe de 360 millions d'euros imposée par la Commission dans les fonds de cohésion qui lui sont destinés pour la période 2021-2027, mais aussi que les liens diplomatiques et économiques se sont resserrés entre Varsovie et Pékin depuis la signature en 2011 d'une Déclaration de partenariat stratégique. En 2020, selon le PIE (Institut Économique Polonais), la Chine a investi 1 milliard de dollars en Pologne (sur les 7,5 milliards d'IDE chinois dans l'UE-27) dans des projets d'équipements logistiques comme de développement territorial, allant de l'ouverture d'usines (à l'image de l'usine de batteries pour voitures électriques du groupe Guotai-Huarong ouverte à Godzikowice, dans le sud-ouest de la Pologne en 2018) à l'accueil d'étudiants polonais dans les universités chinoises (v. Chapitre Un système productif communautaire).

S'il est difficile d'évaluer la politique de sanction de la Commission face à un État membre bafouant les valeurs démocratiques identitaires de l'UE, on constate en revanche que **ces remises en cause concernent un nombre croissant de pays**, y compris parmi les États fondateurs et perçus comme de "vieilles" démocraties. Au printemps 2023, le rapport du Conseil des droits de l'homme de l'ONU a épinglé la France concernant le respect des libertés fondamentales, les violences et les discriminations raciales... Des représentants de pays de l'UE participant à ce rapport, comme la Suède et le Danemark ont fustigé les "violences policières lors d'opérations de maintien de l'ordre", tandis que la délégation du Luxembourg a demandé que la France "repense sa politique en matière de maintien de l'ordre". Les experts onusiens ont enfin dénoncé la "répression disproportionnée" des manifestations en France et invité Paris à reprendre la proposition de loi "pour une sécurité globale" du 25 mai 2021 afin de veiller à sa compatibilité avec le droit international et notamment les droits de l'homme.

Si l'identité de l'UE est faite des valeurs de démocratie, de paix, de l'État de droit et des droits de l'homme, sa concrétisation dans les États membres et souverains offre **l'image d'une Union européenne "à la carte" affaiblissant l'identité de l'UE aux yeux de ses résidents comme d'acteurs extérieurs** (v. Chapitre L'UE: une construction aux implications territoriales fortes). L'identité de l'UE est d'autant plus floue que d'autres pays et d'autres institutions internationales défendent ces valeurs non seulement dans le monde (ONU), mais aussi en Europe à l'image du Conseil de l'Europe.

Évolution de l'identité union-européenne dans les nouveaux contextes politiques et géopolitiques

On peut, dans ce contexte, légitimement s'étonner d'un résultat de l'Eurobaromètre de 2023. La confiance des citoyens dans les institutions communautaires est relativement élevée à 47 %. À souligner, 55 % des Italiens cumulent à leurs identités locale et nationale, l'identité communautaire, soit un résultat proche du taux moyen de réponse des citoyens des vingt-sept États membres avec 58 %. C'est une hausse spectaculaire : en 2015, seulement 40 % des citoyens de la botte ont un sentiment d'identité à l'UE (la moyenne pour l'UE-28 étant de 49 % en 2015). Or le pays est marqué par l'arrivée au pouvoir du parti politique nationaliste et eurosceptique* Fratelli d'Italia. Il est possible de voir dans ce renouveau de confiance des Italiens dans les institutions européennes, le poids croissant des eurodéputés issus de partis nationalistes au Parlement européen. Ce dernier se distingue de la Commission par de récents votes infléchissant non seulement la politique de l'Union européenne, mais aussi ses valeurs identitaires. Ainsi, alors que la présidente de la Commission européenne, Ursula Von der Leyen, en réponse à une demande des ministres de l'Intérieur de douze États membres, affirmait en octobre 2021 qu'il n'était ni dans les objectifs ni dans l'identité de la communauté de financer des murs à ses frontières, le 20 avril 2023, pour la première fois, les eurodéputés de droite (Parti populaire européen) et des partis nationalistes et d'extrême droite (Identité et Démocratie et European Conservatives and Reformist) ont voté un amendement autorisant le financement de murs par l'UE à ses frontières. Si cette disposition a été remisée d'une courte majorité par le Parlement rejetant le budget de l'UE pour 2024, le premier vote a été perçu comme "un moment politique décisif", selon l'eurodéputé français LR François-Xavier Bellamy. Ce vote, qui fait suite à des manquements graves aux droits de l'homme dans la prise en charge des flux de migrants, que ce soit par l'agence Frontex ou par des États membres comme la Grèce, l'Italie ou la France, est révélateur d'une **certaine érosion des valeurs identitaires communautaire** au sein des opinions publiques comme des politiques des États membres de l'UE.

Dans le contexte de nouvelles tensions géopolitiques et d'accroissement du sentiment d'insécurité des opinions publiques face aux flux migratoires, l'UE, celle des libertés de circulation, des échanges, se replie.

Elle se dote de frontières externes de plus en plus matérialisées (v. Chapitre L'UE: une construction aux implications territoriales fortes), fermées aux circulations humaines, même celles des réfugiés de guerre dont ses États membres ont pourtant reconnu le droit à l'asile en signant la convention de Genève (1951). Cette "*borderisation**" de l'UE peut paradoxalement faire de cet "objet politique" qu'est l'Union, un territoire à l'identité renforcée aux yeux de ses populations, à l'image des États et de leurs territoires délimités par leurs frontières… De même, le retour de la guerre aux portes de l'UE avec l'invasion de l'Ukraine par la Russie conscientise dans les populations de l'UE ce sentiment d'appartenance à un espace de paix et de valeurs démocratiques tout en concrétisant une Union européenne de la défense qui, jusque-là, avait du mal à exister.

La nouvelle donne géopolitique semble donner corps à l'Union européenne selon les attributs classiques des États-nations: frontières fermées, nouvelles capacités de défense… Pourtant, ultime paradoxe de l'identité politique union-européenne, elle ne peut s'appuyer sur une constitution depuis son rejet par les référendums français et néerlandais en 2005. Alors qu'on peut voir dans l'identité de l'UE, selon les termes de Michel Foucher [FOUCHER, 2009], un "européisme*", c'est-à-dire "un sentiment d'urgence à construire l'Europe" plus qu'une "[union]- européanité", ce vide constitutionnel demeure pour un Européen ardent comme Claudio Magris la grande fragilité de l'identité de l'UE.

LES INÉGALITÉS DANS L'UNION EUROPÉENNE : TERRITOIRES, SOCIÉTÉS ET LIMITES DE LA PUISSANCE ?

Les inégalités* constituent un thème majeur étudié dans les sciences sociales auxquelles appartient la géographie. On peut définir une inégalité comme une différence qui va entraîner une privation d'un bien, d'un droit [Duvoux, 2021]. En géographie, les inégalités ne sauraient se limiter à une approche statistique et doivent être spatialisées. Rapportées à l'Union européenne, sa puissance, ses territoires et ses sociétés, elles soulèvent d'importantes questions qui permettront de mieux comprendre cette organisation régionale économique et politique à la forme finalement singulière.

Il est important de préciser que **les inégalités sont multiformes**. Si les inégalités de richesse et de développement sont les plus évidentes et les plus largement étudiées, d'autres formes sont à analyser : inégalités de santé, inégalités environnementales, inégalités de genre, etc. Elles ont par ailleurs la particularité d'être souvent cumulatives, une inégalité pouvant en induire une autre ou y être associée.

À de nombreux titres et à toutes les échelles, l'Union européenne présente des territoires inégaux et des sociétés inégalitaires. Il s'agira ici de multiplier les approches pour essayer de comprendre de quelle manière les inégalités caractérisent l'Union européenne. En géographie, il est aussi primordial de s'interroger sur la production des inégalités dans les territoires, par les sociétés et sur la capacité ainsi que la volonté des acteurs spatiaux d'y remédier en cela qu'elles constituent des limites à la puissance*.

Ainsi, nous pouvons nous proposer d'**interroger la puissance de l'Union européenne au prisme des inégalités, multiformes**. Nous aborderons les grandes fracturations des territoires et des sociétés, à toutes les échelles, dans l'une des grandes aires de puissance de la planète. Celles-ci peuvent être héritées ou plus récemment produites. Alors, des logiques géographiques de centre-périphérie-marge apparaissent et nous permettent d'analyser au mieux les territoires et recompositions sociospatiales en Union européenne.

LES INÉGALITÉS : APPROCHE MULTISCALAIRE

Une aire de puissance et de prospérité à l'échelle mondiale

L'Union européenne a débuté sous la forme d'une communauté économique, et celle-ci rassemblait dans les années 1950 les puissances économiques européennes de premier plan, à l'exception du Royaume-Uni. Dès cette première étape, elle peut être identifiée comme une **aire de richesse et de prospérité dans un monde marqué par les inégalités économiques et sociales**. Cela est resté le cas jusqu'à aujourd'hui puisque l'Union européenne n'a cessé d'être comptée parmi les ensembles régionaux les plus riches et développés de la planète : c'est un ensemble faisant partie des Nords, c'est l'une des trois grandes aires de puissance du monde (anciennement "Triade").

Les indicateurs que l'on privilégie pour évaluer la prospérité, le rang d'un territoire en fonction de cela et, bien sûr, *in fine* les inégalités sont le PIB*, le PIB par habitant et l'IDH*. Le PIB mesure la richesse tandis que l'IDH mesure le développement, ce qui ne doit pas être confondu. L'Union européenne représente 20 % du PIB mondial et se place derrière les États-Unis et la Chine. Le PIB par habitant moyen était de 37 150 $ en 2022, d'après la Banque mondiale (v. Outils, Cartes, PIB par habitant), alors que la moyenne mondiale était de 12 700 $ par habitant. Certes, cela ne représente que la moitié du PIB par habitant des États-Unis, mais cela place l'Union européenne parmi les ensembles régionaux où les revenus moyens sont les plus élevés. C'est aussi une aire de fort développement humain, mesuré par l'IDH. Partout, il est supérieur à 0,750, là encore au-dessus de la moyenne mondiale. L'un des éléments d'évaluation de l'IDH, l'espérance de vie à la naissance, peut être détaillé dans la mesure où il renseigne assez clairement sur la qualité d'accès aux soins : dans l'Europe de l'Union, l'espérance de vie était de 80,1 ans en 2021 alors qu'elle était de 71 ans dans le monde. Cela dénote un développement humain globalement bon, assurant le bien-être de la population. Selon l'OMS (Organisation mondiale de la Santé), en 2018, il y avait 3,9 médecins pour 1000 habitants en Union européenne contre 0,2 en Afrique subsaharienne ou bien 0,69 en Inde.

L'un des signes révélateurs de ce statut d'aire régionale de prospérité et de volonté de la diffuser est **l'effort important produit par les vingt-sept dans l'aide au développement**. L'Union européenne se place au premier rang mondial en la matière et assure plus de 50 % des aides accordées. Cela lui permet de rayonner politiquement avec un modèle qui se veut vertueux et solidaire, mais aussi d'affirmer une forme de puissance géopolitique.

De fortes inégalités internes

Après avoir situé l'Union européenne dans le monde comme une aire de richesse et de haut développement, il est nécessaire d'observer les inégalités internes.

À l'échelle de l'Union, des fractures entre territoires apparaissent. L'échelle nationale, permettant de comparer les vingt-sept États membres, nous renseigne sur plusieurs critères. Avec un seuil de pauvreté fixé à 60 % du revenu médian, il y avait 16,8 % de la population européenne en situation de pauvreté en 2018 (comptant alors le Royaume-Uni) d'après l'INSEE (Institut national de la statistique et des études économiques)

[COUSTEAUX, 2019]. Le taux de pauvreté le plus élevé s'observe en Roumanie (25,3 % de la population en 2018), puis viennent l'Espagne, la Lituanie, la Lettonie, l'Estonie, la Grèce et l'Italie pour les pays où le chiffre est supérieur à 20 % de la population (v. Outils, Cartes-Pauvreté et risque de l'exclusion sociale). Se dessine alors un tableau plus nuancé de la richesse en Union européenne, laissant apparaître des territoires et des sociétés inégalitaires. Il existe par ailleurs des outils pour mesurer l'importance des écarts de richesse, en particulier le coefficient de Gini* qui mesure la dispersion d'une donnée (on obtiendrait 0 en cas d'égalité parfaite et 100 en cas de dispersion extrême). En prenant en compte le revenu disponible, d'après les chiffres d'Eurostat pour 2021, le coefficient moyen est estimé à 30,1. C'est la Slovaquie qui est la plus égalitaire avec 20,9, la France est proche de la moyenne européenne avec 29,3 et c'est la Bulgarie qui est la plus inégalitaire avec 39,7.

Le constat des inégalités se fait également à l'échelle infranationale, en comparant les régions d'un même État. Plusieurs pays membres présentent des inégalités socio-économiques régionales fortes, comme l'Italie. On peut percevoir trois Italie en fonction des disparités régionales en matière de développement socio-économique [DELPIROU, MOURLANE, 2019]. Le Nord est la partie la plus prospère, où le PIB par habitant est supérieur à 125 pour une base 100 dans le pays entier, les taux de chômage et de pauvreté y sont les plus faibles. Le centre est appelé la "Troisième Italie*" et présente une situation moyenne. Le Sud voit son PIB par habitant en dessous de 75, toujours pour une base 100 en moyenne nationale, le taux de pauvreté dépasse souvent 20 % de la population et parfois 25 %. Le PIB par habitant de la Campanie se situe à moins de la moitié de celui de la Lombardie. La Sicile, entre autres, présente des taux de chômage très importants. Cela s'explique par le développement économique du pays où le clivage entre un Nord marchand et industriel et un Sud rural et moins bien desservi constitue une donnée géographique marquante du territoire et de la société italienne. On retrouve des inégalités semblables en Espagne (v. Zoom, L'Espagne dans l'UE, une nation fragilisée par les indépendantismes).

Les fractures socio-économiques à toutes les échelles sont un révélateur de la situation inégalitaire en Union européenne, mais il est nécessaire de varier les approches et les outils, sortant de la seule sphère économique. Ainsi, des inégalités de santé fortes marquent les territoires et les sociétés. Si l'on reprend l'espérance de vie, elle est de 81,9 ans en Belgique en comparaison de 75,5 ans en Pologne ou 71,4 ans en Bulgarie. Parmi les Européens, comme ailleurs dans le monde, les femmes bénéficient systématiquement d'une espérance de vie plus longue. Pour les hommes, les taux de mortalité prématurée les plus élevés, à cause de maladies et d'une mauvaise hygiène de vie, mais aussi d'un système de santé moins performant dans le pays où ils résident, apparaissent en Lituanie et Lettonie. Dans le domaine des inégalités liées au genre et au sexe, l'Union européenne n'est pas exemplaire même si, à l'échelle mondiale, elle est plutôt moins inégalitaire. Selon Eurostat, en 2020, 66,1 % des femmes de 20 à 64 ans occupaient un emploi, mais ce taux est inférieur de plus de 10 points à celui des hommes (77,2 %). Le pays où cette inégalité est la plus marquée est Malte (67,8 % des femmes et 85,6 % des hommes avaient un emploi en 2020). Au Parlement européen, la parité est loin d'être atteinte (37,8 % d'élues aux élections de 2019). Parmi les commissaires, en revanche, la parité est quasiment atteinte depuis la présidence d'Ursula Von der Leyen.

Enfin, un type d'inégalité entre territoires et sociétés est de plus en plus marqué et remarqué: il s'agit des **inégalités** environnementales (v. Chapitre Les défis d'une Europe en proie aux changements globaux). Celles-ci peuvent se distinguer des inégalités de participation aux dégradations environnementales ou inégalités d'impact (les Européens ont un impact environnemental fort du fait de leur niveau de vie et de développement, mais se placent derrière les Américains, en particulier pour les émissions de gaz à effet de serre par habitant: 14 t CO_2e et 7,2 t CO_2e respectivement). On évoquera plutôt ici quelques inégalités d'exposition aux dégradations environnementales. Ainsi, on estime que 20 % des Européens sont exposés à des particules dans l'air qui dégradent notablement leur santé, leur faisant perdre un peu plus de 2,2 ans d'espérance de vie. Les citadins sont les plus durement touchés et parmi eux ceux qui résident près d'axes routiers importants. Ce sont souvent des habitants de quartiers populaires. Un constat d'injustice s'impose, d'autant que les effets se font ressentir fortement pour les enfants. L'AEE* (Agence européenne pour l'environnement) publiait en 2019 un rapport sur la pollution atmosphérique, le bruit et les températures extrêmes où elle souligne: "La répartition de ces menaces environnementales et leurs répercussions sur la santé humaine reflètent fidèlement les différences en termes de revenus, d'emploi et d'éducation à travers l'Europe."

DES INÉGALITÉS HÉRITÉES ET DE NOUVELLES FRACTURATIONS

Une forme d'inertie dans la dichotomie entre les anciens États membres et les plus récents

L'observation des inégalités que nous venons de faire tend à **faire ressortir certains facteurs explicatifs en lien avec l'histoire de la construction territoriale de l'Union européenne**. En cela, le constat d'une forme d'inertie, maintenant des inégalités entre les pays membres les plus anciens et ceux qui ont rejoint plus récemment l'Union européenne, est assez aisément fait.

Il y a en effet une forme de **fracture entre une Europe de l'Ouest et du Nord**, où l'on trouve les premiers membres fondateurs de la CEE devenue UE, et les **pays du sud et de l'est**. Les six pays fondateurs, à l'exception du sud de l'Italie et des RUP* (régions ultrapériphériques d'outre-mer), présentent tous des PIB par habitant qui sont, soit à hauteur de 75 % à 90 % de la moyenne de l'Union européenne, soit supérieurs à 90 % de cette moyenne (v. Outils, Cartes-Le PIB par habitant). Dans cette dernière catégorie, on trouvera par exemple le Luxembourg, les Pays-Bas, la Flandre, le nord de l'Italie, l'Île-de-France, la Bretagne, l'Alsace ou l'Aquitaine en France. Le Danemark, entré en 1973, est aussi dans ce cas. La Suède et la Finlande, quoique rentrées plus tard, y sont aussi. En revanche, il est assez net que la plupart des pays entrés après 1981, ou des régions au sein de ceux-ci, sont moins riches et développés. Les pays baltes, la majeure partie de la Pologne, de la Hongrie, de la Slovaquie, de la Slovénie, le nord de la Grèce, le sud de l'Espagne et le Portugal présentent des PIB par habitant inférieurs à 75 % de la moyenne de l'Union européenne ou, localement, des PIB compris entre 75 % et 90 %.

Le **cas de l'Allemagne** est particulier et révélateur de cette forme de fracture. Il s'agit de la première puissance économique de l'Union européenne, mais elle présente des disparités profondes, héritées de la séparation entre RDA (République démocratique d'Allemagne, appartement au bloc communiste) et RFA (République fédérale d'Allemagne, à l'ouest). Celles-ci se remarquent dans les nouveaux Länder, issus de la RDA, plus pauvres et plus frappés par le chômage et ceux de l'Ouest et du Sud-Ouest en particulier. En Bavière et en Bade-Wurtemberg, les taux de chômage sont les plus faibles, alors qu'ils sont systématiquement deux fois plus élevés au moins dans les Länder de l'ex-RDA. Quant au PIB par habitant, il est marqué lui aussi par une dichotomie est-ouest : les nouveaux Länder se situent à 70 ou 75 % de la moyenne du pays [Deshaies, 2019]. Ainsi, lorsqu'ils ont rejoint l'Union européenne avec la réunification en 1990, ce sont des territoires et des sociétés marqués par un retard économique qui ont été intégrés. S'ils ont beaucoup rattrapé ce retard, une disparité nette demeure encore entre Est et Ouest dans ce pays, comme à l'échelle de l'Union dans son ensemble.

Élargissements et recompositions des inégalités entre les territoires ?

Les élargissements sont, de fait, à analyser comme des amplifications des inégalités socio-économiques. Toutefois, il ne faut pas oublier que celles-ci sont également bien présentes, dès les débuts de la construction européenne, au sein des pays fondateurs. On en retrouve nettement la trace persistante aujourd'hui. Le cas français avec une fracture profonde de développement séparant la métropole des territoires ultramarins (au statut de RUP au sein de l'UE) est emblématique. En 2017, selon l'INSEE, 33 % des Martiniquais sont pauvres relativement au seuil national – c'est le taux le plus bas des cinq départements d'outre-mer – et 77 % des Mahorais – c'est le taux le plus élevé (v. Chapitre Les Outre-mers européens).

Revenons ensuite sur le fait que les élargissements successifs, sauf celui du Royaume-Uni ou dans une moindre mesure des pays scandinaves, ont constitué des **intégrations territoriales d'espaces moins riches et moins développés**. La Grèce en 1981, l'Espagne et le Portugal en 1986 sont des pays entrants pauvres, au regard du niveau de vie et du PIB des membres anciens. On peut estimer que l'écart de PIB par habitant entre le pays le plus riche et le plus pauvre en 1986 est de 1 à 5 environ. Cela s'intensifie en 2007 avec l'arrivée de la Roumanie et de la Bulgarie : là, l'écart était de 1 à 20. Comme nous l'avons vu pour le cas des Länder de l'ex-RDA en Allemagne, les fractures se sont comblées, mais elles demeurent visibles. La fragilité économique des nouveaux membres est d'ailleurs bien prise en compte lorsque l'on sait que leur entrée dans la zone euro et l'espace de Schengen est différée. Par exemple, si la Croatie intègre l'Union européenne en 2013, elle ne rejoint la zone euro et l'espace de Schengen qu'au 1er janvier 2023. Il fallait attendre que les critères de convergence* soient satisfaits (stabilité des prix, finances publiques saines, stabilité du taux de change, caractère durable de la convergence).

Toutefois, après avoir étudié ces dynamiques territoriales portant ou conservant des inégalités, malgré des progrès, il y a **d'autres recompositions à envisager, selon d'autres logiques économiques et spatiales**. Ce sera la dernière dynamique que l'on se proposera ici d'éclairer. Elle ne dépend pas de disparités héritées et persistantes ni des élargissements vers des pays plus pauvres, elle dépend plutôt de mutations économiques aux conséquences sociospatiales marquées dans les pays mêmes. Les **phénomènes de désindustrialisation** ou **d'abandon des activités minières** en sont les meilleurs exemples. Ainsi, le cas de la Belgique nous amène à constater une forme de retournement des inégalités entre les deux grandes régions, la Flandre et la Wallonie. La Flandre connaît aujourd'hui une croissance continue (1,6 % par an entre 2010 et 2021), supérieure à celle de la Wallonie (1,1 % par an). Longtemps, pourtant, la Wallonie a été plus riche : en 1896, elle occupait 51,2 % de l'emploi industriel et abritait 41,4 % de la population [VANDERMOTTEN, 2011] et c'est donc à une inversion de situation que l'on assiste depuis la Seconde Guerre mondiale, où cette région est marquée négativement par l'abandon des activités industrielles et minières (v. Zoom, Charleroi, une *shrinking city* au cœur de la dorsale européenne). Le troisième territoire, à savoir Bruxelles, apparaît comme l'espace de l'économie tertiaire mondialisée. Ainsi, si la Belgique reste globalement un pays riche et développé qui a bien profité de l'intégration européenne, les inégalités économiques actuelles contribuent à nourrir une crise politique profonde entre Wallons et Flamands.

En Union européenne, des territoires et des sociétés s'écartent ou se rapprochent, entre eux ou par rapport à une moyenne européenne. Les dynamiques de creusement ou de comblement des inégalités sont souvent complexes. Elles révèlent en tout cas des logiques centre-périphérie-marge que nous allons maintenant tenter d'analyser.

DES LOGIQUES CENTRE-PÉRIPHÉRIE-MARGE À L'ŒUVRE PERMETTANT D'ANALYSER LES TERRITOIRES DES INÉGALITÉS DANS L'UNION EUROPÉENNE

Une pluralité de centres, de périphéries et de marges

La construction et l'intégration européennes ne sont pas parvenues à homogénéiser les territoires de l'Union. Ils présentent de nettes disparités que l'on se propose d'étudier en reprenant les concepts de centre-périphérie et celui de marge. Le **modèle centre-périphérie** s'applique à toutes les échelles et permet de rendre compte des inégalités et des rapports de domination entre un centre et des périphéries qui sont sous son contrôle, sa polarisation. Celles-ci peuvent plus ou moins en bénéficier. Les **marges**, quant à elles, sont des espaces et des sociétés en situation de rupture avec le centre ou avec une norme socio-économique. Les **phénomènes de mondialisation et de métropolisation*** – qui sont liés – sont les facteurs principaux d'explication de la constitution et de l'évolution des fractures territoriales de type centre-périphérie-marge. C'est ici ce qui sera finalement retenu, pour comprendre les inégalités en Union européenne à toutes les échelles.

À l'échelle de l'ensemble régional européen, il y a une intensification du rôle des métropoles et des espaces en situation favorable d'interface dans les échanges. Ces territoires constituent des centres, où se concentrent les richesses, les emplois, les investissements, les indicateurs sociaux les plus favorables. Ils sont intégrés à des réseaux mondiaux. Les littoraux, les grandes vallées et surtout les régions métropolitaines fonctionnent comme des moteurs économiques (v. Chapitre Un système productif communautaire). Nous savons que l'Union européenne est parcourue par une mégalopole*, un arc urbanisé formant un ensemble cohérent, allant du nord de l'Italie au sud-est de l'Angleterre. Tous les territoires de cet ensemble n'appartiennent pas à l'Union européenne (Royaume-Uni, Suisse), mais ils constituent néanmoins une dorsale économique majeure pour celle-ci, structurée par la vallée du Rhin (v. Chapitre La dorsale européenne : centre névralgique de l'Union européenne). Paris et sa région urbaine n'en font pas partie et doivent être considérées comme un autre territoire métropolitain majeur, en complément de la puissance européenne. S'y ajoutent d'autres villes aux fonctions métropolitaines notables, de rang national ou international, comme Rome, Barcelone ou Madrid. Le poids déjà conséquent des espaces métropolitains est accentué depuis plusieurs années par la métropolisation*, phénomène qui se poursuit en Europe et ailleurs dans le monde. Cela provoque nécessairement un creusement des inégalités avec les territoires dépourvus de fonctions économiques majeures, moins bien desservis, qui connaissent des formes de déclin. Il existe même des cas de décroissance urbaine en Europe, on parle de "choc démographique" : à Leipzig, à Bochum ou Essen dans la Ruhr en crise (en Allemagne), à Lublin en Pologne ou Gênes en Italie. Si l'on cherche à dessiner à grands traits les dissymétries en Union européenne, il y aurait donc un **gradient de développement décroissant** depuis les métropoles dynamiques de la mégalopole à laquelle on ajoute Paris (les centres) vers des périphéries, moins développées ou parfois en crise (v. Chapitre L'UE : urbanisée, métropolisée, mégalopolisée).

À l'échelle de chaque pays membre, des logiques semblables apparaissent (où les métropoles jouent le rôle de centre et des périphéries et marges s'organisent en fonction de lui), se confirment, mais peuvent au contraire s'infirmer et se complexifier. Ainsi, certains territoires et sociétés qui auraient pu apparaître en périphérie des centres de la puissance européenne ont connu des dynamiques de croissance et présentent une capacité à attirer des capitaux non négligeables. C'est le cas, par exemple, de l'Irlande et de Dublin en particulier, parfois surnommé le "Tigre celtique" au titre de sa croissance de la fin des années 1990 et du début des années 2000, avec, par exemple, une croissance annuelle de 5,1 % en 2004. La crise de 2008 l'a sévèrement frappée, mais elle s'est redressée et l'on parle d'elle depuis comme du "phénix celtique". En dehors de cas comme celui-ci, il faut noter que l'Union européenne compte de vastes régions en situation de périphérie, voire de marge. C'est le cas de territoires ruraux isolés, avec de faibles densités, une mauvaise desserte et des phénomènes d'émigration vers les métropoles ou centres économiques : le nord de la Finlande et de la Suède, la partie nord-ouest de l'Espagne (la Galice, par exemple), les espaces de montagnes, de confins (Grèce proche de la Macédoine du Nord, Carpates, Massif central français), etc. Plus généralement, rappelons que les populations rurales ont plus de risque d'être frappées d'exclusion sociale ou de pauvreté que les populations urbaines.

Mais cela se perçoit plus fortement dans les pays membres les plus fragiles économiquement, en situation eux-mêmes de périphérie au sein de l'Union européenne (Bulgarie, Roumanie, Croatie) que dans les pays plus prospères et/ou anciennement intégrés (Pays-Bas, Allemagne, Autriche, par exemple).

À l'échelle des métropoles et régions urbaines, nous retrouvons des logiques d'inégalités entre des espaces-centres favorisés et d'autres territoires et populations moins favorisés, voire relégués. Le cas de Francfort est intéressant à étudier, car cette ville abrite le siège de la BCE (Banque centrale européenne) et s'affirme en conséquence comme un centre financier d'envergure mondiale (v. Zoom, Francfort et le siège de la BCE). La concentration de populations à haut niveau de formation et à forte capacité de consommation a engendré des aménagements urbains typiques des logiques de métropolisation, qui ont accentué les inégalités dans la ville et relégué une partie des habitants dans des quartiers moins favorisés. Le quartier européen (Europaviertel) a été aménagé ces quinze dernières années pour accueillir à terme 10000 habitants et 30000 travailleurs. Un complexe de centre de congrès et centre commercial qui s'y trouve fait figure d'exemple concret des transformations urbaines à l'œuvre: il s'agit du Skyline Plaza qui change la fréquentation de la partie ouest de la ville, près du quartier cosmopolite de Gallus, aujourd'hui en situation de gentrification. Le siège de la BCE s'est implanté lui aussi dans un ancien quartier populaire, Ostende. Ces mutations fonctionnelles engendrent des évictions de populations qui ne peuvent plus assumer le coût du logement dans des quartiers où les prix connaissent une trop forte hausse, d'autant que la ville souffre d'un déficit de logements sociaux.

L'intégration permet-elle de réduire les inégalités ?

Devant les inégalités persistantes entre ses territoires et ses populations, l'idée d'une solidarité entre les pays membres et entre les régions inégalement développées est vite apparue. L'Union européenne possède aujourd'hui une solide politique de cohésion territoriale*, dotée d'un budget très conséquent (le deuxième après la PAC). C'est toutefois une compétence partagée, à savoir une politique menée par l'UE et par ses États membres eux-mêmes (v. Chapitre La territorialité communautaire et Zoom, Une gouvernance partagée et complexe). Pour la période 2021-2027, cinq objectifs ont été retenus pour la politique de cohésion européenne: la compétitivité fondée sur l'innovation et les technologies de l'information, la transition écologique, l'amélioration de la mobilité, l'inclusion sociale et les projets locaux de développement durable. Toutes les régions peuvent en bénéficier, mais en fonction de leur niveau de développement économique. Plus de la moitié des fonds sont destinés aux régions les moins développées. Le cofinancement par l'Union européenne est plafonné, il est plus élevé dans les régions qui ont le plus de besoins et le moins de moyens. Les apports financiers proviennent du FEDER* (Fonds européen* de développement régional), du FSE* (Fonds social européen) et du Fonds de cohésion. D'autres fonds peuvent s'ajouter comme le Fonds européen agricole pour le développement rural (FEADER*). C'est la Pologne qui reçoit le plus de fonds structurels européens au titre de la politique de cohésion, avec plus de 60 milliards d'euros prévus pour la période 2021-207, tous fonds confondus. Ensuite, l'on trouve dans l'ordre l'Italie, l'Espagne, la Roumanie, le Portugal, la Hongrie. Ce sont le Luxembourg et le Danemark qui en reçoivent le moins.

Si la politique de cohésion semble une force pour l'Union européenne, il faut cependant nuancer ses effets et surtout l'ampleur de son budget. Le budget total de l'UE ne représente qu'un peu de plus de 1 % des PIB des vingt-sept États membres. Ce n'est donc pas un levier puissant d'action en faveur d'une solidarité ou d'une justice territoriale, ces défis restent une charge essentiellement nationale ou infranationale.

Les limites au pouvoir d'action de l'Union européenne comme acteur territorial participent, avec d'autres facteurs, à l'émergence de formes de rejet ou de ressentiment à l'égard de l'Europe (v. Chapitre Identité/identités de l'Union européenne). Cela peut paradoxalement apparaître dans des pays ou des régions qui ont été particulièrement soutenus, comme la Hongrie. Dans d'autres régions, on peut observer une remise en question de l'idée de solidarité et de soutien à la politique de cohésion. Celle-ci nécessite en effet la participation des plus riches, pour le développement des plus pauvres au sein de l'Union européenne. Or quelques voix s'expriment pour demander à modérer ces formes de redistribution. Cela peut s'appuyer sur des tensions régionales complexes et, alors, la solidarité au sein de l'Europe ne vient que les renforcer. La solidarité fiscale est ainsi remise en question par des mouvements politiques eurosceptiques* ou critiques à l'égard de l'Europe, à tendance souverainiste, régionaliste, voire populiste* comme en Italie du Nord, en Flandre, en Hongrie. Le Brexit a également été porté par ce type de discours qui rappelait à l'envi que le Royaume-Uni perdait de l'argent à participer aux fonds européens sans en bénéficier à un niveau satisfaisant dans ses propres territoires. En Espagne, les deux provinces qui connaissent des mouvements nationalistes régionaux forts sont la Catalogne et le Pays-Basque, et tous deux sont des territoires riches et développés, notamment grâce à l'industrie, mais aussi à des formes adroites de tertiarisation de l'économie. On peut y entendre évoquée une "solidarité illégitime", celle-ci étant perçue comme telle tant au niveau national qu'européen par ses détracteurs.

Toutefois, la crise récente du covid a montré la capacité des pays européens à mettre en place une solidarité rapide et substantielle puisqu'un plan de relance de 750 milliards d'euros avait été adopté en juillet 2020 pour faire face au choc. La persistance d'inégalités fortes, pouvant engendrer d'autres formes de crises politiques et sociales, comme à Mayotte, incite à réfléchir aux politiques européennes mises en place pour y remédier, à les défendre même si elles ont une envergure limitée. La France essaie, par exemple, de peser de tout son poids pour maintenir des taux de cofinancement les plus avantageux possible pour ses RUP et ses PTOM.

Ainsi, l'union solidaire et la lutte contre les inégalités restent bel et bien au cœur du projet politique, elles constituent des éléments clés du maintien de la puissance, mais aussi de la reconnaissance des apports de l'Union européenne pour les territoires et les sociétés. Les nouveaux pays candidats comme les plus anciens, au premier rang desquels l'Ukraine et la Turquie, ne vont pas cesser de continuer à susciter des actions et des débats sur les formes de lutte contre les inégalités et les moyens de mettre en place une cohésion territoriale dans une Union européenne encore potentiellement élargie.

PORTRAITS RÉGIONAUX

LA DORSALE EUROPÉENNE : CENTRE NÉVRALGIQUE DE L'UNION EUROPÉENNE

La "**dorsale européenne**", aussi appelée "**mégalopole* européenne**" ou "**banane bleue**", est cette vaste région s'étendant de Londres à Milan – soit 1500 km – et passant par l'axe rhénan. Le concept est notamment porté par le géographe Roger Brunet dans les années 1980 pour qualifier le centre névralgique du dynamisme économique européen et de son intégration à la mondialisation. Parmi les appellations, celle de "dorsale", la plus usitée, fait référence à la structure linéaire qui rappelle celle d'une dorsale océanique ou d'une épine dorsale, à caractère structurant. Toutefois, c'est bien le terme de "mégalopole", comme vaste réseau de villes intégrant des unités urbaines millionnaires, des activités importantes et entretenant des relations étroites entre elles, qui est géographiquement approprié. L'appellation de "banane bleue" a, quant à elle, été popularisée par la représentation graphique de la dorsale faite par un journaliste pour rendre compte d'un entretien avec Roger Brunet. Elle ne fait donc référence ni à un terme géographique ni à une sémiologie appropriée.

Du fait de son organisation territoriale, de sa concentration d'hommes et d'activités et de son dynamisme, la dorsale apparaît toujours comme **l'un des moteurs de l'Union européenne**. En effet, la mégalopole se fonde sur un **héritage, celui de l'espace rhénan et de son caractère industriel majeur**. Elle prend également appui sur un réseau dense de villes, un axe fluvial navigable et une position d'espace frontalier qui ont permis le développement d'activités multiples et dynamiques. En outre, l'axe rhénan débouche à Rotterdam sur une façade portuaire majeure, la Northern Range, tandis que la région de Milan entretient des connexions avec les ports de Venise et, surtout, de Gênes [Frémont, 2007].

Aujourd'hui, **derrière l'idée de "dorsale européenne" se trouve un ensemble de pôles organisationnels majeurs** (v. Chapitre Transports et mobilités) : des métropoles parmi les plus importantes de l'Union européenne, de grandes plates-formes aériennes et maritimes, des nœuds de réseaux de transport, mais aussi des places financières et des implantations industrielles et tertiaires porteuses de la croissance européenne.

LA DORSALE EUROPÉENNE, CŒUR DE L'UE

Un cœur démographique

Avec une population de près de 450 millions de personnes sur une superficie de près de 4 millions de km², l'UE possède une densité de population moyenne de 114 habitants par km². Derrière cette moyenne se reflètent des inégalités. Aux marges du territoire de l'UE, comme en Suède, la densité de population moyenne est de 22 habitants par km², tandis qu'en France, elle monte à 104 habitants par km². Au prisme de cette donnée, la dorsale européenne apparaît comme un cœur démographique. En effet, **cette région concentre la population** : le Luxembourg a une densité de population moyenne de 167 habitants par km², et cette donnée peut monter jusqu'à 397 pour les Pays-Bas. En outre, la dorsale regroupe un certain nombre de **grandes villes** et **compte au total un peu plus de 70 millions d'habitants** avec une **densité moyenne de 200 habitants par km²**, soit près du double de la moyenne de l'UE. Dans une logique centre-périphérie [Dumont, 2010], et à quelques exceptions près comme le littoral méditerranéen ou les plus grandes aires urbaines, plus on s'éloigne de la dorsale, plus la densité moyenne diminue.

Cela s'explique par le fait que la dorsale est fortement urbanisée. Parmi les villes d'Europe les plus importantes (sur le plan démographique), un grand nombre se situent dans cette région. Historiquement, on y inclut Londres, qui n'est désormais plus dans l'Union européenne, avec ses 8,6 millions d'habitants. On y trouve également des villes comme Amsterdam, Bruxelles, Cologne, Francfort, Munich, Milan, toutes millionnaires si l'on prend comme référence leur aire urbaine*.

En outre, **les régions qui composent la dorsale européenne correspondent à des régions globalement dynamiques sur le plan démographique** [DUMONT, 2019 a] : la population continue de croître dans la plupart des espaces au nord et au sud de la dorsale, à l'exception des régions allemandes, qui souffrent en particulier de la baisse de fécondité du pays. Par leur activité économique, les régions de la dorsale attirent des populations plutôt jeunes et actives, issues des pays européens, mais aussi de migrations internationales plus lointaines. En effet, elles offrent aussi bien du travail faiblement qualifié dans l'industrie et la construction que du travail demandant des compétences élevées dans les secteurs de la pharmacie ou de la finance, par exemple.

Un cœur économique et financier

La dorsale européenne, qui s'étend sur près de 1500 km de long, est le **cœur économique de l'Union européenne**. Ouverte sur le monde au travers de l'accès à la Northern Range au nord, à la Méditerranée au sud, c'est dans cette région que se concentrent les grandes industries et le commerce depuis le Moyen Âge, ce qui explique en partie la forte densité de population et d'activités. Elle est articulée autour de la Ruhr en Allemagne, région la plus industrialisée du pays. Les grands fleuves, tels que le Rhin, les différents canaux, associés aux autoroutes et lignes de chemin de fer, permettent de relier les métropoles européennes et les grandes villes industrielles entre elles et d'y accentuer les échanges commerciaux.

Il n'est donc **pas étonnant de voir comment des métropoles qui n'appartiennent pas, géographiquement, à la dorsale européenne cherchent à y être reliées**. C'est le cas de Paris. Géographiquement parlant, la capitale française ne fait pas partie de la dorsale, étant dans ce qu'on pourrait appeler le premier gradient de la périphérie à la dorsale. Les politiques d'aménagement du territoire, voyant des avantages à une intégration à la dorsale, ont développé les voies de communication pour s'y relier. Elles s'appuient pour cela sur les axes autoroutiers majeurs comme l'A1, qui relie Paris à Lille, l'A2/A3 vers Bruxelles et l'A4 vers Strasbourg et l'Allemagne. C'est aussi dans cette perspective que Roger Brunet évoque, pour compléter l'idée de "dorsale européenne", les **villes dites "du Ring*"**, formant un anneau autour du centre économique européen [BRUNET, 2002] : Londres, Paris, Bâle, Zurich, Stuttgart, Francfort, Cologne et la Randstad.

La dorsale européenne apparaît également comme un **pôle financier majeur**. En effet, du fait de leur bonne connectivité au reste du monde, les sièges sociaux des grandes multinationales, des banques nationales et internationales s'installent dans les métropoles au sein de la dorsale. Par exemple, la Deutsche Bank est le premier établissement financier d'Allemagne avec plus de 1,3 milliard d'euros d'actifs. Son siège social se situe non pas dans la capitale de l'État, mais bien à Francfort-sur-le-Main en plein cœur de la dorsale européenne, dans la ville qui accueille également la Banque centrale européenne (BCE). L'exemple de Francfort est symptomatique, car la ville accueille non seulement une institution parmi les plus importantes de l'Union européenne en ce qu'elle pilote la politique monétaire de la zone euro (v. Zoom, Francfort et le siège de la BCE), mais également le siège de la Bundesbank (Banque fédérale d'Allemagne), les sièges sociaux de plusieurs grandes banques et institutions financières, installés dans le "quartier des banques", et la Bourse de Francfort, 6e place boursière mondiale après New York, Shanghai, Hong Kong, Tokyo et Londres.

Il n'est donc pas étonnant de constater que **le PIB/habitant des régions se situant dans la dorsale européenne est plus élevé qu'ailleurs en Europe**. Ceci signifie que la production de richesse de l'UE provient essentiellement de cette région centrale. Cela se traduit aussi par la forte concentration de firmes de luxe (comme à Milan), de laboratoires pharmaceutiques (à la frontière franco-germano-suisse), d'industries mécaniques héritières de la sidérurgie de la Ruhr et qui se spécialisent de plus en plus dans la mécanique de pointe… La dorsale européenne est l'espace le plus dynamique de l'UE et son cœur économique et financier.

Un cœur politique et institutionnel

La dorsale européenne est également **le cœur politique et institutionnel de l'Union européenne**. En effet, c'est dans cette région que se trouvent les plus grandes institutions politiques et financières de l'alliance d'États européens, à commencer par les organes décisionnels qui concentrent le pouvoir législatif et exécutif (v. Chapitre L'UE, une construction aux implications territoriales fortes) : le Parlement européen (dont le siège est à Strasbourg, mais qui se réunit la plupart du temps à Bruxelles), la Commission européenne et le Conseil de l'Union européenne (qui réunit les ministres des vingt-sept pays membres) à Bruxelles, ces trois organes ayant un pouvoir de codécision. Il faut y ajouter le Conseil européen qui réunit les chefs d'État et de gouvernement des pays membres, également à Bruxelles, et qui donne l'impulsion des politiques européennes (v. Zoom, Les institutions européennes). Dans le domaine judiciaire, les litiges entre pays membres de l'Union européenne sont arbitrés par la Cour de Justice de l'Union européenne, qui se trouve à Luxembourg, de même que la Cour des comptes européenne qui contrôle le budget des États membres.

Ainsi, la dorsale européenne, en plus d'être le cœur démographique, économique et financier, se retrouve être le cœur politique et institutionnel de l'ensemble de l'UE.

LA DORSALE EUROPÉENNE, CARREFOUR DE L'UNION EUROPÉENNE

Un carrefour de communication européen

La dorsale européenne apparaît comme un **espace d'échanges extrêmement dynamique que l'on peut qualifier de carrefour**. En effet, cette région est composée d'un maillage urbain dense aux villes parfaitement reliées entre elles, d'une part, et aux différentes régions périphériques, d'autre part (avec cependant un gradient de connectivité en fonction de la distance à laquelle se trouvent les espaces).

Or l'espace de la dorsale a été, à différents moments, **au centre des politiques de développement des réseaux de transport** (v. Chapitre

Transports et mobilités dans l'UE). C'est le cas dès les années 1970, quand la Conférence européenne des ministres des Transports (CEMT) propose les premiers **"corridors*" européens**, qui "couturent" l'espace correspondant aujourd'hui à la dorsale, afin de renforcer les liaisons franco-allemandes, et plus largement entre les pays initialement signataires de la CECA, entre lesquels les liens commerciaux sont devenus très vifs. Dans les années 1990, l'Union européenne est porteuse d'un **projet de "mégacorridors"** afin de renforcer les échanges dans la partie nord de la dorsale européenne. En développant différents axes, tels que les canaux reliant le Rhin au Rhône, cumulés aux différents axes routiers et de chemin de fer, la dorsale européenne se trouve dès lors être la région la plus densément développée en termes d'axes de communication. Dès les années 1990, l'UE développe une **politique de transport transeuropéen** à travers un programme : les RTE-T (Réseaux transeuropéens de transport). L'objectif premier est de développer les connexions entre les différents axes de communication (autoroutiers, chemins de fer et axes fluviaux). Sachant que la dorsale européenne se situe le long de l'axe rhénan, permettant ainsi d'avoir un accès à la mer du Nord, il n'est pas étonnant de constater que ce développement touche en premier lieu la dorsale, cette dernière apparaissant comme le point stratégique, le "nœud" de communication entre les pays membres de l'UE [LIBOUREL, 2015]. C'est à partir de la dorsale que les réseaux développés par la suite permettent ainsi de relier les espaces périphériques (v. Zoom, Les RTE-T).

Toutefois, l'UE n'a pas toutes les compétences nécessaires pour développer ces réseaux de transport : elle donne un cadre et apporte une subvention pour le développement des projets proposés par les États, qui sont les véritables acteurs de ce développement avec les collectivités territoriales. Cela nécessite donc une **coopération des États membres**, avec parfois des intérêts économiques, environnementaux, politiques divergents, et sous la pression de *lobbies*. Or dans les espaces du cœur économique de l'Europe, les pays membres font partie des plus riches, et ils peuvent développer leurs propres projets de coopération en matière de transports (aboutissant par exemple au tram Strasbourg-Kehl, qui a bénéficié du soutien de l'UE hors RTE-T). Les réseaux se renforcent donc dans la dorsale à la mesure des besoins.

À l'inverse, la Commission européenne tend, dans les dernières moutures des RTE-T, à changer de paradigme. En 2021, la présidente de la Commission européenne, Ursula Van der Leyen, propose aux députés européens d'apporter des modifications dans le programme de développement des transports, en renforçant l'aspect environnemental (le but étant de réduire, d'ici à 2030, le taux d'émission de gaz à effet de serre de 30 % conformément aux engagements internationaux), mais en renforçant également les liaisons vers les marges de l'UE pour améliorer leur connexion au reste du territoire et plus particulièrement au cœur économique et politique de l'UE, faisant de la dorsale un carrefour à une échelle plus vaste encore.

La dorsale européenne, ouverte sur le monde

En parallèle du développement des RTE-T et de la politique de connectivité entre les villes et pays européens, **la dorsale doit renforcer son ouverture sur le monde**, déjà importante grâce à sa **double ouverture maritime**, mais également grâce à son **réseau aéroportuaire dense**.

En effet, les différents couloirs développés dans le cadre des politiques européennes d'aménagement doivent permettre à la dorsale d'avoir accès aux façades maritimes du nord, vers la **Northern Range**, mais également du sud, avec une ouverture sur la **Méditerranée**. L'enjeu est de taille. **Le nord doit renforcer la connectivité avec le premier port européen, Rotterdam, et l'un des plus grands ports mondiaux (11e rang)**. La dorsale est ainsi l'hinterland principal de cette façade maritime. C'est la raison pour laquelle se multiplient les différents axes de communication reliant Rotterdam vers les principales métropoles européennes de la dorsale. La puissance de ce port est notamment liée à la multiplicité de ses liaisons terrestres et fluviales à l'ensemble du réseau européen, mais également à la dynamique de façade portuaire qu'il entretient avec les autres ports de la Range, parmi lesquels Anvers, Hambourg, Dunkerque, Le Havre... **Au sud, la Méditerranée est un espace maritime certes secondaire, mais en développement, ouvert sur la principale route maritime mondiale**, qui traverse le bassin du Canal de Suez au détroit de Gibraltar, et qui permet notamment le commerce avec l'Asie (v. Chapitre Les régions méditerranéennes de l'Union européenne). Or la Méditerranée est la terminaison méridionale de la dorsale européenne. Cette bonne liaison entre les deux façades maritimes, l'une au nord, l'autre au sud, ferait de la dorsale un axe d'importance mondiale. Sur le papier, les produits exportés depuis le cœur économique de l'Europe pourraient ainsi gagner la Méditerranée plus rapidement en traversant la dorsale au lieu de contourner la péninsule ibérique : c'est l'un des objectifs des RTE-T. Toutefois, cet objectif semble lointain, tant le transport maritime a d'avance en termes de rentabilité. En revanche, les terminaisons portuaires de la dorsale sur la Méditerranée, à savoir Venise et Gênes, permettent de renforcer respectivement les activités touristiques (via les croisières) et commerciales (via les conteneurs, mais aussi les vracs) de la dorsale. Stratégiquement, cette double ouverture maritime est l'un des moteurs du dynamisme de cet espace.

En outre, **la dorsale européenne concentre quelques grands *hubs** aéroportuaires d'envergure mondiale**. C'est le cas de l'aéroport d'Amsterdam ou de celui de Francfort, respectivement 3e et 4e aéroport européen avec un peu plus de 70 millions de voyageurs par an chacun, derrière Londres (80 millions de voyageurs, mais désormais en dehors de l'UE) et Paris (76 millions de voyageurs). Ces deux derniers font partie des quinze aéroports les plus importants mondiaux en termes de fréquentation (aux 12e et 15e rangs en 2019).

Ainsi, par ses infrastructures de transports et la multiplication des plates-formes multimodales, la dorsale européenne se trouve être un **carrefour européen ouvert sur le reste du monde** et **est appelé à se développer davantage** pour renforcer son caractère stratégique dans le commerce international comme dans les mobilités humaines.

VERS UNE PERTE DE CENTRALITÉ POUR LA DORSALE EUROPÉENNE ?

Une région essentielle, mais une intégration inaboutie

Parce qu'elle correspond aux territoires les plus précocement intégrés, depuis la création de la CECA en 1952, la dorsale européenne bénéficie d'une structuration ancienne et d'une intégration d'autant plus solide qu'elle a été systématiquement au centre des projets de coopération de la construction européenne, que ce soit à travers la réconciliation puis le couple franco-allemand ou à travers les coopérations institutionnelles de la CEE et de l'UE.

À ce titre, la dorsale est sans doute l'espace européen dans lequel les projets transfrontaliers sont les plus nombreux, anciens et aboutis (v. Chapitre L'UE: une construction aux implications territoriales fortes). On peut citer à cet égard les eurorégions* SaarLorLux, renommée Grande Région (aux confins de l'Allemagne, de la France et du Luxembourg, dans une région sidérurgique), TriRhena (autour du tripoint franco-germano-suisse, autour de l'aéroport international de Mulhouse-Bâle et des dynamiques portées par les travailleurs frontaliers), ou encore de l'Eurométropole Lille-Kortrijk-Tournai (entre la France et la Belgique, marquées par des projets d'échanges culturels et par la facilitation des mobilités transfrontalières, v. Zoom, Un exemple de coopération transfrontalière : l'Eurométropole Lille-Kortrijk-Lille). Ces périmètres institutionnels couronnent des situations marquées par des échanges intenses de fait, à l'instar des travailleurs frontaliers.

Toutefois, malgré le contexte démographique, social et économique *a priori* très favorable à leur développement, ces initiatives d'intégration ne sont pas pleinement abouties. En effet, les périmètres de coopération eurorégionale ont su favoriser des coopérations culturelles et des échanges, mais n'ont pas su gommer les disparités. Par exemple, l'existence de la Grande Région n'empêche pas le Luxembourg d'attirer les sièges sociaux d'entreprises, comme ArcelorMittal, en leur offrant une fiscalité avantageuse, tandis que ces mêmes entreprises recrutent une main-d'œuvre frontalière moins onéreuse en France. En outre, maillon central de la dorsale du point de vue économique comme du point de vue des transports, la Suisse ne fait pas partie de l'Union européenne, et elle n'a rejoint l'espace Schengen qu'en 2008.

L'extension de l'UE vers l'est : vers une perte de dynamisme de la dorsale ?

L'histoire de la construction de l'UE connaît un tournant important en 2004 avec l'intégration de dix nouveaux membres en un seul élargissement. La particularité de cet élargissement est qu'il intègre des pays d'Europe de l'Est ayant fait partie du bloc de l'Est. Durant la période précédant cette extension du territoire de l'UE, la dorsale européenne était le centre géographique de l'alliance. Néanmoins, avec l'élargissement de l'UE vers l'est, le barycentre s'est également déplacé, s'éloignant ainsi un peu plus du cœur géographique, démographique et économique de l'UE. Il a aussi migré légèrement vers le sud avec le Brexit et se situerait désormais en Bavière avec la commune de Gadheim [IGN, 2021].

Parmi les risques que cet élargissement fait peser sur la dorsale, il y a le fait que le "nœud" de tous les échanges se déplace dans un avenir plus ou moins proche en périphérie de la dorsale, et ce d'autant plus que les RTE-T mettent l'accent sur le développement des liaisons vers l'est. La dorsale perdrait ainsi en dynamisme ou serait remodelée, faisant de l'est de la France, de la Belgique, de Luxembourg, voire de certains territoires allemands des périphéries du nouveau cœur économique. Ainsi, des élargissements futurs (comme il en est question de l'Ukraine) toujours plus vers l'est pourraient faire sortir le barycentre de la dorsale pour le localiser dans l'Europe centrale.

Ce scénario est toutefois encore une perspective lointaine, tant la mégalopole* européenne concentre aujourd'hui les richesses et les réseaux. En effet, le centre géographique actuel de l'UE s'est certes décentré, mais il demeure dans la dorsale et surtout, il est bien connecté aux grandes métropoles régionales comme Francfort-sur-le-Main. De plus, un déplacement du barycentre ne pourrait, pour l'heure, se substituer entièrement à la mégalopole européenne. En effet, dans une optique d'échange à l'échelle mondiale, il est nécessaire d'avoir une ouverture rapide et efficace vers des ports d'envergure mondiale. En cela, seul Rotterdam peut jouer ce rôle. Ainsi, la dorsale européenne jouerait encore un rôle majeur dans les échanges mondiaux. De plus, les échanges s'effectuent en fonction de l'offre et de la demande et des marchés. La forte densité en hommes et en activités de la dorsale européenne offre donc un débouché plus important. Cette situation devrait donc permettre à la mégalopole de conserver un rôle dominant dans l'UE.

La dorsale européenne est donc à l'heure actuelle, une vaste région étendue sur une longueur de 1500 km. Elle est le cœur dynamique de l'UE, tant dans l'économie et la finance, que la démographie et le domaine politique. Par son organisation territoriale, elle est parfaitement connectée à l'Europe au sens large, mais peut également avoir un rayonnement mondial par son caractère de carrefour. Néanmoins, les différents élargissements, toujours plus à l'est, posent question sur l'importance à venir de la dorsale, entrant dans les débats quant aux futures adhésions.

LES RÉGIONS MÉDITERRANÉENNES DE L'UNION EUROPÉENNE

L'alliance économique et politique des États européens est bordée par la mer du Nord, par l'Atlantique et, au sud, par la Méditerranée. Avec un littoral d'environ 30 700 km ouvert sur cette dernière, **le littoral de l'Union européenne sur la *Mare Nostrum* s'étend sur huit États membres** (v. Outils, Figures-Longueur du littoral méditerranéen par État bordier de l'UE).

Les régions méditerranéennes de l'Union européenne sont au centre de multiples enjeux. À l'échelle continentale, elles sont **souvent considérées comme des périphéries** par rapport aux centres économiques majeurs. Pour autant, ces régions sont parmi les plus dynamiques du point de vue démographique, touristique, voire tertiaire... En outre, ces régions présentent de **fortes disparités entre elles**, notamment en fonction de la richesse de l'État auquel elles appartiennent (v. Outils, Figures-PIB/habitant des pays méditerranéens de l'UE).

Par ailleurs, les régions méditerranéennes de l'Union européenne constituent **l'une des interfaces majeures de l'Europe sur le reste du monde :** ce sont **des "portes d'entrée ou de sortie" de l'UE**. En d'autres termes, ces régions deviennent des interfaces, présentant une façade maritime attractive et ouverte sur la plus grande route maritime mondiale, même si les ports méditerranéens restent en retrait par rapport à ceux de la Northern Range. Il s'agit également d'une interface migratoire majeure (v. Chapitre Les migrations en Union européenne), le nord de la Méditerranée apparaissant comme une région riche par rapport au sud de la Méditerranée. En effet, à l'exception d'une partie des Balkans, l'Union européenne "possède" l'ensemble du littoral nord de la Méditerranée, ce qui en fait une puissance méditerranéenne.

Enfin, les régions méditerranéennes de l'Union européenne sont confrontées à des **défis environnementaux et sociaux,** liés à la fois aux évolutions démographiques (vieillissement de la population...) et aux mutations climatiques (risques accrus...).

LES RÉGIONS MÉDITERRANÉENNES DE L'UE, DES TERRITOIRES AUX DYNAMIQUES CONTRASTÉES

Des évolutions démographiques et économiques contrastées

Les régions de l'UE bordant la Méditerranée ont une **trajectoire démographique différenciée** [Anastasiou, 2020]. En effet, la partie occidentale tend à être plus dynamique que la partie orientale. La Grèce ou la Croatie, par exemple, perdent de la population au profit de la France ou de l'Espagne. Néanmoins, les régions les plus attractives voient aussi la structure par âge de la population évoluer. Les côtes méditerranéennes espagnoles et françaises (la Riviera niçoise par exemple, mais aussi les villes balnéaires espagnoles) attirent les retraités. Les plus de 65 ans représentent près d'un quart de la population de Nice, 4 points au-dessus de la moyenne nationale d'après l'INSEE. Un foyer sur deux à Nice n'a pas d'enfant, et les étrangers s'installant dans la métropole sont majoritairement d'âge mûr. Nice Métropole attire les retraités ou préretraités non seulement français, mais également étrangers (essentiellement européens).

D'une manière générale, **la partie occidentale de la côte méditerranéenne voit sa population vieillir contrairement à la partie orientale,** et se développe donc ce que les économistes appellent la ***silver economy***, une économie tournée vers les besoins des seniors comme les services de santé, les services à domicile, les loisirs, etc. Il n'est donc pas étonnant de voir la multiplication des médecins (généralistes comme spécialistes), des hôpitaux et cliniques, mais aussi des établissements hôteliers haut de gamme et des résidences pour personnes âgées dans ces territoires.

Les secteurs économiques sont également différenciés à l'est et à l'ouest des territoires méditerranéens de l'Union européenne. En effet, la partie occidentale est davantage tournée vers le secteur du tertiaire supérieur avec l'instauration de technopoles* et de technopôles*. Sophia Antipolis, créée en 1969, connaît depuis un rayonnement important. Sa proximité avec l'aéroport international de Nice (2e de France après le regroupement des aéroports parisiens de Roissy-Charles-De-Gaulle et Orly) et les aménités offertes par la région attirent des ingénieurs qui se consacrent à la très haute technologie (intelligence artificielle, véhicules connectés...). Les différentes entreprises, associées à des écoles et universités, ont remporté divers labels reconnus à l'international, permettant d'attirer toujours plus d'ingénieurs travaillant dans ce secteur d'activité. À cela s'ajoute le tourisme, du fait des aménagements des littoraux (v. Zoom, Les plages en Europe). À l'est, l'économie est plus essentiellement tournée vers le tourisme (balnéaire, culturel et de croisière), et les activités industrielles ou tertiaires supérieures y sont moins développées.

Des régions périphériques de l'UE, des régions polarisantes du bassin méditerranéen

Les régions méditerranéennes de l'Union européenne sont marquées par **des inégalités à différentes échelles**. En effet, si l'on compare l'ensemble des régions, celles bordant la *Mare Nostrum* demeurent en moyenne plus pauvres que celles de la partie nord de l'UE, tout en étant plus riches que les régions des pays de la rive sud de la Méditerranée. Toutefois, il existe aussi des gradients d'inégalités entre les pays européens bordiers de la Méditerranée (les pays occidentaux étant en moyenne plus riches que les pays orientaux).

Si l'on compare la croissance de l'emploi au sein de l'UE en 2018 par rapport aux données de 2008 – donc avant les modifications induites par la crise covid, mais dans la période marquée par les crises économiques consécutives aux *subprimes* – les régions méditerranéennes ont les données parmi les plus faibles, caractéristique partagée par les régions périphériques orientales de l'UE. Qu'il s'agisse des côtes espagnoles, siciliennes, croates ou grecques, la décroissance de l'emploi est de plus de 10 %. Le nombre d'emplois a essentiellement augmenté dans la région de la dorsale européenne et dans la partie centrale de l'UE.

Plus largement, **des disparités existent selon les régions**. Si l'on s'appuie sur les données d'Eurostat, on constate que le PIB de la plupart des régions méditerranéennes est inférieur de 17 à 33 % à la moyenne européenne et, à l'exception de la Catalogne, du Latium et du nord de l'Italie qui font partie de la dorsale européenne, toujours inférieur à la moyenne. Ce sont également les régions méditerranéennes qui ont subi avec le plus de violence la crise de 2008 et ses conséquences. À titre d'exemple, l'économie grecque a été la plus touchée, au point que l'appartenance du Pays à la zone euro a pu être questionnée, et l'économie espagnole a également été durablement bouleversée, notamment dans les secteurs du tourisme et du BTP, caractéristiques de la croissance des régions littorales [Libourel, 2020]. **L'exemple de l'Italie est à cet égard éclairant**. On retrouve à l'échelle nationale une véritable fracture nord-sud qui révèle des inégalités économiques majeures. Le nord de l'Italie est plus développé économiquement (fortement urbanisé et industrialisé, directement rattaché au cœur économique de l'Europe et doté de liaisons efficaces avec l'ensemble des pays voisins [v. Chapitre La dorsale européenne: centre névralgique de l'Union européenne]) que le sud (beaucoup plus rural et agricole, moins densément peuplé). Ainsi, les régions du nord telles que l'Émilie-Romagne ou la Lombardie ont un PIB/habitant supérieur à 30000 euros par an. À l'inverse, le Mezzogiorno – qui correspond au sud de l'Italie – concentre les régions les plus pauvres du pays: la Calabre ou la Sicile ont un PIB/habitant inférieur à 18000 euros par an. Cette disparité nord-sud se retrouve à travers la cartographie de l'ensemble des indicateurs économiques et démographiques [Delpirou, Mourlane, 2019].

Le PIB/habitant de chacun des pays de l'UE ayant un accès à la Méditerranée nous permet également de percevoir une **dichotomie est-ouest**. La partie orientale de la Méditerranée est plus pauvre que la partie occidentale. En effet, avec un PIB/habitant d'un peu plus de 17000 dollars en 2021, la Croatie fait office de pays "le plus pauvre" des pays méditerranéens de l'UE, à peine dépassée par la Grèce. À l'inverse, la France et l'Italie sont globalement plus développées, avec un PIB/habitant dépassant respectivement les 40000 et 35000 dollars en 2021.

Si des inégalités au sein des pays membres de l'UE sont perceptibles il est cependant important de **remettre le niveau de développement et de richesse en perspective à l'échelle du bassin méditerranéen**. Les pays de l'UE bordant la rive nord sont des pays du Nord. Ainsi, l'IDH y est supérieur à celui des pays d'Afrique du Nord et du Proche-Orient. Selon les chiffres de l'ONU, pour les régions méditerranéennes de l'UE, l'IDH le plus bas est de 0,837 pour la Croatie. *A contrario*, si l'IDH le plus élevé des régions méditerranéennes non-membres de l'UE est de 0,919 (pour Israël qui est un cas particulier) il tombe pour la Turquie à 0,806 (2e le plus élevé). Il est donc possible de constater que l'UE est une niche de développement et de richesse à l'échelle macro-régionale malgré ses inégalités.

LES RÉGIONS MÉDITERRANÉENNES, DES "PORTES D'ENTRÉE" DE L'UNION EUROPÉENNE

Une façade méditerranéenne pour l'Union européenne ?

La Méditerranée est traversée par l'une des principales routes maritimes mondiales, reliant le détroit de Gibraltar au canal de Suez. Il n'est donc pas étonnant de voir se développer le long des côtes des ports importants [MARCADON, 2002]. Les plus grands ports de Méditerranée se situent essentiellement dans l'Union européenne. Si l'on suit le classement des établissements portuaires en termes d'EVP (équivalent vingt pieds) établi par le *World Shipping Council* pour 2021, les trois premiers ports méditerranéens sont les ports du Pirée en Grèce (5,31 millions d'EVP, au 28e rang mondial), de Valence (5,6 millions d'EVP, 30e rang mondial) et d'Algésiras en Espagne (4,8 millions d'EVP, 34e rang mondial). Enfin viennent dans le classement les ports de Marsaxlokk (Malte) et Barcelone (Espagne), une vingtaine de rangs plus loin [BOURDIN, CORNIER, 2015]. Sur l'autre rive, seuls les ports de Tanger (Maroc), ouvert sur l'Atlantique, et de Port-Saïd (Égypte) peuvent faire concurrence en termes de réception des plus gros porte-conteneurs. Les ports de Gioia Tauro et de Gênes permettent à l'Italie d'entrer dans la concurrence par leur puissance de *hubs*, renforçant le poids de l'UE dans les échanges commerciaux en Méditerranée, tandis que le port de Marseille-Fos, en France, est en retrait du classement en EVP, mais il possède une importance stratégique en matière de vracs et d'hydrocarbures. Il est donc flagrant que les régions méditerranéennes de l'UE forment une façade maritime importante, ayant quasiment un monopole sur la captation des échanges commerciaux en Méditerranée. Ainsi, les espaces industrialo-portuaires sont des "portes d'entrée" vers l'UE quant aux échanges de marchandises.

Néanmoins, la puissance et l'efficacité de cette façade maritime doivent être absolument nuancées. En effet, face aux grandes façades maritimes mondiales, elle semble souffrir d'une certaine faiblesse. Aucun port méditerranéen ne pointe dans le Top 25 des ports mondiaux, et les principaux ports européens, comme Rotterdam et Anvers, sont situés sur la Northern Range. On peut presque parler d'une forme d'effet tunnel* similaire à celui qui peut être observé en Baltique, avec la construction des gazoducs qui en font un espace traversé plus que desservi (v. Chapitre L'Europe nordico-baltique). Certes, la plus grande route maritime passe en Méditerranée, mais la part des marchandises captées par les ports méditerranéens est faible (à titre d'exemple, plus de la moitié des marchandises importées arrivées par voie de mer en Catalogne sont entrées sur le territoire européen par un port de la mer du Nord). Ainsi, les ports du Pirée, de Barcelone ou de Valence sont à l'écart de la route et leur accès nécessite un détour. Seul Algerisas semble pouvoir bénéficier, dans la concurrence mondiale, de sa position géographique stratégique. À proximité du détroit de Gibraltar où la voie de navigation se réduit, ce port est un point de passage obligé. De même, le port de Malte, Marsaxlokk est devenu un *hub* portuaire par sa position géographique, et il peut ainsi desservir les ports se situant sur les routes secondaires (redistribution des marchandises dans des navires de plus petit gabarit).

La Méditerranée, porte d'entrée touristique de l'UE

Les ports méditerranéens sont également des "portes d'entrée" pour les touristes et les tourismes. En effet, la région méditerranéenne est, à l'instar du Golfe du Mexique ou de la mer des Caraïbes, un espace maritime pratiqué pour les croisières, le deuxième mondial [Fournier, 2011]. Dans ce domaine, les pays de l'Union européenne apparaissent comme les *leaders*. L'offre de croisière n'a cessé d'augmenter. Sur les vingt-deux plus grands ports de croisières, dix-sept se trouvent dans l'Union européenne. Les deux ports *leaders* dans ce domaine sont Barcelone (Espagne) et Civitavecchia (Italie) qui comptent près de 2 millions de passagers par an chacun. Néanmoins, les ports de Venise (Italie) et des Baléares (Espagne) demeurent également très importants. Sur la rive sud, seuls deux ports se détachent, ceux de La Goulette/Tunis et d'Alexandrie, mais avec des trafics nettement moindres (entre 200 000 et 400 000 croisiéristes par an). On constate donc une domination de l'UE dans l'économie de croisière. Néanmoins, une inégalité est-ouest est perceptible. En effet, les pays de Méditerranée occidentale sont davantage pourvus en ports de croisières. La partie orientale comporte trois ports d'une certaine importance : Dubrovnik (Croatie), Le Pirée (Grèce) et Limassol (Chypre). On constate le même phénomène, de manière encore plus flagrante, en ce qui concerne la "grande plaisance", c'est-à-dire la capacité d'accueil de yachts : les capacités se situent presque toutes au nord de la Méditerranée, mais les États de l'Union européenne sont ici en concurrence directe avec la Turquie et les pays des Balkans [DESSE et CHARRIER, 2017].

Au-delà de la question des croisières et du yachting, le **flux touristique se fait pourtant essentiellement dans le sens nord-sud**. En effet, les côtes méditerranéennes en Afrique du Nord possèdent des stations balnéaires pouvant offrir tout le confort recherché par les Européens, mais à moindre coût, car la main-d'œuvre est moins onéreuse. Pour autant, le tourisme est une activité majeure du littoral méditerranéen de l'UE (v. *supra*). Si le tourisme est une activité présente depuis le XIXe siècle (avec la Riviera italienne ou le développement de la Côte d'Azur), il est devenu une pratique de masse depuis le milieu du XXe siècle, d'abord en Espagne puis, à partir des plans d'aménagement des années 1960, en France, à partir des années 1970 en Grèce, et plus récemment en Croatie par exemple (v. Zoom, Les plages en Europe). Face à la massification du tourisme et à ses effets environnementaux, l'Union européenne a mis en place depuis 2021 une initiative intitulée "Vers un tourisme plus durable en Méditerranée", qui repose sur les programmes Interreg Euro MED, Maritime Italy France et NEXT MED : l'objectif est de faire coopérer les acteurs privés et publics dans la recherche de solutions innovantes pour maintenir l'activité touristique tout en assurant un meilleur respect de l'environnement.

La Méditerranée, porte d'entrée migratoire

Enfin, la Méditerranée est également une **"porte d'entrée" vers l'Union européenne pour les migrants** (v. Chapitre Les migrations en Union européenne). Elle met en contact des espaces avec un différentiel certain de développement, à l'origine de flux humains, qu'on peut caractériser comme inégalitaires ou du moins symptômes des inégalités en Méditerranée [REKACEWICZ, 2014]. Les flux migratoires reposent sur les inégalités à l'échelle du bassin méditerranéen [BABY-COLLIN, 2021]. Les migrations sont essentiellement sud-nord pour des raisons économiques, la rive nord attirant par sa plus grande richesse et les opportunités d'emploi qu'elle est censée offrir. L'Afrique du Nord est un passage obligé pour l'ensemble des migrants africains qui fuient la grande pauvreté. Une partie des migrations se fait clandestinement en direction des pays du nord, dans l'espoir d'un avenir meilleur. Les images diffusées dans les médias de navires de fortunes, surchargés de migrants illégaux, fuyant la guerre et/ou la misère de leur pays, sont légion.

Les migrants traversant la Méditerranée suivent des **chemins précis et reconnus**. En provenance d'Afrique subsaharienne, du Maghreb ou du Proche et Moyen-Orient, voire de plus loin (Afghanistan, Pakistan), ils traversent cet espace maritime pour rejoindre les pays de l'UE. Ces traversées, organisées par des passeurs peu scrupuleux, coûtent extrêmement cher. Une traversée depuis les côtes turques vers l'île de Lesbos (à une trentaine de kilomètres) coûterait entre 2000 et 5000 euros pour les migrants (contre une trentaine d'euros pour un touriste). Depuis les côtes tunisiennes et surtout libyennes, les migrants s'échouent sur l'île de Lampedusa (v. Zoom, Lampedusa). Cette île italienne est connue pour sa pression migratoire. Les migrants cherchent à rejoindre les terres italiennes afin de pouvoir y demander l'asile. Aussi, l'Italie se retrouve en première ligne pour gérer la "crise" migratoire, ce qui crée des tensions avec les autres pays de l'UE. Il en va de même pour les enclaves espagnoles de Ceuta et de Melilla se trouvant sur le territoire marocain. Ainsi, ce flux migratoire exerce une pression sur les territoires de l'UE bordant la Méditerranée. Ces migrations illégales, menées par un réseau de passeurs font de la Méditerranée un territoire meurtrier pour les migrants. En effet, il n'est pas rare de constater des collisions entre les porte-conteneurs et des embarcations de fortune des migrants au large des côtes de l'UE. De même, les principes de sécurité ne sont pas respectés. Les migrants n'ont pas de gilets de sauvetage ou alors des contrefaçons ne respectant pas les normes. Les bateaux pneumatiques sont surchargés, voire à moitié gonflés, ou les bateaux à moteur n'ont pas assez de carburant pour atteindre les côtes européennes. Aussi, nombreux sont les naufrages et les morts en Méditerranée du fait de cette migration clandestine. Selon l'ONU, plus de 20000 migrants seraient morts noyés durant la traversée de la Méditerranée depuis 2014. Quand ils ne font pas naufrage, les migrants se retrouvent essentiellement sur l'île italienne de Lampedusa, au large des côtes de la Libye.

Les pays de l'UE, via l'agence Frontex, ont mis en place un **système de coopération, entre autres, avec les pays de la rive sud (Maroc, Tunisie...) afin de limiter les départs de migrants illégaux et de lutter contre les réseaux de passeurs**. Cette coopération s'organise autour des accords de réadmission avec les pays du sud de la Méditerranée et par une surveillance accrue de la Méditerranée pour éviter la traversée des clandestins. Ainsi, en juin 2023, après le naufrage d'un bateau dans la mer Ionienne, plusieurs passeurs furent arrêtés.

LES RÉGIONS MÉDITERRANÉENNES DE L'UE ET LEURS DÉFIS

Un défi géopolitique : le contrôle de la Méditerranée

La question migratoire en Méditerranée est au centre d'enjeux qui sont source de mésentente entre les membres de l'Union européenne, révélant ainsi des difficultés. La gestion des migrants traversant la Méditerranée pour venir dans l'Union européenne est à cet égard révélatrice de ces difficultés et de ces mésententes entre alliés.

La question migratoire pose d'abord des problèmes humains. En effet, les migrants se retrouvent dans une grande précarité, sans droits, sans papiers, trouvant dans le meilleur des cas un emploi "au noir" (ce qui signifie sans assurance chômage ni assurance en cas d'accident du travail, de très faibles revenus...). Souvent, ils se retrouvent sans logement. C'est ainsi que des camps de fortune se forment à la lisière des espaces verts ou des grandes voies de communication. L'UE cherche à gérer cette pression migratoire, notamment depuis 2011, date à partir de laquelle les conflits au Proche-Orient intensifient les flux migratoires. La population syrienne, fuyant le conflit, se réfugie essentiellement dans les pays voisins (Turquie, Liban...). Néanmoins, une partie des migrants, s'ils peuvent payer un passeur, traversent la Méditerranée et tentent de rejoindre la Grèce via ses îles. L'arrivée de ces migrants a provoqué en Europe de vives réactions de la part des pouvoirs publics [Wihtol de Wenden, 2018], certains États choisissant de fermer leurs frontières (Viktor Orban a fermé celles de la Hongrie avec des barbelés et une surveillance militaire accrue).

Sur le plan local, le cas de Lampedusa (v. Zoom, Lampedusa), petite île appartenant à l'Italie, se situant entre les côtes tunisiennes et Malte, est intéressant. Cette île voit arriver de nombreuses embarcations de fortune de migrants. Ces derniers espèrent arriver sur l'île afin de pouvoir rejoindre la Sicile, traverser le détroit de Messine et la "botte italienne" pour enfin pouvoir circuler au sein de l'Europe de l'ouest jusqu'à leur destination finale. Cette île connaît un flux migratoire clandestin important, bien plus que n'importe quel autre territoire. En octobre 2021, sur un week-end, près de 600 migrants clandestins sont venus s'échouer sur les côtes de l'île italienne. En 2022, les centres "d'accueil" pour les clandestins ont dû accueillir près de 1800 personnes alors qu'ils n'ont qu'une capacité de 400 places seulement. Face à cet afflux massif sur Lampedusa, l'Italie a souvent tiré la sonnette d'alarme auprès de l'UE, demandant de l'aide à ses alliés pour gérer la question des flux migratoires. La plus importante des crises dans la gestion des migrants illégaux est celle de 2016. Le président du Conseil italien de l'époque, Silvio Berlusconi, n'ayant pas eu le soutien de ses alliés, a opté pour l'attribution d'un visa temporaire aux migrants, espérant ainsi que ces derniers utilisent les droits accordés par les accords de Schengen pour rejoindre d'autres pays de l'UE. Des cas similaires se présentent en Grèce et dans les différentes îles de la mer Égée.

La mésentente dans la gestion de la question migratoire se perçoit également durant les sauvetages des embarcations et de leurs passagers. Si des ONG participent à sauver les migrants en proie aux difficultés liées à la traversée de la Méditerranée, où doit-on les conduire ? Vers le pays membre de l'UE le plus proche ? Doit-on, entre membres des pays de l'UE, se "répartir" l'ensemble des migrants ? Ces questions sont au centre des négociations politiques autour du règlement de Dublin notamment (depuis 2014, c'est le règlement de Dublin III qui s'applique : il définit les règles de gestion du droit d'asile entre les pays membres de l'UE et repose sur le principe selon lequel c'est le pays où la demande d'asile est déposée qui doit instruire le dossier, sauf cas particulier). Ainsi, sous le premier mandat d'Emmanuel Macron durant l'été 2018, la France annonce avoir signé un accord avec treize autres membres de l'UE pour accueillir des migrants. Sur les quatorze signataires des accords, seuls huit ont décidé d'une participation active dans l'accueil. Les autres ont décidé de fournir de l'aide matérielle ou financière. Nous constatons donc des politiques migratoires différenciées, en désaccord entre les pays membres de l'UE quant à la question migratoire [GUIRAUDON, 2013 ; TARDIS, 2015].

Un défi économique : l'accès à la mer et à ses ressources

Qui dit accès à la mer, dit ouverture sur le monde, mais aussi accès à des ressources abondantes. Sachant que 80 à 90 % des échanges commerciaux passent par les espaces maritimes, il n'est pas étonnant que l'accès à la mer soit devenu un enjeu économique et géopolitique. En effet, les espaces maritimes, tels que la Méditerranée, peuvent être une source de revenus plus ou moins importante, que cela soit par les échanges, les ressources halieutiques ou les ressources du sous-sol maritime (hydrocarbures, métaux...).

Aussi, **cet accès aux ressources des espaces maritimes méditerranéens peut devenir un objet de concurrence, voire de crise entre les membres de l'Union européenne**. C'est le cas entre la Slovénie et la Croatie. Lors de son indépendance, la Slovénie a reçu une bande littorale étroite, longue de 50 km ainsi que la zone économique exclusive (ZEE) associée. Néanmoins, les eaux territoriales slovènes se retrouvent enclavées dans celles de la Croatie. Ainsi, pour avoir accès à la haute mer et, par conséquent, aux eaux internationales et à la grande voie maritime qui traverse la Méditerranée, les Slovènes se trouvent obligés de traverser l'espace maritime de la Croatie. Les autorités slovènes ont donc demandé à ce qu'on leur accorde un corridor pour avoir accès à la haute mer, ce qui a d'abord été refusé par la Croatie. Ce litige, entre les deux républiques autrefois unies dans ce qu'on appelait la Yougoslavie et aujourd'hui membres de l'Union européenne, s'est réglé au Tribunal international de La Haye, ce dernier ayant tranché en faveur de la Slovénie en 2017. Bien que la Croatie ait dû s'incliner face à la décision, cette affaire n'a pourtant pas apaisé les tensions liées à l'accès à la mer Méditerranée [Cornu, 2017].

Un autre point d'achoppement est celui de l'exploitation des ressources halieutiques, régie par des quotas de pêche accordés par pays et par espèce. Les États de l'Union européenne doivent respecter des législations assez contraignantes dans le domaine, en particulier pour assurer la sauvegarde d'espèces menacées comme le thon rouge. Or des pêcheurs de pays extra-européens (asiatiques notamment) prélèvent des espèces protégées en Europe et pêchent des alevins en haute mer, mettant en tension le secteur et faisant peser une menace sur les revenus des pêcheries européennes.

Un défi environnemental : les espaces méditerranéens menacés

La mer Méditerranée est un espace maritime traversé et exploité, ce qui en fait un espace menacé (v. Chapitre Les défis d'une Europe en proie aux changements globaux). Le défi majeur pour les membres de l'Union européenne est la préservation de l'environnement. L'un des facteurs de cette menace est, selon le WWF, la **pression des flux touristiques** qui devraient encore s'accentuer. Selon l'agence, il y aurait plus de 220 millions de touristes par an sur le littoral méditerranéen, et ce nombre devrait pratiquement tripler dans les prochaines années.

La protection de l'environnement marin provient d'abord des initiatives étatiques. Chaque pays membre agit donc pour préserver tout ou partie du littoral méditerranéen. C'est ainsi que la France a mis en place un parc national pour protéger les Calanques dans la région de Marseille, ainsi qu'un parc naturel marin pour protéger les environs de Port-Cros. Ces mesures ont pour but de protéger la biodiversité en limitant le tourisme. Depuis 2012 est instaurée une police des Calanques qui contrôle les usagers de cet espace maritime et le respect des règles. Des zones de non-pêche sont établies afin de sauvegarder les espèces halieutiques dans ces Calanques. Il en va de même pour les îles d'Hyères où un contrôle accru du tourisme s'est développé.

Néanmoins, dans le cadre européen, **la protection peut se faire à l'initiative d'un accord entre pays membres de l'UE**. Un accord est par exemple signé entre l'Italie et la France (en incluant Monaco) pour instaurer le "sanctuaire Pélagos". Espace maritime protégé d'une superficie de près de 88000 km², son but premier est de préserver les mammifères marins présents dans cette zone. Cette sauvegarde doit, selon le projet, lutter contre l'ensemble des rejets illicites des navires, mais également lutter contre les espèces invasives arrivant avec ces derniers. Elle passe également par la préservation des littoraux face à l'artificialisation et doit limiter l'exploitation des ressources halieutiques.

Face aux urgences climatiques et aux rapports du GIEC de plus en plus alarmants, la question de la préservation de l'environnement prend une importance croissante au sein de l'UE. Sur le plan maritime, la Méditerranée n'est pas exclue de ces politiques environnementales. Ainsi, la Commission européenne mène une politique pour lutter contre les déchets plastiques dans les espaces maritimes, limiter la surpêche en y instaurant des quotas ou en subventionnant des espaces maritimes protégés. On rejoint là également des enjeux législatifs importants pour l'Union européenne en matière de réglementation de la navigation (les carburants les plus polluants sont exclus des eaux européennes, les dégazages sont particulièrement surveillés...). L'UE apparaît en l'espèce comme une **puissance normative**, mais dont la seule action législative est un cadre certes indispensable, mais insuffisant pour protéger efficacement les milieux. Sur le plan terrestre, les régions méditerranéennes de l'UE sont particulièrement exposées aux conséquences des changements climatiques, puisqu'elles sont touchées par des vagues de chaleur et par des sécheresses désormais récurrentes. Les températures record de l'été 2023 en témoignent. Or ces dérèglements ont des conséquences aussi bien sur les sociétés, qui sont exposées à des urgences sanitaires, que sur les milieux, qui sont exposés à des risques majeurs, comme les feux de forêt (ceux qui touchent la Grèce à l'été 2023 en sont un bon exemple). Ces risques sont gérés essentiellement au niveau national, l'UE étant là encore davantage un cadre et une plate-forme de coopération (échange de moyens de lutte contre les incendies en cas de grave crise par exemple) qu'un acteur direct (v. Chapitre Les limites de la puissance européenne).

L'EUROPE MÉDIANE ET BALKANIQUE

L'espace situé entre la mer Baltique et la Méditerranée a connu plusieurs appellations et délimitations successives. Au XIXe siècle était utilisé le terme de ***Mitteleuropa*** pour désigner l'Europe de culture et de langue allemande correspondant aux empires allemand et autrichien. Il incluait les territoires où des minorités de langue allemande étaient présentes. L'expression **"Europe centrale"** fondée sur des considérations géométriques a des contours flous, mais a été largement utilisée par le géographe Emmanuel de Martonne. Il correspond peu ou prou à l'espace de l'empire austro-hongrois jusqu'en 1918, dans lequel l'auteur de la *Géographie universelle* a établi le tracé des frontières pour le compte des Alliés. D'un point de vue humain, le groupe slave y est dominant, à l'exception de la Hongrie et de la Roumanie. Dans la seconde moitié du XXe siècle, **l'Europe de l'Est** désignait l'ensemble des États situés à l'est du rideau de fer, selon une considération géopolitique ; a ensuite été utilisée l'expression PECO pour désigner les "pays d'Europe centrale et orientale" devenus candidats à l'adhésion à l'Union européenne. Violette Rey a énoncé l'idée d'un **"entre-deux" européen** pour désigner à la même époque (années 1990) l'ensemble intermédiaire situé entre l'UE et la Russie [REY, 1996]. L'idée **d'Europe médiane** est née du poète polonais du XXe siècle, Czeslaw Milosz, et désigne les pays européens non russes qui ont connu l'expérience socialiste tout en conservant leur culture européenne antérieure. Cette définition correspond à la partie orientale de l'UE (à l'exception des pays baltes).

De la même manière, **l'adjectif "balkanique"** relève d'une ambiguïté de sens. Il désigne au départ une chaîne de montagnes située en Bulgarie (appelée localement *Stara planina*, la "vieille montagne"), puis par extension au XIXe siècle, la péninsule* s'étirant depuis le fond de l'Adriatique jusqu'au Bosphore. Étaient qualifiés de "balkaniques" les États nés en Europe du Sud-est du recul de l'Empire ottoman, en premier lieu la Grèce (1827), puis la Serbie (1856), la Roumanie (1859), la Bulgarie (1878) qui tenaient lieu d'États tampons* entre empires russe, autrichien et ottoman. Ce morcellement en entités toujours plus petites (Monténégro, Albanie) a donné naissance au concept de **balkanisation***, qui reste indissociable des conflits répétés qui ont marqué la région au fil des XIXe et XXe siècles [Boulineau, Deslondes, 2014]. On distingue aujourd'hui les **Balkans occidentaux** (États issus de l'éclatement de la Yougoslavie dans les années 1990 et Albanie) dont seules la Croatie et la Slovénie ont rejoint l'UE, et les **Balkans orientaux** (Roumanie et Bulgarie) qui ont adhéré, mais ne sont pas encore pleinement intégrés. L'adjectif, qui n'est d'ailleurs pas revendiqué par les États concernés, reste connoté péjorativement, associé à l'idée de violence, de pauvreté, de problèmes de minorités, de corruption… Il est à noter que la Grèce, maintenue dans le camp occidental et disposant d'un PIB supérieur n'est plus associée à cette catégorie.

D'un point de vue physique, la région n'a pas de véritable unité. Au nord s'étend la grande plaine germano-polonaise, traversée du sud au nord par plusieurs grands fleuves (Elbe, Oder, Vistule). La partie centrale est occupée par le bassin du Danube, bordé par les Alpes à l'ouest, les Carpates au nord-est (v. Zoom, Les Carpates), les Alpes dinariques et le grand Balkan au sud. **Comment cette région s'inscrit-elle dans le territoire de l'Union européenne ? Quelles sont ses spécificités ?**

QUELLE PLACE DANS L'UE ?

L'ensemble considéré rassemble des **États aux profils très variés**, pouvant être massifs, étendus et peuplés (Pologne, 38 millions d'habitants pour 312 600 km²) ou au contraire de taille réduite et étirés comme la Croatie (3,8 millions d'habitants pour 56 500 km²). La religion n'est pas un facteur d'unité puisque la région est à cheval sur les aires traditionnelles du catholicisme (de la Pologne à la Croatie) et de l'orthodoxie (Roumanie et Bulgarie). Au total, les neuf États comptent 104 millions d'habitants (23,2 % de l'UE) et 2154 milliards d'euros de PIB (14,7 % de l'UE). À l'échelle temporelle, **cette région s'oppose à l'Europe occidentale par sa structuration récente en États** (XIXe et XXe siècle), après avoir été longuement dominée par des empires. Un autre point commun pourrait être **l'absence ou la restriction d'accès à la mer semi-fermée***, dès lors que l'on considère l'existence d'États enclavés* (Autriche, Hongrie, République tchèque, Slovaquie), dont la façade maritime est limitée (10 km pour la Slovénie) ou dont l'accès à l'océan mondial est conditionné par le passage d'un détroit (le Bosphore pour la Bulgarie et la Roumanie, les détroits danois* pour la Pologne). Ce facteur est atténué par des conventions internationales qui régissent depuis 1857 l'Oresund (convention de Copenhague), le Danube (1922) et les détroits turcs (convention de Montreux, 1936).

Une intégration qui a été retardée

Les États de la région ne figurent pas dans les premières vagues d'élargissement, qui n'avaient avant 1989 concerné que le bloc de l'Ouest. L'Autriche n'a adhéré qu'en 1995, la disparition de l'URSS et du pacte de Varsovie* ne justifiant plus un maintien en dehors en vertu d'une politique de neutralité (v. Chapitre La territorialité communautaire). Sa démarche se rapproche à ce titre de celle de la Finlande. La chute du rideau de fer devait lui permettre de renouer avec les États d'Europe danubienne issus de son ancien empire. Face au drame des guerres yougoslaves à ses portes, l'UE apparaissait d'autant plus comme un espace de paix et de sécurité.

Ailleurs, l'intégration a été retardée par l'existence des régimes socialistes autoritaires, incompatibles avec les valeurs portées par l'UE (démocratie, respect des droits de l'homme, économie de marché). La **transition politique et économique** engagée par les anciennes Républiques socialistes vers la démocratie et l'économie de marché était la condition à l'adhésion en vertu des critères de convergence* définis par le traité de Maastricht. La perspective d'adhésion a d'ailleurs été le principal leitmotiv des réformes engagées durant la décennie 1990 en Pologne, en Roumanie et en Hongrie. Par ailleurs, l'intégration à l'UE a pu être retardée par l'émergence tardive de certains États de la région. La Slovaquie, la Slovénie et la Croatie n'existaient pas en 1989 et ont dû mettre en place des institutions et prouver leur bon fonctionnement, leur viabilité économique en tant qu'entité souveraine [HASSID, 2021]. Mener de front la construction d'un État et son intégration nécessite stabilité, suivi et continuité politique, éléments qui ne vont pas de soi dans un jeune État. La Slovaquie précisément a pris du retard par rapport à ses voisins et il avait été plusieurs fois envisagé un report de son intégration. Michel Foucher rappelle qu'avant d'être un État candidat, il faut avant tout être un État [FOUCHER, 2006] : "Un État ne peut aspirer à être membre de l'Union aussi longtemps que, en dernier ressort, sa gouvernance repose sur un fonctionnaire étranger."

Enfin, l'intégration a pu être retardée par les guerres dans l'espace ex-yougoslave et le maintien de régimes semi-autoritaires. Ainsi, la Croatie dirigée par le nationaliste Franjo Tudjman de 1991 à 1997 n'a déposé sa candidature qu'en 2003, une fois remplies les conditions de fonctionnement démocratique de ses institutions, et une fois surmonté l'effort de sa reconstruction postconflit. Elle a dû solder par la voie judiciaire le sort des criminels de guerre recherchés par le Tribunal pénal international pour l'ex-Yougoslavie* pour pouvoir rejoindre le bloc. Ses négociations d'adhésion ont en outre été bloquées pendant plusieurs mois en raison du veto de la Slovénie avec laquelle existait un différend sur la délimitation de sa frontière maritime.

Une européanisation encore incomplète ?

L'intégration régionale apparaît, à certains égards, incomplète [ORCIER, 2023]. On doit souligner en premier lieu la **lenteur du processus d'intégration** (dix années en moyenne) en comparaison avec les élargissements précédents (neuf ans pour l'Espagne et le Portugal, quatre ans pour l'Autriche et la Finlande, mais le nombre de chapitres de négociation et de critères exigés a augmenté entre temps). Pour les États candidats actuellement en négociation ou non dans les Balkans occidentaux, ce sera encore plus long: la Macédoine du Nord a déposé sa candidature en 2005, mais les négociations d'adhésion n'ont été engagées qu'en 2022, après la levée du veto de la Grèce. Monténégro et Serbie voient les négociations s'enliser et réclament régulièrement une accélération du processus.

Elle est incomplète aussi par le **maintien – volontaire ou non – en dehors de la zone** euro (v. Zoom, La zone euro). Le remplissage des critères de Copenhague* constitue une difficulté pour des économies souvent fragiles, en rattrapage économique rapide. Si la Slovénie a fait figure de bon élève adepte de l'orthodoxie budgétaire (adoption dès 2007), la Croatie a dû attendre 2023 pour introduire l'euro (soit dix ans après son adhésion). La Bulgarie et la Roumanie ne cessent de repousser leur objectif, malgré un consensus politique et dans l'opinion. En Europe centrale, seule la Slovaquie a adopté l'euro. Ses voisines y montrent peu d'empressement, au vu de l'avantage à court terme pour leur économie en forte croissance de conserver leur monnaie nationale. En outre, les présidents et chefs de gouvernement eurosceptiques (les présidents tchèques Vaclav Klaus de 2003 à 2013, puis Milos Zeman de 2013 à 2023 ; Andrzej Duda, président polonais depuis 2015 ; Viktor Orban en Hongrie depuis 2010), ont montré peu d'empressement au nom de considérations de préservation de la souveraineté nationale. D'un point de vue politique, la République tchèque s'est longtemps opposée au traité de Lisbonne en 2009 et au pacte budgétaire européen en 2012. Avec la Hongrie, elle a encore refusé de signer le pacte Europlus en 2011(destiné à renforcer la compétitivité, mais perçu comme contraignant), se plaçant ouvertement dans une posture d'opposition aux initiatives de Bruxelles et du couple franco-allemand.

Le caractère incomplet de l'intégration peut enfin venir d'une **non-coïncidence des frontières de l'UE avec celles de l'espace Schengen**, dont la Roumanie et la Bulgarie ne font toujours pas partie (la Croatie a été admise en 2023). La libre circulation des travailleurs roumains et bulgares est cependant effective depuis 2014. Alors que les Balkans et l'Europe du Sud-est en général sont considérés comme une plaque tournante des trafics (drogues, êtres humains…) et sont devenus une des routes d'accès à l'UE pour les migrants illégaux, le contrôle des frontières est devenu une préoccupation majeure des États membres [Cattaruzza, Sintès, 2016]. Ceux-ci ont justifié à plusieurs reprises le report de l'admission des derniers États entrés dans l'UE (v. Chapitre L'UE: une construction aux implications territoriales fortes). L'agence Frontex a détecté en 2022 plus de 61 000 passages illégaux, soit autant qu'en Méditerranée centrale, et 15 000 par la mer Noire. Pour y faire face, la Bulgarie a entrepris, à l'instar de la Grèce quelques années plus tôt, la construction d'une clôture sur 160 km de sa frontière avec la

Turquie (v. Chapitre Les migrations en Union européenne). Des affaires de corruption de gardes-frontières ont aussi été révélées à la frontière de la Bulgarie avec la Serbie en 2016.

Quel positionnement dans l'Union européenne ?

Les États d'Europe médiane et balkanique ont en commun d'entretenir des positions favorables aux États-Unis. Face à une perception de la menace venant de la Russie, ils considèrent que l'alliance avec les États-Unis et la participation à l'OTAN constituent la meilleure garantie de sécurité, avant l'Union européenne. La République tchèque et la Pologne en particulier gardent le douloureux souvenir de leur abandon par les puissances occidentales en 1938-1939. Ils entretiennent aussi une méfiance à l'égard des "Grands" États de l'UE, qui auraient tendance à ne pas tenir compte de leurs opinions et à chercher à imposer leurs choix (v. Chapitre Les limites de la puissance européenne).

Pour autant, ils ne constituent pas un bloc. Les États de petite taille rechignent à consentir au pays le plus peuplé (la Pologne) le rôle de leader, ou à être associés à des personnalités contestées. La Pologne, qui se considère comme un "grand État" européen, se voit comme un rempart du monde occidental face à une Russie menaçante [Gallet, 2020] et a constitué d'importantes forces armées, quand les États occidentaux adoptaient une posture plus conciliante. Les prises de position de ses dirigeants et leurs critiques à l'égard de l'UE ont été sources répétées de malentendus, voire de tensions. Le **groupe de Visegrad*** (Pologne, Hongrie, République tchèque, Slovaquie) s'est formé dès 1991 pour accélérer l'intégration à l'Union européenne. Ces pays connaissent depuis une dizaine d'années des reculs en matière de démocratie qui leur valent d'être parfois qualifiés de démocratures*.

Le **groupe dit des "Neuf de Bucarest*"** existe depuis 2015 puis a été élargi l'année suivante au sein de l'Initiative des trois mers (ITM)*, les deux forums étant destinés à coordonner leurs politiques et mener des projets communs comme dans le secteur des transports. Enfin, on peut noter que les États de la région, associés à ceux des Balkans occidentaux sont regroupés depuis 2012 au sein du **Forum 17+1***, qui est une initiative chinoise visant à accroître les liens commerciaux avec la région dans le cadre de la nouvelle route de la soie*. La Chine cherche en particulier à développer les ports, les infrastructures routières (autoroute Bar-Boljare au Monténégro) et ferroviaires (projet de LGV Belgrade-Budapest) pour accéder aux marchés centre-européens. Or plusieurs de ces projets ont été invalidés par Bruxelles en raison du non-respect des règles communautaires d'attribution des marchés.

Enfin, les États d'Europe médiane et balkanique sont très favorables à la poursuite de l'élargissement de l'UE aux États des Balkans occidentaux, mais aussi des États du voisinage oriental*. Ils s'en font les avocats quand ils assurent la présidence tournante du Conseil de l'UE (Roumanie en 2019, Croatie en 2020, Slovénie en 2021, République tchèque en 2022), en tant que voisins immédiats. Ce processus a été clairement identifié par Michel Foucher comme étant le propre du processus de construction européenne [FOUCHER, 2006] : "La recherche de la sécurité induit une logique de chaînage territorial. Depuis l'origine, chaque État membre estime bénéfique de faciliter l'intégration dans la même institution de son voisin immédiat, surtout si des contentieux de nature diverse ne sont pas encore soldés."

QUELS ENJEUX POUR LES ÉTATS DE LA RÉGION ?

La poursuite du rattrapage économique

À l'exception de l'Autriche, tous les États de la région disposent d'un niveau de revenus par habitant inférieur à la moyenne communautaire. À ce titre, ils sont bénéficiaires nets au budget européen depuis leur adhésion, mais voient leur contribution augmenter d'année en année du fait de leur développement qui est réel [ORCIER, 2023]. Ils sont éligibles aux fonds européens* et bénéficient depuis leur adhésion d'importants transferts financiers depuis l'Ouest (FEDER*), dans le cadre de la politique de cohésion*.

Si le rattrapage économique est une réalité et que les niveaux de vie ont augmenté de façon significative, les États de la région peinent encore à combler le retard accumulé (v. Outils, Figures-Le rattrapage économique des États d'Europe centrale et balkanique de l'UE depuis 2003). La réduction des écarts entre États et par rapport à la moyenne des vingt-sept masque en réalité d'importants écarts entre régions. Les fonds européens et flux d'IDE ont eu tendance à privilégier les capitales et leur région, ainsi que les espaces les plus proches de la dorsale européenne, cœur économique du continent (République tchèque notamment). Rénovation des centres, étalement urbain, extension des réseaux de transports publics et des aéroports internationaux, nouvelles zones commerciales en périphérie, les capitales est-européennes se sont muées en métropoles dynamiques. Elles mettent en avant leur patrimoine (parfois reconstruit, comme la vieille ville de Varsovie, refaite à l'identique après la guerre) tout en présentant en vitrine des savoir-faire et de la modernité nationale. Certaines ont eu cependant tendance à perdre de la population (-300 000 habitants pour Bucarest depuis 1990), en lien avec la désindustrialisation : on parle alors de villes rétrécissantes ou *shrinking cities**. Elles se trouvent souvent en situation de macrocéphalie* (Budapest : 1,7 million d'habitants contre 200 000 à Debrecen ; 1,7 million à Bucarest contre 289 000 à Cluj ; 1,3 à Prague contre 379 000 à Brno). L'opposition est-ouest en matière de niveau de richesse est particulièrement marquée en Pologne, en Slovaquie et en Hongrie. En effet, les régions situées le long de la frontière orientale de l'UE figurent parmi les plus pauvres. Ces disparités croissantes étaient déjà en germe dès le début des années 1990 [Foucher, 1998]. Souvent rurales, peu diversifiées, mal reliées aux réseaux nationaux, avec des taux de chômage plus élevés, elles cumulent les difficultés. On peut parler de périphéries au carré*. Le régime de visa en vigueur avec la Russie et la Biélorussie limite les échanges à quelques frontaliers et aux transports routiers internationaux, tandis que les conditions de franchissement des frontières avec les Balkans occidentaux, la Moldavie et l'Ukraine ont été assouplies dans les deux sens depuis les années 2000.

Le rattrapage n'a pas totalement fait disparaître les mauvaises pratiques héritées de l'ère communiste, notamment la corruption, autre image qui colle à la région depuis plusieurs décennies. Des progrès ont été enregistrés depuis vingt ans, selon le baromètre établi par l'ONG Transparency International ; ils sont le signe de l'établissement de moyens de lutte plus efficaces (réformes du système judiciaire, plus grande transparence de la vie politique), mais aussi d'une moindre acceptation par les sociétés. De manière générale, les États de l'UE (indice 61/100) réalisent un meilleur score que les candidats (40/100). L'Europe médiane et balkanique conserverait un niveau de corruption plus élevé que l'Europe occidentale (l'Italie exceptée) et nordique. La Bulgarie (43/100) et la Roumanie (46/100) figurent toujours en bas du classement.

Des économies toujours plus diversifiées

Loin des clichés de pays qui seraient restés ruraux et agricoles (traditionnelle Syldavie de Tintin ou villages des films d'Émir Kusturica) ou, à l'opposé, héritiers d'une industrie soviétique lourde, polluante et peu performante, **les économies régionales ont poursuivi leur tertiarisation, tout en conservant des secteurs productifs qui se sont restructurés**.

La Pologne et la Roumanie sont les deux principales puissances agricoles (v. Chapitre Des territoires ruraux et agricoles communautaires), disposant d'importantes terres arables dont la modernisation de l'exploitation a permis des gains de productivité, dans le cadre de la PAC*. La valeur de la production agricole a atteint 26,4 milliards d'euros en Pologne (6e rang) en 2019 et 19 milliards en Roumanie (7e rang). Ces productions sont diversifiées, associant de petites exploitations familiales, qui s'orientent depuis une quinzaine d'années vers le bio, et une agriculture commerciale davantage tournée vers l'exportation (oléagineux pour la production de biocarburants, céréales, élevage porcin, laitier et avicole). Les vignobles centre-européens, souvent méconnus, sont présents dans la plaine de Pannonie (Hongrie), les coteaux des Carpates (Roumanie) et du grand Balkan (Bulgarie), et connaissent une renaissance, notamment en Slovénie et sur le littoral dalmate (Croatie), en lien avec la demande touristique.

Le tourisme balnéaire est présent sur le littoral Adriatique (côte rocheuse), bénéficiant de la proximité de la clientèle autrichienne et allemande et de l'intégration aux circuits de croisières (Opatija, Split, Zadar, Dubrovnik). La Croatie compte plus de 1700 km de littoral auxquels s'ajoutent plus de 1000 îles et îlots (v. Zoom, Les plages en Europe). Les **littoraux de la mer Noire** (600 km) ont également été aménagés durant la période socialiste, et les stations créées pour un tourisme de masse ont depuis modernisé leurs infrastructures (Mamaïa et Mangalia en Roumanie, Slantchev Briag et Zlatni Piaceutsi en Bulgarie). Ceux de la Baltique polonaise (491 km) restent prisés par la clientèle nationale et nordique (Sopot, Miedzyzdroje, Ustka, Swinoujscie). On peut ajouter que le **lac Balaton** en Hongrie reste une destination très prisée. Ailleurs, les capitales concentrant le patrimoine et les sites culturels bénéficient de l'essor du transport aérien et d'un tourisme de proximité, rendu d'autant plus attractif par le différentiel des prix (Bratislava, à seulement 65 km de Vienne, soit une heure de route ou de train). Cette attractivité a pu entraîner des phénomènes de rejet (Budapest, Varsovie, Split, Prague) de la part de la population, liés à une surfréquentation et un début de gentrification*, phénomène commun aux métropoles européennes (v. Zoom, Prague, destination touristique duale). Quelques stations de sports d'hiver existent dans les Alpes slovènes (Krvavec, Kanin), les Tatras slovaques (Jasna-Chopok) et les Carpates roumaines (Sinaia).

La production énergétique est insuffisante et **l'Europe centrale et balkanique avait recours massivement au gaz russe, livré par les tubes hérités de l'ère soviétique**. La réduction des livraisons, consécutive de l'invasion russe de l'Ukraine en 2022 et des sanctions prises par l'UE, a obligé les États de la région à trouver rapidement des alternatives à cette forte dépendance. Seules la Croatie, l'Autriche et la Pologne ne disposent pas de centrales nucléaires. Cette dernière a engagé deux projets de construction (Oswiecim et Choczewo), soit six réacteurs d'ici 2040. C'est la firme américaine Westinghouse qui a été choisie plutôt qu'EDF. En attendant, elle continue à utiliser massivement ses ressources en charbon pour répondre à ses besoins énergétiques (v. Chapitre Les défis d'une Europe en proie aux changements globaux).

La croissance économique de la région s'est traduite par une hausse des échanges économiques entre États et avec l'Europe occidentale, dont des entreprises avaient en partie délocalisé ou développé leur activité (agroalimentaire, industrie automobile, textile...). La part du commerce avec l'UE est supérieure à 72 % du total des échanges (contre 61 % en moyenne communautaire), l'Allemagne étant le premier partenaire commercial (v. Chapitre L'Union européenne : des potentialités indiscutables). Le port de Hambourg, tout comme celui de Rotterdam, est massivement utilisé par les flux de marchandises grâce à la mise en place de corridors de fret performants, ayant bénéficié des fonds européens pour leur modernisation (v. Zoom, Hambourg). À l'inverse, les ports de l'Adriatique ne bénéficient pas de la même connectivité avec leur hinterland* potentiel, malgré de récents investissements chinois ; l'activité de ceux de la mer Noire (Constantsa, Varna) est en grande partie tributaire de l'ouverture du Bosphore, et une partie de leur activité traditionnelle dans le traitement des hydrocarbures (en provenance de la Russie et de la Caspienne via le Caucase) passe désormais à travers des pipelines. La fermeture des ports ukrainiens leur confère un rôle nouveau dans le transfert des céréales (Izmaïl). De nouvelles infrastructures destinées à contourner le Bosphore saturé ont vu le jour entre la Bulgarie et la Grèce (gazoduc IGB inauguré en 2022 entre Komotiní et Stara Zagora) tandis qu'une nouvelle voie ferrée doit relier les ports de Varna et Bourgas, en Bulgarie, à ceux de Thessalonique et Kavala, en Grèce.

Si les infrastructures routières ont été modernisées, elles répondent souvent avant tout à des logiques de desserte nationale. Les corridors prioritaires définis par la Commission européenne ont tardé à se concrétiser au niveau des liaisons interétatiques. La Croatie a ainsi dès 2006 achevé l'autoroute de Zagreb jusqu'à la frontière serbe (corridor paneuropéen*) et en 2016, de Zagreb jusqu'à Split sur la côte dalmate. La Bulgarie a priorisé les axes Sofia-Varna et Sofia-Bourgas, plutôt que la construction de l'autoroute vers la Serbie non-membre. Le second pont sur le Danube entre Roumanie et Bulgarie (entre Vidin et Calafat) n'a été inauguré qu'en 2013, tandis que celui controversé de Peljesac en Croatie (mis en service en 2022 après quinze ans de travaux) a permis d'établir une continuité routière en évitant le passage par la Bosnie-Herzégovine (mais perçu négativement par celle-ci comme une forme d'évitement préjudiciable à l'économie locale de la ville de Neum). La Pologne a dévoilé en 2022 un programme de construction de 2000 km de lignes ferroviaires, dont la moitié à grande vitesse, ayant pour cœur le nouveau grand aéroport CPK, à 37 km à l'ouest de Varsovie, qui deviendrait le principal *hub* de la région. Des extensions vers l'Ukraine sont déjà envisagées. La construction de la Via Carpatia, reliant la Lituanie à la Grèce et à la mer Noire à travers sept pays, a été présentée officiellement en 2016. Sa construction par étapes devrait s'échelonner jusqu'en 2030 et contribuerait ainsi à structurer la partie orientale de l'UE et dynamiser des régions encore en marge.

La question démographique

L'Autriche, la République tchèque et la Slovénie connaissent une stabilité de leur population. En revanche, les autres pays d'Europe médiane et balkanique font face depuis trente ans à une situation de déclin démographique.

Cette situation est la combinaison de plusieurs facteurs dont le premier est la baisse marquée de la natalité et un vieillissement global accéléré de la population (v. Outils, Figures-Évolution de la population de quelques États d'Europe centrale et balkanique depuis 1990). Si le facteur religieux a pu dans un premier temps expliquer le maintien d'une natalité plus élevée en Pologne catholique, ce n'est plus le cas. Le second facteur est l'ouverture des frontières depuis 1989. Elle a facilité à la fois le départ des actifs diplômés vers l'Europe de l'Ouest offrant de meilleurs salaires, mais aussi, dès l'ouverture complète du marché du travail à l'ouest, de travailleurs saisonniers ou à temps plein fuyant le chômage et les bas salaires dans leur pays d'origine. La pratique du recours à des travailleurs détachés* a été largement utilisée par des sociétés d'Europe de l'Ouest pour recruter à moindres frais de la main-d'œuvre. L'exode rural s'est accéléré en Roumanie et en Bulgarie depuis les années 1990. Le départ des jeunes vers les villes et l'absence de diversification économique locale y a entraîné l'abandon de terres et de villages. Cela pose le problème du recrutement de main-d'œuvre dans certains secteurs (BTP, agriculture) pour assurer le développement du pays. La région a connu depuis les années 2000 de forts taux de croissance, qui ont contribué à réduire un chômage rendu élevé dans les années 1990-2000 par les privatisations, fermetures d'usines et la mécanisation agricole. Le besoin de main-d'œuvre a parfois justifié le recours à des travailleurs venus de pays voisins, selon un principe de vases communicants : des Moldaves sont venus en Roumanie remplacer des Roumains partis travailler comme saisonniers ou permanents en Italie ou en Espagne ; de même pour des Ukrainiens venus remplacer des Polonais partis en Allemagne ou au Royaume-Uni.

La prise de conscience de ce déclin a pu justifier la relance de politiques natalistes. Le corps national avait été rendu homogène au cours du XXe siècle par expulsion ou massacre des minorités présentes (Juifs, Allemands, Serbes, Turcs...). Les craintes autour de l'identité nationale, dans un contexte de mondialisation et de migrations accrues sont largement utilisées par les gouvernements conservateurs et populistes* pour se positionner défavorablement sur la question de l'avortement, des droits LGBT. Les gouvernements sont aussi réticents, voire hostiles, au sujet de l'accueil et de la naturalisation des étrangers, à moins qu'il ne s'agisse de "compatriotes" résidant à l'étranger: la Hongrie accorde facilement la nationalité aux "Hongrois de l'extérieur"*, tout comme la Bulgarie aux Macédoniens (elle considère toujours la langue macédonienne comme un parler bulgare "occidental" et non une langue à part entière), la Roumanie aux ressortissants de la République de Moldavie (au titre du droit du sol, une grande partie de cet État ayant fait partie de la Roumanie jusqu'en 1940), la Croatie aux Croates de Bosnie-Herzégovine. Les Roms, qui sont historiquement très présents dans cet espace font depuis longtemps les frais des discours racistes et de pratiques discriminatoires. Ils demeurent en marge des économies et des États et comptent parmi les laissés pour compte des transitions économiques.

Loin de constituer le bloc homogène que l'on a tendance à voir depuis l'Ouest, l'Europe médiane et balkanique est constituée de centralités multiples et d'une grande diversité tant sur le plan des profils étatiques, des trajectoires politiques et des populations. Elle a beaucoup changé depuis qu'elle a vu naître Marie Curie, Frédéric Chopin, Milan Kundera, Emil Cioran et Sylvie Vartan, qui ont choisi la France tout en gardant un fort attachement à leur pays d'origine. On l'ignore souvent, mais les pays de la région conservent un lien particulier avec la France et, à défaut d'être francophones, ont fait le choix d'être observateurs ou membres (Roumanie et Bulgarie) de l'Organisation internationale de la Francophonie. La France y entretient un important réseau culturel (trente-six Alliances françaises, quatorze instituts français et dix lycées français), ainsi qu'un institut de recherche à Prague (le CEFRES). Seuls 20000 Français y sont établis à titre permanent. Les investissements et entreprises français sont présents, notamment dans l'automobile, l'agroalimentaire, les banques et télécommunications, le matériel de transport, la grande distribution. Pour autant, la France y perd chaque année des parts de marché dans des échanges commerciaux qui demeurent déficitaires.

L'EUROPE NORDICO-BALTIQUE

L'Europe nordico-baltique constitue la périphérie nord de l'Union européenne. Initialement à l'écart de la construction politique européenne, la région a d'abord fait le choix de l'Association européenne de libre-échange (AELE)* avant de rejoindre par étapes le système européen central*. **Constituée essentiellement d'espaces insulaires et péninsulaires, elle se perçoit comme étant différente du reste du continent malgré une évidente proximité géographique**. On notera que la continuité avec le reste de l'Union européenne est conditionnée par une configuration singulière : **la mer Baltique assure l'essentiel du lien**. Les seuls passages terrestres sont étroits : la frontière germano-danoise (68 km) et le corridor de Suwalki (91 km) entre la Lituanie et la Pologne. Des ponts routiers et ferroviaires assurent cependant des liens fixes entre les principales îles danoises, ainsi qu'entre le Danemark et la Suède (pont de l'Oresund, depuis 2000), tandis qu'un tunnel immergé de 19 km sous le détroit de Fehmarn devrait relier l'Allemagne et le Danemark en 2028. L'agriculture y reste conditionnée par les facteurs limitants d'un climat océanique à tendance froide et le transport maritime longtemps pénalisé par l'englacement hivernal.

L'Europe nordico-baltique n'a joué qu'un rôle secondaire dans l'histoire du continent. Longtemps perçue comme un cul-de-sac, en marge des principaux champs de bataille et des enjeux de pouvoir, la région s'est toutefois **structurée autour de plusieurs pôles avant de se morceler en plusieurs États** d'existence ancienne (Xe siècle pour le Danemark, XVIe siècle pour la Suède) ou récente, XXe siècle pour la Finlande et les États baltes. Ayant connu une démocratisation précoce, elle a vu se mettre en place des **modèles économiques et sociaux qui sont des références**. Elle abrite aujourd'hui la frontière nord de l'Union européenne, une **frontière apaisée et ouverte avec des États amis et alliés** (Norvège, Royaume-Uni) et fait l'objet de **nouveaux enjeux**

stratégiques, du fait de sa proximité avec l'Arctique. Elle se trouve aussi au contact à l'est avec une Russie perçue comme menaçante, ce qui détermine le retour d'enjeux militaires et stratégiques. Comment fonctionne cette périphérie nord du continent ? Quelles sont ses spécificités au sein de l'UE ? Quelle place accorder à la région dans les grandes problématiques continentales contemporaines ?

L'ESPACE NORDICO-BALTIQUE DANS L'ENSEMBLE EUROPÉEN COMMUNAUTAIRE

Une région, des espaces emboîtés

Parler d'**espace nordico-baltique** revient à juxtaposer des États traditionnellement traités sous des ensembles différents, ou regroupés sous l'appellation d'Europe du Nord. La Commission européenne, dans le cadre de la politique régionale et des programmes de coopération interrégionaux, considère la région de la Baltique au sens large, incluant les régions riveraines de la rive sud, de vastes régions du Nord-ouest russe et la Biélorussie.

Le terme "**Scandinavie**" désigne au départ la péninsule partagée entre la Suède et la Norvège. Au sens courant, on y ajoute le Danemark, avec qui ces deux États partagent une histoire et une culture communes. Par extension, on y inclut le Groenland (v. Zoom, Le Groenland) et les îles Féroé, dépendances danoises, l'archipel du Svalbard et l'île Jan Mayen sous souveraineté norvégienne. Leurs langues, assez proches, ont en commun d'appartenir au groupe germanique. L'appellation "**pays nordiques**" désigne en revanche un ensemble qui comprend, outre les trois pays scandinaves, l'Islande, la Finlande et les îles Åland qui y sont rattachées. L'unité politique de cet ensemble tient à leur coopération dans le cadre du Conseil nordique*, créé en 1952.

L'Estonie, la Lettonie et la Lituanie, aux indépendances restaurées en 1991, demeurent associées sous le terme de "**pays baltes**". C'est seulement au milieu du XIXe siècle que l'on a désigné ainsi ces régions riveraines de la Baltique orientale. En plus d'une certaine unité paysagère et climatique, les États baltes ont en commun une bonne part de leur histoire ancienne et récente, marquée par les dominations successives, ainsi qu'un farouche attachement à leur indépendance et leur culture. Entrés en même temps dans l'Union européenne et dans l'OTAN en 2004, ils sont à la fois concurrents économiquement, pour l'activité de transit, et clients réciproques. L'unité balte présumée est relative. Historiquement, à la différence de la Lettonie (v. Zoom, La Lettonie, pays frontière) et de l'Estonie (v. Zoom, L'Estonie, la start-up nation de l'UE), la Lituanie n'a pas connu la domination des barons baltes allemands. En revanche, sa langue nationale appartient, comme la langue lettonne, au groupe linguistique balte. L'estonien se rattache quant à lui, comme le finnois, aux langues finno-ougriennes. L'unité balte au sens politique prenait sens dans le cadre de l'Union soviétique : le caractère tardif et les conditions de leur intégration en 1940, leur non-appartenance au groupe slave dominant, puis les mouvements d'émancipation parallèles qui ont abouti à la restauration de leur indépendance singularisaient les trois républiques. Sur les huit États de cet ensemble régional, six font partie de l'UE (v. Outils, Figures-Indicateurs de l'Europe baltique).

Un rapport différencié à l'UE

Les élargissements successifs de l'Union européenne ont intégré des États qui ne font pas partie du cœur historique de l'Europe. Étant devenus membres de l'UE, ces États ne peuvent donc plus être qualifiés de "périphéries de l'UE", si l'on excepte la Norvège et l'Islande. Néanmoins, les États nordico-baltiques de l'UE ont développé des **relations différenciées à la construction européenne**. La mer Baltique a constitué pendant quarante-cinq années un prolongement maritime du rideau de fer, qui a coupé la région balte des relations culturelles et commerciales millénaires qu'elle entretenait avec l'ouest du continent depuis huit siècles, en plus d'avoir mis fin à sa brève indépendance politique (1918-1940). À ce titre, l'élargissement a été perçu comme une réparation, un "retour à l'Europe", tant au sens culturel que politique (retour à la démocratie).

Si le Danemark a rejoint la CEE dès le premier élargissement, en 1973, signe des premiers succès de la construction européenne, la Norvège avait une première fois refusé l'année précédente par référendum de rejoindre le bloc. L'adhésion danoise s'est toutefois accompagnée, à l'instar du Royaume-Uni entré la même année, des dérogations*. Par la suite, il a voté négativement au traité de Maastricht de 1992, qui n'a pu être adopté que grâce à de nouvelles dérogations, cette fois en matière de politique de défense. Ce n'est qu'en 2022, suite à l'invasion russe de l'Ukraine, que les Danois ont accepté par référendum de mettre fin à cette clause dérogatoire. Par ailleurs, les territoires ultramarins relevant du Danemark se distinguent : les îles Féroé, archipel de 45 000 habitants disposant d'une autonomie, ont refusé l'adhésion et sont demeurées hors de la CEE. En revanche, le Groenland qui avait voté majoritairement contre l'adhésion à la CEE en 1972, ne disposait pas à ce moment-là d'une autonomie et a dû la négocier avec Copenhague pour pouvoir quitter la CEE en 1985 (v. Zoom, Le Groenland). Le rejet de la politique commune de pêche, principale ressource économique de ces territoires, justifiait la décision. De manière générale, malgré les adhésions, les opinions sont restées marquées par un courant eurosceptique* sans pour autant être europhobes* (Chapitre Identité/identités de l'Union européenne).

Une recomposition géopolitique récente

La **chute du rideau de fer** et la **dislocation de l'Union soviétique** ont constitué un bouleversement géopolitique pour les États de la Baltique. Ce bouleversement régional a été beaucoup moins médiatisé et beaucoup moins étudié qu'en Europe centrale [Foucher, 1998 ; Rey, 1998] ou qu'en Allemagne [Von Hirschausen, 2023] dans la mesure où il concerne de petits États, peu peuplés, et avec lesquels les liens avec la France n'ont jamais été très forts. Ces événements extérieurs à la région ont déterminé la décision de la Suède et de la Finlande de rejoindre l'UE en 1995. Ces deux États avaient adopté durant les décennies précédentes une politique prudente de neutralité, qui les avait maintenues à l'écart de la construction politique à l'œuvre au sein du bloc occidental. La Finlande, en particulier, veillait à conserver un équilibre tout en faisant partie du bloc occidental démocratique [Cabouret, 2005]. Elle avait une relation privilégiée avec l'URSS, en vertu de l'Accord d'amitié, de coopération et d'assistance mutuelle de 1948, et qui était devenu son principal partenaire commercial. La Finlande était ainsi parvenue à conserver sa souveraineté, au prix d'un non-alignement politique, situation souvent appelée "finlandisation*".

La **restauration des indépendances baltes entre 1989 et 1991** ouvrait la voie à de nouvelles candidatures. Les anciennes républiques soviétiques, redevenues maîtresses de leurs territoires respectifs ont dû faire face à la nécessité de rebâtir des espaces nationaux cohérents, condition préalable à une reconstruction économique et sociale d'impulsion endogène [ORCIER, 2005]. Or cette restructuration a eu un impact certain sur l'organisation de l'espace régional, alors que celui-ci avait été façonné par le pouvoir soviétique : les Baltes faisaient tampon entre le monde occidental et la Russie proprement dite, dans une conception de glacis*. **Rejoindre l'Union européenne et l'ensemble des politiques communes (espace Schengen, zone euro) était alors un leitmotiv aux réformes** autant que la garantie de rejoindre un espace de paix, de libre circulation et de prospérité sans dépendre d'un centre unique et autoritaire.

UNE EUROPE VERTUEUSE ET HEUREUSE ?

Des législations sociales avancées et progressistes

L'Europe nordico-baltique est régulièrement prise pour modèle, pour exemple dans différents domaines. Tout d'abord, elle a vu se mettre en place dans les années 1950-1960 un **système de protection sociale**, qu'elle a su préserver jusqu'à aujourd'hui, qui contribue à une redistribution des richesses. L'indice de Gini*, qui mesure les inégalités, oscille entre 25 et 30, alors qu'il est supérieur à 30 en Europe du Sud. Les États baltes présentent néanmoins des valeurs supérieures à 30, qui les distinguent de leurs voisins scandinaves qui font office de références. Les préoccupations sociales sont anciennes, en lien avec les transformations sociales consécutives à la révolution industrielle rapide qui a touché la région à la fin du XIXe siècle. Des mesures draconiennes ont été adoptées pour enrayer notamment les problèmes d'alcoolisme, avec des lois instaurant un monopole d'État sur la vente. C'est le cas en Suède avec le *Systembolaget*, mis en place en 1955. La vente d'alcool y est sévèrement contrôlée, dans des magasins spécifiques, et à des prix très élevés. Le *Systembolaget* a dû être réformé pour répondre aux règles communautaires, à la fin des années 1990. En Finlande, les grandes surfaces sont autorisées seulement depuis 2016 à vendre des boissons alcoolisées de moins de 5,5 % (contre 4,7 % précédemment), les autres sont accessibles uniquement dans les magasins Alko. Il va sans dire que l'ouverture des frontières et la déréglementation du transport aérien* dans le cadre du marché commun ont eu pour effet la hausse conséquente des achats frontaliers.

Plus qu'ailleurs en Europe, ces pays sont également réputés tolérants à l'égard des minorités*, ce qui s'est traduit par la reconnaissance de droits envers les peuples premiers*, comme les Samis (v. Zoom, Les Samis) dans le Grand Nord, que ce soit en Suède ou en Finlande, à travers la reconnaissance linguistique et l'établissement d'un parlement same en Finlande (1995). Des commissions de vérité et de réconciliation* ont été chargées d'établir la lumière sur les spoliations, discriminations et politiques d'assimilation forcées dont ils ont été victimes, en s'inspirant du modèle canadien. Cette tolérance concerne également les minorités linguistiques : la Finlande est officiellement bilingue bien que 5 % seulement de sa population soit de langue suédoise. La Lettonie reconnaît pour sa part le peuple live (dont ne subsisteraient que 200 individus en Courlande) et a défini un "territoire de culture historique live" protégé dès 1992. Il existe en outre, dans le système scolaire public du pays, des écoles mixtes assurant une partie des cours en langues russe, polonaise, ukrainienne et biélorusse. La région est enfin réputée vertueuse aussi au regard de la précocité des législations légalisant l'avortement (depuis 1973 au Danemark), dépénalisant l'homosexualité et autorisant le mariage entre personnes du même sexe : 2009 pour la Suède, 2012 pour le Danemark, 2017 pour la Finlande. Enfin, la région se montre depuis une vingtaine d'années particulièrement généreuse en matière d'attribution du droit d'asile, bien que n'enregistrant qu'une faible part des demandes au sein de l'UE. Entre 40 et 65 % des demandes sont satisfaites à l'issue du processus, soit bien plus que les États d'Europe médiane et méditerranéenne.

Des systèmes démocratiques économiques, et financiers solides

La région se caractérise par des **systèmes démocratiques bien ancrés, fonctionnant sur le principe de l'alternance**, dominés dans la seconde moitié du XXe siècle par la social-démocratie* et les partis libéraux. Les États de la région, sans doute en lien avec l'héritage du luthéranisme*, ont été pionniers en matière de droit des femmes (droit de vote en Finlande dès 1906, au Danemark en 1915). Ils sont depuis plusieurs décennies champions d'Europe en matière de parité hommes-femmes, avec des gouvernements et des parlements dans lesquels les femmes représentent plus de 40 % des membres. Sur les vingt dernières années, des personnalités féminines ont exercé ou exercent des fonctions à la tête des États et gouvernements de la région : Vaira Vike-Freiberga (présidente de la République de Lettonie de 1999 à 2007), Tarja Halonen (présidente de la République finlandaise de 2000 à 2012), Dalia Gribauskaiste (présidente de la République de Lituanie de 2009 à 2019), Helle Thorning-Schmidt (Première ministre danoise de 2011 à 2015), Sana Marin (Première ministre finlandaise de 2019 à 2023), Mette Frederiksen (Première ministre danoise depuis 2017), Kaja Kallas (Première ministre estonienne depuis 2021). Les monarchies suédoise et danoise (reine Margrethe II depuis 1973) ont su se moderniser et demeurent très populaires.

Vertueuse, cette partie de l'Union européenne l'est aussi sur le plan financier, avec des taux d'endettement nationaux bien inférieurs à la moyenne communautaire (84 %) : Estonie (18 %), Danemark (30 %), Suède (33 %), Lettonie (39,9 %). Ce sont les **pays de l'orthodoxie budgétaire**, qui ont été prompts à critiquer les déficits et l'endettement des États de l'Europe du Sud lors de la crise grecque de 2008* et à défendre la mise en place du pacte financier européen en 2012. L'Europe nordico-baltique est globalement riche, malgré d'importants écarts entre les deux rives de la Baltique, bien que les deux États les plus riches de la région, Norvège et Islande, aient fait le choix de rester en dehors de l'UE. Suède, Danemark et Finlande sont des contributeurs nets au budget européen. Ils figurent régulièrement en tête des classements en matière de développement, avec des IDH dépassant 0,9 (Danemark 6e, Suède 7e, Finlande 11e place mondiale). Ce sont des États dont les sociétés sont caractérisées par l'esprit d'ouverture et d'innovation dans le domaine scientifique, avec des brevets et des investissements dans des secteurs de pointe. Les investissements publics en R&D figurent dans le peloton de tête (Suède, 3,53 %, Danemark, 2,96 %, Finlande, 2,91 %, pour une moyenne de 2,2 % pour l'UE). Les nouvelles technologies ont été très vite adoptées et intégrées à la vie publique. Le logiciel Skype a été mis au point par des Estoniens (v. Zoom, L'Estonie, start-up nation de l'Union européenne)' La Finlande a été pionnière dans la digitalisation de son administration. Le vote électronique a été adopté en Estonie dès 2005 et représentait en 2019 plus de 40 % des votants.

C'est aussi **la région qui enregistre les plus hauts indices de bonheur**. Dans le rapport de l'ONU *World Happiness Index* de 2019, la Finlande et le Danemark occupent les deux premières places, la Suède est 7e ! Copenhague apparaît régulièrement en tête des villes où il fait bon vivre et travailler en Europe. Pourtant, c'est aussi une région qui craint pour sa prospérité. Son modèle est remis en cause, d'une part, par les effets de la mondialisation, mais aussi par le retour de la menace militaire incarnée par la Russie depuis le début des années 2000. Les systèmes scolaires, notamment finlandais, sont souvent montrés en exemple et permettent aux États de figurer en tête des classements internationaux type PISA de façon régulière.

Une région à la pointe en matière d'enjeux environnementaux

Enfin, cette Europe est également **vertueuse sur le plan environnemental**, en ayant pris très tôt des mesures afin de limiter les émissions de CO_2 (v. Chapitre Les défis d'une Europe en proie aux changements globaux). C'est la région associée à l'usage du vélo dans les grandes villes et aux aménagements associés (350 km de pistes cyclables à Copenhague). Les États se présentent aujourd'hui en leaders des énergies vertes et renouvelables, mettant en avant la biomasse, l'énergie hydraulique, l'énergie éolienne. Ils occupent six des huit premières places parmi les vingt-sept dans la part d'énergie renouvelable de la consommation d'énergie totale. L'éolien assure près de la moitié de la consommation électrique danoise. Et le pays est leader de la production *off shore**. En Lettonie, l'énergie hydraulique assure 62 % de la production. La Suède est passée quant à elle de 40 à 62 % d'énergie renouvelable entre 2005 et 2021, la Finlande 28 à 43 %, la Lettonie de 32 à 42 %, le Danemark de 16 à 34 %. Pour autant, hormis la Lituanie qui a été obligée de fermer sa centrale d'Ignalina pour répondre aux attentes de l'UE, la région n'a pas renoncé au nucléaire : la centrale finlandaise de Olkiluoto a vu son nouveau réacteur EPR* entrer en service en 2023. La ville suédoise de Göteborg (520 000 habitants) utilise les ordures ménagères et les copeaux de bois pour sa centrale à chaleur ; celle de Malmö, une des plus vertes d'Europe, est le laboratoire par excellence du développement durable.

LA COOPÉRATION RÉGIONALE ET LE RETOUR DES ENJEUX SÉCURITAIRES

La région vit en paix. La disparition du rideau de fer n'a pas entraîné de conflits ni de mouvements passifs de populations. Le démantèlement des installations militaires soviétiques dans la région balte s'est achevé en 1998 et un redéploiement a eu lieu vers les deux accès de la Russie à la Baltique (régions de Saint-Pétersbourg et de Kaliningrad). L'ouverture des frontières après 2004 a favorisé les flux de travailleurs de la rive orientale de la Baltique vers les États scandinaves et la Finlande, mais ces derniers se sont principalement dirigés vers le Royaume-Uni.

Un espace de coopération régionale et d'intérêts partagés

La région nordico-baltique a été **pionnière en matière de coopération régionale** (forum Nordic-Baltic 8, Nouvelle ligue hanséatique, Union des villes de la Baltique, Union des ports de la Baltique...), qui a permis la **mise en place d'institutions et de réseaux très denses associant les États non-membres**, comme la Norvège, mais aussi la Russie. La coopération interrégionale a été particulièrement active pour rétablir des liens anciens interrompus par la parenthèse soviétique. Plusieurs eurorégions* (Oresund, Baltique, Niemen) sont impliquées notamment dans le développement des mobilités étudiantes, la protection de l'environnement et le développement touristique.

Les entreprises nordiques ont investi massivement dans les économies baltes, profitant de salaires moins élevés, délocalisant une partie de leur chaîne de production (notamment dans le secteur du bois et du meuble). Le rattrapage économique de la rive orientale a été particulièrement rapide dans la décennie 2000, dopé par le développement du crédit à la consommation, l'arrivée des fonds européens* et des flux d'IDE*.

C'est dans les **domaines de l'énergie, du transport maritime et de la préservation des milieux marins** que les projets se sont multipliés au cours des dernières décennies. La mise en place d'une interconnexion énergétique avec le réseau polonais et l'établissement de câbles électriques sous-marins ont permis de sécuriser l'approvisionnement électrique et, pour les Baltes, de ne plus être dépendants du réseau russe. La Lituanie a de son côté construit un terminal GNL (gaz naturel liquéfié) à Butinge pour diversifier ses fournisseurs de gaz. La construction des gazoducs Nord Stream I et II a en revanche longtemps fait débat, réduisant la Baltique à un simple espace de transit, court-circuitant les infrastructures terrestres, provoquant un effet tunnel*. En matière de risques civils, les centrales nucléaires russes et biélorusses demeurent une source d'inquiétude dans la région, faute de transparence. Enfin, la hausse des échanges commerciaux, conséquence de l'intégration et du développement économique, a fait de la Baltique une véritable autoroute maritime, ce qui accroît les risques sur un milieu marin fragile du fait du lent renouvellement des eaux. La lutte contre les pollutions a su mobiliser les États riverains, qui ont mis en place des outils de surveillance, de prévention et de lutte efficaces (convention d'Helsinki, 2000). La Baltique est une voie importante d'importation et d'exportation de la Russie, qui a choisi de privilégier le développement de ses propres ports. La frontière UE-Russie, qui est aussi celle de l'Espace Schengen, est soumise à un régime de visa réciproque qui restreint les flux de personnes. La région regarde de plus en plus vers le Nord, vers les routes de l'Arctique qui tendent à s'ouvrir, et qui en feraient une nouvelle porte d'entrée des marchandises en Europe depuis l'Asie. Encore faut-il pour cela des infrastructures pour les accueillir et les acheminer. De nouveaux corridors pourraient voir le jour et dynamiser les régions septentrionales aux faibles densités (Laponie), dans lesquelles les activités minières constituent la principale ressource (v. Chapitre Transports et mobilités dans l'UE).

La sécurité militaire en question

Depuis la Seconde Guerre mondiale, qui a principalement ravagé la Finlande et la région balte, la région a été épargnée par les conflits armés. Le Danemark et la Norvège avaient fait le choix de rejoindre l'OTAN dès sa fondation en 1949, conséquence directe de leur invasion et occupation éclair par l'Allemagne nazie en 1940. La Suède et la Finlande ont opté pour la conservation d'un non-alignement militaire et pour le développement de leurs propres forces armées pour assurer leur sécurité. Stockholm s'inscrivait en continuité de la neutralité instaurée par le général Bernadotte (devenu le roi Charles XIV Jean) en 1810, qui avait permis au pays de rester en dehors des conflits et d'assurer sa prospérité. "Notre position trace notre politique. Sillonner les mers avec nos vaisseaux et désirer la paix du monde, voilà notre vocation." (discours devant le Rikstag, parlement suédois, en 1839) La Suède renonçait ainsi à toute politique d'expansion par les armes. Épargnée par les deux guerres mondiales, elle a maintenu sa doctrine durant la guerre froide. Elle se trouvait alors face à l'Union soviétique, qui disposait d'une importante flotte en mer baltique (à défaut d'être parvenue à s'assurer le contrôle des détroits danois*) ainsi qu'aux autres États du pacte de Varsovie* (RDA et Pologne). L'île du Gotland a ainsi abrité d'importantes infrastructures défensives. La neutralité de la Finlande relevait d'un contexte différent. Tout d'abord, en vertu d'un accord en 1856, alors que la Finlande relevait de l'empire russe, l'archipel d'Äland au débouché du golfe de Botnie ne devait pas recevoir de nouvelles fortifications. La démilitarisation a été confirmée par le traité de 1920 sous l'égide de la Société des Nations. Cependant, la Finlande, ayant refusé de céder aux exigences de Staline, a affronté l'Armée rouge dans un conflit asymétrique appelé "guerre d'hiver" (1939-1940), à l'issue duquel elle a dû céder une partie de son territoire à l'URSS. Par la suite, elle avait vu son territoire utilisé par la Wehrmacht lors de l'opération Barbarossa en 1941, alors qu'elle menait en parallèle la "guerre de continuation" (1941-1944) pour reprendre les territoires perdus précédemment. Les conditions d'armistice ont été particulièrement rudes pour un pays exsangue, amputé d'1/5e de son territoire, dont son accès à l'océan Arctique. La disparition de l'URSS n'a pas fait évoluer la doctrine militaire des deux pays.

Pour les pays baltes, que les accords de sécurité collective signés dans les années 1920-1930 n'avaient pas mis à l'abri de l'invasion soviétique et de l'annexion en 1940, **l'adhésion à l'OTAN était perçue comme la seule garantie de leur souveraineté une fois leur indépendance retrouvée en 1991** [Chillaud, 2009 ; Bayou et Chillaud, 2012]. Cependant, alors que les anciens membres du pacte de Varsovie* frappaient à la porte de l'Alliance, l'OTAN a dans un premier temps freiné le mouvement, qui déplaisait à Moscou. L'idée d'une intégration à l'OTAN des États baltes, qui étaient d'anciennes républiques soviétiques, était particulièrement mal acceptée par la Russie, qui les considérait toujours comme faisant partie de sa sphère d'influence, de son Étranger proche*. De surcroît, Saint-Pétersbourg ne se trouve qu'à 150 km de la frontière estonienne. L'adhésion en mars 2004 s'est inscrite dans une dégradation continue des relations entre Moscou et les gouvernements baltes, marquée par des tentatives de déstabilisation et pressions répétées (fermeture d'un oléoduc en 2003 en Lettonie, boycott des ports baltes pour les exportations, pression contre le projet de réforme scolaire et en faveur d'un statut pour la langue russe).

Le tournant de l'invasion de l'Ukraine par la Russie en 2022

Depuis les années 2000, la Russie était de plus en plus perçue comme une menace au sein des gouvernements et des opinions publiques. Alors que la France et l'Allemagne cherchaient à ménager la Russie et à en faire un partenaire stratégique de l'UE, Baltes, Suédois et Finlandais n'ont cessé de dénoncer les violations répétées de leurs espaces aériens par des appareils russes, les cyberattaques (notamment lors de l'affaire du Soldat de bronze* en Estonie, en 2007), l'accroissement des dépenses militaires de la Russie et la concentration de matériels sur ses frontières occidentales et dans l'exclave* de Kaliningrad [Tétart, 2007]. Cela avait justifié le déploiement dès 2004 d'une mission de surveillance de l'OTAN appelée “Police du ciel”. Celle-ci s'est renforcée suite à l'annexion de la Crimée en 2014. La guerre russe en Géorgie en 2008 avait intensifié les craintes et justifié une hausse des budgets militaires. Les États baltes ne disposent pas de forces armées en mesure d'assurer seules la protection du pays en cas d'invasion russe. Ils comptent donc sur la dissuasion que représente leur appartenance à l'Alliance en vertu de l'article 5. Cependant, la configuration de la région balte, entre Russie continentale, Kaliningrad et la Biélorussie vassalisée à la Russie a fait naître la crainte d'un encerclement par la Russie, en plus d'une évidente dissymétrie démographique et militaire. Les trois États ont entrepris de renforcer leurs frontières orientales en édifiant des clôtures sur plusieurs tronçons [ORCIER, 2005]. La Finlande, qui partage avec la Russie plus de 1300 km de frontière, s'est engagée dans la même démarche. Les Baltes avaient soutenu les mouvements prodémocratie ayant entraîné les révolutions colorées* de l'espace ex-soviétique et pris position en faveur des mouvements d'opposition lors des élections jugées frauduleuses en Russie (législatives de 2011), ainsi qu'en Biélorussie (présidentielles de 2010, 2015 et 2020), et accueillent des médias, journalistes et opposants en exil. Ils sont dénoncés régulièrement depuis vingt ans par la propagande russe comme étant de supposés États fascistes qui n'auraient eu de cesse de s'en prendre à leur population russophone, que la Russie considère comme des "compatriotes".

L'invasion de l'Ukraine a créé un consensus national en Suède et en Finlande en faveur de l'adhésion à l'OTAN. En effet, dans ce contexte, celle-ci apparaissait pour la première fois comme la seule garantie contre une éventuelle agression, et face à une menace directe clairement identifiée. Les négociations et le processus législatif ont été rapides. L'originalité du cas finlandais réside dans le fait que la candidature du pays était conditionnée au fait qu'elle se faisait en simultané avec la Suède voisine, signe de l'intensité de la coopération entre les deux pays et d'une volonté de ne pas agir de façon unilatérale ni sous le coup de l'émotion. Toutefois, l'unanimité de tous les membres était requise, et si la Finlande a pu adhérer dès le début de 2023, la candidature suédoise a en revanche très vite suscité l'opposition de la Turquie, sur des questions d'ordre bilatéral (la Suède a accordé l'asile politique à des responsables kurdes du PKK considérés comme terroristes par Ankara). Il a fallu plusieurs mois de négociations pour que la situation se débloque. Lorsque l'adhésion sera effective, **la Baltique deviendra un lac otanien**, à l'exception des deux régions russes riveraines (v. Chapitre Au-delà des potentialités, la puissance de l'Union européenne en acte et en question, entre *hard* et *soft*).

Ainsi l'Europe nordico-baltique est redevenue une zone de contact de plus en plus tendue entre l'Union européenne et la Russie. Elle est souvent donnée en exemple dans la mise en œuvre de la transition énergétique, la lutte contre le changement climatique et le développement durable. Son modèle social et économique et son ouverture sur le monde contribuent à une forme de *soft power*. Elle fait figure de laboratoire de la coopération et de l'intégration européennes autour d'une mer en partage. Elle constitue un espace singulier de la recomposition géopolitique postguerre froide, qui redessine de nouveaux réseaux, de nouvelles centralités.

LES OUTRE-MERS EUROPÉENS

Des terres lointaines sont rattachées à l'Union européenne (UE) parce qu'elles appartiennent à l'un des vingt-sept États membres. Les Outre-mers européens sont peuplés d'environ 5,5 millions d'habitants, pour une superficie de 2,3 millions de km^2 (sans la terre Adélie, sur laquelle la France a une souveraineté limitée depuis le traité de l'Antarctique de 1959). Ils regroupent **vingt-deux territoires** (vingt et un habités auxquels s'ajoutent les Terres australes et antarctiques françaises inhabitées de façon permanente) permettant à l'UE de posséder une importante **zone économique exclusive** (ZEE*). En effet, l'UE possède la première ZEE mondiale avec 18 millions de km^2 dont 14 millions liés aux Outre-mers, les États-Unis en possédant 11,3 millions de km^2. Ces territoires relèvent, depuis le Brexit du Royaume-Uni en 2020, de cinq pays membres de l'UE: le Danemark, l'Espagne, la France, les Pays-Bas et le Portugal.

Dans son sens le plus courant, l'outre-mer désigne un territoire situé au-delà des mers par rapport à une contrée définie, ce qui implique éloignement et distance. Cependant, tous les territoires non continentaux ne sont pas ultramarins. Les îles proches du continent européen comme les îles Féroé danoises ou la Sardaigne italienne n'en relèvent pas. Ces Outre-mers européens sont dispersés dans le monde, en situation majoritairement insulaire, ce qui en fait une situation originale, mais qui complique les actions d'aménagement, l'habiter, et conduit à leur marginalisation. Ces vingt-deux territoires ont des liens historiques avec les pays européens auxquels ils appartiennent, notamment suite aux différentes vagues de colonisation depuis le XIVe siècle.

Comment la grande diversité des Outre-mers est-elle prise en compte par l'UE pour gérer, aménager et inscrire dans le XXIe siècle ces territoires singuliers et leurs sociétés ?

DES ESPACES ULTRAMARINS SINGULIERS SOUS CONTRAINTES

De fortes contraintes sur les territoires et les populations

À l'exclusion de Saint-Pierre-et-Miquelon, des TAAF et du Groenland, les Outre-mers européens appartiennent à la zone intertropicale. Les vents dominants sont des vents d'est, alizés* porteurs d'humidité. La présence de reliefs marqués dans la plupart des îles crée un effet d'obstacle et une dissymétrie entre de fortes précipitations sur le **versant au vent** et une sécheresse relative sur le versant sous le vent, ce qui joue un rôle important dans l'organisation de l'espace agricole et touristique. L'**ambiance tropicale** a fait l'intérêt économique et l'importance historique de ces îles, pour fournir notamment des denrées tropicales à l'UE. La canne à sucre a été à l'origine du boom démographique et économique des Antilles européennes dès le milieu du XVIIe siècle. Terres d'exotisme, leurs aménités naturelles deviennent aujourd'hui des atouts touristiques.

Leur éloignement se lit d'abord par rapport à leur distance avec le continent européen. Les espaces les plus proches sont les archipels de la Macaronésie (Açores, Madère, Canaries) situés entre 1000 et 1800 km de leurs capitales, les plus éloignés étant ceux du Pacifique à plus de 16000 km. L'éloignement se lit ensuite par rapport à leur environnement régional du fait de liaisons aériennes tournées vers l'UE. Le développement de compagnies aériennes locales participe de la volonté d'une intégration plus régionale: si Winair a été développée pour relier Sint Marteen, Curaçao, Saint-Eustache, Saba (Pays-Bas) et Saint-Barthélemy ou la Guadeloupe (France), Air Calédonie International (Aircalin) propose des liaisons vers le Japon, la Corée du Sud ou l'Australie depuis la Nouvelle-Calédonie, Air Austral depuis La Réunion vers Mayotte, Maurice, Madagascar ou l'Afrique australe. L'éloignement se marque également à l'échelle des archipels eux-mêmes. **L'insularité*** n'est pas en elle-même un handicap lorsque l'île est bien reliée au reste du monde. Il faut distinguer la situation des îles principales, pour lesquelles l'insularité compte peu (pont aérien, transport du fret maritime peu coûteux), de celle des îles secondaires, souvent isolées, mal reliées aux îles principales (le fret sur le tronçon Tahiti-île secondaire est parfois plus cher que sur Le Havre-Tahiti). On parle alors d'**hypo-** ou de **surinsularité**. Or dans l'océan Pacifique, la dispersion insulaire est la norme. La Polynésie française en est un archétype géographique : elle se compose d'environ 118 îles couvrant une superficie équivalant à celle de l'Europe. Les États et l'UE financent les programmes de développement des accès maritimes (par exemple, 20 millions d'euros par an sont investis par la France pour la desserte des trente et un atolls des Tuamotu-Gambier), mais aussi des équipements sportifs ou culturels pour diminuer le poids de l'isolement. Nombre d'infrastructures de désenclavement, notamment aérien, ont été financées par l'UE, comme les extensions des aéroports de Gillet à La Réunion, du Lamentin à la Martinique, le développement des installations portuaires et des zones industrialo-portuaires de la Pointe des Gallets à La Réunion ou de Jarry en Guadeloupe, les réseaux routiers telles la route du littoral à La Réunion ou l'autoroute de Fort-de-France au Lamentin [GAY, 2021].

Associée à l'exiguïté, l'insularité favorise à la fois l'isolement, le renforcement des dépendances extérieures, et la discontinuité spatiale des sociétés et des systèmes productifs. Les surcoûts économiques des équipements nécessaires aux populations (stations d'épuration, usines de dessalement de l'eau de mer, production électrique, etc.) sont importants, mais cela a aussi un effet entraînant pour le secteur des travaux publics [GAY, 2021]. Les conséquences se font sentir au quotidien sur le fonctionnement des territoires, comme pour l'approvisionnement en eau ou en électricité, et d'autant plus dans les espaces ruraux. Pour l'eau, globalement, plus l'île est petite et basse, et plus l'eau douce sera rare ou difficile à mobiliser. Soit on dessale l'eau de mer, soit on récupère l'eau de pluie. Il y a aussi des effets sanitaires de la pénurie d'eau, se traduisant par des mycoses et des gastro-entérites. Pour l'électricité, l'impossibilité de la transporter d'une île à l'autre impose une multitude de petites centrales thermiques ou de groupes électrogènes qui la renchériront, même si l'éolien et le photovoltaïque sont en développement. Au niveau des soins, les infrastructures de santé s'alignent progressivement sur celles des capitales, mais sont concentrées dans les chefs-lieux urbains. Toutefois, les pathologies rares et graves sont soignées en Europe.

Par ailleurs, les Outre-mers européens sont, bien plus que l'Europe, soumis à des risques **naturels majeurs, facteurs de désorganisation des territoires et de marginalisation des espaces ruraux**: des risques volcaniques (Antilles, Canaries, Açores, La Réunion), des risques sismiques aux Antilles et des risques cycloniques qui occasionnent des dégâts majeurs dans les territoires intertropicaux. Le passage du cyclone Irma, le 6 septembre 2017, a été dévastateur, du fait de la puissance du phénomène classé en catégorie 5 (niveau le plus élevé) pour les îles de Sint Marteen Saint-Martin, Saba, Saint-Eustache et Saint-Barthélemy, dans lesquelles 90 à 95 % des constructions ont été touchées, provoquant un effondrement du tourisme, base économique de ces îles, et un arrêt de la production agricole. L'aléa cyclonique existe dans tous les territoires intertropicaux, mais il est compensé par une vulnérabilité plus faible des populations, comparativement aux pays voisins, grâce à un système d'alerte efficace par suivi satellitaire (v. Outils, Figures-Les territoires habités ultramarins européens en 2022).

Des héritages parfois pesants

L'histoire a conduit à la mise en place de spécificités administratives en outre-mer. Les Outre-mers européens appartiennent souvent aux pays membres de l'UE de longue date. Les départements d'outre-mer (DOM) français représentent les plus anciens témoins du Premier Empire colonial français: Martinique et Guadeloupe sont sous contrôle français depuis 1635, la Guyane depuis 1637, La Réunion depuis 1642. Ces départements, qui font donc juridiquement partie du territoire national indivisible (Constitution de 1958), ont le même statut que n'importe quel département métropolitain. Les collectivités d'outre-mer (COM) françaises sont chacune des cas particuliers: certaines relèvent des derniers vestiges d'un empire français en Amérique du Nord (Saint-Pierre-et-Miquelon, français depuis 1604), d'autres sont entrées dans le giron français plus récemment (la Polynésie française, associée à la France depuis 1791, Wallis-et-Futuna depuis 1842, la Nouvelle-Calédonie depuis 1853). Ces COM ont un statut législatif dérogatoire et possèdent leur propre système législatif. Les territoires portugais ont été occupés encore plus tôt: en 1419 pour Madère et en 1427 pour les Açores, toutes deux étant aujourd'hui des régions autonomes portugaises. Les îles Canaries forment une communauté autonome (depuis 1982) conquise entre 1402 et 1496 par la couronne castillane. Le Groenland, sous domination scandinave depuis le IXe siècle, puis du Royaume de Danemark et de Norvège à partir du XVIIIe siècle, est devenu danois en 1814. Il est aujourd'hui un pays constitutif du Danemark, bénéficiant d'une forte autonomie et d'une autogouvernance. Quant aux Antilles néerlandaises, conquises au XVIIe siècle par la Compagnie néerlandaise des Indes occidentales, elles sont devenues, en 2010, trois États autonomes au sein du Royaume des Pays-Bas (Curaçao, Aruba, Sint Marteen), tandis que les îles de Bonaire, Saba et Saint-Eustache forment les Pays-Bas caribéens, municipalités à statut particulier au sein des Pays-Bas.

Passer par l'histoire est nécessaire pour comprendre l'Europe ultramarine. Les héritages sont multiples : la production de l'espace est davantage liée à la colonisation qu'aux milieux naturels. Les îles intertropicales avaient pour mission de produire des richesses pour les métropoles, à l'origine de dépendances sur le plan économique : productions agricoles tropicales (canne à sucre, bananes), minerais ou bois tropical. Les puissances coloniales ont défendu le **principe de l'exclusif**, c'est-à-dire une sujétion totale des intérêts des colonies à ceux de leur métropole. Ce modèle économique se fonde sur une **extraversion*** qui explique encore aujourd'hui la structuration des économies et des espaces. En même temps se renforçaient les différenciations spatiales entre bas versants et plaines littorales, voués aux cultures de plantations (canne à sucre, banane, etc.), et les espaces plus difficiles laissés aux communautés autochtones ou aux esclaves en fuite. Par exemple, la Nouvelle-Calédonie (dans un contexte historique différent des îles à sucre) offre une dissymétrie entre la côte au vent d'installation des cultures principalement vivrières des Mélanésiens et la façade occidentale de colonisation européenne en grands domaines d'élevage extensif.

On peut alors définir **trois grands ensembles d'héritages historiques dans l'Outre-mer européen :**

- des cycles économiques se fondant sur une production d'exportation vers les métropoles ;

- une mise en valeur extravertie qui a longtemps servi à alimenter les métropoles uniquement. Les élites locales d'origine européenne ont rarement cherché un développement autonome, puisque leur prospérité reposait sur la propriété foncière et aujourd'hui, après que le système de la plantation a périclité, sur le contrôle de sociétés commerciales (import/export, hypermarchés, concessions automobiles), par exemple représenté par le groupe martiniquais Hayot. Cette extraversion* économique implique une forte dépendance aux infrastructures de transports (port et aéroport) qui représentent aussi les liens ombilicaux aux capitales nationales ;
- des territoires parfois déséquilibrés avec l'existence d'une macrocéphalie* : l'importance de la relation à la métropole a donné naissance à une polarisation très forte et sans cesse croissante du chef-lieu de chaque collectivité, transformant de fait les espaces ruraux en marges territoriales. Mais ce modèle n'est pas présent partout : Philipsburg ne représente que 5 % de la population de Sint Marteen.

Les Outre-mers européens sont répartis en deux statuts différents au sein de l'UE. Faisant partie intégrante de l'UE et membres de la zone euro (mais exclues de l'Espace Schengen), reconnues par l'article 349 du traité sur le fonctionnement de l'Union, les **régions ultrapériphériques (RUP*)** bénéficient d'aides communautaires, de dotations de compensation des handicaps et de certaines dérogations spécifiques (régime fiscal particulier comme l'octroi de mer*, zones franches* pour la pêche, aides publiques aux investissements...). Elles sont au nombre de neuf : les cinq DOM français (Martinique, Mayotte, Guadeloupe, Guyane, La Réunion), une COM française (Saint-Martin), deux régions autonomes portugaises (Madère, Açores), une communauté autonome espagnole (Canaries). À ces RUP s'ajoutent les **Pays et territoires d'outre-mer (PTOM)**, relevant de territoires ayant une plus forte autonomie au sein des États membres et ne bénéficiant que de relations privilégiées avec l'UE : les treize PTOM ne font pas partie intégrante de l'Union, mais lui sont associés. Leurs habitants sont, comme ceux des RUP, des citoyens européens et ont la liberté de circulation et d'établissement dans l'UE, mais les territoires eux ne relèvent pas du droit européen [FABERON, 2018, 2023]. L'euro n'y est présent qu'à Saint-Pierre-et-Miquelon et Saint-Barthélemy. La France est le seul pays à posséder des territoires relevant des deux statuts.

La question des statuts n'est pas seulement une question juridique, mais a des conséquences sur l'économie et l'aménagement des territoires [GAY, 2021]. Ainsi, les PTOM bénéficient d'une aide moins généreuse que celles accordées aux RUP, mais bénéficient en revanche des prêts par la Banque européenne d'investissement. En effet, les Outre-mers reçoivent d'importants fonds communautaires. Les RUP bénéficient des Fonds européens structurels et d'investissements (FESI) composés du fonds européen de développement régional (FEDER), du Fonds social européen (FSE), du Fonds européen agricole pour le développement rural (FEADER) et du Fonds européen pour les affaires maritimes et la pêche (FEAMP). Les montants des FESI alloués, par exemple, aux six RUP françaises sont particulièrement importants : représentant 3,2 % de la population française, elles ont reçu en revanche 17,4 % des FESI au niveau national entre 2014 et 2020 [SÉNAT, 2020]. Les PTOM quant à eux reçoivent des dotations du Fonds européen de développement (FED), bien plus limitées. Hors du budget de l'Union européenne, le FED est l'instrument principal de l'UE pour l'aide au développement des pays ACP (Afrique, Caraïbes, Pacifique) et des PTOM. Moins de 1 % des montants du FED est attribué aux PTOM, qui peuvent aussi être éligibles, pour des montants très limités, à certains programmes comme COSME (compétitivité des entreprises), Erasmus+ (jeunesse, formation et éducation) et Horizon 2020 (recherche et innovation).

Des organisations régionales originales

L'importance de la relation aux métropoles a donné naissance à une double polarisation très forte et sans cesse croissante sur les littoraux et le chef-lieu de chaque collectivité (Nouméa concentre 60 % de la population de la Nouvelle-Calédonie, Willemstad 62 % de Curaçao, Funchal 41 % de Madère). Cette forte polarisation des territoires s'explique par la présence de ports et aéroports, portes d'entrée des marchandises et des hommes, associée à des zones industrielles ou commerciales et la présence des administrations. Dans les archipels, le port du chef-lieu sert de plate-forme de redistribution à tout l'archipel.

Il faut toutefois **nuancer la macrocéphalie des territoires** ultramarins, car elle est commune dans les espaces insulaires. Les conséquences en sont un fort exode rural vers ces pôles régionaux et, à l'inverse des espaces intérieurs principalement ruraux, en déprise, voire désertification*. Ainsi, les centres géographiques s'en trouvent marginalisés au profit des bordures géographiques que sont les littoraux. Les cirques réunionnais du massif du Piton des Neiges en sont emblématiques, notamment celui de Mafate, dans le cadre escarpé du bassin versant de la rivière des Galets (s'étageant entre 250 et 3019 mètres d'altitude), cloisonné en trois bassins secondaires séparés par des crêtes vertigineuses, accessibles uniquement par des sentiers. Aucune route ne dessert les quelques centaines d'habitants des replats ou "îlets". C'est cet isolement qui est à l'origine même du peuplement du cirque par des esclaves en fuite à partir du XVIIIe siècle, qui y ont développé une petite agriculture vivrière et quelques hameaux de cases.

La **littoralisation**, accentuée par la topographie de nombreuses îles d'origine volcanique (montagne ou lagon au centre), concentre sur les littoraux jusque vers 400 m d'altitude le peuplement et l'espace productif dans des territoires utiles spatialement très limités (plaines littorales et petits centres urbains), accentuant la marginalité des autres territoires. La littoralisation est aussi renforcée par le desserrement urbain qui se fait le long des littoraux (et des voies de communication) à partir de la ville.

DES DIFFICULTÉS DE MISE EN VALEUR DES OUTRE-MERS EUROPÉENS

Une surreprésentation de la sphère présentielle

La fonction publique, concentrée spatialement dans les agglomérations, est très marquée dans les Outre-mers européens (plus de 40 % de la population active du Groenland, v. Zoom, Le Groenland) : relais des administrations centrales, administrations territoriales, établissements scolaires et universitaires, etc. Elle possède souvent un attrait majeur sur les populations locales et favorise la croissance urbaine au détriment des espaces ruraux qui se vident notamment des jeunes. La sphère présentielle* regroupe la majeure partie des activités. En moyenne, 65 % des emplois (et même entre 77 et 86 % dans les RUP françaises) et plus de 75 % de la valeur ajoutée seraient dus aux services, dont l'essor est lié aux divers statuts des territoires et à l'urbanisation. C'est un secteur refuge, centré sur l'administration et, de plus en plus, sur le tourisme.

L'importance du secteur du bâtiment et des travaux publics (BTP) est notable et largement liée soit à la croissance démographique de certains territoires (Guyane, Mayotte, Canaries), soit à l'essor du tourisme (îles antillaises, Canaries, Madère, Açores, Polynésie française, La Réunion). Ce secteur est le principal pourvoyeur d'emplois informels dans les villes et bourgs ultramarins.

Néanmoins, la fonction économique la plus anciennement représentée est née avec la création des comptoirs de commerce lors de la colonisation. La **fonction commerciale** est aujourd'hui renforcée par le poids de la consommation des ménages qui représente le principal moteur économique de nombre de territoires ultramarins. L'essor, depuis les années 1980, de la grande distribution favorise la dépendance à la métropole, car la moitié des produits qui y sont vendus sont importés. Les espaces ruraux souffrent de la concurrence des commerces urbains qui se développent de plus en plus par exurbanisation de centres commerciaux. Quant aux services aux entreprises, ils sont largement sous-représentés.

DES ÉCONOMIES SPÉCIALISÉES

La fonction industrielle n'occupe qu'une place très faible et en recul. L'absence de matières premières (en dehors du nickel en Nouvelle-Calédonie, de l'or en Guyane, des minerais du Groenland), la faiblesse des marchés de consommateurs locaux (en nombre d'habitants et en capacité financière) et la concurrence des exportations depuis les métropoles l'expliquent. L'industrie est ainsi limitée à la production agroalimentaire aux Antilles et à La Réunion, à l'extraction de minerais en Nouvelle-Calédonie et en Guyane (1 % du PIB guyanais) et aux potentialités majeures du Groenland (Eldorado non encore exploité de gisements d'hydrocarbures, de cuivre, de zinc, de plomb, d'or, d'uranium et de terres rares*), ailleurs, elle est quasi absente. Des secteurs industriels très spécifiques peuvent exister comme la filière aérospatiale à Kourou (Guyane) avec le Centre Spatial Guyanais et ses sous-traitants.

D'importants efforts ont été menés pour dynamiser et reconvertir le **secteur agricole** ultramarin. Les activités agricoles traditionnelles, développées dans le cadre des plantations coloniales, sont en crise depuis les années 1970 du fait de la concurrence des pays voisins, aux conditions salariales plus favorables, et des surfaces agricoles utilisées en baisse du fait de l' étalement urbain. La canne à sucre continue de marquer les paysages de La Réunion et des Antilles européennes ainsi que la société (société créole). Mais elle a souvent été remplacée par d'autres productions tropicales: la banane (Canaries et Martinique produisant plus de 85 % des bananes communautaires) et l'ananas à partir des années 1960. Mais l'agriculture est aujourd'hui marginale dans l'emploi et dans les économies régionales. Groenland (85 % des recettes d'exportation sont issues des produits de la pêche), Saint-Pierre-et-Miquelon et TAAF dépendent de la pêche (v. Outils, Figures-Indicateurs économiques des RUP en 2021).

Le tourisme est ainsi devenu la principale richesse des Outre-mers européens, mais c'est une activité très inégale entre les territoires et en leur sein. Si les Canaries apparaissent comme un géant touristique et Madère comme un espace majeur du tourisme, d'autres accueillent peu de touristes, qu'ils soient nationaux ou internationaux, de l'ordre de 1 à 2,5 millions de touristes par an pour les Antilles françaises, les Açores ou La Réunion, quand d'autres enfin ne sont pas touristiques comme la Guyane ou Mayotte. Les Outre-mers français et les Açores relèvent de destinations confidentielles: plus de la moitié des touristes y sont issus de leur métropole. Les faiblesses du tourisme ultramarin français, par exemple, sont dues à une prise de conscience tardive du rôle majeur que pouvait jouer le tourisme pour l'économie locale. L'hôtellerie est chère en raison des salaires élevés. De plus, ces territoires ont une image inexistante, voire négative hors de la métropole, avec une accessibilité limitée par le manque de liaisons aériennes directes avec les villes étrangères [Gay, 2021]. Il n'y a ainsi que quelques îles qui sont véritablement des lieux très touristiques connus dans le monde entier et très attractifs, comme Sint Maarten, Bora Bora (Polynésie), Canaries, Madère.

L'empreinte des aménagements touristiques y est très forte : bétonisation des côtes, grands groupes internationaux et image internationale forte. Il faut toutefois ajouter l'insertion de certains territoires dans les circuits des croisières (Canaries, Madère, Nouvelle-Calédonie, Polynésie française, Sint Maarten, Pays-Bas caribéens).

Notons également que certains RUP et PTOM ont développé une **spécialité économique fondée sur l'optimisation fiscale** (v. Zoom, Madère) **ou les paradis fiscaux** (Sint Marteen, Aruba, Curaçao, Groenland, Nouvelle-Calédonie), qui sont sur les listes officielles de l'UE, de l'OCDE, du FMI ou de l'ONG Oxfam. Madère possède un régime fiscal très avantageux depuis 1980 (taux d'imposition sur les sociétés à 0 %, relevé à 5 % en 2013) et son classement par le gouvernement portugais en zone franche*, statut confirmé en 1987 par l'UE [Gay, 2018].

Par conséquent, compte tenu de la structure des emplois et des catégories socioprofessionnelles, **les revenus des espaces ultramarins sont plus faibles en moyenne qu'à l'échelle de l'UE et le chômage largement répandu, même si certains territoires s'en sortent mieux,** comme les Açores ou Madère. La persistance des déséquilibres économiques a un effet direct sur les conditions de vie des populations des Outre-mers. Le niveau de vie y demeure globalement inférieur à celui des métropoles : les PIB y sont en moyenne à 60-70 % de la moyenne de l'UE, mais certains ont des niveaux encore plus faibles (Mayotte, Guyane, Pays-Bas caribéens), quand d'autres ont des niveaux équivalents, voire supérieurs (Sint Marteen, Nouvelle-Calédonie, Groenland), grâce à leurs activités et aux aides financières de l'État et de l'UE. Cependant, ce niveau de vie est souvent très sensiblement supérieur à celui de leur environnement régional ce qui conduit à une attractivité sur les flux migratoires internationaux.

DES POPULATIONS CONTRASTÉES ET EN RECHERCHE D'AUTONOMIE ?

Les Outre-mers européens présentent des **situations démographiques très contrastées**. Certains sont en croissance, notamment du fait d'une forte immigration (Guyane et Mayotte depuis les pays voisins, allemands, britanniques et africains aux Canaries), d'autres forment les territoires les moins féconds d'Europe (Madère, Açores, Aruba, Canaries). Certains sont aussi marqués par une forte émigration vers leur métropole (cas des îles hollandaises, du Groenland, des Antilles françaises) ou vers d'autres territoires ultramarins (cas de Wallis-et-Futuna vers la Nouvelle-Calédonie).

Surtout, certains territoires portent des **peuples autochtones** (Canaries, Guyane, Mayotte, territoires français du Pacifique, Groenland), présents antérieurement à la colonisation. Ils sont généralement plus pauvres et davantage ruraux au sein de leurs territoires respectifs [Monot, 2023a]. Mais leurs revendications portent plus ou moins selon leur poids démographique et le statut de plus ou moins grande autonomie de leur territoire. Au Groenland, pays constitutif danois autonome, les choix politiques et économiques des Inuits, majoritaires dans la population, s'imposent plus aisément que ceux des Amérindiens en Guyane française vivant dans un DOM et regroupant moins d'un vingtième de la population départementale (V. Zoom, Le Groenland).

Paradoxalement, peu de territoires ultramarins demandent l'autodétermination, en dehors de la Nouvelle-Calédonie [Monot, 2023 b] et du Groenland. **C'est parfois l'inverse** : Mayotte a demandé sa départementalisation, les référendums organisés dans les Antilles hollandaises dans les années 2000 ont rejeté l'indépendance [Gay, 2018]. Depuis 2008, un dispositif de transfert de compétences est engagé par le gouvernement danois vers le Groenland qui possède déjà son propre Parlement, processus engagé aussi à Nouméa depuis 1988, mais ayant abouti à un rejet de l'indépendance lors de la période référendaire de 2018 à 2021.

Confettis des empires coloniaux européens, les Outre-mers européens présentent une forte diversité : climats, ressources naturelles, niveaux de développement économique et de dépendance à l'égard de leur métropole, infrastructures touristiques, et sont très différents d'un territoire à l'autre. Les régions ultrapériphériques (RUP) et les pays et territoires d'outre-mer (PTOM) incarnent, à leur manière, les ambitions de solidarité et de cohésion de l'Union européenne. Néanmoins, certaines caractéristiques sont communes à différentes échelles. L'insularité est la norme, tout comme les inégalités entre les littoraux et les intérieurs, entre les villes et les espaces ruraux, ou les difficultés sociales (chômage, pauvreté, criminalité, analphabétisme).

Ces territoires jouent un rôle géostratégique majeur pour l'UE, non seulement par leur présence sur tous les océans et par l'importance de leur ZEE, mais aussi par certaines de leurs activités comme le programme spatial européen en Guyane. Mais l'UE doit combler les écarts et répondre aux défis de l'éloignement, de l'insularité, des dépendances économiques ou de la démographie de ses Outre-mers. L'un de leurs défis pour l'avenir est d'exister au sein de leur État et dans le concert européen tout en s'inscrivant progressivement dans la mondialisation.

OUTILS

ZOOMS

LES INSTITUTIONS EUROPÉENNES

L'Union européenne repose sur sept institutions (v. Outils, Figures-Schéma des institutions européennes), parmi lesquelles la Commission européenne et le Parlement européen sont les plus connus parce qu'ils possèdent un rôle prééminent dans le processus législatif.

L'impulsion politique : le Conseil européen

Le Conseil européen est l'institution suprême de l'Union européenne depuis l'Acte unique de 1986. Il est composé des chefs d'État et de gouvernement, du président du Conseil européen et du président de la Commission européenne. Il siège à Bruxelles (dans le bâtiment Europa) où il se réunit au moins deux fois par an, et il se réunit également au moins deux fois par an dans le pays qui exerce la présidence tournante du Conseil de l'Union européenne. Son président est élu pour 2 ans et demi par les chefs d'État ou de gouvernement des vingt-sept États membres, à la majorité qualifiée (soit 55 % des États membres ont exprimé un vote favorable, soit la proposition est soutenue par des États membres représentant au moins 65 % de la population totale de l'UE). Il s'agit actuellement du Belge Charles Michel, élu en décembre 2019 et réélu en mars 2022. C'est cette institution qui fixe la politique générale de l'UE, en définissant les grandes orientations nécessaires au développement de l'Union. Elle nomme également le président de la Commission européenne tous les 5 ans.

Le processus législatif : Commission, Parlement et Conseil

Le processus législatif est géré par trois institutions :

- **la Commission européenne** est l'instance incarnant la dimension supranationale de l'UE depuis le traité de Rome, elle est à l'initiative des textes législatifs européens et gère le budget ainsi que les fonds structurels. Elle est composée de vingt-sept commissaires (un p r pays, avec chacun un domaine de compétences) ayant un mandat et une lettre de mission pour 5 ans. Son président est élu par les membres du Conseil européen pour un mandat de 5 ans. Il s'agit actuellement de l'Allemande Ursula Von der Leyen depuis 2019 (elle a été précédée à ce poste de 2014 à 2019 par le Luxembourgeois Jean-Claude Juncker). La Commission siège à Bruxelles (dans le bâtiment du Berlaymont). Elle dispose du monopole de l'initiative législative, c'est-à-dire qu'elle travaille en amont et présente des propositions d'actes qui sont ensuite discutées au Parlement et votées par le Conseil. Elle assure l'exécution des politiques et des actes adoptés. Enfin, elle est garante des traités et du droit européen
- **le Conseil de l'Union européenne** (ex-Conseil des ministres), *alias* "le Conseil" – à ne pas confondre avec le Conseil européen – négocie et adopte les actes législatifs de l'UE, en codécision avec le Parlement. Il réunit les ministres des vingt-sept États membres par thématique concernée (par exemple, les vingt-sept ministres de la Santé). Par ailleurs, il adopte le budget de l'UE, coordonne les politiques des États membres et définit la Politique étrangère et de sécurité commune (PESC). Sa présidence est tournante : le pays qui l'assure change tous les six mois (la France a présidé l'UE au premier semestre 2022, suivie de la République tchèque puis de la Suède ; l'Espagne préside au second semestre 2023, et elle sera suivie de la Belgique, puis de la Hongrie) ;
- **le Parlement européen** a été créé dès 1957. C'est l'unique institution dont les 705 membres (751 avant le Brexit) sont élus pour 5 ans (les dernières élections ont eu lieu en 2019) au suffrage universel depuis 1979. Son siège est à Strasbourg, mais il se réunit la plupart du temps à Bruxelles. Il a un rôle de colégislateur et un pouvoir de contrôle vis-à-vis de la Commission (intervention dans les procédures

de désignation des commissaires et possibilité de vote d'une motion de censure). Il était présidé par l'Italien David Sassoli, du parti socialiste européen (depuis les élections de 2019) ; décédé en 2022, il a été replacé par la Maltaise Roberta Metsola. Grâce à sa légitimité démocratique acquise en 1979, il a vu ses pouvoirs accrus (contrôle du budget, procédure de codécision avec la Commission...).

La mise en œuvre et le contrôle des politiques : Cour de Justice, BCE et Cour des comptes

L'UE compte trois institutions qui assurent la mise en œuvre des politiques et le contrôle de son fonctionnement ainsi que de l'application des traités et du droit :

- **la Cour de Justice de l'UE** est composée d'un juge nommé par chacun des États membres et de huit avocats généraux nommés par le Conseil. Elle siège à Luxembourg. C'est l'institution garante du respect du droit, mais aussi de l'application des traités entre les pays européens et avec le reste du monde ;
- **la Cour des comptes de l'UE** compte un membre par État. Elle siège à Luxembourg. Son rôle premier est le contrôle des comptes, c'est-à-dire de la légalité et de la régularité des dépenses comme des recettes. Elle doit aussi contrôler et garantir la bonne utilisation des fonds communautaires (aides aux régions, par exemple) ;
- **la Banque centrale européenne (BCE), située à Francfort-sur-le-Main,** repose sur un Conseil des gouverneurs des banques centrales de la zone euro et sur un directoire de six membres nommés. C'est elle qui conduit la politique de la zone euro (par exemple la fixation des taux directeurs...).

UNE GOUVERNANCE PARTAGÉE ET COMPLEXE ORGANISÉE PAR LE TRAITÉ DE LISBONNE

Association volontaire d'États, l'Union européenne est l'organisation économique régionale la plus approfondie au monde : ce qui était au départ une coopération économique s'est mué en une organisation couvrant de nombreux domaines d'actions. Or ces actions ont nécessité de clarifier qui fait quoi. Si les vingt-sept États membres restent tous souverains et indépendants, ils délèguent une partie de leur souveraineté dans des domaines où cette collaboration apporte une valeur ajoutée. L'Union européenne est donc une organisation unique au monde dans sa gouvernance, entre fédération ou confédération. Certains diront d'ailleurs qu'elle n'est ni l'un ni l'autre.

C'est le **traité de Lisbonne** (signé en 2007) qui clarifie la répartition des compétences entre l'UE et ses États membres. Il dote l'organisation régionale d'une personnalité juridique, ce qui lui permet de conclure des traités ou encore d'adhérer à des conventions. Ainsi, la gouvernance partagée UE/États membres s'organise en fonction des compétences.

D'abord, l'UE dispose de **compétences exclusives** (selon l'article 3). Cela signifie que l'UE est la seule à pouvoir prendre des décisions et légiférer. Pour autant, cela ne veut pas dire que la Commission européenne dispose de tous les pouvoirs sur ces sujets : par exemple, si un État ne peut pas signer seul un accord commercial, il faut cependant l'accord de l'ensemble des États pour que ce dernier soit adopté.

Compétences exclusives (article 3 du TFUE)

Politique douanière → Cela inclut la réflexion sur les taux et droits d'importation aux marchandises en provenance du reste du monde
Politique de la concurrence → L'enjeu est de garantir une concurrence libre et loyale dans l'UE
Politique monétaire pour l'ensemble de la zone euro → Cela renvoie aux décisions prises par la BCE afin d'influer sur le coût et la disponibilité de la monnaie dans l'UE en vue de maintenir la stabilité des prix
Politique du commerce extérieur et **des accords internationaux** → C'est l'un des axes principaux des relations extérieures de l'UE
Politique de préservation des ressources biologiques maritimes en lien avec la politique commune de la pêche (PCP) → Elle doit permettre la préservation des ressources, ainsi que la gestion et le contrôle des pêcheries européennes à l'intérieur et à l'extérieur de l'UE

Ensuite, il y a les **compétences partagées** entre l'UE et les vingt-sept États membres dans treize domaines. Les deux sont en mesure de légiférer en fonction du "principe de subsidiarité" : l'UE ne doit intervenir que si son action est plus efficace que celle envisagée aux autres échelons (nationaux, régionaux ou locaux), tandis que les États membres ne peuvent exercer leur compétence que si l'UE n'a pas exercé la sienne.

Compétences partagées (article 4 du TFUE)

Politique de cohésion économique, sociale et territoriale (dite "politique régionale") → L'enjeu est de réduire les disparités économiques et sociales entre les régions européennes, et ainsi d'assurer la cohésion territoriale. Cela inclut des aides spécifiques régionales : pour celles présentant des handicaps naturels ou démographiques profonds et permanents ; pour les zones rurales ; pour les périmètres affectés par les transitions verte et numérique.
Politique sociale (pour les aspects définis par le traité de Lisbonne) → Les enjeux sont la promotion de l'emploi, l'amélioration des conditions de vie et de travail "permettant leur égalisation dans le progrès", le dialogue social, le développement du capital humain, la protection sociale adéquate et la lutte contre les exclusions.
Marché intérieur ou "marché unique" → L'objectif reste la libre circulation des marchandises, des capitaux et des travailleurs.
Politique agricole commune (PAC) en lien avec le FEAGA → Les enjeux sont multiples : accroître la productivité de l'agriculture en améliorant l'utilisation des facteurs de production ; stabiliser les marchés ; assurer un niveau de vie équitable aux agriculteurs ; garantir la sécurité des approvisionnements et assurer des prix raisonnables pour les consommateurs. La PAC a connu six réformes successives afin de favoriser un secteur agricole durable et compétitif.
Politique commune de la pêche (PCP) à l'exception de la préservation des ressources biologiques marines → L'enjeu est la gestion de la pêche et les politiques internationales liées.
Politique environnementale de l'UE → Elle est fondée sur les principes de précaution et d'action préventive, sur le principe de la correction à la source et sur le principe "pollueur-payeur"
Politique des transports de l'UE → Elle a pour objectif de favoriser la mobilité, d'éliminer les obstacles dans les secteurs clés et de stimuler la croissance et l'emploi
Réseaux transeuropéens (RTE) → Ils visent à constituer des équipements modernes et efficaces afin de relier les réseaux nationaux et les régions européennes, notamment en marge du noyau européen initial.

Politique énergétique de l'UE → Ses objectifs sont d'assurer le bon fonctionnement du marché de l'énergie, d'assurer la sécurité de l'approvisionnement énergétique, d'amener à l'interconnexion des réseaux nationaux et de promouvoir l'efficacité énergétique.
Politique de sécurité en matière de santé publique → Plusieurs missions, dont la prévention des maladies, la facilitation de l'accès aux soins et la gestion des menaces transfrontalières.
Protection des consommateurs → L'enjeu est de protéger la santé, la sécurité et les intérêts économiques des consommateurs.
Constitution d'un espace de liberté, de sécurité et de justice (ELSJ) sans frontière intérieure → Cela inclut les politiques relatives aux contrôles des frontières, à l'asile et à l'immigration, les coopérations judiciaires et policières.
Recherche & développement technologique (RDT) → L'idée est de constituer un espace européen de la recherche autour de la circulation libre des chercheurs, des connaissances scientifiques et des technologies. L'objectif est ainsi de renforcer l'excellence scientifique, technologique et innovante de l'UE afin de garantir la compétitivité au niveau mondial.
Politique spatiale de l'UE → Elle englobe le programme spatial de l'UE, mais aussi les synergies existant avec la recherche (Horizon Europe) et l'innovation concernant la compétitivité des systèmes spatiaux ainsi que l'accès à l'espace. L'idée est de relever certains défis à venir comme la lutte contre le changement climatique, en stimulant l'innovation technologique.
Coopération au développement → Par l'action extérieure, l'enjeu est d'éradiquer la pauvreté à long terme en encourageant le développement économique, social et environnemental durable des pays en développement. À noter que l'UE est en 2023 le plus grand donateur au monde et travaille avec plus de 160 pays.
Aide humanitaire → Pilier de l'action extérieure et de sa capacité de projection dans le monde, l'aide humanitaire a pour objectif de venir en aide aux populations et aux territoires dès qu'une catastrophe (naturelle ou non) a lieu. Ses aides sont distribuées en partenariat avec des organisations internationales (agences des Nations Unies, Croix-Rouge…).

Enfin, il y a les **compétences d'appui** dans sept domaines. Les États gardent ici la main, et l'UE n'est alors amenée à intervenir que pour coordonner, compléter ou soutenir les actions des États.

Compétences d'appui (article 6 du TFUE)

Politiques de protection et amélioration de la santé humaine → Les États sont libres d'organiser et de fournir les services de santé qu'ils souhaitent, mais l'action de l'UE peut venir compléter ces politiques nationales.
Politiques industrielles → Les États organisent leurs politiques industrielles propres, mais l'UE peut compléter ou/et soutenir les politiques nationales pour renforcer les compétitivités des entreprises européennes.
Politiques culturelles → L'UE vient appuyer les politiques nationales autour d'initiatives spécifiques : capitales européennes de la culture, année européenne du patrimoine culturel, soutiens aux arts et au cinéma par l'intermédiaire d'Europe créative.
Politiques touristiques → Les États mènent leurs propres politiques touristiques, mais l'UE vient appuyer ces dernières par des initiatives comme EDEN (European Destinations of Excellence).
Politiques liées à l'éducation, la formation professionnelle, la jeunesse et le sport → Ces domaines restent très attachés à l'État, avec des différences fortes entre les territoires. Mais l'UE vient en soutien des efforts déployés par les États membres, par exemple en soutenant l'enseignement et l'apprentissage des langues, en encourageant la mobilité des étudiants, et en facilitant les échanges d'informations et d'expériences (via Erasmus+).
Protection civile → Il s'agit ici essentiellement de soutenir les États et organisations partenaires en vue de garantir la capacité d'intervention du système de protection de la population.
Coopération administrative → L'UE intervient pour coordonner la coopération entre les administrations des États membres dans de nombreux domaines.

À l'ensemble de ces compétences s'ajoutent des compétences particulières : l'UE peut décider de prendre des mesures pour veiller à ce que les États membres coordonnent leurs politiques. Ces politiques spécifiques s'appliquent notamment sur les politiques économiques, sociales et de l'emploi, mais aussi sur la politique étrangère et de sécurité commune (PESC).

LA ZONE EURO

Le projet d'une monnaie unique pour les pays participant à la construction européenne a été débattu dès les années 1970. Les tensions monétaires qui suivent la fin du système de Bretton Woods accentuent les besoins d'une coordination monétaire en Europe, au-delà du "système monétaire européen" mis alors en place pour limiter les fluctuations des taux de change.

Le principe d'une monnaie unique est inscrit dans le traité de Maastricht signé en 1992, et son introduction a eu lieu en 1999 pour la monnaie scripturale (comptes en banque et transactions électroniques) et en 2001 pour la monnaie fiduciaire. Le principe inscrit dans les traités est que tous les États membres devraient rejoindre la zone euro, une fois que leurs économies parviennent à respecter des critères de convergence, dont l'objectif est de s'assurer que la situation économique et financière des États utilisant l'euro soit suffisamment comparable pour que leurs économies ne souffrent pas d'utiliser une monnaie commune, et de ne plus pouvoir utiliser des variations de taux de change pour compenser les écarts entre leurs trajectoires économiques.

Toutefois, dès l'origine, un écart se creuse entre le périmètre de l'UE et le périmètre de la zone euro. En cela, la zone euro est aux côtés de l'espace Schengen l'une des deux meilleures illustrations d'une "Europe à plusieurs vitesses".

Premièrement, pour ratifier le traité de Maastricht, le Danemark et le Royaume-Uni avaient obtenu de ne pas participer à l'union économique et monétaire. À l'inverse, quatre micro-États n'appartenant pas à l'UE et qui utilisaient la monnaie d'un État membre ont signé des accords monétaires avec l'UE pour pouvoir utiliser l'euro (Andorre, Monaco, Saint-Marin et le Vatican). Au fur et à mesure que leurs économies respectent des critères de convergence, les États membres de l'UE ont rejoint une zone euro qui n'a cessé de croître (onze membres à sa création en 1999, vingt en 2023). Toutefois, certains États qui auraient pu rejoindre l'euro n'ont pas lancé les réformes nécessaires pour finaliser son adoption: c'est pour des raisons politiques plus encore que pour des raisons économiques que la Suède, la Pologne ou la République tchèque n'utilisent pas l'euro. Enfin, les billets en euro ont remplacé *de facto* les billets en deutsche marks utilisés au quotidien dans certains pays des Balkans. Aussi, les deux États d'ex-Yougoslavie devenus indépendants après le lancement de l'euro, le Monténégro et le Kosovo, ont renoncé unilatéralement à se doter d'une monnaie nationale et utilisent l'euro sans être membres de l'UE et sans avoir conclu d'accord avec l'UE pour être assimilés à la zone euro, comme les micro-États.

Outre l'Eurosystème, les États de l'UE qui utilisent l'euro ont mis en place des structures de dialogue économique propres (comme l'Eurogroupe), ont signé des traités pour compléter le cadre de l'UE (comme le pacte de stabilité et de croissance pour assurer la convergence de leurs économies et le mécanisme européen de stabilité pour venir en aide aux États en difficulté) et ils ont décidé de renforcer leur coopération dans certains domaines (comme la surveillance des banques).

Ainsi, alors que l'Eurosystème apparaît comme une structure d'esprit fédéral, la majorité des initiatives lancées au sein de la zone euro relèvent de la libre coopération entre États, en marge du cadre institutionnel de l'UE. Aussi, quand la zone euro connaît des difficultés, comme ce fut le cas entre 2010 et 2015, une solution unanime est requise pour sortir de la crise, au risque de dramatiser les oppositions entre pays du Nord et du Sud ou entre grands et petits pays.

LA CRISE DE LA ZONE EURO EN 2008

La crise de la zone euro renvoie aux difficultés financières de certains membres de la zone euro et aux tensions politiques qui ont divisé les États membres sur l'ampleur et les modalités du soutien à apporter à ces "pays périphériques". Elle débute avec la révélation des difficultés budgétaires de la Grèce, en décembre 2009, et s'achève avec l'adoption du troisième programme de soutien à la Grèce en 2015.

Malgré la persistance de différences économiques et budgétaires entre les États membres de la zone euro, les investisseurs n'ont cessé de percevoir les économies de ces États, au cours des années 2000, comme les composantes d'un ensemble cohérent. Les gouvernements et les entreprises ont ainsi pu accéder à des financements abondants qui leur étaient offerts à des taux d'intérêt bas et identiques dans tous les pays. Les ménages et les PME ont aussi bénéficié indirectement de ces financements abondants et peu onéreux, au travers des banques commerciales de leur pays qui se refinançaient aisément.

Aussi, les acteurs publics et privés des économies étaient historiquement moins dynamiques (Grèce, péninsule ibérique, Irlande...) pouvaient s'endetter dans des conditions qui étaient réservées, avant la création d'une union monétaire, aux acteurs provenant d'États à l'économie solide et diversifiée et aux finances publiques saines. Certains gouvernements, par exemple la Grèce, en ont profité pour financer à crédit le développement d'infrastructures pour soutenir la convergence de leur économie sur la moyenne européenne. Dans d'autres pays, comme en Espagne, les ménages ont saisi cette opportunité pour financer leurs besoins de logements. Les critères de convergence n'ont pas joué leur rôle pour garantir une évolution cohérente des économies et prévenir l'accumulation de risques financiers.

La crise financière de 2008 a entraîné une récession. Celle-ci a considérablement dégradé les finances publiques des États. Ceux qui avaient eu un recours excessif à l'endettement ont fait face à la fois à d'importantes dépenses dues à la crise et à une augmentation brutale du coût de leur dette. La récession a aussi pesé sur les revenus des ménages et des entreprises qui n'ont pas tous pu rembourser leurs prêts, affaiblissant les banques qui eurent besoin du soutien financier des États. Les économies de la "périphérie" de la zone euro avaient certes connu des taux de croissance élevés dans les années 2000, mais restaient plus vulnérables que les économies du "cœur". Elles ont donc été particulièrement touchées par la crise. C'est ainsi qu'entre 2010 et 2015, l'Espagne, Chypre, la Grèce, l'Irlande et le Portugal ont eu besoin d'une aide financière pour rétablir la situation de leurs finances publiques ou de leurs banques. Sans cette aide, les acteurs publics et privés de ces pays n'auraient pu acquitter leurs dettes en euro et ces États, notamment la Grèce, auraient pu être contraints de sortir de la zone euro. Une dévaluation aurait permis de réduire la valeur des sommes dues. L'Italie a également connu des difficultés qu'elle est parvenue à gérer par ses propres moyens. Ces pays de la "périphérie" ont été désignés par la presse anglo-saxonne par l'acronyme méprisant "PIGS".

La gestion de la crise de la zone euro a révélé les faiblesses de sa gouvernance et fait ressortir des tensions géopolitiques entre les États membres. Il est apparu de manière flagrante que l'Union européenne ne disposait d'aucun mécanisme de soutien financier capable d'apporter l'aide nécessaire à un État, le temps de redresser son économie et ses finances. Certes, la phrase de Jean Monnet dans ses *Mémoires*, "L'Europe se fera dans les crises et elle sera la somme des solutions apportées à ces crises", a été vérifiée une nouvelle fois. Cependant, les solutions trouvées pour soutenir les pays périphériques ont été décevantes. Elles ont été adoptées après des négociations extrêmement difficiles. Il a fallu créer de nouvelles institutions, comme le mécanisme européen de stabilité. Afin de garantir le principe d'unanimité exigé par les pays du nord de l'Europe, il a fallu les placer hors du cadre des traités de l'UE pour leur assurer un droit de veto. Les mesures d'austérité exigées des États recevant une aide ont été particulièrement sévères pour les populations et le soutien financier parfois insuffisant. Il a fallu trois programmes d'aide pour rétablir la situation en Grèce. Enfin, il a été nécessaire de renoncer à l'idée qu'un pays développé rembourse toujours sa dette: la Grèce a dû faire partiellement défaut afin d'assurer une "participation du secteur privé" au redressement de ses finances.

La crise a fait émerger des représentations antagonistes entre les pays du Nord et du Sud. D'un côté, la presse et certains politiques désignaient les pays du Sud comme le "Club Med", une région d'Europe rétive aux efforts. De l'autre côté, l'intransigeance de l'Allemagne était comparée aux années d'Occupation. Sur le fond des dossiers ; les débats entre États membres ont aussi souligné la persistance de cultures politiques profondément différentes. L'Allemagne fait ainsi de la souveraineté de son Parlement en matière budgétaire une composante sacrée de son modèle démocratique alors que la France s'est montrée plus souple pour valider les plans d'aide. Enfin, même lorsque des progrès ont été réalisés à l'occasion de cette crise, des blocages politiques sont réapparus, dès 2015. Ainsi, en matière d'encadrement des banques, les États membres peinent à dépasser les accords conclus en 2013 et 2014, malgré leur consensus sur l'importance d'achever une union bancaire dans la zone euro pour la rendre plus résiliente, les intérêts de ceux qui accueillent essentiellement des banques étrangères (notamment les pays d'Europe centrale, la Belgique et le Luxembourg) ne coïncidant pas avec ceux des États dont le système bancaire est encore essentiellement national et possède des filiales à l'étranger (notamment l'Allemagne, l'Espagne, la France, et l'Italie).

L'EUROSYSTÈME

Le rôle de l'Eurosystème et de la BCE au sein de l'UE

Le traité sur le fonctionnement de l'Union européenne (TFUE) confie à l'Union une compétence exclusive en matière de politique monétaire pour les États membres qui utilisent l'euro. La Banque centrale européenne (BCE) et les banques centrales nationales de la zone euro forment l'Eurosystème. L'Eurosystème est chargé de la définition et de la mise en œuvre de la politique monétaire de la zone euro, dans le cadre des objectifs définis par le TFUE. Tant qu'il reste des États membres qui n'ont pas rejoint la zone euro, l'Eurosystème se charge de l'essentiel des missions confiées par le traité au "Système européen de banques centrales", qui regroupe la BCE et toutes les banques centrales nationales.

L'objectif principal de l'Eurosystème consiste à "maintenir la stabilité des prix". En outre, "sans préjudice de l'objectif de stabilité des prix, il apporte son soutien aux politiques économiques générales dans l'Union", qui sont débattues au Conseil de l'UE. Même si l'Eurosystème doit rester indépendant du pouvoir politique, la BCE rend compte de l'action de l'Eurosystème chaque trimestre devant les députés européens (les dialogues monétaires) et participe aux réunions informelles des ministres des Finances de la zone euro (l'Eurogroupe).

Concrètement, la politique monétaire consiste à offrir aux banques commerciales des prêts et des possibilités de déposer des fonds aux taux ajustés et conditions décidées pour influencer le comportement des banques commerciales. En effet, ce sont les prêts de ces dernières qui mettent en circulation la monnaie dans l'économie et cette circulation a un rôle déterminant dans l'évolution de l'inflation. En outre, en période de crise, l'Eurosystème peut décider de mesures dites "non conventionnelles" pour agir sur les marchés, par exemple en achetant des titres financiers.

Outre la politique monétaire, la BCE remplit d'autres missions. À l'échelle de l'UE, elle est consultée de droit sur les projets législatifs économiques et financiers. À l'échelle de la zone euro, elle a reçu du législateur européen, en 2013, la mission de surveiller les risques bancaires à la suite de la crise de la zone euro.

Une institution de type fédéral

La BCE a été créée, en 1998, dans le cadre de l'"union économique et monétaire" mise en place par le traité de Maastricht. Son capital est détenu par les banques centrales nationales, dont les dirigeants siègent au conseil des gouverneurs, l'organe de décision qui définit notamment la politique monétaire de la zone euro. La BCE est donc une institution européenne qui fédère des institutions nationales et qui collabore avec elles pour remplir ses missions. Son siège est à Francfort et elle est présidée depuis 2019 par la Française Christine Lagarde.

L'indépendance de la BCE et des banques centrales de l'Eurosystème résultant du TFUE se définit tant vis-à-vis des États membres que des institutions de l'Union. L'interdiction pour l'Eurosystème de prêter directement aux institutions de l'Union et aux États membres fait partie des garanties de son indépendance. L'indépendance de l'Eurosystème ne le dispense pas de devoir rendre des comptes sur son action et ne remet pas en cause le rôle des banques centrales nationales dans sa gouvernance.

Le TFUE réserve, en effet, un rôle très important aux banques centrales des États membres dans la gouvernance de l'Eurosystème : elles sont propriétaires de la BCE, se répartissent ses profits et ses pertes, et sont décisionnaires au sein du conseil des gouverneurs de la BCE qui pilote l'Eurosystème. En outre, l'Eurosystème mène l'essentiel de ses activités de façon déconcentrée : ce sont les banques centrales nationales qui mettent en œuvre la politique monétaire en interagissant avec les banques commerciales.

Les particularités nationales sont respectées au sein de l'Eurosystème : la Banque de France et la majorité des banques centrales nationales sont des institutions entièrement publiques, mais la Banque de Belgique reste cotée en Bourse et la Banque d'Italie continue d'être détenue par les banques et institutions financières italiennes. En revanche, le Luxembourg a dû mettre fin à son union monétaire avec la Belgique et se doter d'une banque centrale nationale pour accéder à l'euro, car il n'est pas prévu d'échelle de gouvernance entre le niveau national et le niveau européen. Les banques centrales continuent également d'exercer des fonctions pour le compte des États membres à l'échelle nationale ou internationale. Ainsi, le président de la Bundesbank représente l'Allemagne auprès du Fonds Monétaire International alors que la Banque de France maintient un réseau de succursales dans chaque département pour jouer le rôle d'agence de notation de crédit en faveur des PME, résoudre les difficultés de surendettement des particuliers et assurer l'éducation financière du grand public.

L'UNION ÉCONOMIQUE ET MONÉTAIRE ET LA CONVERGENCE DES ÉCONOMIES

Les avantages d'une monnaie commune, mais aussi les défis qu'elle impose aux territoires qui la partagent ont été débattus pour la première fois en Europe en 1970, dans le rapport Werner. Constituer une union économique et monétaire autour d'une monnaie commune permet de faciliter l'intégration économique des États membres qui y participent. Le risque d'une variation des taux de change cesse de peser sur le commerce transfrontalier ; un obstacle pratique, mais aussi symbolique à la mobilité des touristes et aux investissements à l'étranger disparaît ainsi. Mettre en commun une monnaie, c'est aussi partager à plusieurs l'un des marqueurs de la souveraineté des États et cela porte un message politique, qui rappelle celui porté à une autre échelle par l'unification monétaire italienne en 1861 et l'unification monétaire allemande en 1873. Enfin, disposer d'une monnaie commune, c'est se contraindre à partager une politique monétaire unique et cela impose des politiques économiques garantissant une convergence des économies. En effet, appliquer une politique unique à des territoires aux réalités économiques divergentes entraîne un renforcement des divergences, car comme le souligne le rapport Werner, "l'équilibre [des échanges de biens, de services et de capitaux] sera à ce stade réalisé, comme à l'intérieur d'un territoire national, grâce à la mobilité des facteurs de production et aux transferts financiers publics et privés."

Pour comprendre l'importance de la question de la convergence économique à l'échelle de la zone euro, il est donc pertinent de faire une comparaison à l'échelle nationale. Pour assurer l'équilibre économique de l'Italie entre les régions du nord plus riches, mais également plus dynamiques et les régions du Mezzogiorno, il a fallu, après l'unité italienne, un mouvement des travailleurs du sud vers le nord et un mouvement de capitaux du nord vers le sud (versements des travailleurs du sud installés au nord à leurs familles restées au sud, investissements des entreprises du nord, transferts financiers publics liés à la politique régionale et aux politiques sociales), car il n'était plus possible d'ajuster les taux de change avec le temps. Cette contrainte fondamentale de géographie économique est décrite par les économistes comme le problème de la "zone monétaire optimale" et a été l'un des principaux défis à relever pour créer l'euro puis pour élargir la zone euro, et il demeure un enjeu essentiel pour assurer sa pérennité.

La première étape de l'union économique et monétaire a donc consisté à organiser une convergence des économies suffisante pour rejoindre une monnaie unique, une étape par laquelle sont passés les premiers membres de la zone euro, au cours de la décennie 1990, et qu'a traversée chaque État qui a adopté la monnaie unique au cours des années qui ont précédé leur intégration à la zone euro. Les traités ont formulé des critères de convergence que le Conseil a parfois explicités et complétés. On y retrouve des critères exprimés en valeur absolue ayant acquis le critère de référence dans le débat public comme un déficit public inférieur à 3 % du PIB et des critères qui se mesurent par rapport aux autres États de la zone euro pour assurer que l'inflation, les taux d'intérêt de long terme et les taux de change des futurs membres de la zone euro soient comparables avec ceux de leurs partenaires. Enfin, des critères juridiques portent notamment sur l'indépendance de la banque centrale nationale. Tous ces critères sont mesurés à l'échelle des États, car la monnaie reste une question liée à la souveraineté alors même que les réalités économiques peuvent varier entre les régions des États membres.

La politique de convergence a obtenu des résultats certains sur l'inflation et les taux d'intérêt, et a permis à la zone euro de traverser ainsi deux décennies. Toutefois, la convergence reste très imparfaite en termes de niveau de vie, de dynamique du crédit dans les différents États et de gestion des finances publiques. Ces disparités sont une cause essentielle de la crise de la zone euro, mais aussi du manque de confiance réciproque entre les États membres, qui a rendu plus difficile la recherche de solutions communes.

Pour maintenir et renforcer la cohérence de la zone euro, certaines initiatives essentielles ont réussi – comme la mise en commun de la surveillance des banques –, mais d'autres ont échoué comme la mise en place d'un budget de la zone euro. Un tel budget permettrait de réaliser les transferts nécessaires d'une économie à l'autre pour les équilibrer ou pour compenser, par des investissements mutualisés, les efforts d'austérité nécessaires pour équilibrer les économies en l'absence de transferts significatifs. Enfin, les initiatives pour promouvoir un plus grand usage international de l'euro, notamment dans les transactions commerciales, ont eu un effet très mitigé. L'euro reste la seconde monnaie internationale, loin derrière le dollar américain.

FRANCFORT ET LE SIÈGE DE LA BCE : ESPACES DE LA PUISSANCE

Selon le département de géographie de l'université de Loughborough, qui travaille dans le sillage de Saskia Sassen et établit un classement des villes mondiales (GaWC 2020), Francfort se place dans la catégorie des villes alpha (la troisième catégorie), avec Milan, Amsterdam, Bruxelles et Madrid parmi les villes européennes, mais aussi dans la même catégorie que Los Angeles ou Mumbai. Elle se classe en quatrième position des places financières européennes, derrière Londres, Paris et Amsterdam.

Son aire urbaine compte plus de 5 millions d'habitants et elle s'étend sur plus de 100 km², sur le Main, affluent du Rhin, dans le Land de Hesse. Elle fait partie d'un couloir urbanisé est-ouest qui rejoint le fleuve, à son embouchure, de Francfort à Mayence. Elle présente aussi une urbanisation et la présence de nombreuses entreprises sur un axe nord-sud qui mène à son aéroport, le long de l'autoroute A5. Avec Munich, elle est la ville d'Allemagne où les revenus des habitants sont les plus élevés. Elle offre plus de 600 000 emplois, ce qui la classe au premier rang des villes allemandes en la matière.

La ville était une place de foire importante au Moyen Âge. On y trouve aujourd'hui plusieurs quartiers d'affaires abritant plusieurs centaines de sièges de banques et entreprises, principalement sur la rive droite du Main et le long de ce cours d'eau. Celui qui est le plus emblématique présente une *skyline** qui lui vaut le surnom de Mainhattan. Le siège de la BCE est situé à l'écart de cette *skyline* (v. Outils, Photographie du siège de la BCE).

La principale institution financière de l'Union européenne définit la politique monétaire de la zone euro, maintient la stabilité des prix et du pouvoir d'achat. Le bâtiment qui abrite ses bureaux est un gratte-ciel, appelé Skytower, achevé en 2014. Quelques bureaux ont été maintenus dans l'ancien gratte-ciel, l'Eurotower. Le nouveau siège offre une surface de 185 000 m^2, sur 45 étages. On y trouve la salle du Conseil des gouverneurs, c'est-à-dire le principal organe de décision de la BCE, qui se compose des six membres du directoire et des gouverneurs des banques centrales nationales des pays de la zone euro.

Si Francfort et le siège de la BCE ne comptent pas parmi les villes et les lieux les plus identifiés d'Europe et du monde, ils sont néanmoins reconnus comme des espaces de puissance. On utilise parfois la métonymie "Francfort a décidé" dans la presse. En cela, on peut sans doute dire qu'à l'échelle de l'Union européenne, le siège de la BCE est un haut lieu, un géosymbole, donc un lieu qui participe à la définition de l'Union européenne, ici en tant que puissance.

LES RTE-T, EMBLÉMATIQUES DES POLITIQUES EUROPÉENNES

Les réseaux transeuropéens de transport (RTE-T) sont sans doute l'exemple le plus emblématique de politique européenne visant à la fois des objectifs concrets d'aménagement des territoires à différentes échelles, des objectifs politiques de coopération, d'intégration et de cohésion, et l'objectif structurant d'assurer les moyens de la libre circulation des biens et des personnes à l'échelle européenne (v. Outils, Figures-Carte des RTE-T).

Une politique évolutive

Avant même d'être formalisée en tant que RTE-T, l'idée de créer un réseau d'envergure européenne prend racine dans les politiques des années 1970, menées à l'échelle de l'Europe (et non pas seulement de la CEE) par les travaux de la Conférence européenne des ministres des Transports (CEMT) et sous l'égide de l'OCDE. Il s'agissait alors de trouver des moyens concrets de "faire Europe" en interconnectant les territoires.

De fait, les principales phases de développement des réseaux transeuropéens correspondent à des volontés politiques particulières, et évolutives dans le temps [Libourel, 2015] :

- dans les années 1970 émergent les premiers projets de corridors* de la CEMT. Ils visent à relier les principales villes d'Europe occidentale et à couturer la dorsale européenne (v. Chapitre La dorsale européenne: centre névralgique de l'Union européenne) tout en renforçant ou créant deux façades portuaires – le "corridor nord" et le "corridor sud", respectivement sur la mer du Nord et sur la Méditerranée ;
- dans les années 1990, au moment de la transition entre la CEE et l'UE, c'est le projet de "mégacorridors", situés dans la dorsale européenne pour renforcer le centre économique de l'Europe qui est soutenu. Il s'agit de donner à l'UE naissante toute la puissance économique dont elle a besoin, dans le contexte de la mondialisation, en renforçant ses centres névralgiques ;
- en parallèle, toujours au cours des années 1990, sont proposés les "corridors paneuropéens" (et non transeuropéens), portés par la CEMT. Leur but est, au contraire des "mégacorridors" de l'UE, d'ouvrir vers les pays de l'Est ayant "vocation" à adhérer, après la chute de l'URSS, afin de les arrimer à l'Europe occidentale ;
- enfin, à partir de 1996 apparaissent les RTE-T à proprement parler. Ils sont amendés tous les 5 ans environ, reposent sur une idée de multimodalité de plus en plus affirmée et sur une logique de cofinancement par l'UE de projets de transports destinés à améliorer l'interconnexion entre les réseaux nationaux. Tous les pays membres sont donc concernés et servis de manière équitable.

Le *core network* ou le métro de l'Europe

Les réformes successives des RTE-T dans les années 2000 et 2010 ont abouti à une réduction du nombre de corridors – devenus également plus longs et plus complexes – et à des changements de dénomination : à la numérotation initiale, qui introduisait une hiérarchie, a succédé une dénomination appuyée sur les toponymes aux extrémités, qui ne permettait pas aux pays centraux d'apparaître, puis une dénomination fondée sur les noms de mers ou de grands ensembles géographiques, jugée plus neutre (on parle ainsi de "corridor méditerranéen", de "corridor atlantique" ou de "corridor Baltique-Adriatique").

Ces corridors forment le réseau central (*core network*) de l'UE, réseau constitué de grands axes continentaux devant servir de point d'appui aux réseaux nationaux et de support aux mobilités et à la logistique. À partir des années 2000, le réseau prend la forme d'un véritable maillage reposant sur les grandes métropoles, avec la sémiologie graphique d'un réseau de métro européen, choisie pour communiquer sur la facilité supposée de déplacement.

Ce type de représentation vient affirmer les objectifs de la Commission européenne. Il donne à voir clairement la connectivité souhaitée par les RTE-T ainsi que la volonté de relier la totalité des pays membres en les plaçant sur des corridors d'envergure continentale. Les RTE-T sont aussi destinés à renforcer la coopération entre les États membres, dans la mesure où tous les projets bénéficiant d'un financement européen au titre de cette politique relèvent de la connexion entre pays ou de l'amélioration de la desserte des nœuds stratégiques (grandes villes, ports, aéroports...).

Une gouvernance multiscalaire

Le réseau prévu par les RTE-T est continental dans sa représentation, mais il est en réalité constitué de projets ponctuels, d'échelle locorégionale. Ces projets font l'objet de négociations et de compromis entre les différents échelons territoriaux, mais aussi d'un subtil équilibre entre les États.

En effet, pour constituer les RTE-T, la Commission européenne lance un appel à projets auquel chaque État peut répondre en proposant un ou plusieurs projets chiffrés et détaillés. L'Agence européenne de l'innovation et des réseaux (INEA) est ensuite chargée de les évaluer et de les classer selon des critères techniques et financiers. C'est enfin la Commission qui détermine les projets retenus, selon le classement de l'INEA, mais aussi selon des considérations politiques, afin de permettre à tous les États membres de bénéficier des financements.

De ce fait, les projets présentés par les États sont eux aussi le fruit de négociations au niveau national, notamment entre le gouvernement et les collectivités territoriales. Ainsi, en Espagne, la Catalogne et la région de Valence exercent un intense lobbying, directement au niveau européen, pour obtenir le classement de leurs projets prioritaires, tandis que le gouvernement tend à soutenir les projets passant par Madrid pour des raisons politiques. À ces discussions, il faut ajouter le poids des groupes de pression sectoriels ou régionaux, également très actifs auprès de la Commission européenne, à l'image de FERRMED, qui soutient le corridor méditerranéen, d'envergure continentale, au nom d'intérêts majoritairement catalans.

LES CAPITALES EUROPÉENNES DE LA CULTURE, VECTEURS D'UNE IDENTITÉ EUROPÉENNE

Créé en 1985, le label "capitale européenne de la culture" est attribué chaque année à une ou plusieurs villes européennes (v. Outils, Cartes-Les capitales européennes de la culture). Accompagné de financements spécifiques, ce label met en avant un territoire et les expressions culturelles qu'il propose, dans une perspective transnationale et multiculturelle. Pour être sélectionné, la ville ou le territoire doit faire valoir une programmation culturelle originale d'envergure européenne. Elle doit aussi favoriser la participation de ses citoyens aux activités culturelles, doter le projet d'une dimension sociale et environnementale, et anticiper les retombées attendues sur plusieurs années. Ce dispositif s'est petit à petit imposé comme un élément incontournable de l'expression d'une culture commune européenne, d'abord spécifiquement urbaine puis ouverte aux échelles régionales (la Ruhr en 2010).

Depuis sa création, plus de cinquante villes ont ainsi été désignées. Si, dans un premier temps, ce sont surtout les capitales nationales qui ont été mises en avant (Athènes, Berlin, Paris, Dublin, Amsterdam, etc.), le label s'étend ensuite vers des villes de rang intermédiaire pour promouvoir la diffusion territoriale de la culture et le polycentrisme européen (Thessalonique, Weimar, Avignon, Bruges, Gênes, Cork, etc.). Les villes des pays candidats à l'adhésion sont aussi éligibles ; c'est ainsi qu'Istanbul a été désigné capitale européenne de la culture en 2010, permettant à la Turquie de mettre en avant son désir d'adhésion et à l'UE de marquer symboliquement l'appartenance de ce pays à la culture européenne.

La préparation d'une année de "capitale européenne de la culture" est souvent l'occasion de mettre en place des politiques de renouvellement urbain et de marketing territorial, au point que certains urbanistes parlent de l'effet "capitale européenne de la culture". La manifestation s'étalant sur une année est un catalyseur pour le développement culturel et touristique de la ville lauréate. La première ville pour laquelle cela a été déterminant est Glasgow en 1990. Considéré jusqu'alors comme une ville industrielle sinistrée, le label a permis de renverser les représentations et d'inscrire la ville dans un processus vertueux associant développement par la culture, requalification des friches industrielles et lancement d'un cycle touristique de l'économie locale. Ce fut également le cas pour Lille en 2004, pour qui l'attribution du label a marqué un véritable tournant européen, ou pour Pécs en Hongrie en 2010. Les effets territoriaux sont nombreux, parfois espérés, parfois inespérés. Dans le cas de Marseille-Provence en 2013, le label a permis de favoriser la construction d'une gouvernance métropolitaine, impensable jusqu'alors, et de montrer la fragmentation socioterritoriale comme un atout et non comme un handicap. L'ouverture du sentier de grande randonnée GR2013, au cœur de la construction d'un paysage culturel par la marche, a ainsi permis de retourner l'image très négative de certains quartiers de la ville [Grésillon, 2013].

LE FOOTBALL ET L'UNION EUROPÉENNE, LE FOOTBALL DANS L'UNION EUROPÉENNE ?

La pratique de ce sport à un niveau professionnel permet de souligner plusieurs aspects particuliers de l'organisation de l'Union, tant dans la question des objectifs déclarés et des vertus attribuées à ce sport, qu'à des questions de différenciation des espaces communautaires. Le sport professionnel qu'est le football est réglementé par l'Union des associations européennes de football (UEFA), auxquelles adhèrent à la fois les clubs professionnels et les ligues nationales de football de chaque pays.

Une dimension géopolitique du football européen

La création de l'UEFA en 1954 permet de souligner l'importance de la construction européenne, concomitante de la construction du football à l'échelle européenne, mais aussi le paradoxe d'un sport à la fois dans et hors de l'espace communautaire de l'Union européenne. Fractionnées par divergences et conflits de la première moitié du siècle, les conditions d'une union des associations à l'échelle du continent deviennent favorables après la Seconde Guerre mondiale. Les valeurs portées par l'UEFA sont très proches de celles de la construction européenne : paix, solidarité, lutte contre les discriminations sont, par exemple, des termes qui figurent dans les statuts de l'UEFA [BARCELO, 2007]. Mais, paradoxalement, l'UEFA est domiciliée en Suisse (aujourd'hui à Nyon), hors du champ immédiat des juridictions de l'Union européenne, tout comme la plupart des institutions internationales du sport : stabilité politique à l'abri des guerres grâce à la neutralité permanente de la Suisse, mais aussi exemptions fiscales et facilités législatives d'organisation et de gestion assurent un écosystème florissant pour le sport, au cœur de l'Europe et de ses puissantes fédérations nationales sportives.

Deuxième point, l'importance géopolitique de l'Europe est soulignée par le fait que les institutions internationales de la FIFA y ont trouvé leur siège, mais en sont aussi l'œuvre. La FIFA, créée en 1904, correspond à l'organisation mondiale du football, organisatrice de la coupe du monde tous les quatre ans. Ses statuts, jusqu'en 1953, empêchaient la création de toute association régionale, tandis que l'institution était largement aux mains des fédérations européennes. Le rayonnement de l'Europe par le football est ainsi manifeste, mais aussi celui des pouvoirs concentrés dans ce même espace géographique, alors même que les instances dirigeantes restent formellement extérieures à l'Union. D'un point de vue plus symbolique, le football participe également d'un certain *soft power* au profit de l'Europe, ce qui bénéficie immanquablement à l'Union européenne. Ainsi, Michel Platini déclarait en 2008, au conseil de l'Europe : "des millions d'enfants partout dans le monde sont devenus et continuent à devenir Européens en jouant au football sur un terrain boueux soit dans les villes, soit à la campagne, avant d'aller à l'école." [GASPARINI, 2012]

Enfin, d'un point de vue institutionnel, l'Union européenne est au cœur de l'accélération des concentrations financières et sportives, connues par les clubs ces vingt dernières années : les transferts des joueurs des clubs de l'espace communautaire ont été libéralisés grâce à "l'arrêt Bosman" de la CJCE en 1995, érigeant le principe de libre circulation en règle ordinaire pour tous les joueurs professionnels de l'Union et accroissant la concentration les joueurs les plus cotés et talentueux vers les clubs les plus offrants. La concentration financière s'est également accrue sur les plus grands clubs : par exemple, les rachats des clubs de Chelsea, Arsenal, ou Monaco par des milliardaires russes et du Paris-Saint-Germain par le prince héritier du Qatar soulignent cette attractivité. C'est la capacité des plus grands clubs à générer des profits qui est alors affirmée, en les élargissant le plus possible. Ainsi, avec un budget de près de 250 millions d'euros consacré au mercato de la saison 2022-2023, le club du Paris-Saint-Germain parvenait à générer un revenu général de plus de 650 millions d'euros, en cumulant des revenus issus des droits télévisuels et médias, des sponsors, des produits dérivés, ce qui fait entrer le PSG dans le Top 5 des clubs les plus profitables en Europe, alors même qu'il n'a jamais remporté une seule coupe d'Europe, mais que sa présence dans les trois derniers échelons de la compétition est quasi-permanente ces vingt dernières années.

Un sport à plusieurs échelles

L'organisation des différentes coupes à l'échelle européenne joue des différents découpages entre le continent, l'Union, et fait apparaître un certain nombre de caractéristiques fondées sur les ambiguïtés et tensions géopolitiques internationales : ainsi, le Championnat d'Europe de football (Euro) oppose 53 sélections nationales, incluant la Turquie, la Russie, et l'Azerbaïdjan à l'Est, ou les îles Féroé à l'Ouest. Israël participe aussi à l'événement, hors d'une compétition régionale sous tension [Barcelo, 2007]. Du point de vue des découpages continentaux, le pays relèverait normalement du championnat AFC sur la zone Asie, l'opposant à ses voisins syrien et iranien.

La deuxième compétition majeure correspond à la Ligue des champions, compétition qui oppose chaque année les clubs finalistes des différents championnats nationaux. À travers cette compétition, ce sont pour l'essentiel les grandes villes européennes qui s'affrontent. Hormis la question de la domination de certains clubs, c'est bien l'enjeu du fonctionnement d'un système productif sportif qui doit être souligné, croisé avec les problématiques de la métropolisation [Suchet, 20203].

Enfin, ce système de grands clubs est à articuler à deux autres enjeux qui se posent sur le territoire de l'Union européenne : d'une part, de nombreux débats relatifs à l'identité nationale et locale des clubs hantent les médias depuis les années 2000. Par exemple, plus aucun joueur de club de la Premier League anglaise n'était originaire d'Angleterre, tandis que la sélection nationale anglaise était peu à peu éclipsée des derniers carrés des compétitions internationales. D'autre part, les interactions entre clubs au sein d'un système productif footballistique européen sont à souligner : rapports de force, de domination et de hiérarchisation entre les clubs destinés à jouer dans les compétitions majeures et ceux cantonnés aux championnats nationaux, mais aussi relations d'intégration et de partenariat à partir de clubs formateurs ou à destination de clubs satellites destinés à faire jouer les effectifs pléthoriques des plus grandes écuries.

LE MULTILATÉRALISME DE L'UE ET LES ACCORDS BILATÉRAUX DE LIBRE-ÉCHANGE

Il est courant de distinguer, dans les relations internationales, une logique hobbesienne, fondée sur le rapport de force entre États, et une logique kantienne, fondée sur la recherche de consensus et sur des institutions internationales puissantes. En référence au philosophe allemand Kant et à son essai intitulé, *Vers la paix perpétuelle* (1795), la géopolitique kantienne correspond à la construction d'une communauté internationale fondée sur la paix, le développement économique partagé et la solidarité entre États. L'ONU et ses agences comme la FAO ou l'UNESCO, l'OMS ou encore l'OMC incarnent ce multilatéralisme. Mais le multilatéralisme est parfois bloqué par une gouvernance héritée et inadaptée (Conseil de sécurité de l'ONU créé en 1945 et divisé depuis le début de la guerre froide en 1949), d'où des initiatives parallèles pour permettre des accords entre les principales puissantes sans existence de droit de veto (G7 rassemblant des pays industrialisés en 1975, G20 rassemblant le G7 et les pays émergents en 1999 pour représenter 85 % de l'économie mondiale et les deux tiers de la population mondiale).

L'UE soutient le multilatéralisme dans toutes ses composantes et accueille notamment la FAO (à Rome), l'UNESCO (à Paris), la CIJ (à La Haye) et l'AIEA (à Vienne). Dans le cadre de l'économie mondialisée, l'UE a défendu le multilatéralisme au sein de l'**OMC**. L'organe de règlement des différends (ORD) y permettait les arbitrages entre États et ses décisions s'imposaient aux États. Les juges de l'ORD sont nommés à l'unanimité des pays membres de l'OMC. Depuis le début des années 2010, les États-Unis ont reproché à l'OMC, sous Barack Obama, la trop grande complaisance envers la Chine malgré son non-respect de certaines règles du commerce mondial. En 2020, l'ORD a été mis à l'arrêt suite au refus des États-Unis de valider la nomination de nouveaux juges, les mandats des précédents juges étant arrivés à échéance. Ce blocage volontaire de l'OMC par les États-Unis a eu pour conséquence la multiplication des accords bilatéraux. Alors que les États-Unis misent sur leur puissance pour négocier des accords bilatéraux avantageux, l'Union européenne privilégiait l'approche multilatérale via l'OMC. Mais l'ORD étant bloqué, l'OMC n'est plus l'arbitre du commerce mondial, qui se trouve donc dans une phase de restructuration. Après une augmentation rapide de la place du commerce international dans le PIB mondial (31 % en 1975, 43 % en 1995, 61 % en 2008), un léger reflux fut d'ailleurs constaté (57 % en 2021).

Le commerce mondial va continuer, mais les accords bilatéraux remplacent de plus en plus le multilatéralisme de l'OMC. L'UE a donc signé un accord bilatéral de libre-échange avec le **Japon** en 2019 afin de faire baisser les droits de douane japonais sur les produits agricoles, en échange d'une baisse des droits de douane européens sur les automobiles japonaises. L'accord bilatéral avec le **Canada (CETA)**, signé en 2016, prévoit une suppression des droits de douane sur 98 % des produits, excluant certains produits agricoles comme le lait ou le blé. L'accord bilatéral avec le **Mercosur** (2019) n'a pas été ratifié suite à l'opposition de certains États (dont la France), qui considèrent que cet accord est contraire aux objectifs de souveraineté alimentaire et de lutte contre le réchauffement climatique. Cet accord de libre-échange permettrait en effet aux États sud-américains (Brésil, Argentine notamment) d'exporter plus facilement leurs productions agricoles et aux pays européens d'exporter plus facilement leurs productions industrielles. Les agriculteurs européens s'opposent à cet accord relevant, selon eux, d'une concurrence qu'ils jugent déloyale en raison d'une main-d'œuvre sud-américaine moins chère et de normes sociales, sanitaires et environnementales moins strictes. En dehors du Japon, du Canada et du Mercosur, **l'UE est imbriquée dans des zones de libre-échange diverses** avec le Mercosur, Singapour, le Vietnam, le Mexique, le Chili, l'Australie et la Nouvelle-Zélande.

Au-delà des accords de libre-échange, il existe des accords de partenariat économique visant à développer le libre-échange entre l'UE et les pays dits ACP (Afrique, Caraïbe et Pacifique), qui sont des pays en développement. Les accords ACP comprenaient des "préférences commerciales" non réciproques, favorables à ces États qui pouvaient bénéficier de droits de douane sans que leurs produits ne soient taxés à leur entrée dans l'UE. Ces accords de partenariat économique sont en cours de renégociation, puisque ces préférences commerciales non réciproques se sont terminées en 2014. Les coopérations avec les États africains et leurs organisations régionales (CEDEAO, par exemple) sont toutefois aujourd'hui à la peine.

Si certaines institutions semblent bloquer par une gouvernance verrouillée héritée de 1945 (l'ONU par un Conseil de sécurité divisé, le FMI par l'existence du veto américain), d'autres instances le sont par des stratégies de blocage (l'OMC par les États-Unis). L'UE s'est donc adaptée à travers des accords bilatéraux. Mais, derrière cette opposition entre institutions multilatérales et accords bilatéraux se cache une autre évolution géopolitique, celle de l'émergence d'une **gouvernance post-westphalienne**, dans laquelle les États demeurent des acteurs incontournables, mais dans laquelle ils ne sont plus les acteurs uniques de la gouvernance mondiale. Souvent appelée à tort "relations internationales", la gouvernance mondiale a longtemps pris la forme de **relations inter-étatiques** que l'on peut qualifier de westphalienne en référence au traité de Westphalie (1648) considéré comme l'émergence de la forme moderne des États. L'UE, par son histoire et par son essence même de construction politique supranationale, promeut une **conception post-westphalienne de la puissance**. Les négociations climat qui associent des ONG et des institutions internationales variées correspondent à cette géopolitique post-westphalienne. Les grandes puissances étatiques (Chine, Russie, Inde, États-Unis) les plus réticentes vis-à-vis de du multilatéralisme sont aussi celles qui tiennent le plus à une conception westphalienne de la gouvernance mondiale.

ÉRASME, ERASMUS, ERASMUS +

L'union-européanité se forge en partie dans le temps et l'espace des études. Bien que les systèmes éducatifs demeurent spécifiques à chaque État, notamment en ce qui concerne le coût des études, une organisation supranationale des formations supérieures existe, favorisée par le transfert partiel de compétences à l'Union en 1992 dans le cadre du traité de Maastricht. L'uniformisation des parcours universitaires (système LMD: Licence/Master/Doctorat) en Europe conforte un sentiment d'appartenance à une même communauté du savoir (stratégie de Lisbonne en mars 2000) et de l'enseignement supérieur (processus de Bologne et déclaration de la Sorbonne en 1998). Mais ce sont surtout les programmes SOCRATES d'action communautaire, dans les domaines de l'éducation et des formations supérieures qui participent à l'émergence d'une identité union-européenne chez les jeunes.

De tous les programmes SOCRATES (Lingua, Grundtvig...), Erasmus est le plus connu et le plus emblématique. Créés en 1987, ils perpétuent les brassages internationaux qui ont construit pendant des siècles l'identité européenne, à l'image du moine du XVIe siècle, Érasme, néerlandais d'origine, ayant parcouru l'Europe pour enrichir sa pensée humaniste. Érasme a ainsi inspiré l'acronyme Erasmus pour "European Action Scheme for the Mobility of University Students", désignant les programmes de mobilités des étudiants financés par l'UE et dans le cadre territorial de l'UE.

Certes, en 2015 le nouvel Erasmus+ est présenté comme une ouverture à l'international, l'UE pouvant subventionner des échanges avec des États hors de la communauté. En réalité, cette ouverture est limitée spatialement et dans ses objectifs. Ces derniers sont toujours d'œuvrer à la consolidation de l'identité de l'UE. En effet, seuls les vingt-sept États membres bénéficient pleinement du programme ainsi que les pays, d'une part, intégrés aux espaces de libre-échange – pays de l'AELE (Association européenne de libre-échange) et de l'EEE (Espace économique européen) c'est-à-dire la Norvège, l'Islande et le Liechtenstein – et, d'autre part, faisant l'objet d'une procédure officielle d'adhésion – Macédoine du Nord, Turquie et Serbie. Depuis le Brexit, les étudiants britanniques ne participent plus à Erasmus+ et les universités du Royaume-Uni n'accueillent plus de jeunes issus de ce programme. L'ouverture à l'international est dans les faits restreinte à une liste de "pays tiers non associés au programme", qui ne peuvent intégrer Erasmus+ que "dans des cas dûment justifiés et dans l'intérêt de l'Union".

Ce n'est donc pas cette récente internationalisation qui justifie la forte hausse (+80 %) du budget Erasmus+ pour la période 2021-2027 (26 milliards d'euros), mais le choix de la Commission de diversifier le public bénéficiaire au sein des États membres. Désormais, en plus des étudiants, ce sont les collégiens, les lycéens, les professeurs des universités comme de l'enseignement secondaire, mais aussi les apprentis, qui peuvent postuler pour des séjours de formation dans un État de l'Union. L'objectif est ainsi d'accélérer la constitution de toute une génération porteuse de l'identité union-européenne.

Ce choix se comprend face aux succès relatifs d'Erasmus en 40 ans. Le nombre d'étudiants ayant participé à ces échanges est passé de 3200 en 1987, à un total de 2 millions en 2009, 5 en 2016 et 12,5 en 2023 ! Pour réelle qu'elle soit, cette croissance est à relativiser compte tenu du cadre élargi, spatialement et démographiquement de l'UE. En 1987, la communauté européenne compte 315 millions d'habitants répartis en douze pays, quand l'UE est forte de vingt-sept États et 447 millions d'habitants en 2023. En outre, les mobilités des étudiants dressent une géographie différenciée entre pays plus attractifs qu'émetteurs, et pays plus émetteurs que récepteurs. Pour l'année universitaire 2019-2020, dix-huit pays accueillent plus qu'ils n'émettent d'étudiants : les États très attractifs comme l'Irlande, la Hongrie, la Finlande ou encore la Suède accueillent deux fois plus d'étudiants qu'ils n'en envoient à l'étranger. Inversement, dix pays, dont la France et l'Allemagne, sont en tête des pays émetteurs (v. Outils, Cartes, Les mobilités Erasmus+ en 2021).

En France, toutes les universités ne sont pas également émettrices. Il est révélateur que ce soient celles de la région Grand Est (universités de Strasbourg et de Lorraine), ouverte sur les grandes villes universitaires de la dorsale européenne, qui ont les plus forts effectifs d'étudiants partant à l'étranger (près de 1000 étudiants par université) contre seulement 471 pour l'université Paris 1-Sorbonne.

Mais le plus emblématique de l'efficience des programmes Erasmus dans la construction de générations porteuses de l'identité communautaire est révélé par un rapport de la Commission européenne en 2014 qui estime à 1 million le nombre de bébés nés de couples Erasmus (27 % des étudiants ayant bénéficié d'Erasmus entre 1987 et 2014).

LA CYBERSÉCURITÉ, UN DÉFI POUR LA PUISSANCE EUROPÉENNE

Les **espaces communs** apparaissent aujourd'hui comme un enjeu central des relations de puissance entre les États. Il est couramment admis d'en considérer quatre : mers et océans, espace, espace aérien et enfin espace numérique, aussi appelé cyberespace*. C'est à ce dernier que nous nous intéresserons ici.

L'introduction du World Wide Web depuis 1989 a fait du cyberespace une réalité pour les Européens et les citoyens du monde entier. Comme tous les territoires il fait l'objet de **stratégies de puissance de la part des États**. Il est en particulier un lieu d'exercice du *sharp power**: des États souvent autoritaires y mènent des actions agressives en vue d'influencer d'autres États dans la conduite de leurs politiques ou de manipuler les opinions publiques. Le cyberespace est en outre un cadre d'action pour des acteurs non étatiques, individus ou organisations criminelles. L'Union européenne cherche à s'en prémunir. Dans son discours sur l'état de l'Union en 2017, Jean-Claude Juncker déclarait ainsi "les cyberattaques sont parfois plus dangereuses pour la stabilité des démocraties et des économies que les fusils et les chars". À titre d'exemple, l'affaire "Pegasus", du nom d'un logiciel espion produit dès 2013 par la firme israélienne NSO Group, illustre la réalité de la cybermenace dans l'Union. En effet, il a fallu attendre 2016 pour que l'infection par ce logiciel soit mise au jour pour la première fois. Il est ainsi avéré qu'en France, le téléphone de Florence Parly a été infecté alors qu'elle était ministre de la Défense, tout comme celui de Jean-Michel Blanquer, alors ministre de l'Éducation. En mai 2022, on apprenait que le téléphone du Premier ministre espagnol était lui aussi touché. L'Union européenne a par ailleurs établi que les téléphones d'opposants politiques en Hongrie ou en Pologne avaient été eux aussi attaqués.

Pour répondre à ce cyberdéfi, l'Union européenne est dotée depuis 2004 d'une **agence spécialisée dans la cybersécurité : l'ENISA**, qui siège à Athènes sous la direction de l'Estonien Juhan Lepassaar. L'agence emploie une centaine d'agents pour un budget annuel de 29 millions d'euros en 2021. La mission principale de l'ENISA est de contribuer au plus haut degré possible de cybersécurité dans l'UE. Elle mène pour cela des actions d'analyse et d'identification des menaces, de formation et de conseil auprès des États membres. L'agence constitue un pilier de la stratégie de l'Union en matière de cybersécurité, définie par la Commission européenne en trois axes: résilience et souveraineté numérique, capacités de dissuasion, de protection et de réponse aux cyberattaques, et enfin coopération entre États membres. Au-delà de l'ENISA, l'UE dispose aussi du **Centre européen de lutte contre la cybercriminalité**, créé en 2013, dépendant d'Europol dont le siège est situé à La Haye.

Enfin, dans le contexte de la guerre en Ukraine, le Parlement européen a adopté en novembre 2022 le renforcement de la législation en matière de cybersécurité proposée par l'Union européenne, le "**Cyber Résilience Act**". Ainsi, tous les produits connectés commercialisés ou fabriqués dans l'Union devront intégrer le paramètre cybersécurité dès la conception. Et pour une série de produits "critiques", les exigences seront renforcées. Il en va ainsi des systèmes d'exploitation ou des logiciels antivirus, par exemple.

LA DÉPENDANCE DE L'UE EN MATIÈRES PREMIÈRES CRITIQUES

En 2020, l'UE a recensé trente "matières premières critiques" ("*Critical Raw Materials*"). Une matière première rare n'est pas forcément critique. La rareté renvoie à une faible disponibilité géologique. Une matière première stratégique est, quant à elle, indispensable pour la politique énergétique, industrielle ou militaire d'un État, mais elle n'est pas forcément rare. Une matière première critique est donc à la fois difficile d'accès (soit par rareté géologique, soit par approvisionnement limité) et stratégique dans ses usages.

Parmi les 30 "matières premières critiques" recensées par l'UE, le **borate**, produit à 98 % en Turquie, est utilisé dans les centrales nucléaires et est donc particulièrement indispensable à la France, dont 60 % de l'électricité provient de centrales nucléaires. Sur la période 2012-2016, la Chine a fourni 93 % du **magnésium** de l'UE et 98 % de son approvisionnement en **terres rares*** (métaux stratégiques). Le magnésium, utilisé dans les alliages d'aluminium légers pour les véhicules et la construction, est indispensable à l'industrie automobile, tandis que les terres rares permettent de produire des aimants indispensables pour propulser les voitures électriques et pour faire fonctionner les éoliennes. Le **silicium** est quant à lui le second élément le plus abondant sur la croûte terrestre après l'oxygène. Il est donc étonnant de le trouver dans la liste des matières premières critiques de l'UE. Extraite à partir du quartz, la silice peut être transformée en silicium métal avec une teneur en silice dépassant les 96 %. La criticité d'un matériau dépend donc aussi des systèmes industriels permettant de le produire. La Chine assurait, en 2020, 71 % de la production mondiale de silicium métal, un élément indispensable pour l'industrie solaire (panneaux solaires), l'industrie électronique (les semi-conducteurs et les puces) et l'industrie automobile (production d'aluminiums légers). Abondant, mais stratégique, peu substituable, peu cher, mais énergivore, le silicium métal est amené à se développer dans une économie décarbonée. Enfin, le **lithium** est utilisé dans la fabrication de batteries et est donc au cœur des mutations industrielles (voitures électriques, téléphones portables, stockage de l'énergie électrique), d'où son surnom d'"or blanc". La production mondiale est passée de 38000 tonnes en 2016 à 130000 tonnes en 2022, et son prix est passé sur la même période de 8000 $ la tonne à plus de 27000 $. L'Australie (61 000 t), le Chili (39000 t) et la Chine (19000 t) assurent la majorité de la production. Le principal pays européen producteur de lithium est le Portugal (600 t, soit moins de 1 % de la production australienne). D'importantes réserves de lithium (500000 t) ont été trouvées dans le Donbass ukrainien. Si une guerre est toujours multifactorielle, les réserves minières du Donbass (lithium, mais aussi charbon et fer) sont l'un des éléments de son importance stratégique pour la Russie, pour l'Ukraine et pour l'UE.

Selon la Commission, la demande de lithium dans l'UE va être multipliée par soixante entre 2020 et 2050. Au niveau européen, le sous-sol aurait des capacités importantes, mais l'UE, les États européens et les sociétés européennes sont-ils prêts à ouvrir des mines ? La **souveraineté de l'UE en matières premières stratégiques** renvoie donc à l'acceptabilité environnementale et sociale des mines. En France, à Échassières dans le Massif central, la perspective d'une ouverture de mine au lithium (1 million de tonnes) par la société Imerys a suscité une controverse, car, avec une concentration de 1 %, il faudra broyer 100 millions de tonnes de roche, consommer une quantité d'eau encore inconnue, le tout à proximité d'une réserve Natura 2000* (la forêt des Colettes).

L'UE ET LA TURQUIE

Membre du Conseil de l'Europe depuis 1949, de l'OTAN depuis 1952, candidate à l'adhésion à la CEE depuis 1987, la Turquie est un pays résolument tourné vers l'Europe et les États-Unis, qui compte une forte diaspora de près de 5 millions de personnes en Allemagne. L'évolution récente des relations entre l'UE et la Turquie est marquée par un refroidissement des relations en raison d'une procédure d'adhésion dans l'impasse et d'une ambition néo-ottomane affirmée du président turc Erdogan, récemment réélu en mai 2023 pour un troisième mandat.

La candidature de la Turquie à l'Union européenne est un serpent de mer. En 1996, l'UE et la Turquie se sont engagées au sein d'une union douanière* qui, contrairement à une simple zone de libre-échange, implique l'alignement de la politique douanière turque sur la politique douanière européenne. En 1999, l'UE a accepté officiellement la candidature turque et a souligné la "vocation européenne" de la Turquie, qui a satisfait en 2004, selon la Commission européenne, aux critères politiques de Copenhague. Mais, en 2006, les négociations d'adhésion sont arrêtées en raison de l'opposition de l'Autriche et de la France qui conditionnent l'adhésion de la Turquie à une approbation par référendum. Lassé de la longueur des négociations, Erdogan annonça en 2012 que la Turquie retirerait sa demande d'adhésion en 2023 si le statut de membre ne lui était pas accordé.

Après une reprise en 2013, les négociations sont à nouveau gelées en 2018. La Turquie a mobilisé sa marine militaire dans les eaux de Chypre pour s'opposer à un forage gazier, pourtant localisé dans la ZEE chypriote. Mais, depuis 1974, la Turquie occupe, en opposition au droit international, la partie nord de l'île. Les tensions entre la Turquie et Chypre, membre de l'UE depuis 2004, sont devenues le principal obstacle à l'adhésion de la Turquie. En outre, la Turquie a initié depuis quelques années une politique de puissance régionale. Elle a soutenu l'Azerbaïdjan turcophone dans sa volonté de reprendre par la force les territoires du Haut-Karabakh conquis en 1988 par l'Arménie, pourtant alliée de la Russie. Ses interventions en Syrie et en Libye témoignent de son influence croissante, mais ce sont les revendications sur les îles grecques de la mer Égée qui posent le plus de problèmes à l'UE. En 2020, la Turquie a violé la ZEE grecque pour y mener des recherches gazières. Les marines militaires grecque et turque, malgré leur alliance dans l'OTAN, ont été mobilisées. La France a soutenu militairement la Grèce.

Au niveau migratoire, un accord a été signé en 2016 entre l'UE et la Turquie, après qu'Erdogan a instrumentalisé la crise syrienne et les flux migratoires vers l'UE. Ankara a accepté d'accueillir sur son sol 4 millions de réfugiés syriens en contrepartie d'un financement de 6 milliards d'euros de la part de l'UE. Les deux parties ont respecté cet accord. La Turquie est donc devenue un partenaire européen incontournable dans la gestion des flux migratoires moyen-orientaux.

LES RELATIONS ENTRE L'UE ET L'UKRAINE

À la jonction entre l'UE et la Russie, l'Ukraine est un pivot géopolitique. L'indépendance de l'Ukraine, récente, a eu lieu en 1991. Hormis entre 1918 et 1922, l'Ukraine n'a jamais été un État indépendant et elle fut sous domination de la Russie durant les trois derniers siècles. Son basculement géopolitique vers l'Occident (OTAN et UE) est considéré par Moscou comme une ligne rouge à ne pas franchir.

Peuplée en 2022 à 17 % de Russes et à 30 % de russophones (dont le président actuel Volodymyr Zelensky), l'Ukraine est un État vaste de 603 000 km² (le plus grand d'Europe après la Russie). En 2004, alors que des États anciennement liés au bloc communiste et voisins de l'Ukraine (Pologne, Slovaquie, Hongrie) ont intégré l'UE, des élections considérées comme truquées par le chef du gouvernement ukrainien, le prorusse Viktor Ianoukovitch, sont à l'origine de la “Révolution orange”. Soutenues financièrement par les États-Unis et par l'Union européenne, ces manifestations ont amené un second vote qui a porté au pouvoir Viktor Iouchtchenko, partisan d'un rapprochement avec l'UE. Ce dernier présida l'Ukraine de 2005 à 2010, date à laquelle Viktor Ianoukovitch gagna les élections.

En 2013, les tensions s'accrurent, car Moscou demanda au gouvernement ukrainien de Kiev de rejeter officiellement l'accord d'association avec l'UE. Le gouvernement ukrainien de Viktor Ianoukovitch (prorusse) renonça à cet accord, ce qui entraîna des manifestations pro-européennes sur la place Maïdan à Kiev puis dans le reste du pays. Cette crise politique amena le président Ianoukovitch à trouver refuge en Russie en février 2014. La Russie décida en mars 2014 d'envahir militairement la région de Crimée, puis d'organiser un référendum d'autodétermination menant à l'annexion de cette dernière à la Russie. De 2014 à 2020, les tensions et les affrontements continuent entre l'armée ukrainienne et les séparatistes prorusses de la région ukrainienne du Donbass.

En 2020, le président ukrainien Zelensky approuve le Partenariat spécifique OTAN-Ukraine. Le 24 février 2022, la Russie lance une opération militaire sur Kiev ainsi que dans l'est et le sud de l'Ukraine. L'UE, les États-Unis et les pays de l'OTAN soutiennent Kiev sur les plans militaire (par des livraisons d'armes), économique et politique, sans toutefois prendre part directement au conflit, la Russie étant une puissance nucléaire et l'Ukraine un État extérieur à l'OTAN et à l'UE. À l'été 2023, l'adhésion de cette dernière à ces deux organisations est en cours de négociation.

LES PLAGES EN EUROPE, DES ESPACES FRAGILES TOURISTIFIÉS

Les plages, espaces sédimentaires sableux ou rocheux (galets) constitutifs de l'estran*, sont des interfaces terre-mer sur lesquels se greffent des enjeux touristiques et résidentiels majeurs. L'Union européenne présente des côtes très étendues, d'un linéaire de 95 000 km. La France est le pays qui en compte le plus, avec 5500 km en métropole, et jusqu'à 8200 km avec les DOM.

Lieux d'exposition saisonnière des corps [Jaurand in Coëffé, 2017], ces espaces apparaissent convoités. Espace de la densité et de la diversité, facteur d'urbanité, les plages induisent une géographie entre rassemblement et ségrégation. Ces hauts lieux* sont iconisés : plage de Pampelonne à Saint-Tropez, plage de la Concha à Saint-Sébastien… Elles sont les centralités d'ensembles urbains parfois décriés pour leur artificialisation, qualifiée de baléarisation*. D'autres, exposées grâce/à cause des réseaux sociaux risquent la surcharge (comme la plage de Positano, en Italie). Dans quelle mesure, l'expérience touristique, en recherche d'authenticité, s'accommode-t-elle de ces espaces, entre fascination, répulsion et patrimonialisation ?

Ce type d'espace marqué par un imaginaire spécifique (le soleil et la nudité) peut voir se confondre tourisme et loisirs, y compris urbains (plage des Catalans à Marseille, plage de Carnon pour les Montpelliérains), lorsque la population locale se mêle aux touristes d'origine plus lointaine. Lorsqu'on examine la géographie du label "*Choice Best of the Best 2023*", catégorie "plages en Europe" sur le site d'avis de voyages le plus utilisé au monde Tripadvisor.com, sur les quinze premiers noms, quatre seulement ne sont pas dans l'UE (une en Islande, une en Turquie et deux en Angleterre). Parmi les onze dans l'UE, on trouve la plage de Sotavento sur l'île de Fuerteventura dans l'archipel des Canaries, la plage des Lapins à Lampedusa à 6 km du plus grand camp de réfugiés d'Europe. Ces plages sont équitablement réparties sur les façades littorales : sept se situent en Méditerranée ; huit en Atlantique (dont une en mer du Nord), avec une préférence pour la Crète et l'Algarve (deux chacune) ; quatre sont situées dans un noyau urbain, toutes sur la façade atlantique (Garleston, Saint-Malo, Saint-Sébastien et Weymouth).

Les plages sont aussi les espaces centraux d'espaces périphériques comme les plages du Mecklembourg, atout touristique dans un land frontalier et rural [Létocard in Coëffé, 2017]. D'autres territoires, plus convoités, sont soumis à la dynamique de la privatisation. À Naples, 90 % de la côte est désormais privatisée, il ne reste désormais plus que 200 mètres de plage gratuite, générant plus de 2 milliards d'euros par an pour 8000 familles. Les plages sont aussi des pôles du tourisme de mémoire, comme à Omaha Beach attirant annuellement 5 millions de touristes du monde entier.

Garantir la protection environnementale de ces plages reste un défi. Dès 2004, le programme "Eurosion" financé par la Commission européenne fait un état des lieux de la menace. Quatre niveaux d'exposition sont mis en évidence, à partir de la combinaison de neuf indicateurs de sensibilité (dont l'élévation du niveau de la mer, l'instabilité du trait de côte, la sensibilité du substrat géologique à l'érosion) et de quatre indicateurs d'impact (dont la densité de la population et la présence d'installations industrielles ou de zones à haute valeur écologique).

CONSTITUER UN RÉSEAU COMMUNAUTAIRE D'ESPACES PROTÉGÉS : LE RÉSEAU NATURA 2000

"Non aux réserves d'Indiens" : c'est ce qu'on pouvait lire à Arles sur les pancartes de la manifestation contre les sites Natura 2000 en 1998. Les manifestants dénoncent alors le risque de voir la Camargue devenir un "musée", alors que les activités économiques y génèrent 140 millions de chiffres d'affaires. Le réseau Natura 2000, désormais bien installé, est souvent au départ perçu comme un nouvel outil technocratique européen sans lien avec le contexte local. Qu'en est-il ?

Quelles origines et vocations du réseau ?

Pour revenir à l'origine de ce réseau, il faut remonter à une démarche mondiale au cours du sommet de la Terre de Rio de Janeiro en 1992 : les acteurs participants se donnent des objectifs précis de conservation de la diversité biologique et écologique à travers une Convention mondiale sur la biodiversité. À partir de là, l'Union européenne décide d'agir, alors que l'action environnementale ne constitue pas initialement une de ses compétences propres. Dès 1992, l'article 6 de l'Acte unique européen mentionne les questions environnementales et ébauche les bases d'un droit environnemental européen sous forme de directives. Il faut rappeler que le droit européen prime sur les législations nationales s'il impose des exigences environnementales supérieures à celles des États membres (article 95).

L'UE décide ainsi de constituer le premier grand réseau de patrimoine naturel européen à partir de deux directives, l'une ancienne, datant de 1979, et l'autre plus récente de 1992. D'abord, elle s'appuie sur la directive 79/409, dite "directive oiseaux"*, qui a donné naissance aux "zones de protection spéciale" (ZPS) qui protègent les habitats et aires de reproduction des oiseaux sauvages. Elle y ajoute la directive 92/43/CEE, dite "directive habitat, faune, flore"*, sur la conservation des habitats naturels de la faune et de la flore sauvage. Ainsi, chaque État membre doit sélectionner sur son territoire des "zones spéciales de conservation" (ZSC). Les deux zonages ZPS et ZSC doivent former le premier grand réseau écologique européen : Natura 2000. L'enjeu environnemental est renforcé, à partir de 1994, par la création de l'Agence européenne pour l'environnement.

La vocation du réseau est claire : "protéger durablement les espèces et les habitats menacés et/ou remarquables sur le territoire européen, dans un cadre global de développement durable." Ainsi, les ZPS et ZSC doivent constituer une sorte d'"échantillon représentatif des habitats et des espèces les plus menacées en Europe", avec deux difficultés : les faire coexister de façon équilibrée avec les fonctions humaines, tout en contribuant au développement des territoires.

Des acteurs... et des conflits ?

Plusieurs acteurs interviennent dans la désignation des sites et dans la mise en œuvre du réseau. Mais animer ce "réseau d'acteurs" par mutualisation, échanges et chartes n'est pas sans difficulté. Les méthodes adoptées pour constituer le réseau sont variées : l'achat de terrains aux Pays-Bas ou au Danemark, la mise en place de permis et de restrictions pour la réalisation d'activités en Finlande, la constitution de plans de gestion restrictive imposés pendant une période donnée en Belgique ou en Allemagne. Dans tous les cas, l'État joue un rôle central dans le choix des terrains et dans les processus de concertation avec les propriétaires et ayants droit.

C'est en France que le projet est le moins bien ressenti, avec des conflits à plusieurs échelles. D'abord, des conflits entre la France et l'Union européenne apparaissent : en juillet 2001, le Conseil d'État annule la moitié de la liste des sites proposés par la Commission européenne par manque de concertation. La polémique se renforce en 2002 autour de l'estuaire de la Gironde : la Commission européenne propose de classer la totalité de l'estuaire de la Gironde en périmètre Natura 2000, tandis que l'État français défend les autorités portuaires qui souhaitent conserver au moins 5 % du domaine fluvial, car plus de 1600 navires transportent 9 millions de tonnes de marchandises dans l'estuaire. Des conflits plus locaux apparaissent aussi : chasseurs, agriculteurs, forestiers, professionnels du tourisme perçoivent mal les restrictions des usages de "leur territoire", y voient parfois une "confiscation territoriale" de la part d'une institution perçue comme lointaine et déconnectée du territoire. Natura 2000 est enfin perçu comme un réseau inutile, qui ne vient que s'ajouter à la multitude des statuts de protection déjà en place (parcs nationaux, parcs naturels régionaux, réserves naturelles, arrêtés de protection du biotope, sites Ramsar, etc.).

En 2023, 27522 sites terrestres et maritimes forment le réseau Natura 2000, ce qui représente 18,5 % des terres et de la ZEE de l'UE. C'est désormais le réseau transnational d'espaces protégés le plus avancé au monde.

LA FRANCE, UNE PUISSANCE ÉCONOMIQUE MONDIALE FRAGILISÉE

Membre du G7, la France est la 5e économie mondiale en termes de PIB (2800 milliards de dollars, soit 17 % du PIB européen). Elle dispose d'une solide influence économique à travers des FTN puissantes, que ce soit dans le secteur énergétique (Total), le luxe (LVMH), le secteur bancaire (BNP, Société Générale, Crédit Agricole) ou l'aéronautique (Airbus). Son *soft power* culturel s'appuie sur une forte attractivité touristique (1er pays touristique avec 87 millions de visiteurs étrangers en 2022), sur une culture nationale réputée. Pourtant, depuis les années 2000, l'économie française décroche par rapport à l'économie allemande. Entre 2001 et 2022, la part de marché des entreprises françaises à l'export a chuté de 5,2 % à 2,4 % alors que celle des entreprises allemandes est restée stable à 6,5 %. Le déficit commercial atteint en 2022 un nouveau record à 160 milliards d'euros alors que l'Allemagne dégage un excédent supérieur à 100 milliards. La dette publique française s'élève en 2023 à 113,5 % du PIB contre 69 % pour la dette allemande.

La France disposait dans l'Union européenne de trois atouts majeurs au niveau économique : son agriculture, sa démographie et son expertise dans le domaine nucléaire. Or ces trois atouts sont de moins en moins valables. Avec 10 milliards d'euros d'excédents, l'agriculture française s'inscrit dans la puissance économique de la France. Mais, sans les exportations de vins, le solde serait déficitaire. D'ailleurs, depuis 2015, le solde commercial agricole intra-européen est déficitaire. Il est compensé par un solde largement excédentaire avec les pays hors UE.

Considérée comme une exception en Europe, la société française affichait en 2010 l'indice conjoncturel de fécondité le plus élevé d'Europe après l'Irlande (2,03 enfants par femme), mais ce taux a progressivement baissé pour atteindre 1,79 enfant par femme en 2022. Ce recul est récent et, en matière démographique, la prudence est de mise, mais, selon le démographe Hervé Le Bras, il semblerait que les nouvelles générations soient moins optimistes en l'avenir, notamment en raison de l'éco-anxiété.

Le développement de l'énergie nucléaire remonte aux recherches menées dans les années 1960, pour doter la France de l'arme nucléaire. Le projet européen Euratom*, signé en 1957 à Rome, fut mis à mal par la volonté de la France de garder le secret militaire sur ses recherches nucléaires. N'ayant pas souhaité faire d'Euratom un partenariat européen, la France est devenue le premier pays au monde en termes d'utilisation de l'énergie nucléaire (60 % de l'électricité produite). Cependant, la France peine aujourd'hui à entretenir son parc vieillissant, et les nouvelles technologies proposées (EPR) se heurtent à des problèmes techniques encore non résolus. Initialement prévue en 2012 pour un budget de 3 milliards d'euros, la centrale EPR de Flamanville ouvrira peut-être en 2024 pour un budget dépassant les 19 milliards d'euros, selon la Cour des comptes. Présentée comme nécessaire à l'autonomie énergétique française, l'énergie nucléaire nécessite cependant l'importation d'uranium depuis le Niger ou le Kazakhstan, et l'ONG Greenpeace a révélé que la société française Orano, anciennement Areva, chargée de la gestion des déchets nucléaires, vendait ses déchets… à la société russe Rosatom afin qu'ils soient traités dans son usine de Seversk. La filière nucléaire représente donc une autonomie en trompe-l'œil.

UN EXEMPLE DE COOPÉRATION TRANSFRONTALIÈRE : L'EUROMÉTROPOLE LILLE-COURTRAI-TOURNAI

En 2020, l'Union européenne a célébré trente années de coopération territoriale européenne. L'un des enjeux forts de ces coopérations reste la volonté d'atténuer les effets-frontières au sein des régions frontalières, notamment à travers la constitution de nouveaux territoires et structures de gouvernance transfrontalières : les Eurométropoles (EM). Ce zoom s'arrêtera sur l'une d'elles : l'EM Lille-Courtrai (Kortrijk en flamand)-Tournai.

Quel périmètre ?

Conurbation de 3629 km^2, l'EM Lille-Kortrijk-Tournai rassemble 157 communes appartenant à deux pays et s'inscrivant dans trois régions : la Flandre néerlandophone, la Wallonie francophone et les Hauts-de-France, ces territoires sont donc initialement marqués par des limites politiques, mais aussi par des discontinuités linguistiques et culturelles. D'ailleurs, les deux ne coïncident pas.

Arbitraire au départ, ce périmètre a peu évolué et résulte, à partir de 1991, d'un regroupement spontané entre cinq structures intercommunales qui crée une association : la Conférence Permanente Intercommunale Transfrontalière (COPIT). À partir de 2008, cette association s'approprie le nouveau statut juridique créé par l'UE et devient le premier groupement européen de coopération territoriale (GECT). Au-delà des cinq intercommunalités de départ, la structure est désormais financée par les deux États respectifs, mais aussi la région en France et les équivalents belges, le département français et provinces belges.

Quelles actions ?

L'objectif du GECT est bien de promouvoir la coopération transfrontalière, transnationale et interrégionale (Delecosse, 2022). Concrètement, cela passe par des missions prioritaires pilotées à la fois par des élus et représentants de la société civile : développement économique pour renforcer les liens, échanges linguistiques entre écoles, amélioration des liens ferroviaires, développement d'événements culturels en commun, ou encore des politiques de protection de la nappe phréatique commune, etc. L'EM participe ainsi à l'approfondissement des relations entre des entités différentes à la frontière autour d'enjeux forts qui transparaissent sur le site institutionnel de l'Eurométropole: se déplacer, faire travailler ensemble, apprendre les langues, améliorer l'environnement régional et la visibilité de la coopération par des événements. Le projet du parc bleu de l'Eurométropole est représentatif: l'idée est de créer un parc transfrontalier sans frontière, accessible à pied, à vélo ou en bateau, mêlant tourisme, biodiversité, transport, loisir et ressource Ainsi, l'idée du territoire transfrontalier est de dépasser les limites et discontinuités initiales, de faire de la frontière une interface de contact avec des effets d'accumulation et de création.

Quel aboutissement?

Les effets frontières n'ont pas complètement disparu et l'Eurométropole reste un territoire de projets, de stratégies territoriales (PERRIN, 2013), plus qu'un pôle métropolitain unifié et équilibré. Elle demeure centrée autour de la métropole lilloise qui se tourne vers ses territoires voisins belges, mais les domine par son poids démographique (1,2 sur les 2,2 millions d'habitants de l'EM), économique (projets Euralille, Euratechnologie, Eurasanté, etc.) politique (rôle des élus leaders Pierre Mauroy et Martine Aubry) et même culturel (Lille, capitale européenne de la culture en 2004).

Toutefois, l'EM est constitutive d'une "interterritorialité" [GROSJEAN, 2019]: un entre-deux spatial politique, économique, mobilitaire, favorisant le rapprochement entre les acteurs, la multirésidentialité et le métissage culturel. Mélange d'échelles, de périmètres et structures, elle reste cependant difficile à appréhender spatialement et socialement. D'un côté, elle cherche à se construire comme une entité régionale pluriculturelle pour gagner en visibilité et en attractivité dans le cadre de la métropolisation. De l'autre, elle demeure une somme de territoires inégaux et déséquilibrés, avec des territoires qui se sentent plus ou moins concernés par la transfrontalité. Mais ses acteurs s'envisagent comme une "métropole trirégionale" coconstruite, un projet unifiant et unificateur.

DE L'EMPREINTE INDUSTRIELLE À LA REQUALIFICATION URBAINE FRONTALIÈRE : LE PROJET LUXEMBOURGEOIS DE BELVAL ET SES IMPLICATIONS

La reconversion urbaine de la friche autour d'un objectif de mixité fonctionnelle

"Belval" : le site a longtemps résonné au loin par la force de ses marteaux-pilons, hauts fourneaux, laminoirs et aciéries... La haute vallée de l'Alzette doit ses paysages et son identité industrielle à ses gisements ferrifères qui ont apporté une abondante quantité de minerai pauvre en fer, la minette. Cela a abouti dès la fin du XIXe siècle au développement de villes-usines et fait la fortune de cette région. La constitution de la CECA en 1952 renforce encore l'importance de cet espace, le Luxembourg devenant le centre de cette communauté économique. Symbole : le 30 avril 1953, le président de la Haute Autorité de la CECA, Jean Monnet, procède à la première coulée d'acier européen à l'aciérie de Belval. Mais les années 1970 sont synonymes de fermeture des mines et usines. Témoins de cet effondrement, les friches se sont multipliées au sein de ce territoire urbain construit par et pour cette mono-industrie. Dès les années 1990, l'État luxembourgeois cherche rapidement à reconquérir ces friches industrielles frontalières afin de relancer l'activité autour de la filière électrique, de requalifier les espaces et de rééquilibrer le développement territorial du Luxembourg trop centré sur la capitale.

Parmi les espaces libérés par l'industrie se trouve le site de Belval-ouest au cœur de l'agglomération d'Esch-sur-Alzette, à seulement 200 m de la frontière française. L'idée de sa reconversion est concrétisée à partir de 2000 autour de la création d'une société d'économie mixte qui lie l'État et l'ancien propriétaire des terrains ArcelorMittal. Le programme de reconversion des 120 ha du site repose sur la proximité et la mixité des fonctions urbaines, mais aussi sur la valeur qu'il accorde au patrimoine industriel [DEL BIONDO, 2010]. Le projet est ambitieux : la friche frontalière doit devenir le socle d'un nouveau développement économique, administratif, culturel et universitaire. Ainsi, le centre du site, *La Terrasse des Hauts Fourneaux*, devient un grand site de l'université du Luxembourg : la "Cité des Sciences, de la Recherche et de l'Innovation". Il accueille désormais près de 7000 étudiants provenant de 129 pays différents.

Des implications frontalières, voire transfrontalières ?

Suite à la crise sidérurgique, d'anciens projets européens n'avaient pas eu l'effet espéré. Lancée à partir de 1985, l'initiative trinationale du pôle européen de développement (PED) du bassin de Longwy n'avait pas permis de relancer l'économie locale et d'arrêter le déclin démographique côté français. Inversement, le Luxembourg a su renforcer son attractivité économique, rendue visible par la multiplication des flux de navetteurs installés majoritairement dans les communes françaises frontalières et dans le sillon lorrain. Le projet d'Esch-Belval est venu recréer une centralité, alimentant l'étalement urbain frontalier.

Face à la "locomotive luxembourgeoise" [DEL BIONDO, 2010], les acteurs français ont cherché à mettre en avant les complémentarités transfrontalières potentielles, mais sans jamais aboutir à des politiques globales d'aménagement. Si quelques sites sont requalifiés dans les années 2000 (friche d'Aubrives, d'Audun-le-Tiche), les friches françaises demeurent un réservoir foncier idéalement situé. À partir de 2006, deux éléments changent la donne: côté UE, un nouvel outil communautaire, le groupement européen de coopération territoriale (GECT), permet d'accélérer la coopération entre les collectivités des deux pays en créant une structure conjointe facilitant la gouvernance ; côté français, le projet luxembourgeois ouvre un financement au sein du contrat de plan État-Région 2007-2013 pour "créer une nouvelle dynamique transfrontalière autour du projet Belval". Cela aboutit en 2009 à la constitution d'une "opération d'intérêt national" (OIN) pour piloter le développement d'une "écoagglomération transfrontalière" autour des huit communes françaises frontalières. L'idée est alors de penser les mobilités, la compacité urbaine et la mixité sociale et fonctionnelle autour de critères de durabilité. Voisin de Belval, de l'autre côté de la frontière, le site de Micheville voit ainsi, à partir de 2012, sortir de terre avec l'aide du FEDER près de 9000 logements, dont la construction d'un écoquartier et la requalification de logements ouvriers, permettant le doublement de la population à la frontière.

En 2022, la ville luxembourgeoise d'Esch-sur-Alzette, associée aux huit communes françaises frontalières, est nommée "capitale européenne de la culture" (v. Zoom, Les capitales européennes de la culture): une occasion supplémentaire de se placer comme un territoire européen transfrontalier central.

LA PUISSANCE ALLEMANDE ET LE POIDS DE L'HISTOIRE

Plus qu'aucun autre pays au monde, l'Allemagne doit composer avec le poids moral et politique de son histoire. La période nazie est en effet considérée comme la période la plus sombre dans l'histoire de l'humanité et elle est devenue le synonyme du mal absolu, affectant en retour durablement la stratégie de puissance de l'Allemagne. Après la Seconde Guerre mondiale, un travail de mémoire, contrasté de part et d'autre du rideau de fer, accentua ce rejet du nazisme, si bien qu'au début des années 1990, après l'unification, trois paradigmes structurèrent le rapport des Allemands à leur passé, à l'UE et au monde : "plus jamais la guerre" ("*Nie wieder Krieg*"), "plus jamais Auschwitz" ("*Nie wieder Auschwitz*"), "plus jamais seuls" ("*Nie wieder allein*"). Ces paradigmes, qui s'inscrivent pleinement dans le projet européen, expliquent la permanence de l'engagement allemand dans la CEE et dans l'UE, mais également les modalités de cet engagement : ne pas s'éloigner des États-Unis et ne pas s'engager dans une intervention militaire autre que défensive.

Un **profond pacifisme**, résumé par le slogan "plus jamais la guerre", s'est enraciné au sein de la population allemande. Dépassant la seule mémoire du régime génocidaire nazi, le pacifisme de l'opinion publique ouest-allemande se construisit en opposition au militarisme prussien de l'époque moderne (Frédéric II dit Frédéric Le Grand) et de l'époque impériale (Bismarck et Guillaume II). Le chancelier prussien Bismarck n'avait-il pas prétendu réaliser l'unification allemande "par l'acier et par le sang" ("*durch Eisen und Blut*") ? Cela dit, ce "national-pacifisme" (Marcel Tambarin) est avant tout présent dans l'opinion publique et ne fut pas partagé par les dirigeants. Le déploiement des missiles Pershing II fut accepté et même souhaité en 1982 par le chancelier Helmut Schmidt (parti social-démocrate du SPD), puis en 1983 par la majorité de droite de la CDU dirigée par Helmut Kohl (parti de centre droit). Dirigeants de centre droit (CDU) et de centre gauche (SPD) n'ont donc pas mené de stratégie pacifique. C'est d'ailleurs ce qui permet d'expliquer que l'Allemagne est, en fonction des années, le troisième ou le quatrième exportateur d'armes au monde. Le pacifisme touche donc davantage la société allemande que les chefs d'État, mais ce "national-pacifisme" pèse sur les décisions des dirigeants, que ce soit sur Angela Merkel qui a refusé d'intervenir en Libye aux côtés des Français et des Britanniques en 2011, ou encore sur l'actuel chancelier allemand Olaf Scholz qui peine à concrétiser son engagement d'investir 100 milliards d'euros dans la Bundeswehr au lendemain de l'invasion russe de l'Ukraine.

Second héritage historique, la **référence géopolitique à Auschwitz** fut et demeure ambivalente vis-à-vis de l'héritage pacifiste. En 1999, c'est ainsi au nom de la référence à Auschwitz que Joschka Fischer, ministre allemand des Affaires extérieures, issu du parti écologiste die Grünen, justifia, par cette référence génocidaire, la participation de l'armée allemande (la Bundeswehr) à l'intervention de l'OTAN au Kosovo. Selon lui, la volonté d'empêcher un génocide par une intervention militaire l'emportait sur la volonté de préserver la paix à tout prix.

Moins connue, mais non moins structurante est enfin la **volonté des chefs d'État allemands de ne pas s'éloigner de leurs alliés**, qu'il s'agisse de l'allié américain, français ou britannique. Éviter l'isolement diplomatique est un paradigme beaucoup plus fort en Allemagne qu'en France. La notion d'autonomie stratégique y est beaucoup moins recherchée. Cela explique l'embarras des Allemands lorsque la France s'éloigne des États-Unis (retrait du commandement intégré de l'OTAN en 1966, volonté française de promouvoir une défense européenne en dehors de l'OTAN et du partenaire américain) ou que ces derniers décident d'une intervention militaire non soutenue par l'ONU (guerre en Irak de 2003).

Le poids de l'histoire, fortement présent dans la société allemande, est également souvent rappelé aux dirigeants allemands par leurs partenaires européens. À Angela Merkel, dessinée sous les traits d'Hitler en Grèce pendant la crise de l'euro, sont venues s'ajouter le 3 janvier 2023 les récentes demandes de réparation de la Pologne suite à la Seconde Guerre mondiale (estimées à 1300 milliards d'euros). Le passé nazi n'en finit donc pas d'être rappelé aux Allemands.

BERLIN ET LA PUISSANCE ALLEMANDE

“Pauvre, mais sexy !” C’est ainsi que Klaus Wowereit, l’ancien bourgmestre-gouverneur du Land de Berlin, définit sa ville, la capitale de la première puissance européenne. Berlin présente en effet une double particularité. Il s’agit de la seule capitale européenne à avoir un revenu par habitant inférieur à la moyenne nationale. C’est également une ville véhiculant des représentations festives et positives dans un pays toujours marqué par les représentations liées au nazisme.

Trois lieux permettent de comprendre l’ancrage singulier de la puissance à Berlin (v. Outils, Photographies-Potsdamer Platz, Église du Souvenir et Colonne de la Victoire).

La Potsdamer Platz ne rivalise pas avec la force dégagée par la *skyline* de Francfort investie par les grandes banques allemandes. Contrairement à Hambourg, Munich et surtout Francfort, Berlin n’est pas une métropole économique de rayonnement européen. Contrairement à la France, l’Allemagne n’est pas un pays centralisé. C’est Francfort et non Berlin qui concentre les activités boursières, d’où le choix d’implanter la BCE (Banque centrale européenne) à Francfort (v. Zoom Francfort et le siège de la BCE).

L’Église du Souvenir témoigne quant à elle de la “mémoire négative” de l’Allemagne. L’église du Souvenir de l’Empereur Guillaume fut érigée à la gloire de la dynastie Hohenzollern pour célébrer la victoire de Sedan (1870) face à l’armée française. La tour, en ruines suite aux destructions de la Seconde Guerre mondiale, fut conservée en mémoire de la guerre. C’est l’un des lieux marquant le plus le “national-pacifisme” (Marcel Tambarin) de la nation allemande.

Enfin, la **Colonne de la Victoire** connut un changement mémoriel étonnant. Construite entre 1864 et 1873 devant le Reichstag, ce monument, censé initialement célébrer la victoire militaire face au Danemark, fut le symbole des victoires face au Danemark (1864), à l’Autriche (1866) et à la France (1870). Déplacée par le régime nazi au milieu du parc Tiergarten dans l’axe ouest-est de la Germania d’Albert Speer (urbaniste nazi), la Colonne de la Victoire devint un lieu important du Berlin nazifié. Au lendemain de la Seconde Guerre mondiale, ce monument ne fut revendiqué par personne, mais il devint progressivement le haut lieu de la communauté gay, donnant même son nom au magazine gay le plus diffusé en Europe *Sieggessäule*. Deux raisons expliquent cette évolution. Ce monument est un symbole phallique et il se situe au cœur du parc Tiergarten, qui est un espace de rencontres depuis le XIXe siècle. En tant que symbole de la communauté gay, il est au centre des trajets de la CSD, la Berlin Pride, mais aussi de la Love Parade. Si la Berlin Pride rassemble en moyenne un demi-million de visiteurs depuis 2006, la Love Parade a rassemblé 1,5 million de personnes en 1995. Célébrée dans la capitale de la musique techno, la Love Parade a profondément contribué à changer l'image de la capitale allemande et de l'Allemagne auprès des jeunes Européens. La photographie du sommet de la Colonne de la Victoire (v. Outils, Photographies-Potsdamer Platz, Église du Souvenir et Colonne de la Victoire) montre un drapeau LGBTQ+ et un drapeau palestinien lors de la CSD 2015. À cette occasion, l'ambassade d'Israël avait organisé une diffusion de tracts vantant "le phare occidental" qu'était Israël au Proche-Orient pour les droits LGBTQ+. En réaction à ce *pinkwashing* utilisant la cause LGBTQ+ pour vanter la politique israélienne, des militants propalestiniens avaient hissé le drapeau palestinien sur le principal symbole de la Berlin Pride. Un drapeau palestinien dénonçant le *pinkwashing* israélien et juif sur un ancien symbole nazi… Berlin est une ville pleine d'ironie.

BERLIN, CAPITALE MOBILE DE L'EUROPE ? UNE GÉOGRAPHIE POLITIQUE DES INFRASTRUCTURES

Alors que les élargissements successifs et le Brexit ont systématiquement fixé le centre géographique de l'UE en Allemagne (dès 2007 dans la Hesse à Gelnhausen et, depuis 2013, en Bavière, successivement à Westerngrund après l'adhésion de la Croatie et à Gaheim depuis le Brexit [ORCIER, 2023]), Berlin, capitale réunifiée de la première puissance économique européenne regagne en centralité. En effet, la capitale allemande, connaissant un transfert en 1998 de Bonn à Berlin a elle-même été mobile, renouant avec l'Histoire, refermant la parenthèse de la guerre froide et de la division politique.

Choisir une capitale, défi pour l'Allemagne et l'UE

En 1949, à la naissance de la RFA, Bonn (secteur britannique) est en compétition avec Francfort (secteur américain) pour devenir la capitale, Stuttgart et Cassel ayant été plus rapidement éliminées. Bonn, moins endommagée que Francfort, et dotée d'une plus grande capacité d'hébergement, plus éloignée du rideau de fer, l'emporte par trente-trois voix contre vingt-neuf lors d'un vote à l'Assemblée nationale constituante pour devenir "capitale fédérale provisoire". L'Allemagne, dont la capitale fédérale est considérée comme provinciale, signe de la séparation des pouvoirs, soutient avec force le choix de Bruxelles qui a cette même image en 1957 face à Paris (voire Chantilly), soutenue par la France. Les transformations géopolitiques de l'Allemagne réunifiée et de la CEE, devenue UE en 1993, n'ont pas les mêmes conséquences pour Bonn et Bruxelles. Cette dernière s'est dotée d'une excellente accessibilité. En Allemagne, la symbolique politique finit par l'emporter. Choix provisoire, l'expérience de Bonn comme capitale doit rester une parenthèse historique en tant que "siège des institutions" dans la Loi fondamentale, la capitale restant même pendant la guerre froide Berlin. La déclaration de Willy Brandt lors de débats au Bundestag ("En France, il ne serait venu à l'idée de personne de rester dans la relative idyllique Vichy alors que la puissance occupante ne se trouvait plus sur le chemin d'un retour de la capitale au bord de la Seine"), très polémique, montre combien le sujet est sensible. Choisir Berlin, c'est participer à l'ancrage des nouveaux Länder dans l'Allemagne réunifiée, ce d'autant plus que le Brandebourg constitue l'hinterland immédiat de la nouvelle capitale. Un député SPD est-allemand, Wolfgang Thierse défend la candidature de Berlin en ses termes : "Jusqu'à présent, trop de choses ont quitté l'Est pour l'Ouest [...]. Que reste-t-il à l'est de l'Allemagne ?" Capitale charnière pour la nouvelle Allemagne, Willy Brandt insiste sur Berlin "comme nouveau centre de l'Europe". Ici s'affirme un modèle métropolitain monocentrique, à rebours du polycentrisme fédéral incarné par Bonn [Laporte, 2016]. Le vote étroit du Bundestag du 20 juin 1991 en faveur de Berlin (338 pour, 320 contre) montre l'âpreté des débats. En cela, le symbole et l'enjeu national ont primé sur la proximité des centres de décision de la CEE. Berlin est effet encore plus proche de la frontière polonaise que Bonn de Bruxelles. Reste un défi de taille pour la "nouvelle" capitale : améliorer son accessibilité à l'échelle du pays et à l'échelle de l'Allemagne, signe d'une centralité renforcée. Ainsi, la mobilité des fonctions politiques s'accompagne d'une réflexion infrastructurelle sur les mobilités.

Deux objets géographiques, "lieux de transports [LOMBARD, STECK, 2004] marquent cette centralité retrouvée en tant que nouvelle capitale : l'aéroport international Willy Brandt Berlin Brandebourg International et la gare Centrale Hauptbahnof. En effet, dans Berlin capitale, les infrastructures garantissant sa centralité relèvent tant de la géographie des réseaux et de leur planification que de la géographie politique.

L'enjeu de l'accessibilité : la question du rattrapage des infrastructures au service de la consolidation du statut de capitale

D'emblée, la création d'infrastructures capables de garantir l'accessibilité de la capitale devient un objet de géographie politique. Ces lieux de transports [LOMBARD, STECK, 2004] doivent garantir la massification et la fluidité du trafic, mais encore devenir une vitrine de la centralité politique, économique, voire culturelle, au service du marketing urbain. Ainsi, la centralisation du pouvoir va de pair avec la polarisation des flux de mobilités par la capitale. L'exemple français est frappant à cet égard. Les aéroports parisiens concentrent 70 % des vols internationaux au départ et à destination de la France. *A contrario*, sur les 68 millions de passagers internationaux ayant atterri ou décollés d'Allemagne, seuls 8,5 millions l'ont fait du mégaprojet longtemps entravé de Berlin Brandeburg (BER), situé sur le site Berlin Schönefeld (SXF).

Lieu de transports iconique et espace politique : Berlin Brandeburg International, la plate-forme et ses déboires

Celui-ci transparaît comme un fiasco politique et financier qui a largement entamé le prestige allemand en matière d'infrastructure et a fait rentrer Berlin dans le rang des métropoles peu efficientes. Conçu pour rehausser le prestige de la ville, dotée désormais d'une infrastructure moderne, ses défauts et errements ont eu plutôt l'effet inverse sur l'opinion européenne, comme en témoignent différents titres de presse. Le *Financial Times* écrit en 2018 : "Berlin's airport travails bruise German engineering pride". La BBC fait état d'un rapport de 2019 qui listait 550 000 anomalies qui avaient été repérées. Certains ont même émis l'idée d'arrêter les travaux, de détruire l'aéroport et de recommencer un nouveau chantier. Un réalisateur allemand, Thomas Balzer, en a fait un documentaire en 2020, *Berlin : les turbulences d'un aéroport*. Avec une ouverture neuf ans après le planning prévisionnel en octobre 2020, Berlin-Brandebourg et 4 milliards d'euros de dépassement de budget, l'opération peut être légitimement qualifiée d'"*epic failure*" [LANDIS, 2022]. Trois présidents du conseil de surveillance, dont Klaus Wovereit, maire de Berlin, ont successivement démissionné depuis 2012. Celui-ci a d'ailleurs démissionné simultanément de la fonction de maire. Après son inauguration, les problèmes se poursuivent. Ainsi, en novembre 2021, *Le Monde* titre "Chaos et déboires en série à l'aéroport de Berlin". Au vu du retard du chantier, les estimations de trafic ont été sous-évaluées. Destiné à remplacer les trois aéroports héritiers de la guerre froide (Tempelhof en secteur américain, devenu parc public, Tegel en secteur français et Schönefeld en secteur soviétique), le trafic cumulé de ces trois plates-formes, soit 35 millions de passagers en 2019, excède les modalités opérationnelles de la nouvelle infrastructure, soit 27 millions de passagers. Seul l'arrêt du trafic en 2020 a, pour l'instant, sauvé BER de la thrombose totale, cumulant en 2022 19,84 millions de passagers seulement. Le design et la sécurité, planifiée au début des années 1990, ne correspondent plus aux usages et aux réglementations des années 2020. En octobre 2021, la nouvelle PDG prédisait même une faillite prochaine de l'entreprise gestionnaire, la FBB, propriété conjointe de la ville, du Land de Brandebourg et de l'État fédéral.

Hauptbahnof : iconicité du lieu et nœud de réseau dans l'UE élargie

Hauptbahnof met en récit une centralité réticulaire, entre rupture et continuité. La gare Centrale, pensée dès 1993 par le cabinet d'architectes hambourgeois GerkanMarg&Partners comme un symbole de réunification, ne fut mise en service qu'en mai 2006. Elle voit passer aujourd'hui quotidiennement 1200 trains et 300 000 voyageurs répartis sur deux niveaux [(ligne 5 de U Bahn de la VBB ; trains longue distance de la DB, dont ICE au 2e sous-sol (voies 1 à 8) et S-Bahn ou Régio au 2e étage (voies 11 à 16)] qui en font un espace intermodal et transcalaire, permettant de lier l'échelle intra-urbaine à l'échelle européenne. Elle est en lisière nord du nouveau quartier politique, la "Bande de la Fédération" ou "*Band des Bundes*", un ensemble architectural aménagé de part et d'autre de l'ancienne frontière et regroupant la Chancellerie et les services du Bundestag, "trait d'union ferroviaire entre les deux villes, une nouvelle couture entre Est et Ouest." [GAQUÈRE, 2020] Située à l'emplacement de l'ancienne gare de Lehrte, celle qui fut le dernier arrêt avant Berlin-Est fut une gare sous-utilisée jusqu'en 1987, restaurée pour 10 millions de deutsche marks. Pourtant, elle fut démolie dès 1992 pour laisser la place au projet politique et rétistique de plus grande envergure de Berliner Hauptbahnhof, dont le coût final est estimé à 1,2 milliard d'euros. Le lien avec la Bande de la Fédération est matérialisé par la vue du Reichstag depuis les commerces du 2e étage, qui deviennent alors lieux de contemplation du pouvoir. La politique (*politics*) devient une politique (*policy*) en acte, incarnée en un lieu. La verrière est mise en scène par des injonctions à l'immobilité provisoire dans des espaces à selfie clairement délimités : l'esthétisation de l'infrastructure est au service de la régulation des flux. Ainsi, les anciens symboles, toujours actifs, du Bundestag et de la porte de Brandebourg, sont au service d'une centralité renouvelée, celle de la gare Centrale, les lieux du pouvoir politique lui étant désormais adjoints ("*umme Ecke liegen*"), voire subordonnés. La centralité rétistique est permise par la percée de tunnels sous le Tiergarten et la Postdamer Platz. Elle justifie une centralité politique et symbolique, liant infrastructurellement les deux Berlin et les deux Allemagnes. La mobilité est pensée comme vectrice d'urbanité* et de fluidité à l'échelle urbaine et européenne. Le lien avec l'UE est moins directement visible, mais demeure avec les métropoles européennes voisines : liaisons vers Amsterdam, Prague, Stockholm via Copenhague, Varsovie, Vienne, Zurich via Basel. La liaison de nuit vers Paris par les chemins de fer autrichiens OBB devrait être relancée en décembre 2023. L'absence de relation avec Bruxelles, pour laquelle une correspondance à Köln est obligatoire, est remarquable. Ici transparaît encore l'organisation Nord-Sud du réseau ferré ouest-allemand qui a bénéficié de l'arrivée du Thalys en 1997, prolongé vers Dortmund en 2016. L'influence ferroviaire de Berlin ne se diffuse pas vers le cœur de la mégalopole européenne. Ce manque d'intérêt est dû à la faiblesse de la vitesse moyenne sur le réseau allemand (5 h 17 minimum de temps de trajet vers Köln en ICE, six arrêts intermédiaires pour 570 km environ). Le polycentrisme a ici raison des liaisons longue distance à grande vitesse.

VOLKSWAGEN, UN GROUPE PANEUROPÉEN GLOCAL

L'industrie automobile représente 6,6 % de l'emploi total en Europe, soit 12,7 millions de salariés. Malgré la moindre centralité de l'UE dans cette industrie depuis 30 ans, celle-ci conserve des champions de taille mondiale.

Volkswagen, première entreprise de l'UE

La firme de Wolfsburg (Basse-Saxe), aux 672 000 salariés fin 2021 et au chiffre d'affaires de 250 milliards d'euros en 2021, se présente comme la première entreprise de l'UE (Shell, au chiffre d'affaires plus élevé ayant décidé de transférer sa résidence fiscale de La Haye à Londres en novembre 2021). Portée par la massification de la propriété de l'automobile après-guerre, elle a vu ses chaînes de production s'européaniser puis s'internationaliser. Elle connaît des difficultés pour promouvoir la décarbonation, alors que l'UE en tant que "puissance de la norme" [Laïdi, 2005] la promeut. Le scandale du Dieselgate a d'ailleurs affecté la réputation de la marque. Cette crise et ses suites ont conduit à remplacer brutalement, en septembre 2022, l'Autrichien Herbert Diess par le patron de Porsche, la maison mère, Oliver Blume. Par le jeu des participations croisées, Volkswagen est d'ailleurs l'actionnaire majoritaire de Porsche. Ses marques, outre Volkswagen, l'installent dans le domaine du haut de gamme. Détenue à 31,40 % par Porsche Automobil Holding SE, actionnaire principal, elle englobe les marques suivantes : Audi (Allemagne), Lamborghini (Italie), Bentley (Royaume-Uni), Italdesign (Italie), Porsche (Allemagne), Škoda (République tchèque), Seat et Cupra (Espagne) et, dans les utilitaires, Traton (avec les marques Scania et Mann), et le fabricant de motos bolognais, Ducati, en sus de la flotte de véhicules de location et de "solutions de mobilités" (slogan officiel de la marque) Europcar. La mondialisation financière est marquante pour Volkswagen. Outre Porsche, les investisseurs institutionnels étrangers (banques, assurances, fonds de pension) concentrent 27 %, du capital, le Land de Basse-Saxe, 11,80 %, et le fonds souverain Qatar Holding LLC, 10,5 %. Mais Porsche concentre au 31 décembre 2022 le vrai pouvoir décisionnel avec 53 % des droits de vote, le Land de Basse-Saxe 20 % et le Qatar 17 %. Étendard de la réussite industrielle allemande, Volkswagen Group fut le premier mondial dans le secteur automobile en termes d'unités produites entre 2014 et 2022, dépassé ensuite par Toyota, tenant du titre entre 2009 et 2014.

Avec sa base domestique importante (en 2022, 37 % des immatriculations de voitures neuves en Allemagne proviennent du Groupe VW), le groupe ne possède pas un indice de transnationalisation* très élevé, contrairement aux groupes suisses comme ABB ou Nestlé, au marché domestique réduit. Le siège, dans une ville moyenne de l'État fédéré Basse-Saxe, actionnaire, renforce le caractère glocal* de l'entreprise.

Une firme allemande à une FTN européenne

Le groupe Volkswagen organise ses unités de production en trois espaces en Allemagne, pour ensuite se déployer en Europe, notamment dans les territoires contigus de Pologne, République tchèque et Slovaquie, selon une logique d'hinterland* qui semble recréer l'Autriche-Hongrie industrielle du XIXe siècle (v. Outils, Figures-Volkswagen en Allemagne). L'héritage national de la localisation des différentes acquisitions reste prégnant (Škoda en République tchèque, Scania en Suède).

Dans l'affaire du "Dieselgate", révélée en 2015, Volkswagen fut reconnu coupable de l'utilisation, sur la période 2009-2015, de logiciels frauduleux conçus volontairement par la marque pour minorer les émissions polluantes de particules d'oxyde d'azote (NOx) et de CO_2 de certains de ses moteurs au moment des tests d'homologation. Plus de onze millions de véhicules des marques du groupe seraient concernés dans le monde. Les valeurs des émissions réelles dépasseraient parfois jusqu'à quarante fois les normes autorisées. Or les normes Euro, déployées depuis 1990 dans l'UE, visent à réduire les particules fines PM 2,5, le monoxyde de carbone, les oxydes d'azote (v. Chapitre Les défis d'une Europe en proie aux changements globaux). Les émissions d'oxyde d'azote ont été divisées par 36, celles d'hydrocarbures par 18 et celles de particules fines par 5 depuis 1990. Une nouvelle norme Euro 7 doit s'appliquer en 2025-2027. Les normes écologiques sont d'ailleurs tout autant une mesure de protection des citoyens qu'une création de barrières douanières non tarifaires.

Wolfsburg,
la ville-usine qui conserve une centralité stratégique

Le site de l'usine, choisi par les nazis en 1937 pour son accessibilité et la distance d'avec les frontières de l'ouest, bénéficie de la proximité de la ligne Berlin-Hanovre et l'actuelle Bundesbahn 2 ainsi que du Mittellandkanal. 70 % des automobiles finies sont transportées par chemin de fer. L'usine abrite la plus grande gare de chargement privée d'Europe. Wolfsburg est donc une ville-usine (*Stadt des KdF-Wagens bei Fallersleben*, du nom du modèle unique produit jusqu'en 1945). Désormais ville de 125 000 habitants, intégrée à la région métropolitaine Hanovre-Brunswick-Göttingen-Wolfsburg, tous les panneaux indicateurs furent renommés "Golfsburg" en 2003 pour le lancement de la nouvelle Golf.

Wolfsburg a le niveau de PIB par habitant le plus élevé de toute l'Allemagne, avec une moyenne de près de 166800 euros. Suit Ingolstadt (Audi-Stadt) avec 122400 euros, puis vient Erlangen, siège de Siemens Healthcare et Siemens Mobilty, avec 102800 euros. Ces chiffres sont le signe de la vitalité manufacturière allemande et du réseau de villes petites et moyennes qui les soutient.

HAMBOURG, PORT DE LA TRIPLE INTERFACE

Ville-Land s'affichant "Ville libre", Hansestadt Hamburg fait de son port un nœud stratégique et son principal avantage comparatif dans une Union européenne recentrée au nord et à l'est, depuis les élargissements de 1995 et de 2004. Européanisation des flux rime ici avec mondialisation. C'est la mondialisation de ces porte-conteneurs qui a activé l'européanisation de la ville. Dans quelle mesure le déploiement de l'aire d'influence hambourgeoise, archétype du triptyque portuaire modélisé par Vigarié en 1979 (hinterland*-port-foreland*), crée-t-il une centralité rétistique ? Troisième port à conteneurs européen en 2021 (8,9 millions d'EVP) après Rotterdam (15,3 MEVP) et Anvers (12 MEVP), il regarde tant vers l'ouest que vers l'est depuis la réunification, liant la Northern Range et la Baltique.

Le terminus de la Northern Range…

En tant que terminus de la Northern Range, Hambourg reçoit les services des navires effectuant des liaisons Europe-Asie orientale via Suez, notamment de Maersk desservant Tanger-Londres, Anvers, Hambourg, Jebel Ali et Shanghai en 54 jours.

Evergreen, armateur taïwanais de porte-conteneurs à la sixième place mondiale, y a installé son siège européen et l'intègre comme terminus de sa route intercontinentale de 91 jours desservant Rotterdam, Colombo, Tanjung Pelepas, Kaohsiung, Qingdao, Shanghai, Ningbo, Taipei, Yantian, Singapore et Felixstowe. Dans le bassin Waltershofer sont amarrés, le 19 juin 2023, le MSC Lauren (12400 EVP), le CMA-CGM Saint Exupéry (21 000 EVP) le Maersk San Marco (9600 EVP), l'Ever(green) Govern (20 000 EVP) et le Thiamma d'Hapag Lloyd (18800 EVP), pour ne citer que les porte-conteneurs de plus de 230 m de long.

Fondé en 1970, Hapag Lloyd, héritier des transatlantiques du XIXe siècle vers les États-Unis, devenu 5e armateur de porte-conteneurs mondial, a son siège mondial à Hambourg. Dirigée aujourd'hui par un patron né à Rotterdam, l'entreprise est le signe de la transnationalisation des élites dirigeantes du secteur de l'armement maritime. Rolf Habben Jansen a ainsi travaillé successivement pour le Britannique P&O, le Suisse Danzas, le danois Maersk puis chez Hapag Lloyd.

… à l'accès baltique revivifié par le *feedering*

Hambourg joue le rôle de *hub** pour toute la Baltique, pivot de redistribution des marchandises vers l'est européen bordé par cette mer semi-fermée*. En 2021, treize lignes régulières de *feeders*, porte-conteneurs de 300 à 1800 EVP, se déploient vers la Russie : douze vers la Pologne, onze vers la Lituanie, dix vers la Suède, sept vers la Finlande, cinq vers le Danemark, trois vers l'Estonie. Par rapport au passage par les détroits danois, le canal de Kiel raccourcit de plus de 400 miles nautiques le trajet vers Gdansk. Sur cette façade, les événements géopolitiques ont une conséquence forte et immédiate : -10 Mt de tonnes et -400 000 EVP entre 2022 et 2023.

La stratégie terrestre paneuropéenne : la complémentarité intermodale vers le sud et l'est

La stratégie intermodale ferroviaire s'inscrit dans la volonté de constituer un hinterland continental tourné vers le sud, principalement. "Plus grand port ferroviaire d'Europe" avec 47,3 Mt transportés par le rail en 2022, 300 kilomètres de rail sont parcourus par 200 trains de marchandises par jour. La Chine, la République tchèque, l'Autriche et la Pologne sont les destinations les plus fréquentes. Ainsi, au-delà du territoire européen contigu d'Europe centrale, le port participe également au développement de la *Belt and Road Initiative* chinoise. L'acquisition de l'opérateur ferroviaire tchèque *Metrans* fait apparaître une stratégie de maillage de l'hinterland centre-européen depuis Hambourg, notamment grâce au port sec de Prague. L'axe Baltique-Balkans apparaît bien, mais également des dynamiques est-ouest comme Prague-Rotterdam. Autrement dit, si le port maritime de Hambourg ne peut tout capter par son interface maritime, une partie de la valeur ajoutée lui revient tout de même par sa filiale ferroviaire.

Ainsi par sa triple interface (Atlantique, mer du Nord, Europe centrale), le port justifie sa devise "*Das Tor zur Welt*", en trois langues sur son site officiel (allemand, anglais, mandarin). L'intermodalité fret fait alors passer le port du statut de *hub** de transbordement à celui de *gateway**, porte d'entrée continentale et sas interterritorial transcalaire [Debrie, Eliott et Soppé, 2005].

DES DIRIGEANTS FRANÇAIS ET EUROPÉENS AU SERVICE DES PUISSANCES ÉTRANGÈRES

Le 8 septembre 2005, deux semaines avant sa défaite aux élections allemandes, le chancelier Gerard Schröder officialise avec Vladimir Poutine la construction du gazoduc Nord Stream. Après son retrait de la vie politique allemande, Schröder prend la tête du consortium Nord Stream puis est nommé, en 2017, à la tête du conseil d'administration de Rosneft. En mars 2021, il expliquait dans la presse allemande l'intérêt du partenariat stratégique avec la Russie afin de limiter la dépendance vis-à-vis du gaz de schiste américain. Les événements en Ukraine montrent à quel point le rôle des anciens dirigeants, engagés auprès de puissances étrangères, peut nuire aux intérêts des Européens.

L'exemple de Gerard Schröder est le plus connu des engagements de chefs d'État ou de gouvernement pour une puissance étrangère, mais il est loin d'être le seul. Si on imagine mal Xi Jinping ou Vladimir Poutine s'engager après leur carrière politique pour une puissance étrangère, ce constat ne semble en effet pas valable pour les pays européens. Bien au contraire, nombre d'anciens chefs de gouvernement (Dominique de Villepin, ancien Premier ministre français engagé auprès de la banque China Minsheng et auprès de l'agence de notation chinoise Dagong et François Fillon, ancien Premier ministre français nommé aux conseils d'administration des sociétés pétrolières russes Sibur et Zaroubejneft) et d'anciens ministres (D. Strauss-Kahn, B. Kouchner) se sont engagés auprès d'entreprises ou d'intérêts étrangers. Cette situation ne concerne pas seulement le monde politique, mais également le monde économique à l'instar d'Henri Proglio, ex-dirigeant de Veolia et d'EDF, travaillant ensuite pour leurs concurrents Urbaser et Rosatom [Fayol, 2020]. Si la figure du traître revêt dans l'opinion publique la figure sociale de l'immigré, plus facilement suspecté de déloyauté, il est plus rarement fait référence à la perte d'influence et de puissance causée par l'engagement des élites auprès de puissances étrangères. Au Royaume-Uni aussi, un ancien dirigeant travaille pour d'autres puissances. En 2021, l'institut Tony Blair employait 231 personnes, déclarait un chiffre d'affaires de 45 millions de dollars auprès d'une quinzaine de gouvernements dont la Chine et l'Arabie saoudite. Des cadres de la Défense et de la Sécurité intérieure sont également recrutés par des acteurs étrangers. Bernard Bajolet, ancien directeur de la DGSE, s'est engagé en 2018, un an après son départ en retraite, au conseil de surveillance de la société parapétrolière néerlandaise SBM Offshore, entreprise alors concurrente de TechnipFMC, société du CAC40. Bernard Squarcini, ex-directeur de la Sécurité intérieure, a collaboré, aux côtés de l'ancien patron du Mossad Meïr Dagan, avec Arcanum, un cabinet d'intelligence économique américain [Fayol, 2020].

En France, la loi contrôle les questions liées aux conflits d'intérêts, mais pas celles liées aux intérêts étrangers. Ce déséquilibre pose problème, car les ministres, les cadres de la haute fonction publique ou de la Défense sont davantage contrôlés s'ils s'engagent dans le secteur privé français que s'ils le font dans le secteur privé à l'étranger. Dans un monde globalisé où l'information tient une place croissante dans l'intelligence économique, c'est un inconvénient majeur.

À titre de comparaison, aux États-Unis, aucun des dix derniers directeurs de la CIA ne travaille pour des intérêts étrangers. En Russie, une loi interdit aux anciens membres du FSB (service de renseignement russe) de quitter le territoire durant les cinq années suivant leur départ en retraite. La solution chinoise est quant à elle plus brutale : Meng Hongwei, responsable chinois recruté pour prendre la tête d'Interpol…a disparu… avant de réapparaître en Chine pour être condamné à 13 ans de prison.

DE BLAGNAC AU MONDE ENTIER, AIRBUS OU LE SYMBOLE DE LA PUISSANCE DE L'UNION EUROPÉENNE DANS LE SECTEUR AÉRONAUTIQUE

L'année 2019 fera date pour l'industrie aéronautique européenne. Cette année-là, le constructeur européen Airbus livra 863 avions à ses clients, tandis que son concurrent Boeing se trouvait relégué au second rang mondial des constructeurs, avec seulement 345 livraisons. Près de 50 ans après le premier vol du premier appareil de la firme, l'Airbus A300, le 28 octobre 1972, c'était l'aboutissement d'une histoire européenne entamée en 1967 par la signature d'un accord entre les ministres des Transports français, britannique et allemand dans le but de "renforcer la coopération européenne dans la technologie aérospatiale".

La firme européenne, dont le siège se situe à Blagnac, est bien installée au rang de premier constructeur mondial. Quelques chiffres empruntés à son rapport d'activité permettent de prendre la mesure de la puissance de la firme : elle emploie plus de 134 000 salariés représentant 147 nationalités, et réalise un chiffre d'affaires de plus de 58 milliards d'euros. Son carnet de commandes est mondial, l'Europe en représentant plus de 30 %, tandis que l'Amérique du Nord et l'Asie en constituent les deux pôles secondaires avec respectivement 22 % et 29 %. La division d'aviation civile Airbus Commercial Aircraft reste la plus importante, mais le groupe inclut des filiales défense et aérospatiale, hélicoptères, aviation d'affaires, mais aussi cybersécurité.

La puissance d'Airbus se lit à toutes les échelles. À l'échelon local, la firme participe à structurer le territoire de la métropole toulousaine. Souvent nommée "Airbusville", la ville rose vit au rythme de la conjoncture de l'industrie aéronautique, entre les affres des mois de covid, au cours desquels elle a craint le scénario catastrophe d'une *shrinking city** à la Detroit, et le boom des commandes qui affluent aujourd'hui. L'aménagement du quartier Andromède à Blagnac, où ingénieurs et cadres "airbusiens" résident en nombre, tout comme celui de la zone AéroConstellation dont les travaux débutèrent en 2002 en présence du président Chirac, témoigne du poids d'Airbus comme acteur local.

À l'échelle de l'Union, Airbus tisse un réseau d'implantations dont la France constitue le point focal, avec près de 50 000 salariés, dont 28 000 en région Occitanie. La firme relie Europe du Nord et Europe du Sud : implantations en Finlande (Helsinki) et en Espagne (à Getafe en périphérie de Madrid). Elle relie aussi pays fondateurs et membres plus récents : à Hambourg s'opère l'assemblage des Airbus A320, tandis que l'on trouve une usine à Varsovie en Pologne, et un important pôle Airbus hélicoptères à Brasov en Roumanie.

Airbus constitue enfin une firme transnationale puissante qui contribue au rayonnement mondial de l'Union. Au Canada, plus de 20 000 emplois directs et indirects dépendent de l'avionneur européen qui y possède neuf sites industriels, dont l'usine de Mirbel, proche de Montréal. La firme est également présente aux États-Unis, sur le territoire de sa rivale de toujours, à Mobile, en Alabama, où l'on trouve une chaîne d'assemblage d'Airbus A320. Les implantations mondiales incluent également le Brésil et le Mexique.

CHARLEROI, UNE *SHRINKING CITY* AU CŒUR DE LA DORSALE EUROPÉENNE

En 2008, le quotidien néerlandais *De Volkskrant* décernait à Charleroi le titre peu enviable de "**ville la plus laide du monde**". Première commune wallonne en nombre d'habitants (205000 habitants en 2023), troisième commune belge derrière Anvers (538000 habitants) et Gand (268000 habitants), Charleroi a hérité cette image négative de son **fort déclin industriel**, encore visible aujourd'hui dans le paysage urbain par les nombreuses friches industrielles et les soixante-quinze terrils de la commune. Ancienne ville majeure du bassin houiller wallon (le "Pays noir"), elle a construit sa richesse autour de l'industrie. En moins de 100 ans, sa population a été multipliée par six, passant de 37000 habitants en 1831 à 225000 habitants en 1910. Le déclin industriel est amorcé à la fin des années 1960, au fur et à mesure de la fermeture des mines. La sidérurgie électrique (Industeel, filiale d'Arcelor) est l'une des dernières traces de cette première période industrielle, après la fermeture du dernier haut-fourneau en 2012.

Les indicateurs sociaux et démographiques confirment ce déclin industriel. La population est passée de 233000 habitants en 1947 à 200000 en 2000, avec une accélération du déclin pendant les années 1980-1990. Le revenu moyen par habitant et par an est de 14140 euros, loin de la moyenne wallonne (18518 euros) ou belge (19671 euros). Comme la majorité des villes en déclin de l'UE, le déclin économique a entraîné de fortes mutations urbaines qui ont accéléré le déclin de la commune-centre, au profit des communes périphériques : déplacement des populations, des activités économiques (en particulier autour de l'aéroport) et commerciales (centres commerciaux).

Depuis les années 2000, la **combinaison de plusieurs politiques de développement soutenues par les différents fonds de l'UE** (FEDER*, FSE*, fonds de l'UE pour une transition juste…) **a permis d'enrayer le déclin économique et démographique** : politiques économiques, culturelles et urbaines. La reconversion des anciens espaces industriels et la création de nouveaux pôles économiques, en s'appuyant sur les entreprises industrielles de pointe, ont permis le maintien et la création d'emplois industriels qualifiés dans la commune : Sonaca (construction aéronautique et aérospatiale, 1300 salariés), Alstom (construction de trains, 1100 salariés) et Thales (fabrication de satellites, 600 salariés) sont les têtes de pont de cette nouvelle industrie. En parallèle, les politiques culturelles et urbaines permettent de changer peu à peu l'image de la ville et de diversifier son économie : patrimonialisation et mise en valeur touristique de l'héritage industriel, développement de nouvelles infrastructures culturelles, rénovation urbaine du centre-ville. Par exemple, d'anciennes forges sidérurgiques ont été reconverties en une salle de concerts et d'expositions (le Rockerill). Ces politiques de développement, pensées uniquement à l'échelle de l'agglomération, soulignent toutefois en creux que la situation dans la dorsale européenne ne constitue pas un avantage comparatif par rapport à d'autres villes européennes comparables (Bilbao, Saint-Étienne...).

UN SYMBOLE DE L'OUVERTURE FRONTALIÈRE DANS L'UE : LE TRIPOINT DES TROIS FRONTIÈRES

Un petit pas pour changer de pays

Sur le Vaalserberg ("mont de Vaals"), colline la plus haute des Pays-Bas à 322,4 m, il suffit d'un petit pas pour passer en Belgique ou en Allemagne. Il s'agit d'un tripoint frontalier, c'est-à-dire le point où les trois frontières se rejoignent. On trouve de nombreux tripoints transfrontaliers au sein de l'UE, dont certains sont célèbres comme celui de Bâle.

Le tripoint des Trois Frontières, appelé locale *Drielandenpunt* ("point des trois pays" en néerlandais), est devenu un symbole de l'ouverture transfrontalière. On y accède par une petite route de Belgique ou des Pays-Bas. Arrivé sur place, le tripoint est matérialisé par une stèle entourée des drapeaux des trois pays (v. Outils, Photographie du Tripoint). La symbolique est forte : en écartant les jambes, l'individu est à cheval sur trois pays : côté néerlandais, il se situe dans la province du Limbourg, à la pointe sud-est du pays ; côté allemand, il est sur le territoire de la ville d'Aix-la-Chapelle dans le Land de Rhénanie-du-Nord-

Westphalie, à seulement trois kilomètres du centre historique ; côté belge, il marche dans le pays de Herve dans la province wallonne de Liège. La coopération transfrontalière est aussi rappelée par un rocher gravé rappelant que le territoire fait partie de l'Euroregion Meuse-Rhin à partir de 1986. Constituant l'une des plus anciennes coopérations transfrontalières, le territoire bénéficie encore aujourd'hui d'un programme de coopération transfrontalière Interreg afin de renforcer les coopérations socio-économiques et socioculturelles.

Un tripoint devenu curiosité touristique

Au-delà de la monumentalité de la borne frontière, la colline est devenue une curiosité touristique marquée par de nombreux équipements. Côté belge, la tour Roi Baudouin s'érige à une cinquantaine de mètres de hauteur et offre un panorama sur l'un des trois pays en fonction de l'orientation choisie. Côté néerlandais, un café-magasin de souvenirs, un square et un labyrinthe sont présents à proximité immédiate. Côté allemand, les forêts disposent d'un imposant réseau de promenades fléché en fonction de la longueur et des difficultés.

Au centre, l'aménagement joue jusqu'au bout sur le croisement des trois frontières et les échanges entre pays. Trois portes, rédigées chacune dans une langue, ouvrent sur un espace commun : "le carré des quatre frontières". Cela rappelle qu'entre 1830 et 1919, entre la date d'indépendance de la Belgique et la fin du territoire de Moresnet Neutre, le tripoint fut même un quadripoint. Au sein de ce carré, il est possible de commander plats et boissons typiques des trois pays respectifs et de les déguster dans un espace commun central. À proximité immédiate s'ajoutent des parcs de jeux et espaces de loisir, points de rencontre des enfants belges, français, néerlandais et allemands. Le tripoint est enfin le nœud du réseau des chemins de randonnée vers les trois pays.

"Ma patrie, ce sont les frontières" : plusieurs panneaux explicatifs mettent en évidence cette phrase et rappellent la force symbolique du lieu dans l'Histoire des trois pays, mais aussi la place centrale de l'ouverture frontalière au sein de l'Union européenne.

RECONVERSION INDUSTRIELLE ET DYNAMIQUE D'INNOVATION : LE CAS DE LA SILÉSIE MINIÈRE

Dans une Pologne en voie de métropolisation [Pyka, Behr, 2019], la conurbation silésienne de 4,5 millions d'habitants polarisée par Katowice (2,3 millions d'habitants) occupe une place centrale dans la géographie industrielle du pays. En situation de plein emploi (3,4 % de chômage en 2018 pour la voïvodie de Silésie), elle conserve les attributs d'"un pays noir", cœur de l'identité polonaise [Ples-Ben, 2021], même si l'apport de l'extraction du charbon sur le PIB régional reste limité à 7 %. Fort de 12 % du PIB polonais, en 2e place derrière la région capitale de Varsovie, 17 %, la Silésie produit toujours 40 % du charbon national. Avec dix-huit des vingt-six mines en activité dans le pays, elle extrait 78 % du tonnage national annuel de charbon bitumineux et de l'anthracite [Alves Dias, (*et al.*), 2018]. 80 % des emplois du secteur minier polonais se trouvent en Silésie. En comptant l'exploitation du charbon et les emplois dans les centrales électriques au charbon, la Silésie totalise 82 400 emplois liés directement au charbon en 2017, soit le plus important en Europe. Dans les années 1990, l'industrie automobile se développe, notamment à Tychy et à Bielsko-Biala tandis que la logistique se développe autour de Gliwice. Au cœur d'une dynamique continentale de décarbonation où, d'ici 2030, 50 % des capacités installées en 2019 devraient être démantelées [Eyl-Mazzega, 2019], la région fait face à d'immenses défis de "dépendance au chemin"/reconversion. La région concentre ainsi à elle seule près de la moitié (44,5 %) de tous les emplois directs du secteur minier dans l'Union.

Une stratégie doit y participer : le changement d'image auprès des investisseurs internationaux, en se présentant comme un "*knowledge hub**" de l'innovation, fondé sur quatre nouveaux piliers : l'industrie médicale (biotechnologies, bio-ingénierie et pharmacie), l'industrie énergétique (gazéification du charbon et traitement thermique des déchets), le traitement des matériaux (nanomatériaux et les matériaux spécialisés) et les technologies de l'information et de la communication (TIC) pour le médical. Dans la *Stratégie Régionale de l'Innovation de la Voïvodie de Silésie* pour les années 2013-2020, inspirée des plans successifs de développement régional initiés par l'UE, les objectifs insistent sur la coordination entre acteurs publics, privés, académiques, notamment la Central Mining Katowice, ONG et financiers, en activant les logiques de partenariat, subsidiarité et proximité, au risque de la standardisation des solutions. La création de zones franches* se présentant comme technopôles en est une. Katowice Special Economic Zone est aujourd'hui le siège régional de 390 entreprises et représente à elle seule près de 80 000 emplois. Dabrowa Gornicza accueille l'usine de production de batteries lithium-ion du coréen SK Innovation. Pour la période 2014-2020, 4,09 milliards d'euros ont été investis dans des projets de développement régional, dont 613,5 millions par l'État polonais et 3,47 milliards par le niveau européen, finançant conjointement le projet de réseau intelligent (ou Smart Grid) développé par la société Tauron Polska Energia. Enfin, le marketing territorial participe également de cette stratégie, notamment par l'accueil d'événements mondiaux tels que le sommet international des Villes créatives de l'UNESCO, du 11 au 17 juin 2018, et la COP24, organisée à Katowice du 2 au 15 décembre 2018.

L'ESPAGNE DANS L'UE, UNE NATION FRAGILISÉE PAR LES INDÉPENDANTISMES

Des différences culturelles régionales…

Si l'économie espagnole s'est modernisée et si la démocratie est dorénavant solidement implantée depuis la transition post-Franco, les différences régionales, voire les indépendantismes fragilisent la puissance espagnole. Ces différences régionales s'expriment au niveau linguistique par l'existence d'une langue officielle au niveau étatique (le castillan) et par la reconnaissance d'autres langues officielles dans certaines communautés autonomes : la langue basque dans le Pays-Basque et dans une partie de la Navarre, la langue catalane en Catalogne, dans les îles Baléares et dans la communauté autonome de Valence, le galicien en Galice et l'occitan aranais en Catalogne.

...reconnues institutionnellement...

L'organisation politique espagnole est difficile à qualifier puisqu'elle n'est ni unitaire ni fédérale. Elle découle de la constitution adoptée en 1978 qui définit dix-sept régions, appelées "communautés autonomes". Dotées de parlements et de gouvernements, elles exercent des compétences importantes en matière de santé, d'éducation, de police, d'environnement, de développement économique et de culture. Au niveau fiscal, seuls le Pays-Basque et la Navarre disposent d'une autonomie grâce à l'accord financier (Concierto Economico) signé en 1981 avec le gouvernement espagnol. Les archipels (Canaries, Baléares) ont également un statut spécial.

...et donnant lieu à des revendications indépendantistes

Le Pays-Basque fut marqué par le mouvement indépendantiste le plus fort jusque dans les années 2000. L'ETA (Euskadi ta Askatasuna pour "Pays basque et liberté" en basque) fut un mouvement indépendantiste basque recourant à la violence armée (enlèvements, attentats), mais qui, faute de résultats politiques et en raison d'un soutien de plus en plus faible de la population basque, s'est dissous en 2018. Plus récemment, le 1er octobre 2017, un référendum d'autodétermination fut organisé par Carles Puigdemont, le président de la Généralité de Catalogne. Les indépendantistes catalans proposèrent une indépendance dans le cadre d'une future intégration de la Catalogne à l'Union européenne. Mais ce référendum fut jugé illégal par le gouvernement espagnol, et c'est désormais Pere Aragonès, un indépendantiste modéré, qui est à la tête de la Généralité de Catalogne. En juillet 2023, lors de la confirmation de la levée de l'immunité parlementaire de Puigdemont, le mouvement indépendantiste semblait divisé et essoufflé, ce qui fut confirmé lors des élections législatives du 23 juillet 2023, lors desquelles le Parti socialiste ouvrier espagnol de Pedro Sanchez devança les indépendantistes.

LE *SOFT POWER* ESPAGNOL

Troisième langue utilisée sur Internet, l'espagnol est la deuxième langue la plus parlée au monde, devant l'anglais, en tant que langue maternelle. Très pratiqué en Amérique latine en raison de la présence espagnole pendant plus de trois siècles, l'espagnol est aussi de plus en plus parlé aux États-Unis, où selon le Bureau du recensement américain, 30 % de la population sera d'origine hispanique en 2050. Les instituts Cervantès permettent également l'apprentissage de l'espagnol (plus précisément, le castillan) pour près de 230 millions d'élèves à travers plus de soixante-dix centres installés sur tous les continents.

L'Espagne bénéficie par ailleurs d'une image très positive en Europe et dans le monde. Sa fréquentation touristique, essentiellement européenne, doit beaucoup à son climat méditerranéen et à son patrimoine historique et culturel varié, représenté par la Sagrada Familia de Barcelone (3 millions de visiteurs) ou encore le flamenco (danse andalouse), tous les deux inscrits au patrimoine mondial de l'UNESCO. La peinture espagnole, de Velazquez à Picasso en passant par Goya, est au cœur de la culture européenne et mondiale. Selon l'organisation mondiale du tourisme, l'Espagne est ainsi le second pays au monde (après la France) au niveau des visiteurs étrangers avec 82,6 millions de visiteurs étrangers en 2021.

Mais le *soft power* espagnol s'étend également à d'autres domaines, à commencer par le sport, que ce soit par le football avec le Real Madrid et le FC Barcelone, deux clubs mondialement connus, ou par le tennis avec Rafael Nadal et plus récemment Carlos Alcaraz. Dans le domaine audiovisuel, Pedro Almodovar (*Femmes au bord de la crise de nerfs* en 1988, *Volver* en 006) est sans doute l'un des réalisateurs de cinéma les plus connus au monde (et a beaucoup fait pour la cause des femmes et des LGBT+) tandis que la série *La casa de Papel* a connu plus récemment sur Netflix un succès mondial (2017).

L'ESTONIE, LA START-UP NATION DE L'UE

Ce pays balte de 1,2 million d'habitants, frontalier de la Russie et à la démographie stagnante, développe une stratégie nationale d'innovation par l'industrie du numérique. Porté par une formation d'ingénierie depuis la période soviétique, son système de formation s'appuie sur trois universités (université de Tartu, université technologique de Tallinn et université de Tallinn) pour une population étudiante de 12000 diplômés de master chaque année sur une population de 20 à 29 ans de 130000 personnes. Entre 2012 et 2018, la dépense par étudiant a progressé de 4 % par an, selon l'OCDE. Aujourd'hui, l'Estonie est l'un des pays les plus en pointe de l'UE dans ce domaine.

Stratège, l'État estonien s'est mué en facilitateur avec son Livre blanc, *Startup Estonia White Paper 2021-2027*. Parmi, les symboles de la numérisation de la société figure l'e-carte d'identité. Vote aux élections, accès aux transports en commun, règlement des impôts, suivi des résultats scolaires, paiement des médicaments, création d'entreprises, cet outil multidémarche permettrait au pays d'économiser 2 % de son PIB, selon son ministère de l'Entrepreneuriat. En outre, les Estoniens sont propriétaires de leurs données et Internet, arrivé très tôt dans les foyers et les écoles (vers 1996) est "un droit humain" garanti par la loi.

La fiscalité constitue un autre levier de l'innovation. Depuis 1994, les entreprises paient une *flat tax* de 20 % sur leurs revenus si les profits sont redistribués sous forme de dividendes, et les bénéfices réinvestis directement dans l'entreprise ne sont pas taxés. En décembre 2014 a été créé le statut d'e-résident. Grâce à lui, n'importe quel individu dans le monde peut devenir e-citoyen estonien, dans le but principal de créer une entreprise. Les bénéficiaires peuvent la gérer en ligne: signature numérique de contrats, cryptage et transmission de documents, opérations bancaires, paiement en ligne des impôts de la société. Ce système est plébiscité par 50000 personnes en 2019. Cependant, il ne s'agit ni d'un visa ni d'un passeport.

Parmi les réussites entrepreneuriales de l'écosystème estonien, Skype créé en 2003, racheté par Microsoft en 2012, doit son développement initial à trois programmeurs de Tallinn. Bolt, concurrent principal d'Uber dans quarante-cinq pays, a un chiffre d'affaires supérieur au milliard d'euros. Starship Technologies développe des véhicules autonomes pour la livraison et Playtech, créée à Tartu et domiciliée à l'Île de Man, est le leader mondial des logiciels de jeux en ligne et paris sportifs, coté au Footsie 250 du London Stock Exchange.

Néanmoins, cette numérisation a son revers: la vulnérabilité des informations critiques du pays, révélée par les cyberattaques russes d'avril 2007. Conscient de ce risque, l'Estonie abrite depuis 2008 le Centre d'excellence pour la cyberdéfense en coopération de l'OTAN.

LA LETTONIE, PAYS FRONTIÈRE

La Lettonie, entre mer Baltique et Russie, compte 1,8 million d'habitants pour une superficie équivalente à celle de l'Irlande, mais trois fois moins peuplée.

Ancienne république soviétique, elle a connu une transition rapide vers la démocratie et l'économie de marché depuis la restauration de son indépendance, en 1991. Elle a cependant dû composer avec des héritages lourds qui ont pesé dans sa stabilité. Son économie qui était tournée vers la Russie a connu un redéploiement complet des échanges, qui s'effectuent désormais à 70 % avec l'Union européenne. Elle l'a rejointe en 2004, quelques mois seulement après l'OTAN. Si le pays s'est désindustrialisé dans les années 1990, il s'est mué en une économie de services très performante qui a adopté très tôt les nouvelles technologies. Attachée à la libre circulation et soucieuse de s'intégrer pleinement, elle a rejoint l'espace Schengen dès 2007 et a été en mesure d'adopter l'euro en 2015.

Frappée par la crise de 2008, son économie très libérale a fait preuve de résilience, malgré le tarissement des flux de transit depuis et vers la Russie, qui assuraient une forme de rente à ses villes portuaires. L'axe nord-sud, la Via Baltica, qui traverse le pays par sa capitale Riga est devenu la colonne vertébrale de la région balte. Une ligne ferroviaire nouvelle, bénéficiant de fonds européens, doit relier les capitales baltes entre elles et à la Pologne d'ici 2030 (Rail Baltica). La production énergétique du pays est en majorité assurée par les centrales hydro-électriques construites sur le fleuve Daugava qui traverse le pays d'est en ouest. L'agriculture s'est modernisée grâce aux aides de la PAC, s'est diversifiée en favorisant notamment la production de colza et autres oléagineux en lien avec la hausse de la demande de biocarburants. Elle a aussi entrepris sa transition vers le bio et des formes plus raisonnées pour répondre aux nouvelles demandes des consommateurs urbains dont le niveau de vie a augmenté.

Sa population connaît un déclin régulier et a baissé de plus de 25 % depuis l'indépendance, conséquence des effets combinés d'une faible natalité et de mouvements d'émigration vers la Russie et vers l'Europe de l'Ouest. La Lettonie a progressivement intégré les populations russophones installées dans le pays depuis 1940, à qui elle n'avait pas systématiquement accordé la citoyenneté. Il en reste 175000 soit 9,3 % de la population du pays (contre 700000 en 1991, 300000 et 14 % en 2011).

Cependant, l'intégration européenne et la mondialisation ont eu pour effet d'accroître la concentration des richesses, des populations et de la production dans la région de la capitale et les villes portuaires. À l'opposé, les régions rurales et au contact des frontières orientales ont vu leur marginalité s'accroître en lien avec un dépeuplement et un abandon des terres agricoles. Riga, avec sa vie culturelle et son patrimoine Art nouveau, est devenue une destination touristique et un *hub* régional.

MÉTROPOLISATION ET INDUSTRIALISATION, L'EXEMPLE DE PRAGUE

Dans le contexte de l'UE, la métropolisation*, comme processus assurant aux acteurs d'une ville insertion dans la mondialisation et participation au commandement du système Monde, est plus associée à la tertiarisation qu'à l'industrialisation.

A priori, l'exemple de Prague au XXIe siècle le confirme (V. Outils, Figures-La métropolisation à Prague). Certes, c'est généralement le **tourisme** qui est mis en avant dans la métropolisation praguoise pour sa place conquise dans le tourisme mondial (avec 9,15 millions de visiteurs internationaux en 2019) grâce à un patrimoine urbain historique remarquable (98 km^2 classés au patrimoine de l'UNESCO). Pourtant, la tertiarisation spectaculaire de la ville tient aussi et surtout à sa transformation en **centre d'affaires**. La mesure de ce changement est illustrée par les surfaces en bureaux modernes. Prague ne contient que 931 000 m^2 de bureaux en 2001, contre 2,14 millions de m^2 en 2007 soit légèrement plus qu'à Vienne (2 millions de m^2). Cette mutation a été largement réalisée par des fonds d'investissement de la mégalopole européenne – Unicredit (Milan), la société néerlandaise ING (Amsterdam) ou encore Doughty Hanson (Londres) – tandis que les immeubles à peine aménagés en bureaux sont investis par les FTN spécialisées dans les services aux entreprises et l'aide à l'export. Avec 150 000 emplois occupés par des étrangers sur les 800 000 que concentre la capitale en 2013, la capitale tchèque devient alors une des plus cosmopolites de l'Union. Enfin, son rôle moteur dans la croissance du pays (la capitale réalise 25 % du PIB national) souligne l'efficience économique du processus de métropolisation. Mais cette efficacité ne tient pas qu'à l'accumulation de bureaux modernes et de représentations de FTN financières et de services faisant de la ville une métropole "hors sol". La locomotive praguoise est **arrimée à un processus d'industrialisation**, dans des productions anciennes en République tchèque, mais renouvelée comme l'automobile. D'ailleurs, le secteur industriel domine avec 38 % des emplois et 40 % du PIB du pays en 2022.

Une **vaste aire urbaine praguoise** s'affirme dépassant le pourtant ample territoire municipal de 496 km^2. Elle est **structurée par des échanges et une division spatiale des fonctions** entre Prague – centre tertiaire et métropolisé – et un semis de petites villes industrialisées déployées dans un rayon d'une soixantaine de kilomètres.

La production automobile pour le marché communautaire réalise ce mariage de raison entre métropolisation et industrialisation. Deux villes-usines à 50 km au nord de Prague abritent deux grands systémiers : Škoda à Mlada Boleslav (45 000 habitants) et TPCA (Toyota) à Kolin. L'usine Škoda, héritière de la spécialisation automobile historique de la Bohême, occupe un site de 4 km^2 et emploie 29 100 salariés. Le long de l'autoroute A10 (E65) qui relie la ville à Prague, l'urbanisation de petites villes comme Benatky (7700 habitants) ou Milovice (12 200 habitants) s'est étoffée de lotissements résidentiels et de parcs industriels (métallurgie, ateliers de pièces détachées) des sous-traitants. Les pôles d'emplois industriels de Mlada Boleslav et de Kolin entraînent une industrialisation diffuse, à l'exemple de Valeo qui a ouvert deux usines dans la ville de Rakovnik (15 500 habitants) à 40 km à l'ouest de l'agglomération de Prague. Les performances de cette nébuleuse industrialo-urbaine de la périphérie immédiate de Prague (750 000 véhicules sont sortis de l'usine Škoda en 2020, dont 85 % pour le marché communautaire) tiennent à ses liens étroits et spatialement efficaces avec les acteurs économiques de la capitale. Production industrielle et exportations s'appuient sur les services aux entreprises et à l'export concentrés à Prague. Bien des entreprises étrangères, à l'exemple de Valeo, ont des unités industrielles dans les petites villes périphériques, et des bureaux et des centres de R&D dans l'agglomération.

Une aire métropolitaine dynamique se dessine à la fois hiérarchisée et articulée comme la conséquence spatiale d'une métropolisation qui, loin d'être déterritorialisée, se nourrit autant de l'industrialisation qu'elle l'alimente dans les petites et moyennes villes de sa périphérie. La métropolisation tchèque est-elle ainsi irréductiblement originale dans un espace communautaire aux grandes villes plus tertiaires que productives ou constitue-t-elle un modèle de métropolisation pour une UE en quête de réindustrialisation ?

PRAGUE, DESTINATION TOURISTIQUE DUALE

En 2022, environ 6 millions de touristes ont visité Prague. Les dynamiques de fréquentation restent fortement différenciées. Le nombre de touristes tchèques dépasse de 20 % celui de 2019 pour atteindre 25 % du total des visiteurs. Allemands (859 000) et Slovaques (349 000) constituent les clientèles étrangères les plus nombreuses, marquées par la proximité. Ainsi, Prague s'affirme comme capitale touristique de la Mitteleuropa aux côtés des métropoles danubiennes de Vienne (5,6 M) et Budapest (4 M). Porté dès 1992 par l'inscription de la Vieille Ville (Mala Strana, Hradčany et Staré Město), le site inscrit au patrimoine mondial de l'UNESCO s'est agrandi en 2010 avec le parc paysager de Průhonice pour former un ensemble de plus de 1000 ha.

La profusion de ruelles, de palais baroques en fait depuis lors l'un des principaux sites urbains européens faisant face à une muséification accélérée ("cartepostalisation"). En témoigne la baisse de la population résidente dans l'arrondissement de Prague 1 de 32 500 habitants en 2004 à 23 000 habitants en 2021. Ainsi, on peut interroger les effets d'un tourisme culturel urbain qui fait autant qu'il défait la ville [Monteil, 2007].

La concentration des flux dans l'espace de l'hypercentre et sa saisonnalité estivale assez marquée (juillet-octobre) en font l'archétype d'un lieu touristique que l'on retrouve à Venise ou Bruges. La segmentation des pratiques touristiques entre *city-breakers* venant en week-end grâce aux trente-quatre destinations proposées par la *low cost* Ryanair et les clientèles de petits groupes aisés, logeant dans des 4 ou 5 étoiles, visitant des lieux insolites ou pour *happy few* (concerts, expositions...) est marquée. Ainsi, "les élites touristiques tchèques investissent des lieux péricentraux dont la réputation au sein de la société locale n'est plus à faire" [Monteil, 2007], à l'exemple du théâtre de Švanda (Prague 5), alors que le Théâtre National (Prague 1) n'est fréquenté que par des touristes internationaux. Ainsi les centralités touristico-ludiques divergent selon le type de public.

Le tournage de films, notamment de *blockbusters* américains comme *Mission: Impossible* (1996), *The Bourne Identity* (2002) et *Casino Royale* (2006), ou encore pour les Français, *Jeanne d'Arc* (1999) de Luc Besson ou *Les Misérables* (2000) de José Dayan font des studios Barrandov, le principal lieu de tournage d'Europe centrale, grâce à des techniciens qualifiés et des paysages adaptés. La représentation de la ville comme haut lieu du romantisme en fait aussi une destination de "lune de miel", avec privatisation possible de divers châteaux comme Clementinum ou Libenski ou les Jardins de Wallenstein. Accélérateur de régénération architecturale et urbaine, le tourisme praguois favorise par là même la gentrification, y compris à Holesovice (Prague 7) [Sýkora, Špačková, 2020].

LES CARPATES

La chaîne des Carpates s'étire sur 1500 km, à cheval sur huit États, dont quatre principaux: Roumanie, Ukraine, Slovaquie et Pologne. C'est une moyenne montagne en grande partie couverte de forêts qui se subdivise en différents massifs, comme les Tatras entre Pologne et Slovaquie, qui culminent à 2650 m. Important château d'eau, la chaîne alimente de nombreux affluents du Danube, dont la Tisza, mais aussi la Vistule, le Prut et le Dniestr. Siège d'une traditionnelle activité pastorale exploitant les différents étages montagnards, elle a vu l'exploitation des ressources forestières et minières (charbon, sel, or, cuivre) s'accélérer au XIXe siècle.

Le massif, objet de nombreuses batailles entre princes locaux, ottomans et hongrois, depuis le Moyen Âge, servait alors de frontières entre l'Autriche-Hongrie, l'empire allemand, la Roumanie et la Russie. L'annexion, en 1945 par l'URSS, de la Ruthénie subcarpatique (aujourd'hui en Ukraine) lui permettait un accès direct au bassin du Danube pour asseoir son contrôle sur les démocraties populaires devenues ses satellites.

Comme de nombreux massifs, les Carpates ont servi de refuge à des populations minoritaires ou persécutées (Ruthènes, Valaques, Roms, Juifs...), alors que plusieurs mouvements de colonisation ont été menés par des paysanneries et des nobles venus d'Allemagne (XIIIe siècle) et de Hongrie (XVe siècle). Devenues des minorités au sein de l'État roumain unifié en 1918, et de la Tchécoslovaquie, elles ont nourri un mouvement séparatiste qui a abouti à un bref rattachement à la Hongrie et d'importants déplacements de population pendant la Seconde Guerre mondiale.

Riches en espèces animales et végétales, les Carpates font l'objet d'une politique de préservation depuis les années 1930. En Roumanie, le parc national des monts Retezat (381 km^2), créé en 1935, est classé par l'UNESCO comme réserve de biosphère en raison de la présence de forêts primaires de hêtres. Le massif y occupe une place centrale, décrivant un arc séparant historiquement la Moldavie à l'est de la Valachie au sud, et surtout de la Transylvanie à l'ouest.

Le dictateur Nicolae Ceausescu (1918-1989), pratiquant le culte de la personnalité, s'était autoproclamé "Génie des Carpates". En Slovaquie, le mont Krivan est un symbole national, qui figure sur la face nationale des pièces de 1, 2 et 5 centimes d'euro. Les Carpates véhiculent un profond imaginaire en lien avec la légende de Vlad Tepes, ancien prince de Valachie au XVe siècle, qui a inspiré le roman *Dracula* de Bram Stoker, paru en 1897. Durant tout le XIXe siècle, le massif a inspiré les écrivains, du romantique Lord Byron à Jules Verne. Ses paysages et la valorisation de son patrimoine culturel et religieux contribuent au développement d'un tourisme vert et de proximité à partir des villes de piémont comme Cluj, Kosice, Brasov, Sibiu.

L'eurorégion* des Carpates, créée en 1993, rassemble désormais 16 millions d'habitants, à cheval sur cinq pays (dont l'Ukraine et la Moldavie, hors UE).

MADÈRE, RÉGION ULTRAPÉRIPHÉRIQUE PORTUGAISE

L'archipel de Madère (capitale: Funchal) est situé dans l'océan Atlantique, à plus de 1000 km de Lisbonne, 700 des côtes marocaines et 450 des îles Canaries. Cet archipel, inhabité avant sa colonisation, composé de plusieurs îles et îlots dont seules deux sont habitées (île de Madère et île de Porto Santo), est une région autonome portugaise. Sa situation géographique privilégiée et son terrain montagneux volcanique permettent une forte diversité climatique, biogéographique et édaphique. Madère compte environ 258 000 habitants et une densité de 320 hab./km². Elle possède une autonomie politique, administrative, financière, économique et fiscale et a ses propres organes directeurs: une Assemblée législative et un gouvernement régional.

L'économie de la RUP est basée sur le secteur des services (85 % du PIB), le tourisme étant le principal moteur et la principale source de revenus et en particulier par sa contribution à la création d'emplois. Le tourisme est ancien, historiquement aristocratique (par exemple, Churchill y a passé de nombreux séjours). L'industrie régionale est dominée par les petites et moyennes entreprises. Des activités artisanales y coexistent (comme la broderie introduite en 1850 par une Anglaise et employant plus de 30 000 brodeuses, les tapisseries ou la vannerie travaillée depuis les débuts de la colonisation dans la région de Camacha) avec les industries agroalimentaires, des boissons et du tabac. La zone franche* de Madère, créée par le Portugal pour développer l'emploi et confirmée par l'UE, a joué un rôle majeur dans la diversification et la modernisation de l'économie régionale. Elle concentre 2700 emplois et 1600 entreprises internationales (souvent leurs boîtes aux lettres). L'agriculture (2 % du PIB, mais un tiers de la population active) est diversifiée grâce aux possibilités des milieux : la production de bananes, exportée à 80 %, couvre 850 ha jusque vers 300 m. d'altitude. Pour répondre aux normes européennes, la variété Cavendish (60 % de la production) s'est imposée. Sont aussi cultivés des fleurs, des fruits subtropicaux et des raisins pour la production du vin de Madère en appellation d'origine contrôlée. Mais la production agricole est entravée par les caractéristiques orographiques (fortes pentes), la petite taille de la zone agricole utile et la prédominance des petites propriétés. L'activité de pêche, notamment de l'espadon noir et du thon, a une importance économique et sociale dans certaines communautés littorales, réalisant par des bateaux de petite taille une pêche côtière.

Compte tenu des contraintes géographiques du territoire, l'UE et la RUP ont dû investir massivement dans l'amélioration de l'accessibilité pour favoriser le développement économique : infrastructures (routes, viaducs, ponts et tunnels), expansion entre 2000 et 2003 de l'aéroport international de Madère dont une partie de la piste est construite sur pilotis dans l'océan, terminal de la gare maritime internationale du port de Funchal, achevé en 2010 pour l'accueil de bateaux de croisières.

LAMPEDUSA, UNE ÎLE-FRONTIÈRE

L'île italienne de Lampedusa se situe en mer Méditerranée et a une superficie d'environ 20 km². Elle est placée entre Malte et la Tunisie, au sud de la Sicile, sur l'une des principales routes migratoires vers l'Union européenne. Cette localisation a changé le territoire de Lampedusa et en fait aujourd'hui une île-frontière souvent sous les feux de l'actualité.

En avril 2023, le journal *Le Monde* publiait un article intitulé : "À Lampedusa, la tragédie des migrants se répète : 'On a perdu l'habitude de voir des rescapés'". En 2016, l'île avait connu le chiffre record de 180000 arrivées de migrants. Lorsqu'ils sont secourus en mer et amenés par des garde-côtes, les migrants sont débarqués sur un quai militaire puis emmenés dans le hotspot, c'est-à-dire le centre fermé où les dossiers vont être constitués. L'Italie a été condamnée par la Cour européenne des droits de l'homme suite à une requête de migrants tunisiens en 2017, il a été établi par cette instance que leur rétention ne se fondait pas sur une base légale claire. Le centre d'accueil des migrants est souvent surpeuplé (il est prévu pour 350 places).

La majorité des traversées se fait dans des embarcations de métal, peu fiables, mais peu coûteuses pour les passeurs. La plupart des migrants viennent d'Afrique subsaharienne (Côte d'Ivoire, Guinée) et sont partis de Tunisie, non loin de Sfax.

Le gouvernement de Giorgia Meloni a fixé à 80000 le nombre de migrants économiques pour 2023. Pourtant, le pays manque de main-d'œuvre dans de nombreux secteurs. La plupart des migrants ne souhaitent pas rester en Italie, mais aller ailleurs en Union européenne ou au Royaume-Uni, et s'apprêtent donc à poursuivre le périple en Europe, voire à traverser une autre mer, la Manche.

Dans les eaux tunisiennes, libyennes, maltaises ou italiennes, le secours aux migrants en perdition en mer est à la charge des garde-côtes. L'Union européenne les forme en Tunisie et Libye, et Frontex intervient, elle, dans les eaux européennes en plus des autorités nationales. Dans les eaux internationales, les ONG leur viennent en aide avec des bateaux ou des avions équipés. Les interventions tardives des Européens ou parfois violentes des Libyens sont régulièrement dénoncées par des ONG et par l'ONU. Très régulièrement, depuis des années, des cadavres se retrouvent sur les côtes de Lampedusa comme ailleurs en Méditerranée.

LA QUESTION DE LA MARGINALITÉ DES SAMIS, ÉLEVEURS DE RENNES

Les Samis sont un groupe social appartenant aux Finnois. Ils sont considérés comme des autochtones et vivent dans le Sápmi, une région qui s'étend sur quatre États (Norvège, Suède, Finlande et Russie) dans l'extrême nord de la Scandinavie. La "Laponie", dénomination contestée par le peuple sami, car elle est jugée péjorative (le terme "lapon", de racine germanique, signifiant "haillon" ou "chiffon"), correspond également à une région administrative de la Finlande, dont il sera plus particulièrement question ici. Les Samis sont connus pour leur activité d'élevage des rennes et sont réputés être les garants d'une cohabitation harmonieuse entre le respect de l'environnement et des animaux, d'une part, et les activités humaines, d'autre part [ROTURIER et ROUÉ, 2015]. Pour autant, les logiques de la mondialisation et de l'aménagement des territoires contribuent à renforcer la marginalité des Samis en tant que minorité.

Une marginalisation liée à la préservation des activités traditionnelles

De leur pratique ancestrale, les Samis ont conservé un mode de vie qui les amène à partager leur territoire avec les animaux qu'ils élèvent : les rennes. Néanmoins, cette pratique contribue à les marginaliser. Les faibles revenus tirés de leur activité ont poussé un grand nombre de Samis à se sédentariser et à s'installer dans les villes. Aujourd'hui, les Samis éleveurs de rennes ne représentent plus que 10 % des Samis, soit environ 70 000 personnes, faisant d'eux une minorité dans la minorité. Ils sont marginalisés économiquement et socialement au sein des sociétés scandinaves.

De plus, il existe de nombreuses inégalités au sein même des communautés samies. Les grandes familles ou les coopératives puissantes, détentrices des plus grands cheptels de rennes, et donc d'une source de revenus plus importante, bénéficient d'un capital pour investir dans des outils mécaniques et informatiques (motoneiges pour se déplacer en hiver, drones pour localiser le bétail, GPS...), tandis que les plus petits éleveurs ne peuvent subsister avec le seul élevage de quelques bêtes et doivent par conséquent travailler tout ou partie de l'année dans d'autres secteurs d'activité, en ville. Il y a donc des inégalités entre les Samis qui tendent à renforcer la marginalité des petits éleveurs de rennes [ROUÉ, 2019].

Une pratique traditionnelle qui se heurte aux logiques capitalistes

L'activité économique des Samis éleveurs de rennes entre en conflit avec de puissantes industries. La Finlande possède de grandes forêts de conifères. Néanmoins, cette exploitation entraîne un conflit d'usage avec les Samis. En effet, les rennes ont besoin de forêts pour se nourrir de lichen en hiver, mais l'exploitation forestière renouvelle les arbres trop rapidement pour que le lichen s'y développe. Par ailleurs, les forestiers clôturent leurs exploitations pour éviter les dégâts faits par les rennes.

La Finlande est l'une des premières puissances économiques dans la production sylvicole (bois scié, carton, pâte à papier, industrie du meuble...). Cette production est une manne économique importante. Le secteur crée 160000 emplois directs et dégage une manne financière de 20 milliards d'euros par an. Le pays possède par exemple la plus grande usine de fabrication de papier, Metso. L'exploitation forestière représente 20 % des exportations et 16 % des emplois industriels.

Il y a donc une rivalité plus ou moins violente entre Samis et entreprises forestières quant à la gestion des espaces, nécessitant un arbitrage extérieur, celui de l'État.

Le rôle des pouvoirs publics dans la démarginalisation des Samis : un arbitrage souvent ambigu

Portant à l'origine sur des questions locales, le conflit a mobilisé de multiples acteurs au point de s'internationaliser, par exemple, avec l'intervention de Greenpeace et du Conseil de l'Arctique. Cette internationalisation contraint l'État finlandais à s'engager pour régler le conflit en prenant en compte les revendications des populations autochtones. Les Samis fondent leurs revendications sur un droit coutumier lié à l'antériorité d'occupation de leurs terres de parcours, droit contesté par les exploitants qui ont obtenu des titres de propriété pour les parcelles de terre. L'État doit faire face à la pression internationale et à celle des *lobbies* des grandes industries forestières économiquement influentes.

Depuis 1990, l'État finlandais reconnaît le statut d'autochtones aux Samis et reconnaît également leur activité comme un patrimoine culturel à protéger. Le Parlement sami, créé dans les années 1990 afin que ce peuple autochtone puisse faire entendre sa voix en ce qui concerne les projets sur les territoires qu'il occupe, est reconnu comme interlocuteur. Cela devait contribuer à réduire les inégalités politiques entre les Samis et le reste de la société, en leur accordant une représentation institutionnelle (elle-même représentée au Conseil de l'Arctique). Cette initiative est toutefois ambiguë, dans la mesure où l'assemblée est uniquement consultative.

LE GROENLAND : UN TERRITOIRE AU STATUT PARTICULIER

Le Groenland est la deuxième plus grande île du monde (2,1 millions de km^2) et le territoire le moins densément peuplé au monde (56600 habitants, soit 0,03 hab./km^2) du fait de la présence d'une immense calotte glaciaire qui rend plus de 90 % de l'île inhabitable. La population est donc concentrée dans quelques petites agglomérations littorales, au sud de l'île, comme Nuuk qui en est la capitale. Géographiquement, le Groenland fait partie de l'Amérique du Nord et son peuplement est en majorité constitué d'Inuits venus de l'actuel Canada entre le XIIe et le XVIIIe siècle. Toutefois, il appartient politiquement au Danemark, qui le colonise à partir du XVIIIe siècle en prenant prétexte d'une ancienne installation des Vikings entre le Xe et le XVe siècle.

Aujourd'hui, le Groenland appartient donc à un État membre de l'Union européenne, mais sans faire partie de l'association d'États pour autant, ce qui lui confère un statut très particulier.

Le Groenland, le Danemark et l'UE : une question de statut

Le Groenland est une colonie danoise de fait à partir 1721 (officiellement 1814) et jusqu'à 1953, date à laquelle il devient un Comté d'outre-mer de la Communauté du Royaume de Danemark. À cette date, il est donc intégré au pays, et il entre donc dans la CEE en 1973 avec l'adhésion du Danemark. Toutefois, en 1979, il acquiert une autonomie interne plus approfondie qui lui confère le statut de "pays constitutif du Royaume du Danemark", c'est-à-dire de territoire assimilable à un pays, mais qui fait politiquement partie d'un État qui lui accorde un statut d'autonomie et d'autogouvernance assez large. Ce processus s'est poursuivi avec une loi de 2009 le dotant d'une autonomie renforcée, notamment pour la gestion de ses ressources, les compétences en matière de police et de justice, etc. Seuls les domaines régaliens restent compétence centrale du Danemark (monnaie, défense, politique étrangère...).

Du fait de l'autonomie, en 1982, la population groenlandaise a pu choisir de quitter la CEE par référendum, ce qui lui a permis de négocier des accords adaptés (droits de pêche, libre circulation...). Cette sortie est effective à partir de 1985 et le Groenland, tout en faisant partie d'un pays membre de l'UE, ne fait pas partie de l'UE. Ainsi, il n'a jamais bénéficié du statut de région ultrapériphérique (RUP) qui a été accordé à partir de 1992 à la plupart des régions et territoires d'outre-mer des pays membres de l'UE.

Aujourd'hui, le Groenland fait partie des Pays et territoires d'outremer (PTOM), statut qui est attribué, depuis le traité de Rome, aux dépendances et territoires d'outre-mer des États membres qui ne font pas pour autant partie de l'UE. Leurs statuts sont déterminés au cas par cas. Ainsi, le Groenland ne fait pas partie de l'espace Schengen, contrairement au reste du territoire danois, il n'applique pas le droit communautaire et ses habitants ne bénéficient pas de la citoyenneté européenne.

Le Groenland et les ambiguïtés d'un territoire stratégique

Le Groenland, même avec une très large autonomie, est un territoire stratégique pour le Danemark, mais également pour l'Union européenne.

Du point de vue géostratégique, il présente l'intérêt d'une ouverture vers l'océan Arctique, essentielle comme appui militaire et comme relais de télécommunications. Il abrite d'ailleurs également les intérêts américains, puisque les États-Unis y ont leur principale base militaire arctique à Thulé, au nord-ouest de l'île. En 2019, dans un tweet, Donald Trump (alors président des États-Unis) a d'ailleurs annoncé son intention d'acheter le Groenland au Danemark – proposition immédiatement rejetée par le pays intéressé.

Sur le plan des ressources, le Groenland est également stratégique. Outre les hydrocarbures *off shore* qui peuvent y être exploités et ses eaux poissonneuses (enjeu majeur pour les pêcheurs de l'UE), on y trouve des terres rares très convoitées à l'échelle mondiale, et dont l'industrie européenne est très gourmande tout en étant totalement dépendante de ses importations d'Asie. L'exploitation des minerais, longtemps interdite par le gouvernement groenlandais pour des raisons environnementales, a été ouverte il y a quelques années, créant un appel d'air pour des entreprises asiatiques notamment.

Une "coopération renforcée" avec l'UE

Pour autant, le Groenland bénéficie d'une "coopération renforcée" avec l'UE, ce qui lui permet de prétendre à certains fonds destinés au développement. Le Groenland reçoit par exemple des fonds de l'UE, qui se montent à plus de 200 millions d'euros pour la période 2014-2020. Ces aides sont actuellement affectées en particulier à l'éducation. Le Groenland peut également solliciter le financement de projets par des fonds de Banque européenne d'investissement (BEI).

Depuis 2007, la coopération est encore étendue et va au-delà du domaine de la pêche, qui était le seul initialement concerné. Les domaines inclus dans les nouveaux accords sont ceux de l'éducation et de la formation, des ressources minérales, de l'énergie, du tourisme et de la culture, de la recherche.

L'ESPACE, TERRITOIRE DE LA PUISSANCE DE L'UE ?

L'agence spatiale européenne (ESA) a été créée en 1975 afin de coordonner les projets spatiaux des États européens dans les domaines de la recherche et de la technologie (sans dimension militaire) face aux États-Unis (NASA) et à l'URSS (Rocosmos) qui menaient leur propre "course à l'espace" depuis plus de vingt ans. Le programme Arianespace, qui permet de lancer des satellites lourds et volumineux, est un programme important de l'ESA. Après cent dix-sept décollages depuis 1996, la dernière fus e Ariane 5 a décollé de son pas de tir de Kourou (Guyane, France) le 5 juillet 2023 et sera remplacée par Ariane 6 en 2024.

L'ESA est une organisation intergouvernementale composée de vingt-deux États membres, qui la financent (7 milliards de dollars de budget en 2023, budget trois fois inférieur à celui de la NASA). L'Union européenne, sans être membre de l'ESA, contribue également à son financement. Les projets Galileo, concurrent européen du GPS états-unien, et Copernicus, système de satellites d'observation de la Terre, sont les deux programmes majeurs de l'UE en matière d'espace, développés par l'intermédiaire de l'ESA. La relance de la "course à l'espace" depuis la fin des années 2000, notamment sous l'influence de milliardaires (Blue Origin, fondée par Jeff Bezos en 2000 SpaceX, fondée en 2002 par Elon Musk, Virgin Galactic, fondée en 2004 par Richard Branson), a en effet conduit à un rapprochement entre l'ESA et l'UE. En 2007, l'UE et l'ESA rédigent une politique spatiale commune, adoptée lors d'un "Conseil spatial" conjoint de l'ESA et des ministres de l UE chargés de la politique spatiale. La convergence des objectifs UE-ESA a pour objectif de limiter la dépendance européenne vis à-vis d'autres puissances spatiales (États-Unis, Russie, Chine, mais aussi acteurs privés). La guerre en Ukraine a fragilisé la politique spatiale européenne, en fermant l'accès aux lanceurs Soyouz. Cette recherche de souveraineté spatiale européenne n'empêche pas les collaborations internationales avec d'autres agences spatiales : station spatiale internationale, programme lunaire, projets d'exploration de Mars. La coopération entre États européens est toutefois compliquée par une concurrence : à l'image des difficultés de l'établissement d'une

Europe de la Défense, les États ne sont pas encore prêts à renoncer complètement à leurs compétences dans le domaine spatial.

Le système productif de l'ESA (2200 salariés) est, du fait de son organisation intergouvernementale, polycentrique. L'ESA est composée d'un siège (à Paris) et de sept sites opérationnels, majoritairement situés dans la dorsale européenne: centre d'astronomie à Madrid, centre des opérations à Darmstadt (Allemagne), centre pour l'observation de la Terre à Frascati (près de Rome), centre de recherche et de technologie à Noordwijk (Pays-Bas), centre des applications spatiales et des télécommunications à Harwell (Royaume-Uni), centre de sécurité et d'éducation à Redu (Belgique) et centre de préparation des astronautes à Cologne (Allemagne). Grâce à ses emplois qualifiés directs et aux emplois indirects, l'ESA contribue ainsi au dynamisme économique de la dorsale européenne. En Guyane, le centre spatial de Kourou re présente environ 15 % de l'économie du département, une proportion stable depuis les années 2000, et y génère un emploi privé sur six.

CARTES

Les élargissements de l'UE

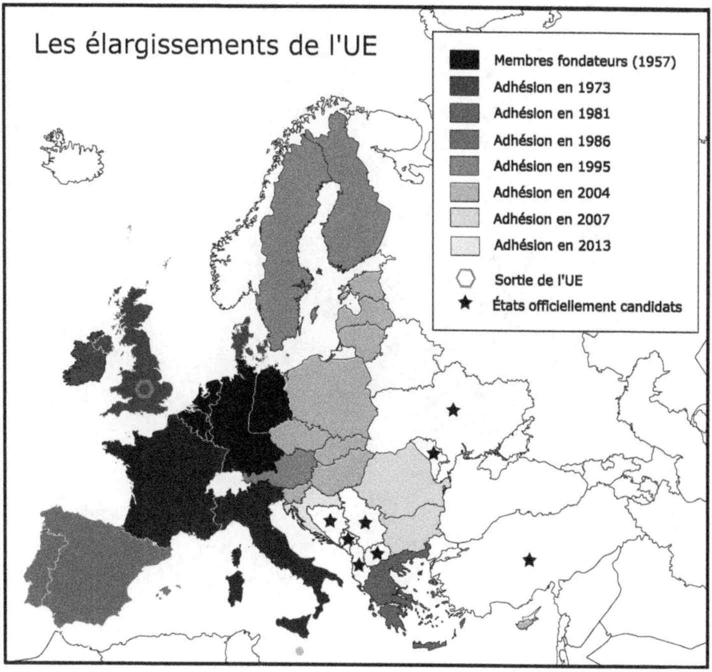

Une UE à géométrie variable

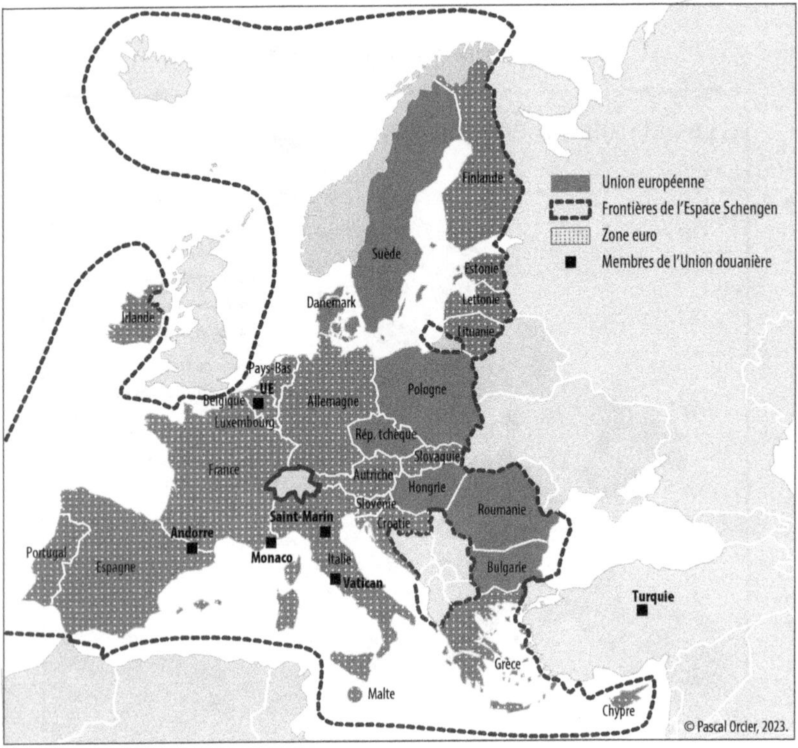

Un modèle géopolitique européen ?

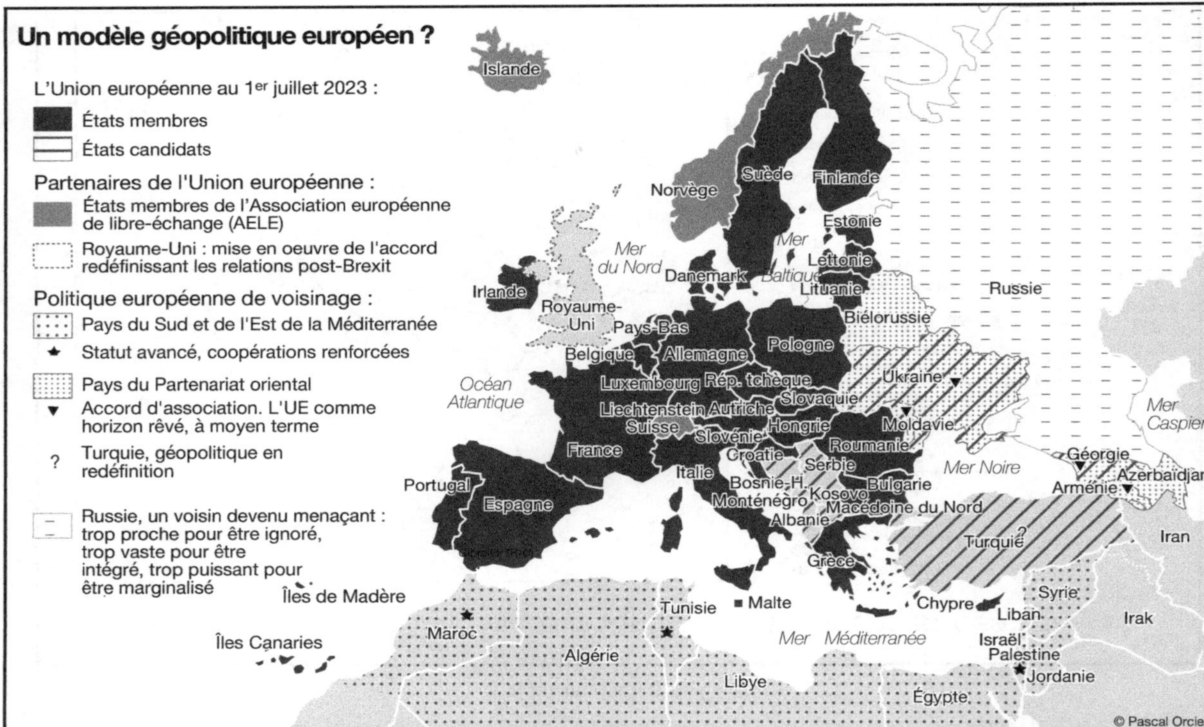

L'administration de l'UE

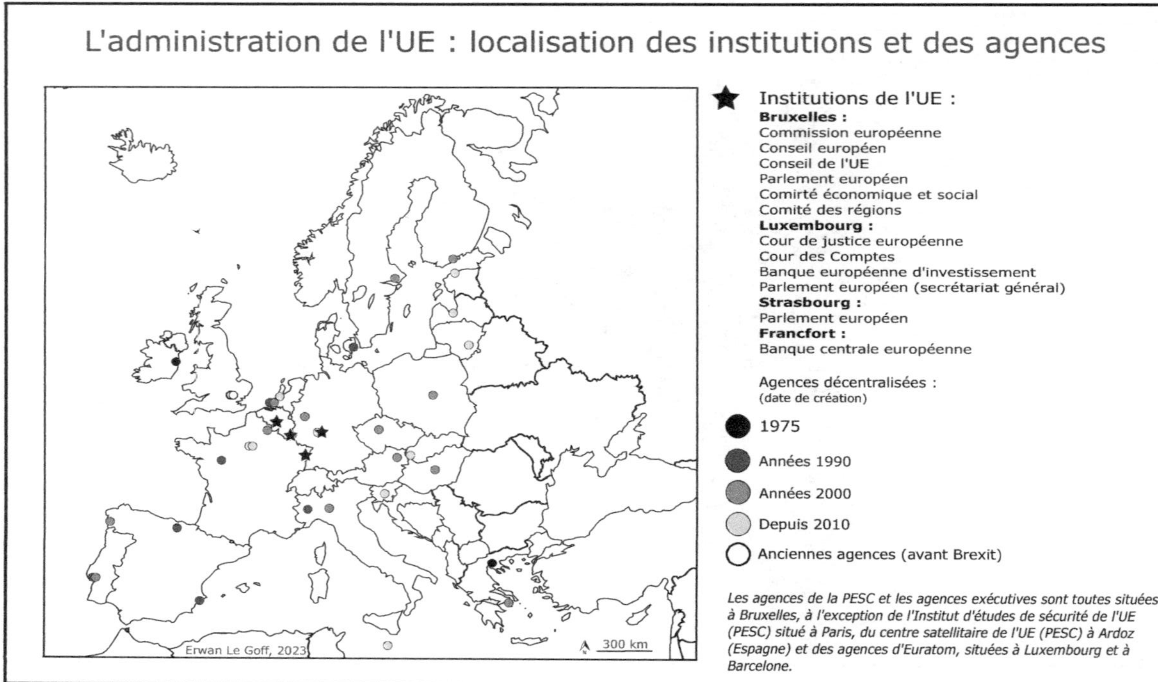

Les Européens et la poursuite de l'élargissement

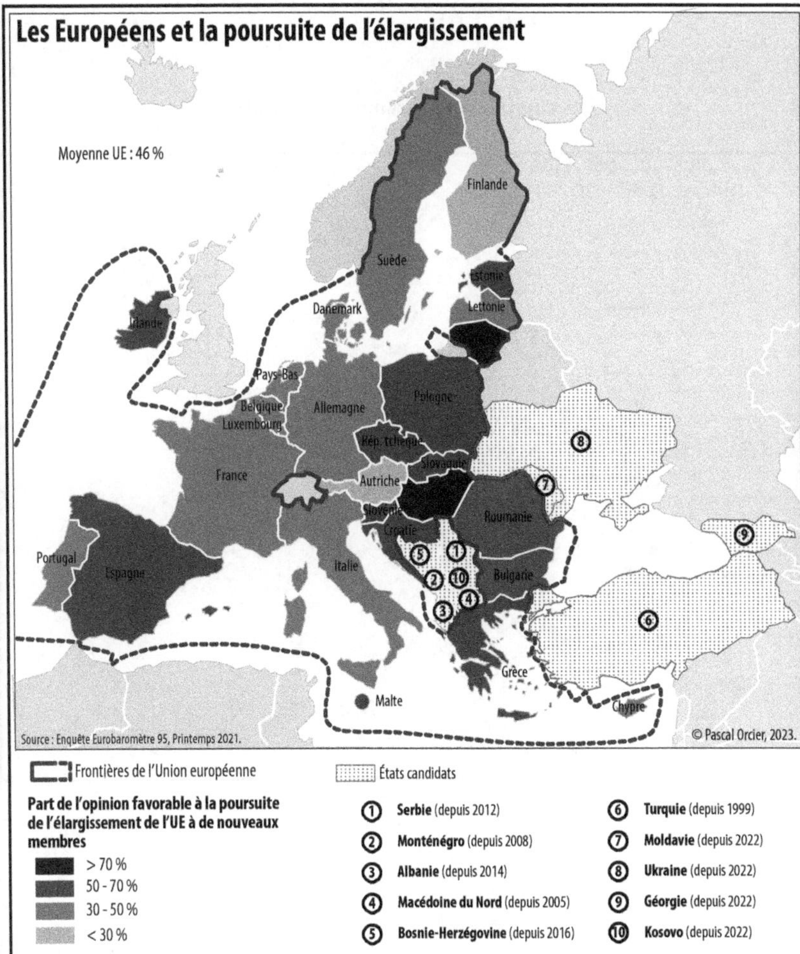

Les capitales européennes de la culture

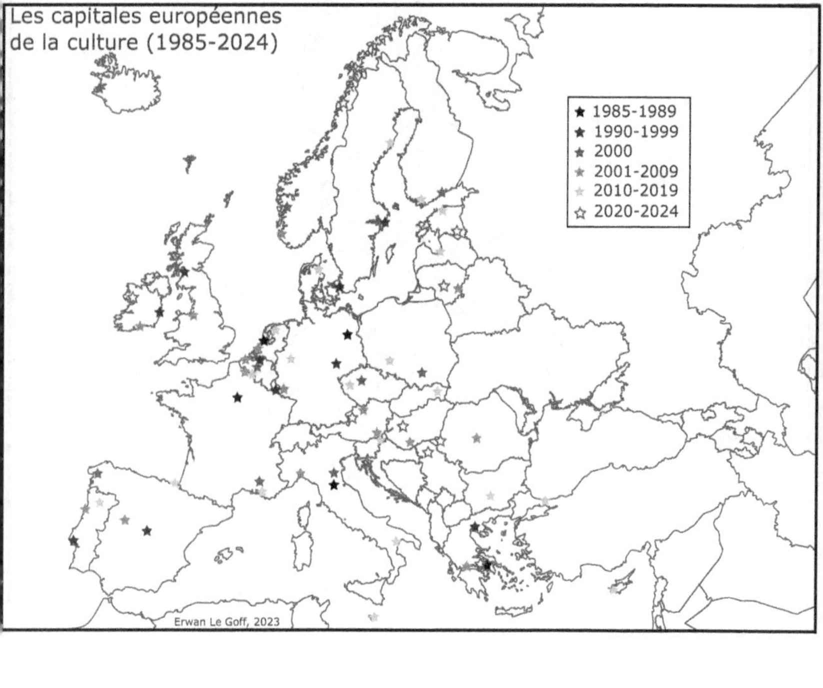

Les élargissements de l'OTAN

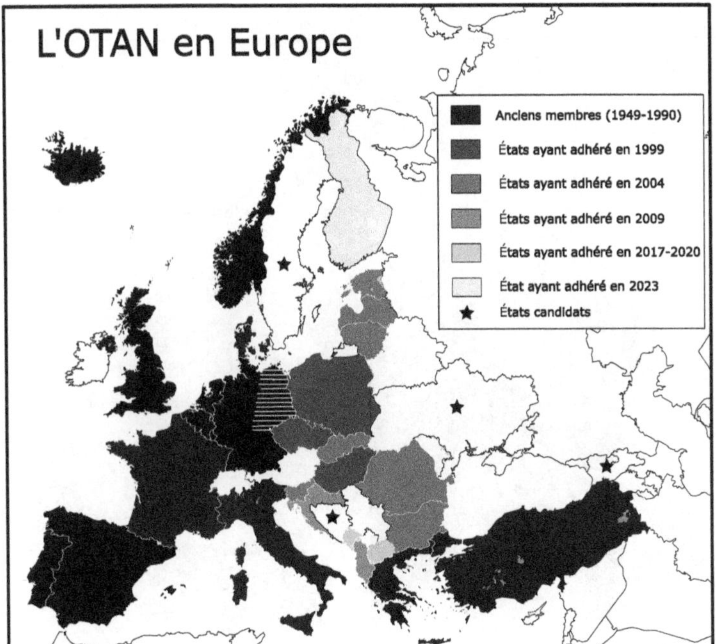

Le PIB par habitant

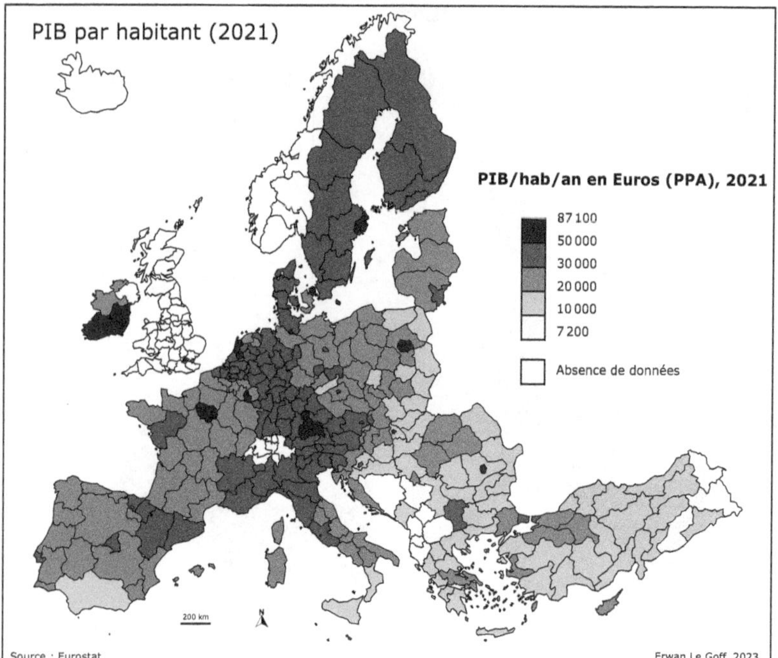

L'UE, puissance agricole

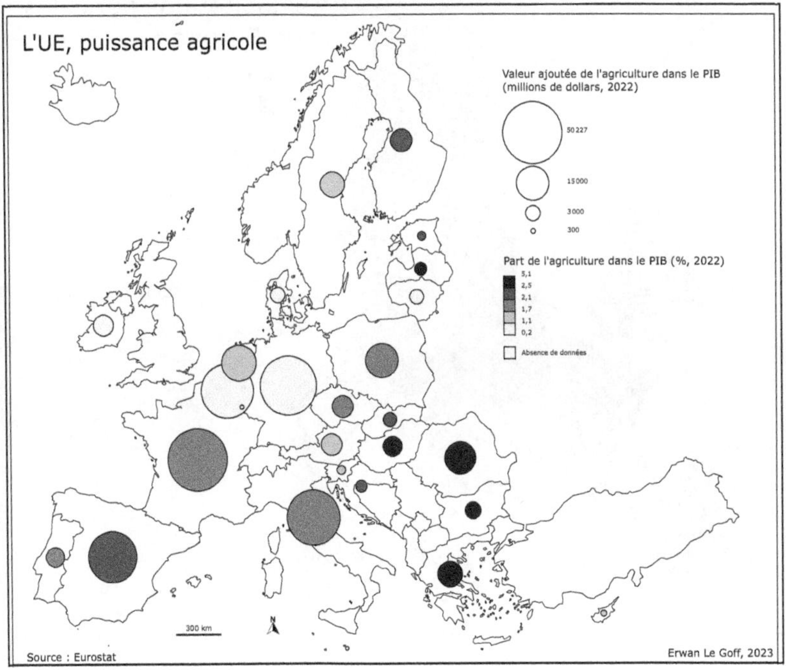

Les exploitations agricoles en Europe

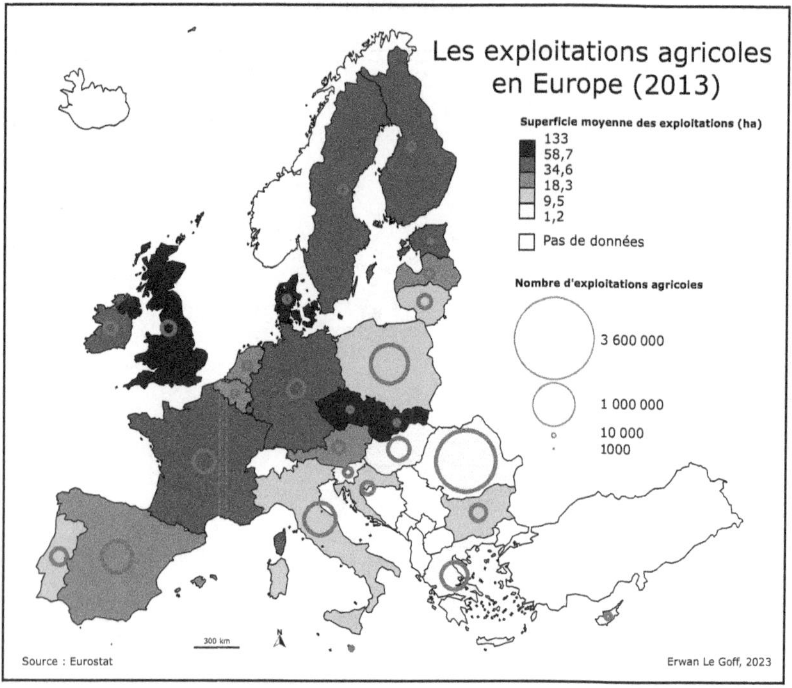

L'UE, puissance industrielle

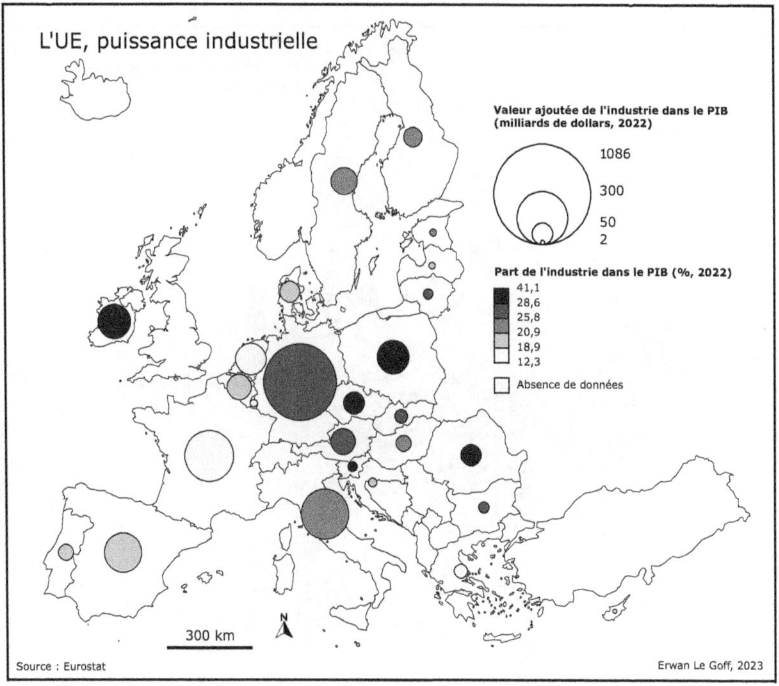

Les emplois en R&D en Europe

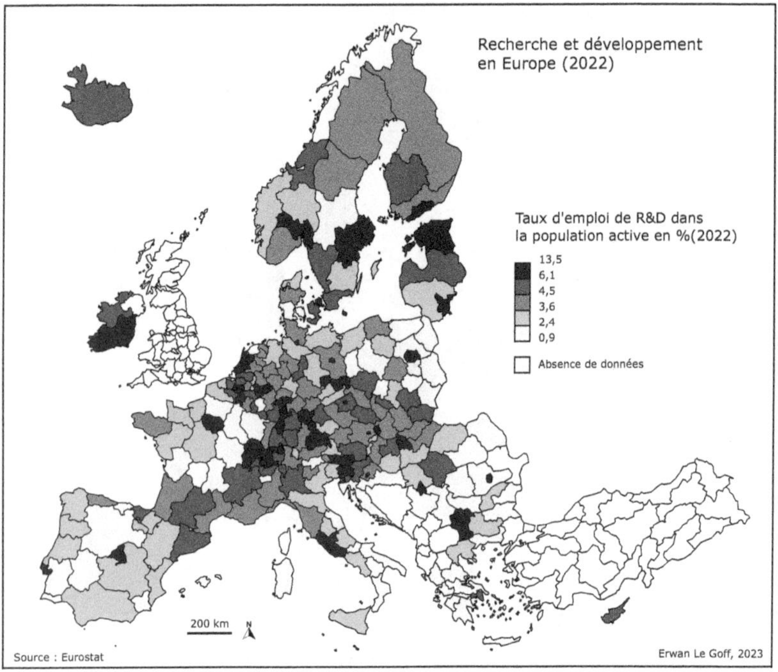

Le tourisme en Europe : PIB et hébergements

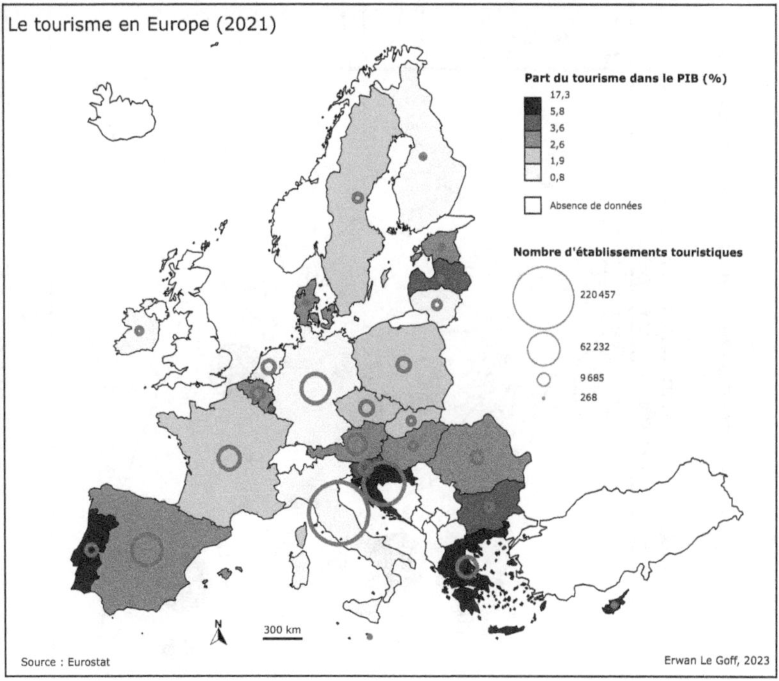

Le palmarès des clubs en Ligue des champions

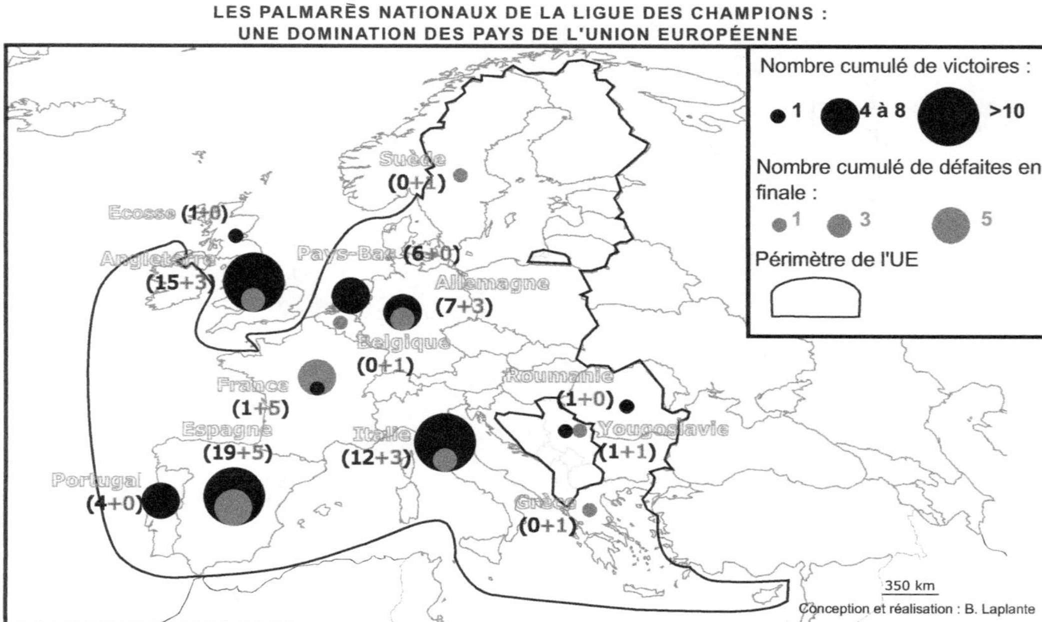

Carte 15 : La densité de population en Europe

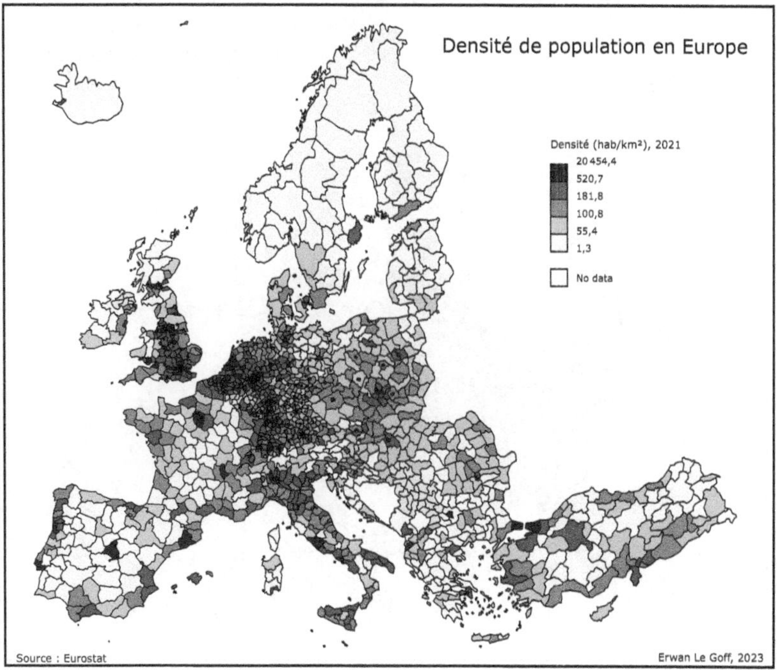

La croissance de la population en 2021

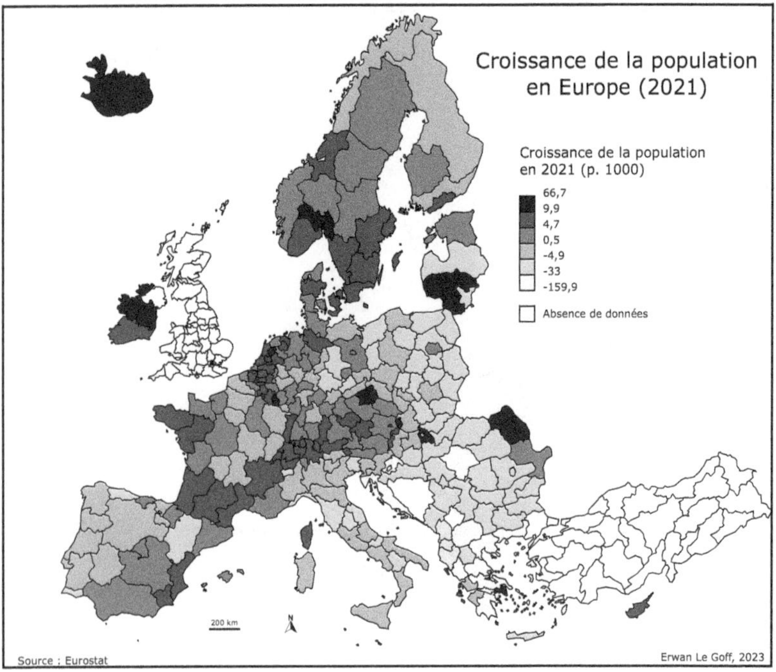

La population de l'Europe et son évolution

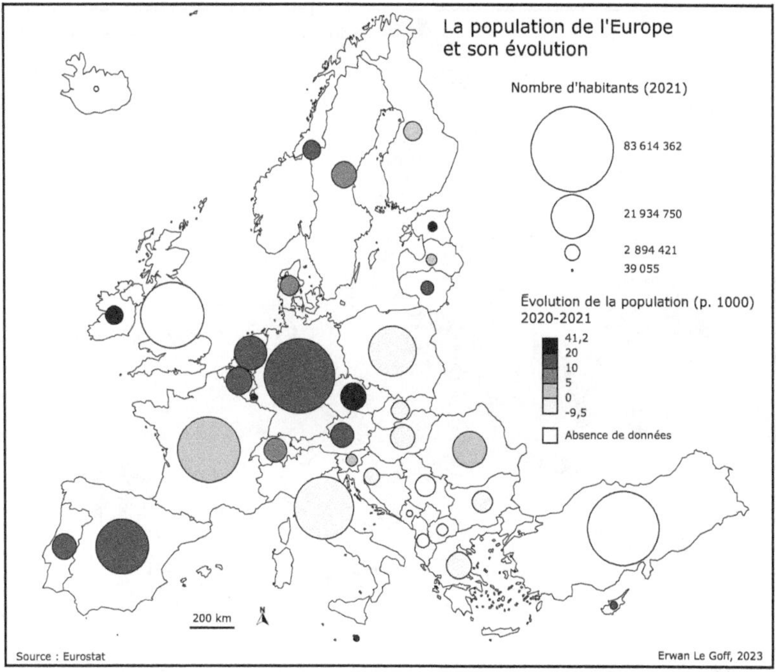

Le solde naturel en Europe

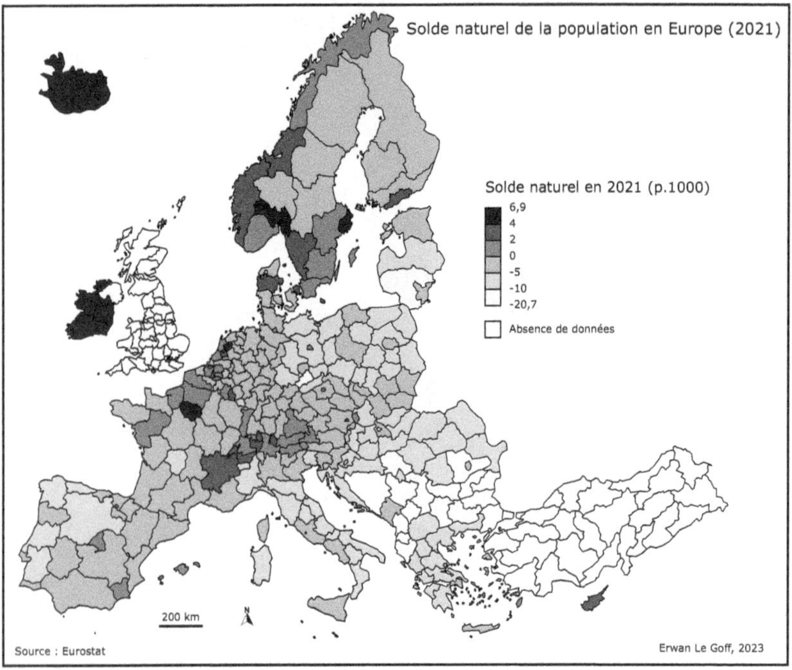

Immigrés et émigrés en Europe
(arrivées et départs en 2021)

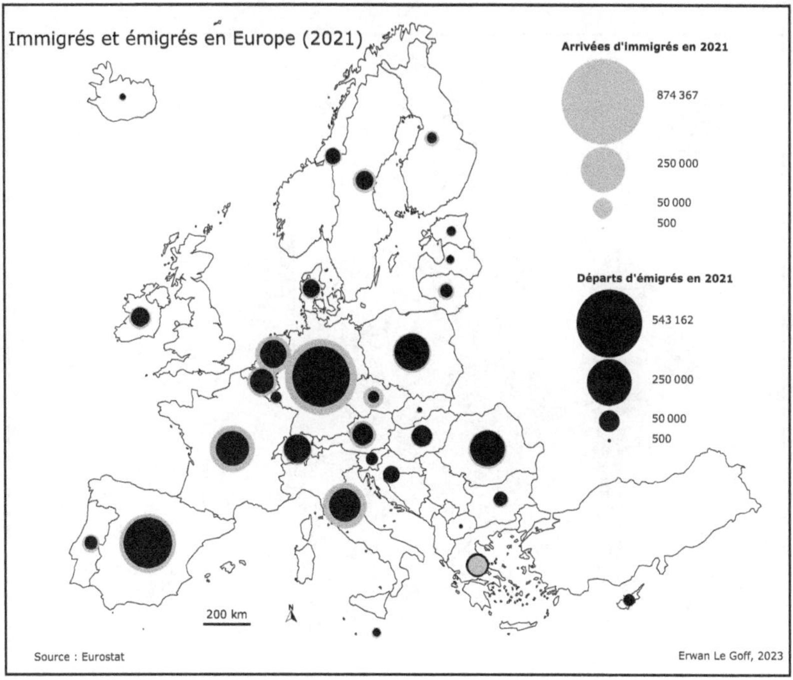

Le solde migratoire en Europe

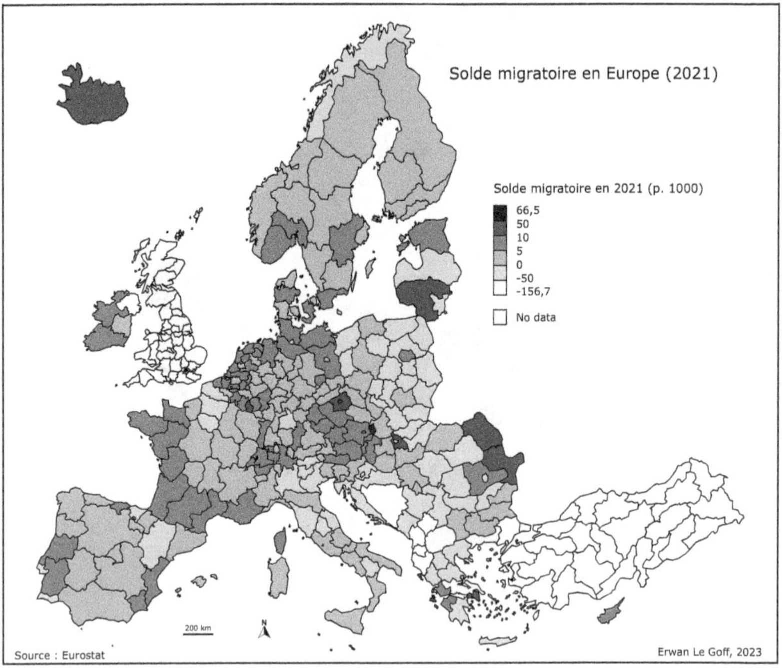

Les mobilités Erasmus+ en Europe en 2021

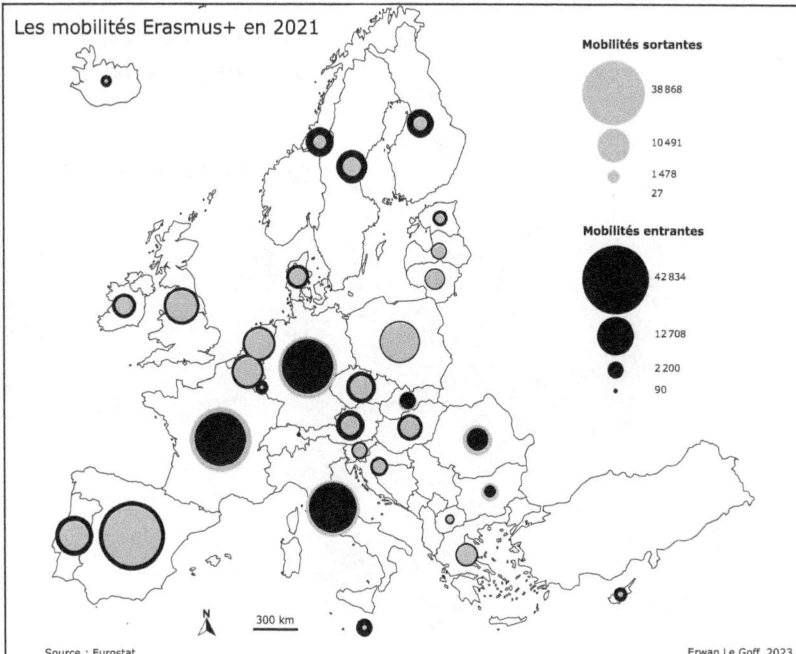

Le chômage en Europe en 2022

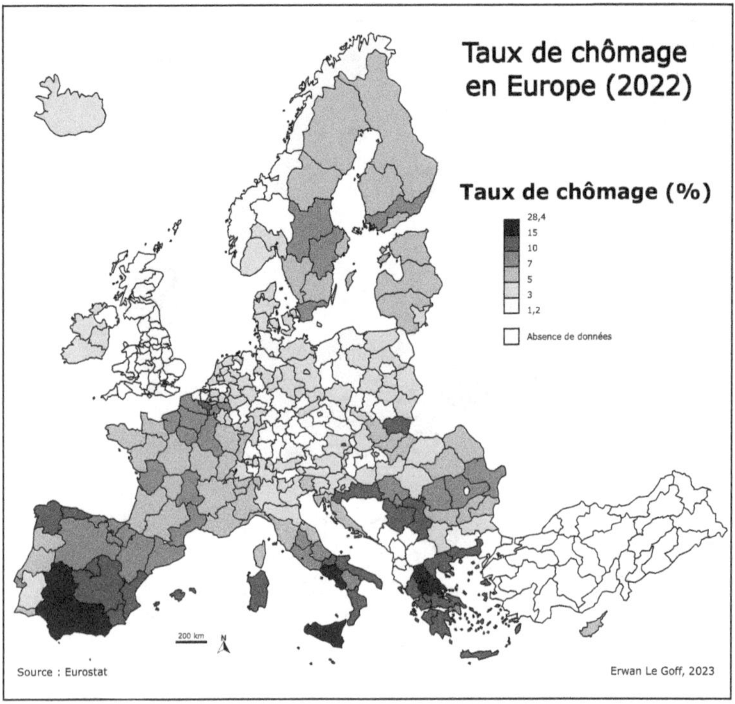

Pauvreté et risque d'exclusion sociale en Europe en 2021

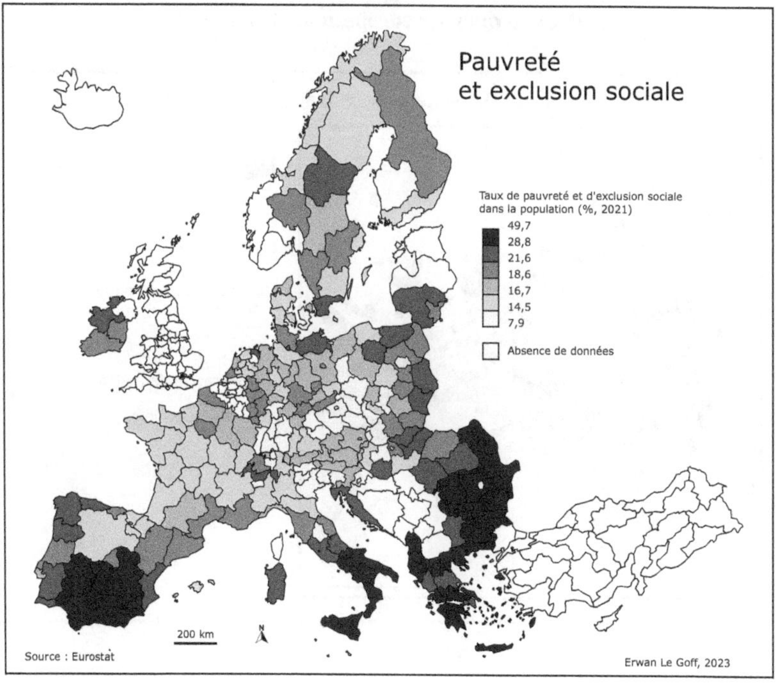

Plan du quartier européen de Bruxelles

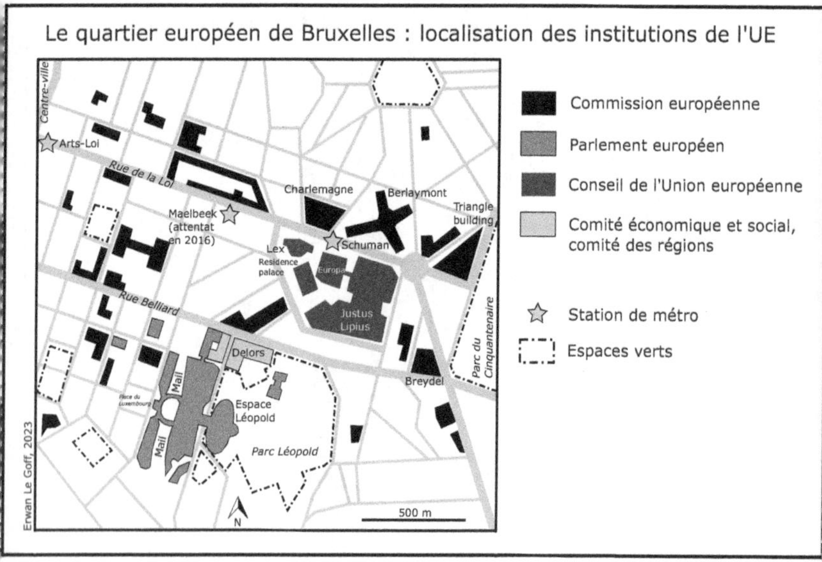

Plan du quartier européen de Strasbourg

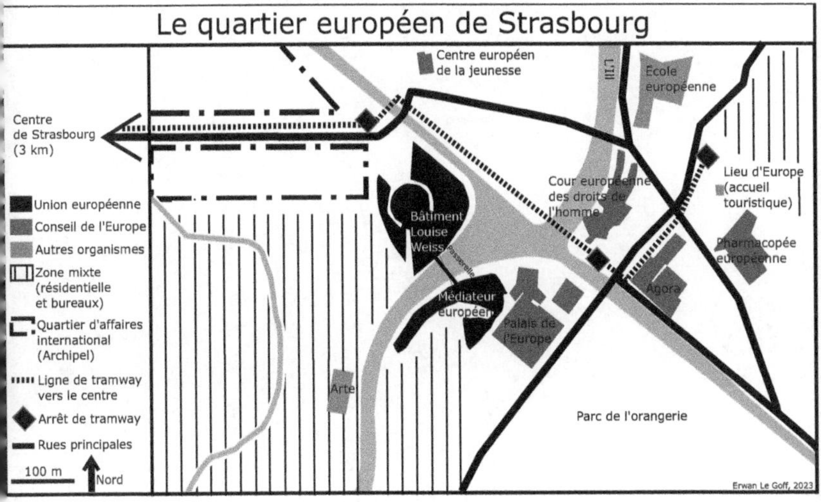

FIGURES

Schéma du fonctionnement des institutions européennes

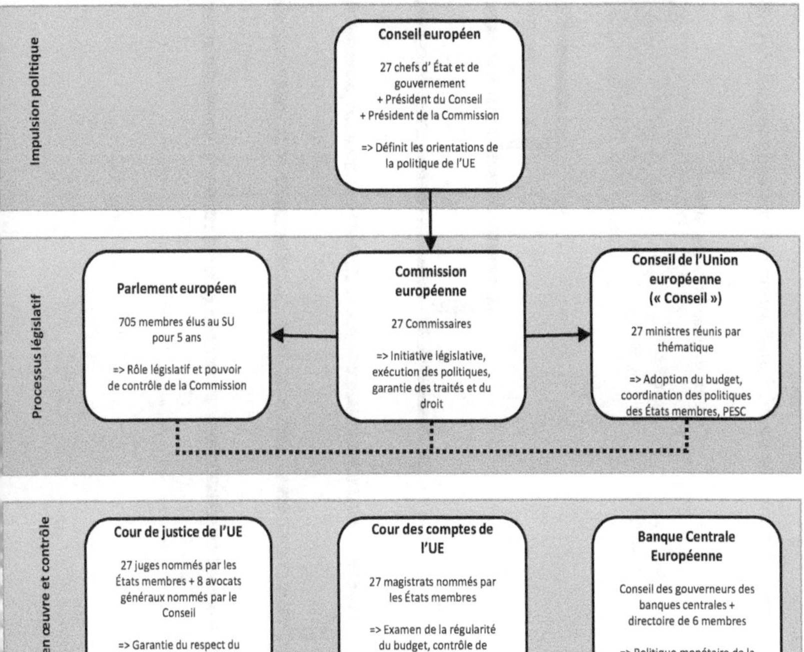

D'après Doutriaux, Yves et Lequesne, Christian, *Les institutions de l'Union européenne après la crise de l'euro*, 9e édition, Paris, La Documentation française, 2013.

Les multiples formes de régionalisation selon l'économiste Bela Balassa

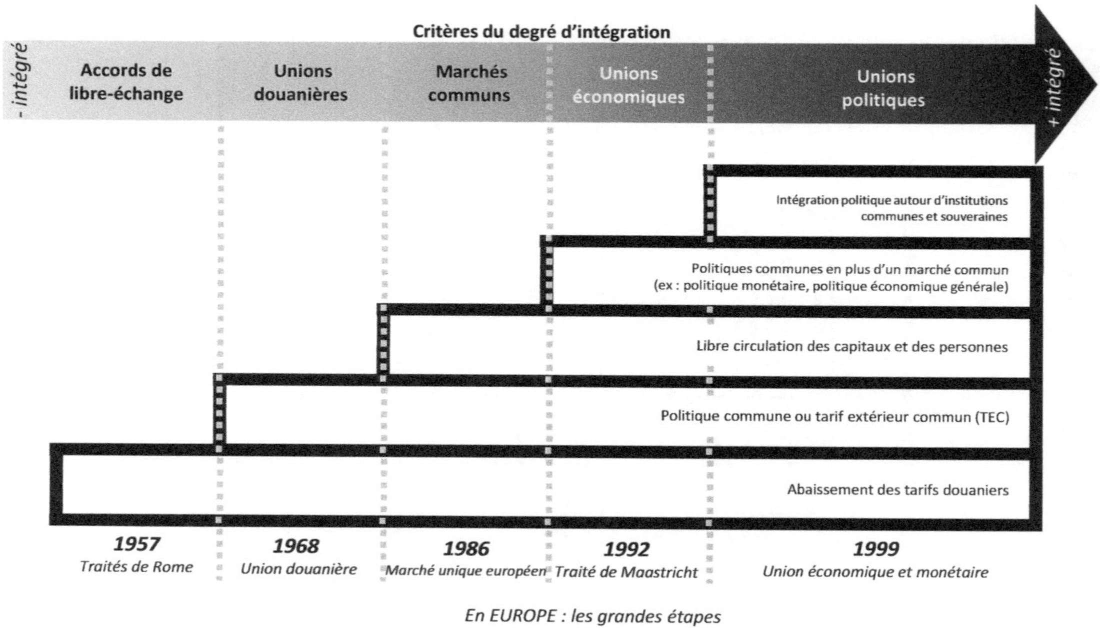

Laurent Coudrier, Erwan Le Goff, 2023

Schéma des associations en Europe

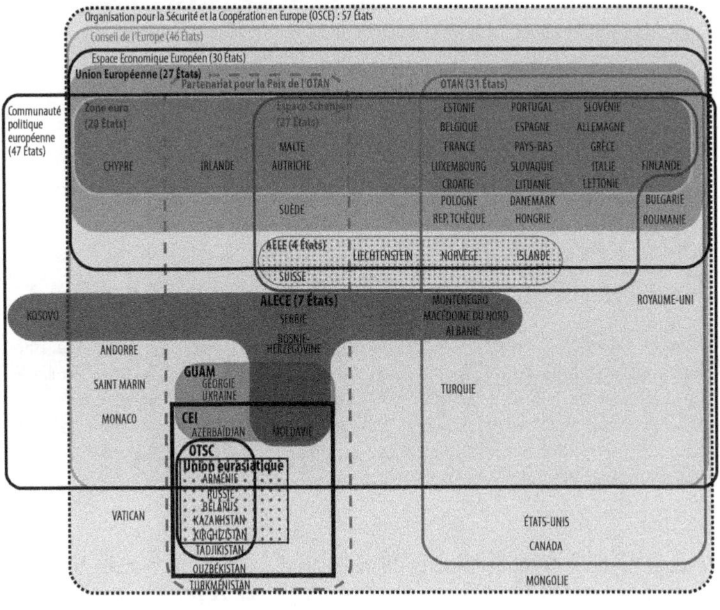

Effet de l'intégration européenne sur le commerce

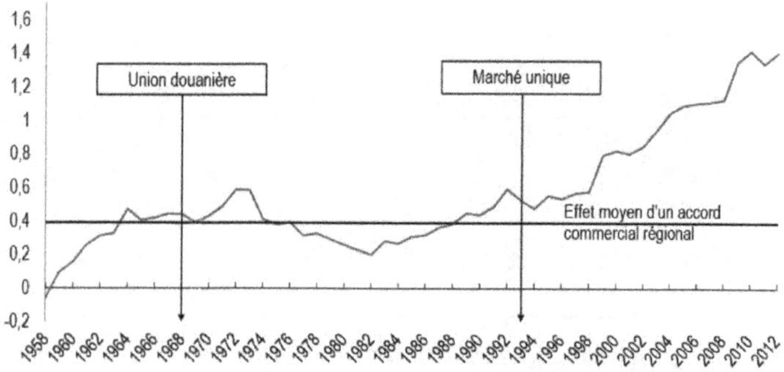

Source : calculs des auteurs. Le graphique présente le surcroît de commerce entre deux pays membres de l'UE par rapport à celui entre une paire de pays similaires non membres de l'UE (en rapportant sur l'axe vertical les coefficients estimés sur des variables indicatrices UE/années). En 1993, toutes choses égales par ailleurs, le commerce entre deux pays membres de l'UE était 1,7 (=$e^{0,53}$) fois plus important que celui entre deux pays similaires hors-UE.

Source : "L'Union européenne : combien a-t-on gagné à la faire (et combien perdrait-on à la défaire) ?", *Lettre du CEPII*, n°389, juin 2018.
Avec l'aimable autorisaiton des auteurs.

Effet de l'intégration européenne sur le commerce des biens et le PIB réel

L'effet de l'intégration européenne sur le commerce des biens et le PIB réel, par pays membre

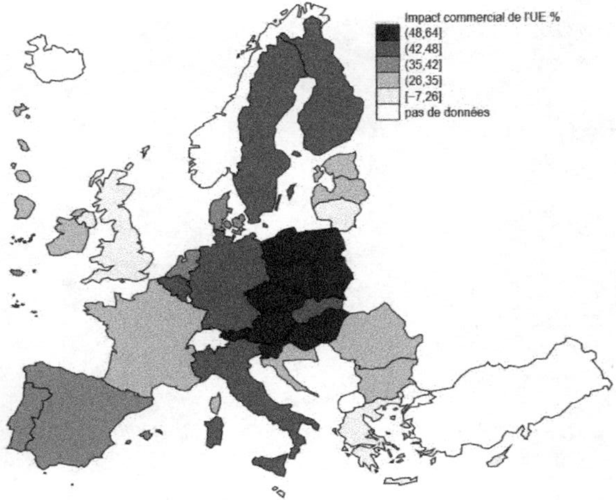

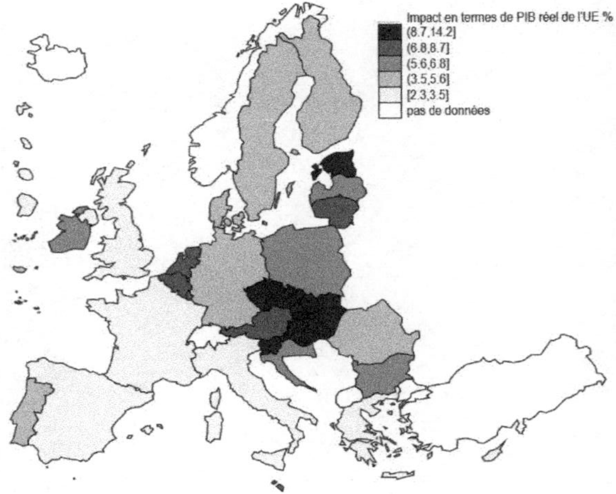

Source : calculs des auteurs.

Source : "L'Union européenne : combien a-t-on gagné à la faire (et combien perdrait-on à la défaire) ?", *Lettre du CEPII*, n°389, juin 2018.
Avec l'aimable autorisation des auteurs.

L’actuel réseau magistral RTE-T avec ses neuf corridors intermodaux

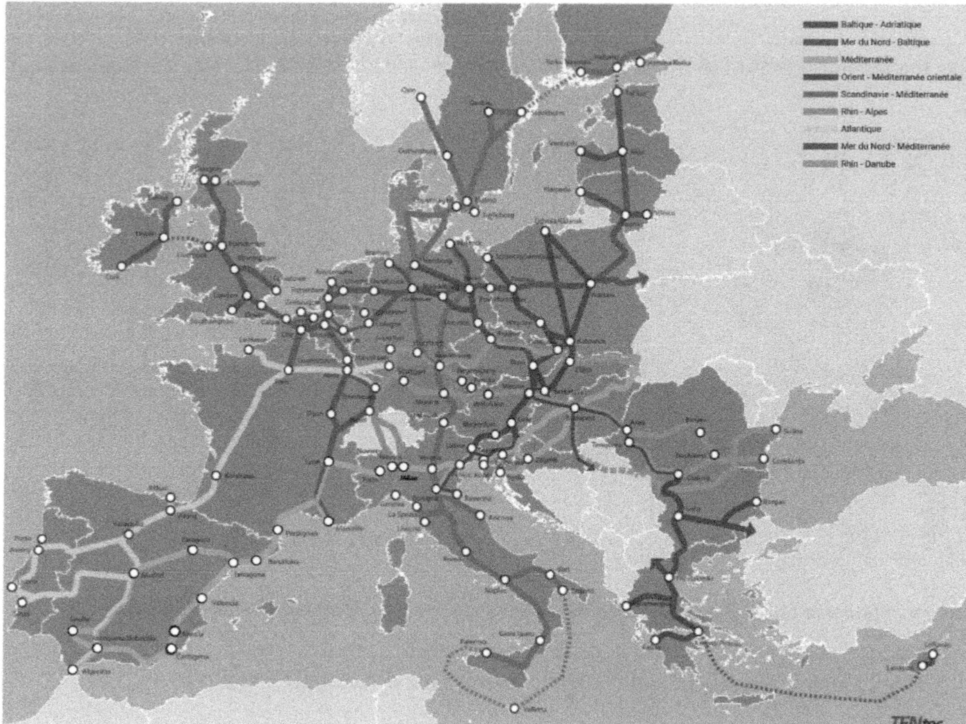

Crédit : Antoine Meyer, “Pour une lecture territoriale des corridors de transport en Europe”, *Géoconfluences*, 10/09/2020,

Article 194 du TFUE
(traité sur le fonctionnement de l'Union européenne)

L'article 194 du TFUE définit le rôle de l'Union européenne en matière énergétique. L'énergie est une compétence partagée entre l'UE et les États membres.

"1. Dans le cadre de l'établissement ou du fonctionnement du marché intérieur et en tenant compte de l'exigence de préserver et d'améliorer l'environnement, la politique de l'Union dans le domaine de l'énergie vise, dans un esprit de solidarité entre les États membres :

a) à assurer le fonctionnement du marché de l'énergie ;

b) à assurer la sécurité de l'approvisionnement énergétique dans l'Union ;

c) à promouvoir l'efficacité énergétique et les économies d'énergie ainsi que le développement des énergies nouvelles et renouvelables ; et

d) à promouvoir l'interconnexion des réseaux énergétiques.

2. Sans préjudice de l'application d'autres dispositions des traités, le Parlement européen et le Conseil, statuant conformément à la procédure législative ordinaire, établissent les mesures nécessaires pour atteindre les objectifs visés au paragraphe 1. Ces mesures sont adoptées après consultation du Comité économique et social et du Comité des régions.

Elles n'affectent pas le droit d'un État membre de déterminer les conditions d'exploitation de ses ressources énergétiques, son choix entre différentes sources d''énergie et la structure générale de son approvisionnement énergétique, sans préjudice de l'article 192, paragraphe 2, point c).

3. Par dérogation au paragraphe 2, le Conseil, statuant conformément à une procédure législative spéciale, à l'unanimité et après consultation du Parlement européen, établit les mesures qui y sont visées lorsqu'elles sont essentiellement de nature fiscale."

L'extrait ci-dessous est consultable en ligne depuis le portail juridique officiel de l'Union européenne (www.eur-lex.europa.eu).

Carte des gigafactories de batteries dans l'UE

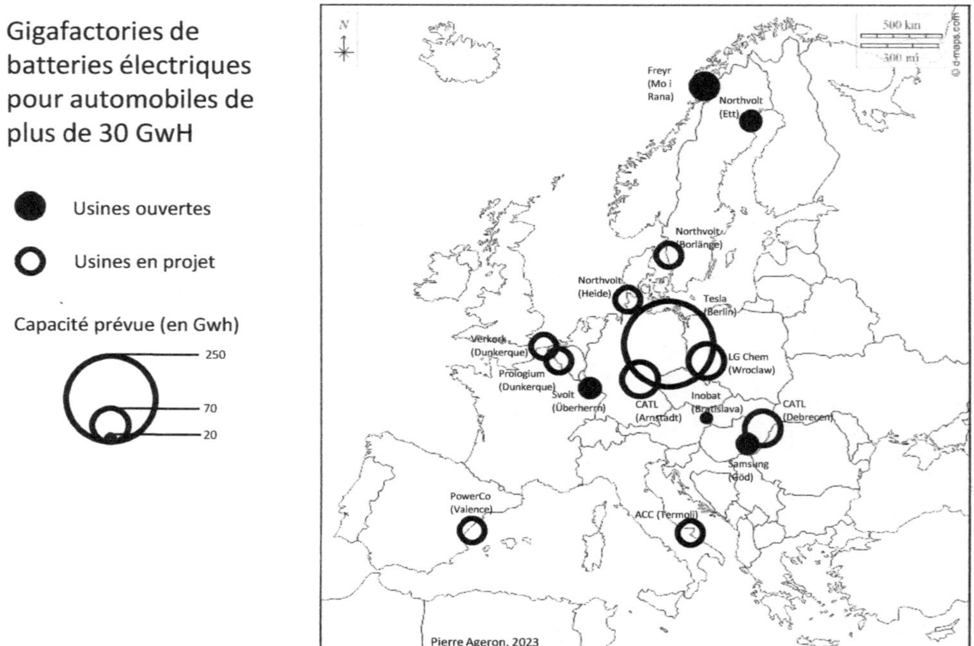

Implantation de Volkswagen en Allemagne

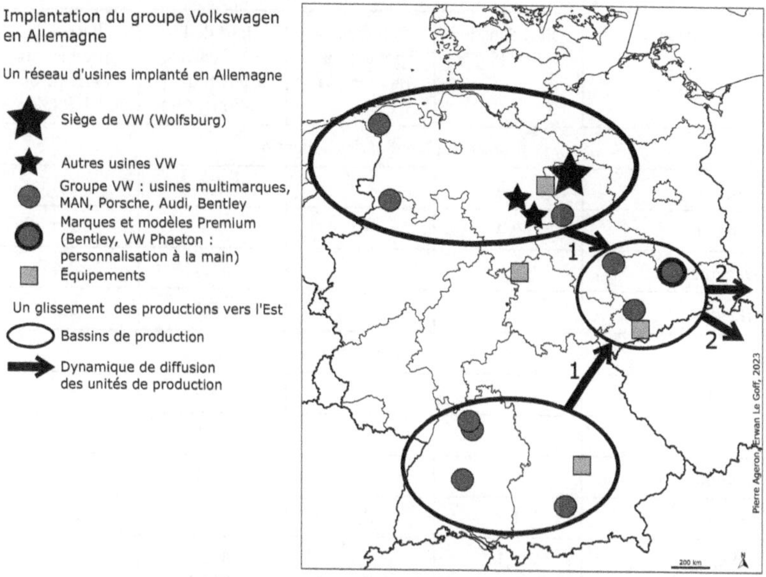

Répartition des exploitations agricoles de l'UE en fonction de leur superficie et part des exploitations dans la superficie utilisée totale de l'UE (en %, 2020)

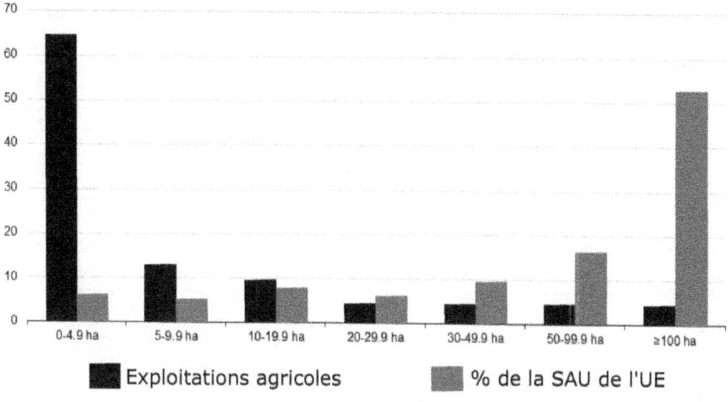

Source : Eurostat, 2021

Place de l'agriculture dans les pays de l'UE

Pays	Part dans le PIB (%)	Part dans la population active (%)	Part de la SAU dans le territoire national (%)	Part de la production agricole de l'UE (%)
Europe du Nord et de l'Atlantique				
Suède	1,4	1,3	7,4	1,6
Finlande	2,4	3,1	7,5	1,0
Danemark	0,8	1,9	65,5	2,4
Irlande	1,1	3,6	65,5	2,0
Europe du Nord-Ouest				
Pays-Bas	1,7	1,7	53,9	6,6
Belgique	0,7	0,8	45,1	2,0
Luxembourg	0,2	0,6	51,3	0,1
France	1,8	2,2	52,1	18,2
Allemagne	1,1	1,1	47,5	13,5
Autriche	1,3	3,5	32,1	1,8
Europe méditerranéenne				
Portugal	1,9	3,2	42,3	1,9
Espagne	2,4	3,9	52,3	13,8
Italie	2,0	3,8	44,0	13,9
Grèce	3,9	9,9	45,5	3,6
Malte	1,0	1,0	32,4	0,1
Chypre	1,7	2,2	14,5	0,1
Europe centrale et orientale				
Pologne	2,1	9,4	47,2	6,6
Tchéquie	2,1	2,5	39,2	1,4
Slovaquie	2,2	2,6	45,6	0,4

Hongrie	2,7	4,6	53,7	2,1
Croatie	2,5	6,0	26,9	0,7
Slovénie	1,7	3,5	30,3	0,3
Roumanie	4,5	18,5	59,1	3,8
Bulgarie	4,4	6,4	46,5	1,0
Lituanie	4,0	5,5	47,0	0,7
Lettonie	5,1	7,2	31,6	0,3
Estonie	2,5	2,9	23,0	0,1
Moyenne de l'UE	1,7	4,4	41,0	-

Sources : Banque mondiale, 2022 et Eurostat, 2020.

Les réformes de la PAC

Des réformes successives ont été entreprises, malgré la difficulté à trouver un consensus entre des pays aux intérêts agricoles divergents.

1971 : à la suite du plan Mansholt (1968), mise en place d'une politique d'amélioration des structures et de la formation agricoles.

1984 : mise en place de quotas de production dans le domaine laitier et politique de réduction des prix de soutien.

1988 : mise en place d'une discipline budgétaire pour encadrer les dépenses (quotas sur les céréales), avec la fixation d'une enveloppe maximale annuelle, et le gel des terres (improprement nommé jachère).

1992 : 1re réforme : baisse des prix garantis (surtout sur les céréales), qui se rapprochent des cours mondiaux. La baisse est compensée par des aides directes aux agriculteurs (aides à l'hectare), mais assujetties à un gel des terres ; instauration de mesures agroenvironnementales en cofinancement avec les'États membres ; aides au boisement.

1999 : Agenda 2000 : soutien au développement rural et fixation d'un cadre financier pour la période 2000/2006 (47 % du budget de l'UE) ; cette réforme est destinée à préparer l'entrée dans l'UE des PECO et à rendre la PAC compatible avec les règles de l'OMC. Création des deux piliers de la PAC : le premier pilier est le mécanisme de soutien aux prix et les aides directes ; le second pilier relève du développement rural fondé sur le soutien aux zones défavorisées et des mesures agroenvironnementales (13 % des aides).

2003 : 2e réforme, qui introduit le découplage des aides. Les primes perçues ne sont plus liées aux productions de l'exploitation, mais à une référence historique (calculée en faisant la moyenne des primes perçues sur trois années de référence). Cette réforme prévoit également la diminution progressive des restitutions à l'exportation. Enfin, cette nouvelle PAC introduit la notion de conditionnalité, les aides découplées sont versées à la condition que l'agriculteur respecte de bonnes conditions environnementales et la gestion de la biodiversité.

2009 : le Conseil des ministres européens de l'Agriculture adopte le "bilan de santé" de la PAC. Les dirigeants baltes et slovaques votent contre. Les principales dispositions sont la suppression de la jachère obligatoire (10 % des terres), la baisse progressive des quotas laitiers (1 % par an) jusqu'à leur disparition programmée en 2015, et le découplage total des aides.

2013 : 3e réforme : les aides découplées de base, fondées sur un droit à l'hectare, soutiennent le revenu agricole sans tenir compte du volume de la production. Les aides sont strictement conditionnées au respect des mesures agroenvironnementales et climatiques. La réforme entend aussi promouvoir la justice sociale et territoriale. Le second pilier représente 23 % des aides et la PAC est limitée à 43 % du budget de l'UE.

2021 : 4e réforme, entrée en vigueur le 1er janvier 2023 : favoriser une agriculture intelligente et résiliente ; renforcer les actions favorables à l'environnement et au climat ; renforcer le tissu socio-économique des zones rurales.

La population des grandes villes de l'UE en 2021

Les plus grandes zones urbaines fonctionnelles de l'UE, 1er janvier 2021 (millions d'habitants) ; source Eurostat

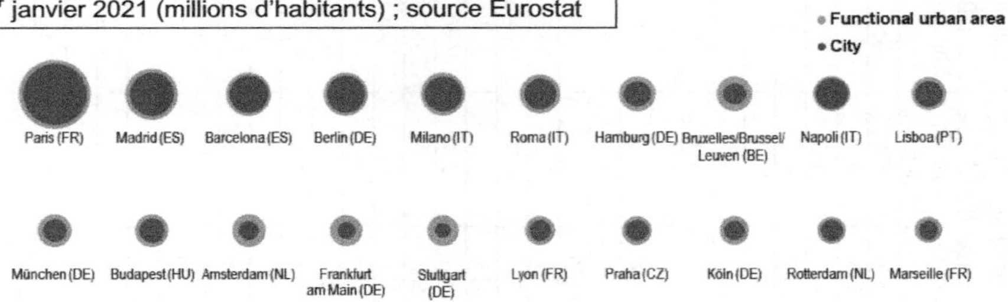

Note: the figure shows the 20 largest functional urban areas in the EU. Based on latest available data: no recent information for Denmark, Ireland, Greece, Cyprus, Luxembourg, Poland, Romania, Slovenia and Sweden. Paris had the largest functional urban area in the EU (13.1 million inhabitants in 2019).

Source: Eurostat (online data codes: urb_cpop1 and urb_lpop1)

eurostat

Extrait site Eurostat : "Une zone urbaine fonctionnelle se compose d'une ville et de sa **zone de navettage**. Les zones urbaines fonctionnelles comprennent donc généralement un centre-ville relativement densément peuplé et une banlieue moins densément peuplée; Les habitants des banlieues se rendent souvent au travail dans le centre-ville.

Au 1er janvier 2019, Paris, la capitale française, possédait la plus grande zone urbaine fonctionnelle de l'UE (13,1 millions d'habitants); elle comprenait 10,3 millions de personnes vivant dans la ville et 2,8 millions dans la zone de navettage environnante. Dans 4 des 20 plus grandes zones urbaines fonctionnelles de l'UE, la population de la zone de navettage était supérieure à la population de la ville. Au 1er janvier 2021, la zone urbaine fonctionnelle de Stuttgart, en Allemagne, était composée de 630 000 personnes vivant dans la ville, contre 1,9 million d'habitants dans la zone de navettage."

https://ec.europa.eu/eurostat/statistics-explained/index.php?title=Urban-rural_Europe_-_demographic_developments_in_cities#Cities_and_their_commuting_zones

La population étrangère dans l'UE

	Total		Citoyens d'un autre État de l'UE		Citoyens d'un État hors-UE	
	Milliers	% de la population	Milliers	% de la population	Milliers	% de la population
Allemagne	10893	13.1	4523	5.4	6358	7.6
Autriche	1572	17.5	826	9.2	741	8.3
Belgique	1488	12.8	958	8.2	530	4.6
Bulgarie	124	1.8	15.7	0.2	106	1.6
Chypre	170	18.8	94	10.4	75.9	
Croatie	35.9	0.9	10.8	0.3	24.6	0.6
Danemark	562	9.6	235	4.0	318	5.4
Espagne	5407	11.4	1741	3.7	3664	7.7
Estonie	202	15.2	21.6	1.6	181	13.6
Finlande	294	5.3	103	1.9	191	3.4
France	5315	7.8	1486	2.2	3828	5.6
Grèce	747	7.1	115	1.1	632	6.0
Hongrie	202	2.1	78	0.8	124	1.3
Irlande	671	13.3	355	7.0	314	6.2
Italie	5030	8.5	1389	2.4	3640	6.2
Lettonie	245	13.1	6.6	0.4	238.3	12.7
Lituanie	34.3	1.2	1.6	0.1	30.6	1.1
Luxembourg	304	47.1	245.9	38.1	57.9	9.0
Malte	107	20.6	45	8.6	62	12
Pays-Bas	1230	7.0	650	3.7	574	3.3
Pologne	453	1.2	33	0.1	419	1.1
Portugal	698	6.8	169	1.6	529	5.1
République Tchèque	538	5.1	173	1.6	364	3.5
Roumanie	48.6	0.3	20.6	0.1	28	0.1
Slovaquie	60.1	1.1	37.9	0.7	22.2	0.4
Slovénie	172	8.2	21	1.0	151	7.2
Suède	868	8.3	300	2.9	557	5.3

Évolution de la population de quelques États d'Europe médiane

État	Population en 1990	Population en 2020	Évolution
Roumanie	22 760 000	21 457 000	-5,7 %
Pologne	38 038 000	37 958 000	-0,21 %
Bulgarie	8 767 000	6 954 000	-20,67 %
Hongrie	10 374 000	9 789 000	-5,63 %
Croatie	4 772 000	4 091 000	-14,27 %

Indicateurs de l'Europe baltique

	Adhésion	Population (en millions, 2023)	PIB/hab. (€ en SPA, 2022)
Danemark	1973	5,87	48 000
Suède	1995	10,45	41 800
Finlande	1995	5,55	38 400
Estonie	2004	1,33	30 600
Lituanie	2004	2,81	31 700
Lettonie	2004	1,88	26 100
Total		27,89	35 200
En % de l'UE en 2023		6,24	

Indicateurs de l'Europe médiane

Pays	PIB/habitant en 2022 en SPA	PIB/habitant en PPA en 2003	PIB/habitant en PPA en 2022
Pologne	27 900	57	80
Hongrie	27 300	63	77
République tchèque	32 000	77	91
Slovaquie	23 600	65	68
Slovénie	32 500	83	92
Croatie	25 800	56	73
Roumanie	27 200	31	77
Bulgarie	20 700	32	59
Moyenne UE	35 200	100	100

Le transport aérien et maritime dans l'UE : compagnies, ports et aéroports principaux

Top 10 des compagnies aériennes en UE (en nombre de vols quotidiens, moyenne sur la semaine du 9 au 15 août 2023) :

1 Ryanair : 3351 vols

2 EasyJet : 1797 vols

3 Turkish Airlines : 1633 vols

4 Lufthansa : 1226 vols

5 Groupe Air France : 1071 vols

6 Groupe Wizz Air : 937 vols

7 Groupe KLM : 904 vols

8 British Airways : 847 vols

9 Vueling : 701 vols

10 Groupe Eurowings : 631 vols

Source : www.eurocontrol.int

Top 10 des aéroports européens (en nombre de vols quotidiens, moyenne sur la semaine du 9 au 15 août 2023) :

1 Istanbul : 1516 vols

2 Amsterdam : 1383 vols

3 Paris-Charles-De-Gaulle : 1332 vols

4 Londres Heathrow : 1317 vols

5 Francfort : 1293 vols

6 Madrid Barajas : 1087 vols

7 Antalya : 1037 vols

8 Barcelone : 961 vols

9 Palma de Majorque : 955 vols

10 Munich : 892 vols

Source : www.eurocontrol.int

Top 5 des armateurs mondiaux :

1 MSC (siège à Genève) : 4800000 EVP de capacité de chargement

2 Maersk (siège à Copenhague) : 4200000 EVP

3 CMA CGM (siège à Marseille) : 3409000 EVP

4 COSCO Shipping Lines (siège à Pékin) : 2886000 EVP

5 Hapag Loyd (siège à Hambourg) : 1798000 EVP

Top 9 des ports européens (trafic au premier semestre 2022) :

1 Rotterdam : 7278000 EVP

2 Anvers : 6770000 EVP

3 Hambourg : 4400000 EVP

4 Valence : 2637600 EVP

5 Brême/Bremerhaven : 2336700 EVP

6 Le Pirée : 2144100 EVP

7 Barcelone : 1800000 EVP

8 Haropa (Le Havre-Rouen-Paris) : 1485000 EVP

9 Algésiras : 1395700 EVP

La libéralisation de l'Europe verte : chronologie

1962 : Début de la politique agricole commune (PAC) avec la création du Fonds européen d'orientation et de garantie agricole (FEOGA) à Bruxelles. Fixation des prix agricoles, défense de l'exploitation familiale, productivisme et autosuffisance alimentaire de l'Europe.

1972 : Premiers excédents et hausse des exportations.

1984 : Pour les céréales, le système des quantités maximales garanties (QMG) garantit les prix du FEOGA jusqu'à un certain seuil et, au-delà, est appliqué le prix mondial (c'est-à-dire celui du marché américain, inférieur au prix européen).

1986 : Ouverture de l'Uruguay Round du GATT, mais l'agriculture bloque les négociations.

1988 : Introduction des quotas (lait et vin) par le FEOGA pour en limiter la surproduction.

1992 : Préaccord de Blair House (États-Unis) au sein des négociations de l'Uruguay Round, taxes et subventions sont réduites, mais les agriculteurs touchent une aide directe ; les prix européens baissent ; l'Europe met 21 % de ses terres cultivées en jachère et s'interdit de développer le soja pour ne pas gêner les États-Unis.

1994 : Fin de l'Uruguay Round, création de l'OMC qui remplace le GATT.

1999 : Création du 2e pilier de la PAC consacré au développement rural (compétitivité, environnement, territoires).

2001 : Sommet de Doha (Qatar) de l'OMC, nouvelle baisse des subventions agricoles et nouvelles ouvertures des marchés internationaux.

2003 : Sommet de Cancun (Mexique) de l'OMC qui capote : les pays ultralibéraux veulent fonder les prix sur l'offre et la demande pendant que les États-Unis augmentent leurs subventions agricoles de 70 %.

2005 : Sommet de Hong Kong, l'OMC accepte de voir l'Union européenne (UE) conserver sa politique agricole jusqu'en 2013 (le programme d'attribution des fonds structurels de l'UE court du 1er janvier 2007 au 31 décembre 2012). Toutefois, dès 2008, l'UE s'engage à entamer une réflexion, sinon une action, sur le devenir de la PAC et la fin des aides à l'agriculture.

2015 : Disparition des derniers quotas laitiers.

2017 : Disparition des derniers quotas sur le sucre.

2021 : Programme *Farm to fork* pour davantage de durabilité.

Les zones Natura 2000 en France

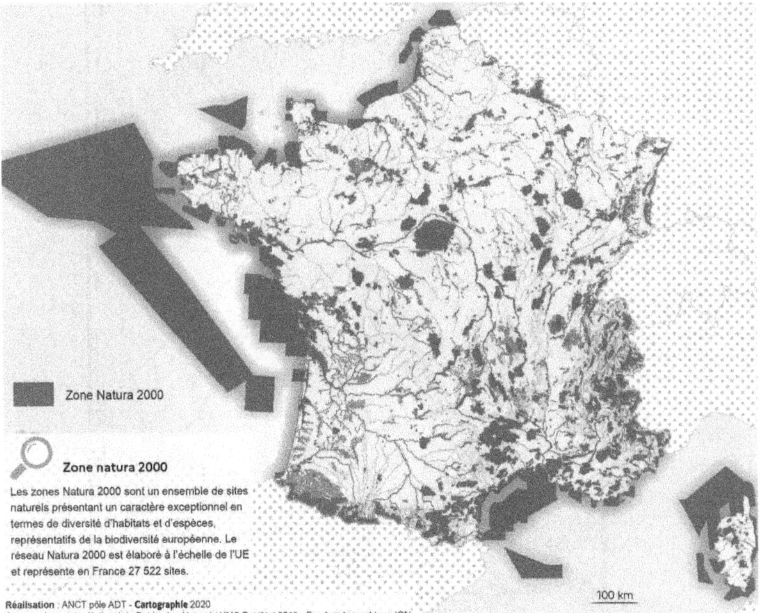

La métropolisation à Prague

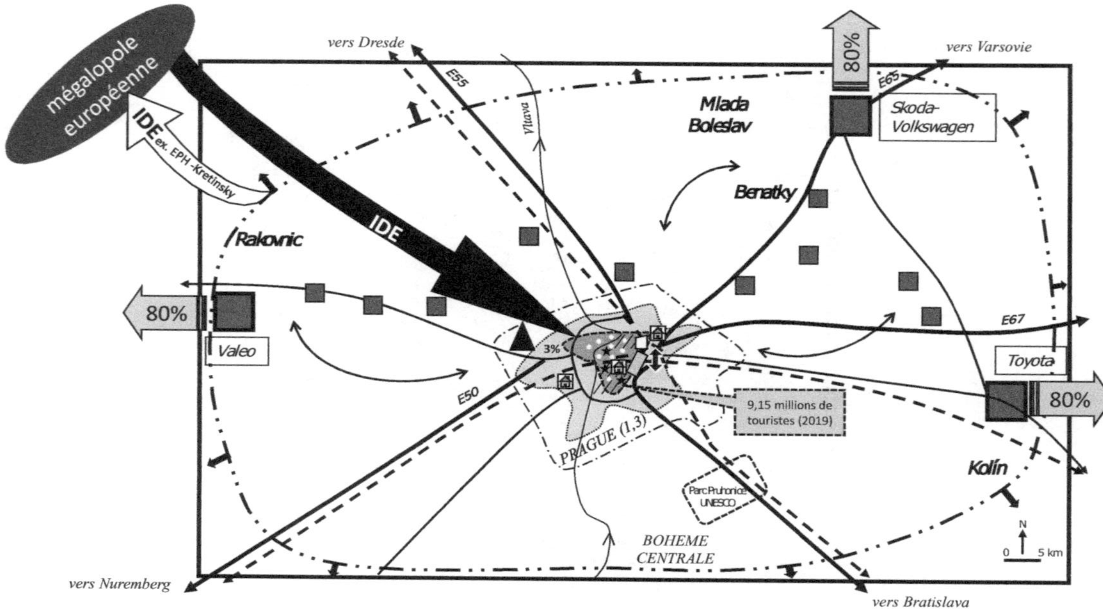

I/ Prague : une capitale typiquement européenne

- une **agglomération** concentrée spatialement
- (PRAGUE (1,3)) limites de la **municipalité (région) de Prague** (1,3 million d'habitants)
- **centre ancien** étendu
- (Vltava) de part et d'autre de la **rivière Vltava** (Moldau)
- **fonctions supérieures** (opéra, université,…) dans des bâtiments historiques remarquables
- faible verticalisation du bâti. **Projet de CBD** (architecte Zana Hadid) **en attente**
- **patrimoines UNESCO**
- (9,15 millions de touristes (2019)) la vieille ville : haut lieu* du **tourisme international**
- **Airbnbisation**
- **aéroport international** *Vaclav Havel*
- **carrefour ferroviaire** européen
- **gare centrale**

II/ Les IDE : moteurs de l'intégration à l'Union européenne et à la mondialisation…

- (IDE) **IDE entrants de services** et de capitaux
- (mégalopole européenne) principalement issus d'entreprises et de FTN de la **mégalopole européenne**
- **tertiarisation** du centre-ville (**bureaux d'affaires**)
- **sièges sociaux**
- (IDE) **IDE sortants** (ex. FTN *EPH* de l'homme d'affaires tchèque Kretinsky)
- (Skoda-Volkswagen) **IDE industriels entrants :** grosses unités de production automobile
- (80%) … dont la production est destinée à **80% à l'export** pour le marché communautaire
- **gare de triage**
- (E55) **autoroutes** européennes

III/ … et déterminants d'une aire métropolitaine aux croissances partagées entre agglomération et couronne périurbaine

- **aire métropolitaine en expansion**
- (*BOHEME CENTRALE*) en Région de **Bohême centrale**
- englobant de vastes **surfaces agricoles**…
- et de **forêts**
- **communes périurbaines** à la croissance associée…
- … aux **pôles d'emplois de sous-traitance** industrielle
- expliquant des **mobilités pendulaires** à double sens entre agglomération et couronne périurbaine
- structurées par des **radiales routières**
- **parc d'activités (R&D et logistique)** au services des industries périurbaines
- **des banlieues de grands ensembles (les *panelaks*)** restaurés, à la mixité sociale réelle, bien intégrés au centre-ville et…
- (3%) **…au taux de chômage** très faible

Crédit : Audrey Tissut

Longueur du littoral méditerranéen par pays bordier

Rang	État	Longueur du littoral méditerranéen (en km)
1	Grèce	13 676
2	Italie	7 456
3	Croatie	5 835
4	Espagne	2 058
5	France	901
6	Chypre	648
7	Malte	140
8	Slovénie	50

PIB des pays méditerranéens

Rang	État	PIB/habitant (en USD en 2021)
1	France	43 658
2	Italie	35 657
3	Malte	33 486
4	Chypre	31 651
5	Espagne	30 103
6	Slovénie	29 291
7	Grèce	20 192
8	Croatie	17 685

Longueur du littoral méditerranéen par pays bordier

Territoires	Taux de chômage (%)	Part de la valeur ajoutée de l'agriculture (%)	Nombre de nuitées touristiques (millions)
Açores	7,2	7,1	2,3
Canaries	23,2	1,5	96,1
Guadeloupe	17,1	1,3	1,2
Guyane	14,6	3,9	0,5
La Réunion	17,9	1,5	1,5
Madère	8,0	1,3	7,5
Martinique	12,8	2,0	1,3
Mayotte	27,8	4,1	0,1

La métropolisation à Prague

Territoire	Statut	Distance à la capitale (km)	Nombre d'îles	Superficie (km²)	Population	Indice de fécondité (enfant/femme)	PIB/hab. (% de la moyenne européenne)	Montants des aides de l'UE 2014-2020 (millions €)
Canaries (Espagne)	RUP	1 850	7	7 445	2 126 000	1,0	62	484
La Réunion (France)	RUP	9 921	1	2 503	858 000	2,4	68	2 118
Guadeloupe (France)	RUP	7 578	6	1 681	375 000	2,0	69	1 014
Martinique (France)	RUP	7 641	1	1 128	355 000	1,9	76	801
Mayotte (France)	RUP	8 444	2	374	289 000	5,0	30	290
Guyane (France)	RUP	7 841	-	83 533	294 000	3,5	46	608
Madère (Portugal)	RUP	1 041	8	802	258 000	1,0	69	150
Açores (Portugal)	RUP	1 548	9	2 322	246 000	1,2	67	116
Saint-Martin (France)	RUP	6 724	1	53	36 000	1,8	59	59
Polynésie française	PTOM	15 758	118	3 814	276 000	1,8	54	30
Nouvelle-Calédonie	PTOM	16 732	7	18 575	271 000	2,0	98	30

(France)								
Curaçao (Pays-Bas)	PTOM	7 843	1	444	160 000	1,6	47	(47)
Aruba (Pays-Bas)	PTOM	7 879	1	193	110 000	1,3	79	(47)
Groenland (Danemark)	PTOM	3 534	1	2 166 086	56 000	2,0	153	225
Sint Marteen (Pays-Bas)	PTOM	6 933	1	34	37 000	2,0	97	(47)
Bonaire (Pays-Bas)	PTOM	7 791	1	288	19 000	1,9	47	(47)
Wallis-et-Futuna (France)	PTOM	16 074	3	142	12 000	1,7	-	19
Saint-Barthélemy (France)	PTOM	6 720	1	21	10 000	-	-	-
Saint-Pierre-et-Miquelon (France)	PTOM	4 266	2	242	6 000	1,6	-	26
Saint-Eustache (Pays-Bas)	PTOM	6 979	1	21	3 000	1,9	47	(47)
Saba (Pays-Bas)	PTOM	6 975	1	13	2 000	1,9	47	(47)
Total RUP	9	-	35	99 467	4 555 000	2,2	61	5 640
Total PTOM	12	-	138	2 189 873	960 000	1,8	74	377
Ensemble	21	-	173	2 289 340	5 515 000	2,0	67	6 017
UE	21	-		4 225 127	446 828 803	1,5	100	960 000

(47) : l'ensemble des PTOM néerlandais a touché une enveloppe de 47 millions d'euros.
Source : données Eurostat, 2023, et Banque mondiale, 2022.

PHOTOGRAPHIES

Commission européenne, bâtiment Berlaymont, Bruxelles

Crédit : Éloïse Libourel

Parlement européen, bâtiment Paul-Henri Spaak, Bruxelles

Crédit : Éloïse Libourel

Circulation interne du Parlement européen, Bruxelles

Crédit : Charlotte Brunet

Mail du Parlement européen, Bruxelles

Crédit : Charlotte Brunet

Parlement européen, bâtiment Louise-Weiss, Strasbourg

Crédit : Éloïse Libourel

Conseil européen, bâtiment Europa.
Happening de Greenpeace

Crédit : Jean-Baptiste Feller

Banque centrale européenne, Francfort

Crédit : Raymond Woessner

"L'Europe s'engage".
Panneau d'information sur la restauration du Cap Blanc-Nez
(Pas-de-Calais)

Crédit : Erwan Le Goff

Église du souvenir, Berlin

Crédit : Jonathan Gaquère

Potsdamer Platz, Berlin

Crédit : Jonathan Gaquère

**Sommet de la Colonne de la Victoire,
Marche des fiertés, Berlin**

Crédit : Jonathan Gaquère

Reconversion des bassins portuaires à Anvers (*waterfront*)

Crédit : Erwan Le Goff

Tourisme au tripoint frontalier Belgique/Pays-Bas/Allemagne

Crédit : Laurent Coudrier

"Ma patrie, ce sont les frontières".
Panneau d'information au tripoint frontalier
Belgique/Pays-Bas/Allemagne

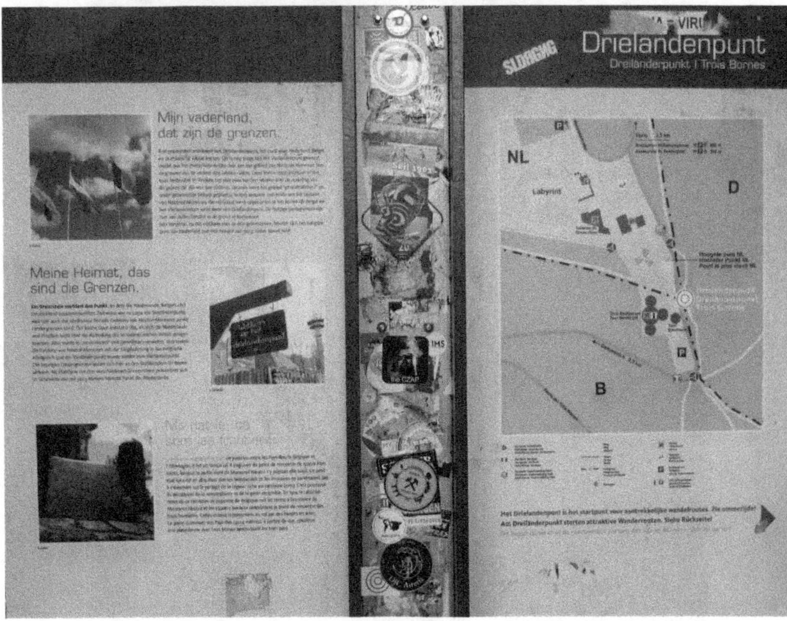

Crédit : Laurent Coudrier

Le Musée Guggenheim (Bilbao), reconversion emblématique d'un ancien espace industriel par la culture

Crédit : Laurent Coudrier

Place transfrontalière Jacques Delors (Menin)

Crédit : Laurent Coudrier

***Skyline* de Rotterdam**

Crédit : Laurent Coudrier

Only Lyon, marketing urbain lyonnais à dimension européenne

Crédit : Pierre Ageron

BIBLIOGRAPHIE

ABIS S. et BRUN M., “Géopolitique de l’agriculture européenne”, *Études*, Février, n° 2, 2020, p. 17.

ABIS S., *Géopolitique du blé*, Malakoff, Armand Colin, coll. “Objectif monde”, 2023.

ADAMIAK C., “Mapping Airbnb supply in European cities”, *Annals of Tourism Research*, vol. 71, C, 2018, p. 67-71.

ADOUMIÉ V., *Géographie de l’Europe*, Paris, Hachette supérieur, coll. “HU”, 2013.

AGULHON M. (*et al.*), *La République en représentations. Autour de l’œuvre de Maurice Agulhon*, Paris, Éditions de la Sorbonne, 2020.

ALVES DIAS P., (*et* al.), *EU coal regions: opportunities and challenges ahead*, Luxembourg, Publications Office of the Europe n Union, 2018.

AMILHAT-SZARY A.-L., *Qu’est-ce qu’une frontière aujourd’hui ?*, *s.l.*, PUF, 2015.

ANASTASIOU E. (*et al*), *Tendances et perspectives démographiques en Méditerranée*, Cahier 21, Marseille, Plan Bleu, 2020.

ARON R., *Paix et guerre entre les nations*, 8e éd., avec une présentation inédite de l’auteur, Paris, Calmann-Lévy, coll. “Liberté de l’esprit”, 1984.

AUFFRET T., “Le Portugal et la mer, la carte scolaire comme support des revendications maritimes”, *Géoconfluences*, 2022.

BABY-COLLIN V. (*et al.*), *Atlas des migrations en Méditerranée de l’Antiquité à nos jours*, *s.l.*, Actes Sud, 2021.

BAILONI M., “Comprendre le vote pour le Brexit : de l’utilité d’une analyse territoriale”, *Hérodote*, N° 164, n° 1, 2017, p. 43-64.

BALASSA B., *The theory of economic integration*, London, George Allen & Unwin, 1962.

BARCELO L., “L’ ‘Europe des 52’ ...: L’Union Européenne de Football Association (UEFA)”, *Guerres mondiales et conflits contemporains*, vol. 228, n° 4, 2007, p. 119.

Battistoni-Lemière A., *Tout comprendre à la géopolitique*, Malakoff, Armand Colin, 2022.

Baudelle G., Castagnède B. (dir.), *Le polycentrisme en Europe : une vision de l'aménagement du territoire européen*, La Tour d'Aigues, Aube, DATAR, coll. "Monde en cours", 2002.

Bayou C. et Chillaud M. (dir.), *Les États baltes en transition : le retour á l'Europe*, Bruxelles, P.I.E. Peter Lang, coll. "Géopolitique et résolution des conflits", 2012.

Bellandi M., Ceccanti M.-C., Santini E., "Evolutions in industrial districts and local productive systems", *Handbook of Industrial Development*, E. Elgar, 2023, p. 165-181.

Bellier I., "L'Europe et les droits des peuples autochtones", *Ethnologie française*, vol. 50, n° 3, 2020, p. 513-528.

Benoit B. et Saussac R., *Géopolitique de l'Europe*, 9e éd., Paris, Bréal, coll. "Le monde en fiches", 2014.

Berny N., "Le rôle des lobbies dans la fabrique de la norme environnementale", *Délibérée*, N° 8, n° 3, 2019, p. 26.

Bertoncini Y. (dir.), *Dictionnaire critique de l'Union européenne*, Paris, Armand Colin, 2008.

Beyer A., "La politique européenne des transports procède-t-elle d'une logique territoriale ?", *L'Information géographique*, vol. 79, n° 1, 2015, p. 8-22.

Beyer, A., " Introduction. Pour une lecture territoriale des corridors de transport en Europe", *Géoconfluences*, 2020.

Beyer, A., "Menaces et opportunités de l'urbanisation des ports fluviaux. Le cas des métropoles rhénanes", *Revue Géographique de l'Est*, vol. 57, n° 3-4, 2017.

Beyer A., " Introduction. Pour une lecture territoriale des corridors de transport en Europe", *Géoconfluences*, 2020.

Bianchi P., Labory S. et Tomlinson P. (dir.), *Handbook of industrial development*, Cheltenham, UK, Northampton, MA, Edward Elgar Publishing, 2023.

Boissière A., Tétart F. et Mounier P.-A., "Atlas de l'Europe : un continent dans tous ses états", Autrement, coll. "Atlas-monde", 2021.

Borrell J., *La démographie et l'Europe dans le monde*, *s.l.*, 2020.

BOUFFET J.-Y., "Le Groënland deviendra-t-il le 51e État américain?", *Conflits*, 2020.

BOULINEAU E., "Pour une géographie politique de la coopération territoriale. Régions transnationales et réseaux de villes en perspective", *L'Espace Politique*, nº 32, 2017.

BOURDIN S., "La Politique de cohésion pour 2021-2027: vers une plus grande territorialisation ?", *Géoconfluences*, 2020.

BOURDIN S. et CORNIER T., "De la polarisation du trafic de conteneurs à la concentration spatiale : l'exemple des ports d'Europe et de la Méditerranée", *Les Cahiers Scientifiques du Transport/Scientific Papers in Transportation*, nº 68, 2015, p. 27-56.

BOURGEOIS L. et CHAMPAGNOL T., "L'UE à 27: le deuxième excédent commercial agroalimentaire du monde", *Paysans & société*, nº 393, 2022.

BOURIER M., "5 chiffres pour comprendre le déclin démographique en Europe", *Les Echos*, 2 mai 2023.

BRAUDEL F., *La Méditerranée et le monde méditerranéen à l'époque de Philippe II*, Paris, Armand Colin, 1949.

BRUNET R., *La France dans l'espace européen: choix de cartes et présentation*, *s.l.*, Groupement d'intérêt public RECLUS, 1989.

BRUNET R., "Lignes de force de l'espace européen", *Mappemonde*, nº 66, 2002.

BRUNET R. et BOYER J.-C., *Les villes européennes: rapport pour la Datar, Délégation à l'aménagement du territoire et à l'action régionale*, *s.l.*, GIP RECLUS, La Documentation française, 1989.

BUHLER P., *La puissance au XXIe siècle: les nouvelles définitions du monde*, Paris, CNRS éditions, coll. "Biblis", 2019.

BUHLER P., "Si c'était à refaire, je commencerais par la culture", *L'ENA hors les murs*, nº 498, 2020, p. 67-68.

BUIGI N. et KYRAMARGIOU E., "Grèce. La privatisation du port du Pirée, une première", *P@ges Europe*, coll. "La Documentation française", 2016.

CABOURET M., *La Finlande*, Paris, Éditions Karthala, coll. "Hommes et sociétés", 2005.

CALAME M., *La France contre l'Europe : histoire d'un malentendu*, Paris, Les Petits Matins, 2019.

CARROUÉ L., *Géographie de la mondialisation : crises et basculements du monde*, 4e éd., Malakoff, Armand Colin, coll. "U", 2019.

CHARVET J.-P. et LEVASSEUR C., *Atlas de l'agriculture*, Autrement, coll. "Atlas-Monde", 2023.

CHASTELAND J.-C. et CHESNAIS J.-C., "1935-2035 : un siècle de ruptures démographiques", *Politique étrangère*, Hiver, nº 4, 2006, p. 1003.

CHESNAIS J.-C., *La démographie*, 4e éd. corr., 17. mille., Paris, PUF, coll. "Que sais-je ?", 1998.

CHEVRIER M.-H. et ALCANTARA C., *Saint-Jacques-de-Compostelle : entre dévotion et tourisme*, *s.l.*, France Culture, coll. "Podcast Culture Monde", 2023.

CHILLAUD M., *Les pays baltes en quête de sécurité*, Paris, Economica : Institut de stratégie comparée, coll. "Bibliothèque stratégique", 2009.

CHOPIN T. et BEAUNE C. (dir.), *Une Europe pour aujourd'hui et pour demain : souveraineté, solidarités, identité commune*, Paris, La Documentation française, 2021.

COËFFÉ V., *Le tourisme : de nouvelles manières d'habiter le monde*, Paris, Ellipses, 2017.

COHEN E., "La réindustrialisation par l'Europe ?", *Vie publique*, 2022.

COLLECTIF, "Pour une PAC agroécologique", *Pour*, vol. 243, nº 2, 2022.

COMMISSION EUROPÉENNE, *The impact of demographic change – in a changing environment*, *s.l.*, 2023.

CORNU Y., "Slovénie-Croatie : Clochemerle-sur-Adriatique", *Le Point*, 2017.

COULBAUT-LAZZARINI A. et BAILLY G., "Territoires d'innovation : du concept à l'expérimentation", *K@iros*, vol. 4, 2020.

COUSTEAUX A.-S., "La France dans l'Union européenne", *Insee-Référence*, 2019.

DEBATISSE M., "La révolution silencieuse. Le combat des paysans", in *Population* 19 année, n°3, 1964, p. 590-591.

DEBRIE J., ELIOT E. et SOPPÉ M., "Un modèle transcalaire des nodalités et polarités portuaires. Exemple d'application au port de Hambourg", *Mappemonde*, nº 79, 2005.

DEL BIONDO L., "Esch-Belval: de la reconversion d'une friche sidérurgique luxembourgeoise à la recomposition d'une agglomération transfrontalière (Esch-Belval: from the redevelopment of Luxembourg's former steel-making site to the reshaping of a cross-border agglomeration)", *Bulletin de l'Association de géographes français*, vol. 87, n° 3, 2010, p. 395-407.

DELECOSSE É., DELHUVENNE L. et LELOUP F., "L'Eurométropole Lille-Kortrijk-Tournai, instrument au service de l'institutionnalisation de la coopération transfrontalière", *Courrier hebdomadaire du CRISP*, n° 2526-2527, n° 1, 2022, p. 5-90.

DELORS J. et ARNAUD J. L., *Mémoires*, Paris, Pocket, 2004.

DELPIROU A. et MOURLANE S., *Atlas de l'Italie contemporaine*, Paris, Autrement, 2019.

DELPIROU A. (*et al.*), *Atlas de l'Italie contemporaine*, Autrement, coll. "Atlas-monde", 2019.

DERUDDER B. et HENNEMANN S. (*et al.*), "An Alternative Approach to the Calculation and Analysis of Connectivity in the World City Network", *Environment and Planning B: Planning and Design*, vol. 41, n°3, 2014, p. 392–4 12.

DESHAIES M. et MARIE M., *Atlas de l'Allemagne : les contrastes d'une puissance en mutation*, Autrement, coll. "Atlas-monde", 2019.

DESLONDES O. et BOULINEAU E., "Les Balkans et l'Europe", *Géocarrefour*, vol. 89, n° 3, 2014, p. 163-168.

DESSE M. et CHARRIER S., "La grande plaisance, un secteur économique en plein essor", *Études caribéennes*, n° 36, 2017.

DIRY J.-P., *Campagnes d'Europe. Des espaces en mutation*, *s.l.*, CNRS éditions, coll. "La Documentation photographique", 2020.

DOIGNON Y., "Les transitions démographiques des pays méditerranéens depuis 1950", *Géoconfluences*, 2020.

DONZELOT J. *La ville à trois vitesses*, Paris, Éditions de la Villette, 2009.

DOUTRIAUX Y. et LEQUESNE C., *Les institutions de l'Union européenne après la crise de l'euro*, 9e édition, Paris, La Documentation française, 2013a.

DOUTRIAUX Y. et LEQUESNE C., *Les institutions de l'Union européenne : après la crise de l'euro*, 9e édition entièrement revue et mise à jour, Paris, La Documentation française, coll. "Réflexe Europe", 2013b.

DUBRULLE, J. et PELTIER C., "PAC: Sortons des sentiers battus de la pensée dominante", *Pour*, nº 243, 2022.

DUCLOS M., *La France dans le bouleversement du monde*, Paris, Éditions de l'Observatoire, 2021.

DUMONT G.-F., "Le peuplement de l'Europe : une logique centre-périphérie", *Population & Avenir*, vol. 700, nº 5, 2010, p. 3.

DUMONT G.-F., "L'Union européenne entre 'hiver démographique' et crise des migrants", *Les Grands Dossiers de Diplomatie*, nº 36, 2016.

DUMONT G.-F., "Les populations de l'Europe. Des évolutions démographiques très fragmentées", *Les Analyses de Population & Avenir*, vol. 11, nº 7, 2019a, p.1-14.

DUMONT G.-F., "Union européenne : dépopulation ou dépeuplement ?", *Population & Avenir*, n° 743, nº 3, 2019b, p. 3.

DUMONT G.-F. et VERLUISE P., *Géopolitique de l'Europe : de l'Atlantique à l'Oural*, 2e édition entièrement revue et mise à jour, Paris, PUF, coll. "Major", 2016.

DUMONT M. et GÉRARDOT M., *L'Europe*, Neuilly, Atlande, coll. "Clefs-concours", 2010.

DURBIN R. P., "Letter: Acid secretion by gastric mucous membrane", *The American Journal of Physiology*, vol. 229, nº 6, 1975, p. 1726.

DUVOUX N., *Les inégalités sociales*, 2e édition mise à jour, Paris, PUF, coll. "Que sais-je ?", 2021.

ELIAS N., ETORÉ-LORTHOLARY J., *La société des individus*, Paris, Fayard, 1991.

ELISSALDE B. et THÉBAULT V., *Géopolitique de l'Europe*, 2e édition actualisée et enrichie, Paris, Nat han, coll. "Nouveaux continents", 2009.

ÉMANGARD P.-H., "Les tramways en Europe : une vision diachronique", *Transports urbains*, N° 120, nº 1, 2012, p. 3.

EUROPEAN COMMISSION, JOINT RESEARCH CENTRE, *Atlas of migration 2022*, LU, Publications Office, 2023.

Eyl-Mazzega M.-A., “Les défis de la sortie du charbon en Europe”, *Les Annales des Mines, Responsabilité & Environnement*, n° 95, 2019.

Faberon F., *L'Union européenne et ses outre-mers : quelle communauté de destin ?*, Aix-en-Provence, Presses universitaires d'Aix-Marseille, coll. “Droit d'outre-mer”, 2018.

Fayol C., *Ces Français au service de l'étranger : affairisme, mélange des genres ou naïveté. Quand notre élite oublie la France*, Paris, Plon, 2020.

Filler A., *L'impossible nation lettone : étude des lieux d'une natiogenèse post-soviétique*, Strasbourg, Presses universitaires de Strasbourg, coll. “Essais”, 2016.

Filler A.“Les pays baltes et la ‘nouvelle guerre froide’, géopolitique des États ‘duels’”, *Hérodote*, N° 164, n° 1, 2017, p. 163-178.

Flipo A., “Les migrations de travail intra-européennes entre ruptures et continuités”, *Hommes & migrations*, n° 1317-1318, 2017, p. 69-77.

Foret F. , *Légitimer l'Europe : pouvoir et symbolique à l'ère de la gouvernance*, Paris, Presses de Sciences Po, coll. “Sciences Po. Fait politique”, 2008.

Foucher M., *Fragments d'Europe : atlas de l'Europe médiane et orientale*, nouvelle édition, revue mise à jour, Paris, Fayard, 1998.

Foucher M., “L'Union politique européenne : un territoire, des frontières, des horizons”, *Esprit*, novembre, n° 11, 2006, p. 8.

Foucher M., *L'Europe : entre géopolitiques et géographies*, Paris, CNED SEDES, 2009.

Foucher M., *Europe, Europes, s.l.*, CNRS éditions, coll. “La Documentation photographique”, 2010.

Foucher M., *L'Union européenne dans le monde*, Paris, CNRS éditions, coll. “La Documentation photographique”, 2022.

Fournier C., “Le tourisme de croisières en Méditerranée”, *Géoconfluences*, 2011.

Frémont A., *Le monde en boîtes. Conteneurisation et mondialisation*, Arcueil, Collection de l'INRETS, 2007.

Freund J., *L'essence du politique*, 3e édition, [Nachdr.], Paris, Dalloz, 2008.

GALLET G., *La Pologne en Europe : place, identité et histoire*, Paris, L'Harmattan, 2020.

GAQUÈRE J., "Allemagne – Berlin : une métropole par-delà le mur, entre coupures et coutures", *Geoimage-CNES*, 2020.

GASPARINI W. et POLO J.-F., "L'espace européen du football. Dynamiques institutionnelles et constructions sociales", *Politique européenne*, n° 36, n° 1, 2012, p. 9-21.

GAY J.-C., *La France d'outre-mer : terres éparses, sociétés vivantes*, Malakoff, Armand Colin, coll. "U", 2021.

GAY J.-C., *Les outre-mers européens*, Paris, La Documentation française, 2018.

GIULIANI J.-D., "L'Europe a-t-elle une stratégie maritime ?", *Revue Défense Nationale*, N° 789, n° 4, 2016, p. 31-36.

GOLLA M., "La nouvelle PAC, censée verdir l'agriculture européenne, fait polémique", novethic.fr, 2021.

GONIN A. et QUÉVA C., *Géographie des espaces ruraux : cours, études de cas, entraînements, méthodes commentées*, Malakoff, Armand Colin, coll. "Portail", 2018.

GOUYON F., "L'Ukraine aux limites de l'Europe ?", *Hérodote*, vol. 118, n° 3, 2005, p. 147.

GRAVARI-BARBAS M., "Gentrification and Tourism", in *Encyclopedia of Tourism*, Springer, *s.l.*, 2023.

GRÉSILLON B., "Marseille-Provence 2013, analyse multiscalaire d'une capitale européenne de la culture", *Géoconfluences*, 2013.

GROSJEAN B., "Les ambiguïtés de l'Eurométropole Lille- ortrijk-Tournai, à travers ses représentations régionales", *Belgeo*, n° 2, 2019.

GUIRAUDON V., "L'Europe et les réfugiés : une politique peu solidaire", *Pouvoirs*, vol. 144, N° 1, 2013, p. 79-89.

HALBERT L., *L'avantage métropolitain*, Paris, PUF , coll. "La ville en débat", 2010.

HASSID L. et COURMONT B., *Une géopolitique de la Slovénie*, Paris, la Route de la soie éditions, coll. "Mondes actuels", 2021.

HERBET D., MIARD-DELACROIX H. et STARK H. (dir.), *L'Allemagne entre rayonnement et retenue*, Villeneuve-d'Ascq, France, Presses universitaires du Septentrion, coll. "Histoire et civilisations", 2016.

HIRSCHHAUSEN B. VON, *Les provinces du temps : frontières fantômes et expériences de l'histoire*, Paris, CNRS éditions, coll. "Espaces & milieux", 2023.

IGN, "Après le Brexit, quel est désormais le centre géographique de l'UE ?", https://www.ign.fr/reperes/apres-le-brexit-quel-est-desormais-le-centre-geographique-de-lue, 3 mai 2021, consulté le 24 juillet 2023.

IMBACH R., CATTARUZZA A. et SINTÈS P., "Atlas géopolitique des Balkans : un autre visage de l'Europe", Autrement, coll. "Atlas/monde", 2016.

INSEE RÉFÉRENCES, "Démographie en Europe", 2021, p 209.

JEAN Y. et BAUDELLE G., *L'Europe - Aménager les territoires*, *s.l.*, Armand Colin, 2009.

KAHN S., "L'État-nation comme mythe territorial de la construction européenne", *L'Espace géographique*, tome 43, n° 3, 2014, p.240-250.

KAHN S., "Les enjeux de la crise européenne", *Hérodote*, N° 164, n° 1, 2017, p. 79-100.

KAHN S., *Histoire de la construction de l'Europe depuis 1945*, PUF, coll. Quadrige, 2e éd., Paris, 2021.

KAHN S. et LÉVY J., *Le Pays des Européens*, Paris, Odile Jacob, coll. "Hors collection", 2019.

KAYSER B., *La renaissance rurale. Sociologie des campagnes du monde occidental*, Armand Colin, Paris, 1990.

KNAFOU R. et S TOCK M., "Tourisme", in *Dictionnaire de la géographie et de l'espace des sociétés*, Belin., *s.l.*, 2013, p. 931.

LAÏDI Z., *La norme sans la force : l'énigme de la puissance européenne*, Paris, Presses de Sciences Po, coll. "Nouveaux débats" », 2005.

LAÏDI Z., *La norme sans la force : l'énigme de la puissance européenne*, 2e éd. entièrement refondue, Paris, Presses de Sciences Po, 2008.

LANDIS J., "Epic fail and cautious success - Berlin Brandenburg Airport and New York LaGuardia Terminal B", *Megaprojects for Megacities*, 2022.

LAPORTE A., *De Bonn à Berlin : le transfert d'une capitale (1990-2010)*, Toulouse, Presses universitaires du Midi, coll. "Villes et territoires", 2016.

LAURENS S., MARCHAN F. et VAN CRIEKINGEN M., "'Il faut de tout pour faire un monde clos' : Genèse historique, délimitations matérielles et symboliques du 'quartier européen'– à Bruxelles, 1960-2 010", *Actes de la recherche en sciences sociales*, vol. 195, nº 5, 2012, p. 78.

LÉCOLE P., "Petites fermes des villes, petites fermes des montagnes et soutiens de la Politique agricole commune", *Géographie, économie, société*, vol. 23, 2021.

LEDROIT V., *La population des pays de l'Union européenne*, *s.l.*, coll. "Toute l'Europe.eu", 2022.

LÉVY A., *G. W. Leibniz : le meilleur des mondes par la balance de l'Europe*, Paris, PUF, coll. "Fondements de la politique", 1994.

LÉVY J., *Europe, une géographie*, 2e éd. revue et augmentée, Paris, Hachette, coll. "Carré géographie", 2011.

LÉVY J., "Urbanité", in LÉVY J., LUSSAULT M., *Dictionnaire de géographie et de l'espace des sociétés*, Paris, Belin, 2013, p.1055-1060.

LÉVY J. (*et al.*), *Théorie de la justice spatiale : géographies du juste et de l'injuste*, Paris, Odile Jacob, 2018.

LÉVY J., *L'humanité, un commencement : le tournant éthique de la société-Monde*, Paris, Odile Jacob, 2021.

LÉVY J., *Géographie du politique*, Paris, Odile Jacob, 2022.

LIBOUREL É., *Le corridor ferroviaire méditerranéen : planification, politisation et territorialisation d'un projet d'aménagement*, thèse doctorale, Université Paris-Est, Champs-sur-Marne, 2015.

LIBOUREL É., *Population et inégalités dans le monde*, Neuilly, Atlande , coll. « Clefs-concours », 2020.

LIBOUREL É., "Le Corridor méditerranéen en Espagne : projet d'aménagement, serpent de mer politique", *Géoconfluences*, 2019a.

LIBOUREL É., "Les réseaux transeuropéens de transport et la justification par les marges" , in les actes du colloque *Mobilités et marginalités*, *s.l.*, coll. "PUR", 2019b.

LIBOUREL É., *Population et inégalités dans le monde*, Neuilly, Atlande, coll. "Clefs-concours", 2020.

LIBOUREL É. (dir .), *Agriculture et changements globaux*, Atlande, 2023.

Lille L. Coudroy de, "Introduction - Entre Est et Ouest : une européanisation urbaine", *Revue Géographique de l'Est*, vol. 56, n°3-4, 2016.

Lombard J. et Steck B., "Quand le transport est d'abord un lieu !", *Autrepart*, vol. 32, n° 4, 2004, p. 3-19.

Loyer B., "L'Union européenne, un territoire en construction. Réflexions sur la crise des réfugiés de 2015", *Hérodote*, N° 164, n° 1, 2017, p. 11-42.

Magnette P., "Évitons que l'Europe perde cinq années de plus", *Le Monde*, 24 avril 2019.

Marcadon J., "Géographie portuaire de l'espace euro-méditerranéen", *Méditerranée*, vol. 98, n° 1, 2002, p. 55-66.

Marcou G., "Les réformes des collectivités territoriales en Europe : problématiques communes et idiosyncrasies", *Revue française d'administration publique*, vol. 141, n° 1, 2012, p. 183.

Masson T., "Crise du secteur sucrier en Europe : les leçons à tirer", *Paysans & société*, n° 376, 2019.

Maurel M.-C. (dir.), *Recomposition de l'Europe médiane*, France, Sedes, coll. "Dossiers des Images économiques du monde", 1997.

Maurel M.-C., *Terre et propriétés à l'est de l'Europe depuis 1990 : faisceau de droits, relations de pouvoir*, Besançon, Presses universitaires de Franche-Comté, coll. "Normes et pratiques foncières et agricoles dans le monde", 2021.

Mayer T., Vicard V. et Zignago S., "L'Union européenne : combien a-t-on gagné à la faire (et combien perdrait-on à la défaire) ?", *La lettre du CEPII*, n° 389, 2018, p. 41-54.

Merk O., "China's Participation in European Container Ports: Drivers and Possible Future Scenarios", *Revue internationale et stratégique*, N° 117, n° 1, 2020, p. 41.

Migreurop, *Atlas des migrations dans le monde : Libertés de circulation, frontières et inégalités*, *s.l.*, Armand Colin, 2022.

Misiuna J. et Pachocka M., "La Pologne en Europe au début du XXIe siècle : à la croisée des chemins ?", *Hérodote*, N° 164, n° 1, 2017, p. 1[45]-162.

MONGRENIER J.-S., “Du ‘British Exit’ à l’‘American Brexit’ : les perspectives incertaines d’une défense européenne autonome”, *Hérodote*, N° 164, n° 1, 2017, p. 179-198.

MONGRENIER J.-S., “L’Allemagne et l’OTAN : ‘What else?’”, *Hérodote*, N° 175, n° 4, 2019, p . 41-54.

MONGRENIER, J.-S.,–*Géopolitique de l’Europe*, 2e éd. mise à jour, Paris, PUF, coll. “Que sais-je ?”, 2023.

MONNET J., *Mémoires*, Paris, Fayard, 1997.

MONOT A. et PARIS F., *Les espaces ruraux en France*, Paris, Bréal, coll. “Amphi géographie”, 2018.

MONOT A., “Les populations autochtones ultramarines françaises”, *Les populations en France*, Paris, Studyrama coll. “Bréal-APHG”, 2023a.

MONOT A., “Un cas d’école des imbrications populations, peuplement et territoires: la Nouvelle-Calédonie”, *Bulletin de l’Association de Géographes français*, 2023b.

MONTABONE B., *L’Union européenne et la Turquie: les enjeux d’un développement régional*, Rennes, Presses universitaires de Rennes, coll. “Espace et territoires”, 2013.

MONTE IL G., “Stratégies actorielles, jeux et enjeux de l’horizon touristique dans l’espace urbain pragois”, in *Mondes urbains du tourisme*, Belin, 2007.

MORICONI-EBRARD F. et CHATEL, C., “Le bouleversement de la hiérarchie des grandes agglomérations du Monde”, *Questions internationales*, Les villes mondialisées, 2013.

NÈGRE F., “L’Union européenne et les forêts”, Fiches techniques sur l’Union européenne, 2023, www.europarl.europa.eu/factsheets/fr.

NIES S., “L’énergie, l’UE et la Russie”, *Hérodote*, vol. 138, n° 3, 2010, p. 79-93.

NIVET B., *L’Europe puissance, mythes et réalités : une étude critique du concept d’Europe puissance*, thèse doctorale, Presses universitaires de Bordeaux, Pessac, coll. “Perspectives européennes”, 2019.

NYE J. S., *Bound to lead: the changing nature of American power*, New York, Basic Books, 1990.

NYE J. S., *Soft power: the means to success in world politics*, 1st ed., New York, Public Affairs, 2004.

Observatoire des territoires, ANCT, "Typologie des trajectoires démographiques des intercommunalités ces 50 dernières années : quels leviers à l'œuvre ? " *Cahier 1 - Territoires et transitions : enjeux démographiques*, 2021.

Orcier P., *La Lettonie en Europe : atlas de la Lettonie*, Rīgā, Zvaigzne ABC, 2005.

Orcier P., "Frontières et territoires frontaliers en Europe, une visite guidée", *Géoconfluences*, 2019.

Orcier P., "L'Europe entre associations, alliances et partenariats. L'état de l'Union européenne de la zone euro, de l'espace Schengen et de l'Otan au 1er juillet 2023", *Géoconfluences*, 2023.

Ory P., "Y a-t-il des familles de drapeaux ? Introduction à la vexillologie comparée", in Agulhon M. (*et al.*) (dir.), *La République en représentations*, *s.l.*, Éditions de la Sorbonne, 2006, p. 393-403.

Ory P., "Gouverner par les symboles : Introduction à une histoire des politiques symboliques modernes", *Revue d'histoire culturelle*, n° 1, 2020a.

Ory P., *Qu'est-ce qu'une nation ? Une histoire mondiale*, Paris, Gallimard, coll. "Bibliothèque des histoires", 2020b.

Pastoureau M., "Les couleurs aussi ont une histoire", *L'Histoire*, n° 92, 1986.

Pastoureau M., "Genèse du drapeau. États, couleurs et acculturation emblématique autour de la Méditerranée", in les actes du colloque *Genèse de l'État moderne en Méditerranée. Approches historique et anthropologique des pratiques et des représentations. Actes des tables rondes internationales tenues à Paris (24-26 septembre 1987 et 18-19 mars 1988)*, *s.l.*, CNRS éditions, coll. "Publications de l'École Française de Rome", 1993.

Pastoureau M., "La révolution des couleurs ou le triomphe du bleu", *L'Histoire*, n° 229, 1999.

Pastoureau M., *Une histoire symbolique du Moyen Âge occidental*, Paris, Éditions du Seuil, 2004.

Perrin T., *Culture et eurorégions : la coopération culturelle entre régions européennes*, thèse doctorale, Éd. de l'Université de Bruxelles, Bruxelles, coll. "Science politique", 2013.

Petit Y., “L’Union européenne et la lutte contre le changement climatique : une diplomatie au service d’un leadership ?”, *Civitas Europa*, N° 45, n° 2, 2020, p. 353.

Pinson G., “Néolibéralisme/Néolibéralisation”, in *Dictionnaire des politiques territoriales*, Presses de Science Po, *s.l.*, 2020.

Piquet A., “Européanisation, désengagement ou déseuropéanisation ? La coopération policière post-Brexit”, *Politique européenne*, N° 73, n° 3, 2021, p. 58-88.

Ples-Bęn M., “L’homme de charbon. La Haute-Silésie en tant que région imaginaire”, *Caietele Echinox*, n° 40, 2021, p. 105-115

Pouch T., “Les secteurs agricoles inquiets face au Brexit”, *Paysans & société*, n° 373, 2019.

Pyka R. et Behr V., “La métropole de Haute-Silésie, une gouvernance territoriale innovante”, *Revue d’études comparatives Est-Ouest*, n° 4, 2019, p. 7-40.

Reigner H., Brenac T. et Hernandez F., *Nouvelles idéologies urbaines : dictionnaire critique de la ville mobile, verte et sûre*, Rennes, Presses universitaires de Rennes, coll. “Espace et territoires”, 2013.

Rekacewicz P., “La Méditerranée, plus loin que l’horizon ”, https://visionscarto.net/la-mediterranee-plus-loin, 6 mai 2014, consulté le 11 août 2020.

Rey V. (dir.), *Europes orientales, Russie, Asie centrale*, Paris, Hachette, coll. “Géographie universelle/sous la direction de Roger Brunet”, 1996.

Rey V. (dir.), *Les territoires centre-européens, dilemmes et défis. L’Europe médiane en question*, Paris, La Découverte, coll. “Lectio”, 1998.

Ricard-Nihoul G. et Delors J., *Pour une fédération européenne d’États-nations : la vision de Jacques Delors revisitée*, Bruxelles, Larcier, coll. “Europe(s)”, 2012.

Roturier S. et Roué M., “Le Pâturage, c’est toute une science ! Savoirs écologiques sur la neige et représentation samie du pâturage”, *Techniques & Culture. Revue semestrielle d’anthropologie des techniques*, n° 63, 2015, p. 92-109.

Roué M., “Les Samis de Jokkmokk au défi de la modernité”, *Courrier de l’UNESCO*, 11 janvier 2019.

Rozenblat C. et Cicille P., *Les villes européennes. Analyse comparative*, *s.l.*, La Documentation française, coll. “DATAR”, 2003.

Santamaria F. et Élissalde B., "Parlez-vous l'européen ? Enquête sur quelques notions clés de la politique régionale de l'UE auprès d'acteurs français de l'aménagement", *L'Information géographique*, vol. 79, nº 1, 2015, p. 55-71.

Séchet R. et Keerle R., "Le projet d'hôpital commun transfrontalier de Cerdagne : des difficultés de la coopération transfrontalière en matière de santé dans un contexte pourtant favorable", *Annales de géographie*, N° 675, nº 5, 2010, p. 536-559.

Sénat, *Les enjeux financiers et fiscaux pour les outre-mer en 2020*, Paris, Sénat, 2019.

Snyder T. et Dauzat P.-E., *Terres de sang : l'Europe entre Hitler et Staline*, édition augmentée, Paris, Gallimard, coll. "Bibliothèque des histoires", 2022.

Spyratos V. et Garnier C.-C., "La stratégie française pour relever le défi de la mise en œuvre des outils de la directive cadre européenne sur l'eau", *Sciences eaux et territoires*, nº 37, 2021.

Suchet A., Rondel N. et Favory M., "La construction du stade Matmut Atlantique dans le projet politique et urbain de Bordeaux comme métropole du Sud-Ouest européen", *Annales de géographie*, N° 751, nº 3, 2023, p. 52-75.

Sur S., "Comment peut-on être Européen ?", *À la recherche des Européens*, coll. "Questions internationales", 2011.

Sutton K., "Faire-corridor : le corridor comme agencement politico-réticulaire. Réflexions à partir du système suisse de franchissement alpin", *Bulletin de l'Association de géographes français*, vol. 96, nº 3, 2019, p. 375-387.

Sutton K., "Les Nouvelles Traversées Alpines : la 'cité-Europe' à l'épreuve de l'acceptabilité alpine ?", *Belgeo*, nº 1-2, 2010, p. 79-88.

Sýkora J. et Špačková P., "Neighbourhood at the crossroads: differentiation in residential change and gentrification in a post-socialist inner-city neighbourhood", *Housing Studies*, vol. 37, nº 5, 2020, p. 693-719.

Talleu C., "Influencer les institutions de l'Union européenne : le lobbying", *Cahiers de l'action*, vol. 44, nº 1, 2015, p. 63.

Tardis M., "L'accueil des réfugiés : l'autre crise européenne", *Politique étrangère*, Automne, nº 3, 2015– p. 107-120–

TÉTART, F.', *Géopolitique de Kaliningrad: une "île" russe au sein de l'Union européenne élargie*, Paris, Presses de l'Université Paris-Sorbonne, coll. "Mondes contemporains", 2007.

THOMANN P.-E., "Peut-on penser les finalités européennes sans la Russie ? ", *Hérodote*, N° 164, n° 1, 2017, p. 101-122.

TISSOT S., "Entre soi et les autres", *Actes de la recherche en sciences sociales*, vol. 204, n°4, 2014, p. 4.

TOSICS I., "Re-humanising cities: new approaches to urban mobility and public space", *Urbact*, 2023.

UNIWERSYTET ŚLĄSKI, Katowice, Pologne (MARTA.PLES@US.EDU.PL) et PLES-BĘBEN M., "L'homme de charbon. La Haute-Silésie en tant que région imaginaire", *Caietele Echinox*, vol. 40, 2021, p. 105-115.

VALIORGUE B., "Quelle raison d'être pour la PAC à l'heure de l'Anthropocène ?", *Pour*, n° 243, 2022.

VANDERMOTTEN C., "Les configurations de l'espace économique et la crise politique en Belgique", *EchoGéo*, 2011.

VAZQUEZ-HERNANDEZ C. (*et al.*), *EU coal regions opportunities and challenges ahead*, Luxembourg, Publications Office, 2018.

WIHTOL DE WENDEN C., "L'Europe et les migrations en Méditerranée", *Les Cahiers de l'Orient*, vol. 129, n° 1, 2018, p. 105-109.

WIHTOL DE WENDEN C. et BENOÎT-GUYOD M., *Atlas des migrations: de nouvelles solidarités à construire*, 6e éd., Paris, Autrement, coll. "Atlas-monde", 2021.

WOESSNER R., "Du tramway au bus en site propre, récit géographique d'une passion urbaine française", *Géoconfluences*, 2019.

WOESSNER R., "Le transport aérien dans la pandémie, l'exemple de l'EuroAirport de Bâle", *Géoconfluences*, 2023.

YELLEN J., "US Treasury Secretary Janet Yellen on the next steps for Russia sanctions and 'friend-shoring' supply chains", 2022.

ZEMBRI P., *Pour une approche géographique de la déréglementation des transports*, thèse doctorale, Université Paris 1 Panthéon-Sorbonne, Paris, 2007.

ZULIANI J.-M., "La métropole toulousaine, un continuum entre industries et services d'ingénierie en lien avec les activités aérospatiales et de systèmes embarqués", *Sud-Ouest européen*, n° 41-42, 2016, p. 137-153.

TABLE DES SIGLES

ACEUM.: Accord Canada-États-Unis-Mexique (succède à l'ALENA en 2020).

ACR: Accord Commercial Régional (RTA *Regional Trade Agreement* en anglais). Un ACR instaure un régime préférentiel entre les États membres en matière de commerce international: il intègre classiquement la suppression des tarifs douaniers, mais peut aussi contenir des formes d'harmonisation des normes, par exemple. Selon l'Organisation mondiale commerce, 360 ACR sont en vigueur en 2023. L'Union européenne constitue l'exemple d'ACR le plus avancé, puisqu'elle intègre une union économique et monétaire.

AEE: Agence européenne pour l'environnement.

AELE: Association européenne de libre-échange. Espace économique créé en 1960 par sept États autour de la Grande-Bretagne et qui se voulait au départ un concurrent de la CEE. Ses membres ont progressivement rejoint la CEE, ils ne sont plus que quatre (Suisse, Norvège, Islande et Liechtenstein). Des accords commerciaux existent avec l'UE, ainsi que des normes et règles communes.

AIEA: Agence internationale de l'énergie atomique.

AOC: Appellation d'origine contrôlée est un label décerné aux productions agro-alimentaires françaises délivré depuis 1935 par l'INAO (Institut national de l'origine et de la qualité). Une AOC est étroitement liée à la notion de terroir puisqu'elle distingue un savoir-faire dans un espace géographique précis et délimité.

AOP: Appellation d'origine protégée, label créé par l'Union européenne en 1992 sur le modèle des AOC françaises. Les AOP garantissent la qualité et l'origine de toutes les étapes de production des produits labellisés dans les aires concernées de l'espace communautaire.

APD: Aide publique au développement.

ASEAN: Associations des nations de l'Asie du Sud-Est (groupement de coopération régionale). Organisation à la fois politique, économique et culturelle, elle regroupe aujourd'hui dix États membres. Créée en 1967 par l'Indonésie, la Malaisie, la Thaïlande, les Philippines et Singapour, elle intègre ensuite le Brunei (1984), le Vietnam (1995), le Laos et la Birmanie (1997) et enfin, le Cambodge (1999).

AUKUS : Alliance militaire entre les États-Unis, le Royaume-Uni et l'Australie pour contenir la puissance chinoise.

BCE : Banque centrale européenne.

BEI : Banque européenne d'investissement.

CBD : Central Business District (quartier d'affaires).

CCNUCC : Convention-cadre des Nations Unies sur le changement climatique.

CECA : Communauté européenne du charbon et de l'acier.

CED : Communauté européenne de défense.

CEE : Communauté économique européenne.

CEEAG : *Climate, Energy and Environmental Aid Guidelines* (CEEAG). Dispositif juridique permettant à la Commission européenne d'autoriser des subventions étatiques à des entreprises investissant dans l'industrie verte.

CETA : *Comprehensive Economic and Trade Agreement*. Accord commercial de libre-échange entre l'UE et le Canada.

CIJ : Cour internationale de justice, organe juridique de l'ONU.

COP : Conférence des Parties à la CCNUCC.

CTE : Coopération territoriale européenne.

EEE : Espace économique européen. Créé en 1994 dans la foulée du traité de Maastricht et de l'achèvement du marché unique, l'EEE a pour visée d'étendre les quatre libertés qui fondent le marché intérieur de l'Union aux pays membres de l'Accord européen de libre-échange : Norvège, Luxembourg, Liechtenstein.

EPR : *European pressurized Reactor*. Réacteur nucléaire de troisième génération permettant de manière plus sécurisée une production électrique supérieure (1 600 MWe), mais critiqué pour son coût et ses retards de mise en œuvre en Finlande et en France.

Euratom ou CEEA : Communauté européenne de l'énergie atomique créée par les traités de Rome de 1957.

EVP : Unité de mesure pour exprimer une capacité de transport en multiple du volume standard occupé par un conteneur 20 pieds (6 m) (*Géoconfluences*).

FAO : Food and Agriculture Organisation, agence de l'ONU.

FC : Fonds de cohésion.

FEADER : Fonds européen agricole pour le développement rural.

FEAMP : Fonds européen pour les affaires maritimes et la pêche.

FED : Fonds européen de développement.

FEDER : Fonds européen de développement régional.

FEOGA : Fonds européen d'orientation et de garantie agricole.

FESI : Fonds européens structurels et d'investissement.

FMI : Fonds monétaire international.

Frontex : Agence européenne de garde-frontières et de garde-côtes.

FSE : Fonds social européen.

FTJ : Fonds pour une transition juste.

FTN : Firme transnationale.

GATT : *General Agreement on Tariffs and Trade.*

GECT : Groupements européens de coopération territoriale.

GES : Gaz à effet de serre.

IDE : Investissements directs étrangers.

IDH : Indice de développement humain, outil synthétique qui mesure le développement d'une société se fondant sur les taux d'alphabétisation et de scolarisation, sur le PIB par habitant et sur l'espérance de vie à la naissance. Il s'exprime entre 0 et 1.

IGP : Indication géographique protégée. Label de l'Union européenne créé en 1992 et garantissant qu'au moins une des étapes de fabrication du produit labellisé (production ou transformation ou élaboration) a été réalisée dans l'aire géographique concernée. L'IGP est donc moins contraignante que l'AOP.

INED : Institut national des études démographiques (France).

INTERREG : Programme de coopération interrégionale.

IRA : *Inflation Reduction Act.*

LEADER/LEADER+ : Liaison entre actions de développement de l'économie rurale.

MINUSMA : Mission multidimensionnelle intégrée des Nations unies pour la stabilisation au Mali.

NUTS : Nomenclature des unités territoriales statistiques.

OIT : Organisation internationale du travail, agence de l'ONU.

OMC : Organisation mondiale du commerce.

ONU : Organisation des Nations Unies.

OPEP : Organisation des pays exportateurs de pétrole.

OTAN : Organisation du traité de l'Atlantique Nord, parfois appelée Alliance atlantique. Alliance militaire, créée en 1949, dan' le cadre de la guerre froide entre les États-Unis, le Canada et de nombreux États ouest-européens.

PAC : Politique agricole commune.

PCP : Politique commune de la pêche.

PECO : Pays d'Europe centrale et orientale.

PESC : Politique étrangère et de sécurité commune.

PESD : Politique européenne de sécurité et de défense.

PIB : Produit intérieur brut, à savoir valeurs créées dans un territoire et mesurées dans les limites de celui-ci.

PIM : Programmes intégrés méditerranéens.

PSDC : Politique de sécurité et de défense commune.

PTOM : Pays et territoires d'outre-mer. Ensemble de treize territoires insulaires répartis sur différents océans et appartenant à des pays membres de l'UE. Ils sont associés à l'UE, mais n'en font pas partie intégrante.

QUAD: Dialogue quadrilatéral pour la sécurité avec les États-Unis, l'Inde, l'Australie et le Japon. Alliance destinée à contenir la puissance chinoise.

R&D : Recherche et développement.

RGPD : Règlement général sur la protection des données.

RUP: Région ultrapériphérique. Territoire ultramarin relevant de pays membres de l'UE et faisant partie intégrante de l'Union européenne.

SPL : Systèmes productifs locaux.

TFUE: Traité sur le fonctionnement de l'Union européenne. Établi initialement en 1957 lors de la création de la CEE, il fut modifié en 1992 lors de la création de l'Union européenne, et à nouveau modifié en profondeur après le traité de Lisbonne (2007).

UNESCO: United Nations Educational, Scientific and Cultural Organization. Agence de l'ONU.

ZEE: Zone économique exclusive. Bande de 200 miles nautiques (environ 360 km) de large depuis le trait de côte, dont l'exploitation économique de la surface, de la tranche d'eau et des fonds relève de l'État côtier à qui elle appartient. Cette zone a été créée par la Convention des Nations Unies sur le droit de la mer (CNUDM) ou Convention de Montego Bay en 1982.

ZFE : Zone à faible émission.

ZLE: Zone de libre-échange. Dans la typologie classique de l'économiste Bela Balassa, la ZLE constitue la première étape de l'intégration économique. Une ZLE se caractérise par la suppression des tarifs douaniers entre pays membres.

ZUF : Zone urbaine fonctionnelle.

GLOSSAIRE

Agences (de l'UE): dotées d'une personnalité juridique propre, les agences ont été créées pour une durée indéterminée et sont distinctes des institutions de l'UE. Les agences décentralisées contribuent à mettre en œuvre les politiques de l'UE. Elles soutiennent également la coopération entre l'UE et les autorités nationales en mettant en commun les compétences et connaissances techniques et spécialisées des institutions nationales et européennes. Par exemple, Frontex est une agence. (définition officielle de l'UE)

Agglomération: ensemble urbanisé continu (les constructions n'étant pas éloignées de plus de 200 m les unes des autres) formé par la ville centre et ses banlieues.

Airbnbisation: processus de mise en location de courte durée du parc résidentiel des villes à destination des touristes, via des plates-formes numériques payantes et privées de type Airbnb. Les logements de la plate-forme, dédiés à l'hébergement touristique, sortent de l'offre immobilière classique, destinée aux habitants de la ville, et contribuent à accroître les difficultés d'accès au logement dans les centres-villes des métropoles.

Aire urbaine: se compose d'une agglomération (ville centre et ses banlieues) et d'une couronne périurbaine polarisée par l'agglomération.

Alizé: vent intertropical soufflant des régions subtropicales vers les régions équatoriales.

Archipel métropolitain mondial: d'après *Géoconfluences*, l'archipel métropolitain mondial désigne le fonctionnement réticulaire des grandes agglomérations dans le cadre de la dernière phase de la mondialisation. Il y a deux archipels emboîtés: celui des métropoles forment les mégalopoles et celui des métropoles reliées entre elles à l'échelle mondiale.

Baléarisation : processus d'artificialisation des côtes méditerranéennes par urbanisation en hauteur du littoral (Marbella et la Marbellisation, Rimini et la Riminisation).

Balkans : topographiquement, la péninsule balkanique est une région montagneuse d'Europe du Sud située entre le Danube, la Save et la Kupa, au nord, et la Méditerranée (mer Adriatique, mer Égée, mer de Marmara et mer Noire). Le terme Balkans renvoie surtout à une aire culturelle, mosaïque culturelle linguistique et religieuse. Les Balkans sont composés de la Grèce, de la partie européenne de la Turquie, de la Bulgarie, de la Macédoine du Nord, de l'Albanie, de la Serbie, du Monténégro, du Kosovo et de la Bosnie-Herzégovine. La Croatie et la Roumanie sont parfois incluses dans les Balkans. Le morcellement politique de la région a donné, par e tension, le terme de balkanisation.

Borderisation : durcissement physique de la frontière d'un État par différents dispositifs (clôtures, murs...).

Citadinité : modalité de sociabilité propre aux habitants des villes, correspondant à la confrontation quotidienne à l'altérité (sociale, économique).

City region : désigne l'aire d'influence des métropoles lorsqu'elle s'étend sur un vaste espace de dimension régionale, pouvant inclure plusieurs agglomérations ou un réseau de petites et moyennes villes. La géographie anglo-saxonne emploie les termes de *mega-city-regio* ou *city-region* pour désigner ces régions urbaines ou régions métropolitaines.

Cluster : concentration d'activités regroupées autour d'un secteur ou d'une filière. On parle aussi de grappe d'entreprises, parfois regroupées dans un même lieu à forte concentration technologique et/ou d'innovation, le technopôle.

Cohésion territoriale : politique qui applique un principe de solidarité entre les territoires de l'Union européenne pour réduire les inégalités.

Collectivisation : processus d'appropriation collective (par l'État) des moyens de production : les terres, les usines, les entreprises, etc.

Commission de vérité et de réconciliation : juridiction mise en place dans un État après une période autoritaire, de répression ou de guerre, pour identifier les responsabilités et dédommager les victimes dans un esprit de justice et de réconciliation nationale.

Communauté politique européenne (CPE) : structure politique créée en 2022, la communauté politique européenne est un forum de rencontres informelles entre dirigeants européens, afin de renforcer les liens entre l'UE et des États non-membres, dont les valeurs sont proches de l'UE. La CPE doit permettre de renforcer la coopération dans des domaines tels que l'énergie, la sécurité, les transports, l'enseignement.

Conseil nordique : forum de coopération basé à Copenhague, associant des parlementaires de cinq États nordiques et de trois de leurs territoires autonomes (Äland, Féroé, Groenland) afin d'harmoniser les pratiques et établir un dialogue régulier. Certaines de ses réalisations ont inspiré l'Union européenne.

Corridors paneuropéens : itinéraires transnationaux identifiés, dès 1994 comme prioritaires par la Commission européenne, pour la rénovation ou la construction d'infrastructures de transport modernes (autoroutes, voies ferrées) pour le transport de passagers et de marchandises. Leur réalisation bénéficie de financements communautaires prioritaires.

Crise grecque de 2008 : crise financière liée à la dette publique grecque (177 % du PIB), qui a menacé la stabilité économique et financière de la zone euro et obligé les autorités communautaires à entreprendre un plan de sauvetage du pays avec l'aide du FMI.

Critères de convergence : établis dans le traité de Maastricht, les critères de convergence sont des indicateurs économiques que les pays doivent atteindre et respecter pour entrer dans la zone euro.

Critères de Copenhague : définis par le traité éponyme en 1997, ils fixent les conditions pour qu'un pays adopte la monnaie unique : indépendance de la Banque centrale, dette publique, déficit public et inflation maîtrisés. S'y est ajoutée la participation au mécanisme de change européen (MCEII) et à l'union bancaire européenne, afin de tester la stabilité du pays.

Cyberespace : Le terme désigne, selon le site *Géoconfluences*, "l'espace de l'Internet et des mondes dits virtuels". Apparu aux États-Unis avec le premier réseau d'échange de données, l'ARPANET, le cyberespace est loin d'être seulement virtuel. Il se compose en effet de trois couches : la couche matérielle désigne l'ensemble des infrastructures qui forment le support de la circulation des données, la couche logicielle est celle qui permet la mobilisation des données, et enfin la couche informationnelle désigne les contenus véhiculés dans le cyberespace.

Démocrature : terme forgé à partir de "démocratie" et "dictature", et désignant les États enregistrant depuis les années 2010 des reculs significatifs en matière d'État de droit, de liberté de la presse, de droits humains (avortement, droits LGBT). Ils correspondent à des régimes conservateurs ou réactionnaires évoluant vers un pouvoir plus personnel (Hongrie, Pologne, Turquie).

Déprise rurale : processus de fragilisation de l'espace rural marqué par le dépeuplement (exode rural) et par une disparition progressive des activités rurales (agriculture, commerces, services, artisanat, etc.).

Déréglementation du transport aérien : libéralisation du marché du transport aérien, depuis la fin des années 1980 en Europe, avec ouverture à la concurrence, qui a favorisé une baisse des coûts, la démocratisation des voyages en avion et la montée en puissance des compagnies *low cost*.

Dérogations : dispositif aussi connu sous le terme d'"*opting out*", permettant à un État de ne pas appliquer le régime général en vigueur, souvent accordé pour débloquer une négociation communautaire difficile.

Détroits danois : il s'agit des passages maritimes assurant la communication entre la Baltique et la mer du Nord. Le principal est l'Oresund, entre Copenhague et Malmö (Suède), mais il en existe en réalité une dizaine entre les différentes îles danoises et parties continentales, jusqu'au Kattegat (avec la Suède) et au Skagerrak (avec la Norvège).

Désertification : correspond au degré ultime de la déprise rurale qui aboutit à des portions d'espace qui se sont vidés de leurs habitants et de leurs activités jusqu'à devenir des déserts humains marqués par des friches, des villages abandonnés et la fermeture des services publics.

Directive : acte législatif de l'UE qui fixe des objectifs à tous les États membres. Chaque pays est libre d'élaborer ses propres mesures pour les atteindre.

Directive Habitats : directive 92/43/CEE du Conseil du 21 mai 1992 concernant la conservation des habitats naturels ainsi que de la faune et de la flore sauvage. Les États membres doivent créer des zones spéciales de conservation (ZSC) pour répondre à cet objectif de conservation. Les ZSC, avec les ZPS, constituent le réseau Natura 2000.

Directive Oiseaux : directive 2009/147/CE du 30 novembre 2009. Elle demande aux États membres de protéger toutes les espèces d'oiseaux vivant naturellement à l'état sauvage sur le territoire européen, en créant des zones de protection spéciale (ZPS). Les ZPS, avec les ZSC, constituent le réseau Natura 2000.

Dumping (social) : pratique visant à abaisser les coûts de production en abaissant le coût de la main-d'œuvre.

Dyade : concept de Michel Foucher pour désigner une "frontière commune à deux États contigus".

Écoconditionnalité : fait de subordonner des achats ou le versement d'aides publiques au respect de principes et critères environnementaux (souvent traduits en normes environnementales)

Économie de marché : économie basée sur la libre-entreprise, la libre concurrence dans un marché régi par la loi de l'offre et de la demande. Elle s'oppose à l'économie socialiste ou étatisée, dans laquelle l'État joue un rôle central dans l'économie, la fixation des prix.

Économie présentielle : économie basée sur la production de biens et de services visant la satisfaction des besoins des personnes présentes dans l'espace considéré, qu'elles soient résidentes ou touristes.

Effet tunnel : présence d'une infrastructure majeure de transport, visible ou non, qui traverse un espace sans le desservir (autoroute, LGV, pipeline) ni entraîner de modification à son fonctionnement.

Espace périurbain : espace en périphérie d'une agglomération dont l'urbanisation est non contiguë à celle-ci. L'espace périurbain est un espace urbanisé à l'opposé de la définition classique de la ville faite de concentrations et de densités du bâti et des hommes dans l'espace. Enfin, l'espace périurbain est construit par des acteurs urbains et pour des acteurs qui demeurent polarisés par l'agglomération qu'ils fréquentent quotidiennement pour ses emplois et ses services dans le cadre de mobilités pendulaires.

Estran : espace du littoral recouvert périodiquement par la marée

État enclavé : dont le territoire est dépourvu d'accès à la mer. Cet accès a pu être recherché ou perdu. Il n'est pas synonyme de handicap dès lors que des accords ont pu être établis avec les États voisins pour la mise en place de voies commerciales ou d'un régime fluvial international.

État tampon : en géopolitique, État créé ou maintenu entre deux empires ou puissances pour limiter leur influence ou éviter un contact direct. En Europe, cela a pu s'appliquer à la Belgique, au Luxembourg, à la Biélorussie, la Finlande, la Macédoine du Nord…

États du voisinage oriental : États d'Europe orientale et du Caucase (Arménie, Azerbaïdjan, Géorgie, Moldavie et Ukraine) participant au Partenariat oriental, créé en 2009 afin de renforcer la coopération avec l'UE. La Biélorussie a suspendu sa participation en juin 2021.

Étranger proche : dans la conception russe, désigne les pays voisins de la Russie, anciennes républiques soviétiques, abritant des minorités et des intérêts russes. Moscou entend y conserver une place privilégiée, considère qu'elles font partie de sa sphère d'influence et se montre hostile à toute velléité centrifuge.

Européanisation : double processus, d'une part, de diffusion des règles et normes communautaires vers les États candidats à l'UE (européanisation "par le haut"), d'autre part, l'adoption et l'assimilation effective de ces règles par les États et sociétés concernés ("par le bas").

Européisme, européiste : le terme européisme apparaît pour la première fois en 1915, sous la plume de Jules Romain. Il désigne la volonté de construire les conditions de la paix en Europe sur la base du rapprochement entre les nations, tout en préservant les capacités de l'Europe face à la montée de nouvelles puissances (Japon, États-Unis). Souvent associé au projet d'intégration politique de l'Europe, le terme est voisin d'Europhilie. Le mouvement européen fondé en 1948 est sans doute la principale organisation européiste.

Europhobe : courant de pensée ou parti politique opposé à l'adhésion à l'Union européenne ou favorable à sa sortie, souvent situé à une extrémité de l'échiquier politique.

Eurorégion : espace de coopération transfrontalière d'initiative locale, bénéficiant du soutien financier de l'UE et visant à développer des liens autour de projets communs.

Eurosceptique : courant idéologique transeuropéen critique envers la construction et les politiques européennes, ayant émergé en parallèle de l'approfondissement et des différents traités. Il critique certains transferts de souveraineté (défense, monnaie).

Exclave : du point de vue de l'État concerné, c'est une partie d'un territoire national qui est séparée du reste du territoire principal. La région de Kaliningrad est une exclave du point de vue russe, mais une enclave du point de vue de l'UE.

Extraversion (économique) : économie dont la croissance est fondée sur les exportations et les échanges internationaux.

Finlandisation : politique de stricte neutralité politique appliquée par la Finlande durant la guerre froide, ayant rendu possible le maintien de la souveraineté politique de la Finlande, au prix d'un renoncement à l'intégration aux institutions occidentales (CEE, OTAN), et au-delà : aucune décision politique finlandaise ne devait porter atteinte à la sécurité et aux intérêts de l'URSS. Terme souvent connoté négativement.

Fonctionnalisme : issu dans les années 1930 des travaux du politologue David Mitrany, le fonctionnalisme désigne une manière d'appréhender les relations entre les nations. En bref, il s'agit de considérer que les relations internationales ne doivent pas être organisées par la puissance des nations, mais par leurs capacités techniques à répondre aux besoins des populations. Appréhender les relations entre pays d'Europe de l'Ouest sous le seul angle de la production de charbon et d'acier dans le cadre de la CECA, pour assurer la production de charbon et d'acier, est un exemple d'approche fonctionnaliste.

Fonds européens: Ce sont des éléments de la politique de cohésion économique, sociale et territoriale de l'UE. Outre le fonds de pré-adhésion, il en existe plusieurs, dont le FEDER et le FEADER, qui sont attribués par Bruxelles selon une programmation pluriannuelle et selon les types de projets concernés afin de venir en aide aux États candidats puis aux États et régions en retard de développement.

Foreland: avant-pays maritime d'un port.

Forêt (Eurostat): d'après la FAO, terre ayant un couvert arboré (ou une densité de peuplement équivalente) supérieur à 10 % et une superficie supérieure à 0,5 hectare. Les arbres doivent pouvoir atteindre une hauteur minimale de cinq mètres à maturité *in situ*.

Forum 17+1 : fondé sur initiative de la Chine, il rassemble depuis 2012 des États d'Europe centrale, orientale et balkanique, membres de l'UE ou non. Différentes questions et projets y sont abordés même si le développement des échanges commerciaux est un enjeu principal. La Lituanie l'a quitté en 2021.

Frontex: agence européenne de garde-frontières et garde-côtes.

Gateway: porte d'entrée d'un territoire permettant de lier échelle mondiale, continentale et locale. Souvent créée par la complémentarité intermodale

Gentrification: dans les centres-villes rénovés et certains espaces ruraux attractifs, processus de remplacement des populations locales par des résidents extérieurs disposant de revenus supérieurs, en lien avec une hausse du foncier et de la valeur immobilière.

Géoéconomie: promue dans les années 1960 aux États-Unis par le politologue Edward Luttwak et en France par l'économiste Pascal Lorot, la géoéconomie se situe à la croisée de l'économie, des relations internationales et de la géopolitique, et cherche à envisager le rôle de l'économie dans les rapports de pouvoir entre les États.

Glacis: terme issu du vocabulaire militaire, désignant un espace plus ou moins épais destiné à protéger d'une éventuelle invasion, avec les contraintes militaires que cela induit: faible diversification économique, présence de bases, restrictions d'accès, présence de matériels lourds et d'équipements de surveillance.

Gouvernance : ensemble de décisions, de règles et de pratiques visant à assurer le fonctionnement optimal d'une organisation publique ou privée, d'un État, d'un territoire.

Groupe de Visegrad: organisation intergouvernementale rassemblant les dirigeants de la Pologne, la Hongrie, la République tchèque et la Slovaquie, créée en 1991 pour coordonner les politiques en vue d'une adhésion à l'UE, puis sur des sujets communs.

Guerre hybride: combinaison en une seule stratégie, voire en une seule manœuvre des modes de guerre régulier et irrégulier. Capacité à combiner ce qu'on appelle la guerre régulière et la guerre irrégulière (Elie Tenenbaum).

Hard power: puissance qui s'appuie sur la coercition (politique, militaire, économique).

Haut lieu touristique: lieu condensant une forte charge imaginaire, incarnant des pratiques et fonctionnant comme modèle pour d'autres lieux touristiques et urbains.

Hinterland : arrière-pays portuaire connecté à celui-ci par des liaisons fluviales et/ou ferroviaires.

Hongrois de l'extérieur: expression qui désigne les populations hongroises résidant dans les pays voisins (Serbie, Croatie, Roumanie, Slovaquie) en conséquence du tracé des frontières issu du traité de Trianon (1920). Ce groupe se distingue de la diaspora hongroise qui, à la différence, a émigré.

Hub: lieu de transbordement des marchandises ou plate-forme de correspondance aérienne pour les passagers ; lieu de redistribution des flux.

Huerta : agriculture méditerranéenne jardinatoire intensive souvent spécialisée dans la production de fruits et légumes.

Hymne de l'Union européenne: il s'agit de l'*Ode à la joie* ou *Ode an die Freude*, pour le titre original du poème de Friedrich von Schiller célébrant comme valeur universelle la fraternité humaine sur la musique du quatrième et dernier mouvement de la neuvième symphonie de Beethoven. Le Conseil européen adopte en 1985 cet hymne sans ses paroles afin de préserver le multilinguisme officiel de l'UE.

Indice de Gini : mesure statistique des inégalités de revenus dans un État donné. Il s'exprime entre 0 (égalitaire) et 100 (très inégalitaire).

Indice de transnationalisation: indicateur forgé par la CNUCED en 1993, qui agrège trois ratios "parts des actifs à l'étranger/total des actifs", "part des ventes à l'étranger /total des ventes" et "part des salariés à l'étranger/nombre total de salariés".

Inégalité : différence perçue comme injuste, qui entraîne une privation. On parle plus volontiers des inégalités, ce qui permet d'appréhender le caractère multiforme et cumulatif de celles-ci (inégalités de richesse, de développement, de genre, de santé, d'éducation, etc.).

Initiative des trois mers: forum régional en référence aux mers Baltique, Adriatique et Noire, rassemblant depuis 2016 douze États de l'UE (les pays baltes, le groupe de Visegrad, l'Autriche, la Slovénie, la Croatie, la Bulgarie et la Roumanie).

Innovation: processus multifactoriel de création de la nouveauté, en vue d'une commercialisation (de produits, de procédés, d'organisations).

Insularité : résultat d'un système dynamique entre un espace insulaire et la société qui y vit, qui est caractérisé par la discontinuité spatiale due à la présence d'eaux marines entourant l'île, par l'isolement qui nécessite des transports aériens ou maritimes, par des particularités culturelles, sociales, économiques ou biologiques.

Interface: espace intermédiaire doté d'infrastructures permettant le passage d'une organisation à une autre.

Interterritorialité: capacité des collectivités territoriales à travailler ensemble sur des questions d'aménagement et à dialoguer avec les instances des échelons supérieurs et inférieurs (Martin Vanier).

Intrants: éléments servant au processus de production pour améliorer les rendements. En agriculture il s'agit essentiellement des engrais naturels ou chimiques et des produits phytosanitaires (insecticides, pesticides, fongicides).

Luthéranisme : courant de la Réforme né au XVIe siècle en Allemagne du nord (Luther), adopté en Europe du Nord, qui promeut entre autres l'accès à la Bible pour tous. Cela a rendu précoce la généralisation de l'alphabétisation et l'égalité homme-femme. Les femmes ont même accès à la fonction de pasteur, elles sont même majoritaires en Suède.

Maas (Mobility as a service) : le Maas a pour objectif d'offrir aux usagers un service intégré, complet et simple. Ce concept suppose notamment une gouvernance coordonnée des différents intervenants publics et privés des systèmes de transports. (Source CEREMA)

Macrocéphalie : "grosse tête". Situation d'un État dont la capitale se trouve cinq à dix fois plus peuplée que la seconde ville du pays. Cela peut résulter d'une centralisation ancienne.

Mégalopole : d'après *Géoconfluences*, une mégalopole est un réseau de villes à vaste échelle, intégrant des villes multimillionnaires reliées par un tissu dense d'axes de transport.

Mégapole : très grande ville par le poids démographique, plus de 10 millions d'habitants (ONU).

Mer semi-fermée : en opposition à une mer bordière d'un océan (mer de Norvège), une mer semi-fermée ne communique avec lui que par un passage restreint. Cela induit, d'une part, que celui-ci peut être contrôlé par un État riverain et, d'autre part, cela limite le renouvellement des eaux maritimes, donc influe sur la salinité et favorise la présence d'espèces endémiques.

Métropole : ville dont la concentration de fonctions de commandement politique, économique, technologique, culturelle lui procure un rayonnement international et en fait une centralité du système Monde.

Métropolisation : processus sélectif et cumulatif de concentration de populations, d'activités, de capitaux, de valeurs et de fonctions de commandement dans des grandes villes dont le rayonnement devient international. Ces villes sont désignées par le terme de métropole.

Minorité : groupe humain se distinguant du groupe majoritaire par sa langue, sa religion, sa culture, son orientation sexuelle. Le fait minoritaire n'est pas universellement reconnu et sa définition peut être élargie ou restreinte. Elle ne doit cependant pas systématiquement être associée à l'idée d'oppression.

Multilatéralisme : au sens strict, coopération entre au moins trois États. Dans un sens géopolitique, le multilatéralisme (ONU, OMC, CIJ) repose sur la recherche du consensus dans les relations internationales (géopolitique kantienne) et s'oppose aux relations bilatérales (accord entre deux États), qui renvoient davantage à un rapport de force inter-étatique (géopolitique hobbesienne).

Natura 2000 (Réseau) : dispositif européen de protection de l'environnement à une échelle très fine, constitué d'un ensemble de sites terrestres et marins. Son but est d'assurer "la survie à long terme des espèces et des habitats particulièrement menacés, à forts enjeux de conservation en Europe" (gouv.fr, 2022). Créé par le Conseil européen du 21 mai 1992 (92/43/CEE).

Néoruraux : citadins choisissant de s'installer à la campagne.

Neuf de Bucarest : forum créé dans le contexte de la déstabilisation de l'Ukraine par la Russie, rassemblant depuis 2016 les pays baltes, le groupe de Visegrad, la Bulgarie et la Roumanie.

Octroi de mer : taxe française applicable à la plupart des produits importés ou non, en vigueur dans les DOM.

Off shore : désigne une production énergétique (pétrolière ou éolienne) en mer.

Pacte de Varsovie : alliance militaire née en 1955, en réplique à l'OTAN, rassemblant dans le contexte de la guerre froide les États européens du bloc de l'Est alliés de l'URSS (sans la Yougoslavie et l'Albanie). Il a été dissous en 1991.

Partenariat oriental : politique de voisinage de l'Union européenne menée depuis 2009 en direction des États européens ex-soviétiques (Biélorussie, Ukraine, Moldavie, Géorgie, Arménie et Azerbaïdjan), visant à répondre à la demande de rapprochement de ces États avec l'UE. Elle s'est traduite par des accords de coopération visant à renforcer la démocratie et faciliter les échanges économiques. La Biélorussie a quitté le Partenariat en 2021.

Parti nationaliste : parti politique exaltant le sentiment national sous toutes ses formes (histoire, culture, rejet de l'immigration étrangère, préférence nationale pour le logement ou les emplois)

Péninsule : en géographie physique, désigne une avancée de terre dans la mer de plusieurs centaines de kilomètres. La rive nord de la Méditerranée est composée d'ouest en est des péninsules ibérique, italienne, balkanique et anatolienne.

Périphérie au carré : région périphérique à deux échelles différentes. Cela peut être à l'échelle nationale et européenne communautaire, comme la région de Moldavie roumaine, considérant la position, l'éloignement, la faiblesse économique et démographique.

Périurbanisation : croissance urbaine discontinue en périphérie des agglomérations. La production d'espaces périurbains contribue à l'étalement urbain aux dépens des espaces ruraux sous la forme d'espaces peu denses, tant du point de vue démographique que du bâti.

Permaculture : forme d'agriculture fondée sur l'observation et le respect des cycles naturels des écosystèmes pour produire.

Peuples premiers : expression ayant remplacé le terme d'"indigène" connoté négativement, désignant les peuples présents sur un territoire avant une colonisation, ayant été historiquement spoliés, massacrés, discriminés, marginalisés.

Politique de cohésion : politique communautaire visant à réduire les inégalités de développement et de revenus entre États et régions de l'UE. Ces fonds financent de nombreux projets.

Populiste : courant politique (de gauche comme de droite) se revendiquant du peuple, et dont les thèmes de prédilection sont un rejet des élites, la remise en cause de la représentation, la valorisation de la dimension nationale, le rejet de l'immigration, de l'islam, de la société multiethnique.

Productivisme : système agricole caractérisé par la recherche d'une productivité maximale du travail et de rendements élevés, en utilisant les techniques les plus efficaces possibles.

Puissance : capacité d'un acteur de s'imposer ou entité qui s'impose (on dit en effet aussi bien de l'Union européenne qu'elle exerce sa puissance et qu'elle est une puissance).

Quaternaire (secteur) : pour Michèle Debonneuil, il s'agit d'un secteur économique conjuguant le secteur secondaire et le secteur tertiaire dont les produits ne sont ni des biens ni des services, mais "de nouveaux services incorporant des biens", la mise à disposition temporaire de biens, de personnes, ou de combinaisons de biens et de personnes.

Realpolitik : selon Henry Kissinger, ex-secrétaire d'État américain, le terme qualifie "La politique étrangère fondée sur le calcul des forces et de l'intérêt national". L'action d'Otto von Bismarck, premier chancelier du Reich allemand, est souvent présentée comme fondatrice de cette vision "réaliste" des relations internationales dans laquelle domine le rapport de force entre États.

Régionalisation : renforcement de l'échelle régionale dans la répartition des pouvoirs entre territoires de différentes échelles, le plus souvent par décentralisation des compétences nationales.

Révolutions colorées : mouvements de contestation populaires ayant touché plusieurs États de l'Est européen et ex-soviétiques (Serbie en 2000, Géorgie en 2003, Ukraine en 2004, Kirghizistan en 2006, Moldavie en 2009), sur fond de fraudes électorales, ayant entraîné la chute pacifique du régime et une démocratisation. Elles sont considérées par Moscou comme l'œuvre des Américains.

Ring : d'après Roger Brunet, Londres, Paris, Bâle, Zurich, Stuttgart, Francfort, Cologne et la Randstad forment un anneau de métropoles importantes autour du cœur politique de l'UE, constitué de Bruxelles, Strasbourg et Luxembourg.

Sharp power : selon les chercheurs américains Christopher Walker et Jessica Ludwig, il s'agit d'un pouvoir qui "perce l'environnement politique et informationnel des pays cibles". C'est une manière de qualifier les actions agressives menées par des États autoritaires en direction de démocraties parfois trop naïves. Le *sharp power* mobilise la propagande et la manipulation pour influencer les opinions publiques et déstabiliser les démocraties.

Schengen (espace de ; accord de ; convention de) : accords signés en 1985, convention signée en 1990, entrée en vigueur en 1995, qui établit une zone sans contrôle aux frontières intérieures (libre circulation des personnes). L'espace rassemble vingt-sept pays mais ils ne correspondent pas tout à fait aux vingt-sept membres de l'UE (la Norvège, l'Islande et la Suisse en font partie, pas l'Irlande, par exemple).

Shrinking cities : “villes rétrécissantes”, voyant leur population décliner, suite à une crise économique ; cela entraîne l'abandon de nombreux logements et une baisse de valeur du foncier. Detroit aux États-Unis est emblématique du phénomène, que l'on retrouve aussi en Europe orientale.

Skyline : ligne d'horizon dessinée par l'ensemble de gratte-ciel d'un centre-ville ou quartier d'affaires et identifiant la ville dans les représentations collectives.

Social-démocratie : courant de pensée né au XIXe siècle, associant des éléments du socialisme dans une économie libérale.

Soft power : il représente les critères non coercitifs de la puissance, généralement d'un État, et en particulier parmi ces critères, l'influence culturelle (*Géoconfluences*).

Soldat de bronze : monument à la mémoire des soldats soviétiques tombés face aux nazis en 1944, situé à Tallinn, capitale de l'Estonie, que le gouvernement estonien a décidé de déplacer, car considéré comme un symbole de l'oppression soviétique. Cela a provoqué des tensions avec la communauté russophone locale et de vives protestations de la part de Moscou qui dénonçait une réécriture de l'Histoire

Souveraineté : capacité d'un acteur étatique d'affirmer son contrôle sur une ressource ou un territoire.

Sphère présentielle : ou économie présentielle, regroupe les activités de production de biens et de services visant la satisfaction des besoins de personnes présentes dans un espace donné, qu'elles soient résidentes ou touristes.

Starchitecte : architecte dont la renommée mondiale conférerait à leurs œuvres une capacité à renforcer la réputation et l'attractivité des villes qui en sont pourvues.

Subsidiarité (principe de): défini par le traité de Maastricht, signifie que les décisions de l'Union européenne doivent être prises aussi près que possible du citoyen. Concrètement, l'Union ne doit agir (sauf pour les domaines de sa compétence exclusive) que lorsque son action est plus efficace qu'une action entreprise au niveau national, régional ou local.

Système européen central: désigne le “noyau dur” de l'Union, le plus intégré, c'est-à-dire les États fondateurs et ceux ayant adopté l'euro.

Taux d'urbanisation: dans un territoire donné, pourcentage de la population vivant en ville.

Technopole: ville dont l'économie est centrée sur les activités de haute technologie.

Technopôle: regroupement d'entreprises et de services (privés ou publics) dans le domaine des hautes technologies, qui fonctionnent en synergie.

Terres rares: contrairement à ce que le nom indique, il ne s'agit pas de terres, mais de métaux et leur rareté n'est pas géologique (certaines terres rares sont abondantes dans le monde), mais renvoie davantage à un usage stratégique et croissant.

Territoire: d'après *Géoconfluences*, le territoire est au sens large une portion d'espace appropriée. C'est l'un des mots les plus polysémiques de la géographie, d'autant qu'il est couramment utilisé dans le langage commun comme synonyme d'espace. Maryvonne Le Berre distingue trois éléments de définition qui remonte aux premiers usages du mot territoire à l'époque moderne: ce sont la **domination** (un pouvoir qui s'exerce sur elle), l'**aire** (dominée par ce contrôle territorial) et les **limites** qui la ceignent, qui font d'une portion d'espace un territoire.

Transition démographique: passage d'un régime démographique traditionnel, caractérisé par une fécondité et une mortalité toutes deux élevées, à un régime dans lequel la natalité et la mortalité sont basses, en passant par des étapes intermédiaires pendant lesquelles la natalité baisse avec un décalage temporel par rapport à la mortalité, ce qui induit un solde naturel particulièrement positif et une croissance démographique rapide (schéma théorique qu'il convient de nuancer selon chaque situation, géographique, temporelle et politique).

Transition urbaine: passage d'une société majoritairement rurale à une société majoritairement urbaine, dont le taux d'urbanisation dépasse les 50 %.

Travailleur détaché: statut qui garantit au salarié un socle de droits minimums applicables au titre de la législation du pays dans lequel il est détaché ; le salaire et les conditions de travail du travailleur détaché dépendent du pays d'accueil, mais les prestations sociales dépendent de son pays d'origine.

Tribunal pénal international pour l'ex-Yougoslavie (TPIY): institution judiciaire créée en 1993 pour juger les responsables ex-yougoslaves de crimes de guerre et crimes contre l'humanité. Basé à la Haye, il a été dissous en 2017 après avoir jugé 161 personnes dont le président serbe Slobodan Milosevic, le dirigeant des Serbes de Bosnie, Radovan Karadzic, le général serbe Ratko Mladic et le général croate Ante Gotovina.

Troisième Italie: conceptualisée par le sociologue Arnaldo Bagnasco à la fin des années 1970, espace doté d'une identité propre et d'un véritable savoir-faire local: valorisant l'"homogénéité de l'organisation productive". Elle se distingue du cœur industriel italien dans le triangle Milan-Turin-Gênes, porté par des grandes firmes et du Mezzogiorno sudiste, peu industrialisé

Union douanière: une union douanière est une zone sans droits de douane (comme une zone de libre-échange) mais avec des tarifs douaniers communs vis-à-vis des pays tiers (à la différence d'une zone de libre-échange). L'UE et la Turquie sont liées par une union douanière depuis 1996. Dans le processus de construction européenne, l'Union douanière est achevée en 1968.

Urbanité: renvoie à l'ensemble des espaces urbains dont périurbains.

Ville mondiale: métropole au sommet de la hiérarchie mondiale. Traditionnellement, selon Saskia Sassen (sociologue), Tokyo, Londres et New York sont les seules villes mondiales. En fonction des classements, Paris est aussi considéré comme une ville mondiale. (*Géoconfluences*)

Zone franche: espace à régime fiscal dérogatoire pour faciliter l'installation des entreprises.